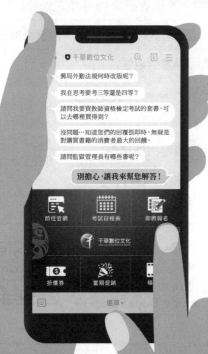

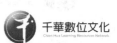

高普考考試資訊

（相關考試資訊以正式簡章為準）

完整考試資訊

https://reurl.cc/WqadWx

報名日期：114.03.11 ~ 03.20

考試日期：114.07.04 ~ 07.08

報名資格： 高考三級：年滿18歲以上，大學以上畢業。

普考：年滿18歲以上，高中（職）以上畢業。

薪資待遇： 高考三級：約5萬；普考：約3萬9。

推薦用書：

種類	書號	書名
套書	23611141	高考三級「共同科」套書
	23631141	高考三級「法學知識」套書
	23641141	高考三級「法學知識+英文」套書
單書	1A811141	超好用大法官釋字+憲法訴訟裁判(含精選題庫)
	1F181131	尹析老師的行政法觀念課----圖解、時事、思惟導引
	1F141141	國考大師教你看圖學會行政學
	1F341141	統整式國籍與戶政法規
	1F171141	公共政策精析
	1F281141	國考大師教您輕鬆讀懂民法總則
	1F091141	勞工行政與勞工立法(含概要)
	1F831141	地方政府與政治(含地方自治概要)

目 次

chapter 05
近年試題及解析

編寫特色

戶籍法、國籍法、姓名條例及其相關施行細則等法規,其內容本身理解不難,考題也多以條文規定為主。然而,如果未加以體系化的整理,會發現太過零散瑣碎,成為學習的最大難點。本書希望幫助對法規能建立整體性的記憶,首先將法規中的規範事項系統化整理,佐以表格分類說明,以加強理解與記憶。再者,就母法與其施行細則對於同一事項的相關規定,結合起來加以介紹呈現,協助對相關規定有整合性理解。同時,與條文相關的其他法規規定,也會加以註記,幫助結合記憶。

涉外民事法律適用法因涉及國際私法概念,理解不易,在條文運用時極易混淆。本書先將複雜的國際私法概念加以重點介紹,再將各條規定以白話揉碎說明清楚,並輔以各種小圖表協助理解條文規定之概念及適用方式,幫助更有效率地掌握涉外民事法律適用法。

綜上,如能善加利用本書的各類整理表格,就能建立完整體系概念,事半功倍。準備考試之過程固然不易,但努力與堅持,加上正確運用工具,就能順利通過。祝福各位金榜題名!

紀相 2024.10

國籍與戶政法規考前速讀

壹、戶籍登記重點整理

一、出生登記

重點	戶籍法	戶籍法施行細則
條件	**第6條** 在國內出生未滿12歲之國民,應為出生登記。無依兒童尚未辦理出生登記者,亦同。	--
申請人	**第29條** **出生登記,以父、母、祖父、祖母、戶長、同居人或撫養人為申請人。** **前項出生登記,如係無依兒童,並得以兒童及少年福利機構為申請人。** **第45條** 應辦理戶籍登記事項,無第29條至第32條、第33條第1項但書、第34條但書、第36條、第40條、第41條及前二條之申請人時,得以利害關係人為申請人。 **第46條** 變更、更正、撤銷或廢止登記,以本人為申請人。本人不為或不能申請時,以原申請人或利害關係人為申請人,戶政事務所並應於登記後通知本人。戶政事務所依職權為更正、撤銷或廢止登記,亦同。 **第47條** 申請人不能親自申請登記時,得以書面委託他人為之。	--

重點	戶籍法	戶籍法施行細則
申請人	認領、終止收養、結婚或兩願離婚登記之申請，除有正當理由，經戶政事務所核准者外，不適用前項規定。 説明　● 如無第29條規定之申請人，得以利害關係人為申請人。 ● 出生登記申請人得以書面委託他人申請登記。	--
申請方式及申請文件	第26條第1款　戶籍登記之申請，應向當事人戶籍地之戶政事務所為之。但有下列情形之一者，不在此限： 一、經中央主管機關公告，並刊登政府公報之指定項目，其登記得向戶籍地以外之戶政事務所為之。 ※110年5月28日更新之「戶政申請須知」之「受理戶政事務所」欄記載：「戶籍地直轄市、縣（市）政府所轄任一戶政事務所」。 第27條　登記之申請，由申請人以書面、言詞或網路向戶政事務所為之。 依前項規定以網路申請登記之項目，由中央主管機關公告，並刊登政府公報。 第28條　登記申請書，應由申請人簽名或蓋章；其以言詞為申請時，戶政事務所應代填申請書。必要時，應向申請人朗讀後，由其簽名或蓋章；其以網路申請時，應以電子簽章為之。 前項電子簽章，限以內政部憑證管理中心簽發之自然人憑證為之。	第13條第1款　下列登記，申請人應於申請時提出證明文件正本：一、出生登記。 第14條第1項、第4項　申請人依前條規定提出之證明文件，經戶政事務所查驗後，除出生、死亡、死亡宣告及初設戶籍登記之證明文件應留存正本外，其餘登記之證明文件，得以影本留存。 戶政事務所逕為出生、死亡及死亡宣告登記者，得以相關機關通報文件留存；逕為初設戶籍登記者，得以職權調查之文件留存。

重點	戶籍法	戶籍法施行細則
申請期限及催告期間	**第48條**　戶籍登記之申請，應於事件發生或確定後30日內為之。**但出生登記至遲應於60日內為之。** 前項戶籍登記之申請逾期者，戶政事務所仍應受理。 戶政事務所查有不於法定期間申請者，應以書面催告應為申請之人。 **第48-2條第1款**　下列戶籍登記，經催告仍不申請者，戶政事務所應逕行為之：**一、出生登記。** **第79條**　無正當理由，違反第48條第1項規定，未於法定期間為戶籍登記之申請者，處新臺幣3百元以上9百元以下罰鍰；經催告而仍不為申請者，處新臺幣9百元罰鍰。 說明 ● 出生登記至遲應於60日內為之。 ● 申請逾期，戶政事務所仍應受理。 ● 不於法定期間申請者，戶政事務所應以書面催告應為申請之人，經催告仍不申請者，戶政事務所應逕行為之。 ● 無正當理由未於60日內為之，應處300元到900元之行政罰鍰。經催告而仍不為申請者，則處900元行政罰鍰。	**第19條第2項到第4項**　本法第48條第3項之催告，其所定期限不得少於7日，催告書應送達應為申請之人。戶政事務所辦理本法第48條之2所定登記之催告，應載明經催告屆期仍不申請者，由戶政事務所依本法第48條之2規定逕行為之。 戶政事務所依本法第48條之1及第48條之2規定逕為登記後，應通知應為申請之人。

重點	戶籍法	戶籍法施行細則
姓氏爭議	**第49條**　出生登記當事人之姓氏，依相關法律規定未能確定時，婚生子女，由申請人於戶政事務所抽籤決定依父姓或母姓登記；非婚生子女，依母姓登記；無依兒童，依監護人之姓登記。 戶政事務所依前條第一款規定逕為出生登記時，出生登記當事人姓氏，婚生子女，以抽籤決定依父姓或母姓登記；非婚生子女，依母姓登記；無依兒童，依監護人之姓登記，並由戶政事務所主任代立名字。	--
民法相關規定	**民法第1059條**　父母於子女出生登記前，應以書面約定子女從父姓或母姓。未約定或約定不成者，於戶政事務所抽籤決定之。 子女經出生登記後，於未成年前，得由父母以書面約定變更為父姓或母姓。子女已成年者，得變更為父姓或母姓。 前二項之變更，各以一次為限。 有下列各款情形之一，法院得依父母之一方或子女之請求，為子女之利益，宣告變更子女之姓氏為父姓或母姓： 一、父母離婚者。 二、父母之一方或雙方死亡者。 三、父母之一方或雙方生死不明滿三年者。 四、父母之一方顯有未盡保護或教養義務之情事者。 **民法第1059-1條**　非婚生子女從母姓。經生父認領者，適用前條第2項至第4項之規定。 非婚生子女經生父認領，而有下列各款情形之一，法院得依父母之一方或子女之請求，為子女之利益，宣告變更子女之姓氏為父姓或母姓： 一、父母之一方或雙方死亡者。 二、父母之一方或雙方生死不明滿三年者。 三、子女之姓氏與任權利義務行使或負擔之父或母不一致者。 四、父母之一方顯有未盡保護或教養義務之情事者。	

二、認領登記

重點	戶籍法	戶籍法施行細則
條件	**第7條** 認領,應為認領登記。	--
申請人	**第30條** **認領登記,以認領人為申請人;認領人不為申請時,以被認領人為申請人。** **第45條** 應辦理戶籍登記事項,無第29條至第32條、第33條第1項但書、第34條但書、第36條、第40條、第41條及前二條之申請人時,得以利害關係人為申請人。 **第46條** 變更、更正、撤銷或廢止登記,以本人為申請人。本人不為或不能申請時,以原申請人或利害關係人為申請人,戶政事務所並應於登記後通知本人。戶政事務所依職權為更正、撤銷或廢止登記,亦同。 **第47條** 申請人不能親自申請登記時,得以書面委託他人為之。 **認領**、終止收養、結婚或兩願離婚登記之申請,除有正當理由,經戶政事務所核准者外,不適用前項規定。 説明 ● 如無第30條規定之申請人,得以利害關係人為申請人。 ● 認領登記申請人除有正當理由外,應親自申請登記,不得以書面委託他人申請登記。	--

重點	戶籍法	戶籍法施行細則
申請方式及申請文件	**第26條第1款**　戶籍登記之申請，應向當事人戶籍地之戶政事務所為之。但有下列情形之一者，不在此限： 一、經中央主管機關公告，並刊登政府公報之指定項目，其登記得向戶籍地以外之戶政事務所為之。 ※110年5月28日更新之「戶政申請須知」之「受理戶政事務所」欄記載：「全國任一戶政事務所」（含認領登記及撤銷認領登記）。 **第27條**　登記之申請，由申請人以書面、言詞或網路向戶政事務所為之。 依前項規定以網路申請登記之項目，由中央主管機關公告，並刊登政府公報。 **第28條**　登記申請書，應由申請人簽名或蓋章；其以言詞為申請時，戶政事務所應代填申請書。必要時，應向申請人朗讀後，由其簽名或蓋章；其以網路申請時，應以電子簽章為之。 前項電子簽章，限以內政部憑證管理中心簽發之自然人憑證為之。	**第13條第2款**　下列登記，申請人應於申請時提出證明文件正本：二、認領登記。 **第14條第1項**　申請人依前條規定提出之證明文件，經戶政事務所查驗後，除出生、死亡、死亡宣告及初設戶籍登記之證明文件應留存正本外，其餘登記之證明文件，得以影本留存。

重點	戶籍法	戶籍法施行細則
申請期限及催告期間	**第48條** 戶籍登記之申請，應於事件發生或確定後30日內為之。但出生登記至遲應於60日內為之。 前項戶籍登記之申請逾期者，戶政事務所仍應受理。 戶政事務所查有不於法定期間申請者，應以書面催告應為申請之人。 **第79條** 無正當理由，違反第48條第1項規定，未於法定期間為戶籍登記之申請者，處新臺幣3百元以上9百元以下罰鍰；經催告而仍不為申請者，處新臺幣9百元罰鍰。 **說明** ● 認領登記應於30日內為之。 ● 申請逾期，戶政事務所仍應受理。 ● 不於法定期間申請者，戶政事務所應以書面催告應為申請之人。 ● 無正當理由未於30日內為之，應處300元到900元之行政罰鍰。經催告而仍不為申請者，則處900元行政罰鍰。	**第19條第2項** 本法第48條第3項之催告，其所定期限不得少於7日，催告書應送達應為申請之人。

三、收養及終止收養登記

重點	戶籍法	戶籍法施行細則
條件	**第8條** 收養，應為收養登記。 終止收養，應為終止收養登記。	--

重點	戶籍法	戶籍法施行細則
申請人	**第31條** 收養登記，以收養人或被收養人為申請人。 **第32條** 終止收養登記，以收養人或被收養人為申請人。 **第45條** 應辦理戶籍登記事項，無第29條至第32條、第33條第1項但書、第34條但書、第36條、第40條、第41條及前二條之申請人時，得以利害關係人為申請人。 **第46條** 變更、更正、撤銷或廢止登記，以本人為申請人。本人不為或不能申請時，以原申請人或利害關係人為申請人，戶政事務所並應於登記後通知本人。戶政事務所依職權為更正、撤銷或廢止登記，亦同。 **第47條** 申請人不能親自申請登記時，得以書面委託他人為之。 認領、**終止收養**、結婚或兩願離婚登記之申請，除有正當理由，經戶政事務所核准者外，不適用前項規定。 説明 ● 如無第31條或第32條規定之申請人，得以利害關係人為申請人。 ● 收養登記申請人得以書面委託他人申請登記。 ● 終止收養登記申請人除有正當理由外，應親自申請登記，不得以書面委託他人申請登記。	--

重點	戶籍法	戶籍法施行細則
申請方式及申請文件	**第26條第1款**　戶籍登記之申請，應向當事人戶籍地之戶政事務所為之。但有下列情形之一者，不在此限： 一、經中央主管機關公告，並刊登政府公報之指定項目，其登記得向戶籍地以外之戶政事務所為之。 ※110年5月28日更新之「戶政申請須知」之「受理戶政事務所」欄兩者（收養登記及終止收養登記）均記載：「全國任一戶政事務所」。 **第27條**　登記之申請，由申請人以書面、言詞或網路向戶政事務所為之。 依前項規定以網路申請登記之項目，由中央主管機關公告，並刊登政府公報。 **第28條**　登記申請書，應由申請人簽名或蓋章；其以言詞為申請時，戶政事務所應代填申請書。必要時，應向申請人朗讀後，由其簽名或蓋章；其以網路申請時，應以電子簽章為之。 前項電子簽章，限以內政部憑證管理中心簽發之自然人憑證為之。	**第13條第3款**　下列登記，申請人應於申請時提出證明文件正本：三、收養登記、終止收養登記。 **第14條第1項**　申請人依前條規定提出之證明文件，經戶政事務所查驗後，除出生、死亡、死亡宣告及初設戶籍登記之證明文件應留存正本外，其餘登記之證明文件，得以影本留存。

重點	戶籍法	戶籍法施行細則
申請期限及催告期間	**第48條**　戶籍登記之申請，應於事件發生或確定後30日內為之。但出生登記至遲應於60日內為之。 前項戶籍登記之申請逾期者，戶政事務所仍應受理。 戶政事務所查有不於法定期間申請者，應以書面催告應為申請之人。 **第79條**　無正當理由，違反第48條第1項規定，未於法定期間為戶籍登記之申請者，處新臺幣3百元以上9百元以下罰鍰；經催告而仍不為申請者，處新臺幣9百元罰鍰。 説明 ● 收養登記、終止收養登記應於30日內為之。 ● 申請逾期，戶政事務所仍應受理。 ● 不於法定期間申請者，戶政事務所應以書面催告應為申請之人。 ● 無正當理由未於30日內為之，應處300元到900元之行政罰鍰。經催告而仍不為申請者，則處900元行政罰鍰。	**第19條第2項** 本法第48條第3項之催告，其所定期限不得少於7日，催告書應送達應為申請之人。

四、結婚、離婚登記

重點	戶籍法	戶籍法施行細則
條件	**第9條**　結婚，應為結婚登記。 離婚，應為離婚登記。	--

重點	戶籍法	戶籍法施行細則
申請人	**第33條**　結婚登記，以雙方當事人為申請人。但於中華民國97年5月22日以前（包括97年5月22日當日）結婚，或其結婚已生效者，得以當事人之一方為申請人。 前項但書情形，必要時，各級主管機關及戶政事務所得請相關機關協助查證其婚姻真偽，並出具查證資料。 **第34條**　離婚登記，以雙方當事人為申請人。但經法院裁判離婚確定、調解或和解離婚成立或其他離婚已生效者，得以當事人之一方為申請人。 **第45條**　應辦理戶籍登記事項，無第29條至第32條、第33條第1項但書、第34條但書、第36條、第40條、第41條及前二條之申請人時，得以利害關係人為申請人。 **第46條**　變更、更正、撤銷或廢止登記，以本人為申請人。本人不為或不能申請時，以原申請人或利害關係人為申請人，戶政事務所並應於登記後通知本人。戶政事務所依職權為更正、撤銷或廢止登記，亦同。 **第47條**　申請人不能親自申請登記時，得以書面委託他人為之。 認領、終止收養、**結婚或兩願離婚登記**之申請，除有正當理由，經戶政事務所核准者外，不適用前項規定。	--

重點	戶籍法	戶籍法施行細則
申請人	**說明** ● 有第34條但書情況時，卻無第34條但書之申請人時，得以利害關係人為申請。 ● 結婚及兩願離婚登記之申請除有正當理由外，不得以書面委託他人申請登記。	--
申請方式及申請文件	**第26條第2款到第4款**　戶籍登記之申請，應向當事人戶籍地之戶政事務所為之。但有下列情形之一者，不在此限： 二、雙方或一方在國內現有或曾設戶籍者，在國內結婚或離婚，得向任一戶政事務所辦理結婚或離婚登記。 三、雙方或一方在國內現有或曾設戶籍者，在國外結婚或離婚，得檢具相關文件，向我國駐外使領館、代表處、辦事處（以下簡稱駐外館處）或行政院於香港、澳門設立或指定之機構或委託之民間團體申請，經驗證後函轉戶籍地或原戶籍地戶政事務所辦理結婚或離婚登記。 四、雙方在國內未曾設戶籍者，在國內結婚或離婚，其結婚或離婚登記，得向任一戶政事務所為之。在國外結婚或離婚，得檢具相關文件，向駐外館處或行政院於香港、澳門設立或指定之機構或委託之民間團體申請，經驗證後函轉中央主管機關指定之中央政府所在地戶政事務所辦理結婚或離婚登記；或於驗證後，向任一戶政事務所辦理之。	**第13條第4款**　下列登記，申請人應於申請時提出證明文件正本： 四、結婚、離婚登記。但於中華民國97年5月22日以前（包括97年5月22日當日）結婚，結婚雙方當事人與二人以上親見公開儀式之證人親自到場辦理登記者，得免提結婚證明文件。 **第14條第1項**　申請人依前條規定提出之證明文件，經戶政事務所查驗後，除出生、死亡、死亡宣告及初設戶籍登記之證明文件應留存正本外，其餘登記之證明文件，得以影本留存。

重點	戶籍法	戶籍法施行細則
申請方式及申請文件	※110年5月28日更新之「戶政申請須知」之「受理戶政事務所」欄記載：「全國任一戶政事務所」（僅結婚登記）。 **第27條**　登記之申請，由申請人以書面、言詞或網路向戶政事務所為之。 依前項規定以網路申請登記之項目，由中央主管機關公告，並刊登政府公報。 **第28條**　登記申請書，應由申請人簽名或蓋章；其以言詞為申請時，戶政事務所應代填申請書。必要時，應向申請人朗讀後，由其簽名或蓋章；其以網路申請時，應以電子簽章為之。 前項電子簽章，限以內政部憑證管理中心簽發之自然人憑證為之。	
申請期限及催告期間	**第48條**　戶籍登記之申請，應於事件發生或確定後30日內為之。但出生登記至遲應於60日內為之。 前項戶籍登記之申請逾期者，戶政事務所仍應受理。 戶政事務所查有不於法定期間申請者，應以書面催告應為申請之人。 **第48-2條第9款**　下列戶籍登記，經催告仍不申請者，戶政事務所應逕行為之： 九、經法院裁判確定、調解或和解成立之身分登記。	**第19條第2項到第4項**　本法第48條第3項之催告，其所定期限不得少於7日，催告書應送達應為申請之人。 戶政事務所辦理本法第48條之2所定登記之催告，應載明經催告屆期仍不申請者，由戶政事務所依本法第48條之2規定逕行為之。

重點	戶籍法	戶籍法施行細則
申請期限及催告期間	**第79條**　無正當理由，違反第48條第1項規定，未於法定期間為戶籍登記之申請者，處新臺幣3百元以上9百元以下罰鍰；經催告而仍不為申請者，處新臺幣9百元罰鍰。 **説明**　● 結婚及離婚登記應於30日內為之。 ● 申請逾期，戶政事務所仍應受理。 ● 不於法定期間申請者，戶政事務所應以書面催告應為申請之人。 ● 如離婚係經法院裁判確定、調解或和解成立者，應為申請之人經催告仍不申請者，戶政事務所應逕行為之。 ● 無正當理由未於30日內為之，應處300元到900元之行政罰鍰。經催告而仍不為申請者，則處900元行政罰鍰。	戶政事務所依本法第48條之1及第48條之2規定逕為登記後，應通知應為申請之人。
相關可參考法規	《戶政事務所辦理結婚登記作業規定》	

五、監護登記、輔助登記

重點	戶籍法	戶籍法施行細則
條件	**第11條**　對於無行為能力人或限制行為能力人，依法設置、選定、改定、酌定、指定或委託監護人者，應為監護登記。	--

重點	戶籍法	戶籍法施行細則
條件	**第12條**　因精神障礙或其他心智缺陷，致為意思表示或受意思表示，或辨識其意思表示效果之能力，顯有不足之情事，經法院為輔助之宣告者，應為輔助登記。	--
申請人	**第35條第1項、第2項　監護登記，以監護人為申請人。** **輔助登記，以輔助人或受輔助宣告之人為申請人。** **第46條**　變更、更正、撤銷或廢止登記，以本人為申請人。本人不為或不能申請時，以原申請人或利害關係人為申請人，戶政事務所並應於登記後通知本人。戶政事務所依職權為更正、撤銷或廢止登記，亦同。 **第47條**　申請人不能親自申請登記時，得以書面委託他人為之。 認領、終止收養、結婚或兩願離婚登記之申請，除有正當理由，經戶政事務所核准者外，不適用前項規定。 説明　因此監護登記及輔助登記申請人得以書面委託他人申請登記。	--
申請方式及申請文件	**第26條第1款**　戶籍登記之申請，應向當事人戶籍地之戶政事務所為之。但有下列情形之一者，不在此限： 一、經中央主管機關公告，並刊登政府公報之指定項目，其登記得向戶籍地以外之戶政事務所為之。	**第13條第5款、第6款**　下列登記，申請人應於申請時提出證明文件正本： 五、監護登記。 六、輔助登記。

重點	戶籍法	戶籍法施行細則
申請方式及申請文件	※110年5月28日更新之「戶政申請須知」之有關「監護登記」之「受理戶政事務所」欄記載:「全國任一戶政事務所」;「輔助登記」之「受理戶政事務所」欄則記載:「經法院裁判確定之輔助登記、撤銷輔助登記、廢止輔助登記,得向全國任一戶政事務所申辦。」。 **第27條** 登記之申請,由申請人以書面、言詞或網路向戶政事務所為之。 依前項規定以網路申請登記之項目,由中央主管機關公告,並刊登政府公報。 **第28條** 登記申請書,應由申請人簽名或蓋章;其以言詞為申請時,戶政事務所應代填申請書。必要時,應向申請人朗讀後,由其簽名或蓋章;其以網路申請時,應以電子簽章為之。 前項電子簽章,限以內政部憑證管理中心簽發之自然人憑證為之。	**第14條第1項** 申請人依前條規定提出之證明文件,經戶政事務所查驗後,除出生、死亡、死亡宣告及初設戶籍登記之證明文件應留存正本外,其餘登記之證明文件,得以影本留存。

重點	戶籍法	戶籍法施行細則
申請期限及催告期間	**第48條** 戶籍登記之申請，應於事件發生或確定後30日內為之。但出生登記至遲應於60日內為之。 前項戶籍登記之申請逾期者，戶政事務所仍應受理。 戶政事務所查有不於法定期間申請者，應以書面催告應為申請之人。 **第48-2條第2款、第3款** 下列戶籍登記，經催告仍不申請者，戶政事務所應逕行為之： **二、監護登記。** **三、輔助登記。** **第79條** 無正當理由，違反第48條第1項規定，未於法定期間為戶籍登記之申請者，處新臺幣3百元以上9百元以下罰鍰；經催告而仍不為申請者，處新臺幣9百元罰鍰。 说明 ● 監護登記、輔助登記應於30日內為之。 ● 申請逾期，戶政事務所仍應受理。 ● 不於法定期間申請者，戶政事務所應以書面催告應為申請之人，經催告仍不申請者，戶政事務所應逕行為之。 ● 無正當理由未於30日內為之，應處300元到900元之行政罰鍰。經催告而仍不為申請者，則處900元行政罰鍰。	**第19條第2項到第4項** 本法第48條第3項之催告，其所定期限不得少於7日，催告書應送達應為申請之人。 戶政事務所辦理本法第48條之2所定登記之催告，應載明經催告屆期仍不申請者，由戶政事務所依本法第48條之2規定逕行為之。 戶政事務所依本法第48條之1及第48條之2規定逕為登記後，應通知應為申請之人。

六、未成年子女權利義務之行使或負擔

重點	戶籍法	戶籍法施行細則
條件	**第13條**　對於未成年子女權利義務之行使或負擔，經父母協議或經法院裁判確定、調解或和解成立由父母一方或雙方任之者，應為未成年子女權利義務行使負擔登記。	--
申請人	**第35條第3項**　未成年子女權利義務行使負擔登記，以行使或負擔之一方或雙方為申請人。 **第46條**　變更、更正、撤銷或廢止登記，以本人為申請人。本人不為或不能申請時，以原申請人或利害關係人為申請人，戶政事務所並應於登記後通知本人。戶政事務所依職權為更正、撤銷或廢止登記，亦同。 **第47條**　申請人不能親自申請登記時，得以書面委託他人為之。 認領、終止收養、結婚或兩願離婚登記之申請，除有正當理由，經戶政事務所核准者外，不適用前項規定。 說明 未成年子女權利義務行使負擔登記申請人得以書面委託他人申請登記。	--

重點	戶籍法	戶籍法施行細則
申請方式及申請文件	**第26條第1款**　戶籍登記之申請，應向當事人戶籍地之戶政事務所為之。但有下列情形之一者，不在此限： 一、經中央主管機關公告，並刊登政府公報之指定項目，其登記得向戶籍地以外之戶政事務所為之。 ※110年5月28日更新之「戶政申請須知」之「受理戶政事務所」欄記載：「全國任一戶政事務所」。 **第27條**　登記之申請，由申請人以書面、言詞或網路向戶政事務所為之。 依前項規定以網路申請登記之項目，由中央主管機關公告，並刊登政府公報。 **第28條**　登記申請書，應由申請人簽名或蓋章；其以言詞為申請時，戶政事務所應代填申請書。必要時，應向申請人朗讀後，由其簽名或蓋章；其以網路申請時，應以電子簽章為之。 前項電子簽章，限以內政部憑證管理中心簽發之自然人憑證為之。	**第13條第7款**　下列登記，申請人應於申請時提出證明文件正本： 七、未成年子女權利義務行使負擔登記。 **第14條第1項**　申請人依前條規定提出之證明文件，經戶政事務所查驗後，除出生、死亡、死亡宣告及初設戶籍登記之證明文件應留存正本外，其餘登記之證明文件，得以影本留存。

重點	戶籍法	戶籍法施行細則
申請期限及催告期間	**第48條**　戶籍登記之申請，應於事件發生或確定後30日內為之。但出生登記至遲應於60日內為之。 前項戶籍登記之申請逾期者，戶政事務所仍應受理。 戶政事務所查有不於法定期間申請者，應以書面催告應為申請之人。 **第48-2條第4款**　下列戶籍登記，經催告仍不申請者，戶政事務所應逕行為之：四、未成年子女權利義務行使負擔登記。 **第79條**　無正當理由，違反第48條第1項規定，未於法定期間為戶籍登記之申請者，處新臺幣3百元以上9百元以下罰鍰；經催告而仍不為申請者，處新臺幣9百元罰鍰。 說明 ● 未成年子女權利義務行使負擔登記應於30日內為之。 ● 申請逾期，戶政事務所仍應受理。 ● 不於法定期間申請者，戶政事務所應以書面催告應為申請之人，經催告仍不申請者，戶政事務所應逕行為之。 ● 無正當理由未於30日內為之，應處300元到900元之行政罰鍰。經催告而仍不為申請者，則處900元行政罰鍰。	**第19條第2項到第4項**　本法第48條第3項之催告，其所定期限不得少於7日，催告書應送達應為申請之人。 戶政事務所辦理本法第48條之2所定登記之催告，應載明經催告屆期仍不申請者，由戶政事務所依本法第48條之2規定逕行為之。 戶政事務所依本法第48條之1及第48條之2規定逕為登記後，應通知應為申請之人。

七、死亡登記與死亡宣告登記

重點	戶籍法	戶籍法施行細則
條件	**第14條第1項**　死亡或受死亡宣告，應為死亡或死亡宣告登記。	--
申請人	**第36條**　死亡登記，以配偶、親屬、戶長、同居人、經理殯葬之人、死亡者死亡時之房屋或土地管理人為申請人。 **第39條**　死亡宣告登記，以聲請死亡宣告者或利害關係人為申請人。 **第45條**　應辦理戶籍登記事項，無第29條至第32條、第33條第1項但書、第34條但書、第36條、第40條、第41條及前二條之申請人時，得以利害關係人為申請人。 **第46條**　變更、更正、撤銷或廢止登記，以本人為申請人。本人不為或不能申請時，以原申請人或利害關係人為申請人，戶政事務所並應於登記後通知本人。戶政事務所依職權為更正、撤銷或廢止登記，亦同。 **第47條**　申請人不能親自申請登記時，得以書面委託他人為之。 認領、終止收養、結婚或兩願離婚登記之申請，除有正當理由，經戶政事務所核准者外，不適用前項規定。 說明　● 無第36條之申請人時，得以利害關係人為申請人。 ● 死亡登記及死亡宣告登記申請人得以書面委託他人申請登記。	--

重點	戶籍法	戶籍法施行細則
申請方式及申請文件	第26條第1款　戶籍登記之申請,應向當事人戶籍地之戶政事務所為之。但有下列情形之一者,不在此限: 一、經中央主管機關公告,並刊登政府公報之指定項目,其登記得向戶籍地以外之戶政事務所為之。 ※110年5月28日更新之「戶政申請須知」之「受理戶政事務所」欄記載:「全國任一戶政事務所」(含死亡登記及死亡宣告登記)。 第27條　登記之申請,由申請人以書面、言詞或網路向戶政事務所為之。 依前項規定以網路申請登記之項目,由中央主管機關公告,並刊登政府公報。 第28條　登記申請書,應由申請人簽名或蓋章;其以言詞為申請時,戶政事務所應代填申請書。必要時,應向申請人朗讀後,由其簽名或蓋章;其以網路申請時,應以電子簽章為之。 前項電子簽章,限以內政部憑證管理中心簽發之自然人憑證為之。	第13條第8款　下列登記,申請人應於申請時提出證明文件正本:八、死亡、死亡宣告登記。 第14條第1項、第4項　申請人依前條規定提出之證明文件,經戶政事務所查驗後,除出生、死亡、死亡宣告及初設戶籍登記之證明文件應留存正本外,其餘登記之證明文件,得以影本留存。 戶政事務所逕為出生、死亡及死亡宣告登記者,得以相關機關通報文件留存;逕為初設戶籍登記者,得以職權調查之文件留存。
申請期限及催告期間	第48條　戶籍登記之申請,應於事件發生或確定後30日內為之。但出生登記至遲應於60日內為之。 前項戶籍登記之申請逾期者,戶政事務所仍應受理。	第19條第2項到第4項　本法第48條第3項之催告,其所定期限不得少於7日,催告書應送達應為申請之人。

重點	戶籍法	戶籍法施行細則
申請期限及催告期間	戶政事務所查有不於法定期間申請者，應以書面催告應為申請之人。 **第48-1條第1款**　下列戶籍登記，免經催告程序，由戶政事務所逕行為之：**一、死亡宣告登記**。 **第48-2條第5款**　下列戶籍登記，經催告仍不申請者，戶政事務所應逕行為之：**五、死亡登記**。 **第79條**　無正當理由，違反第48條第1項規定，未於法定期間為戶籍登記之申請者，處新臺幣3百元以上9百元以下罰鍰；經催告而仍不為申請者，處新臺幣9百元罰鍰。 說明　● 死亡登記與死亡宣告登記應於30日內為之。 ● 申請逾期，戶政事務所仍應受理。 ● 不於法定期間申請時： 1. 死亡宣告登記部分：戶政事務所免經催告程序得逕行為之。 2. 死亡登記部分：戶政事務所應以書面催告應為申請之人，經催告仍不申請者，戶政事務所應逕行為之。 ● 無正當理由未於30日內為之，應處300元到900元之行政罰鍰。經催告而仍不為申請者，則處900元行政罰鍰。	戶政事務所辦理本法第48條之2所定登記之催告，應載明經催告屆期仍不申請者，由戶政事務所依本法第48條之2規定逕行為之。 戶政事務所依本法第48條之1及第48條之2規定逕為登記後，應通知應為申請之人。

重點	戶籍法	戶籍法施行細則
檢警及行政機關所應為之事	**第14條第2項、第3項** 檢察機關、軍事檢察機關、醫療機構於出具相驗屍體證明書、死亡證明書或法院為死亡宣告之裁判確定後,應將該證明書或裁判要旨送當事人戶籍地直轄市、縣(市)主管機關。 前項辦理程序、期限、方式及其他應遵行事項之辦法,由中央主管機關定之。 **第37條** 在矯正機關內被執行死刑或其他原因死亡,無人承領者,由各該矯正機關通知其戶籍地戶政事務所為死亡登記。 **第38條** 因災難死亡或死亡者身分不明,經警察機關查明而無人承領時,由警察機關通知其戶籍地戶政事務所為死亡登記。	--
相關法規	《死亡資料通報辦法》	

八、原住民身分及民族別登記

重點	戶籍法	戶籍法施行細則
條件	**第14-1條** 原住民身分及民族別之取得、喪失、變更或回復,應為原住民身分及民族別登記。 前項登記,依原住民身分法及其相關法規規定辦理。	--

重點	戶籍法	戶籍法施行細則
申請人	**第34-1條**　原住民身分及民族別登記，以本人為申請人。但本人未婚未成年時，原住民身分及民族別之取得或變更之登記，得以法定代理人為申請人。 **第46條**　變更、更正、撤銷或廢止登記，以本人為申請人。本人不為或不能申請時，以原申請人或利害關係人為申請人，戶政事務所並應於登記後通知本人。戶政事務所依職權為更正、撤銷或廢止登記，亦同。 **第47條**　申請人不能親自申請登記時，得以書面委託他人為之。 認領、終止收養、結婚或兩願離婚登記之申請，除有正當理由，經戶政事務所核准者外，不適用前項規定。 說明　原住民身分及民族別登記申請人為得以書面委託他人申請登記。	--
申請方式及申請文件	**第26條第1款**　戶籍登記之申請，應向當事人戶籍地之戶政事務所為之。但有下列情形之一者，不在此限： 一、經中央主管機關公告，並刊登政府公報之指定項目，其登記得向戶籍地以外之戶政事務所為之。 ※110年5月28日更新之「戶政申請須知」之「受理戶政事務所」欄記載：「1、原住民身分取得、喪失、變更或回復之登記，以及原住民族別註記或變更，得向任一戶政事務所申辦。2、原住民身分更正登記，應向戶籍地戶政事務所申辦。」	--

重點	戶籍法	戶籍法施行細則
申請方式及申請文件	**第27條**　登記之申請，由申請人以書面、言詞或網路向戶政事務所為之。 依前項規定以網路申請登記之項目，由中央主管機關公告，並刊登政府公報。 **第28條**　登記申請書，應由申請人簽名或蓋章；其以言詞為申請時，戶政事務所應代填申請書。必要時，應向申請人朗讀後，由其簽名或蓋章；其以網路申請時，應以電子簽章為之。 前項電子簽章，限以內政部憑證管理中心簽發之自然人憑證為之。	--
申請期限及催告期間	**第48條**　戶籍登記之申請，應於事件發生或確定後30日內為之。但出生登記至遲應於60日內為之。 前項戶籍登記之申請逾期者，戶政事務所仍應受理。 戶政事務所查有不於法定期間申請者，應以書面催告應為申請之人。 **第79條**　無正當理由，違反第48條第1項規定，未於法定期間為戶籍登記之申請者，處新臺幣3百元以上9百元以下罰鍰；經催告而仍不為申請者，處新臺幣9百元罰鍰。 **説明** ● 原住民身分及民族別登記應於30日內為之。 ● 申請逾期，戶政事務所仍應受理。 ● 無正當理由未於30日內為之，應處300元到900元之行政罰鍰。經催告而仍不為申請者，則處900元行政罰鍰。	**第19條第2項**　本法第48條第3項之催告，其所定期限不得少於7日，催告書應送達應為申請之人。

九、初設戶籍登記

重點	戶籍法	戶籍法施行細則
條件	**第15條**　在國內未曾設有戶籍，且有下列情形之一者，應為初設戶籍登記： 一、中華民國國民入境後，經核准定居。 二、外國人或無國籍人歸化或回復國籍後，經核准定居。 三、大陸地區人民或香港、澳門居民，經核准定居。 四、在國內出生，12歲以上未辦理出生登記，合法居住且未曾出境。	**第9-1條第1項**　本法第15條第1款至第3款應為初設戶籍登記者，有下列情事之一，戶政事務所應通知內政部移民署： 一、未居住國內。 二、申請初設戶籍地址不得設籍。
申請人	**第40條**　<u>初設戶籍登記，以本人或戶長為申請人</u>。 **第45條**　應辦理戶籍登記事項，無第29條至第32條、第33條第1項但書、第34條但書、第36條、第40條、第41條及前二條之申請人時，得以利害關係人為申請人。 **第46條**　變更、更正、撤銷或廢止登記，以本人為申請人。本人不為或不能申請時，以原申請人或利害關係人為申請人，戶政事務所並應於登記後通知本人。戶政事務所依職權為更正、撤銷或廢止登記，亦同。 **第47條**　申請人不能親自申請登記時，得以書面委託他人為之。 認領、終止收養、結婚或兩願離婚登記之申請，除有正當理由，經戶政事務所核准者外，不適用前項規定。	--

重點	戶籍法	戶籍法施行細則
申請人	說明 ● 初設戶籍登記申請人得以書面委託他人申請登記。 ● 如無第40條規定之申請人，得以利害關係人為申請人。	--
申請方式及申請文件	第26條第5款　戶籍登記之申請，應向當事人戶籍地之戶政事務所為之。但有下列情形之一者，不在此限： 五、初設戶籍登記，應向現住地之戶政事務所為之。 第27條　登記之申請，由申請人以書面、言詞或網路向戶政事務所為之。 依前項規定以網路申請登記之項目，由中央主管機關公告，並刊登政府公報。 第28條　登記申請書，應由申請人簽名或蓋章；其以言詞為申請時，戶政事務所應代填申請書。必要時，應向申請人朗讀後，由其簽名或蓋章；其以網路申請時，應以電子簽章為之。 前項電子簽章，限以內政部憑證管理中心簽發之自然人憑證為之。	第13條第9款　下列登記，申請人應於申請時提出證明文件正本：九、初設戶籍登記。 第14條第1項、第4項　申請人依前條規定提出之證明文件，經戶政事務所查驗後，除出生、死亡、死亡宣告及初設戶籍登記之證明文件應留存正本外，其餘登記之證明文件，得以影本留存。 戶政事務所逕為出生、死亡及死亡宣告登記者，得以相關機關通報文件留存；逕為初設戶籍登記者，得以職權調查之文件留存。

重點	戶籍法	戶籍法施行細則
申請期限及催告期間	**第48條**　戶籍登記之申請，應於事件發生或確定後30日內為之。但出生登記至遲應於60日內為之。 前項戶籍登記之申請逾期者，戶政事務所仍應受理。 戶政事務所查有不於法定期間申請者，應以書面催告應為申請之人。 **第48-2條第6款**　下列戶籍登記，經催告仍不申請者，戶政事務所應逕行為之： **六、初設戶籍登記。** **第79條**　無正當理由，違反第48條第1項規定，未於法定期間為戶籍登記之申請者，處新臺幣3百元以上9百元以下罰鍰；經催告而仍不為申請者，處新臺幣9百元罰鍰。 說明　● 初設戶籍登記應於30日內為之。 ● 申請逾期，戶政事務所仍應受理。不於法定期間申請時：戶政事務所應以書面催告應為申請之人，經催告仍不申請者，戶政事務所應逕行為之。 ● 無正當理由未於30日內為之，應處300元到900元之行政罰鍰。經催告而仍不為申請者，則處900元行政罰鍰。	**第19條第2項到第4項**　本法第48條第3項之催告，其所定期限不得少於7日，催告書應送達應為申請之人。 戶政事務所辦理本法第48條之2所定登記之催告，應載明經催告屆期仍不申請者，由戶政事務所依本法第48條之2規定逕行為之。 戶政事務所依本法第48條之1及第48條之2規定逕為登記後，應通知應為申請之人。 **第9-1條　第2項**　戶政事務所依本法第48條之2第6款逕為初設戶籍登記後，應通知該戶戶長或房屋所有權人。

十、遷徙登記（含遷入登記、遷出登記與住址變更登記）

重點	戶籍法	戶籍法施行細則
條件	**第16條**　遷出原鄉（鎮、市、區）3個月以上，應為遷出登記。但法律另有規定、因服兵役、國內就學、入矯正機關收容、入住長期照顧機構或其他類似場所者，得不為遷出登記。 全戶遷徙時，經警察機關編列案號之失蹤人口、矯正機關收容人或出境未滿2年者，應隨同為遷徙登記。 出境2年以上，應為遷出登記。但有下列情形之一者，不適用之： 一、因公派駐境外之人員及其眷屬。 二、隨我國籍遠洋漁船出海作業。 我國國民出境後，未持我國護照或入國證明文件入境者，其入境之期間，仍列入出境2年應為遷出登記期間之計算。 **第17條**　由他鄉（鎮、市、區）遷入3個月以上，應為遷入登記。 原有戶籍國民遷出國外，持我國護照或入國證明文件入境3個月以上者，應為遷入登記。原有戶籍國民，經許可回復中華民國國籍者，亦同。 **第18條**　同一鄉（鎮、市、區）內變更住址3個月以上，應為住址變更登記。	--

重點	戶籍法	戶籍法施行細則
申請人	**第41條**　遷徙登記，以<u>本人或戶長為申請人。</u> **全戶之遷徙登記，以戶長為申請人。** **第42條**　依第16條第3項規定應為出境人口之遷出登記者，其戶籍地戶政事務所得逕行為之。 **第45條**　應辦理戶籍登記事項，無第29條至第32條、第33條第1項但書、第34條但書、第36條、第40條、第41條及前二條之申請人時，得以利害關係人為申請人。 **第46條**　變更、更正、撤銷或廢止登記，以本人為申請人。本人不為或不能申請時，以原申請人或利害關係人為申請人，戶政事務所並應於登記後通知本人。戶政事務所依職權為更正、撤銷或廢止登記，亦同。 **第47條**　申請人不能親自申請登記時，得以書面委託他人為之。 認領、終止收養、結婚或兩願離婚登記之申請，除有正當理由，經戶政事務所核准者外，不適用前項規定。 　說明　● 遷徙登記申請人得以書面委託他人申請登記。 ● 如無第41條規定之申請人，得以利害關係人為申請人。	**第5條**　戶政事務所應於接獲入出國管理機關之當事人出境滿2年未入境人口通報時，通知應為申請之人限期辦理遷出登記；未依限辦理遷出登記者，戶政事務所於查核當事人戶籍資料後，得依本法第42條規定逕行為之，並通知應為申請之人。

重點	戶籍法	戶籍法施行細則
申請方式及申請文件	**第26條第1款、第6款**　戶籍登記之申請，應向當事人戶籍地之戶政事務所為之。但有下列情形之一者，不在此限： 一、經中央主管機關公告，並刊登政府公報之指定項目，其登記得向戶籍地以外之戶政事務所為之。 六、**在國內之遷出登記，應向遷入地戶政事務所為之。** ※110年5月28日更新之「戶政申請須知」中，「遷入登記」與「住址變更登記」之「受理戶政事務所」欄均記載：「遷入地戶政事務所」。 **第27條**　登記之申請，由申請人以書面、言詞或網路向戶政事務所為之。 依前項規定以網路申請登記之項目，由中央主管機關公告，並刊登政府公報。 **第28條**　登記申請書，應由申請人簽名或蓋章；其以言詞為申請時，戶政事務所應代填申請書。必要時，應向申請人朗讀後，由其簽名或蓋章；其以網路申請時，應以電子簽章為之。 前項電子簽章，限以內政部憑證管理中心簽發之自然人憑證為之。	**第6條**　申請人依本法第17條第2項規定辦理遷入登記，應向遷入地戶政事務所為之。 **第13條第10款**　下列登記，申請人應於申請時提出證明文件正本：十、遷徙登記：單獨立戶者。 **第14條第1項**　申請人依前條規定提出之證明文件，經戶政事務所查驗後，除出生、死亡、死亡宣告及初設戶籍登記之證明文件應留存正本外，其餘登記之證明文件，得以影本留存。

重點	戶籍法	戶籍法施行細則
申請期限及催告期間	**第48條**　戶籍登記之申請，應於事件發生或確定後30日內為之。但出生登記至遲應於60日內為之。 前項戶籍登記之申請逾期者，戶政事務所仍應受理。 戶政事務所查有不於法定期間申請者，應以書面催告應為申請之人。 **第48-2條第7款**　下列戶籍登記，經催告仍不申請者，戶政事務所應逕行為之： **七、遷徙登記。** **第50條**　全戶遷離戶籍地，未於法定期間申請遷徙登記，無法催告，經房屋所有權人、管理機關、地方自治機關申請或無人申請時，戶政事務所得將其全戶戶籍暫遷至該戶政事務所。 矯正機關收容人有前項情形者，戶政事務所得逕為遷至矯正機關，不受第16條第1項但書及第2項規定之限制。戶政事務所接收收容人出矯正機關通報後，應查實並由收容人居住地戶政事務所辦理遷入登記。 **第79條**　無正當理由，違反第48條第1項規定，未於法定期間為戶籍登記之申請者，處新臺幣3百元以上9百元以下罰鍰；經催告而仍不為申請者，處新臺幣9百元罰鍰。	**第19條第2項到第4項**　本法第48條第3項之催告，其所定期限不得少於7日，催告書應送達應為申請之人。 戶政事務所辦理本法第48條之2所定登記之催告，應載明經催告屆期仍不申請者，由戶政事務所依本法第48條之2規定逕行為之。 戶政事務所依本法第48條之1及第48條之2規定逕為登記後，應通知應為申請之人。

重點	戶籍法	戶籍法施行細則
申請期限及催告期間	説明 ● 遷徙登記應於30日內為之。 ● 申請逾期，戶政事務所仍應受理。 ● 不於法定期間申請者，戶政事務所應以書面催告應為申請之人，經催告仍不申請者，戶政事務所應逕行為之。 ● 無正當理由未於30日內為之，應處300元到900元之行政罰鍰。經催告而仍不為申請者，則處900元行政罰鍰。	

十一、分（合）戶登記

重點	戶籍法	戶籍法施行細則
條件	第19條　在同一戶籍地址內，不同戶間另立新戶或合併為一戶者，應為分（合）戶登記。	--
申請人	第43條　**分（合）戶登記，以本人或戶長為申請人。** 第45條　應辦理戶籍登記事項，無第29條至第32條、第33條第1項但書、第34條但書、第36條、第40條、第41條及前二條之申請人時，得以利害關係人為申請人。 第46條　變更、更正、撤銷或廢止登記，以本人為申請人。本人不為或不能申請時，以原申請人或利害關係人為申請人，戶政事務所並應於登記後通知本人。戶政事務所依職權為更正、撤銷或廢止登記，亦同。	--

重點	戶籍法	戶籍法施行細則
申請人	**第47條**　申請人不能親自申請登記時，得以書面委託他人為之。 認領、終止收養、結婚或兩願離婚登記之申請，除有正當理由，經戶政事務所核准者外，不適用前項規定。 **說明**　● 分（合）戶登記申請人得以書面委託他人申請登記。 　　　● 如無第43條規定之申請人，得以利害關係人為申請人。	--
申請方式及申請文件	**第26條第1款**　戶籍登記之申請，應向當事人戶籍地之戶政事務所為之。但有下列情形之一者，不在此限： 一、經中央主管機關公告，並刊登政府公報之指定項目，其登記得向戶籍地以外之戶政事務所為之。 ※110年5月28日更新之「戶政申請須知」之「受理戶政事務所」欄記載：「戶籍地戶政事務所」。 **第27條**　登記之申請，由申請人以書面、言詞或網路向戶政事務所為之。 依前項規定以網路申請登記之項目，由中央主管機關公告，並刊登政府公報。 **第28條**　登記申請書，應由申請人簽名或蓋章；其以言詞為申請時，戶政事務所應代填申請書。必要時，應向申請人朗讀後，由其簽名或蓋章；其以網路申請時，應以電子簽章為之。 前項電子簽章，限以內政部憑證管理中心簽發之自然人憑證為之。	**第13條第11款** 下列登記，申請人應於申請時提出證明文件正本： 十一、分（合）戶登記。 **第14條第1項**　申請人依前條規定提出之證明文件，經戶政事務所查驗後，除出生、死亡、死亡宣告及初設戶籍登記之證明文件應留存正本外，其餘登記之證明文件，得以影本留存。

重點	戶籍法	戶籍法施行細則
申請期限及催告期間	**第48條**　戶籍登記之申請，應於事件發生或確定後30日內為之。但出生登記至遲應於60日內為之。 前項戶籍登記之申請逾期者，戶政事務所仍應受理。 戶政事務所查有不於法定期間申請者，應以書面催告應為申請之人。 **第79條**　無正當理由，違反第48條第1項規定，未於法定期間為戶籍登記之申請者，處新臺幣3百元以上9百元以下罰鍰；經催告而仍不為申請者，處新臺幣9百元罰鍰。 説明 ● 分（合）戶登記應於30日內為之。 ● 申請逾期，戶政事務所仍應受理。 ● 不於法定期間申請者，戶政事務所應以書面催告應為申請之人。 ● 無正當理由未於30日內為之，應處300元到900元之行政罰鍰。經催告而仍不為申請者，則處900元行政罰鍰。	**第19條第2項**　本法第48條第3項之催告，其所定期限不得少於7日，催告書應送達應為申請之人。

十二、出生地登記

重點	戶籍法	戶籍法施行細則
條件	**第20條**　中華民國人民初次申請戶籍登記時，其出生地依下列規定： 一、申請戶籍登記，以其出生地所屬之省（市）及縣（市）為出生地。 二、無依兒童之出生地無可考者，以發現地為出生地。	--

重點	戶籍法	戶籍法施行細則
條件	三、在船機上出生而無法確定其出生地者，以其出生時該船機之註冊地、國籍登記地或船籍港所在地為出生地。 四、在兒童及少年福利機構安置教養，其出生地或發現地不明者，以該機構所在地為出生地。 五、在國外出生者，以其出生所在地之國家或地區為出生地。 六、不能依前五款規定確定其出生地者，以其居住處所地為出生地。	--
申請人	**第29條**　出生登記，以父、母、祖父、祖母、戶長、同居人或撫養人為申請人。前項出生登記，如係無依兒童，並得以兒童及少年福利機構為申請人。 **第44條**　<u>出生地登記，以本人或第29條之申請人為申請人</u>。 **第45條**　應辦理戶籍登記事項，無第29條至第32條、第33條第1項但書、第34條但書、第36條、第40條、第41條及前二條之申請人時，得以利害關係人為申請人。 **第46條**　變更、更正、撤銷或廢止登記，以本人為申請人。本人不為或不能申請時，以原申請人或利害關係人為申請人，戶政事務所並應於登記後通知本人。戶政事務所依職權為更正、撤銷或廢止登記，亦同。 **第47條**　申請人不能親自申請登記時，得以書面委託他人為之。 認領、終止收養、結婚或兩願離婚登記之申請，除有正當理由，經戶政事務所核准者外，不適用前項規定。	--

重點	戶籍法	戶籍法施行細則
申請人	說明 ● 出生地登記申請人得以書面委託他人申請登記。 ● 如無第44條規定之申請人，得以利害關係人為申請人。	--
申請方式及申請文件	**第26條第1款**　戶籍登記之申請，應向當事人戶籍地之戶政事務所為之。但有下列情形之一者，不在此限： 一、經中央主管機關公告，並刊登政府公報之指定項目，其登記得向戶籍地以外之戶政事務所為之。 ※110年5月28日更新之「戶政申請須知」之「受理戶政事務所」欄記載：「全國任一戶政事務所」。 **第27條**　登記之申請，由申請人以書面、言詞或網路向戶政事務所為之。 依前項規定以網路申請登記之項目，由中央主管機關公告，並刊登政府公報。 **第28條**　登記申請書，應由申請人簽名或蓋章；其以言詞為申請時，戶政事務所應代填申請書。必要時，應向申請人朗讀後，由其簽名或蓋章；其以網路申請時，應以電子簽章為之。 前項電子簽章，限以內政部憑證管理中心簽發之自然人憑證為之。	**第13條第12款**下列登記，申請人應於申請時提出證明文件正本：十二、出生地登記。 **第14條第1項**　申請人依前條規定提出之證明文件，經戶政事務所查驗後，除出生、死亡、死亡宣告及初設戶籍登記之證明文件應留存正本外，其餘登記之證明文件，得以影本留存。
申請期限及催告期間	**第48條**　戶籍登記之申請，應於事件發生或確定後30日內為之。但出生登記至遲應於60日內為之。 前項戶籍登記之申請逾期者，戶政事務所仍應受理。	**第19條第2項**　本法第48條第3項之催告，其所定期限不得少於7日，催告書應送達應為申請之人。

重點	戶籍法	戶籍法施行細則
申請期限及催告期間	戶政事務所查有不於法定期間申請者，應以書面催告應為申請之人。 **第79條**　無正當理由，違反第48條第1項規定，未於法定期間為戶籍登記之申請者，處新臺幣3百元以上9百元以下罰鍰；經催告而仍不為申請者，處新臺幣9百元罰鍰。 說明　● 出生地登記應於30日內為之。 　● 申請逾期，戶政事務所仍應受理。 　● 不於法定期間申請者，戶政事務所應以書面催告應為申請之人。 　● 無正當理由未於30日內為之，應處300元到900元之行政罰鍰。經催告而仍不為申請者，則處900元行政罰鍰。	

十三、各項戶政業務申辦之戶籍事務所

登記種類	登記	限當事人戶籍地戶政事務所	得在其他戶政事務所	得於網路申辦
身分登記	出生登記	--	戶籍地直轄市、縣（市）政府所轄任一戶政事務所。	新生兒與父、母設籍同戶之出生登記者。
	認領登記	--	全國任一戶政事務所。	經我國法院調解、和解成立或裁判確定之認領登記者。

登記種類	登記	限當事人戶籍地戶政事務所	得在其他戶政事務所	得於網路申辦
	收養登記	--	全國任一戶政事務所。	經法院調解、和解、裁判確定之終止收養登記者
	終止收養登記	--	全國任一戶政事務所。	經法院調解、和解、裁判確定之終止收養登記者。
	結婚登記	--	1.雙方或一方在國內現有或曾設戶籍者，在國內結婚，得向任一戶政事務所辦理結婚登記。 2.雙方或一方在國內現有或曾設戶籍者，在國外結婚，得檢具相關文件，向我國駐外使領館、代表處、辦事處（以下簡稱駐外館處）或行政院於香港、澳門設立或指定之機構或委託之民間團體申請驗證後，經驗證後函轉戶籍地或最後遷出戶籍地戶政事務所，或親自向任一戶政事務所辦理結婚登記。	

登記種類	登記	限當事人戶籍地戶政事務所	得在其他戶政事務所	得於網路申辦
結婚登記		--	3.雙方在國內未曾設戶籍者，在國內結婚，得向任一戶政事務所為之。但在國外結婚，得檢具相關文件，向駐外館處或行政院於香港、澳門設立或指定之機構或委託之民間團體申請，經驗證後函轉中央主管機關指定之中央政府所在地戶政事務所；或於驗證後，向任一戶政事務所辦理結婚登記。	--
離婚登記		--	1.雙方或一方在國內現有或曾設戶籍者，在國內離婚，得向任一戶政事務所辦理離婚登記。 2.雙方或一方在國內現有或曾設戶籍者，在國外離婚，得檢具相關文件，向我國駐外使領館、代表處、辦事處（以下簡稱駐外館處）或行政院於香港、澳門設立或指定之機構或委託之民間團體申請驗證後，經驗證後函轉戶籍地或最後遷出戶籍地戶政事務所，或親自向任一戶政事務所辦理離婚登記。	

登記種類	登記	限當事人戶籍地戶政事務所	得在其他戶政事務所	得於網路申辦
	離婚登記	--	3.雙方在國內未曾設戶籍者，在國內離婚，得向任一戶政事務所為之。但在國外離婚，得檢具相關文件，向駐外館處或行政院於香港、澳門設立或指定之機構或委託之民間團體申請，經驗證後函轉中央主管機關指定之中央政府所在地戶政事務所或親自向任一戶政事務所辦理離婚登記。	經法院調解、和解、裁判確定之離婚登記。
	監護登記	--	全國任一戶政事務所。	V
	輔助宣告登記	--	全國任一戶政事務所。	經法院調解、和解、裁判確定之輔助登記者。
	未成年子女權利義務行使負擔登記	--	全國任一戶政事務所。	V
	死亡登記	--	全國任一戶政事務所。	在國內死亡（含法院死亡宣告裁判確定）登記。

登記種類	登記	限當事人戶籍地戶政事務所	得在其他戶政事務所	得於網路申辦
	死亡宣告登記	--	--	--
	原住民身分及民族別登記	原住民身分更正登記，應向戶籍地戶政事務所申辦。	原住民身分取得、喪失、變更或回復之登記，以及原住民族別註記或變更，得向全國任一戶政事務所申辦。	V
初設戶籍登記		現住地戶政事務所。	--	--
遷徙登記	遷入登記	--	--	--
	住址變更登記	--	--	--
分合戶登記		V	--	--
出生地登記		--	全國任一戶政事務所。	V
更正登記		V	婚生否認之訴經法院判決確定須辦理親子關係更正父姓名、姓名更正及出生別更正等戶籍登記得向任一戶政事務所申請登記。戶籍地已辦妥出生別變更或更正登記者之關係人，須隨同辦理出生別變更或更正登記者得向任一戶政事務所申請登記。	--
廢止登記		V	廢止監護登記、廢止未成年子女權利義務行使負擔登記及廢止輔助宣告得向任一戶政事務所申請登記。	--

登記種類	登記	限當事人戶籍地戶政事務所	得在其他戶政事務所	得於網路申辦
請領（初補換）國民身分證		持有舊式身分證尚未換領新式國民分證，須向戶籍所在地之戶政事務所辦。	初領、補領：全國任一戶政事務所辦。申請戶籍登記致國民身分證記載事項變更者，向各該申請登記之戶政事務所申請；國民身分證有毀損或更換相片之情形者，得向全國任一戶政事務所申請。	--
請領戶口名簿		初領、全面換領：戶籍地戶政事務所。	補領或換領：全國任一戶政事務所。	--

貳、戶籍法、國籍法、姓名條例重點整理

一、時間編

時間	法規	條號	條文摘要
7日	戶籍法施行細則	第19條第2項	對申請人為戶籍登記申請之催告不得少於7日。
30日	戶籍法	第48條	戶籍登記之申請應於30日內為之。
	國籍法施行細則	第6條第1項但書	本法第3條及第4條所稱每年合計有183日以上……。但於該期間內，因逾期居留，不符合法居留之要件，致居留期間中斷，其逾期居留期間未達30日者，視為居留期間連續不中斷。
		第11條	外國人申請歸化須提出喪失原有國籍證明者，至遲應於屆期30日前檢附已向原屬國申請喪失原有國籍之相關證明文件申請展延。

時間	法規	條號	條文摘要
60日	戶籍法	第48條	出生登記至遲應於60日內為之。
183日	國籍法	第3條 第4條	外國人或無國籍之人申請歸化，每年合計應有183日以上合法居留之事實。
3個月	戶籍法	第16條	遷出原鄉3個月以上為遷出登記。
		第17條	遷入3個月以上為遷入登記。
		第18條	同鄉內住址變更3個月以上為住址變更登記。
	戶籍法 施行細則	第30條	戶口調查及戶籍登記，應查記戶內居住已滿或預期居住3個月以上之現住人口。
1年	國籍法	第9條 第1項本文	外國人申請歸化須於1年內提出喪失原有國籍證明。
		第20條 第4項	國民擔任公職，應於就（到）職之日起1年內完成喪失外國國籍之手續並取得證明文件。
	國籍法 施行細則	第7條 第1項 第2款 第1目	國籍法第3條第1項第4款所謂有相當之財產或專業技能等條件，應具備其中一種情形為：最近1年於國內平均每月收入逾勞動部公告基本工資2倍者。
2年	戶籍法	第16條 第2項	全戶遷徙時，經警察機關編列案號之失蹤人口、矯正機關收容人或出境未滿2年者，應隨同為遷徙登記。
		第16條 第3項	出境2年以上，應為遷出登記。
	戶籍法 施行細則	第5條	戶政事務所應於接獲入出國管理機關之當事人出境滿2年未入境人口通報時，通知應為申請之人限期辦理遷出登記。

時間	法規	條號	條文摘要
2年	國籍法	第4條 第1項 第2款	外國人或無國籍之人欲申請歸化，然配偶已亡故，其與亡故配偶婚姻關係須存續2年以上。
		第19條 第1項本文	歸化、喪失或回復中華民國國籍後，內政部知有與本法之規定不合情形之日起2年得予撤銷。
3年	國籍法	第4條 第1項本文	具備國籍法第3條第1項第2款至第5款要件之外國人或無國籍人欲申請歸化，應每年合計有183日以上合法居留之事實繼續3年以上。
		第18條	國復國籍3年內不得任國籍法第10條第1項各款之公職。
	姓名條例	第15條 第2項	有姓名條例第15條第1項第2款及第3款之情形而不得申請改姓、改名或更改姓名，其期間係自裁判確定之日起至執行完畢滿3年止。
5年	國籍法	第3條 第1項 第1款	外國人或無國籍人申請歸化，應於中華民國領域內，每年合計有183日以上合法居留之事實繼續5年以上。
		第19條 第1項但書	歸化、喪失或回復中華民國國籍後，雖有與本法之規定不合情形，然自歸化、喪失或回復中華民國國籍之日起逾5年，即不得撤銷。
10年	國籍法	第5條 第2款	具備第3條第1項第2款至第5款要件之外國人或無國籍人欲申請歸化，如曾在中華民國領域內合法居留繼續10年以上，亦可申請。
		第10條 第2項	外國人或無國籍人歸化者，不得擔任公職之限制為10年。

二、年齡編

年齡	法規	條號	條文摘要
未滿12歲	戶籍法	第6條	在國內出生未滿12歲之國民（含無依兒童），應為出生登記。
12歲以上		第15條第4款	在國內出生，12歲以上未辦理出生登記，合法居住且未曾出境：應為初設戶籍登記。
14歲	戶籍法	第57條第1項	未滿14歲：得申請發給國民身分證。 年滿14歲：應申請初領國民身分證。
	國籍法施行細則	第8條第1項第2款	未滿14歲或年滿14歲前已入國，且未再出國者，依國籍法第3條至第5條或第7條規定申請歸化者，不用檢附原屬國警察紀錄證明或其他相關證明文件。
		第8條第4項	申請歸化時，未滿14歲者，免查刑事案件紀錄。
		第12條第2項	未滿14歲者，依國籍法第11條規定申請喪失國籍者，免查刑事案件紀錄。
		第15條第1項第2款	未滿14歲、年滿14歲前已入國未再出國或為我國國民之配偶，其外僑居留證之居留事由為依親者，依國籍法第15條第1項或第16條規定申請回復國籍時，免附原屬國警察紀錄證明或其他相關證明文件。
		第15條第2項	未滿14歲者申請回復國籍者，免查刑事案件紀錄。
	姓名條例施行細則	第3條第1項	未滿14歲者得用戶口名簿或戶籍謄本代替國民身分證做為其本名之證明。

年齡	法規	條號	條文摘要
14歲	姓名條例施行細則	第16條	戶政事務所受理14歲以上國民申請改姓、改名或更改姓名者,應向相關機關查詢有無本條例第15條所定情事。
15歲	戶籍法	第72條	各級主管機關及戶政事務所應查記15歲以上人口之教育程度。
15歲	國籍法	第12條	男子如年滿15歲之翌年1月1日起,未免除服兵役義務且尚未服兵役者,如有國籍法第11條規定得申請喪失國籍時,內政部不得為喪失國籍之許可。 但年滿15歲當年12月31日以前遷出國外者,不在此限。
18歲	國籍法	第4條第2項	未婚且未滿十八歲之外國人或無國籍人,有下列情形之一者,在中華民國領域內合法居留雖未滿三年且未具備前條第一項第二款、第四款及第五款要件,亦得申請歸化: 一、父、母、養父或養母現為中華民國國民。 二、現由社會福利主管機關或社會福利機構監護。
18歲	國籍法	第7條	歸化人之未婚且未滿十八歲子女,得申請隨同歸化。
18歲	國籍法	第11條第3項	前項未成年子女,於本法中華民國一百零九年十二月二十九日修正之條文施行前結婚,修正施行後未滿十八歲者,於滿十八歲前仍適用修正施行前之規定。

三、申請人編

登記	狀況	申請人	依據法規	條號
出生登記	一般	父、母、祖父、祖母、戶長、同居人、撫養人	戶籍法	第29條第1項
	無依兒童	兒童及少年福利機構		第29條第2項
	無第29條規定之申請人時	利害關係人		第45條
認領登記	一般	認領人		第30條前段
	認領人不為申請時	被認領人		第30條後段
	無第30條規定之申請人時	利害關係人		第45條
收養登記	一般	收養人或被收養人		第31條
	無第31條規定之申請人	利害關係人		第45條
終止收養登記	一般	收養人或被收養人		第32條
	無第32條規定之申請人	利害關係人		第45條
結婚登記	一般	雙方當事人		第33條本文
	97年5月22以前結婚	當事人之一方		第33條但書
	無第33條第1項但書規定之申請人	利害關係人		第45條
離婚登記	一般	雙方當事人		第34條本文

登記	狀況	申請人	依據法規	條號
離婚登記	但經法院判決、調解等狀況	當事人之一方	戶籍法	第34條但書
	無第34條但書規定之申請人	利害關係人		第45條
原住民身分及民族別登記	一般	本人		第34-1條本文
	本人未婚未成年	法定代理人		第34-1條但書
監護登記		監護人		第35條第1項
輔助登記		輔助人或受輔助宣告之人		第35條第2項
未成年子女權利義務行使負擔登記		行使或負擔之一方或雙方		第35條第3項
死亡登記	一般	配偶、親屬、戶長、同居人、經理殮葬之人、死亡者死亡時之房屋或土地管理人		第36條
	在矯正機關內被執行死刑或其他原因死亡，無人承領	由各該矯正機關通知其戶籍地戶政事務所為死亡登記		第36條
	因災難死亡或死亡者身分不明，經警察機關查明而無人承領時	由警察機關通知其戶籍地戶政事務所為死亡登記		第38條
	無第36條規定之申請人	利害關係人		第45條
死亡宣告登記		聲請死亡宣告者或利害關係人		第39條

登記	狀況	申請人	依據法規	條號
初設戶籍登記	一般	本人或戶長	戶籍法	第40條
	無第40條規定之申請人	利害關係人		第45條
遷徙登記	一般	本人或戶長		第41條第1項
	全戶	戶長		第41條第2項
	依戶籍法第16條第3項規定應為出境人口之遷出登記	戶籍地戶政事務所逕行為之		第42條
	無第41條規定之申請人	利害關係人		第45條
分（合）戶登記	一般	本人或戶長		第43條
	無第43條規定之申請人	利害關係人		第45條
出生地登記	一般	本人或戶籍法第29條規定之申請人（出生登記之申請人）		第44條
	無第44條規定之申請人	利害關係人		第45條
變更、更正、撤銷或廢止登記	一般	本人		第46條前段
	本人不為或不能申請時	原申請人或利害關係人		第46條中段
姓名變更登記	依姓名條例規定申請改姓、冠姓、回復本姓、改名、更改姓名、更正本名	本人或法定代理人	姓名條例	第13條前段
	因收養或終止收養而須改姓者	辦理收養或終止收養登記之申請人		第13條後段

參、綜合型申論題演練

一、正華係在臺灣地區設有戶籍國民，在泰國工作時認識泰國人瑪莎，兩人回臺灣辦竣結婚登記後，瑪莎想要取得我國國籍，請指點她應具備之法定要件為何？並請再告訴她申請歸化時，應取用中文姓名之相關規定及更改中文姓名之次數限制為何？

答：(一) 瑪莎取得我國國籍之法定要件：

1. 國籍法第3條第1項規定外國人申請歸化之一般要件：「外國人或無國籍人，現於中華民國領域內有住所，並具備下列各款要件者，得申請歸化：

   一、於中華民國領域內，每年合計有183日以上合法居留之事實繼續5年以上。

   二、依中華民國法律及其本國法均有行為能力。

   三、無不良素行，且無警察刑事紀錄證明之刑事案件紀錄。

   四、有相當之財產或專業技能，足以自立，或生活保障無虞。

   五、具備我國基本語言能力及國民權利義務基本常識。」

2. 又同法第4條第1項第1款規定：「外國人或無國籍人，現於中華民國領域內有住所，具備前條第1項第2款至第5款要件，於中華民國領域內，每年合計有183日以上合法居留之事實繼續3年以上，並有下列各款情形之一者，亦得申請歸化：

   一、為中華民國國民之配偶，不須符合前條第1項第4款。」

3. 依本題題意，瑪莎為我國國民正華之配偶，欲取得我國國籍，得依國籍法第4條第1項第1款規定之要件為申請，即須符合如下之要件：

   (1)現於我國領域有住所。

   (2)於我國領域內，每年合計有183日以上合法居留之事實繼續3年以上。

   (3)依中華民國法律及其本國法均有行為能力。

   (4)無不良素行，且無警察刑事紀錄證明之刑事案件紀錄。

   (5)具備我國基本語言能力及國民權利義務基本常識。

　(二) 瑪莎取用中文姓名之相關規定及更改中文姓名之次數限制：

　　1. 姓名條例第1條第3項、第4項規定：「中華民國國民與外國人、無
國籍人結婚，其配偶及所生子女之取用中文姓名，應符合我國國民
使用姓名之習慣；外國人、無國籍人申請歸化我國國籍者，其中文
姓名，亦同。
已依前項規定取用中文姓名者，得申請更改中文姓名一次。」
姓名條例施行細則第1條第2項至第5項規定：「外國人、無國籍人
申請歸化中華民國（以下簡稱我國）國籍，或與我國國民結婚，
於辦理結婚登記時，應以書面確定其中文姓名；其子女之中文姓
名，依相關法律規定辦理。依前項取用之中文姓名，得以其中文原
名或外文音譯方式為之。
外國人、無國籍人為我國國民之配偶，申請歸化我國國籍時，其中
文姓名應以我國國民戶籍資料之配偶姓名為準。
外國人、無國籍人申請歸化我國國籍，於許可前與我國國民結
婚，其中文姓名應以申請歸化時之姓名為準。」

　　2. 同條例第2條規定：「辦理戶籍登記、申請歸化或護照時，應取用
中文姓名，並應使用辭源、辭海、康熙等通用字典或教育部編訂之
國語辭典中所列有之文字。姓名文字未使用前項所定通用字典或國
語辭典所列有之文字者，不予登記。」
姓名條例施行細則第5條規定：「國民之本名或外國人、無國籍人
之中文姓名未使用本條例規定辭源、辭海、康熙等通用字典或教育
部編訂之國語辭典中所列有之文字，或該文字屬教育部異體字字
典所列之異體字，當事人得申請更正為上述字（辭）典所列通用文
字、正體字。」

　　3. 同條例第3條規定：「取用中文姓名，應依下列方式為之：
一、姓氏在前，名字在後。但無姓氏者，得登記名字。
二、中文姓氏與名字之間不得以空格或符號區隔。」

　　4. 同條例第4條第2項規定：「外國人、無國籍人於歸化我國取用中
文姓名時，得以原有外文姓名之羅馬拼音並列登記，不受第1條第
1項規定之限制。」

　　5. 綜上所述，瑪莎取用中文姓名之相關規定如上，且依上開規定，其
得更改中文姓名之次數限制為1次。

二、王小華今年45歲，原是我國設有戶籍國民，其申請喪失我國國籍後，欲申請回復我國國籍應檢附那些證明文件？其中文姓名應如何取用？又其經許可回復我國國籍後，應辦理何種戶籍登記？

答：(一) 回復國籍應檢附之證明文件如下所示：

1. 國籍法第15條規定：「依第11條規定喪失中華民國國籍者，現於中華民國領域內有住所，並具備第3條第1項第3款、第4款要件，得申請回復中華民國國籍。

   歸化人及隨同歸化之子女喪失國籍者，不適用前項規定。」

2. 國籍法施行細則第15條規定：「依本法第15條第1項或第16條規定申請回復國籍者，應填具申請書，並檢附下列文件：

   一、有效之外僑居留證或外僑永久居留證。

   二、原屬國警察紀錄證明或其他相關證明文件。但未滿十四歲、年滿十四歲前已入國，且未再出國或為我國國民之配偶，其外僑居留證之居留事由為依親者，免附。

   三、相當之財產或專業技能，足以自立，或生活保障無虞之證明。但申請隨同回復國籍之未成年子女或已取得外僑永久居留證者，免附。

   四、未成年人附繳其法定代理人同意證明。

   五、其他相關身分證明文件。

   戶政事務所於受理前項申請案時，應同時查明申請回復國籍者在我國居住期間之刑事案件紀錄及戶籍資料。但未滿十四歲者，免查刑事案件紀錄。

   依本法第15條第1項規定申請回復國籍，第1項第3款之所得、動產或不動產資料，得由戶政事務所代查。」

(二) 中文姓名之取用：

1. 姓名條例第1條第5項規定：「回復國籍者，應回復喪失中華民國國籍時之中文姓名。」

2. 因此回復國籍者之中文姓名取用，應依上開規定，回復喪失我國國籍時之中文姓名。

(三) 應為之戶籍登記：

  1. 先前在國內未曾設有戶籍而回復國籍者：

    戶籍法第15條第2項規定：「在國內未曾設有戶籍，且有下列情形之一者，應為初設戶籍登記：……二、外國人或無國籍人歸化或回復國籍後，經核准定居。」因此如先前在國內未曾設有戶籍，而回復國籍者，應為初設戶籍登記。

  2. 原設有戶籍而回復國籍者：

    戶籍法第17條第2項規定：「原有戶籍國民遷出國外，持我國護照或入國證明文件入境三個月以上者，應為遷入登記。原有戶籍國民，經許可回復中華民國國籍者，亦同。」如先前有戶籍之國民，回復國籍後，應為遷入登記。

chapter **01**

戶籍法與戶籍法施行細則

戶籍法及戶籍法施行細則是我國戶籍登記最主要依據的根本規定,因此有關「戶籍登記」之相關規定,是最為重要的。尤其是戶籍登記之定義、申請人兩小部分更是考試之重;另外受理機關、申請期限及催告之規定,也是重點所在。而「總則」部分事關整體法規之基本規定,特別是戶籍登記單位、戶籍登記的種類與戶籍資料之定義,要熟稔在心。其餘章節中,「國民身分證及戶口名簿」與「罰則」在考試上也具有相當重要性。

整體說來,申論題考試多以「戶籍登記」部分為考試主軸。而選擇題部分,除戶籍登記外,上述「總則」、「國民身分證及戶口名簿」都是重點考區,然「戶籍資料之申請及提供」、「戶口調查及統計」與「罰則」部分也常有考題出現。至於其他相關法規中,以「國民身分證及戶口名簿格式內容製發相片影像檔建置管理辦法」伴隨「國民身分證及戶口名簿」部分之考題,最為常見。

戶籍法	戶籍法施行細則
總則（§1～§5）	（§1～§8）總則
登記之類別（§6～§20）	
登記之變更、更正、撤銷及廢止（§21～§25）	（§9～§22）戶籍登記
登記之申請（§26～§50）	
國民身分證及戶口名簿（§51～§63）	
戶籍資料之申請及提供（§64～§69）	
戶口調查及統計（§70～§74）	（§23～§34）戶口調查及統計
罰則（§75～§81）	
附則（§82～§83）	（§35～§36）附則

第一節／總則及附則

戶籍法　　　　　　　　　　　　　　　　　　　　**戶籍法施行細則**

─ 立法目的§1

─ 施行細則法源§82 ─────────────── §1施行細則法源 ─

─ 施行日§83 ─────────────────── §36施行日 ─

─ 主管機關、業務機關　　　　　　　　　　　　　　主管機關、業務機關

　　┌ §2 ─────────────────────── §2 ┐

　　└ §5

─ 戶籍登記單位§3 ──────────────┐ § 3 　戶籍登記單位 ─

　　　　　　　　　　　　　　　　　　　　　　└ §4 ┘

─ 戶籍登記種類　　　　　　　　　　　　　　　　　遷徙登記特別規定 ─

　┌ 身分變動類§4①（共9目）　　　　　　　　　　　§5 ┐

　├ 地域變動類§4②～⑤　　　　　　　　　　　　　§6 ┘

　└ 其他§4⑥

─ 戶籍登記資料§5-1 ─────────────── §7戶籍登記資料 ─

(一)立法目的

戶籍法	戶籍法施行細則
第1條　中華民國人民戶籍之登記，依本法之規定。	--

> 說明 戶籍法（下稱本法）第1條之規定，為戶籍法之立法目的。因此有關我
> 　　　國人民各類戶籍登記之基本法，即為戶籍法。

(二)施行細則之法源

戶籍法	戶籍法施行細則
第82條 本法施行細則，由中央主管機關定之。	**第1條** 本細則依戶籍法（以下簡稱本法）第八十二條規定訂定之。

説明 1. 本法第82條規定戶籍法施行細則（下稱本細則）應由中央主管機關（即內政部，詳見本法第2條）定之。
　　2. 因此在本細則第1條明文說明本細則之立法依據。

(三)施行日期

戶籍法	戶籍法施行細則
第83條 本法除第十條、第二十六條、第三十三條、第四十五條、第六十九條自中華民國九十七年五月二十三日施行，第四條第一款第六目、第十二條、第三十五條第二項、第四十八條第四項有關輔助登記部分之施行日期由行政院定之外，自公布日施行。本法修正條文自公布日施行。	**第36條** 本細則自發布日施行。

説明 本法第83條及本細則第36條，則是分別規定本法及本細則之施行日期。

(四)主管機關與業務機關

戶籍法	戶籍法施行細則
第2條 本法所稱主管機關：在中央為內政部；在直轄市為直轄市政府；在縣（市）為縣（市）政府。	**第2條** 為辦理戶籍行政業務，在直轄市、縣（市）政府為其民政機關（單位）。
第5條 戶籍登記，由直轄市、縣（市）主管機關於其轄區內分設戶政事務所辦理。	**第6條** 申請人依本法第十七條第二項規定辦理遷入登記，應向遷入地戶政事務所為之。

> 說明 1. 本法第2條規定本法之主管機關，依層級分為：
> 　　　 (1)中央層級：內政部。
> 　　　 (2)直轄市：直轄市政府。
> 　　　 (3)縣（市）：縣（市）政府。
> 　　 2. 另本法第5條則規定戶籍登記的辦理機關，則為直轄市、縣（市）主
> 　　　 管機關於其轄區內分設戶政事務所，以辦理相關業務。
> 　　 3. 至於戶籍行政業務，則依本細則第2條之規定，由直轄市、縣（市）
> 　　　 政府之民政機關（或單位）辦理。

(五)戶籍登記之單位 　　　　　　　　　　　【108普考】

戶籍法	戶籍法施行細則
第3條　戶籍登記，以戶為單位。在一家，或同一處所同一主管人之下共同生活，或經營共同事業者為一戶，以家長或主管人為戶長；單獨生活者，得為一戶並為戶長。 一人同時不得有二戶籍。	**第3條**　戶之區分如下： 一、共同生活戶：在同一家或同一處所共同生活之普通住戶。 二、共同事業戶：在同一處所同一主管人之下經營共同事業之工廠、商店、寺廟、機關、學校或其他公私場所。 三、單獨生活戶：單獨居住一處所而獨立生活者。 同一處所有性質不同之戶並存者，應依其性質分別立戶。共同事業戶有名稱者，應標明其名稱。 **第4條**　共同生活戶內之人口，其排列次序如下： 一、戶長。　　　　　二、戶長之配偶。 三、戶長之直系尊親屬。　四、戶長之直系卑親屬。 五、戶長之旁系親屬。　　六、其他家屬。 七、寄居人。 共同事業戶內之人口，其排列次序如下： 一、戶長。　　二、受僱人。　　三、學生。 四、收容人。　五、其他成員。　六、寄居人。 共同事業戶戶長另設有共同生活戶或單獨生活戶者，應註明其戶籍地址。

說明 1. 本法第3條規定戶籍登記，以「戶」為單位。

(1) 就戶之定義及戶長，規定於第2項。

A. 在一家，或同一處所同一主管人之下共同生活，或經營共同事業者為一戶，以家長或主管人為戶長。

B. 單獨生活者，得為一戶並為戶長。

(2) 第3項則規定一人同時不得有二戶籍，以免有重複設戶籍之狀況發生。

2. 本細則第3條之規定，又對「戶」加以區分說明。

(1) 就本法第3條第2項前段之規定，在本細則第3條第1項又將其區分為共同生活戶與共同事業戶（第1款及第2款）

(2) 至本法第3條第2項後段之規定，則以本細則第3條第1項第3款之規定加以定義。

3. 本細則第4條則共同生活戶及共同事業戶內之人口排列次序加以規定。

4. 整理表列如下：

	共同生活戶	共同事業戶	單獨生活戶
本法定義	在一家，或同一處所同一主管人之下共同生活	在一家，或同一處所同一主管人之下經營共同事業	單獨生活
本細則之區分	在同一家或同一處所共同生活之普通住戶	在同一處所同一主管人之下經營共同事業之工廠、商店、寺廟、機關、學校或其他公私場所	單獨居住一處所而獨立生活者
戶長	家長	主管人	單獨生活之本人

	共同生活戶	共同事業戶	單獨生活戶
人口排列次序	一、戶長。 二、戶長之配偶。 三、戶長之直系尊親屬。 四、戶長之直系卑親屬。 五、戶長之旁系親屬。 六、其他家屬。 七、寄居人。	一、戶長。 二、受僱人。 三、學生。 四、收容人。 五、其他成員。 六、寄居人。	--
整體規定	一、戶籍登記，以戶為單位。 二、一人同時不得有二戶籍。 三、同一處所有性質不同之戶並存者，應依其性質分別立戶。共同事業戶有名稱者，應標明其名稱。 四、共同事業戶戶長另設有共同生活戶或單獨生活戶者，應註明其戶籍地址。		

(六)戶籍登記種類

戶籍法	戶籍法施行細則
第4條　戶籍登記，指下列登記： 一、身分登記： 　　(一)出生登記。　　　　(二)認領登記。 　　(三)收養、終止收養登記。　(四)結婚、離婚登記。 　　(五)監護登記。　　　　(六)輔助登記。 　　(七)未成年子女權利義務行使負擔登記。 　　(八)死亡、死亡宣告登記。 　　(九)原住民身分及民族別登記。 二、初設戶籍登記。	--

戶籍法	戶籍法施行細則
三、遷徙登記： 　　(一)遷出登記。　　　(二)遷入登記。 　　(三)住址變更登記。 四、分（合）戶登記。 五、出生地登記。 六、依其他法律所為登記。	--

說明 本法第4條就戶籍登記項目為規定，基本上有6款，可分為：

　　1. 以身分變動為分類依據，為第1款之規定。又可分成共9目之規定。

　　2. 以地域變動為分類依據，為第2款到第5款之情況。

　　3. 為因應其他法律新增戶籍登記事項之規定時，戶政機關可配合該法律辦理戶籍登記項目，並考量其他法律新增戶籍登記事項規定時，可能同時增訂申請權利義務人及申請程序等相關配套措施，或準用本法現有之規定，因此增列第6款「依其他法律所為登記」之規定。

(七)遷徙登記特別規定

戶籍法	戶籍法施行細則
--	**第5條**　戶政事務所應於接獲入出國管理機關之當事人出境滿二年未入境人口通報時，通知應為申請之人限期辦理遷出登記；未依限辦理遷出登記者，戶政事務所於查核當事人戶籍資料後，得依本法第四十二條規定逕行為之，並通知應為申請之人。 **第6條**　申請人依本法第十七條第二項規定辦理遷入登記，應向遷入地戶政事務所為之。

說明 1. 本細則第5條是戶政事務所應於接獲入出國管理機關之當事人出境滿2年未入境人口通報時，所應為之相關職權通知及職權登記事宜。

　　2. 本細則第6條特別就遷入登記部分，應向何地之戶政事務所辦理登記為規定。因為遷入A地之前，伴隨著從B地遷出，修法前應先為遷出登記，始得為遷入登記。然修法後僅須為遷入登記，因此應在何地之戶政事務所辦理，應加以規定，以免混亂。

(八)戶籍登記資料　重要

戶籍法	戶籍法施行細則
第5-1條　本法所稱戶籍資料,指現戶戶籍資料、除戶戶籍資料、日據時期戶口調查簿資料、戶籍登記申請書、戶籍檔案原始資料、簿冊及電腦儲存媒體資料。 前項所稱現戶戶籍資料,指同一戶長戶內現住人口、曾居住該址之遷出國外、死亡、受死亡宣告及廢止戶籍之非現住人口戶籍資料;除戶戶籍資料,指戶長變更前戶籍資料。 現戶戶籍資料、除戶戶籍資料及戶籍登記申請書格式內容,由中央主管機關定之。	**第7條**　各機關需用戶籍資料,得請戶政機關提供或自行抄錄、查對。 前項需用戶籍資料機關已建置電腦化作業者,應依規定申請與戶政資訊系統連結,取得戶籍資料。

説明 1. 本法第5-1條為104年1月21日修正時所新增。
　　　(1)其原為本細則第8條之規定,然因有關戶籍資料之定義,屬重要事項,因此於修法時提升至本法規範之,定明戶籍資料形態,並酌作文字修正。
　　　(2)第2項定明現戶戶籍資料及除戶戶籍資料之定義。
　　　(3)第3項明定,現戶戶籍資料、除戶戶籍資料及戶籍登記申請書格式內容,由中央主管機關定之。
　　　(4)另日據時期戶口調查簿資料、戶籍檔案原始資料、簿冊為過去已既定模式檔存。電腦儲存媒體資料係依各資料內容格式檔存。
　　2. 本細則第7條就各機關需用戶籍資料,得請戶政機關提供或自行查抄等行為提供法源依據。

歷年精選試題

選擇題

( ) **1** 下列何者不屬於身分登記？ (A)出生登記 (B)收養登記 (C)遷出登記 (D)離婚登記。 【103身障特考】

( ) **2** 下列何者非屬戶籍上之身分登記？ (A)出生地登記 (B)死亡宣告登記 (C)輔助登記 (D)認領登記。 【103地方特考】

( ) **3** 原住民身分及民族別登記，係何種法律規定登記項目？ (A)戶籍法 (B)國籍法 (C)姓名條例 (D)原住民族基本法。 【104地方特考】

( ) **4** 中華民國人民戶籍之登記，依何種法律規定？ (A)民法 (B)戶籍法 (C)國籍法 (D)姓名條例。 【105身障特考】

( ) **5** 一人同時可有幾個戶籍？ (A)單1戶籍 (B)2個戶籍 (C)3個戶籍 (D)不限戶籍數。 【105身障特考】

( ) **6** 下列何者屬戶籍登記項目之身分登記？ (A)死亡登記 (B)初設戶籍登記 (C)遷入登記 (D)合戶登記。 【105身障特考】

( ) **7** 戶籍登記，由轄區內之何機關（單位）辦理？ (A)移民署服務站 (B)警察分駐（派出）所 (C)鄉（鎮、市、區）公所 (D)戶政事務所。 【105身障特考】

( ) **8** 戶籍登記申請書格式內容，由下列何機關定之？
(A)直轄市、縣（市）政府 (B)內政部
(C)行政院 (D)戶政事務所。 【105身障特考】

( ) **9** 下列敘述，何者正確？ (A)戶籍登記以家為單位 (B)戶籍登記不必考慮當事人之國籍 (C)一人同時不得有二戶籍 (D)單獨生活不可為一戶。 【105原住民特考】

( ) **10** 戶籍行政地方主管機關為何？ (A)縣市政府 (B)內政部 (C)戶政事務所 (D)縣市政府民政局。 【105原住民特考】

( )**11** 下列何者不是屬於現戶戶籍資料？ (A)同一戶長戶內受死亡宣告之非現住人口戶籍資料 (B)同一戶長戶內之現住人口戶籍資料 (C)戶長變更前之戶籍資料 (D)同一戶長戶內廢止戶籍之非現住人口戶籍資料。 【105地方特考】

( )**12** 下列何者為遷徙登記之一種？ (A)出生登記 (B)出生地登記 (C)住址變更登記 (D)分（合）戶登記。 【106身障特考】

( )**13** 下列何者非屬戶籍法規定之登記？ (A)認領登記 (B)終止認領登記 (C)結婚登記 (D)離婚登記。 【106身障特考】

( )**14** 下列何者屬除戶戶籍資料？ (A)同一戶長戶內現住人口戶籍資料 (B)曾居住該址之遷出國外、死亡、受死亡宣告之非現住人口戶籍資料 (C)廢止戶籍之非現住人口戶籍資料 (D)戶長變更前戶籍資料。 【106身障特考】

( )**15** 下列登記，何者屬身分登記？
(A)初設戶籍登記 (B)未成年子女權利義務行使負擔登記 (C)分（合）戶登記 (D)出生地登記。 【106身障特考】

( )**16** 下列何者非屬身分登記？ (A)出生登記 (B)出生地登記 (C)死亡宣告登記 (D)未成年子女權利義務行使負擔登記。 【106身障特考】

( )**17** 「輔助登記」是屬於戶籍登記中的那一類？ (A)身分登記 (B)分（合）戶登記 (C)遷徙登記 (D)出生地登記。 【106身障特考】

( )**18** 有關戶籍登記項目，下列何者並非屬遷徙登記？ (A)遷出登記 (B)分戶登記 (C)遷入登記 (D)住址變更登記。 【106原住民特考】

( )**19** 下列何者不屬於現戶戶籍資料？ (A)同一戶長戶內曾居住該址受死亡宣告之人口戶籍資料 (B)同一戶長戶內曾居住該址之遷出國外人口戶籍資料 (C)戶長變更前曾居住該址之人口戶籍資料 (D)同一戶長戶內廢止戶籍之非現住人口戶籍資料。 【106原住民特考】

( )**20** 依據戶籍法，申請書格式內容，由中央主管機關定之者，不包括下列何者？ (A)現戶戶籍資料 (B)除戶戶籍資料 (C)戶籍登記申請書格式內容 (D)日據時期戶口調查簿資料。 【107身障特考】

（　　）**21** 下列何者並非是遷徙登記之內容？　(A)遷出登記　(B)遷入登記　(C)住址變更登記　(D)出生地登記。　　　　　　　【107原住民特考】

（　　）**22** 下列何者，不在戶籍法所規定的身分登記範圍內？　(A)認領登記　(B)輔助登記　(C)死亡、死亡宣告登記　(D)血型登記。　　　　　　　　　　　　　　　　　　　　【107原住民特考】

（　　）**23** 下列何者非屬戶籍登記中的身分登記？　(A)認領登記　(B)監護登記　(C)輔助登記　(D)出生地登記。　　　　　　　【105普考】

（　　）**24** 下列對現戶戶籍資料範圍或定義的敘述，何者錯誤？　(A)戶長變更前戶籍資料　(B)同一戶長內現住人口戶籍資料　(C)曾居住該址之遷出國外戶籍資料　(D)受死亡宣告之戶籍資料。　　【105普考】

（　　）**25** 依戶籍法規定，戶籍登記以下列何者為其單位？　(A)夫妻　(B)個人　(C)鄰里　(D)戶。　　　　　　　　　　　【105普考】

（　　）**26** 戶籍登記中的身分登記，不包含下列何者？　(A)認領登記　(B)離婚登記　(C)繼承登記　(D)死亡登記。　　　　【105地特四等】

（　　）**27** 下列何者屬於戶籍登記之身分登記？　(A)出生地登記　(B)監護登記　(C)遷徙登記　(D)初設戶籍登記。　　　　【106地特四等】

（　　）**28** 共同事業戶內之人口排序，下列何者正確？　(A)戶長、寄居人、受僱人、學生、收容人、其他成員　(B)戶長、受僱人、學生、收容人、其他成員、寄居人　(C)戶長、收容人、受僱人、寄居人、學生、其他成員　(D)戶長、受僱人、收容人、學生、寄居人、其他成員。　　　　　　　　　　　　　　　　　【106普考】

（　　）**29** 下列有關戶之設立，何種情形符合戶籍法規？　(A)普通住戶可為共同事業戶　(B)共同生活戶有名稱者，應標明其名稱　(C)同一處所可有性質不同之戶並存　(D)公私場所可設共同生活戶。　　　　　　　　　　　　　　　　【103地方特考】

（　　）**30** 戶籍法規明定之戶籍登記申請書應載明事項，下列何者未予納入？　(A)戶長國民身分證統一編號　(B)戶號　(C)申請人住址　(D)申請人國民身分證統一編號。　　　　　　　　　　【103地方特考】

( ) **31** 下列何種情形違反戶籍法規？　(A)共同事業戶戶長亦可另設有共同生活戶　(B)未成年人單獨生活得為一戶並為戶長　(C)共同事業戶內寄居人排序在其他成員之前　(D)一人同時不得有二戶籍。

( ) **32** 在同一家或同一處所共同生活之普通住戶，應如何稱呼？
(A)共同事業戶　(B)共同生活戶　(C)單獨事業戶　(D)單獨生活戶。　　　　　　　　　　　　　　　　　　　　　　【105身障特考】

( ) **33** 在同一處所同一主管人之下經營共同事業之寺廟，應如何稱呼？
(A)共同事業戶　(B)共同生活戶　(C)單一生活戶　(D)單一事業戶。　　　　　　　　　　　　　　　　　　　　　　【105身障特考】

( ) **34** 在同一家共同生活之普通住戶中，下列4個戶內人口排列次序，何者最後？　(A)戶長之配偶　(B)戶長之旁系親屬　(C)戶長之直系尊親屬　(D)戶長之直系卑親屬。　　　　　　　　　　　　　【105身障特考】

( ) **35** 在同一處所共同生活之普通住戶，稱為何種戶？　(A)共同生活戶　(B)共同事業戶　(C)單獨生活戶　(D)普通住戶。　　【105原住民特考】

( ) **36** 依戶籍法施行細則，下列何者並非戶籍法所稱之戶？　(A)共同生活戶　(B)共同事業戶　(C)單獨生活戶　(D)單獨事業戶。　　【105原住民特考】

( ) **37** 共同事業戶內之下列人口：A.寄居人；B.學生；C.受僱人；D.其他成員，其登記排列次序為：　(A)A.B.C.D.　(B)C.B.A.D.　(C)B.C.A.D.　(D)C.B.D.A.。　　　　　　　　　　　　　　　【106原住民特考】

( ) **38** 在同一家或同一處所共同生活之普通住戶，稱之為：　(A)普通生活戶　(B)共同生活戶　(C)共同事業戶　(D)單獨生活戶。　　【106原住民特考】

( ) **39** 戶政事務所應於接獲入出國管理機關之當事人出境滿幾年未入境人口通報時，通知應為申請之人限期辦理遷出登記？　(A)一年　(B)二年　(C)三年　(D)四年。　　　　　　　　　　　　　【107原住民特考】

( ) **40** 戶籍登記，以戶為單位。下列何者非戶之區分類型？　(A)共同生活戶　(B)共同事業戶　(C)單獨生活戶　(D)單獨事業戶。　　【106身障特考】

解答

1 (C)	2 (A)	3 (A)	4 (B)	5 (A)	6 (A)	7 (D)	8 (B)	9 (C)
10 (A)	11 (C)	12 (C)	13 (B)	14 (D)	15 (B)	16 (B)	17 (A)	18 (B)
19 (C)	20 (D)	21 (D)	22 (D)	23 (D)	24 (A)	25 (D)	26 (C)	27 (B)
28 (B)	29 (C)	30 (A)	31 (C)	32 (B)	33 (A)	34 (B)	35 (A)	36 (D)
37 (D)	38 (B)	39 (B)	40 (D)					

申論題

一、試根據戶籍法規定,回答下列問題:(一)何謂戶籍資料?(二)何謂現戶戶籍資料?(三)何謂除戶戶籍資料? 【105地特四等】

答:(一) 戶籍資料之定義:戶籍法第5-1條第1項規定:「本法所稱戶籍資料,指現戶戶籍資料、除戶戶籍資料、日據時期戶口調查簿資料、戶籍登記申請書、戶籍檔案原始資料、簿冊及電腦儲存媒體資料。」

(二) 現戶戶籍資料之定義:同條第2項前段規定:「前項所稱現戶戶籍資料,指同一戶長戶內現住人口、曾居住該址之遷出國外、死亡、受死亡宣告及廢止戶籍之非現住人口戶籍資料;……」等語即是。

(三) 除戶戶籍資料之定義:同條第2項後段規定:「……除戶戶籍資料,指戶長變更前戶籍資料。」此即為除戶戶籍資料之定義。

二、依戶籍法施行細則之規定,「戶」可分為那幾種? 【108普考】

答:1.戶籍法第2條規定:「戶籍登記,以戶為單位。

在一家,或同一處所同一主管人之下共同生活,或經營共同事業者為一戶,以家長或主管人為戶長;單獨生活者,得為一戶並為戶長。

一人同時不得有二戶籍。」

2.至於「戶」的區分則規定在戶籍法施行細則第3條中:「戶之區分如下:

一、共同生活戶:在同一家或同一處所共同生活之普通住戶。

二、共同事業戶：在同一處所同一主管人之下經營共同事業之工廠、
　　商店、寺廟、機關、學校或其他公私場所。
三、單獨生活戶：單獨居住一處所而獨立生活者。
同一處所有性質不同之戶並存者，應依其性質分別立戶。共同事業戶
有名稱者，應標明其名稱。」
因此依戶籍法施行細則第3條第1項，戶可區分為共同生活戶、共同事
業戶和單獨生活戶。

第二節　戶籍登記

戶籍法規定（→戶籍法施行細則§9～§22）										
種類		申請人							催告	
定義	名稱	一般	無可申請人得由利害關係人申請	委託申請（原則可，例外須有正當理由經核准）	受理機關	申請方式	申請期限		免催告逕行為之	經催告仍不申請，應逕行為之
		§45		§47	§26	§27、28	§48		§48-1	§48-2
§6	出生登記	§29	V		§26①	V	60日			V
§7	認領登記	§30	V	V	§26①	V	30日			
§8	收養登記	§31	V		§26①	V	30日			
	終止收養登記	§32	V	V	§26①	V	30日			
§9	結婚登記	§33	§33I但	V	§26②～④	V	30日			
	離婚登記	§34	§34但	兩願離婚部分		V	30日			
§11	監護登記	§35I			§26①	V	30日			V
§12	輔助登記	§35II			§26①	V	30日			V
§13	未成年子女權利義務負擔登記	§35III			§26①	V	30日			V

戶籍法規定（→戶籍法施行細則§9～§22）									
種類		申請人			受理機關	申請方式	申請期限	催告	
定義	名稱	一般	無可申請人得由利害關係人申請	委託申請（原則可，例外須有正當理由經核准）	受理機關	申請方式	申請期限	免催告逕行為之	經催告仍不申請，應逕行為之
			§45	§47	§26	§27、28	§48	§48-1	§48-2
§14	死亡登記	§36	V		§26①	V	30日		V
		§37、38							
	死亡宣告登記	§39			§26①	V	30日	V	
§14-1	原住民身分及民族別登記	§34-1			§26①	V	30日		
§15	初設戶籍登記	§40	V		§26⑤	V	30日		V
§16	遷出登記	§41	V		§26⑥	V	30日		V
§17	遷入登記	§42			§26①	V	30日		V
§18	住址變更登記				§26①	V	30日		V
§19	分（合）戶登記	§43	V		§26①	V	30日		V
§20	出生地登記	§44	V		§26①	V	30日		V
§21	變更	§46				V	30日 + §25		
§22	更正					V			V
§23	撤銷					V			V
§24	廢止					V			V
	其他							§48-1 ②～⑥	§48-2⑨

一、各類戶籍登記之說明　

(一)身分登記之定義

戶籍法	種類	為該種登記之情況
第6條 【110地特四等】	出生登記	在國內出生未滿十二歲之國民,應為出生登記。無依兒童尚未辦理出生登記者,亦同。
第7條	認領登記	認領,應為認領登記。
第8條	收養登記	收養,應為收養登記。
	終止收養登記	終止收養,應為終止收養登記。
第9條	結婚登記	結婚,應為結婚登記。
	離婚登記	離婚,應為離婚登記。
第11條	監護登記	對於無行為能力人或限制行為能力人,依法設置、選定、改定、酌定、指定或委託監護人者,應為監護登記。　【105高考、107高考、107普考】
第12條	輔助宣告登記	因精神障礙或其他心智缺陷,致為意思表示或受意思表示,或辨識其意思表示效果之能力,顯有不足之情事,經法院為輔助之宣告者,應為輔助登記。　【105高考、107普考】
第13條	未成年子女權利義務行使負擔登記	對於未成年子女權利義務之行使或負擔,經父母協議或經法院裁判確定、調解或和解成立由父母一方或雙方任之者,應為未成年子女權利義務行使負擔登記。　【105高考、107高考】
第14條	死亡登記 死亡宣告登記	死亡或受死亡宣告,應為死亡或死亡宣告登記。檢察機關、軍事檢察機關、醫療機構於出具相驗屍體證明書、死亡證明書或法院為死亡宣告之裁判確定後,應將該證明書或裁判要旨送當事人戶籍地直轄市、縣(市)主管機關。 前項辦理程序、期限、方式及其他應遵行事項之辦法,由中央主管機關定之。

戶籍法	種類	為該種登記之情況
第14-1條 【111高考】	原住民身分及民族別登記	原住民身分及民族別之取得、喪失、變更或回復，應為原住民身分及民族別登記。前項登記，依原住民身分法及其相關法規規定辦理。

説明 1. 本法第6條規定應為出生登記之情況。104年1月21日修法時之修正理由為：「依兒童及少年福利與權益保障法第2條『兒童』之定義，指未滿12歲之人，爰配合修正國內出生未滿12歲之國民，應為出生登記。另12歲以上者，應依修正條文第15條第2項規定辦理初設戶籍登記。」

2. 本法第7條規定應為認領登記之情況。

(1)民法第1065條規定：「非婚生子女經生父認領者，視為婚生子女。其經生父撫育者，視為認領。非婚生子女與其生母之關係，視為婚生子女，無須認領。」

(2)認領是指認領人與被認領人間具有事實親子血緣關係，而透由民法上認領之規定，使非婚生子女經認領而溯及於出生時，視為生父之婚生子女。

(3)民法就認領之方法並無要式之規定，除可直接為意思表示，亦可透由間接撫育行為（如按月給付撫養費）為之。因此本法第7條就「認領，應為認領登記。」之規定，僅為認領之證明方法（參法務部100年3月31日法律字第1000006994號函釋意旨）。

3. 本法第8條規定應為收養及終止收養登記之情況。

(1)有關收養，民法主要在第1072條規定：「收養他人之子女為子女時，其收養者為養父或養母，被收養者為養子或養女。」

(2)至於終止收養，則主要依同法第1080條第1項規定：「養父母與養子女之關係，得由雙方合意終止之。」及同法第1080-1條第1項規定：「養父母死亡後，養子女得聲請法院許可終止收養。」

(3)收養與認領兩種狀況並不相同，收養者與被收養者間不但無事實上之親子血緣關係，且是否具備血緣關係亦在所不論。但須受民法相關規定之限制。

(4)臺灣高等法院102年度家上字第86號民事判決要旨謂：「養父母與養子女之關係，得由雙方合意終止之，前項終止，應以書面為之。民法第1080條第1項、第2項前段分別定有規定。是收養關係之合

意終止，僅須作成終止收養之書面合意即為已足，不以戶籍登記為要件。至戶籍法第8條第2項『終止收養，應為終止收養登記』之規定，僅為行政機關基於戶政管理之便，避免戶籍登記內容與實際身分關係不一，而課予當事人之行政法上義務，並非終止收養關係之成立或生效要件。」

4. 本法第9條規定應為結婚及離婚登記之情況。

(1)民法第982條規定：「結婚應以書面為之，有二人以上證人之簽名，並應由雙方當事人向戶政機關為結婚之登記。」至兩願離婚之形式要件，民法第1050條規定：「兩願離婚，應以書面為之，有二人以上證人之簽名並應向戶政機關為離婚之登記。」因此結婚與兩願離婚，均以雙方當事人向戶政機關登記為成立要件。

(2)另經法院調解或和解成立之離婚，則於同法第1052-1條規定：「離婚經法院調解或法院和解成立者，婚姻關係消滅。法院應依職權通知該管戶政機關。」該規定賦予法院調解離婚或法院和解離婚成立者一定之法律效果；並避免因當事人未至戶政機關作離婚登記而影響其本人及相關者之權益。因此就離婚經法院調解或法院和解成立者，則不以至戶政機關作離婚登記為成立要件。

5. 本法第11條規定應為監護登記之情況。

(1)關於監護，民法之主要規定如下：

A.民法第14條規定：「對於因精神障礙或其他心智缺陷，致不能為意思表示或受意思表示，或不能辨識其意思表示之效果者，法院得因本人、配偶、四親等內之親屬、最近一年有同居事實之其他親屬、檢察官、主管機關、社會福利機構、輔助人、意定監護受任人或其他利害關係人之聲請，為監護之宣告。

受監護之原因消滅時，法院應依前項聲請權人之聲請，撤銷其宣告。法院對於監護之聲請，認為未達第1項之程度者，得依第15條之1第1項規定，為輔助之宣告。

受監護之原因消滅，而仍有輔助之必要者，法院得依第15條之1第1項規定，變更為輔助之宣告。」

而受監護宣告之人，其行為能力則規定在民法第15條：「受監護宣告之人，無行為能力。」

B. 民法第1091條規定：「未成年人無父母，或父母均不能行使、負擔對於其未成年子女之權利、義務時，應置監護人。」

C. 民法第1092條規定：「父母對其未成年之子女，得因特定事項，於一定期限內，以書面委託他人行使監護之職務。

D. 民法第1093條第1項則規定：「最後行使、負擔對於未成年子女之權利、義務之父或母，得以遺囑指定監護人。」

(2) 因此依本法第11條之規定，是參酌民法、民事訴訟法及行政院送請司法院會銜函送立法院審議之民法親屬編部分條文修正案相關規定，而於97年修法時所增列應辦理監護登記之情形。

6. 本法第12條規定應為輔助登記之情況。

(1) 民法第15-1條規定：「對於因精神障礙或其他心智缺陷，致其為意思表示或受意思表示，或辨識其意思表示效果之能力，顯有不足者，法院得因本人、配偶、四親等內之親屬、最近一年有同居事實之其他親屬、檢察官、主管機關或社會福利機構之聲請，為輔助之宣告。

受輔助之原因消滅時，法院應依前項聲請權人之聲請，撤銷其宣告。受輔助宣告之人有受監護之必要者，法院得依第十四條第一項規定，變更為監護之宣告。」

受輔助宣告之人，因其精神障礙或其他心智缺陷的狀況較輕微，因此其行為能力在法律上受到的保護和限制較受監護人弱。

(2) 本法第12條係於97年修法時，配合當時民法總則編部分條文修正增訂之第14條及第15-1條有關「輔助之宣告」之規定，而增訂本條。

7. 本法第13條規定應為未成年子女權利義務行使負擔登記之情況。

(1) 民法第1089條規定：「對於未成年子女之權利義務，除法律另有規定外，由父母共同行使或負擔之。父母之一方不能行使權利時，由他方行使之。父母不能共同負擔義務時，由有能力者負擔之。

父母對於未成年子女重大事項權利之行使意思不一致時，得請求法院依子女之最佳利益酌定之。

法院為前項裁判前，應聽取未成年子女、主管機關或社會福利機構之意見。」

(2) 本法第13條之規定為97年修法時新增，爾後在104年1月21日修法時，為配合家事事件法之施行，並符合法院現行實務，有關未成年

　　子女權利義務之行使或負擔經法院調解或和解成立，亦應為未成年子女權利義務行使負擔登記，而增列「調解或和解成立」文字。

8. 本法第14條規定應為死亡登記及死亡宣告登記之情況。

(1) 死亡登記與死亡宣告登記並不同。死亡登記是指一般狀況有人死亡時所為之登記。

(2) 而所謂「死亡宣告」，乃係對於因失蹤而生死不明之自然人於經過一段時間後，授權法院得因利害關係人或檢察官之聲請，進而以裁判宣告失蹤人死亡之程序（參照民法第8條以下規定）。其目的則在於使得利害關係人在財產或親屬上的法律關係能夠早日予以確定，避免懸而不決造成困擾。民法第8條規定：「失蹤人失蹤滿七年後，法院得因利害關係人或檢察官之聲請，為死亡之宣告。

失蹤人為八十歲以上者，得於失蹤滿三年後，為死亡之宣告。

失蹤人為遭遇特別災難者，得於特別災難終了滿一年後，為死亡之宣告。」當失蹤人受死亡宣告後，以死亡宣告以判決內所確定死亡之時，推定其為死亡。

(3) 關於本法第14條之規定，因家事事件法於101年制定公布並施行時，將宣告死亡事件非訟化，該法第3條第4項第1款宣告死亡事件為丁類家事非訟事件，並於第四編第九章定其適用程序。該法第159條規定：「宣告死亡之裁定應確定死亡之時。宣告死亡之裁定，於其對聲請人、生存陳報人及前條第1項所定之人確定時發生效力。前項裁定生效後，法院應以相當之方法，將該裁定要旨公告之。」為配合上開規定，本法第14條就第2項文字酌以修正。另依102年8月13日修正公布之軍事審判法第1條及第237條規定，戰時仍有由軍事檢察官相驗之必要，而將第2項相關文字仍予保留。

9. 本法第14-1條規定應為原住民身分及民族別登記之情況。

(1) 本法第14-1條係於104年1月21日修法時，新增訂本條明確規範辦理原住民身分及民族別登記之情形。

(2) 有關原住民身分及民族別之相關規定，主要是依原住民身分法及原住民民族別認定辦法辦理。

(二)初設戶籍登記

戶籍法	種類	為該種登記之情況
重要 第15條	初設 戶籍登記	在國內未曾設有戶籍，且有下列情形之一者，應為初設戶籍登記： 一、中華民國國民入境後，經核准定居。 二、外國人或無國籍人歸化或回復國籍後，經核准定居。 三、大陸地區人民或香港、澳門居民，經核准定居。 四、在國內出生，十二歲以上未辦理出生登記，合法居住且未曾出境。 【112地特四等、113普考】

說明 1. 本法第15條規定應為初設戶籍登記之情況。

2. 須注意：

(1) 本法第6條已明確規定應為出生登記之對象為「在國內出生未滿12歲之國民」，因此本條第4款在104年1月21日修法時配合修正為「在國內出生，12歲以上未辦理出生登記，合法居住且未曾出境」，以資明確。

(2) 另有關當事人於國內出生未辦理出生登記即以外國國籍身分出境僑居國外，嗣後持憑我國護照入境，係屬無戶籍國民，應依第1款規定經核准定居後，申請初設戶籍。

(三)遷徙登記

戶籍法	種類	為該種登記之情況
重要 第16條 【110普考】	遷出登記	遷出原鄉（鎮、市、區）三個月以上，應為遷出登記。但法律另有規定、因服兵役、國內就學、入矯正機關收容、入住長期照顧機構或其他類似場所者，得不為遷出登記。 全戶遷徙時，經警察機關編列案號之失蹤人口、矯正機關收容人或出境未滿二年者，應隨同為遷徙登記。

戶籍法	種類	為該種登記之情況
重要 **第16條** 【110普考】	遷出登記	出境二年以上，應為遷出登記。但有下列情形之一者，不適用之： 一、因公派駐境外之人員及其眷屬。 二、隨我國籍遠洋漁船出海作業。 我國國民出境後，未持我國護照或入國證明文件入境者，其入境之期間，仍列入出境二年應為遷出登記期間之計算。 　　　　　　　　　　　　　　　　【113高考、113普考】
第17條	遷入登記	由他鄉（鎮、市、區）遷入三個月以上，應為遷入登記。 原有戶籍國民遷出國外，持我國護照或入國證明文件入境三個月以上者，應為遷入登記。原有戶籍國民，經許可回復中華民國國籍者，亦同。
第18條	住址變更登記	同一鄉（鎮、市、區）內變更住址三個月以上，應為住址變更登記。　　　　　　　　【112地特四等】

說明　1. 本法第16條規定應為遷出登記之情況。

　　　(1)遷出後仍在國內：

　　　　A.原則：遷出原鄉（鎮、市、區）3個月以上，應為遷出登記。

　　　　B.其他狀況：但法律另有規定、因服兵役、國內就學、入矯正機關收容、入住長期照顧機構或其他類似場所者，得不為遷出登記。

　　　　此部分於104年1月21日修正時，作如下之考量：

　　　　A.考量入住長期照顧機構或其他類似場所，如老人福利機構、身心障礙福利機構、兒童及少年福利機構等，如3個月即須辦理遷出登記，易造成當事人家屬之不便，爰增列上述情形得不為遷出登記之規定。

　　　　B.為因應法律另有規定之特殊情形，如依原住民族基本法第32條第1項規定：「政府除因立即而明顯危險外，不得強行將原住民遷出其土地區域。」爰莫拉克風災之災民，得不強行將戶籍遷至永久

屋，俾維護災民於原戶籍地享有之權利。爰併增列法律另有規定者，得不為遷出登記之規定。

C.全戶遷徙時，經警察機關編列案號之失蹤人口、矯正機關收容人或出境未滿二年者，應隨同為遷徙登記。

此部分於104年1月21日修正時，作如下之考量：

為避免全戶遷離戶籍地後，戶內之失蹤人口或出境者未隨全戶遷徙，仍設籍原址，衍生房屋所有權人之困擾，爰於原條文第2項增列經警察機關編列案號之失蹤人口、出境未滿2年者，應隨同全戶為遷徙登記。

(2)因出境而為遷出者：

A.出境2年以上，應為遷出登記。但有下列情形之一者，不適用之：

一、因公派駐境外之人員及其眷屬。

二、隨我國籍遠洋漁船出海作業。

B.我國國民出境後，未持我國護照或入國證明文件入境者，其入境之期間，仍列入出境2年應為遷出登記期間之計算。

2.本法第17條規定應為遷入登記之情況。

(1)原則：由他鄉（鎮、市、區）遷入3個月以上，應為遷入登記。

(2)由國外遷入：原有戶籍國民遷出國外，持我國護照或入國證明文件入境3個月以上者，應為遷入登記。原有戶籍國民，經許可回復中華民國國籍者，亦同。

3.本法第18條規定應為住址變更登記之情況。

(四)分合戶登記

戶籍法	種類	為該種登記之情況
第19條	分合戶登記	在同一戶籍地址內，不同戶間另立新戶或合併為一戶者，應為分（合）戶登記。

說明 本法第19條規定應為分（合）戶登記之情況。所謂分（合）戶，是指在同一戶籍地址內，不同戶間另立新戶或合併為一戶之情形。

(五)初次申請戶籍登記時出生地之決定

戶籍法	種類	為該種登記之情況
第20條	出生地登記	中華民國人民初次申請戶籍登記時，其出生地依下列規定： 一、申請戶籍登記，以其出生地所屬之省（市）及縣（市）為出生地。 二、無依兒童之出生地無可考者，以發現地為出生地。 三、在船機上出生而無法確定其出生地者，以其出生時該船機之註冊地、國籍登記地或船籍港所在地為出生地。 四、在兒童及少年福利機構安置教養，其出生地或發現地不明者，以該機構所在地為出生地。 五、在國外出生者，以其出生所在地之國家或地區為出生地。 六、不能依前五款規定確定其出生地者，以其居住處所地為出生地。

> 說明 1. 本法第20條規定較為特殊，就我國國民初次申請戶籍登記時，有關出生地要如何記載而為規定。
>
> 2. 本條原是就「本籍」部分做規定，後於81年修法時，將有關「本籍」之規定刪除，照理本條亦應一併刪除，唯因戶籍法目前對出生地並無明確規定，為落實出生登記，爰保留本條文，僅將「本籍」字樣改為「出生地」，並刪除以父母本籍為本籍之規定，與作部份文字修正。爾後歷次修法再酌予增減至目前之規定。

(六)變更、更正、撤銷及廢止之登記【112地特四等】

種類	戶籍法	為該種登記之情況
變更登記	第21條	戶籍登記事項有變更時。

種類	戶籍法	為該種登記之情況
更正登記	第22條	戶籍登記事項有錯誤或脫漏時。　　　　　　　【110高考】
重要 撤銷登記	第23條	戶籍登記事項自始不存在或自始無效時。撤銷中華民國國籍之喪失或撤銷中華民國國籍者亦同。 　　　　　　　　　　　　　　　　　　　　【108高考】
廢止登記	第24條	戶籍登記事項嗣後不存在時。喪失中華民國國籍或臺灣地區人民身分者亦同。　　　　　【108高考】
訴訟後之變更、更正、撤銷或廢止登記	第25條	登記後發生訴訟者,應俟判決確定或訴訟上和解或調解成立後,再為變更、更正、撤銷或廢止之登記。

說明 1. 本法第21條至第24條,是在整體戶籍登記上如有變更、或有錯誤或脫漏、或登記事項自始不存在、或撤銷我國國籍之喪失或撤銷我國國籍者、或登記事項嗣後不存在、或喪失我國國籍者等情形發生時,應為相應之變更、更正、撤銷或廢止登記。

2. 本法第25條規定,則是針對登記後發生訴訟者,戶籍登記事項可能因訴訟而發生本法第21條至第24條所述之變化,因此規定在判決確定或訴訟上和解或調解成立後,再為相關之登記。

歷年精選試題(一)

第1～50題

(　　) **1** 中華民國人民初次申請戶籍登記時,其出生地之判斷,下列何者錯誤?　(A)申請戶籍登記,以其出生地所屬之省(市)及縣(市)為出生地　(B)無依兒童之出生地無可考者,以發現地為出生地　(C)在國外出生者,以父或母之出生地為出生地　(D)在兒童及少年福利機構收容教養,其出生地或發現地不明者,以該機構所在地為出生地。　　　　　　　　　　　　　　　　　　　　【103身障特考】

( ) **2** 何謂負擔登記？ (A)對未成年子女權利義務之行使或負擔，經依法定或法院裁判由父母一方或雙方擔任時，所作之登記 (B)受指定擔任對限制行為能力人之監護人時，所作之登記 (C)因精神障礙或其他心智缺陷，致為意思表示或受意思表示，或辨識其意思表示效果之能力，顯有不足之情事，經法院為負擔之宣告者 (D)對成年子女權利義務之行使或負擔，經依法定或法院裁判由父母一方或雙方擔任時，所作之登記。 【103身障特考】

( ) **3** 下列敘述何者錯誤？ (A)認領，應為認領登記；終止認領，應為終止認領登記 (B)收養，應為收養登記；終止收養，應為終止收養登記 (C)結婚，應為結婚登記；離婚，應為離婚登記 (D)對於無行為能力人或限制行為能力人，依法設置、選定、改定、酌定、指定或委託監護人者，應為監護登記。 【103身障特考】

( ) **4** 下列何者須作遷出登記？ (A)因公派駐境外之人員及其眷屬 (B)隨我國籍遠洋漁船出海作業之人員 (C)因服兵役、國內就學或入矯正機關收容者 (D)出國念書超過兩年。 【103身障特考】

( ) **5** 遷出登記，應向何機關為之？
(A)遷出地的警察局 (B)遷入地的警察局
(C)遷出地的戶政事務所 (D)遷入地的戶政事務所。【103身障特考】

( ) **6** 因精神障礙或其他心智缺陷，致為意思表示或受意思表示，或辨識其意思表示效果之能力，顯有不足之情事，經法院為輔助之宣告者，應為何種登記？ (A)無須登記 (B)設定登記 (C)監護登記 (D)輔助登記。 【103身障特考】

( ) **7** 原具有戶籍之中華民國國民移民國外，持我國護照入境多久後應作遷入登記？
(A)三個月 (B)四個月 (C)五個月 (D)六個月。 【103身障特考】

( ) **8** 中華民國人民初次申請戶籍登記時，若為無依兒童而出生地無可考者，其出生地應如何登記？ (A)以發現者住所地所屬之省（市）及縣（市）為出生地 (B)以發現地為出生地 (C)以發現者之出生地為出生地 (D)不予登記。 【103身障特考】

( ) **9** 同一鄉（鎮、市、區）內變更住址幾個月以上，應為住址變更登記？ (A)一個月　(B)二個月　(C)三個月　(D)四個月。　【103身障特考】

( ) **10** 應為遷出登記，但因有法定原因者，得不為遷出登記。試問，下列何者非屬於法定原因？　(A)結婚　(B)服兵役　(C)國內就學 (D)入矯正機關收容。　【103身障特考】

( ) **11** 下列何者不屬戶籍法第65條第1項所稱之「利害關係人」？　(A)契約未履行或債務未清償　(B)訴訟繫屬中之兩造當事人　(C)當事人之配偶、直系血親、直系姻親或旁系四親等內之血親　(D)其他確有法律上權利義務得喪變更之關係。　【103身障特考】

( ) **12** 對於無行為能力人或限制行為能力人，依法設置、選定、改定、酌定、指定或委託監護人者，應為何種登記？　(A)輔助登記　(B)收養登記　(C)監護登記　(D)認領登記。　【103身障特考】

( ) **13** 辦理戶籍登記之戶政事務所，非由下列那一機關所設置？　(A)直轄市政府　(B)內政部　(C)縣政府　(D)與縣同級之市政府。　【103身障特考】

( ) **14** 下列登記中，何者屬於身分登記？　(A)監護登記　(B)出生地登記 (C)住址變更登記　(D)分（合）戶登記。　【103身障特考】

( ) **15** 戶籍法上所稱的主管機關，在中央為下列何者？　(A)國防部 (B)內政部　(C)法務部　(D)戶政部。　【103身障特考】

( ) **16** 戶籍謄本之申請，除法律規定之情形外，得向下列那一個戶政事務所為之？　(A)戶籍地戶政事務所　(B)任一戶政事務所　(C)出生地戶政事務所　(D)住所地戶政事務所。　【103身障特考】

( ) **17** 遷出原鄉（鎮、市、區）幾個月以上，應為遷出登記？　(A)一個月 (B)二個月　(C)三個月　(D)四個月。　【103身障特考】

( ) **18** 依法律規定，在國內出生幾歲以下之國民，應為出生登記？　(A)七歲　(B)十歲　(C)十二歲　(D)十四歲。　【103身障特考】

( ) **19** 請問出生登記屬於下列何種登記類別？　(A)身分登記　(B)初設戶籍登記　(C)分（合）戶登記　(D)出生地登記。　【103地方特考】

(　) **20** 甲原設戶籍於臺北市，民國98年8月8日戶籍遷出國外，103年6月8日入國後，迄今未再出境，甲應如何辦理戶籍？　(A)持外國護照入境已逾3個月應辦遷入登記　(B)持入國證明文件入境逾3個月應辦遷入登記　(C)持我國護照入境待屆滿1年後應辦遷入登記　(D)持外國護照入境待屆滿1年後應辦遷入登記。　　　　　　　　【103地方特考】

(　) **21** 依戶籍法規定，下列何情事非初設戶籍登記之法定條件？　(A)我國國民在國內未曾設有戶籍　(B)外國人歸化後經核准定居　(C)回復國籍者須國內未曾設有戶籍者　(D)12歲以上合法居住未辦出生登記。　　　　　　　　　　　　　　　　　　　【103地方特考】

(　) **22** 醫療機構出具死亡證明書，依戶籍法規定應將該證明書送至何地？
(A)內政部
(B)當事人戶籍地直轄市、縣（市）主管機關
(C)當事人死亡當地之戶政事務所
(D)醫療機構當地之戶政事務所。　　　　　　　　　【103地方特考】

(　) **23** 甲為有戶籍國民，民國101年9月1日持我國護照出境，同年12月31日持外國護照入境居住迄今，其戶籍應如何處理？　(A)出境3個月以上，先辦遷出登記，又已入境3個月以上，須辦理遷入登記　(B)出境4個月後，已入境近3年，應維持原戶籍，無庸辦理遷徙登記　(C)應為出境人口遷出登記，由戶籍地戶政事務所催告仍不申請者逕行為之　(D)得為出境人口遷出登記，由戶籍地戶政事務所催告後逕行為之。　　　　　　　　　　　　　　　　　　　　　　　【104地方特考】

(　) **24** 在國內出生未滿幾歲之國民，應為出生登記？　(A)12歲　(B)16歲　(C)18歲　(D)20歲。　　　　　　　　　　　　　　　　【105身障特考】

(　) **25** 對於無行為能力人，依法設置監護人者，應為何種戶籍登記？
(A)輔助登記　(B)未成年子女權利義務行使負擔登記　(C)監護登記
(D)初設戶籍登記。　　　　　　　　　　　　　　　【105身障特考】

(　) **26** 初設戶籍登記之敘述，下列何者非法定條件？　(A)在國內未曾設有戶籍之無國籍人歸化後，經核准定居　(B)在國內未曾設有戶籍之中華民國國民入境後，經核准定居　(C)未設戶籍之大陸地區人民入境

後，經核准定居　(D)在國內出生，10歲以上未辦理出生登記，合法居住且未曾出境。　【105身障特考】

(　) **27** 我國人民於民國105年8月1日在中國大陸上海市出生，初次申請戶籍登記，其出生地應登記為何？　(A)中華人民共和國上海市　(B)大陸地區上海市　(C)上海市　(D)依母親出生地定之。　【105原住民特考】

(　) **28** 下列何項登記，不得以利害關係人為申請人？　(A)出生登記　(B)收養登記　(C)認領登記　(D)輔助登記。　【105原住民特考】

(　) **29** 下列何項登記，戶政事務所不得以職權逕為登記？　(A)出生登記　(B)遷徙登記　(C)原住民族別登記　(D)監護登記。　【105原住民特考】

(　) **30** 在國內出生，12歲以上未辦理出生登記，合法居住且未曾出境之我國國民，應辦理下列何種戶籍登記？　(A)確認戶籍登記　(B)補設戶籍登記　(C)初設戶籍登記　(D)創設戶籍登記。　【105原住民特考】

(　) **31** 原有戶籍國民遷出國外，持我國護照入境幾個月以上者，應為遷入登記？　(A)1　(B)2　(C)3　(D)6。　【105原住民特考】

(　) **32** 對於無行為能力人或限制行為能力人，依法設置、選定、改定、酌定、指定或委託監護人者，應為下列何種登記？
(A)禁治產宣告登記　(B)權利義務行使負擔登記　(C)監護登記
(D)輔助登記。　【105原住民特考】

(　) **33** 我國人民甲出生於美國，與父母現居美國，父母皆出生於彰化縣，父母戶籍登記在高雄市，最後離開我國之出境地為桃園市。若甲初次申請戶籍登記，其出生地應登記為下列何者？　(A)美國　(B)彰化縣　(C)高雄市　(D)桃園市。　【105原住民特考】

(　) **34** 司法機關出具之死亡證件，應送至何戶政主管機關？　(A)死亡者戶籍地　(B)死亡者死亡地　(C)死亡者父或母戶籍地　(D)死亡者配偶戶籍地。　【105原住民特考】

(　) **35** 我國國民出境2年以上，應為遷出登記，但有下列何種情形者，不適用之？
(A)因所屬私人公司派駐境外　(B)隨我國籍遠洋漁船出海作業　(C)領取公費出國攻讀學位　(D)獲國家經費赴國外研究。　【105原住民特考】

(　　) **36** 下列何者不是可以出具死亡證明之機關（構）？　(A)警察機關
(B)檢察機關　(C)軍事檢察機關　(D)醫療機構。　　　　【105地方特考】

(　　) **37** 法院為死亡宣告之裁判確定後，應將裁判要旨送到下列何機關？　(A)法
院所在地之戶政事務所　(B)當事人戶籍地直轄市、縣（市）主管機關
(C)當事人戶籍地戶政事務所　(D)任一戶政事務所。　　　【105地方特考】

(　　) **38** 小華是我國國民，在國內未曾設有戶籍，現居住於海外，如欲在我
國設立戶籍，應辦理下列何項登記？　(A)遷入登記　(B)分合戶登
記　(C)出生登記　(D)初設戶籍登記。　　　　　　　　【105地方特考】

(　　) **39** 原有戶籍之我國國民喪失國籍後，經許可回復國籍，欲在臺設立戶
籍應辦理下列何種登記？　(A)初設戶籍登記　(B)遷入登記　(C)分
合戶登記　(D)回復國籍登記。　　　　　　　　　　　【105地方特考】

(　　) **40** 出境二年以上應為遷出登記者，下列敘述何者錯誤？　(A)我國國民
出境後，未持我國護照入境者，其入境期間仍列入出境二年應為遷出
登記期間之計算　(B)因公派駐境外之人員，得不為遷出登記　(C)任
一戶政事務所均得逕為辦理出境二年以上者之遷出登記　(D)戶籍地
戶政事務所得逕為辦理出境二年以上者之遷出登記。　【105地方特考】

(　　) **41** 依戶籍法之規定，棄嬰等無依兒童應為何種登記？　(A)出生登記
(B)出生地登記　(C)收養登記　(D)負擔登記。　　　　【106身障特考】

(　　) **42** 下列關於戶籍登記之敘述，何者錯誤？
(A)在國內、外出生之12歲以下國民，一律應為出生登記　(B)對於
無行為能力或限制行為能力人，依法設置、選定、改定、酌定、指
定或委託監護人者，應為監護登記　(C)對於未成年子女權利義務
之行使或負擔，經父母協議或經法院裁判確定、調解或和解成立由
父母一方或雙方任之者，應為未成年子女權利義務行使負擔登記
(D)因精神障礙或其他心智缺陷，致為意思表示或受意思表示，或辨
識其意思表示效果之能力，顯有不足之情事，經法院為輔助之宣告
者，應為輔助登記。　　　　　　　　　　　　　　　【106身障特考】

(　　) **43** 下列何者為戶籍法第15條各款所定應辦理初設戶籍登記之共通要
件？　(A)經核准定居　(B)在國內出生　(C)在國內未曾設有戶籍
(D)12歲以上。　　　　　　　　　　　　　　　　　　【106身障特考】

（　） **44** 下列情形，何者應為遷出登記？　(A)因服兵役遷出原鄉（鎮、市、區）3個月以上　(B)因國內就學遷出原鄉（鎮、市、區）3個月以上　(C)因公派駐境外2年以上　(D)因國外工作出境2年以上。【106身障特考】

（　） **45** 遷徙登記，係指遷出或遷入一定地域或在該地域內變更住址3個月以上者，所為之登記。其中，所稱一定地域係指：　(A)省（市）　(B)縣（市）　(C)鄉（鎮、市、區）　(D)鄰（里）。【106身障特考】

（　） **46** 下列登記之申請，何者得以書面委託他人為之，無須經戶政事務所之核准？　(A)認領登記　(B)收養登記　(C)終止收養登記　(D)結婚或兩願離婚登記。【106身障特考】

（　） **47** 原有戶籍國民，如喪失我國國籍後再申請回復國籍經核准者，應辦理何種登記？　(A)初設戶籍登記　(B)遷出登記　(C)遷入登記　(D)住址變更登記。【106身障特考】

（　） **48** 甲為我國國民，大學畢業後到德國留學要攻讀博士學位而遷出國外，但某日因思念家鄉回國並持我國護照入境，請問甲入境多久以上者，應為遷入登記？　(A)2個月　(B)3個月　(C)6個月　(D)12個月。【106身障特考】

（　） **49** 某甲於40歲時幸運喜獲麟兒，但甲為替其兒子取一響亮和前途有助之姓名，於其兒子出生後已90天仍想不到滿意之姓名，也因此一直沒有提出出生登記之申請。戶政事務所得知後也查悉甲生子之日，乃發函催告甲，而甲收到後認為此乃家務大事，在無其他理由下仍不為申請，戶政事務所下列處置何者正確？　(A)處新臺幣300元罰鍰　(B)處新臺幣500元罰鍰　(C)處新臺幣900元罰鍰　(D)不予處罰。【106身障特考】

（　） **50** 醫療機構於出具死亡證明書後，未將該證明書送當事人戶籍地直轄市、縣（市）主管機關者，下列處置何者正確？　(A)由其主管機關懲處　(B)通知醫療機構限期改善　(C)處新臺幣1,000元罰鍰　(D)處新臺幣3,600元罰鍰。【106身障特考】

解答

1 (C)	2 (A)	3 (A)	4 (D)	5 (D)	6 (D)	7 (A)	8 (B)	9 (C)
10 (A)	11 (C)	12 (C)	13 (B)	14 (A)	15 (B)	16 (B)	17 (C)	18 (C)
19 (A)	20 (B)	21 (D)	22 (B)	23 (C)	24 (A)	25 (C)	26 (D)	27 (C)
28 (D)	29 (C)	30 (C)	31 (C)	32 (C)	33 (A)	34 (A)	35 (B)	36 (A)
37 (B)	38 (D)	39 (B)	40 (C)	41 (A)	42 (A)	43 (C)	44 (D)	45 (C)
46 (B)	47 (C)	48 (B)	49 (C)	50 (C)				

第51～109題

（　　）**51** 老王因年老失智而有精神障礙以致為意思表示效果之能力顯有不足，經法院為輔助之宣告者，應為下列何種登記？　(A)監護登記 (B)輔導登記　(C)輔助登記　(D)失智登記。　　　　【106身障特考】

（　　）**52** 中華民國人民初次申請戶籍登記時，下列關於其出生地之敘述，何者錯誤？　(A)申請戶籍登記，以其出生地所屬之省（市）及縣（市）為出生地　(B)無依兒童之出生地無可考者，以申請登記之戶政事務所所在地為出生地　(C)在兒童或少年福利機構安置教養，其出生地或發現地不明者，以該機構所在地為出生地　(D)在國外出生者，以其出生所在地之國家或地區為出生地。　　　　【106身障特考】

（　　）**53** 下列何者情形，應為初設戶籍登記：　(A)在同一戶籍地址內，不同戶間另立新戶或合併為一戶者　(B)在國內未曾設有戶籍，大陸地區人民或香港、澳門居民，經核准定居　(C)戶籍登記事項有變更時 (D)原有戶籍國民遷出國外，持我國護照或入國證明文件入境3個月以上者。　　　　【106身障特考】

（　　）**54** 因精神障礙或其他心智缺陷，致為意思表示或受意思表示，或辨識其意思表示效果之能力，顯有不足之情事，經下列何項機構為輔助之宣告者，應為輔助登記？　(A)社會局　(B)法院　(C)警察局 (D)議會。　　　　【106原住民特考】

（　　）**55** 下列何者，依法設置、選定、改定、酌定、指定或委託監護人者，應為監護登記？　(A)有犯罪紀錄之人　(B)無行為能力人　(C)無住居所之人　(D)外國人。　　　　【106原住民特考】

（　）**56** 全戶遷徙時，除警察機關編列案號之失蹤人口、矯正機關收容人以外，下列何者亦應隨同為遷徙登記？　(A)無行為能力者　(B)嚴重精神障礙者　(C)出境未滿2年者　(D)治安顧慮人口。　【106原住民特考】

（　）**57** 應為初設戶籍登記之情形，下列何者不屬之？　(A)大陸地區人民，在國內未曾設有戶籍，經核准定居　(B)原有戶籍國民，經許可回復中華民國國籍者　(C)在國內未曾設有戶籍之無國籍人，回復國籍後，經核准定居者　(D)在國內出生未曾設有戶籍，12歲以上未辦理出生登記，合法居住且未曾出境。　【106原住民特考】

（　）**58** 因特殊原因遷出原鄉（鎮、市、區）3個月以上，戶籍法特別規定得不為遷出登記。下列何者不屬之？　(A)出國就學　(B)服兵役　(C)入住長期照顧機構　(D)入矯正機關收容。　【106原住民特考】

（　）**59** 遷出原鄉（鎮、市、區）幾個月以上，應為遷出登記？　(A)1　(B)2　(C)3　(D)4。　【106地方特考】

（　）**60** 出境幾年以上，應該辦理遷出登記？　(A)1　(B)2　(C)3　(D)4。　【106地方特考】

（　）**61** 出境一定期間以上，應為遷出登記。但有下列何種情形者，不得適用？　(A)辦理赴外國僑居　(B)赴外國公司就職　(C)受我國公司聘用　(D)隨我國籍遠洋漁船出海作業。　【106地方特考】

（　）**62** 無依兒童初次申請戶籍登記時，若出生地無可考者，以下列何地作為出生地？
(A)以登記地為出生地　(B)以發現地為出生地　(C)可免填出生地
(D)以直轄市政府、縣（市）政府所在地為出生地。　【106地方特考】

（　）**63** 同一鄉（鎮、市、區）內變更住址3個月以上，應為何種登記？
(A)遷出登記　　　　　　　(B)住址變更登記
(C)遷入登記　　　　　　　(D)除名登記。　【106地方特考】

（　）**64** 甲、乙為兄弟二人，皆已成家立業，仍共同居住在祖厝並設戶籍同一處，雙方約定由乙及其家人另立新戶，應辦理何種戶籍登記？
(A)分戶登記　　　　　　　(B)合戶登記
(C)遷出登記　　　　　　　(D)遷入登記。　【106地方特考】

( ) **65** 戶政事務所辦理出生登記或初設戶籍登記，下列事由是審查必要事項：(A)當事人國籍、身分、定居 (B)當事人出生、婚姻、定居 (C)當事人父母國籍、出生、定居 (D)當事人身分、婚姻、定居。 【107身障特考】

( ) **66** 下列何者應辦戶籍上出生登記？ (A)國內出生，未滿12歲 (B)國內出生，12歲以上 (C)國民國內出生，未滿12歲 (D)國民國內出生，12歲以上。 【107身障特考】

( ) **67** 下列何者不可為未成年子女權利義務行使負擔登記之申請人？ (A)共同行使負擔權利義務，必須父及母共同申請 (B)經法院裁判確定父行使負擔由利害關係人申請 (C)經父母協議由父行使負擔，父為登記之申請 (D)經和解成立由母行使負擔，母為登記之申請。 【107身障特考】

( ) **68** 吳先生戶籍設在南投縣信義鄉甲地，民國106年在同鄉搬家2次，第1次是2月間從原住甲地搬至乙地，第2次是3月間自乙地搬至丙地迄今，請問這兩次搬家吳先生應申辦何些戶籍登記？ (A)2次搬家都應辦遷入登記 (B)第1次應辦住址變更登記，第2次也應辦遷入登記 (C)第1次不必辦遷徙登記，第2次應辦住址變更登記 (D)2次搬家都應辦住址變更登記。 【107身障特考】

( ) **69** 李先生原設戶籍在臺中市，民國100年經許可喪失中華民國國籍，105年6月持美國護照入境，106年3月經許可回復我國國籍後，同年次月出國，李先生應辦何項戶籍登記？ (A)無庸辦理遷入登記 (B)應辦遷入登記 (C)戶政事務所逕辦遷徙登記 (D)須核准定居後辦遷入登記。 【107身障特考】

( ) **70** 因精神障礙或其他心智缺陷，致為意思表示或受意思表示，顯有不足之情事，下列何單位為輔助之宣告者，應為輔助登記？ (A)輔育院 (B)社會局 (C)法院 (D)療養院。 【107身障特考】

( ) **71** 依據戶籍法規定，得不為遷出之對象，下列何者不屬之？
(A)入住長照機構者 　　　　(B)入職業訓練中心
(C)服兵役 　　　　　　　　(D)國內就學。 【107身障特考】

( ) **72** 應為原住民身分及民族別登記之內容，下列何者不屬之？ (A)原住民身分及民族別之喪失 (B)原住民身分及民族別之認定 (C)原住民身分及民族別之變更 (D)原住民身分及民族別之回復。 【107身障特考】

( ) **73** 死亡或受死亡宣告，應為死亡或死亡宣告登記。下列何者無權出具相驗屍體證明書及死亡證明書： (A)檢察機關 (B)軍事檢察機關 (C)法醫 (D)醫療機構。 【107身障特考】

( ) **74** 對於未成年子女權利義務之行使或負擔，不論是由父母一方或雙方任之者，應為未成年子女權利義務行使負擔登記，其決定之程序下列何者不屬之？ (A)經父母協議 (B)經法院裁判確定 (C)仲裁確立 (D)和解成立。 【107身障特考】

( ) **75** 對於無行為能力人或限制行為能力人，應為監護登記，下列何者不屬之？ (A)依法設置監護人者 (B)依法收容監護人者 (C)依法改定監護人者 (D)依法委託監護人者。 【107身障特考】

( ) **76** 同一鄉（鎮、市、區）內變更住址幾個月以上，應為住址變更登記？ (A)一個月以上 (B)二個月以上 (C)3個月以上 (D)四個月以上。 【107原住民特考】

( ) **77** 全戶遷徙時，經警察機關編列案號之失蹤人口、矯正機關收容人或出境未滿幾年者，應隨同為遷徙登記？ (A)一年 (B)二年 (C)三年 (D)四年。 【107原住民特考】

( ) **78** 因精神障礙或其他心智缺陷，致為意思表示或受意思表示，或辨識其意思表示效果之能力，顯有不足之情事，經法院為輔助之宣告者，應為何種登記？ (A)輔助登記 (B)監護登記 (C)負擔登記 (D)收養登記。 【107原住民特考】

( ) **79** 對於無行為能力人或限制行為能力人，依法設置、選定、改定、酌定、指定或委託監護人者，應為何種登記？ (A)認領登記 (B)收養登記 (C)監護登記 (D)輔助登記。 【107原住民特考】

( ) **80** 甲之父母均為中華民國國民，因係婚外情所生子女，以致於到12歲時仍無戶籍。試問，若甲均未有出境情事，居住亦為合法，則其應當辦理何種登記？ (A)創設戶籍登記 (B)初設戶籍登記 (C)補設戶籍登記 (D)補正戶籍登記。 【107原住民特考】

( ) **81** 除法律另有規定以外，下列何種情形之遷出，依戶籍法得不為遷出登記？ (A)甲，戶籍登記在高雄市，在國立臺灣大學擔任教職，現

住居於學校教師宿舍已滿一年　(B)乙，戶籍登記在臺南市，因職業移居中國大陸四川省已滿三年　(C)丙，戶籍登記在基隆市居民，任職高雄市政府警察局，居住於警察宿舍已滿一年　(D)丁，臺北市居民，在我國籍遠洋漁船工作，出海已滿兩年。　　　　【107原住民特考】

(　) **82** 甲夫乙妻，生有丙子一名，年三歲。夫妻兩人協議離婚，並約定由乙負擔親權行使及扶養義務者，在戶籍法上應當為如何之登記？(A)婚姻登記　(B)扶養義務登記　(C)未成年子女權利義務行使負擔登記　(D)未成年子女姓氏約定登記。　　　　【107原住民特考】

(　) **83** 甲為大陸地區人民，依親來臺後，經內政部核准在臺定居，依法應為下列何項登記？　(A)初設戶籍登記　(B)住址變更登記　(C)遷入登記　(D)分戶登記。　　　　【107地方特考】

(　) **84** 在國內出生未滿12歲之國民，應為下列何種登記？　(A)出生登記　(B)監護登記　(C)輔助登記　(D)初設戶籍登記。　　　　【107地方特考】

(　) **85** 甲未滿14歲，有關其權利或義務之行使或負擔，經父母協議由父任之，應為下列何項登記？　(A)未成年子女權利或義務之行使輔助登記　(B)未成年子女權利或義務之行使監護登記　(C)未成年子女權利或義務之行使負擔登記　(D)未成年子女權利或義務之行使限制登記。　　　　【107地方特考】

(　) **86** 下列何者遷出原鄉（鎮、市、區）3個月以上，應為遷出登記？(A)服兵役者　(B)國外就學者　(C)入矯正機關收容者　(D)入住長期照顧機構者。　　　　【107地方特考】

(　) **87** 戶籍登記事項自始不存在或自始無效時，應為何種登記？　(A)更正(B)撤銷　(C)廢止　(D)變更。　　　　【105普考】

(　) **88** 國民在少年福利機構安置教養，其出生地或發現地不明者，以何者為出生地？　(A)該少年福利機構負責人戶籍地　(B)安置教養人戶籍地　(C)該少年福利機構所在地　(D)該少年福利機構設立註冊地。　　　　【105普考】

（　　）**89** 外國人或無國籍人歸化或回復國籍後，經核准定居者，應為下列何種登記？　(A)初設戶籍登記　(B)歸化或回復國籍登記　(C)遷入登記　(D)監護登記。　【105普考】

（　　）**90** 依戶籍法規定，由他鄉（鎮、市、區）遷入時間多久以上，應為遷入登記？　(A)1個月　(B)3個月　(C)2個月　(D)6個月。　【105普考】

（　　）**91** 依戶籍法規定，遷出原鄉（鎮、市、區）至少多久以上，應為遷出登記？　(A)1個月　(B)2星期　(C)3個月　(D)4個月。　【105地特四等】

（　　）**92** 依戶籍法規定，在國內未曾設有戶籍之香港、澳門居民，經核准定居，應為下列那一種戶籍登記？　(A)住址變更登記　(B)遷入登記　(C)出生地登記　(D)初設戶籍登記。　【105地特四等】

（　　）**93** 原有戶籍國民遷出國外，持我國護照或入國證明文件入境3個月以上者，應為何種登記？　(A)初設戶籍登記　(B)遷入登記　(C)變更登記　(D)戶籍更新登記。　【105地特四等】

（　　）**94** 甲為未曾在國內設有戶籍之臺灣地區無戶籍國民，其於入境後經核准定居，試問甲應申請下列何種戶籍登記？　(A)出生地登記　(B)遷入登記　(C)初設戶籍登記　(D)地址變更登記。　【105地特四等】

（　　）**95** 依據戶籍法規定，戶籍登記事項自始不存在或自始無效時，應為何種登記？　(A)變更登記　(B)更正登記　(C)廢止登記　(D)撤銷登記。　【105地特四等】

（　　）**96** 依據戶籍法規定，得不為遷出登記之對象，不包括：(A)服兵役者　(B)國內就學者　(C)入職業訓練中心者　(D)入住長期照顧機構者。　【106地特四等】

（　　）**97** 小明一出生即與爺爺奶奶同住未曾出境，今年剛滿14歲，欲申辦國民身分證，但戶政事務所卻查無其資料，請問他應做何種登記？　(A)出生登記　(B)初設戶籍登記　(C)遷入戶籍登記　(D)監護登記。　【106地特四等】

( ) **98** 有關登記之類別，下列何者正確？
(A)對於無行為能力人依法選定或改定監護人，應為輔助登記
(B)因精神障礙致辨識其意思表示效果之能力顯有不足之情事，經法
院為輔助之宣告者，應為監護登記　(C)死亡，應為死亡宣告登記
(D)中華民國人民初次申請戶籍登記時，若在國外出生者，以其出生
所在地之國家或地區為出生地。　　　　　　　　　　【106普考】

( ) **99** 下列敘述何者最為正確？　(A)戶籍登記處分機關未告知救濟期間或
告知錯誤沒有更正，導致相對人遲誤救濟，則如自處分書送達後2年
內相對人有聲明不服，仍視為於法定期間內所為　(B)戶籍登記事項
有自始無效之事由，則應為廢止之登記，且廢止登記後，戶政事務
所應通知本人　(C)經法院裁判確定之離婚登記，戶政事務所可以不
催告而逕行為之　(D)戶籍登記事項有錯誤，只要更正登記即可，毋
庸撤銷登記。　　　　　　　　　　　　　　　　　　【106普考】

( )**100** 遷出原鄉（鎮、市、區）3個月以上，除有特殊情形外，應為遷出登
記。請問下列何者非屬此特殊情形？　(A)入矯正機關收容　(B)全
戶遷徙時，經警察機關編列案號之失蹤人口　(C)入住長期照顧機構
(D)隨我國籍遠洋漁船出海作業。　　　　　　　　　　【106普考】

( )**101** 中華民國人民初次申請戶籍登記時，如為在船機上出生而無法確
定其出生地者，下列何者非屬得為出生登記之地？　(A)船機之
目的地　(B)船籍港所在地　(C)船機之國籍登記地　(D)船機之註
冊地。　　　　　　　　　　　　　　　　　　　　　【106普考】

( )**102** 關於原住民身分取得、喪失、變更或回復，應為原住民身分登記之
敘述，下列何者錯誤？　(A)原住民女子之非婚生子女，取得原住民
身分　(B)原住民為非原住民收養者，喪失原住民身分　(C)原住民
與非原住民結婚者，得申請喪失原住民身分　(D)原住民與非原住民
結婚者，非原住民不取得原住民身分。　　　　　　　【106普考】

( )**103** 甲男乙女離婚後，雙方約定其未成年子女權利義務之行使或負
擔，由乙女任之。關於此項約定，應為何種戶籍登記？　(A)認領
登記　(B)輔助登記　(C)監護登記　(D)未成年子女權利義務行使
負擔登記。　　　　　　　　　　　　　　　　　　　【107普考】

（　　）**104** 下列戶籍登記，何者應先經法院宣告？　(A)離婚登記　(B)監護登記　(C)輔助登記　(D)認領登記。　【107普考】

（　　）**105** 戶籍登記後發生訴訟者，應如何處理？　(A)俟判決確定或訴訟上和解或調解成立後，再為變更、更正、撤銷或廢止之登記　(B)戶政事務所應立即聲請訴訟繫屬法院裁定停止訴訟　(C)當事人得立即聲請訴訟繫屬法院裁定假處分後，為變更、更正、撤銷或廢止之登記　(D)第一審法院裁判後，得為變更、更正、撤銷或廢止之登記。　【107地特四等】

（　　）**106** 中華民國國民在國內未曾設有戶籍，在入境並經核准定居後，首先應辦理何種登記？　(A)初設戶籍登記　(B)遷入登記　(C)住址變更登記　(D)合戶登記。　【107地特四等】

（　　）**107** 戶籍登記事項錯誤，係因申報資料錯誤所致者，應由申請人提出證明文件，向戶籍地戶政事務所為下列何種申請？　(A)廢止　(B)撤銷　(C)更正　(D)變更。　【108普考】

（　　）**108** 依戶籍法規定，經下列何機關為輔助之宣告者，應為輔助登記？　(A)內政部　(B)法務部　(C)法院　(D)衛生福利部。　【108普考】

（　　）**109** 依戶籍法規定，有關遷出登記，下列敘述何者正確？　(A)遷出原鄉（鎮、市、區）3個月以上，應為遷出登記　(B)出境1年以上，應為遷出登記　(C)全戶遷徙時，經警察機關編列案號之失蹤人口，應隨同為遷徙登記　(D)因入矯正機關收容而遷出原鄉3個月以上，仍應為遷出登記。　【108普考】

解答

51 (C)	52 (B)	53 (B)	54 (B)	55 (B)	56 (C)	57 (B)	58 (A)	59 (C)
60 (B)	61 (D)	62 (B)	63 (B)	64 (A)	65 (A)	66 (C)	67 (B)	68 (C)
69 (A)	70 (C)	71 (B)	72 (B)	73 (C)	74 (C)	75 (B)	76 (C)	77 (B)
78 (A)	79 (C)	80 (B)	81 (D)	82 (C)	83 (A)	84 (A)	85 (C)	86 (B)
87 (B)	88 (C)	89 (A)	90 (B)	91 (C)	92 (D)	93 (B)	94 (C)	95 (D)
96 (C)	97 (B)	98 (D)	99 (D)	100 (B)	101 (A)	102 (B)	103 (D)	104 (C)
105 (A)	106 (A)	107 (C)	108 (C)	109 (C)				

二、戶籍登記申請人【112地特四等、113普考】

(一)身分登記部分

種類	戶籍法	申請人
出生登記	第29條	出生登記，以父、母、祖父、祖母、戶長、同居人或撫養人為申請人。 前項出生登記，如係無依兒童，並得以兒童及少年福利機構為申請人。　　　　　　　　　　　　　　　【110地特四等】
認領登記	第30條	認領登記，以認領人為申請人；認領人不為申請時，以被認領人為申請人。
收養登記	第31條	收養登記，以收養人或被收養人為申請人。
終止收養登記	第32條	終止收養登記，以收養人或被收養人為申請人。
結婚登記	第33條	結婚登記，以雙方當事人為申請人。但於中華民國九十七年五月二十二日以前（包括九十七年五月二十二日當日）結婚，或其結婚已生效者，得以當事人之一方為申請人。 前項但書情形，必要時，各級主管機關及戶政事務所得請相關機關協助查證其婚姻真偽，並出具查證資料。　　　　　　　　　　　　　　　　【107地特三等】
離婚登記	第34條	離婚登記，以雙方當事人為申請人。但經法院裁判離婚確定、調解或和解離婚成立或其他離婚已生效者，得以當事人之一方為申請人。　　　　　　【107地特三等】
監護登記	第35條第1項	監護登記，以監護人為申請人。　【107高考、107普考】
輔助宣告登記	第35條第2項	輔助登記，以輔助人或受輔助宣告之人為申請人。 　　　　　　　　　　　　　　　　　　　　【107普考】

種類	戶籍法	申請人
未成年子女權利義務行使負擔登記	第35條第3項	未成年子女權利義務行使負擔登記，以行使或負擔之一方或雙方為申請人。
死亡登記	第36條	死亡登記，以配偶、親屬、戶長、同居人、經理殮葬之人、死亡者死亡時之房屋或土地管理人為申請人。
	第37條	在矯正機關內被執行死刑或其他原因死亡，無人承領者，由各該矯正機關通知其戶籍地戶政事務所為死亡登記。
	第38條	因災難死亡或死亡者身分不明，經警察機關查明而無人承領時，由警察機關通知其戶籍地戶政事務所為死亡登記。
死亡宣告登記	第39條	死亡宣告登記，以聲請死亡宣告者或利害關係人為申請人。
原住民身分及民族別登記	第34-1條	原住民身分及民族別登記，以本人為申請人。但本人未婚未成年時，原住民身分及民族別之取得或變更之登記，得以法定代理人為申請人。

説明 1. 本法第29條至第39條是有關身分類之戶籍登記申請人。

2. 在出生登記的部分，有關出生登記申請義務人之父母或祖父母，可由其中一方或雙方至戶政事務所辦理；而祖父、祖母之部分，則包括父系祖父、祖母及母系祖父、祖母（外祖父、外祖母）。

3. 認領登記之部分，按民法規定，認領有生父為意思表示之認領、經非婚生子女或其生母或法定代理人請求生父認領及經生父撫育之視同認領等情形，如認領人不為申請時，將有損害被認領人權益之虞，因此，如認領人不為申請時，自應許被認領人為申請人，以保障其權益。因

此在86年修法時即增列「申請人不為申請時，以被認領人為申請人」之規定。

4. 收養登記之部分，因收養之成立要件，依民法第1079條第4項規定，應向法院聲請認可後始生效力，在86年修法時增列被收養人亦得為申請人。

　　至終止收養登記之申請人則另列於本法第31條規定中。

5. 結婚登記部分：

　　(1)97年修法時為配合民法親屬編第982條將儀式婚修正為登記婚，將本可由當事人一方申請辦理結婚登記，修正為應由雙方當事人申請辦理結婚登記。

　　(2)嗣後並明列97年5月22日以前（含97年5月22日當日）結婚者，或其結婚已生效者，特別得以當事人之一方為申請人。

　　(3)為利各級主管機關及戶政事務所釐清本條第1項但書婚姻之真偽，而有本條第2項之增列，明文規定於必要時，得請相關機關協助查證婚姻之真偽，該等機關並應出據查證資料。

6. 離婚登記部分，在100年修法時為配合98年4月29日修正公布之民法增訂第1052-1條規定：「離婚經法院調解或法院和解成立者，婚姻關係消滅。法院應依職權通知該管戶政機關。」故經法院調解或和解離婚成立者，婚姻關係即消滅，而增列得以當事人之一方為離婚登記之申請人。

7. 監護登記、輔助登記及未成年子女權利義務行使負擔登記部分之申請人，則分別列於本法第35條第1項至第3項。

8. 死亡登記部分之申請人：

　　(1)一般狀況下：依第36條規定。

　　(2)在矯正機關內無人承領之受刑人死亡：依第37條規定。

　　(3)因災難死亡或死亡者身分不明，而無人承領時：依第38條規定。

9. 死亡宣告登記之申請人，依本法第39條之規定。

10. 原住民身分及民族別登記部分，是於104年1月21日因本法新增列「原住民身分及民族別登記」，因此以本法第34-1條明文臚列該類登記之申請人。

(二)初設戶籍登記

種類	戶籍法	申請人
初設戶籍登記	第40條	初設戶籍登記，以本人或戶長為申請人。

説明 有關初設戶籍登記之申請人，規定在本法第40條。

(三)遷徙登記

種類	戶籍法	申請人
遷出登記	第41條	遷徙登記，以本人或戶長為申請人。 全戶之遷徙登記，以戶長為申請人。
遷入登記	第42條	依第十六條第三項規定應為出境人口之遷出登記
住址變更登記		者，其戶籍地戶政事務所得逕行為之。

説明 1. 本法第41條規定遷徙登記之申請人。依本法第4條第3款之規定，遷徙登記包括遷出登記、遷入登記及住址變更登記。其中就全戶遷徙登記，得否由戶內人口辦理，先前法無明文，又遷徙登記應以本人或戶長為申請人，故先前實務上如係戶內人口申請，亦需戶長及其他戶內人口分別出具委託書，徒增麻煩。因此於97年修法時增列修正條文第2項，明定全戶遷徙登記以戶長為申請人。
2. 至於本法第42條，是為便利實際作業及正確戶籍登記，因此規定出境人口，得由戶政事務所代為遷出登記。

(四)分合戶登記

種類	戶籍法	申請人
分合戶登記	第43條	分（合）戶登記，以本人或戶長為申請人。

説明 本法第43條規定分（合）戶登記之申請人。

(五)出生地登記

種類	戶籍法	申請人
出生地登記	第44條	出生地登記，以本人或第二十九條之申請人為申請人。

説明　本法第44條規定出生地登記之申請人。按新生兒辦理出生登記時，均一併填寫出生地，惟81年6月29日修正戶籍法前並未填寫出生地，另憑定居證初設戶籍者，其定居證未必填寫出生地，導致目前仍有部分人民戶籍資料未登記出生地，因此在97年修法時本法第4條第5款已增列出生地登記，因此亦增列本條有關出生地登記申請人之規定。

(六)變更、更正、撤銷及廢止之登記

種類	戶籍法	申請人
變更、更正、撤銷及廢止之登記	第46條	變更、更正、撤銷或廢止登記，以本人為申請人。本人不為或不能申請時，以原申請人或利害關係人為申請人，戶政事務所並應於登記後通知本人。戶政事務所依職權為更正、撤銷或廢止登記，亦同。 【110高考、112地特四等、113普考】

説明　有關戶籍登記之變更、更正、撤銷及廢止之登記，規定在本法第46條。其中：

1. 變更、更正、撤銷或廢止當事人戶籍資料，必與其權益關係密切，應先由本人自行申請各該登記。惟如本人不為或不能申請，且危害利害關係人權益時，始由原申請人或利害關係人申請，戶政事務所並應於登記後通知本人，以兼顧本人權益，避免本人於不知情之情形下，相關戶籍登記遭他人辦理變更、更正、撤銷或廢止登記。

2. 又戶政事務所辦理戶籍登記，未按申請內容作業，或登記錯誤或脫漏時，應為職權更正、撤銷或廢止，先前實務作業係受限於戶役政資訊系統功能而辦理撤銷登記或更正登記作業，內政部「強化戶役政資訊系統與應用推廣計畫」已增加職權更正、撤銷或廢止功能，因此在104年1月21日修法時，增訂戶政事務所依職權為上述登記後亦應通知本人；至變更登記戶政事務所則不依職權為之。

(七)特別狀況 重要

狀況	戶籍法	規定
無規定之申請人時	第45條	應辦理戶籍登記事項，無第二十九條至第三十二條、第三十三條第一項但書、第三十四條但書、第三十六條、第四十條、第四十一條及前二條之申請人時，得以利害關係人為申請人。
委託他人申請	第47條	申請人不能親自申請登記時，得以書面委託他人為之。認領、終止收養、結婚或兩願離婚登記之申請，除有正當理由，經戶政事務所核准者外，不適用前項規定。　　　　　　　　　　　　　　　　　　【112地特四等】

說明 1. 本法第45條明定無規定之申請人時，得以利害關係人為申請人。

　　(1)由於部分之應辦理戶籍登記事項，可能因申請人死亡致無適格之申請人，而無法辦理登記，為落實戶籍登記之正確性並保障利害關係人之權益，而有此規定。

　　(2)經歷次修法，目前本條得適用之登記包括：

　　　　A.出生登記。　　　　　　　B. 認領登記。

　　　　C.收養登記。　　　　　　　D. 終止收養登記。

　　　　E.在97年5月22日以前結婚之結婚登記。

　　　　F. 經法院裁判離婚確定、調解或和解離婚成立或其他離婚已生效之離婚登記。

　　　　G.一般狀況下之死亡登記。

　　　　H.初設戶籍登記。　　　I. 遷徙登記。

　　2. 本法第47條則就委託他人申請登記及例外之狀況為規定。

　　(1)原則上：在申請人不能親自申請登記時，得以「書面」委託他人為之。

　　(2)然認領、終止收養、結婚及兩願離婚涉及當事人身分重大變更，除有正當理由，經戶政事務所核准者外，應由當事人親自辦理，以避免影響當事人權益。

三、申請程序

(一)受理機關

戶籍法

第26條　戶籍登記之申請，應向當事人戶籍地之戶政事務所為之。但有下列情形之一者，不在此限：

一、經中央主管機關公告，並刊登政府公報之指定項目，其登記得向戶籍地以外之戶政事務所為之。

二、雙方或一方在國內現有或曾設戶籍者，在國內結婚或離婚，得向任一戶政事務所辦理結婚或離婚登記。

三、雙方或一方在國內現有或曾設戶籍者，在國外結婚或離婚，得檢具相關文件，向我國駐外使領館、代表處、辦事處（以下簡稱駐外館處）或行政院於香港、澳門設立或指定之機構或委託之民間團體申請，經驗證後函轉戶籍地或原戶籍地戶政事務所辦理結婚或離婚登記。

四、雙方在國內未曾設戶籍者，在國內結婚或離婚，其結婚或離婚登記，得向任一戶政事務所為之。在國外結婚或離婚，得檢具相關文件，向駐外館處或行政院於香港、澳門設立或指定之機構或委託之民間團體申請，經驗證後函轉中央主管機關指定之中央政府所在地戶政事務所辦理結婚或離婚登記；或於驗證後，向任一戶政事務所辦理之。

五、初設戶籍登記，應向現住地之戶政事務所為之。

六、在國內之遷出登記，應向遷入地戶政事務所為之。

【106地特三等、110地特四等】

説明　本條序文已明定戶籍登記之申請，原則應向當事人戶籍地之戶政事務所為之，但書各款所稱「雙方」或「一方」指當事人而言。另當事人戶籍地指現有戶籍地址及出境遷出登記時之戶籍地址。

1. 本條第1款之規定，乃因先前民眾申請戶籍登記，除遷出登記向遷入地戶政事務所辦理外，其他戶籍登記均須至戶籍所在地戶政事務所辦理。為配合擴大異地申辦戶政業務免除轄區管理藩籬限制，提供跨區、跨直轄市、縣（市）為民服務，於93年修法時增列有關戶籍登記之申請，經內政部公告指定之項目得向當事人戶籍所在地以外之戶政事務所為之。

2. 本條第2款至第4款係規範辦理結婚或離婚登記，包括雙方或一方在國內現有或曾有戶籍者，在國外結婚或離婚；雙方在國內未曾設戶籍者，在國內、國外結婚或離婚情形。惟雙方或一方在國內現有或曾設戶籍者，在國內結婚或離婚之情形未明確規範，基於簡政便民，因此第2款規定，雙方或一方在國內現有或曾設戶籍者，在國內結婚或離婚，得向任一戶政事務所辦理結婚或離婚登記，以資明確。

3. 原先初設戶籍者應向何處申報戶籍登記，係規範於入出國及移民法施行細則第30條，本法並未規定，為資明確，而於97年修法時增列第5款之規定，以利適用。

4. 自戶政電腦化後，民眾於國內之遷徙登記，無須先至遷出地戶政事務所辦理遷出登記，僅需向遷入地戶政事務所辦理遷入登記，遷出登記則由戶政事務所辦理遷入登記後於戶政資訊系統內接續辦理，為符實務作業，而有第6款之規定。

(二)申請方式

戶籍法	
申請方式	**第27條**　登記之申請，由申請人以書面、言詞或網路向戶政事務所為之。 依前項規定以網路申請登記之項目，由中央主管機關公告，並刊登政府公報。
要式行為	**第28條**　登記申請書，應由申請人簽名或蓋章；其以言詞為申請時，戶政事務所應代填申請書。必要時，應向申請人朗讀後，由其簽名或蓋章；其以網路申請時，應以電子簽章為之。 前項電子簽章，限以內政部憑證管理中心簽發之自然人憑證為之。

說明 1. 本法第27條規定戶籍登記之申請方式。

2. 本法第28條則規定戶籍登記申請書填載時應由申請人簽名或蓋章等要式行為。

(1) 目前教育程度水準提高，登記申請書由戶政事務所填妥後，可由申請人審閱無誤後簽名或蓋章，勿庸向其朗讀，惟尚有情形特殊之人，如盲胞、不識字者等，所以仍保留「必要時應向申請人朗讀」之規定，以符合實際狀況。

(2) 登記之申請，依本法第27條規定，可以網路為之。以網路申請登記者，因申請人無法簽名或蓋章，而必須透過電子簽章，識別申請人身分，因此於97年修法時本條第1項增列以網路申請時，應以電子簽章為之之規定。

(3) 而依電子簽章法第9條第2項本文規定，依法令規定以電子簽章為簽名、蓋章者，得依法令或行政機關之公告，排除其適用或就其應用技術與程序另為規定。目前經中央主管機關（內政部）採認之電子簽章，僅有自然人憑證一種，因此97年修法時，於第2項明定第1項之電子簽章，限以自然人憑證為之。

(三)申請期限及催告事宜【110地特四等、112地特四等、113普考】

戶籍法	
申請期限	**第48條**　戶籍登記之申請，應於事件發生或確定後三十日內為之。但出生登記至遲應於六十日內為之。 前項戶籍登記之申請逾期者，戶政事務所仍應受理。戶政事務所查有不於法定期間申請者，應以書面催告應為申請之人。
免催告逕行為之	**第48-1條**　下列戶籍登記，免經催告程序，由戶政事務所逕行為之： 一、死亡宣告登記。 二、喪失中華民國國籍之廢止戶籍登記。 三、撤銷前款登記之撤銷戶籍登記。 四、撤銷中華民國國籍之撤銷戶籍登記。 五、喪失臺灣地區人民身分之撤銷戶籍登記。 六、喪失臺灣地區人民身分之廢止戶籍登記。

戶籍法
第48-2條　下列戶籍登記，經催告仍不申請者，戶政事務所應逕行為之： 一、出生登記。　　　　　二、監護登記。 三、輔助登記。 四、未成年子女權利義務行使負擔登記。 五、死亡登記。　　　　　六、初設戶籍登記。 七、遷徙登記。　　　　　八、更正、撤銷或廢止登記。 九、經法院裁判確定、調解或和解成立之身分登記。

其中左欄標示：**經催告後不申請可逕行為之**

説明 1. 本法第48條規定戶籍登記之申請時間。一般之登記期限以30日為原則期限，便利民眾申請。又鑑於出生登記影響兒童身分關係甚鉅，為使父母得以充分考量子女從姓，因此在第1項但書規定，將申請登記期間酌予延長為60日。

2. 本法第48-1條規定免經催告程序「得」由戶政事務所逕行登記之戶籍登記種類。

3. 本法第48-2條規定經催告仍不申請，戶政事務所「應」逕行為登記之戶籍登記種類。

(四)其他特別規定

戶籍法
第49條　出生登記當事人之姓氏，依相關法律規定未能確定時，婚生子女，由申請人於戶政事務所抽籤決定依父姓或母姓登記；非婚生子女，依母姓登記；無依兒童，依監護人之姓登記。 戶政事務所依前條第一款規定逕為出生登記時，出生登記當事人姓氏，婚生子女，以抽籤決定依父姓或母姓登記；非婚生子女，依母姓登記；無依兒童，依監護人之姓登記，並由戶政事務所主任代立名字。 【107地特四等】

其中左欄標示：**姓氏爭議之處理**

戶籍法	
遷徙登記之特別規定	**第50條**　全戶遷離戶籍地，未於法定期間申請遷徙登記，無法催告，經房屋所有權人、管理機關、地方自治機關申請或無人申請時，戶政事務所得將其全戶戶籍暫遷至該戶政事務所。 矯正機關收容人有前項情形者，戶政事務所得逕為遷至矯正機關，不受第十六條第一項但書及第二項規定之限制。 戶政事務所接收收容人出矯正機關通報後，應查實並由收容人居住地戶政事務所辦理遷入登記。

說明 1. 本法第49條規定子女姓氏於登時未能確定之處理。

(1) 依96年5月23日修正公布之民法第1059條第1項規定：「父母於子女出生登記前，應以書面約定子女從父姓或母姓。」惟如父母無法約定時，其姓氏應如何決定，並未明定。依兒童權利公約第7條第1項前段規定，兒童於出生後應立即被登記，兒童出生時就應有取得姓名之權利。故子女出生後，理當迅速為其立姓名，並申請戶籍登記，以免其身分關係處於不安定狀態，而造成生活上之不便。如父母就子女之姓氏協議不成（含未協議）時，應求助其他不涉及裁量權行使，並能最快速及便利決定子女姓氏之方法，而抽籤方式即為目前最符合上開目的之方法。因此第1項明定出生登記當事人之姓氏，依相關法律規定未能確定時，婚生子女由申請人於戶政事務所抽籤決定之；非婚生子女，依母姓登記；無依兒童，依監護人之姓登記。

(2) 另依本法出生逕為登記者，由戶政事務所主任代立姓名。故當事人如遲未約定子女姓氏致逾法定申請期間未辦理出生登記時，將由戶政事務所主任代立姓名並逕為出生登記，因涉及民眾姓名權，而於第2項規定將代立姓氏之方式比照前項規定辦理。

2. 本法第50條規定遷徙登記未於法定期間內申請時之特別處理規定。

(五)戶籍法施行細則之相關規定

戶籍法施行細則	
逕為登記	**第9條** 戶籍登記，應經申請人之申請。但於戶口清查後，初次辦理戶籍登記或依本法第三十七條、第三十八條、第四十二條、第四十八條之一、第四十八條之二、第四十九條第二項、第五十條規定辦理者，戶政事務所得依矯正機關、警察機關、入出國管理機關、檢察官、軍事檢察官、法院、軍事法院、衛生主管機關、中央主管機關、直轄市、縣（市）社政主管機關、房屋所有權人、房屋管理機關、地方自治機關之通知或依職權逕為登記。 登記後發生訴訟，經法院裁判確定或訴訟上和解或調解成立後，應依本法第二十五條規定申請變更、更正、撤銷或廢止登記，經依本法第四十八條第三項規定以書面催告後仍不申請者，戶政事務所應依職權逕為登記，並應於登記後通知本人。
初設戶籍登記應為之通知	**第9-1條** 本法第十五條第一款至第三款應為初設戶籍登記者，有下列情事之一，戶政事務所應通知內政部移民署： 一、未居住國內。 二、申請初設戶籍地址不得設籍。 戶政事務所依本法第四十八條之二第六款逕為初設戶籍登記後，應通知該戶戶長或房屋所有權人。
分別辦理登記	**第10條** 同一事件，牽涉二種以上登記者，應分別辦理登記。
申請書應載明之事項	**第11條** 戶籍登記申請書，應載明當事人及申請人出生年月日、姓名、國民身分證統一編號、住址、申請日期；必要時並載明戶號、戶長姓名等資料。

戶籍法施行細則	
事件發生日期之確實登載	**第12條**　戶政事務所受理戶籍登記所載日期，應依事件發生之日期記載。事件發生地日期與臺灣地區日期不一致，經申請人提出事證者，戶政事務所得於戶籍登記記事載明。
證明文件正本之提出	**第13條**　下列登記，申請人應於申請時提出證明文件正本： 一、出生登記。 二、認領登記。 三、收養、終止收養登記。 四、結婚、離婚登記。但於中華民國九十七年五月二十二日以前（包括九十七年五月二十二日當日）結婚，結婚雙方當事人與二人以上親見公開儀式之證人親自到場辦理登記者，得免提結婚證明文件。 五、監護登記。 六、輔助登記。 七、未成年子女權利義務行使負擔登記。 八、死亡、死亡宣告登記。 九、初設戶籍登記。 十、遷徙登記：單獨立戶者。 十一、分（合）戶登記。 十二、出生地登記。 十三、變更、撤銷或廢止登記。 十四、非過錄錯誤之更正登記。 十五、依其他法律所為之登記。

戶籍法施行細則	
證明文件之查驗及留存	**第14條**　申請人依前條規定提出之證明文件,經戶政事務所查驗後,除出生、死亡、死亡宣告及初設戶籍登記之證明文件應留存正本外,其餘登記之證明文件,得以影本留存。 依前項規定提出之證明文件及申請人依本法第四十七條規定出具之委託文件,係在國外作成者,應經我國駐外使領館、代表處或辦事處(以下簡稱駐外館處)驗證;其在大陸地區或香港、澳門作成者,應經行政院設立或指定之機構或委託之民間團體驗證;其在國內由外國駐我國使領館或授權機構製作者,應經外交部驗證。 前項文件為外文者,應檢附經駐外館處驗證或國內公證人認證之中文譯本。 戶政事務所逕為出生、死亡及死亡宣告登記者,得以相關機關通報文件留存;逕為初設戶籍登記者,得以職權調查之文件留存。
 由戶政事務所造成之登記事項錯誤或脫漏	**第15條**　戶籍登記事項錯誤或脫漏,係因戶政事務所作業錯誤所致者,依下列方式辦理: 一、現戶戶籍資料錯誤或脫漏,由現戶籍地戶政事務所查明更正,並通知當事人或原申請人。 二、最後除戶戶籍資料錯誤或脫漏,由最後戶籍地戶政事務所查明更正,並通知當事人或原申請人。但非最後戶籍資料錯誤或脫漏者,由該資料錯誤地戶政事務所查明更正,並通知當事人或原申請人。　　【110高考】

	戶籍法施行細則
由申請人所造成之登記事項錯誤或脫漏	**第16條** 戶籍登記事項錯誤，係因申報資料錯誤所致者，應由申請人提出下列證明文件之一，向戶籍地戶政事務所申請更正；戶籍地戶政事務所並依前條規定辦理： 一、在臺灣地區初次登記戶籍或登記戶籍前之戶籍資料。 二、政府機關核發並蓋有發證機關印信之原始國民身分證。 三、各級學校、軍、警學校或各種訓練班、團、隊畢（肄）業證明文件。 四、公、私立醫療機構或合格助產士出具之出生證明書。 五、國防部或其所屬相關機關所發停、除役、退伍（令）證明書或兵籍資料證明書。 六、涉及事證確認之法院確定裁判、檢察官不起訴處分書、緩起訴處分書，或國內公證人之公、認證書等。 七、其他機關（構）核發之足資證明文件。　　　【110高考】
更正出生年月日所檢附之證明文件	**第17條** 更正出生年月日所檢附之證明文件，除屬前條第一款、第六款所定文件外，均以其發證日期或資料建立日期較在臺灣地區初次登記戶籍之證件發證日期先者為限。但發證日期較在臺灣地區初次登記戶籍之證件發證日期為後者，應檢附資料建立日期較在臺灣地區初次登記戶籍之證件發證日期為先之有關機關（構）檔存原始資料影本。　　【110高考】
更正出生年月日證件所載歲數	**第18條** 更正出生年月日證件所載歲數，以國曆足歲計算。證件僅載有歲數者，以其發證或建立之民國紀元減去所載歲數，推定其出生年次。但民國前出生者，以證件所載歲數，減去發證或建立時之年份，再加一計算。　　【110高考】

戶籍法施行細則	
催告及逕為登記之相關通知	**第19條** 戶政事務所依本法第四十六條通知本人時，本人死亡或為失蹤人口，應另通知本人之配偶及一親等直系血親。 本法第四十八條第三項之催告，其所定期限不得少於七日，催告書應送達應為申請之人。 戶政事務所辦理本法第四十八條之二所定登記之催告，應載明經催告屆期仍不申請者，由戶政事務所依本法第四十八條之二規定逕行為之。 戶政事務所依本法第四十八條之一及第四十八條之二規定逕為登記後，應通知應為申請之人。 戶政事務所依本法第五十條第一項規定逕為登記者，應將其全戶戶籍暫遷至該戶政事務所並註明地址，同時通報警察機關。
申請手續之補正	**第20條** 戶籍登記之申請手續不全者，戶政事務所應一次告知補正。
受理應查驗身分證明文件及登錄受理資料	**第21條** 戶政事務所受理戶籍登記，應查驗其國民身分證及戶口名簿正本。但外國人、無國籍人、臺灣地區無戶籍國民、大陸地區人民、香港或澳門居民，應查驗其護照、居留證、定居證或入出國許可等證明文件正本。 戶政事務所受理戶籍登記，應將受理登記資料登錄於電腦系統，列印戶籍登記申請書，並以戶籍登記申請書及留存之證明文件正本或影本，按年及村（里）分類裝釘存放戶政事務所。

戶籍法施行細則	
於戶內記載戶籍登記事項	**第22條** 戶籍登記事項，應登記於戶籍登記資料有關欄位或有關之戶內，並均載明其事由及日期。戶長有變更、死亡、死亡宣告、遷出、分（合）戶、住址變更、撤銷戶籍或廢止戶籍登記時，該戶籍登記資料列為除戶備份保存。 前項因戶長變更、死亡、死亡宣告、遷出、分（合）戶、住址變更、撤銷戶籍或廢止戶籍，列為除戶時，戶內尚有設籍人口者，應由該項登記之申請人，擇定戶內具行為能力者一人繼為戶長；戶內設籍人口均為無行為能力人或限制行為能力人時，應由最年長者一人繼為戶長。 戶長經戶政事務所依本法第四十二條、第四十八條之一或第四十八條之二規定逕為死亡、死亡宣告、遷出、住址變更、撤銷戶籍或廢止戶籍之登記，並列為除戶時，應依前項規定擇定一人繼為戶長。

說明 本細則第二章（第9條至第22條）即為戶籍登記之相關申請作業程序規定，如上表所示，不再贅敘。

(六)戶政登記申請須知摘要

1.出生登記

(1)**申請人**

A.父、母、祖父、祖母、戶長、同居人或撫養人。

B.無依兒童得以兒童及少年福利機構為申請人。

C.利害關係人（無上列A、B申請人時）。

D.受委託人。

(2)**受理戶政事務所**

A.戶籍地直轄市、縣（市）政府所轄任一戶政事務所。

B.「新生兒與父、母設籍同戶之出生登記」得於戶政司網站「網路申辦服務」線上申辦。

應備證件	1. 出生證明書： (1)非在醫院、診所或助產所出生無法提出證明書者，應提憑醫療機構或經財團法人全國認證基金會認可實驗室開具載明受鑑定者雙方姓名並黏貼其正面照片且蓋有騎縫章之 DNA 親子鑑定證明文件，或領有證照之醫護人員於胎兒出生後 1 個月內開具之出生通報書。 (2)出生證明書上方新生兒姓名欄位應以正楷書寫新生兒姓名，再於出生證明書下方從姓約定欄位約定子女從姓，並由其法定代理人（婚生子女為父母、非婚生子女為生母）分別於新生兒姓名後方及從姓約定欄位簽名或蓋章確認。 2. 新生兒出生登記同時取得原住民身分： (1)新生兒為非婚生子女，其母具有原住民身分者，可同時登記該新生兒取得原住民身分。 (2)新生兒為婚生子女，父或母一方具有原住民身分者，由其父母約定如下，可同時登記取得原住民身分： 　A.取用父或母所屬原住民族之傳統名字（包含單獨使用原住民族文字）。 　B.取用漢人姓名並以原住民族文字並列父或母所屬原住民族之傳統名字。 　C.從具原住民身分之父或母之姓。 (3)有關原住民身分登記應備文件請參閱「原住民身分及民族別登記」申辦須知。 3. 戶口名簿、申請人國民身分證、印章（或簽名）。 4. 委託他人辦理者，應檢附委託書、受委託人國民身分證、印章（或簽名）。 5. 以利害關係人身分申請者，應附繳利害關係證明文件。 6. 子女從姓約定書（本國人與外籍配偶之婚生子女之姓氏亦須約定從父姓或母姓，並應符合我國國民使用姓名之習慣），惟於出生證明書載明者，免附（約定人欄位應由新生兒之父母親自簽名或蓋章）。 7. 辦理無依兒童出生登記，應提憑警察機關出具之公文書及嬰兒照片。

應備證件	8. 國人與外國人、大陸地區人士、香港居民或澳門居民結婚，子女出生於父母結婚之前，或推算生母之受胎期間（指從子女出生日起回溯第181日起至第302日止之期間）未在婚姻關係存續中者，申辦所生子女之出生登記，應提憑生母受胎期間之婚姻狀況證明文件。 9. 生父母已結婚，子女受胎期間未在生父母婚姻關係存續中，應由生父親自辦理並檢附生父母之書面證明文件。如生父母於出生證明書上已約定新生兒從姓或另提具子女從姓約定書者，得無須由生父親自申請或檢具書面證明文件辦理出生登記。 10. 出生證明文件經戶政事務所查驗後留存正本，不歸還申請人；申請人如需申請出生證明文件影本，請依戶籍法、申請戶籍謄本及閱覽戶籍登記資料處理原則相關規定辦理。 11. 應備證件在國外作成者，應經我駐外館處驗證；在大陸地區或香港、澳門作成者，應經行政院設立或指定之機構或委託之民間團體驗證。應備證件為外文者，應另檢附經駐外館處驗證或國內公證人認證之中文譯本。
注意事項	1. 申請期限：自胎兒出生日起60日內。 2. 出生登記未於法定期間申請，經戶政事務所催告仍不申請，依戶籍法第48條之2規定，戶政事務所應逕為登記，並依戶籍法第49條規定，登記新生兒之從姓及名字。 3. 有下列情形，申請在臺設籍，請參閱「初設戶籍登記」申辦須知： (1) 在國外或大陸地區、香港及澳門出生者。 (2) 父為外國人，母為中華民國國民，於69.2.10～89.2.8在國內出生者。 (3) 在臺設有戶籍國民或無戶籍國民在國內出生之子女未辦理出生登記，出境後再入境者；以及國人與無國籍、外籍或大陸地區、香港、澳門女子在臺所生非婚生子女以非國人身分出境，嗣後經準正或認領後，以國人身分申請入境者。

2. 認領登記

(1)申請人

　　A.認領人。

　　B.被認領人：認領人不為申請時，以被認領人為申請人。

　　C.利害關係人（無上列A、B申請人時）

　　D.受委託人：須有正當理由，經戶政事務所核准。

(2)受理戶政事務所

　　A.全國任一戶政事務所。

　　B.「經我國法院裁判確定、調解或和解成立之認領登記」得於戶政司網站「網路申辦服務」線上申辦。

應備證件	1. 一般認領：生父母協同提出之認領同意書。如生父單獨以認領書辦理認領登記者，應提憑黏貼受驗者之正面照片，並蓋有騎縫章之親緣鑑定證明文件。 2. 判決認領：法院判決書及判決確定證明書。 3. 撫育認領：生父撫育證明文件。 4. 認領人印章（或簽名）、戶口名簿、國民身分證及被認領人之戶口名簿、國民身分證（已領證者，另附最近2年所攝正面符合規定之半身彩色照片1張或數位相片及規費50元辦理換證）（相片規格詳見http://www.ris.gov.tw/187，繳交數位相片者請至內政部戶政司全球資訊網－網路申辦－國民身分證影像上傳https://www.ris.gov.tw/webapply/765上傳數位相片）。 5. 申請認領同時改從父姓者，應提子女從姓約定書。 6. 委託辦理者另附委託書及受委託人國民身分證、簽名（或印章）。 7. 認領在國外出生之被認領人，應檢附被認領人之出生證明文件。 8. 被認領人之生母為外國人、大陸地區人民、香港居民或澳門居民時，應同時檢具生母受胎期間（指從子女出生日回溯第181日起至第302日止之期間）之婚姻狀況證明文件。 9. 在臺設有戶籍之未成年子女經生父認領，或非本國籍未成年子女經國人生父認領並同時辦理出生登記，經父母協議未成年子女權利義務之行使或負擔者，須檢附未成年子女權利義務行使負擔約定書。

應備證件	10.應備證件在國外作成者，應經我駐外館處驗證（外國文件驗證事宜請洽外交部領事事務局 02-23432888、23432913、23432914；相關資訊請至該局全球資訊網查詢）；在大陸地區或香港、澳門作成者，應經行政院設立或指定之機構或委託之民間團體驗證（大陸地區文書驗證事宜請洽財團法人海峽交流基金會02-25335995、21757000；相關資訊請至該會網站查詢）。應備證件為外文者，應另檢附經駐外館處驗證或國內公證人認證（文書認證事宜請洽各地方法院或民間公證人；相關資訊請至司法院全球資訊網查詢）之中文譯本。
注意事項	1. 認領後，申請變更姓氏，未成年前及成年後各以一次為限。 2. 生母於婚姻存續期間，與其他男子所生子女推定為該生母婚姻存續期間配偶之婚生子女者，在生母、生母配偶或子女本人向法院提起否認之訴（相關資訊請至司法院全球資訊網查詢）獲勝訴確定判決之前，依法應登記為生母配偶之婚生子女，俟判決確定該子女非生母配偶之婚生子女，生父始得認領該子女。 3. 外國人認領本國子女時，應提符合我國或該國認領成立要件有關法令規定文件，69年2月9日以前出生者並依規定辦理喪失國籍、廢止戶籍登記手續。 4. 經我國法院裁判確定、調解或和解成立應為認領之案件未於法定期間申請，經戶政事務所催告仍不申請者，依戶籍法第48條之2規定，戶政事務所應逕為登記。 5. 依姓名條例第9條第1項第5款規定，被認領、撤銷認領得申請改名。 6. 認領登記依民法第1065條第1項規定，須認領人（生父）與被認領人（非婚生子女）具親子血緣關係，倘當事人間無親子血緣關係，其認領登記因不符民法第1065條第1項所定要件而自始無效，依戶籍法第23條規定，該項登記應為撤銷。倘欲收養無親子血緣關係之他人子女，得依民法收養相關規定，向法院聲請認可（相關資訊請至司法院全球資訊網查詢）後，以收養登記辦理。依戶籍法第76條規定，申請人故意為不實之申請或故意提供不實之資料者，處新臺幣3,000元以上9,000元以下罰鍰。

注意事項	7. 在國外或大陸地區、香港及澳門出生者，經國人生父認領後，申請在臺設籍，請先向內政部移民署（聯絡電話：02-23889393；相關資訊請至內政部移民署全球資訊網查詢）申請發給定居證，憑辦初設戶籍登記（請參閱「初設戶籍登記」申辦須知）。

3. 收養登記

(1) 申請人

A. 收養人或被收養人。 　　B. 利害關係人：無上列之申請人時。
C. 受委託人。

(2) 受理戶政事務所

A. 全國任一戶政事務所。
B.「經我國法院裁定確定之終止收養登記」得於戶政司網站「網路申辦服務」線上申辦。

應備證件	1. 法院裁定書及裁定確定證明書。 2. 申請人國民身分證、簽名（或印章）及被收養人戶口名簿、國民身分證（已領證者，另附最近 2 年所攝正面符合規定之半身彩色照片 1 張或數位相片及規費 50 元辦理換證）（相片規格詳見 http://www.ris.gov.tw/187，繳交數位相片者請至內政部戶政司全球資訊網－網路申辦－國民身分證影像上傳 https://www.ris.gov.tw/webapply/765 上傳數位相片）。 3. 養子女從姓約定書（收養應以書面約定養子女從養父姓、養母姓或維持原來之姓）。 4. 委託他人辦理者，應檢附委託書、受委託人國民身分證、印章（或簽名）。 5. 應備證件在國外作成者，應經我駐外館處驗證；在大陸地區或香港、澳門作成者，應經行政院設立或指定之機構或委託之民間團體驗證。應備證件為外文者，應另檢附經駐外館處驗證或國內公證人認證之中文譯本。
注意事項	1. 收養大陸地區人民，除大陸相關收養書件經海基會驗證外，仍須再經我法院裁定認可。

注意事項	2. 經我國法院裁定確定之收養登記，應於裁定確定後30日內辦理，經催告仍不申請者，依戶籍法第48條之2規定，戶政事務所應逕為登記。 3. 依姓名條例第9條第1項第5款規定，被收養、撤銷收養或終止收養得聲請改名。

4. 終止收養登記

(1)申請人

A.收養人或被收養人。

B. 利害關係人：無上列之申請人時。

C.受委託人：有正當理由並經戶政事務所核准者，得以書面委託他人辦理。

(2)受理戶政事務所

A.全國任一戶政事務所。

B.「經我國法院裁判確定、調解或和解成立之終止收養登記」得於戶政司網站「網路申辦服務」線上申辦。

應備證件	1. 終止收養書約、法院裁定書及裁定確定證明書、法院調解筆錄或法院和解筆錄。 2. 申請人國民身分證、簽名（或印章）及被收養人戶口名簿、國民身分證（已領證者，另附最近2年所攝正面符合規定之半身彩色照片1張或數位相片及規費50元辦理換證）。（相片規格詳見 http://www.ris.gov.tw/187，繳交數位相片者請至內政部戶政司全球資訊網－網路申辦－國民身分證影像上傳 https://www.ris.gov.tw/webapply/765 上傳數位相片） 3. 養父母死亡後，養子女得聲請法院許可終止收養，提憑法院許可終止收養裁定書及裁定確定證明書辦理。 4. 終止收養，應以書面為之。若養子女為未成年人者，並應向法院聲請認可。 5. 委託他人辦理者，應檢附委託書、受委託人國民身分證、印章（或簽名）（經法院裁判確定之終止收養登記，無庸經戶政事務所核准，得逕以書面委託他人辦理。）

應備證件	6. 應備證件在國外作成者，應經我駐外館處驗證；在大陸地區或香港、澳門作成者，應經行政院設立或指定之機構或委託之民間團體驗證。應備證件為外文者，應另檢附經駐外館處驗證或國內公證人認證之中文譯本。
注意事項	1. 養子女為未成年者，終止收養應向法院聲請認可。 2. 養子女未滿 7 歲者，應由收養終止後為其法定代理人之人代為之。養子女為滿 7 歲以上之未成年人者，應得收養終止後為其法定代理人之人之同意。如無法定代理人，宜由利害關係人聲請法院指定之，俟法院指定監護人後再受理終止收養登記。養子女為未成年人者，終止收養自法院認可裁定確定時發生效力。 3. 養子女自收養關係終止時起，回復其本姓。 4. 經我國法院裁判確定、調解或和解成立之終止收養登記，應於裁判確定、調解或和解成立後 30 日內辦理，未於法定期間申請，經催告仍不申請者，依戶籍法第 48 條之 2 規定，戶政事務所應逕為登記。 5. 依姓名條例第9條第1項第5款規定，被收養、撤銷收養或終止收養得聲請改名。

5. 結婚登記

(1) 申請人

A. 97年5月23日起結婚者：結婚雙方當事人。

B. 97年5月22日以前（含97年5月22日當日）結婚或其結婚已生效者：結婚當事人之一方。

C. 受委託人：有正當理由並經戶政事務所核准者，得以書面委託他人辦理。

(2) 受理戶政事務所：全國任一戶政事務所

A. 雙方或一方在國內現有或曾設戶籍者，在國內結婚，得向任一戶政事務所辦理結婚登記。

B. 雙方或一方在國內現有或曾設戶籍者，在國外結婚，得檢具相關文件，向我國駐外館處或行政院於香港、澳門設立或指定之機構或委託之民間團體申請驗證後，經驗證後函轉戶籍地或最後遷出戶籍地戶政事務所，或親自向任一戶政事務所辦理結婚登記。

C.雙方在國內未曾設戶籍者，在國內結婚，得向任一戶政事務所為之。但在國外結婚，得檢具相關文件，向駐外館處或行政院於香港、澳門設立或指定之機構或委託之民間團體申請，經驗證後函轉中央主管機關指定之中央政府所在地戶政事務所或親自向任一戶政事務所辦理結婚登記。

| 應備證件 | 1. 結婚書約：依民法第982條規定：自民國97年5月23日起，結婚應以書面為之，並應由雙方當事人向戶政機關為結婚之登記，方為有效。書約應載有結婚雙方當事人之姓名、出生日期、國民身分證統一編號（護照號碼或居留證號碼）、戶籍住址（國外居住地址）等相關資料，及2人以上證人簽名或蓋章等相關資料。

2. 在國內結婚者，應附繳結婚當事人雙方之國民身分證、印章（或簽名）、戶口名簿、最近2年所攝正面符合規定之半身彩色照片各1張或數位相片及規費各50元。（相片規格詳見http://www.ris.gov.tw/187，繳交數位相片者請至內政部戶政司全球資訊網－網路申辦－國民身分證影像上傳https://www.ris.gov.tw/webapply/765上傳數位相片）

3. 其他身分證明文件：
(1)國外結婚已生效後授權委託他人辦理者，應檢附經駐外館處或行政院於香港、澳門設立或指定之機構或委託之民間團體驗證之授權委託書、受委託人（即授權書上所載之被授權人）之國民身分證、印章（或簽名）。
(2)結婚當事人為國內曾有或未曾設戶籍者，應檢附其護照或內政部移民署依法核發之居留證明文件。

4. 其他結婚證明文件：
(1)在國外結婚已生效者，應檢附經駐外館處或行政院於香港、澳門設立或指定之機構或委託之民間團體驗證之結婚證明或已向當地政府辦妥結婚登記（或結婚註冊）之證明文件及中文譯本，加蓋「符合行為地法」之章戳，並得免附婚姻狀況證明文件。
(2)結婚當事人一方為外國籍者，另應檢附外籍配偶取用中文姓名聲明書，經駐外館處驗證之婚姻狀況證明文件及中文譯 |

應備證件	本。婚姻狀況證明文件於原核發機關核發之日起六個月內有效。經外交部公告之特定國家人士,已取得內政部移民署依法核發之永久居留證者,亦同。 (3)經外交部公告之特定國家,國人與特定國家人士結婚須先於外籍配偶之原屬國完成結婚登記後,備齊結婚證明文件向駐外館處申請面談,再持憑經駐外館處驗證之結婚證明文件,向國內戶政機關辦理結婚登記。 (4)與大陸地區人民辦理結婚登記者,應檢附結婚證明文件及經內政部移民署發給加蓋「通過面談,請憑辦理結婚登記」章戳之臺灣地區入出國許可證。 5. 應備證件在國外作成者,應經我駐外館處驗證;在大陸地區或香港、澳門作成者,應經行政院設立或指定之機構或委託之民間團體驗證。應備證件為外文者,應另檢附經駐外館處驗證或國內公證人認證之中文譯本。
注意事項	遷入(含住址變更)同時結婚登記而單獨立戶,應參照遷入有關規定辦理。

6. 離婚登記

(1) 申請人

A. 兩願離婚:

  a. 雙方當事人。

  b. 受委託人:有正當理由並經戶政事務所核准者,得以書面委託他人辦理。

B. 經法院裁判離婚確定、調解或和解離婚成立或其他離婚已生效者:得以當事人之一方為申請人(雙方均不申請時可由利害關係人申請)。

(2) 受理戶政事務所

A. 雙方或一方在國內現有或曾設戶籍者,在國內離婚,得向任一戶政事務所辦理離婚登記。

B. 雙方或一方在國內現有或曾設戶籍者,在國外離婚,得檢具相關文件,向我國駐外館處或行政院於香港、澳門設立或指定之機構或委

託之民間團體申請驗證後，經驗證後函轉戶籍地或最後遷出戶籍地戶政事務所，或親自向任一戶政事務所辦理離婚登記。

C.雙方在國內未曾設戶籍者，在國內離婚，得向任一戶政事務所為之。但在國外離婚，得檢具相關文件，向駐外館處或行政院於香港、澳門設立或指定之機構或委託之民間團體申請，經驗證後函轉中央主管機關指定之中央政府所在地戶政事務所或親自向任一戶政事務所辦理離婚登記。

D.「經我國法院裁判確定、調解或和解成立之離婚登記」得於戶政司網站「網路申辦服務」線上申辦。

應備證件	1. 離婚協議書（應有2人以上之證人簽名或蓋章）、離婚判決書及確定證明書（正本）、調解筆錄或和解筆錄。 2. 雙方當事人戶口名簿、國民身分證（外國人憑護照或身分證明文件）、簽名（或印章）、最近2年所攝正面符合規定之半身彩色照片各1張或數位相片及規費各50元（相片規格詳見http://www.ris.gov.tw/187，繳交數位相片者請至內政部戶政司全球資訊網－網路申辦－國民身分證影像上傳https://www.ris.gov.tw/webapply/765上傳數位相片）。 3. 與大陸地區人民協議離婚書件（含委託書）須經海基會驗證，法院判決離婚須再經我法院裁定認可。 4. 國外離婚者，書約及譯本須經我駐外館處驗證，協議離婚經加註「符合行為地法」之字樣，得單方申辦。 5. 委託他人辦理者，應檢附委託書、受委託人國民身分證、印章（或簽名）。 6. 應備證件在國外作成者，應經我駐外館處驗證；在大陸地區或香港、澳門作成者，應經行政院設立或指定之機構或委託之民間團體驗證。應備證件為外文者，應另檢附經駐外館處驗證或國內公證人認證之中文譯本。
注意事項	1. 兩願離婚，應向戶政機關為離婚之登記，始生效力。 2. 離婚登記經我國法院裁判確定、調解或和解成立者，經催告仍不申請者，依戶籍法第48條之2規定，戶政事務所應逕為登記。 3. 辦理離婚登記者，冠姓之任一方須回復本姓。

7. 中（英）結婚、離婚、終止結婚證明書

(1) **申請人**

A. 本人。

B. 受委託人。

(2) **規費**：結（離）婚證明書每張新臺幣100元。

(3) **受理戶政事務所**：全國任一戶政事務所。

應備證件	1. 當事人親自申請：國民身分證、印章（或簽名）。 2. 委託他人申請者：另應附繳委託書（委託書如係在國外作成者，應經我國駐外館處驗證；其在大陸地區或香港、澳門作成者，應經行政院設立或指定之機構或委託之民間團體驗證。前項文件為外文者，應檢附經駐外館處驗證或國內公證人認證之中文譯本。）、受委託人國民身分證、印章。

8. 監護登記

(1) **申請人**

A. 監護人。

B. 受委託人。

(2) **受理戶政事務所**

A. 全國任一戶政事務所。

B. 「監護人及受監護人均為在臺現有戶籍國人之監護登記」得於戶政司網站「網路申辦服務」線上申辦。

應備證件	1. 監護人及受監護人戶口名簿、監護人國民身分證、印章（或簽名）。 2. 監護文件： 　(1) 監護宣告：法院監護宣告文件。 　(2) 法定監護（民法1094條）：親屬關係證明文件。 　(3) 遺囑監護（民法1093條）：憑後死之父或母所立遺囑。 　(4) 法院選定、改定（民法1111條、1094條、1106條）：法院證明文件及確定證明書。 　(5) 委託監護（民法1092條）：受監護人生父母之委託書。 3. 委託他人代辦者，另附委託書、受委託人國民身分證、印章（或簽名）。

應備證件	4. 應備證件在國外作成者，應經我駐外館處驗證；在大陸地區或香港、澳門作成者，應經行政院設立或指定之機構或委託之民間團體驗證。應備證件為外文者，應另檢附經駐外館處驗證或國內公證人認證之中文譯本。
注意事項	經催告仍不申請者，依戶籍法第48條之2規定，戶政事務所應逕為登記。

9. 輔助登記

(1)申請人

　A.輔助人。

　B.受輔助宣告之人。

　C.受委託人。

(2)受理戶政事務所

　A.全國任一戶政事務所。

　B.「經我國法院裁判確定、調解或和解成立之輔助登記」得於戶政司網站「網路申辦服務」線上申辦。

應備證件	1. 輔助人及受輔助人之戶口名簿、輔助人國民身分證、印章（或簽名）。 2. 法院輔助宣告文件。 3. 委託他人辦理：請另附委託書、受委託人國民身分證、印章（或簽名）。 4. 應備證件在國外作成者，應經我駐外館處驗證；在大陸地區或香港、澳門作成者，應經行政院設立或指定之機構或委託之民間團體驗證。應備證件為外文者，應另檢附經駐外館處驗證或國內公證人認證之中文譯本。
注意事項	經催告仍不申請者，依戶籍法第48條之2規定，戶政事務所應逕為登記。

10. 未成年子女權利義務行使負擔登記

(1)申請人

A.法院裁判確定、調解或和解成立：未成年子女權利義務行使或負擔任一方。

B.協議（重新協議）：協議（重新協議）後之未成年子女權利義務行使或負擔之一方或雙方。

C.受委託人。

(2)受理戶政事務所

A.全國任一戶政事務所。

B.「未成年子女及權利義務行使負擔人均為在臺現有戶籍國人之未成年子女權利義務行使負擔登記」得於戶政司網站「網路申辦服務」線上申辦。

應備證件	1. 未成年子女權利義務行使或負擔人及未成年子女之戶口名簿、未成年子女權利義務行使或負擔人國民身分證、印章（或簽名）。 2. 未成年子女權利義務行使負擔證明文件： 　(1)法院裁判確定：法院判決書及確定證明書。 　(2)法院調解或和解成立：法院調解或和解筆錄。 　(3)協議（重新協議）：協議書。 3. 委託他人辦理：另附委託書及受委託人國民身分證、印章（或簽名）。 4. 應備證件在國外作成者，應經我駐外館處認證；在大陸地區作成或香港、澳門作成者，應經行政院設立或指定之機構或委託之民間團體驗證。應備證件為外文者，應另檢附經駐外館處驗證或國內公證人認證之中文譯本。
注意事項	經催告仍不申請者，依戶籍法第48條之2規定，戶政事務所應逕為登記。

11. 死亡、死亡宣告登記

(1)申請人

A.死亡登記：配偶、親屬、戶長、同居人、經理殮葬之人、死亡者死亡時之房屋或土地管理人。

B.利害關係人：無上列之申請人時。

　　C.死亡宣告登記：聲請死亡宣告者或利害關係人。

　　D.受委託人。

(2)**受理戶政事務所**

　　A.全國任一戶政事務所。

　　B.在國內死亡（有衛生福利部、法務部或國防部或司法院之死亡通報者，含我國法院死亡宣告裁判確定）登記得於戶政司網站「網路申辦服務」線上申辦。

應備證件（均需正本）	1. 檢察機關、軍事檢察機關、醫療機構出具之相驗屍體證明書、死亡證明書或法院為宣告死亡事件裁判書及裁判確定證明書。 2. 國外死亡者，在國外作成之死亡證明文件須經我駐外館處驗證，如係外文證明文件應翻譯成中文經駐外館處驗證或國內公證人認證。 3. 大陸地區死亡者，在大陸地區作成死亡之證明文件須經大陸地區公證機構公證後經財團法人海峽交流基金會驗證。 4. 申請人之國民身分證、印章（或簽名）。 5. 死亡者之國民身分證、戶口名簿，死亡者有配偶者，另檢附配偶國民身分證及最近2年內拍攝符合規格相片1張或數位相片辦理換證。 6. 委託他人辦理者，應檢附委託書、受委託人國民身分證、印章（或簽名）。 7. 應備證件在國外作成者，應經我駐外館處驗證；在大陸地區或香港、澳門作成者，應經行政院設立或指定之機構或委託之民間團體驗證。應備證件為外文者，應另檢附經駐外館處驗證或國內公證人認證之中文譯本。
注意事項	1. 申請期限：自死亡事件發生或死亡事實確定後30日內。 2. 死亡登記未於法定期間申請，經戶政事務所催告仍不申請者，戶政事務所應逕為登記。 3. 死亡宣告登記免經催告程序，由戶政事務所逕行為之。 4. 當事人死亡不得再為委託（任）辦理各項戶籍登記業務，申請人故意為不實之申請或提供戶政不實資料者，涉及違反戶籍法第76條規定，處新臺幣3,000元以上9,000元以下罰鍰。 5. 死亡證明文件經戶政事務所查驗後留存正本，不歸還申請人；申請人如需申請死亡證明文件影本，請依戶籍法、申請戶籍謄本及閱覽戶籍登記資料處理原則相關規定辦理。

| 注意事項 | 6. 換領國民身分證之適格申請人、應備證件、注意事項及應繳規費等須知請參照請領（初補換）國民身分證申辦須知。 |

12. 遷入登記

(1)申請人

A.本人。　　　　　　　　　　　　　　B.戶長。

C.利害關係人（無A、B申請人時）。　　D.受委託人。

E.未成年人遷徙，應由法定代理人或遷出、遷入地雙方戶長共同為之。

(2)受理戶政事務所：遷入地戶政事務所。

| 應備證件 | 1. 直接向遷入地戶政事務所申請遷入登記（應同時附原戶籍地戶口名簿正本）。
2. 遷入地戶口名簿、遷入者國民身分證、印章（或簽名）。
3. 遷入者應換領國民身分證（相片規格詳見http://www.ris.gov.tw/187）。若本人親自申請經戶政事務所核對檔存相片與人貌相符且年歲相當時，或由戶長親自或委託戶內人口辦理全戶或部分人口之遷徙登記而須換領國民身分證者，得免繳交。（委託他人申請遷入登記時因無法核對本人人貌，故應檢附遷入者最近2年內所拍攝正面半身彩色相片1張相片或數位相片），未滿14歲且未申領國民身分證者，得免繳交相片。（繳交數位相片者請至內政部戶政司全球資訊網－網路申辦－國民身分證影像上傳https://www.ris.gov.tw/webapply/765上傳數位相片）
4. 申請人國民身分證、印章（或簽名）。
5. 委託他人申請者，應附委託書、受委託人國民身分證、印章（或簽章）。
6. 父或母單獨為未成年子女申辦，須提具另一方同意書。
7. 如係另立一戶，應另提憑單獨立戶之證明文件。
8. 應備證件在國外作成者，應經我駐外館處驗證；在大陸地區或香港、澳門作成者，應經行政院設立或指定之機構或委託之民間團體驗證。應備證件為外文者，應另檢附經駐外館處驗證或國內公證人認證之中文譯本。 |

注意事項	1. 由他鄉（鎮、市、區）遷入三個月以上，應為遷入登記。原有戶籍國民遷出國外，持我國護照或入國證明文件入境三個月以上者，應為遷入登記。原有戶籍國民喪失國籍後，經核准回復國籍者，亦同。 2. 無居住事實而故意為不實之申請者，處新臺幣三千元以上九千元以下罰鍰。 3. 受保護管束限制住居者辦理遷徙，應報經執行保護管束者轉請檢察官核准之。

13. 住址變更登記

(1) 申請人

　A. 本人。

　B. 戶長。

　C. 利害關係人（無A、B申請人時）。

　D. 受委託人。

　E. 未成年人遷徙，應由法定代理人或遷出、遷入地雙方戶長共同為之。

(2) 受理戶政事務所：戶籍地戶政事務所。

應備證件（均需正本）	1. 原戶籍地戶口名簿、遷入地戶口名簿、遷入者國民身分證、印章（或簽名）。 2. 遷入者應換領國民身分證。若本人親自申請經戶政事務所核對檔存相片與人貌相符且年歲相當時，或由戶長親自或委託戶內人口辦理全戶或部分人口之遷徙登記而須換領國民身分證者，得免繳交相片。〈委託他人申請住址變更登記時應檢附當事人最近2年內所拍攝正面半身彩色相片1張相片或數位相片〉，未滿14歲且未申領國民身分證者，得免繳交相片。（相片規格詳見https://www.ris.gov.tw/app/portal/187查詢，繳交數位相片者請至內政部戶政司全球資訊網-網路申辦服務-國民身分證-國民身分證影像上傳https://www.ris.gov.tw/app/portal/765上傳數位相片）。 3. 申請人國民身分證、印章（或簽名）。

應備證件（均需正本）	4. 委託他人辦理者，應檢附委託書、受委託人國民身分證、印章（或簽名）。 5. 父或母單獨為未成年子女申辦，須提具另一方同意書。 6. 如係另立一戶，應另提憑單獨立戶之證明文件。 7. 應備證件在國外作成者，應經我駐外館處驗證；在大陸地區或香港、澳門作成者，應經行政院設立或指定之機構或委託之民間團體驗證。應備證件為外文者，應另檢附經駐外館處驗證或國內公證人認證之中文譯本。
注意事項	1. 同一鄉（鎮、市、區）變更住址3個月以上，應為住址變更登記。 2. 無居住事實而故意為不實之申請者，處新臺幣3,000元以上9,000元以下罰鍰。 3. 受保護管束限制住居者辦理遷徙，應報經執行保護管束者轉請檢察官核准之。

14. 分（合）戶登記

(1)申請人

A.本人。　　　　　　　　　　　　B. 戶長。

C.利害關係人（無A、B申請人時）。　　D. 受委託人。

E.未成年人：應由法定代理人或分戶前、分戶後雙方戶長共同為之。

(2)受理戶政事務所：戶籍地戶政事務所。

應備證件	1. 分戶： (1)單獨立戶之房屋證明文件（參照遷入登記）。 (2)分戶者之戶口名簿、國民身分證、印章（或簽名）（夫妻、未成年子女不得於同一地址分為兩戶）。 (3)父或母單獨為未成年子女申辦分戶，須提具另一方同意書，惟未成年子女不得單獨立戶。 (4)申請人國民身分證、印章（或簽名）。 (5)委託他人辦理者，應檢附委託書、受委託人國民身分證、印章（或簽名）。

應備證件	2. 合戶： 　(1)合戶者之戶口名簿、國民身分證、印章（或簽名）。 　(2)父或母單獨為未成年子女申辦合戶，須提具另一方同意書。 　(3)申請人國民身分證、印章（或簽名）。委託他人辦理者，應檢附委託書、受委託人國民身分證、印章（或簽名）。 3. 應備證件在國外作成者，應經我駐外館處驗證；在大陸地區或香港、澳門作成者，應經行政院設立或指定之機構或委託之民間團體驗證。應備證件為外文者，應另檢附經駐外館處驗證或國內公證人認證之中文譯本。
注意事項	在同一戶籍地址內，不同戶間另立新戶或合併為一戶者，應為分（合）戶登記。

15. 初設戶籍登記

(1)申請人：
　A.本人。　　　　　　　　　　　　B.戶長。
　C.利害關係人（無1、2申請人時）。　D.受委託人。
　E.未成年人以法定代理人為申請人。

(2)受理戶政事務所：現住地戶政事務所。

應備證件	1. 當事人為未成年人：由法定代理人（父母雙方）或戶長攜帶下列證件辦理： 　(1)申請人國民身分證、印章（或簽名）。 　(2)內政部移民署核發之定居證。 　(3)戶口名簿。 　(4)父母一方辦理時，須另檢附他方之同意書或授權書。 2. 當事人為成年人，由本人攜帶下列證件辦理： 　(1)單獨成立一戶： 　　A.內政部移民署核發之定居證、印章（或簽名）。 　　B.單獨立戶之證明文件（詳細內容請參閱）。

應備證件	(2)初設戶籍於他人戶內： 　A.內政部移民署核發之定居證、印章（或簽名）。 　B.現住地戶口名簿。 3. 年滿14歲者，應申請初領國民身分證；未滿14歲者，得申請發給。請領國民身分證請攜帶最近2年內拍攝符合規格相片1張或數位相片（相片規格詳見https://www.ris.gov.tw/app/portal/187查詢，繳交數位相片者，於完成初設戶籍登記後至內政部戶政司全球資訊網-網路申辦服務-國民身分證-國民身分證影像上傳https://www.ris.gov.tw/app/portal/765 上傳數位相片）。 有關初領國民身分證之適格申請人、應備證件、注意事項及應繳規費等須知請參閱「請領（初補換）國民身分證」申辦須知。 4. 應備證件在國外作成者，應經我駐外館處驗證；在大陸地區或香港、澳門作成者，應經行政院設立或指定之機構或委託之民間團體驗證。應備證件為外文者，應另檢附經駐外館處驗證或國內公證人認證之中文譯本。 5. 初設戶籍登記同時取得原住民身分： 　(1)取用父或母所屬原住民族之傳統名字，可同時登記取得原住民身分。 　(2)取用漢人姓名並以原住民族文字並列父或母所屬原住民族之傳統名字，可同時登記取得原住民身分。 　(3)從具原住民身分之父或母之姓，可同時登記取得原住民身分。 　(4)有關原住民身分登記應備文件請參閱「原住民身分及民族別登記」申辦須知。
注意事項	1. 申請期限：自內政部移民署核發定居證翌日起 30 日內。 2. 初設戶籍登記未於法定期間申請，經戶政事務所催告仍不申請者，戶政事務所應逕為登記。 3. 在國外或大陸地區、香港及澳門出生者回國後，向內政部移民署申請發給定居證憑辦初設戶籍登記。 4. 父為外國人，母為中華民國國民 69.2.10~89.2.8 在國內出生者，向內政部移民署申請定居證，憑向戶政事務所辦理初設戶籍登記。

注意事項	5. 國籍法修正公布後（89.2.9）在國內出生，父或母為中華民國國民者，持憑出生證明書向戶政事務所申請出生登記；在國外出生者，應依入出國及移民法相關規定辦理。 6. 在國內出生，未辦理出生登記，出國後持我國或外國護照入國，出生時父或母為居住在臺灣地區設有戶籍國民者，應向內政部移民署申請定居證，憑辦初設戶籍登記；惟如出生時父母為在臺無戶籍者，則應經內政部移民署核發「核准定居」函文，憑辦初設戶籍登記。 7. 有關申請定居事宜，依申請資格及事由，須檢附不同之應備文件，請洽內政部移民署。 8. 定居證經戶政事務所查驗後留存正本，不歸還申請人；申請人如需申請定居證影本，請依戶籍法、申請戶籍謄本及閱覽戶籍登記資料處理原則相關規定辦理。

16. 出生地登記

(1)申請人

　　A.本人、父、母、祖父、祖母、戶長、同居人或撫養人。

　　B.如係無依兒童，並得以兒童及少年福利機構為申請人。

　　C.利害關係人（無上列申請人時）。

　　D.受委託人。

(2)受理戶政事務所

　　A.全國任一戶政事務所。

　　B.「出生地登記」得於戶政司網站「網路申辦服務」線上申辦。

應備證件（均需正本）	1. 當事人之國民身分證、印章、最近 2 年內拍攝之符合規格相片 1 張或數位相片，相片影像建檔日期在 2 年內，經核對人貌相符，得免繳交相片或數位相片（國民身分證相片規格可至「內政部戶政司全球資訊網」- 主題資訊 - 國民身分證專區 - 國民身分證相片規格查詢，繳交數位相片者請至內政部戶政司全球資訊網 - 網路申辦服務 - 國民身分證 - 國民身分證影像上傳數位相片）。 2. 當事人之戶口名簿。

應備證件（均需正本）	3. 申請人國民身分證、印章（或簽名）。 4. 委託他人辦理者，應檢附委託書、受委託人國民身分證、印章（或簽名）。 5. 應備證件在國外作成者，應經我駐外館處驗證；在大陸地區或香港、澳門作成者，應經行政院設立或指定之機構或委託之民間團體驗證。應備證件為外文者，應另檢附經駐外館處驗證或國內公證人認證之中文譯本。

17. 出生年月日及其他更正登記

(1) 申請人

　　A. 本人。

　　B. 原申請人或利害關係人：本人不為或不能申請時，以原申請人或利害關係人為申請人。

　　C. 受委託人。

(2) 受理戶政事務所：

　　A. 戶籍地戶政事務所。

　　B. 婚生否認之訴經法院判決確定須辦理親子關係更正父姓名、姓名更正及出生別更正等戶籍登記得向任一戶政事務所申請登記。

　　C. 戶籍地已辦妥出生別變更或更正登記者之關係人，須隨同辦理出生別變更或更正登記者得向任一戶政事務所申請登記。

應備證件	1. 戶籍登記因申請人申報錯誤者，應提出下列證明文件之一，向現戶籍地戶政事務所申請更正： (1) 在臺初次登記戶籍或登記戶籍前之戶籍資料。 (2) 政府機關核發並蓋有發證機關印信之原始國民身分證。 (3) 各級學校或軍、警學校或各種訓練班、團、隊畢（肄）業證明文件。 (4) 公、私立醫療機構或合格助產士出具之出生證明書。 (5) 國防部或其所屬相關機關所發停、除役、退伍（令）證明書或兵籍資料證明書。 (6) 涉及事證確證之法院確定裁判、檢察官不起訴處分書、緩起訴處分書，或國內公證人之公、認證書等。 (7) 其他機關（構）核發之足資證明文件。

應備證件	2. 提出前項各款之證明文件更正出生年月日者，除第一款及第六款外，均以其發證日期或資料建立日期較在臺初次登記戶籍之證件發證日期先者為限。但發證日期較在臺初次登記戶籍之證件發證日期為後者，應檢附資料建立日期較在臺初次登記戶籍之證件發證日期為先之有關機關（構）檔存原始資料影本。 3. 證明文件及委託書在國外作成者，應經我駐外使領館、代表處、辦事處或其他外交部授權機構驗證；其在大陸地區或香港、澳門作成者，應經行政院設立或指定之機構或委託之民間團體驗證。文件為外文者，應另檢附經駐外館處驗證或國內公證人認證之中文譯本。 4. 更正出生年月日證件所載歲數，以國曆足歲計算。證件僅載有歲數者，以其發證或建立之民國紀元減去所載歲數，推定其出生年次。但民前出生者，以證件所載歲數，減去發證或建立時之年份，再加1計算。 5. 申請人國民身分證、印章（或簽名）。 6. 當事人國民身分證、印章（或簽名）、戶口名簿（以利害關係人身分申請者可免提）。 7. 以利害關係人身分申請者，應另附繳利害關係證明文件。 8. 委託他人申請者，應另附繳委託書、受委託人國民身分證、印章（或簽名）。

18. 姓名變更

(1)申請人

A.本人。

B.法定代理人：未成年人由法定代理人辦理。

(2)受理戶政事務所：全國任一戶政事務所。

應備證件	1. 當事人國民身分證（未領證者以戶口名簿代替）、戶口名簿。 2. 申請人國民身分證、印章（或簽名）、相片1張或數位相片（相片規格詳見 https://www.ris.gov.tw/187，繳交數位相片者請至內政部戶政司全球資訊網－網路申辦－國民身分證影像上傳 https://www.ris.gov.tw/webapply/765 上傳數位相片）。 3. 改姓、改名或變更姓名證明文件。

應備證件	4. 未成年人由法定代理人單方申請，須另附他方之同意書。 5. 本人辦理姓名變更登記時，同時提出關係人（配偶、子女）之國民身分證，視為有委託意思，切結敘明「當事人辦理姓名變更登記並依規定換領其配偶、子女國民身分證，負責保管其配偶、子女國民身分證並交付之」簽名或蓋章後，經戶政事務所查明屬實據以受理換領國民身分證。

19. 原住民身分及民族別登記

(1) **申請人**

A. 本人。

B. 法定代理人雙方（如僅父母一方申請時，應附他方之同意書）。

C. 受委託人（依原住民身分法第6條第1項從具原住民身分之父或母之姓，取得原住民身分，以及依第5條第1項喪失原住民身分者，不得委託他人辦理）。

(2) **受理戶政事務所**

A. 原住民身分取得、喪失、變更或回復之登記，以及原住民族別註記或變更，得向全國任一戶政事務所申辦。

B. 原住民身分更正登記，應向戶籍地戶政事務所申辦。

C. 「申請人及當事人均為在臺現有戶籍國人之原住民身分及民族別登記」得於戶政司網站「網路申辦服務」線上申辦。

應備證件	1. 申請人國民身分證、印章（或簽名）、當事人戶口名簿、國民身分證、印章。 2. 已領證者如改姓或更改姓名，其配偶及直系血親卑親屬已領證者，另須備2年內拍攝彩色相片1張或數位相片及規費50元換發國民身分證（換證注意事項請依國民身分證之規定辦理）。 國民身分證相片規格可至「內政部戶政司全球資訊網」－主題資訊－國民身分證專區－國民身分證相片規格https://www.ris.gov.tw/app/portal/187查詢，繳交數位相片者請至內政部戶政司全球資訊網－網路申辦－國民身分證影像上傳https://www.ris.gov.tw/webapply/765上傳數位相片。

應備證件	3. 原住民身分之取得、喪失、變更、回復及民族別註記，申請人應備妥足資證明具有原住民身分之文件、申請書、約定書等辦理。 4. 委託他人申請者，應另附繳委託書、受委託人國民身分證、印章（或簽名）。 5. 以利害關係人身分申請者，應附繳利害關係證明文件。 6. 應備證件在國外作成者，應經我駐外館處驗證；在大陸地區或香港、澳門作成者，應經行政院設立或指定之機構或委託之民間團體驗證。應備證件為外文者，應另檢附經駐外館處驗證或國內公證人認證之中文譯本。
注意事項	按原住民身分法第5條第1項規定：「原住民有下列情形之一者，喪失原住民身分：一、依前2條規定取得原住民身分後，因變更姓名致未符合各該規定。二、依前條規定取得原住民身分後，終止收養關係。三、成年後申請放棄原住民身分。四、依本法中華民國110年1月27日修正施行前之第4條第3項規定取得原住民身分，未於本法112年12月18日修正之條文施行之日起算2年內，取用或以原住民族文字並列原住民父或母所屬原住民族之傳統名字，或從原住民父或母之姓。

20. 請領（初補換）國民身分證

(1)申請人

　A.初領或補領：

　　a. 年滿14歲者，應由本人親自為之。

　　b. 未滿14歲請領者，應由法定代理人或由法定代理人委託當事人直系血親尊親屬代為申請，當事人應親自到場核對人貌。

　B.換領：

　　a. 由本人親自或以書面委託他人為之。但更換相片換領者，應由本人親自為之。

　　b. 戶長親自或委託戶內人口辦理全戶或部分戶內人口之遷徙登記時，須同時申請戶內人口之換領國民身分證，不受前項須以書面委託他人辦理之限制。

(2)**規費：**

A.初領：每張收費新臺幣50元。

B.補領：每張收費新臺幣200元。

C.換領：每張收費新臺幣50元。

政府機關辦理行政區域調整、門牌整編作業而須換領國民身分證者，免收規費。但因申請各項戶籍登記須同時換領，或跨直轄市、縣（市）換領國民身分證者，應繳納規費。

(3)**受理戶政事務所：**

A.初領、補領：全國任一戶政事務所辦理。

B.申請戶籍登記致國民身分證記載事項變更者，向各該申請登記之戶政事務所申請；國民身分證有毀損之情形者，得向全國任一戶政事務所申請。

C.持有舊式身分證尚未換領新式國民身分證，須向戶籍所在地之戶政事務所辦理。

應備證件	1. 初領或補領：
	(1)年滿 14 歲：
	A.本人印章（或簽名）。
	B.本人戶口名簿正本或貼有相片之身分證。
	C.本人最近2年內拍攝之符合規格相片1張或數位相片，補領得免繳交相片或數位相片之情形，請參照國民身分證及戶口名簿製發相片影像檔建置管理辦法第11條規定（國民身分證相片規格可至「內政部戶政司全球資訊網」－主題資訊－國民身分證專區－國民身分證相片規格https://www.ris.gov.tw/app/portal/187查詢，繳交數位相片者請至內政部戶政司全球資訊網－網路申辦服務－國民身分證－國民身分證影像上傳https://www.ris.gov.tw/app/portal/765上傳數位相片）。
	(2)未滿 14 歲：
	A.法定代理人國民身分證、印章（或簽名）。（如法定代理人無法共同辦理，應由未到場之法定代理人出具同意書，交由另一方辦理。如法定代理人委託當事人直系血親尊親屬代為申請，由法定代理人共同出具委託書，受託人並應

出具國民身分證、印章（或簽名）；如同意書或委託書在國外作成者，應經我國駐外館處驗證；其在大陸地區或香港、澳門作成者，應經行政院設立或指定之機構或委託之民間團體驗證。）

B. 本人戶口名簿正本或貼有相片之身分證明文件。

C. 本人最近2年內拍攝之符合規格相片1張或數位相片，補領得免繳交相片或數位相片之情形，請參照國民身分證及戶口名簿製發相片影像檔建置管理辦法第11條規定（國民身分證相片規格可至「內政部戶政司全球資訊網」－主題資訊－國民身分證專區－國民身分證相片規格https://www.ris.gov.tw/app/portal/187查詢，繳交數位相片者請至內政部戶政司全球資訊網－網路申辦服務－國民身分證－國民身分證影像上傳https://www.ris.gov.tw/app/portal/765上傳數位相片）。

2. 換領：

(1) 本人舊國民身分證、印章（或簽名）。（未滿14歲者，另提憑法定代理人國民身分證、印章（或簽名）；如法定代理人無法共同辦理，應由未到場之法定代理人出具同意書，交由另一方辦理；如同意書在國外作成者，應經我國駐外館處驗證；其在大陸地區或香港、澳門作成者，應經行政院設立或指定之機構或委託之民間團體驗證。）

(2) 最近2年內拍攝之符合規格相片1張或數位相片，換領得免繳交相片或數位相片之情形，請參照國民身分證及戶口名簿製發相片影像檔建置管理辦法第14條規定（國民身分證相片規格可至「內政部戶政司全球資訊網」－主題資訊－國民身分證專區－國民身分證相片規格https://www.ris.gov.tw/app/portal/187查詢，繳交數位相片者請至內政部戶政司全球資訊網－網路申辦服務－國民身分證－國民身分證影像上傳https://www.ris.gov.tw/app/portal/765上傳數位相片）。

(3) 委託他人辦理者，應檢具委託書（如委託書在國外作成者，應經我國駐外館處驗證；其在大陸地區或香港、澳門作成者，應經行政院設立或指定之機構或委託之民間團體驗證。）、受委託人之國民身分證、印章（或簽名）。

應備證件

注意事項	戶政事務所核對當事人容貌產生疑義時,當事人須另附其他有相片之證件或相關人證,以確定身分(視戶政事務所之認定)。

21. 戶口名簿

(1) 申請人

　　A. 戶長。　　　　B. 受委託人。

(2) 規費:初領、補領、換領之收費數額每份新臺幣30元。

(3) 受理戶政事務所

　　A. 初領、全面換領:戶籍地戶政事務所。

　　B. 補領或換領:全國任一戶政事務所。

應備證件	1. 書面委託他人辦理者,須附繳委託書、受委託人國民身分證、印章(或簽名)。 2. 換領戶口名簿者,需附繳原戶口名簿。 3. 委託書在國外作成者,應經我駐外館處驗證;在大陸地區或香港、澳門作成者,應經行政院設立或指定之機構或委託之民間團體驗證。委託書為外文者,應另檢附經駐外館處驗證或國內公證人認證之中文譯本。
注意事項	新式戶口名簿登載現戶戶籍資料之現住人口及省略記事,並得依據申請人之申請,增加非現住人口或記事。

22. 戶籍謄本

(1) 申請人

　　A. 本人。　　　　B. 利害關係人。

　　C. 受委託人

(2) 規費:以張計算,每張戶籍謄本15元。

(3) 受理戶政事務所

　　A. 全國任一戶政事務所。

　　B. 申請閱覽戶籍登記原始資料,應向原戶籍登記之戶政事務所為之。

應備證件	1. 當事人、利害關係人親自申請者，應繳驗身分證明文件正本；利害關係人應併繳驗利害關係證明文件正本。 2. 委託申請者，受委託人應繳驗身分證明文件正本及委託人出具之委託書；為確認委託人之真意，戶政事務所得依行政程序法第一章第六節之規定調查事實及證據，例如可調閱檔存申請書核對委託人筆跡、以電話向委託人求證或請受託人提憑委託人身分證明文件影本等方式。 3. 委託人為利害關係人者，應併繳驗利害關係證明文件正本。但有特殊原因致繳驗利害關係證明文件正本有困難者，得繳驗影本，並應具結與正本相符，如有不實願負法律責任字樣及由委託人簽名或蓋章。 4. 委託書、利害關係證明文件在國外作成者，應經我國駐外使領館、代表處或辦事處驗證；其在大陸地區或香港、澳門作成者，應經行政院設立或指定之機構或委託之民間團體驗證。 5. 前項所稱身分證明文件，指國民身分證、外僑居留證、臺灣地區居留證、定居證、中華民國護照或其他足資證明身分之文件。
注意事項	1. 本人或利害關係人得向戶政事務所申請閱覽戶籍資料或交付戶籍謄本；申請人不能親自申請時，得以書面委託他人為之。 2. 利害關係人依前項規定申請時，戶政事務所僅得提供有利害關係部分之戶籍資料或戶籍謄本。 3. 利害關係人與當事人之關係，應符合「申請戶籍謄本及閱覽戶籍登記資料處理原則」（網址：https://www.ris.gov.tw/app/portal/94）第 2 點規定各款情形之一。

23. 英文戶籍謄本

(1) **申請人**

　　A. 本人。　　　B. 戶長。

　　C. 法定代理人：未成年由法定代理人申請。

　　D. 當事人之配偶、直系血親。

　　E. 受委託人。

(2) **規費**：每張100元（同一次申請2份以上者，自第2份起每張收費15元）。

(3)**受理戶政事務所**：全國任一戶政事務所。

應備證件	1. 當事人親自申請：被申請人及其關係人等（如配偶、父母、養父母、子女及戶長）之中華民國護照及本人身分證明文件正本、印章或簽名。 2. 委託申請：受委託人應繳驗身分證明文件正本、印章、經委託人簽名蓋章之委託書，及前項所稱相關人員之中華民國護照代為申辦。 3. 委託書在國外作成者，應經我駐外使領館、代表處或辦事處驗證；在大陸地區或香港、澳門作成者，應經行政院設立或指定之機構或委託之民間團體驗證；其在國內由外國駐我國使領館或授權機構製作者，應經外交部驗證。 4. 前項所稱身分證明文件，指國民身分證、外僑居留證、臺灣地區居留證、定居證、中華民國護照或其他足資證明身分之文件。

24. 印鑑證明

(1)**申請人**

　　A.當事人。　　B. 受委託人。

　　C.法定代理人。

(2)**規費**：按件繳納工本費，其費額由直轄市、縣（市）政府定之。

(3)**受理戶政事務所**

　　A.戶籍地戶政事務所。

　　B.已建置印鑑數位化系統之直轄市、縣（市）政府，得由所轄任一戶政事務所受理申請。（詳情請洽詢戶籍地戶政事務所）

應備證件	1. 當事人應親自至戶所辦理；攜帶國民身分證、印鑑章（法定代理人國民身分證、印章）；但在國內曾設有戶籍國民旅居國外、大陸地區或香港、澳門未請領現行國民身分證者，繳驗有效之中華民國護照、入國證明文件或其他身分證明文件。 2. 委任他人辦理者，受委任人應繳驗身分證明文件，並附繳委任書、授權書或同意書（須由委任人親自簽名或蓋章並註明辦理事項），及委任人欲登記之印鑑章、委任人國民身分證影本或有效之中華民國護照、入國證明文件或其他身分證明文件影本、印章。

應備證件	3. 法定代理人辦理者,法定代理人應繳驗身分證明文件,並附繳當事人國民身分證影本或有效之中華民國護照、入國證明文件或其他身分證明文件影本、印鑑章。法定代理人有數人,由其中一人代為申請者,並應附繳其他法定代理人之身分證明文件影本及委任書或同意書。
注意事項	1. 當事人在國外委任辦理者,其委任書或授權書,應經我駐外使館或代表處、辦事處驗證(在大陸地區或香港、澳門作成者,應經行政院設立或指定之機構或委託之民間團體驗證),並應載明請領份數。 2. 在營軍人得由所屬連級以上部隊長核轉其印鑑登記機關辦理,或經所屬連級以上部隊長證明身分後出具委任書委任他人代辦。 3. 矯正機關收容人得由矯正機關核轉其印鑑登記機關辦理,或經矯正機關證明身分後出具委任書委任他人代辦。 4. 意識清楚之重大疾病患者或不能行走者,得檢具醫師或村(里)長之證明書出具申請書及委任書委任他人代辦。 5. 在指定隔離治療機構施行隔離治療之病患,得由醫療機構核轉其印鑑登記機關辦理,或經指定隔離治療機構證明身分後出具委任書委任他人代辦。 6. 無行為能力人或限制行為能力人由法定代理人代辦。 7. 隨船航行之船員,無法取得我國駐外使領館、代表處、辦事處(以下簡稱駐外館處)、行政院設立或指定之機構或委託之民間團體驗證者,得向其隸屬船舶公司或代理行取得證明書後委任他人代辦。 8. 當事人出具經法院或民間公證人公證或認證之委任書委任他人代辦。 9. 當事人得申請於印鑑證明上載明申請目的。 10. 附繳身分證明文件說明: 　(1)身分證明文件:指國民身分證、外僑居留證、臺灣地區居留證、有效之中華民國護照、入國證明文件或其他身分證明文件。 　(2)入國證明文件:指入國證明書或入國許可證副本。

25. 同性之結婚登記

(1) 申請人

A.結婚雙方當事人。

B.受委託人：有正當理由並經戶政事務所核准者，得以書面委託他人辦理。

(2) 受理戶政事務所：全國任一戶政事務所

A.雙方或一方在國內現有或曾設戶籍者，在國內結婚，得向任一戶政事務所辦理結婚登記。

B.雙方或一方在國內現有或曾設戶籍者，在國外結婚，得檢具相關文件，向我駐外館處申請驗證後，經驗證後函轉戶籍地或最後遷出戶籍地戶政事務所，或親自向任一戶政事務所辦理結婚登記。

C.雙方在國內未曾設戶籍者，在國內結婚，得向任一戶政事務所為之。但在國外結婚，得檢具相關文件，向駐外館處或行政院於香港、澳門設立或指定之機構或委託之民間團體申請，經驗證後函轉中央主管機關指定之中央政府所在地戶政事務所；或於驗證後，向任一戶政事務所辦理結婚登記。

應備證件	1. 結婚書約：依司法院釋字第七四八號解釋施行法第2條規定，相同性別之二人，得為經營共同生活之目的，成立具有親密性及排他性之永久結合關係。同法第4條規定，成立第二條關係應以書面為之，有2人以上證人之簽名，並應由雙方當事人，依司法院釋字第七四八號解釋之意旨及本法，向戶政機關辦理結婚登記，方為有效。書約應載有結婚雙方當事人之姓名、出生日期、國民身分證統一編號（護照號碼或居留證號碼）、戶籍住址（國外居住地址）等相關資料，及2人以上證人簽名或蓋章等相關資料。 2. 在國內結婚者，應附繳結婚當事人雙方之國民身分證、印章（或簽名）、戶口名簿、最近2年內拍攝之符合規格相片1張或數位相片，相片影像建檔日期在2年內，經核對人貌相符，得免繳交相片或數位相片（國民身分證相片規格可至「內政部戶政司全球資訊網」-主題資訊-國民身分證專區-國民身分證相片規格查詢，繳交數位相片者請至內政部戶政司全球資訊網-網路申辦服務-國民身分證-國民身分證影像上傳https://www.ris.gov.tw/app/portal/765上傳數位相片）。

<table>
<tr><td rowspan="2">應備證件</td><td>

3. 其他身分證明文件：

(1)國外結婚已生效後授權委託他人辦理者，應檢附經駐外館處驗證之授權委託書、受委託人（即授權書上所載之被授權人）之國民身分證、印章（或簽名）。

(2)結婚當事人為國內曾有或未曾設戶籍者，應檢附其護照或內政部移民署依法核發之居留證明文件。

4. 其他結婚證明文件：

(1)在國外結婚已生效者，應檢附經駐外館處驗證之結婚證明或已向當地政府辦妥結婚登記（或結婚註冊）之證明文件及中文譯本，加註「符合行為地法」之字樣，並得免附婚姻狀況證明文件。

(2)結婚當事人一方為外國籍者，另應檢附外籍配偶取用中文姓名聲明書，經駐外館處驗證之婚姻狀況證明文件，如外國籍者為未承認同性婚姻且為外交部公告之特定國家人士，因無法在原屬國完成結婚登記，且無法向駐外館處申請驗證其原屬國核發之婚姻狀況證明，請檢附駐外館處核發之面談結果通知函（含原屬國婚姻狀況證明）。至婚姻狀況證明文件於原核發機關核發之日起6個月內有效。

5. 有關國人與大陸地區人民辦理同性結婚，應依臺灣地區與大陸地區人民關係條例等相關規定辦理。

6. 應備證件在國外作成者，應經我駐外館處驗證；在香港、澳門作成者，應經行政院設立或指定之機構或委託之民間團體驗證。應備證件為外文者，應另檢附經駐外館處驗證或國內公證人認證之中文譯本。

</td></tr>
</table>

<table>
<tr><td>注意事項</td><td>遷入（含住址變更）同時結婚登記而單獨立戶，應參照遷入有關規定辦理。</td></tr>
</table>

26. 原住民回復傳統姓名登記

(1) 申請人
　　A. 本人。
　　B. 法定代理人。

(2) 受理戶政事務所：全國任一戶政事務所。

應備證件	1. 申請人國民身分證、印章（或簽名）。 2. 當事人國民身分證（未領證者以戶口名簿代替）、戶口名簿、最近2年內拍攝之符合規格相片1張或數位相片，相片影像建檔日期在2年內，經核對人貌相符，得免繳交相片或數位相片（國民身分證相片規格可至「內政部戶政司全球資訊網」-主題資訊-國民身分證專區-國民身分證相片規格查詢，繳交數位相片者請至內政部戶政司全球資訊網-網路申辦服務-國民身分證-國民身分證影像上傳https://www.ris.gov.tw/app/portal/765 上傳數位相片）。 3. 按臺灣原住民回復傳統姓名及更正姓名作業要點第3點規定，申請人應填具「臺灣原住民回復傳統（漢人）姓名及更正姓名申請書」 4. 如未成年人由法定代理人單方申請，須另附他方之同意書。 5. 應備證件在國外作成者，應經我駐外館處驗證；在大陸地區或香港、澳門作成者，應經行政院設立或指定之機構或委託之民間團體驗證。應備證件為外文者，應另檢附經駐外館處驗證或國內公證人認證之中文譯本。
注意事項	1. 姓名條例第1條第2項規定：「臺灣原住民及其他少數民族之姓名登記，依其文化慣俗為之；其已依漢人姓名登記者，得申請回復其傳統姓名；回復傳統姓名者，得申請回復原有漢人姓名。但均以1次為限。」當事人提出申請時，應注意次數限制。 2. 姓名條例第15條第1項規定，有第1款「經通緝或羈押」或第3款「受有期徒刑以上刑之判決確定，未宣告緩刑或未准予易科罰金、易服社會勞動。但過失犯罪者，不在此限」情事之一者，不得申請改姓、改名或更改姓名。上開第3款規定不得申請改姓、改名或更改姓名之期間，自裁判確定之日起至執行完畢滿3年止。年滿14歲者，戶政機關應確認當事人無前揭限制改名之情事。

注意事項	3. 當事人之傳統姓名應符合其文化慣俗，倘有疑義，得依原住民族委員會92年10月8日原民企字第0920029283號函規定，應確認其民族別，再請該族專家或耆老協助查明其傳統姓名之取名方式是否符合該族傳統文化。 4. 於當事人申請資料輸入傳統姓名，宜尊重當事人意願自行決定是否使用「 」符號或全形空白格斷句，系統可允許輸入50個全型字（含空白字元）。惟國民身分證因版面限制，姓名欄位僅得列印15個全型字，倘16個字以上，該欄位改採人工書寫。 5. 依本部99年3月18日台內戶字第0990047401號函，回復傳統姓名者第1次得免費換發國民身分證、戶口名簿等相關證件。 6. 本部彙整「原住民回復傳統姓名換發證件彙整表」協助輔導民眾申請換發相關證照，並得依本部86年9月8日台內戶字第8605098號函規定提供免費戶籍謄本，俾利民眾向政府其他機關申請改註姓名。

27. 原住民傳統姓名羅馬拼音並列登記

(1)申請人

　　A.本人。

　　B.法定代理人。

(2)受理戶政事務所：全國任一戶政事務所

應備證件（均需正本）	1. 當事人國民身分證（未領證者以戶口名簿代替）、戶口名簿。 2. 當事人國民身分證、印章（或簽名）、最近2年內拍攝之符合規格相片1張或數位相片，相片影像建檔日期在2年內，經核對人貌相符，得免繳交相片或數位相片（國民身分證相片規格可至「內政部戶政司全球資訊網」-主題資訊-國民身分證專區-國民身分證相片規格查詢，繳交數位相片者請至內政部戶政司全球資訊網-網路申辦服務-國民身分證-國民身分證影像上傳https://www.ris.gov.tw/app/portal/765上傳數位相片）。 3. 按臺灣原住民回復傳統姓名及更正姓名作業要點第3點規定，申請人應填具「臺灣原住民回復傳統（漢人）姓名及更正姓名申請書」。

應備證件（均需正本）	4. 如未成年人由法定代理人單方申請，須另附他方之同意書。 5. 應備證件在國外作成者，應經我駐外館處驗證；在大陸地區或香港、澳門作成者，應經行政院設立或指定之機構或委託之民間團體驗證。應備證件為外文者，應另檢附經駐外館處驗證或國內公證人認證之中文譯本。
注意事項	1. 原住民申請傳統姓名之羅馬拼音並列登記，無須確認當事人有無姓名條例第15條限制改名之情事。 2. 原住民傳統姓名之羅馬拼音，依原住民族委員會與教育部94年12月15日會銜頒訂之「原住民族語言書寫系統」記載。 3. 受理傳統姓名羅馬拼音登記，宜尊重當事人意願自行決定是否使用「 」符號或全形空白格斷句，系統可允許輸入50個半型字（含空白字元）。惟國民身分證因版面限制，羅馬拼音欄位僅得列印20個字，倘21個字元以上，該欄位改採人工書寫。

歷年精選試題(二)

> 選擇題

第1～50題

(　　) **1** 下列敘述何者最正確？　(A)國民身分證及戶口名簿由直轄市或縣（市）政府依據戶籍資料列印製發　(B)有戶籍國民年滿十四歲，應申請初領國民身分證　(C)限以言詞方式申請戶籍登記　(D)初領國民身分證應由監護人代為領取。　【103身障特考】

(　　) **2** 出生登記當事人之姓氏，依相關法律規定未能確定時，下列敘述何者最正確？　(A)婚生子女，申請人得於戶政事務所抽籤決定依父姓或母姓登記　(B)婚生子女，一律依父姓登記　(C)非婚生子女，依父姓登記　(D)無依兒童，無須登記姓氏，只須立名。【103身障特考】

(　　) **3** 下列敘述何者最正確？
(A)戶籍登記之申請逾期者，戶政事務所即不受理　(B)戶政事務所查有不於法定期間申請者，無須以書面催告應為申請之人，得直接予以裁罰　(C)檢察官聲請死亡宣告、喪失中華民國國籍或臺灣地區人民身分者之廢止戶籍登記，得由戶政事務所逕行為之　(D)戶政事務所得不經催告直接為出生登記。　【103身障特考】

(　　) **4** 下列敘述何者最正確？　(A)戶籍法所謂之遷出及遷入登記，是指戶籍上之異動而已，無須以居住為必要　(B)戶籍法所謂之遷出及遷入登記，並非僅指戶籍上之異動而已，實應包括居住處所遷移之事實行為在內　(C)僅將戶籍遷出或遷入，而實際居住所未隨之遷移，行政機關不得撤銷遷入登記　(D)僅將戶籍遷出或遷入，而實際居住所未隨之遷移，行政機關不得實施處罰。　【103身障特考】

(　　) **5** 下列敘述何者最正確？　(A)申請人申請戶籍登記，若不能親自申請登記時，得以書面委託他人為之　(B)認領、終止收養、結婚或兩願離婚登記之申請，一律不得委託他人為之　(C)戶籍登記之申請，應於事件發生或確定後二十日內為之　(D)出生登記至遲應於三十日內為之。　【103身障特考】

( ) **6** 關於死亡登記，下列敘述何者錯誤？ (A)死亡登記，以配偶、親屬、戶長、同居人、經理殮葬之人、死亡者死亡時之房屋或土地管理人為申請人 (B)因災難死亡或死亡者身分不明，經警察機關查明而無人承領時，由警察機關通知其戶籍地戶政事務所為死亡登記 (C)死亡宣告登記，須以檢察官為申請人 (D)在矯正機關內被執行死刑或其他原因死亡，無人承領者，由各該矯正機關通知其戶籍地戶政事務所為死亡登記。 【103身障特考】

( ) **7** 關於離婚登記，下列敘述何者最正確？ (A)離婚登記，以雙方當事人為申請人 (B)離婚登記，以當事人一方為申請人 (C)經法院判決離婚確定，以雙方當事人為申請人 (D)經法院調解或法院和解成立或其他離婚已生效者，須以雙方當事人為申請人。 【103身障特考】

( ) **8** 辦理登記時，下列敘述何者錯誤？ (A)出生登記，以父母、祖父母、戶長、同居人或撫養人為申請人 (B)認領登記，以認領人為申請人；認領人不為申請時，以被認領人為申請人 (C)收養登記，收養人或被收養人為申請人 (D)終止收養登記，僅能以收養人為申請人。 【103身障特考】

( ) **9** 下列應為戶籍登記情形中，何者經催告仍不申請者，戶政事務所應逕行為之？ (A)出生登記 (B)結婚登記 (C)兩願離婚登記 (D)合意收養登記。 【103身障特考】

( ) **10** 戶籍登記事項嗣後不存在時，應為何種登記？ (A)變更登記 (B)更正登記 (C)撤銷登記 (D)廢止登記。 【103身障特考】

( ) **11** 下列何者非出生登記之申請人？ (A)父母 (B)祖父母 (C)同居人 (D)發現人。 【103地方特考】

( ) **12** 戶政事務所辦理逕為出生登記時，無依兒童依下列何者之姓？ (A)發現者 (B)戶政事務所主任 (C)辦理登記之戶籍員 (D)監護人。 【103地方特考】

( ) **13** 全戶遷離戶籍地未依法辦理遷徙登記，戶政事務所依戶籍法規定將全戶戶籍暫遷至戶政事務所，其辦理程序為何？ (A)催告－逕為登記－暫遷戶所－註明地址－通知警察機關 (B)催告－無法催告－

逕為登記－暫遷戶所－註明地址－通知警察機關　(C)催告－無法催告－逕為登記－暫遷戶所－註明地址－通知直轄市、縣（市）政府　(D)催告－逕為登記－暫遷戶所－註明地址－通知直轄市、縣（市）政府。　　　　　　　　　　　　　　　　　　　　　【103地方特考】

(　　) **14** 下列何者非屬得免經催告程序，由戶政事務所逕行為之登記項目？　(A)出生登記　(B)由檢察官聲請之死亡宣告登記　(C)喪失中華民國國籍之廢止戶籍登記　(D)喪失臺灣地區人民身分之廢止戶籍登記。　【103地方特考】

(　　) **15** 下列何項戶籍登記在未經戶政事務所核准前，不得書面委託他人為之？
(A)收養登記　　　　　　　　(B)監護登記
(C)輔助登記　　　　　　　　(D)認領登記。　　　【103地方特考】

(　　) **16** 下列何者為認領登記之申請人？　(A)被認領人之父母共同申請　(B)認領人及被認領人共同申請　(C)認領人或被認領人一人為之　(D)認領人不為時才由被認領人。　　　　　　　　　　　【103地方特考】

(　　) **17** 在國內之遷出登記，應向何地戶政事務所為之？　(A)遷出地　(B)遷入地　(C)內政部　(D)任一戶政事務所。　　　【103地方特考】

(　　) **18** 外國人歸化取得我國籍並獲准定居後，未辦初設戶籍登記即出國未居住國內者，戶政事務所該如何處理？　(A)通知內政部移民署，因目前人不居住國內，須等其回國才能辦理初設戶籍登記　(B)通知內政部移民署，催告後不申請，逕為初設戶籍登記，通知戶長或房屋所有人　(C)通知內政部移民署，催告後不申請，逕為初設戶籍登記，通知縣市政府及警察局　(D)催告後不申請，逕為初設戶籍登記，再通知內政部移民署。　　　　　　　　　　　　　【104地方特考】

(　　) **19** 戶籍上未成年子女權利義務行使負擔登記之法定申請人為何？
(A)以行使或負擔之一方或雙方　(B)以行使或負擔之雙方共同為之　(C)以行使或負擔之一方或雙方或利害關係人　(D)以行使或負擔之雙方或利害關係人。　　　　　　　　　　　【104地方特考】

(　　) **20** 戶籍登記之申請得以書面委託他人為之，受託人申請下列何項登記，無須戶政事務所之核准？　(A)終止收養登記　(B)認領登記　(C)結婚登記　(D)調解離婚登記。　　　　　　　【104地方特考】

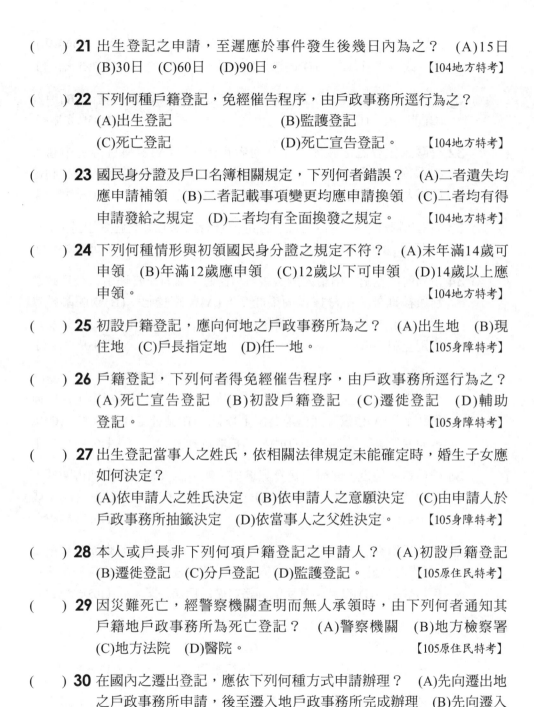

(　) **21** 出生登記之申請，至遲應於事件發生後幾日內為之？　(A)15日
(B)30日　(C)60日　(D)90日。　　　　　　　　　　　　【104地方特考】

(　) **22** 下列何種戶籍登記，免經催告程序，由戶政事務所逕行為之？
(A)出生登記　　　　　　　　(B)監護登記
(C)死亡登記　　　　　　　　(D)死亡宣告登記。　　　【104地方特考】

(　) **23** 國民身分證及戶口名簿相關規定，下列何者錯誤？　(A)二者遺失均
應申請補領　(B)二者記載事項變更均應申請換領　(C)二者均有得
申請發給之規定　(D)二者均有全面換發之規定。　　　【104地方特考】

(　) **24** 下列何種情形與初領國民身分證之規定不符？　(A)未年滿14歲可
申領　(B)年滿12歲應申領　(C)12歲以下可申領　(D)14歲以上應
申領。　　　　　　　　　　　　　　　　　　　　　【104地方特考】

(　) **25** 初設戶籍登記，應向何地之戶政事務所為之？　(A)出生地　(B)現
住地　(C)戶長指定地　(D)任一地。　　　　　　　　【105身障特考】

(　) **26** 戶籍登記，下列何者得免經催告程序，由戶政事務所逕行為之？
(A)死亡宣告登記　(B)初設戶籍登記　(C)遷徙登記　(D)輔助
登記。　　　　　　　　　　　　　　　　　　　　　【105身障特考】

(　) **27** 出生登記當事人之姓氏，依相關法律規定未能確定時，婚生子女應
如何決定？
(A)依申請人之姓氏決定　(B)依申請人之意願決定　(C)由申請人於
戶政事務所抽籤決定　(D)依當事人之父姓決定。　　【105身障特考】

(　) **28** 本人或戶長非下列何項戶籍登記之申請人？　(A)初設戶籍登記
(B)遷徙登記　(C)分戶登記　(D)監護登記。　　　　【105原住民特考】

(　) **29** 因災難死亡，經警察機關查明而無人承領時，由下列何者通知其
戶籍地戶政事務所為死亡登記？　(A)警察機關　(B)地方檢察署
(C)地方法院　(D)醫院。　　　　　　　　　　　　　【105原住民特考】

(　) **30** 在國內之遷出登記，應依下列何種方式申請辦理？　(A)先向遷出地
之戶政事務所申請，後至遷入地戶政事務所完成辦理　(B)先向遷入

地之戶政事務所申請，後至遷出地戶政事務所完成辦理　(C)向遷出
地戶政事務所為之　(D)向遷入地戶政事務所為之。　【105原住民特考】

(　　) **31** 下列何者非屬出生登記之適格申請人？　(A)醫療機構　(B)戶長
(C)同居人　(D)撫養人。　　　　　　　　　　　　　　【105地方特考】

(　　) **32** 有關認領登記之敘述，下列何者正確？　(A)檢察官得為申請人
(B)認領人不為申請時，得以社工為申請人　(C)無申請人時，利害
關係人得為申請人　(D)戶政事務所得逕為之。　　　【105地方特考】

(　　) **33** 老王為獨居老人，因病亡故，請問下列何者為死亡登記適格之申請人？
(A)里長　(B)經理殮葬之人　(C)檢察官　(D)醫院社工。【105地方特考】

(　　) **34** 下列何項登記，申請人無法親自申請時，除有正當理由，經戶政事
務所核准外，不得採書面委託？　(A)監護登記　(B)兩願離婚登
記　(C)未成年子女權利義務行使負擔登記　(D)原住民身分及民
族別登記。　　　　　　　　　　　　　　　　　　　【105地方特考】

(　　) **35** 張母生下小華後，因張父失聯，罹患重度產後憂鬱症，住院逾60
日，仍無法為小華辦理出生登記，請問戶政事務所依規定可採取何
作為？　(A)依醫院通報逕為出生登記　(B)請社工代為申辦　(C)以
書面催告祖父母為之　(D)尚無須採取行動。　　　　【105地方特考】

(　　) **36** 依戶籍法規定，何種戶籍登記事項，無申請人時，得以利害關係人
為申請人？　(A)收養登記　(B)輔助登記　(C)監護登記　(D)未成
年子女權利義務行使負擔登記。　　　　　　　　　　【105地方特考】

(　　) **37** 下列戶籍登記，何者經催告仍不申請者，戶政事務所應逕為登記？
(A)死亡登記　(B)死亡宣告登記　(C)喪失臺灣地區人民身分之廢止
戶籍登記　(D)撤銷中華民國國籍之撤銷戶籍登記。　【105地方特考】

(　　) **38** 下列登記，何者免經催告程序，由戶政事務所逕行為之？
(A)出生登記　　　　　　　　(B)死亡登記
(C)死亡宣告登記　　　　　　(D)初設戶籍登記。　【106身障特考】

(　　) **39** 無依兒童之下列登記，何者得以兒童及少年福利機構為申請人？
(A)出生登記　(B)認領登記　(C)收養登記　(D)原住民身分及民族
別登記。　　　　　　　　　　　　　　　　　　　　【106身障特考】

( ) **40** 下列登記,何者不得以戶長為申請人？ (A)出生登記 (B)監護登記 (C)死亡登記 (D)初設戶籍登記。 【106身障特考】

( ) **41** 戶籍登記申請逾期者,應如何處理？ (A)戶政事務所應以申請不合法駁回其申請 (B)應依戶政事務所另以書面指定之申請期間,提出申請 (C)戶政事務所應俟繳納逾期罰鍰完竣後,始予以受理 (D)戶政事務所仍應受理。 【106身障特考】

( ) **42** 全戶遷離戶籍地,未於法定期間申請遷徙登記,無法催告,經房屋所有權人、管理機關、地方自治機關申請或無人申請時,戶政事務所得將其全戶戶籍暫遷至何處？ (A)原戶籍地所在鄉(鎮、市、區)公所 (B)原戶籍地所在警察機關 (C)原戶籍地所在縣(市)之民政機關 (D)該戶政事務所。 【106身障特考】

( ) **43** 甲乙丙丁四人分別要辦理不同之戶籍登記,但不能親自申請,乃求助於你。你會如何建議,下列那種登記,可不經戶政事務所核准,即得以書面委託他人辦理？ (A)兩願離婚登記 (B)終止收養登記 (C)認領登記 (D)收養登記。 【106身障特考】

( ) **44** 下列關於申請結婚或離婚登記之敘述,何者錯誤？ (A)雙方或一方在國內現有或曾設戶籍者,在國內結婚或離婚,應向當事人戶籍地之戶政事務所申請結婚或離婚登記 (B)雙方或一方在國內現有或曾設戶籍者,在國外結婚或離婚,得向我國駐外館處或行政院於香港、澳門設立或指定之機構或委託之民間團體申請,經驗證後函轉戶籍地或原戶籍地戶政事務所辦理結婚或離婚登記 (C)雙方在國內未曾設戶籍者,在國內結婚或離婚,得向任一戶政事務所申請結婚或離婚登記 (D)雙方在國內未曾設戶籍者,在國外結婚或離婚,得向駐外館處或行政院於香港、澳門設立或指定之機構或委託之民間團體申請,經驗證後函轉中央主管機關指定之中央政府所在地戶政事務所辦理結婚或離婚登記;或於驗證後,向任一戶政事務所辦理之。 【106身障特考】

( ) **45** 依戶籍法之規定,有9種戶籍登記,經催告仍不申請者,戶政事務所應逕行為之。下列何者不屬之？ (A)出生登記 (B)初設戶籍登記 (C)遷徙登記 (D)死亡宣告登記。 【106原住民特考】

（　　）**46** 戶籍登記之申請，由申請人以書面、言詞或下列何種方式向戶政事
務所為之？
(A)電話　(B)電報　(C)網路　(D)傳真。　　　　　　【106原住民特考】

（　　）**47** 關於戶籍登記之申請期間，下列敘述何者正確？
(A)出生登記至遲應於30日內為之　(B)死亡登記應於事件發生或確
定後60日內為之　(C)戶籍登記之申請逾期者，處新臺幣900元罰鍰
(D)戶政事務所查有不於法定期間申請者，應以書面催告應為申請
之人。　　　　　　　　　　　　　　　　　　　　　【106原住民特考】

（　　）**48** 地震後大樓倒塌，現場掘出死亡者身分不明，經警察機關查明而無
人承領時，依戶籍法規定，應如何辦理死亡登記？　(A)由經理殮葬
之人申請死亡登記　(B)由警察機關申請死亡登記　(C)由警察機關
通知其戶籍地戶政事務所為死亡登記　(D)由檢察機關通知其戶籍地
戶政事務所為死亡登記。　　　　　　　　　　　　　【106原住民特考】

（　　）**49** 依戶籍法規定，監護登記係以下列何者為申請人？　(A)法院
(B)受監護宣告之人　(C)輔助人　(D)監護人。　　　【106原住民特考】

（　　）**50** 依戶籍法規定，申請認領登記，下列何者為第一順位申請人？　(A)法
院　(B)認領人　(C)被認領人　(D)被認領人之母。　【106原住民特考】

解答

1 (B)	2 (A)	3 (C)	4 (B)	5 (A)	6 (C)	7 (A)	8 (D)	9 (A)
10 (D)	11 (D)	12 (D)	13 (B)	14 (A)	15 (D)	16 (D)	17 (B)	18 (B)
19 (A)	20 (D)	21 (C)	22 (D)	23 (C)	24 (B)	25 (B)	26 (A)	27 (C)
28 (D)	29 (A)	30 (D)	31 (A)	32 (C)	33 (B)	34 (B)	35 (C)	36 (A)
37 (A)	38 (C)	39 (A)	40 (B)	41 (D)	42 (D)	43 (D)	44 (A)	45 (D)
46 (C)	47 (D)	48 (C)	49 (D)	50 (B)				

第51～125題

（　　）**51** 在國內之遷出登記，依戶籍法規定係於何處辦理？
(A)得向任一戶政事務所為之　(B)應向遷出地戶政事務所為之
(C)應向中央主管機關指定之戶政事務所為之　(D)應向遷入地戶政
事務所為之。　　　　　　　　　　　　　　　　　　【106原住民特考】

( ) **52** 甲和乙為夫妻，長年旅居日本，在臺灣未曾設戶籍，現回臺灣離婚並辦理登記，依戶籍法規定得於何處辦理？ (A)任一戶政事務所皆可 (B)僅得於離婚地之戶政事務所 (C)中央政府所在地之戶政事務所 (D)內政部指定之戶政事務所。 【106原住民特考】

( ) **53** 甲在國內現有戶籍，乙在國內未設戶籍，二人在國外結婚，依我國戶籍法規定係於何處辦理結婚登記？
(A)任一戶政事務所 (B)戶籍地戶政事務所 (C)任一駐外館處 (D)結婚地駐外館處。 【106原住民特考】

( ) **54** 戶籍登記之申請，下列敘述何者錯誤？ (A)向當事人戶籍地之戶政事務所申請 (B)得向任一戶政事務所申請 (C)經中央主管機關公告，並刊登政府公報之指定項目，得向戶籍地以外之戶政事務所申請 (D)經中央主管機關公告，並刊登政府公報之指定項目，得向戶籍地之戶政事務所申請。 【106原住民特考】

( ) **55** 下列何者非戶籍登記事項？ (A)初設戶籍登記 (B)遷徙登記 (C)除戶登記 (D)出生地登記。 【106地方特考】

( ) **56** 請問遷徙登記不包含下列何者？ (A)遷入登記 (B)遷出登記 (C)死亡宣告登記 (D)住址變更登記。 【106地方特考】

( ) **57** 戶籍法於民國104年修正，增加了何種權利的登記？ (A)原住民身分及民族別登記 (B)原住民族語登記 (C)輔助登記 (D)遷徙登記。 【106地方特考】

( ) **58** 關於戶籍登記，下列說明何者正確？ (A)一人同時得有二戶籍 (B)戶籍登記以人為單位 (C)一戶必須要二人以上 (D)戶籍登記向戶政事務所為之。 【106地方特考】

( ) **59** 下列何者不屬於戶籍法規定的身分登記？ (A)出生登記 (B)收養登記 (C)結婚登記 (D)出生地登記。 【106地方特考】

( ) **60** 甲男、乙女同為阿美族原住民，雙方婚後生有一子丙，為其子丙辦理戶籍登記，下列何者不屬之？ (A)原住民權益登記 (B)原住民身分登記 (C)原住民民族別登記 (D)原住民姓名登記。 【106地方特考】

（　）61 依據戶籍法，死亡登記之申請人，不包括下列何者？　(A)同居人
　　　(B)前配偶　(C)經理殮葬之人　(D)利害關係人。　　　【107身障特考】

（　）62 戶籍登記之申請人不能親自申請時，下列何項登記均必須經戶政事
　　　務所核准，才可以書面委託他人申辦？
　　　(A)認領與收養登記　(B)結婚與離婚登記　(C)出生與死亡登記
　　　(D)結婚與認領登記。　　　　　　　　　　　　　　　【107身障特考】

（　）63 戶政事務所辦理逕為出生登記時，並知悉該出生當事人於出生當天
　　　已為其生父認領，當事人的姓氏，如何登記？　(A)抽籤決定依父或
　　　母姓　(B)從母姓　(C)依監護人姓　(D)從認領者姓。【107身障特考】

（　）64 依據戶籍法，出生登記之申請人，不包括下列何者？　(A)利害關係
　　　人　(B)兒童及少年福利機構　(C)認領人　(D)撫養人。【107身障特考】

（　）65 依據戶籍法，下述有關戶籍之登記，何者錯誤？　(A)未成年子女權
　　　利義務行使負擔登記，以受輔助宣告之人為申請人　(B)死亡宣告
　　　登記，以利害關係人為申請人　(C)輔助登記，以輔助人為申請人
　　　(D)監護登記，以監護人為申請人。　　　　　　　　【107身障特考】

（　）66 辦理戶籍登記後變更、更正、撤銷或廢止登記之申請，下列何者錯
　　　誤？　(A)以本人為申請人　(B)本人不為時，以原申請人為申請人
　　　(C)本人不能申請時，以利害關係人為申請人　(D)申請人不能親自
　　　申請登記時，不得以書面委託他人為之。　　　　　　【107身障特考】

（　）67 全戶遷離戶籍地，未於法定期間申請遷徙登記，無法催告，依
　　　規定非經下列何者申請，始得將其全戶戶籍暫遷至該戶政事
　　　務所？　(A)房屋所有權人　(B)稅捐機關　(C)地方自治機關
　　　(D)管理機關。　　　　　　　　　　　　　　　　　【107身障特考】

（　）68 下列戶籍登記，何者並非由戶政事務所免經催告程序而逕行為之？
　　　(A)死亡宣告登記　(B)喪失中華民國國籍之廢止戶籍登記　(C)撤銷
　　　中華民國國籍之撤銷戶籍登記　(D)監護登記。　　　【107原住民特考】

（　）69 戶籍登記之申請，應於事件發生或確定後三十日內為之。但出生
　　　登記至遲應於幾日內為之？　(A)四十日　(B)五十日　(C)六十日
　　　(D)七十日。　　　　　　　　　　　　　　　　　　【107原住民特考】

（　）**70** 有關原住民身分及民族別登記，下列敘述何者正確？　(A)已成年之原住民，得以委任代理人代為登記　(B)應向原住民族事務主管機關登記　(C)登記內容包括原住民身分及民族別之取得、喪失、變更或轉讓　(D)未成年之原住民，得由法定代理人代理之。　　　　　【107原住民特考】

（　）**71** 下列何種登記事由，除非法律另有規定，或有正當事由經戶政機關核准者，否則當事人均應由本人到場，不得委任代理人？　(A)出生登記　(B)廢止戶籍登記　(C)經法院裁判離婚之離婚登記　(D)於中華民國九十七年五月二十三日起之結婚登記。　　　　　【107原住民特考】

（　）**72** 下列涉及戶籍登記事件，何者應當在戶政機關催告後而仍未辦理，方得由戶政機關逕行登記？　(A)許龍，因車禍死亡，三個月後尚未辦理死亡登記　(B)楊慧及陸豐，兩人公證結婚已逾三年，迄未辦理結婚登記　(C)李茂，因喪失中華民國國籍，應辦理廢止戶籍登記　(D)劉恩，因喪失臺灣地區人民身分，應辦理撤銷戶籍登記。　　【107原住民特考】

（　）**73** 下列涉及戶籍登記事件，何者得由戶政機關免經催告程序，逕行為之？　(A)甲因遭遇特別災難，經法院為死亡宣告　(B)乙因離去其戶籍地行蹤不明，時間達三年，未辦理遷出登記　(C)丙因父母親未婚生子，已滿三歲仍未辦理出生登記　(D)丁至中國大陸工作已滿三年，未辦理戶籍遷出登記。　　　　　【107原住民特考】

（　）**74** 戶政事務所接獲入出國管理機關之當事人出境滿2年未入境人口通報，經催告後，得逕為下列何項登記？　(A)除籍登記　(B)除戶登記　(C)遷出登記　(D)出國登記。　　　　　【107地方特考】

（　）**75** 經催告仍不申請，戶政事務所應逕行為戶籍登記之事項，不包括下列何者？　(A)出生登記　(B)遷徙登記　(C)未成年子女權利義務行使負擔登記　(D)死亡宣告登記。　　　　　【107地方特考】

（　）**76** 關於戶籍登記，下列敘述何者錯誤？　(A)戶籍登記之申請，得以網路向戶政事務所為之　(B)出生登記當事人之姓氏，依相關法律規定未能確定時，婚生子女依父姓登記　(C)無依兒童之出生登記，得以兒童及少年福利機構為申請人　(D)法院裁判離婚確定者，離婚登記得以當事人之一方為申請人。　　　　　【107地方特考】

（　　）**77** 甲男設籍高雄市三民區，乙女設籍臺中市豐原區，兩人於臺北市大安區舉辦喜宴。關於兩人之結婚登記，下列敘述何者正確？　(A)兩人應向高雄市三民區戶政事務所辦理結婚登記　(B)兩人應向高雄市三民區戶政事務所或臺中市豐原區戶政事務所辦理結婚登記　(C)兩人應向臺北市大安區戶政事務所辦理結婚登記　(D)兩人得向任一戶政事務所辦理結婚登記。　　　　　　　　　　　　　　【107地方特考】

（　　）**78** 依戶籍法規定，兒童出生登記之申請人，不包括下列何者？　(A)祖父　(B)姑姑　(C)戶長　(D)撫養人。　　　　　　　　【107地方特考】

（　　）**79** 下列關於登記申請書之敘述，何者錯誤？　(A)書面申請應由申請人簽名或蓋章　(B)以言詞為申請時，戶政事務所不得代填申請書　(C)以言詞為申請時，必要時戶政事務所應向申請人朗讀　(D)以網路申請時，應以電子簽章為之。　　　　　　　　　　　　【105普考】

（　　）**80** 雙方或一方在國內現有戶籍者，在國內結婚或離婚，下列關於辦理登記機關之敘述，何者正確？　(A)限向男方戶籍所在地之戶政事務所辦理　(B)限於在雙方約定之戶政事務所辦理　(C)需在雙方結婚地之戶政事務所辦理　(D)任一戶政事務所均可辦理。　　【105普考】

（　　）**81** 下列何種戶籍登記，免經催告程序，由戶政事務所逕行為之？　(A)未成年子女權利義務行使負擔登記　(B)死亡登記　(C)死亡宣告登記　(D)監護登記。　　　　　　　　　　　　　　　　　【105地特四等】

（　　）**82** 依據戶籍法規定，下列何種戶籍登記，經催告仍不申請者，戶政事務所應逕行為之：　(A)死亡宣告登記　(B)喪失中華民國國籍之廢止戶籍登記　(C)輔助登記　(D)撤銷中華民國國籍之撤銷戶籍登記。　　　　　　　　　　　　　　　　　　　　　【106地特四等】

（　　）**83** 離婚登記事件經法院裁判確定，經催告仍不申請者，戶政事務所應如何處理？　(A)報請主管機關核定登記　(B)請求法院發登記命令　(C)移送檢察機關起訴　(D)逕為登記。　　　　　　　【106地特四等】

（　　）**84** 依據戶籍法規定，出生登記至遲應於幾日內為之？　(A)15　(B)30　(C)45　(D)60。

( ) **85** 依據戶籍法施行細則規定，戶政事務所受理戶籍登記，對外國人、無國籍人、臺灣地區無戶籍國民、大陸地區人民、香港或澳門居民，何者不屬於應查驗之證明文件？ (A)護照 (B)居留簽證 (C)定居證 (D)入出國許可。 【106地特四等】

( ) **86** 有關死亡登記、死亡宣告登記，何者敘述錯誤？ (A)失蹤人之繼承人得為死亡宣告之聲請 (B)死亡者死亡時之土地管理人得為死亡登記之申請人 (C)死亡宣告登記免經催告程序，由戶政事務所逕行為之 (D)醫療機構於出具死亡證明書後，應將證明書送當地戶政機關。 【106地特四等】

( ) **87** 下列敘述何者錯誤？ (A)某乙乃有戶籍國民且已經年滿14歲，應申請初領國民身分證 (B)某甲之姓名因字義有粗俗不雅之情形，曾經申請更改過一次，但某甲若發現改過之姓名有粗俗不雅而想要再申請改名，甲還有二次機會 (C)除出生登記外，戶籍登記之申請，應於事件發生或確定後14日內為之，但申請逾期者，戶政事務所仍應受理 (D)出生地登記並非屬於身分登記。 【106普考】

( ) **88** 下列戶籍登記，何者免經催告程序而得由戶政事務所逕行為之？ (A)死亡登記 (B)監護登記 (C)輔助登記 (D)喪失中華民國國籍之廢止戶籍登記。 【106普考】

( ) **89** 下列何者不得為死亡登記之申請人？ (A)經理殮葬之人 (B)死亡者僱用人或受僱人 (C)死亡者同居人 (D)死亡者死亡時之土地管理人。 【106普考】

( ) **90** 下列戶籍登記，經催告仍不申請者，戶政事務所應逕行為之？ (A)初設戶籍登記 (B)認領登記 (C)出生地登記 (D)原住民身分登記。 【107普考】

( ) **91** 下列何種戶籍登記，申請人如不能親自申請，得以書面委託他人為之，無須戶政事務所核准？ (A)收養登記 (B)終止收養登記 (C)兩願離婚登記 (D)結婚登記。 【107普考】

( ) **92** 有關戶籍登記之申請人，下列敘述何者正確？ (A)遷徙登記以本人或戶長為申請人 (B)初設戶籍登記以本人或全戶所有成年者為申請

人　(C)分戶登記以原戶長及新戶長為共同申請人　(D)合戶登記以
相關各戶之戶長為共同申請人。　　　　　　　　　　　【107普考】

( )　**93** 下列戶籍登記，何者應由當事人雙方共同申請？　(A)和解離婚後之
離婚登記　(B)調解離婚後之離婚登記　(C)協議離婚後之離婚登記
(D)裁判離婚後之離婚登記。　　　　　　　　　　　　【107普考】

( )　**94** 姓名更改紀錄證明書之請領，下列敘述何者正確？　(A)免費提供
(B)應繳納規費　(C)委託他人請領者，始應繳納規費　(D)委託他人
請領者，始應繳納規費，並加計代辦費用。　　　　　【107普考】

( )　**95** 下列何種戶籍登記，即使經催告仍不申請，戶政事務所亦不得逕行
為之？　(A)出生登記　(B)結婚登記　(C)初設戶籍登記　(D)更正
登記。　　　　　　　　　　　　　　　　　　　　【107地特四等】

( )　**96** 下列戶籍登記，何者得由當事人之一方單獨申請？　(A)民國100年結
婚之結婚登記　(B)民國77年結婚之結婚登記　(C)民國100年協議離
婚之離婚登記　(D)民國77年協議離婚之離婚登記。　【107地特四等】

( )　**97** 下列遷出登記，何者得由戶政事務所逕行為之？　(A)遷出原鄉
（鎮、市、區）3個月以上　(B)因留學而出境2年以上　(C)入矯正
機關收容　(D)經警察機關編列案號之失蹤人口。　　【107地特四等】

( )　**98** 下列何種登記，如未於法定期間申請，戶政事務所得免經催告程
序，逕行為之？　(A)檢察官聲請死亡宣告　(B)離婚登記事件經法
院裁判確定　(C)未成年子女權利義務行使負擔　(D)出生登記當事
人之姓氏。　　　　　　　　　　　　　　　　　　【107地特四等】

( )　**99** 依戶籍法規定，經判決離婚確定者，其離婚登記之申請人為何？
(A)以作成判決之法院為申請人　(B)以離婚雙方當事人為申請人
(C)以離婚雙方當事人及法院為共同申請人　(D)以當事人之一方為
申請人。　　　　　　　　　　　　　　　　　　　【107地特四等】

( )**100** 外國人歸化，經核准定居，而為初設戶籍登記，未居住國內者，戶
政事務所應通知下列何者？　(A)法務部　(B)內政部警政署　(C)內
政部移民署　(D)外交部　　　　　　　　　　　　　【108普考】

( )**101** 依戶籍法規定，有關戶籍登記之申請期間，下列敘述何者正確？
(A)戶籍登記之申請逾期者，戶政事務所即不受理　(B)戶籍登記之
申請，原則上應於事件發生或確定後30日內為之　(C)出生登記至遲
應於45日內為之　(D)戶政事務所查有不於法定期間申請者，立即處
罰應為申請之人　　　　　　　　　　　　　　　　　　　【108普考】

( )**102** 同一事件，牽涉二種以上登記者，應如何辦理？　(A)擇一辦理登記
(B)分別辦理登記　(C)由戶政事務所決定辦理何項登記　(D)由戶政
事務所之上級機關決定辦理何項登記。　　　　　　　　【103身障特考】

( )**103** 依據戶籍法第48條第3項及第4項規定所為之催告，其所定期限不得少
於幾日？　(A)一日　(B)三日　(C)五日　(D)七日。　　【103身障特考】

( )**104** 戶籍登記事項錯誤或脫漏，係因戶政事務所作業錯誤者，應由下列
何地之戶政事務所查明更正？　(A)辦理錯誤之戶政事務所　(B)任
一戶政事務所均可　(C)現戶籍地戶政事務所　(D)同一直轄市或縣
（市）內之任一戶政事務所。　　　　　　　　　　　　【103地方特考】

( )**105** 申請人申辦戶籍登記所提憑之證明文件，係在國內由外國駐我國
使領館或授權機構製作者，應經下列何機關複驗？　(A)內政部
(B)各直轄市、縣（市）政府　(C)申辦當地之戶政事務所　(D)外
交部。　　　　　　　　　　　　　　　　　　　　　　【103地方特考】

( )**106** 戶政事務所受理戶籍登記所載日期，發生地日期與臺灣地區日期不
一致時，依戶籍法規如何記載？
(A)應依事件發生之臺灣地區日期記載　(B)均應依事件發生之發生
地日期記載　(C)依臺灣地區日期並記事發生地日期　(D)應同時登
記臺灣地區及發生地日期。　　　　　　　　　　　　　【103地方特考】

( )**107** 何項登記，申請人在一定條件下才須提出證明文件正本？　(A)遷徙登
記　(B)收養登記　(C)離婚登記　(D)分戶登記。　　　【104地方特考】

( )**108** 戶政事務所逕為初設戶籍登記者，得以何種文件留存？　(A)職權
調查之文件　(B)相關機關通報之文件　(C)經駐外館處驗證之文件
(D)經外交部驗證之文件。　　　　　　　　　　　　　　【104地方特考】

（　）**109** 申請人應向下列何機關辦理遷入登記？　(A)遷出地分駐（派出）所或警察局　(B)遷出地戶政事務所　(C)遷入地戶政事務所　(D)遷入地分駐（派出）所或警察局。　【105身障特考】

（　）**110** 辦理戶籍登記過程，若同一事件，牽涉二種以上登記時，應如何處理？　(A)僅辦理單一登記　(B)向上級主管機關聲請解釋　(C)分別辦理登記　(D)退回登記人重新申請。　【105身障特考】

（　）**111** 何項戶籍登記於申請時不必提出證明文件正本？　(A)分戶登記　(B)過錄錯誤之更正登記　(C)出生地登記　(D)未成年子女權利義務行使負擔登記。　【105原住民特考】

（　）**112** 外國人歸化國籍經核准定居，辦裡初設戶籍登記時，有下列何種情形，戶政事務所應通知內政部移民署？　(A)未居住國內　(B)已生育子女　(C)配偶未陪同申辦　(D)戶長陪同辦理。　【105地方特考】

（　）**113** 下列何項登記，申請人於申請時無須提出證明文件正本？　(A)出生登記　(B)認領登記　(C)出生地登記　(D)過錄錯誤之更正登記。　【105地方特考】

（　）**114** 依戶籍法規，有關戶籍登記事項發生錯誤或脫漏，其作業方式，下列何者錯誤？　(A)如係因申報資料有誤，由申請人提出證明文件，向任一戶政事務所申請更正　(B)最後除戶戶籍資料錯誤，如係最後戶籍地戶政事務所所致，由其查明更正　(C)如係戶政事務所所致，但非最後戶籍資料錯誤，由該資料錯誤地戶政事務所查明更正　(D)現戶戶籍資料錯誤，如係戶政事務所所致，由現戶籍地戶政事務所查明更正。　【105地方特考】

（　）**115** 利害關係人申請更正登記之當事人本人已死亡者，戶政事務所辦竣更正登記後應通知之對象，下列何者錯誤？　(A)當事人本人之配偶　(B)當事人本人之二親等旁系血親　(C)當事人本人之一親等直系血親尊親屬　(D)當事人本人之一親等直系血親卑親屬。　【105地方特考】

（　）**116** 全戶遷離戶籍地，未於法定期間申請遷徙登記，無法催告，經房屋所有權人申請時，戶政事務所將其全戶戶籍暫遷至該戶政事務所

時，應通報下列何機關？　(A)警察機關　(B)稅捐機關　(C)監理機關　(D)檢調機關。　　　　　　　　　　　　　　　【105地方特考】

(　) **117** 現行具有我國國籍之證明文件有多項，但不包含下列何者？　(A)戶口名簿　(B)護照　(C)長期居留證　(D)父母一方具有我國國籍證明及本人出生證明。　　　　　　　　　　　　　　　【105地方特考】

(　)**118** 下列戶籍登記之敘述，何者錯誤？
(A)戶籍登記之申請，得向任一戶政事務所為之　(B)申請之方式，得以書面、言詞或網路方式為之　(C)戶籍登記之申請手續不全者，戶政事務所應一次告知補正　(D)戶政事務所受理戶籍登記所載日期，應依事件發生之日期記載。　　　　　　　　　【106身障特考】

(　) **119** 戶政事務所受理戶籍登記，應踐行之步驟，下列何者錯誤？　(A)查驗申請人國民身分證及戶口名簿正本　(B)將受理登記資料登錄於電腦系統　(C)列印戶籍登記申請書　(D)將留存之證明文件正本，按日期分類裝釘存放戶政事務所。　　　　　　　【106原住民特考】

(　)**120** 甲乙於民國97年5月1日結婚，欲於106年8月10日補辦結婚登記。依規定下列何人親自到場辦理者，得免提結婚證明文件？　(A)甲乙雙方父母　(B)證婚人　(C)甲乙雙方及證婚人　(D)甲乙雙方與親見公開儀式之證人二人。　　　　　　　　　　　　　【106原住民特考】

(　)**121** 申請人辦理戶籍登記而提出證明文件，經戶政事務所查驗後，在下列何種登記，其證明文件得以影本留存？　(A)出生登記　(B)死亡登記　(C)監護登記　(D)初設戶籍登記。　　　　　　　【106地方特考】

(　)**122** 依戶籍法規之明文規定，下列何項登記，申請人應於申請時提出證明文件正本並無例外？　(A)結婚登記　(B)分戶登記　(C)更正登記　(D)住址變更登記。　　　　　　　　　　　　　　　【107身障特考】

(　)**123** 依戶籍法規列為除戶時，戶籍登記資料之處理方式，下列何者錯誤？　(A)原戶籍登記資料列為除戶備份保存　(B)應由除戶內一人繼為戶長　(C)無行為能力人亦可繼為戶長　(D)逕為登記時擇任一人繼為戶長。　　　　　　　　　　　　　　　【107身障特考】

(　　)**124** 戶政事務所受理戶籍登記，對外國人、無國籍人、臺灣地區無戶籍國民、大陸地區人民、香港澳門居民，下列何者不屬於應查驗之證明文件？　(A)居留簽證　(B)護照　(C)定居證　(D)入出國許可證。　　　　　　　　　　　　　　　　　　　　　　　【107身障特考】

(　　)**125** 依戶籍法施行細則規定，戶籍登記之申請手續不全有數項者，戶政事務所應如何處理？　(A)一次告知補正　(B)依其重要性先後告知　(C)分次告知　(D)逕予退件。　　　　　　　　　　　　　　　　【107地方特考】

解答

51 (D)	52 (A)	53 (B)	54 (B)	55 (C)	56 (C)	57 (A)	58 (D)	59 (D)
60 (A)	61 (B)	62 (D)	63 (B)	64 (C)	65 (A)	66 (D)	67 (B)	68 (D)
69 (C)	70 (D)	71 (D)	72 (A)	73 (A)	74 (C)	75 (D)	76 (B)	77 (D)
78 (B)	79 (B)	80 (D)	81 (C)	82 (C)	83 (D)	84 (D)	85 (B)	86 (D)
87 (C)	88 (D)	89 (B)	90 (A)	91 (A)	92 (A)	93 (C)	94 (D)	95 (B)
96 (B)	97 (B)	98 (A)	99 (D)	100 (C)	101 (B)	102 (B)	103 (D)	104 (C)
105 (D)	106 (C)	107 (A)	108 (A)	109 (C)	110 (C)	111 (B)	112 (A)	113 (D)
114 (A)	115 (B)	116 (A)	117 (C)	118 (A)	119 (D)	120 (D)	121 (C)	122 (B)
123 (D)	124 (A)	125 (A)						

申論題

> 一、中華民國國民初次申請戶籍登記時，其出生地之規定為何？戶政事務所知悉民眾未於法定期間辦理初設戶籍登記者，為正確戶籍登記，應如何辦理？　　　　　　　　　　　　　　　　　　　　　【105普考】

答：(一) 中華民國國民初次申請戶籍登記時有關出生地之規定：

戶籍法第20條規定：「中華民國人民初次申請戶籍登記時，其出生地依下列規定：

一、申請戶籍登記，以其出生地所屬之省（市）及縣（市）為出生地。

二、無依兒童之出生地無可考者，以發現地為出生地。

三、在船機上出生而無法確定其出生地者，以其出生時該船機之註冊地、國籍登記地或船籍港所在地為出生地。

四、在兒童及少年福利機構安置教養，其出生地或發現地不明者，以該機構所在地為出生地。

五、在國外出生者，以其出生所在地之國家或地區為出生地。

六、不能依前5款規定確定其出生地者，以其居住處所地為出生地。」

(二) 戶政事務所知悉民眾未於法定期間辦理初設戶籍登記者，為正確戶籍登記，應依如下規定辦理：

1. 戶籍法第48條規定：「戶籍登記之申請，應於事件發生或確定後30日內為之。但出生登記至遲應於60日內為之。

   前項戶籍登記之申請逾期者，戶政事務所仍應受理。

   戶政事務所查有不於法定期間申請者，應以書面催告應為申請之人。」

2. 同法第48-2條第6款規定：「下列戶籍登記，經催告仍不申請者，戶政事務所應逕行為之：……六、初設戶籍登記。」

3. 同法第79條規定：「無正當理由，違反第48條第1項規定，未於法定期間為戶籍登記之申請者，處新臺幣300元以上900元以下罰鍰；經催告而仍不為申請者，處新臺幣900元罰鍰。」

4. 戶籍法施行細則第9-1條第2項規定：「戶政事務所依本法第48條之2第6款逕為初設戶籍登記後，應通知該戶戶長或房屋所有權人。」

5. 同細則第19條第3項、第4項規定：「戶政事務所辦理本法第48條之2所定登記之催告，應載明經催告屆期仍不申請者，由戶政事務所依本法第48條之2規定逕行為之。

   戶政事務所依本法第48條之1及第48條之2規定逕為登記後，應通知應為申請之人。」

二、趙先生在臺灣辦理初設戶籍登記後，發現當時申報資料有誤，致其出生年月日錯誤，請指點他，應檢附那些證明文件，申請更正登記？又該等證明文件之採認標準為何？　　　　　　　　【105高考】

答：(一) 趙先生應檢附以申請更正登記之文件：

1. 戶籍法第22條規定：「戶籍登記事項有錯誤或脫漏時，應為更正之登記。」因此趙先生在臺灣辦理初設戶籍登記後，發現當時申

報資料有誤，致其出生年月日錯誤時，應向戶政事務所申請更正登記。

2. 又戶籍法行施行細則第16條規定：「戶籍登記事項錯誤，係因申報資料錯誤所致者，應由申請人提出下列證明文件之一，向戶籍地戶政事務所申請更正；戶籍地戶政事務所並依前條規定辦理：
一、在臺灣地區初次登記戶籍或登記戶籍前之戶籍資料。
二、政府機關核發並蓋有發證機關印信之原始國民身分證。
三、各級學校、軍、警學校或各種訓練班、團、隊畢（肄）業證明文件。
四、公、私立醫療機構或合格助產士出具之出生證明書。
五、國防部或其所屬相關機關所發停、除役、退伍（令）證明書或兵籍資料證明書。
六、涉及事證確認之法院確定裁判、檢察官不起訴處分書、緩起訴處分書，或國內公證人之公、認證書等。
七、其他機關（構）核發之足資證明文件。」

3. 因此，趙先生應依戶籍法施行細則第16條規定之文件，檢附用以申請更正登記。

(二) 該等證明文件之採認標準：

1. 戶籍法施行細則第17條規定：「更正出生年月日所檢附之證明文件，除屬前條第1款、第6款所定文件外，均以其發證日期或資料建立日期較在臺灣地區初次登記戶籍之證件發證日期先者為限。但發證日期較在臺灣地區初次登記戶籍之證件發證日期為後者，應檢附資料建立日期較在臺灣地區初次登記戶籍之證件發證日期為先之有關機關（構）檔存原始資料影本。」

2. 又同細則第18條規定：「更正出生年月日證件所載歲數，以國曆足歲計算。證件僅載有歲數者，以其發證或建立之民國紀元減去所載歲數，推定其出生年次。但民國前出生者，以證件所載歲數，減去發證或建立時之年份，再加一計算。」

3. 上開兩條規定，係就戶籍法第16條規定申請更正登記所應檢附件文，如何採認之標準加以規定。因此本題趙先生申請更正登記所檢附之文件，應依上述兩條規定做為採認之標準。

三、請敘明監護登記、輔助登記、未成年子女權利義務行使負擔登記之定義及申請人各為何？　　　　　　　　　　　　　　【105高考】

答：(一) 戶籍法第11條規定：「對於無行為能力人或限制行為能力人，依法設置、選定、改定、酌定、指定或委託監護人者，應為監護登記。」此即監護登記之定義。

(二) 同法第12條規定：「因精神障礙或其他心智缺陷，致為意思表示或受意思表示，或辨識其意思表示效果之能力，顯有不足之情事，經法院為輔助之宣告者，應為輔助登記。」此即輔助登記之定義。

(三) 同法第13條規定：「對於未成年子女權利義務之行使或負擔，經父母協議或經法院裁判確定、調解或和解成立由父母一方或雙方任之者，應為未成年子女權利義務行使負擔登記。」此即未成年子女權利義務行使負擔登記之定義。

(四) 至上開三種登記之申請人，則依同法第35條規定：「監護登記，以監護人為申請人。

輔助登記，以輔助人或受輔助宣告之人為申請人。

未成年子女權利義務行使負擔登記，以行使或負擔之一方或雙方為申請人。」

四、戶籍登記事項錯誤或脫漏，應辦理何種戶籍登記？如該錯誤或脫漏係因戶政事務所作業錯誤所致者，應如何辦理？請依現戶戶籍資料、最後除戶戶籍資料及非最後戶籍資料錯誤或脫漏之情形分別說明之。　　　　　　　　　　　　　　　　　　　　　　　【105身障三等】

答：相關之定義及規定如下：

(一) 戶籍法第22條規定：「戶籍登記事項有錯誤或脫漏時，應為更正之登記。」

(二) 戶籍法施行細則第15條規定：「戶籍登記事項錯誤或脫漏，係因戶政事務所作業錯誤所致者，依下列方式辦理：

一、現戶戶籍資料錯誤或脫漏，由現戶籍地戶政事務所查明更正，並通知當事人或原申請人。

二、最後除戶戶籍資料錯誤或脫漏，由最後戶籍地戶政事務所查明更正，並通知當事人或原申請人。但非最後戶籍資料錯誤或脫漏者，由該資料錯誤地戶政事務所查明更正，並通知當事人或原申請人。」

(三) 上開第1款之規定，為現戶戶籍資料部分之處理；至第2款本文則為最後除戶戶籍資料部分之處理；第2款但書為非最後戶籍資料部分之處理。

五、試述戶籍登記之變更、更正、撤銷及廢止之原因。　　【105地特三等】

答：(一) 有關變更登記之原因，依戶籍法第21條規定：「戶籍登記事項有變更時，應為變更之登記。」

(二) 有關更正登記之原因，依第22條規定：「戶籍登記事項有錯誤或脫漏時，應為更正之登記。」

(三) 有關撤銷登記之原因，依第23條規定：「戶籍登記事項自始不存在或自始無效時，應為撤銷之登記。撤銷中華民國國籍之喪失或撤銷中華民國國籍者，亦同。」

有關廢止登記之原因，依第24條規定：「戶籍登記事項嗣後不存在時，應為廢止之登記。喪失中華民國國籍或臺灣地區人民身分者，亦同。」

六、依戶籍法規定，辦理出生登記、認領登記等身分登記時，分別應以何人為申請人？　　【106高考】

答：(一) 戶籍法第4條第1款規定：「戶籍登記，指下列登記：

一、身分登記：

(一)出生登記。(二)認領登記。(三)收養、終止收養登記。(四)結婚、離婚登記。(五)監護登記。(六)輔助登記。(七)未成年子女權利義務行使負擔登記。(八)死亡、死亡宣告登記。(九)原住民身分及民族別登記。」

(二) 有關上開身分登記之申請中，分別規定在戶籍法下列規定中：

1. 第29條規定：「出生登記，以父、母、祖父、祖母、戶長、同居人或撫養人為申請人。

前項出生登記，如係無依兒童，並得以兒童及少年福利機構為申請人。」

2. 第30條規定：「認領登記，以認領人為申請人；認領人不為申請時，以被認領人為申請人。」

3. 第31條規定：「收養登記，以收養人或被收養人為申請人。」

4. 第32條規定：「終止收養登記，以收養人或被收養人為申請人。」

5. 第33條規定：「結婚登記，以雙方當事人為申請人。但於中華民國97年5月22日以前（包括97年5月22日當日）結婚，或其結婚已生效者，得以當事人之一方為申請人。

前項但書情形，必要時，各級主管機關及戶政事務所得請相關機關協助查證其婚姻真偽，並出具查證資料。」

6. 第34條規定：「離婚登記，以雙方當事人為申請人。但經法院裁判離婚確定、調解或和解離婚成立或其他離婚已生效者，得以當事人之一方為申請人。」

7. 第34-1條規定：「原住民身分及民族別登記，以本人為申請人。但本人未婚未成年時，原住民身分及民族別之取得或變更之登記，得以法定代理人為申請人。」

8. 第35條規定：「監護登記，以監護人為申請人。

輔助登記，以輔助人或受輔助宣告之人為申請人。

未成年子女權利義務行使負擔登記，以行使或負擔之一方或雙方為申請人。」

9. 第36條規定：「死亡登記，以配偶、親屬、戶長、同居人、經理殮葬之人、死者死亡時之房屋或土地管理人為申請人。」

第37條規定：「在矯正機關內被執行死刑或其他原因死亡，無人承領者，由各該矯正機關通知其戶籍地戶政事務所為死亡登記。」

第38條規定：「因災難死亡或死亡者身分不明，經警察機關查明而無人承領時，由警察機關通知其戶籍地戶政事務所為死亡登記。」

10. 第39條規定：「死亡宣告登記，以聲請死亡宣告者或利害關係人為申請人。」

(三) 又同法第45條規定：「應辦理戶籍登記事項，無第二十九條至第三十二條、第三十三條第一項但書、第三十四條但書、第三十六條、第四十條、第四十一條及前二條之申請人時，得以利害關係人為申請人。」因此就出生登記、認領登記、收養登記、終止收養登記、結婚登記、兩願離婚登記、死亡登記之申請人，如無前述第(二)點各條規定所列之申請人時，得以利害關係人為申請人。

七、戶籍登記之申請，應向當事人戶籍地之戶政事務所為之。但請問有那些情形者，不在此限？　　　　　　　　　　　　【106地特三等】

答：(一) 戶籍法第26條規定：「戶籍登記之申請，應向當事人戶籍地之戶政事務所為之。但有下列情形之一者，不在此限：

一、經中央主管機關公告，並刊登政府公報之指定項目，其登記得向戶籍地以外之戶政事務所為之。

二、雙方或一方在國內現有或曾設戶籍者，在國內結婚或離婚，得向任一戶政事務所辦理結婚或離婚登記。

三、雙方或一方在國內現有或曾設戶籍者，在國外結婚或離婚，得檢具相關文件，向我國駐外使領館、代表處、辦事處（以下簡稱駐外館處）或行政院於香港、澳門設立或指定之機構或委託之民間團體申請，經驗證後函轉戶籍地或原戶籍地戶政事務所辦理結婚或離婚登記。

四、雙方在國內未曾設戶籍者，在國內結婚或離婚，其結婚或離婚登記，得向任一戶政事務所為之。在國外結婚或離婚，得檢具相關文件，向駐外館處或行政院於香港、澳門設立或指定之機構或委託之民間團體申請，經驗證後函轉中央主管機關指定之中央政府所在地戶政事務所辦理結婚或離婚登記；或於驗證後，向任一戶政事務所辦理之。

五、初設戶籍登記，應向現住地之戶政事務所為之。

六、在國內之遷出登記，應向遷入地戶政事務所為之。」

(二) 上述第1款至第6款即為例外狀況。

八、依據戶籍法，有關國民身分證之初領及補領，其相關規定為何？另論述偽造、變造國民身分證之處罰為何？　【106地特四等】

答：(一) 有關國民身分證之初領及補領，依戶籍法第57條第1項、第2項規定：「有戶籍國民年滿十四歲者，應申請初領國民身分證，未滿十四歲者，得申請發給。

國民身分證、戶口名簿，滅失或遺失者，應申請補領。」因此年滿14歲有戶籍之國民，應申請初領國民身分證。如國民身分證滅失或遺失者，應申請補領。

(二) 有關變造國民身分證之處罰，依戶籍法第75條規定為：「意圖供冒用身分使用，而偽造、變造國民身分證，足以生損害於公眾或他人者，處5年以下有期徒刑、拘役或科或併科新臺幣50萬元以下罰金。

行使前項偽造、變造之國民身分證者，亦同。將國民身分證交付他人，以供冒名使用，或冒用身分而使用他人交付或遺失之國民身分證，足以生損害於公眾或他人者，處3年以下有期徒刑、拘役或科或併科新臺幣30萬元以下罰金。」

九、請說明何種情形應為遷出登記？以及何種情形得不為遷出登記？　【107身障三等】

答：(一) 戶籍法第16條規定：「遷出原鄉（鎮、市、區）3個月以上，應為遷出登記。但法律另有規定、因服兵役、國內就學、入矯正機關收容、入住長期照顧機構或其他類似場所者，得不為遷出登記。

全戶遷徙時，經警察機關編列案號之失蹤人口、矯正機關收容人或出境未滿二年者，應隨同為遷徙登記。

出境二年以上，應為遷出登記。但有下列情形之一者，不適用之：

一、因公派駐境外之人員及其眷屬。

二、隨我國籍遠洋漁船出海作業。

我國國民出境後，未持我國護照或入國證明文件入境者，其入境之期間，仍列入出境二年應為遷出登記期間之計算。」

(二) 依上開規定，遷出原鄉（鎮、市、區）3個月以上，及出境二年以上，都應為遷出登記。

(三) 例外情況如下：

1. 法律另有規定、因服兵役、國內就學、入矯正機關收容、入住長期照顧機構或其他類似場所者，得不為遷出登記。

2. 因公派駐境外之人員及其眷屬。

3. 隨我國籍遠洋漁船出海作業。

十、我國籍國民 15 歲 A，與父 B 母 C 定居並在臺東市設有戶籍，因 A 擬至臺南市就讀高中，並住在 A 之祖父 D 家中，B、C 委託 D 就 A 在臺南市求學期間之生活等事項，行使、負擔 B、C 對於 A 之權利、義務。依戶籍法規定，就上述委託應申請何種登記？由何人申請？   【107高考】

答：(一) 民法第1091條規定：「未成年人無父母，或父母均不能行使、負擔對於其未成年子女之權利、義務時，應置監護人。但未成年人已結婚者，不在此限。」（109年12月25日立法院通過修正條文為「未成年人無父母，或父母均不能行使、負擔對於其未成年子女之權利、義務時，應置監護人。」自112年1月1日施行）

戶籍法第11條規定：「對於無行為能力人或限制行為能力人，依法設置、選定、改定、酌定、指定或委託監護人者，應為監護登記。」

戶籍法第13條規定：「對於未成年子女權利義務之行使或負擔，經父母協議或經法院裁判確定、調解或和解成立由父母一方或雙方任之者，應為未成年子女權利義務行使負擔登記。」

(二) 因此依上開規定觀之，B、C委託祖父D就A在臺南市求學期間之生活等事項，行使、負擔B、C 對於A之權利、義務，屬監護之約定，而非對未成年子女權利義務之行使負擔之約定，因此依戶籍法第11條規定，應為監護登記。

(三) 又戶籍法第35條第1項規定：「監護登記，以監護人為申請人。」因此本件應以監護人D為申請人。

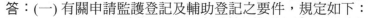

十一、依戶籍法規定，應申請監護登記及輔助登記之要件各為何？其申請人各為何人？　【107普考】

答：(一) 有關申請監護登記及輔助登記之要件，規定如下：

1. 戶籍法第11條：「對於無行為能力人或限制行為能力人，依法設置、選定、改定、酌定、指定或委託監護人者，應為監護登記。」

2. 第12條：「因精神障礙或其他心智缺陷，致為意思表示或受意思表示，或辨識其意思表示效果之能力，顯有不足之情事，經法院為輔助之宣告者，應為輔助登記。」

(二) 而上開兩種登記之申請人，則依戶籍法第35條第1項、第2項之規定：「監護登記，以監護人為申請人。
輔助登記，以輔助人或受輔助宣告之人為申請人。」

十二、依戶籍法規定，戶政事務所應如何處理下列申請：(一)C男與D女協議離婚，D因之前常受C之家暴，不願與C再見面，以書面說明並委託證人E代D，與C本人共同辦理離婚登記。(二)X男Y女於2018年1月結婚，因兩人已訂好機票出國蜜月旅行10天，故共同以書面委託兩位證人代為辦理結婚登記。　【107地特三等】

答：(一)

1. 民法第1050條規定：「兩願離婚，應以書面為之，有二人以上證人之簽名並應向戶政機關為離婚之登記。」又同法第1052-1條規定：「離婚經法院調解或法院和解成立者，婚姻關係消滅。法院應依職權通知該管戶政機關。」

2. 而戶籍法第34條規定：「離婚登記，以雙方當事人為申請人。但經法院裁判離婚確定、調解或和解離婚成立或其他離婚已生效者，得以當事人之一方為申請人。」

3. 同法第47條規定：「申請人不能親自申請登記時，得以書面委託他人為之。
認領、終止收養、結婚或兩願離婚登記之申請，除有正當理由，經戶政事務所核准者外，不適用前項規定。」

4. 本題中C男與D女為協議離婚，因此依民法第1050條之規定，為兩願離婚。則依戶籍法第34條及第47條之規定，應以雙方當事人即C男D女為申請人；如D女因題示之理由而委託E代理，應先經戶政事務所之核准。

5. 所以本題中D女以書面說明委託E代理，欲與C男共同辦理離婚登記，屬有正當理由，戶政事務所應予核准。

(二) 戶籍法第33條規定：「結婚登記，以雙方當事人為申請人。但於中華民國97年5月22日以前（包括97年5月22日當日）結婚，或其結婚已生效者，得以當事人之一方為申請人。

前項但書情形，必要時，各級主管機關及戶政事務所得請相關機關協助查證其婚姻真偽，並出具查證資料。」

因此依戶籍法第33條之規定及上述第47條之規定，除有正當理由外，結婚登記應以結婚雙方當事人為申請人。本題X男與Y女因出國蜜月旅行而欲委託證人代辦結婚登記，應先經戶政事務所之核准。戶政事務所如認為「出國蜜月旅行」為正當理由，則應予核准；如不認為是正當理由，則應不予核准，仍應由X、Y自行辦理。

十三、依戶籍法規定，婚生子女、非婚生子女及無依兒童之出生登記，若無法依相關法律規定確定其姓氏時，應如何處理？【107地特四等】

答：戶籍法第49條規定：「出生登記當事人之姓氏，依相關法律規定未能確定時，婚生子女，由申請人於戶政事務所抽籤決定依父姓或母姓登記；非婚生子女，依母姓登記；無依兒童，依監護人之姓登記。

戶政事務所依前條第1款規定逕為出生登記時，出生登記當事人姓氏，婚生子女，以抽籤決定依父姓或母姓登記；非婚生子女，依母姓登記；無依兒童，依監護人之姓登記，並由戶政事務所主任代立名字。」

綜上所述，婚生子女、非婚生子女及無依兒童之出生登記，若無法依相關法律規定確定其姓氏時，應依戶籍法第49條規定處理。

十四、依戶籍法規定，說明戶籍登記事項之撤銷與廢止各為何？並各舉
　　　一例說明之。　　　　　　　　　　　　　　　　　【108高考】

答：(一) 撤銷戶籍登記：戶籍法第23條規定：「戶籍登記事項自始不存在
　　　　或自始無效時，應為撤銷之登記。撤銷中華民國國籍之喪失或撤銷
　　　　中華民國國籍者，亦同。」
　　　　依106年4月10日臺中市政府民政局106.4.10中市民戶字第
　　　　1060010374號／內政部106.4.5台內戶字第1060410905號函提到：
　　　　「查現行撤銷戶籍登記之撤銷原因計有『初設戶籍後經移民署撤
　　　　銷』、『誤辦初設戶籍』及『重複設籍』……」等語，可知撤銷戶
　　　　籍登記之例，如重複設籍後之撤銷。
　　(二) 廢止戶籍登記：同法第24條規定：「戶籍登記事項嗣後不存在
　　　　時，應為廢止之登記。喪失中華民國國籍或臺灣地區人民身分
　　　　者，亦同。」
　　　　比如喪失我國國籍後，廢止戶籍登記即是。
　　　　撤銷或廢止戶籍登記之申請人：依第46條規定：「變更、更正、
　　　　撤銷或廢止登記，以本人為申請人。本人不為或不能申請時，以原
　　　　申請人或利害關係人為申請人，戶政事務所並應於登記後通知本
　　　　人。戶政事務所依職權為更正、撤銷或廢止登記，亦同。」

第三節　國民身分證及戶口名簿

重點	條號	國名身分證	戶口名簿
作用	第51條	國民身分證用以辨識個人身分，其效用及於全國。	戶口名簿應登載同一戶長戶內之現戶戶籍資料，用以證明該戶內之各成員，並以戶長列為首欄。【112地特四等】

重點	條號	國名身分證	戶口名簿
重要 格式 與製發	第52條	國民身分證及戶口名簿之格式、內容、繳交之相片規格，由中央主管機關定之。 國民身分證及戶口名簿之製發、相片影像檔建置之內容、保管、利用、查驗及其他應遵行事項之辦法，由中央主管機關定之。	
	第53條	空白國民身分證、戶口名簿，由直轄市、縣（市）主管機關印製。必要時，得由中央主管機關統一印製。	
格式 與製發	第54條	國民身分證及戶口名簿，由戶政事務所依據戶籍資料列印製發。	
編號、戶號之編定及配賦	第55條	國民身分證統一編號與戶口名簿戶號之編定及配賦方式，由中央主管機關定之，交由戶政事務所配賦。	
攜帶保管	第56條	國民身分證應隨身攜帶，非依法律不得扣留。	戶口名簿由戶長保管。戶內人口辦理戶籍登記時，戶長應提供戶口名簿，不得扣留。
重要 申領	第57條 【106地特四等】	有戶籍國民年滿14歲者，應申請初領國民身分證，未滿14歲者，得申請發給。	國民身分證、戶口名簿，滅失或遺失者，應申請補領。 經戶籍登記之戶，應請領戶口名簿。
重要 換領	第58條	申請戶籍登記致國民身分證記載事項變更，應同時申請換領國民身分證。 國民身分證毀損或更換國民身分證相片者，應申請換領國民身分證。	戶口名簿記載事項變更，應申請換領戶口名簿。

重點	條號	國名身分證	戶口名簿
換發	第59條	國民身分證全面換發期程及其他應遵行事項之辦法，由中央主管機關定之。 國民身分證全面換發及舊證失效日期，由中央主管機關公告，並刊登政府公報。 已領有國民身分證者，應於全面換發國民身分證期間換發新證。	戶口名簿全面換發之相關事宜，準用前三項規定。
重要 申領手續		**第60條** 初領或補領國民身分證，應由本人親自為之。換領國民身分證，由本人親自或以書面委託他人為之。但更換相片換領者，應由本人親自為之。 戶長親自或委託戶內人口辦理全戶或部分戶內人口之遷徙登記時，須同時申請戶內人口之換領國民身分證，不受前項須以書面委託他人辦理之限制。 **第61條** 國民身分證之初領、補領、換領及全面換領，依下列規定辦理： 一、初領、補領或全面換領：向戶籍地戶政事務所申請。	**第63條** 初領或全面換領戶口名簿，由戶長親自或以書面委託他人向戶籍地戶政事務所為之。 補領或換領戶口名簿，由戶長親自或以書面委託他人，向任一戶政事務所為之。

重點	條號	國名身分證	戶口名簿
重要 申領手續		二、換領：申請戶籍登記致國民身分證記載事項變更者，向各該申請登記之戶政事務所申請；國民身分證有毀損或更換相片之情形者，得向任一戶政事務所申請。 前項第1款所定情形，經中央主管機關公告，並刊登公報者，得向戶籍地以外之戶政事務所為之。	**第63條**　初領或全面換領戶口名簿，由戶長親自或以書面委託他人向戶籍地戶政事務所為之。 補領或換領戶口名簿，由戶長親自或以書面委託他人，向任一戶政事務所為之。
收回註銷	第62條	因死亡、死亡宣告、廢止戶籍登記、撤銷戶籍、補領、換領或全面換領國民身分證者，原國民身分證由戶政事務所截角後收回。 國民身分證係不法取得、冒用或變造者，發現之機關（構）應函知原發證之直轄市、縣（市）主管機關，註銷製發檔案資料。	--
相關法規		《國民身分證及戶口名簿製發相片影像檔建置管理辦法》　**重要**	

說明 1. 有關國民身分證和戶口名簿，早期規定在本細則中，因其具有重要性，而移列規定在本法第五章（即第51條至第63條）。詳如上表所列，下面就重點部分為說明。

2. 本法第52條規定國民身分證及戶口名簿之製發。國民身分證及戶口名簿係個人重要之身分證明文件，又94年全面換發新式國民身分證，民眾繳交之相片均建檔留存，該相片影像檔應屬電腦處理個人資料保護法

之個人資料，因此於本條第2項，明定國民身分證及戶口名簿之製發及相片影像檔應登載記錄之內容、保管、利用及其他應遵行事項，授權由中央主管機關訂定辦法，以資規範。（詳見國民身分證及戶口名簿製發相片影像檔建置管理辦法）。

3. 本法第55條規定國民身分證統一編號及戶口名簿戶號之編定及配賦。考量國民身分證統一編號及戶口名簿戶號為個人身分及家戶辨識之重要依據，為加強其配賦作業之管控，並基於配賦事權統一，因此授權中央主管機關訂定國民身分證統一編號及戶口名簿戶號之配賦方式。

4. 本法第56條規定國民身分證及戶口名簿非依法律不得扣留。此規定原為本細則之規定，然因事涉民眾之權利義務，而提升至本法內做規範。

5. 本法第57條規定國民身分證之初領及補領、戶口名簿之請領及補領。

   (1)國民身分證係依據戶籍登記資料製發，須在臺灣地區設有戶籍之國民，始得申領；又請領國民身分證，包含初領、補領、換領、全面換領等，年滿14歲請領國民身分證，則為國民身分證之初領。

   (2)關於國民身分證之補領、戶口名簿之請領與補領等情形，屬重要事項，因此均由本細則提升至本法為規範。

   (3)又本條原規定請領國民身分證時應捺指紋並錄存，然經司法院釋字第603號解釋認定違憲，故相關規定已刪除。

6. 本法第59條規定國民身分證及戶口名簿之全面換發事宜。國民身分證循例約每10年換發一次，由中央主管機關擬訂計畫報請行政院核定，因此本條第1項至第3項中明定全面換證之期程、日期及舊證失效之日期，由中央主管機關訂定相關辦法或辦理公告，以資明確，並明定民眾應配合換證。至戶口名簿全面換發亦準用國民身分證全面換發之規定，因此明定於本條第4項。

7. 本法第62條規定國民身分證之收回與註銷。本條係於97年修法時新增：

   (1)國民身分證之效用及於全國，惟當事人如已經死亡、死亡宣告、廢止戶籍登記、撤銷戶籍，或經補領、換領或全面換領，其原國民身分證應即失效，為利適用，而有第1項規定。

   (2)又為免國民身分證因不法取得、冒用或變造，致侵害當事人權益，而於本條第2項明定發現有上開不法情形之機關（構），應函知原發證之直轄市、縣（市）主管機關，轉請戶政事務所於戶政資訊系統內註銷該國民身分證之空白證號及膠膜號等製發資料。

司法院大法官會議釋字第603號解釋

解釋字號：釋字第603號

解釋公布院令：中華民國94年09月28日

解釋爭點：戶籍法第8條第2、3項捺指紋始核發身分證規定違憲？

解釋文：

維護人性尊嚴與尊重人格自由發展，乃自由民主憲政秩序之核心價值。隱私權雖非憲法明文列舉之權利，惟基於人性尊嚴與個人主體性之維護及人格發展之完整，並為保障個人生活私密領域免於他人侵擾及個人資料之自主控制，隱私權乃為不可或缺之基本權利，而受憲法第二十二條所保障（本院釋字第五八五號解釋參照）。其中就個人自主控制個人資料之資訊隱私權而言，乃保障人民決定是否揭露其個人資料、及在何種範圍內、於何時、以何種方式、向何人揭露之決定權，並保障人民對其個人資料之使用有知悉與控制權及資料記載錯誤之更正權。惟憲法對資訊隱私權之保障並非絕對，國家得於符合憲法第二十三條規定意旨之範圍內，以法律明確規定對之予以適當之限制。

指紋乃重要之個人資訊，個人對其指紋資訊之自主控制，受資訊隱私權之保障。而國民身分證發給與否，則直接影響人民基本權利之行使。戶籍法第八條第二項規定：依前項請領國民身分證，應捺指紋並錄存。但未滿十四歲請領者，不予捺指紋，俟年滿十四歲時，應補捺指紋並錄存。第三項規定：請領國民身分證，不依前項規定捺指紋者，不予發給。對於未依規定捺指紋者，拒絕發給國民身分證，形同強制按捺並錄存指紋，以作為核發國民身分證之要件，其目的為何，戶籍法未設明文規定，於憲法保障人民資訊隱私權之意旨已有未合。縱用以達到國民身分證之防偽、防止冒領、冒用、辨識路倒病人、迷途失智者、無名屍體等目的而言，亦屬損益失衡、手段過當，不符比例原則之要求。戶籍法第八條第二項、第三項強制人民按捺指紋並予錄存否則不予發給國民身分證之規定，與憲法第二十二條、第二十三條規定之意旨不符，應自本解釋公布之日起不再適用。至依據戶籍法其他相關規定換發國民身分證之作業，仍得繼續進行，自不待言。

國家基於特定重大公益之目的而有大規模蒐集、錄存人民指紋、並有建立資料庫儲存之必要者，則應以法律明定其蒐集之目的，其蒐集應與重大公益目的之達成，具有密切之必要性與關聯性，並應明文禁止法定目的外之使用。主管機關尤應配合當代科技發展，運用足以確保資訊正確及安全之方式為之，並對所蒐集之指紋檔案採取組織上與程序上必要之防護措施，以符憲法保障人民資訊隱私權之本旨。

歷年精選試題

選擇題

( ) **1** 何機關具有制定戶口名簿格式之權限？
(A)內政部　(B)直轄市、縣（市）政府　(C)鄉（鎮、市、區）公所
(D)戶政事務所。　　　　　　　　　　　　　　　　　　　【103身障特考】

( ) **2** 下列敘述何者錯誤？　(A)國民身分證初領或補領須向戶籍地戶政事
務所申請　(B)申請戶籍登記致國民身分證記載事項變更者，向各該
申請登記之戶政事務所申請　(C)全面換領身分證時，戶政事務所依
據職權發動，無須申請　(D)國民身分證有毀損之情形者，得向任一
戶政事務所申請。　　　　　　　　　　　　　　　　　　【103身障特考】

( ) **3** 初領、補領或換領國民身分證，何者得由本人以書面委託他人為
之？　(A)只有初領時　(B)只有補領時　(C)只有換領時　(D)三種
情形皆可。　　　　　　　　　　　　　　　　　　　　　【103身障特考】

( ) **4** 有戶籍國民年滿幾歲，應申請初領國民身分證？　(A)12歲　(B)14
歲　(C)18歲　(D)20歲。　　　　　　　　　　　　　　　【103地方特考】

( ) **5** 有關初領及補領國民身分證，下列敘述何者正確？　(A)可向戶籍地
直轄市及縣（市）任一戶政事務所辦理　(B)只能向戶籍地戶政事務
所辦理　(C)民國103年7月1日起可向任一戶政事務所辦理　(D)民國
104年1月1日起可向任一戶政事務所辦理。　　　　　　　【103地方特考】

( ) **6** 目前民眾辦理戶籍登記，戶長未依戶籍法提供戶口名簿時，下列作
法何者不符規定？　(A)得由戶政事務所先辦理戶籍登記　(B)於戶
政資訊系統中辦理所內註記　(C)原戶口名簿仍可為現戶證明文件
(D)辦理戶籍登記同時催告戶長換領。　　　　　　　　　【103地方特考】

( ) **7** 有關國民身分證之初領、補領及換領，下列敘述何者錯誤？　(A)初
領國民身分證應由本人親自為之　(B)補領國民身分證可以書面委
託他人為之　(C)換領國民身分證由本人親自或書面委託他人為之
(D)初領及補領國民身分證應由本人親自為之。　　　　　【103地方特考】

( ) **8** 同一戶長戶內，下列何者不在現戶戶籍資料中？ (A)喪失我國國籍人 (B)受死亡宣告人 (C)曾居同址國內遷徙人口 (D)喪失臺灣地區人民身分人。 【104地方特考】

( ) **9** 國民身分證統一編號交由下列何機關配賦予國民？ (A)內政部 (B)戶政事務所 (C)直轄市、縣（市）政府 (D)行政院主計總處。 【105身障特考】

( ) **10** 下列何者屬戶籍登記之身分登記？ (A)原住民身分及民族別登記 (B)初設戶籍登記 (C)遷入登記 (D)出生地登記。 【105原住民特考】

( ) **11** 有關申領國民身分證之敘述，下列何者正確？ (A)有戶籍國民未滿14歲者，得申請發給國民身分證 (B)換領身分證須由本人為之 (C)換領國民身分證者，原國民身分證應自行留存 (D)國民身分證統一編號由地方主管機關定之。 【105原住民特考】

( ) **12** 換領國民身分證者，原國民身分證應如何處理？ (A)截角後收回 (B)截角後發回 (C)蓋作廢章後收回 (D)蓋作廢章後發回。 【105原住民特考】

( ) **13** 辦理下列何種事務，無須由本人親自為之？ (A)初領國民身分證 (B)因國民身分證遺失而申請補領 (C)因更換相片而換領國民身分證 (D)因國民身分證毀損而換領者。 【105原住民特考】

( ) **14** 對於戶口名簿之敘述，下列何者錯誤？ (A)戶口名簿登載同一戶長戶內之除戶及現戶戶籍資料 (B)戶口名簿之用途為可證明該戶內之各成員 (C)戶長列為首欄 (D)戶內設籍人口均為未成年人時，最年長之未成年人應為戶長。 【105地方特考】

( ) **15** 有關國民身分證統一編號與戶口名簿戶號之編定及配賦方式，下列何者正確？ (A)由行政院定之，交由內政部配賦 (B)由內政部定之，交由戶政事務所配賦 (C)由內政部定之並直接配賦 (D)由戶政事務所定之並配賦。 【105地方特考】

( ) **16** 依戶籍法規定，有關國民身分證全面換發之敘述，下列何者正確？ (A)全面換發之期程及其他應遵行事項之辦法由行政院定之 (B)全

面換發及舊證失效日期，由內政部公告並刊登政府公報　(C)戶長得代理全戶人口申辦之　(D)原（舊）國民身分證已自動失效，無須繳回。　　　　　　　　　　　　　　　　　　【105地方特考】

(　　) **17** 依戶籍法規定，有關國民身分證之換領，下列何者正確？　(A)僅可本人親自為之　(B)如僅係更換相片，得以書面委託他人申請　(C)申請戶籍登記致身分證記載事項變更者，應向原戶籍地戶政事務所申請　(D)如有損毀，得向任一戶政事務所申請。　【105地方特考】

(　　) **18** 依戶籍法規定，有關初領、補領、換領或全面換領戶口名簿，下列何者正確？　(A)初領，得由戶長向任一戶政事務所為之　(B)補領，僅得由戶長向戶籍地戶政事務所為之　(C)換領，僅得由戶長向戶籍地戶政事務所為之　(D)全面換領，得由戶長書面委託他人，向戶籍地戶政事務所為之。　　　　　　　　　　　【105地方特考】

(　　) **19** 國民身分證統一編號與戶口名簿戶號之編定及配賦方式，由何機關定之？　(A)內政部　(B)直轄市政府或縣（市）政府　(C)鄉（鎮、市、區）公所　(D)戶政事務所。　　　　　　　　　【106身障特考】

(　　) **20** 依戶籍法規定應申請初領國民身分證之法定年齡為：　(A)年滿7歲　(B)年滿12歲　(C)年滿14歲　(D)年滿18歲。　　　【106身障特考】

(　　) **21** 下列關於國民身分證之敘述，何者錯誤？　(A)國民身分證用以辨識個人身分，其效用及於全國　(B)國民身分證應隨身攜帶　(C)國民身分證非依法律不得扣留　(D)凡中華民國國民均應請領國民身分證。　　　　　　　　　　　　　　　　　　【106身障特考】

(　　) **22** 下列敘述，何者錯誤？　(A)戶口名簿應登載同一戶長戶內之現戶戶籍資料，用以證明該戶內之各成員，並以戶長列為首欄　(B)空白國民身分證，由中央主管機關統一印製，直轄市、縣（市）主管機關不得印製　(C)空白戶口名簿，由直轄市、縣（市）主管機關印製，必要時，得由中央主管機關統一印製　(D)國民身分證及戶口名簿，由戶政事務所依據戶籍資料列印製發。　　　　　　　　　【106身障特考】

(　　) **23** 有關國民身分證之申請領取，下列敘述何者正確？
(A)有戶籍國民年滿12歲者，應申請初領國民身分證　(B)未滿14歲者，得申請發給　(C)國民身分證全面換發期程及其他應遵行事項之

辦法，由地方主管機關定之　(D)已領有國民身分證者，得隨時申請
換發新證。　　　　　　　　　　　　　　　　　　【106原住民特考】

(　　) **24** 國民身分證用以辨識下列何者，其效用及於全國？　(A)家族關係
(B)身分高低　(C)個人身分　(D)國民地位。　　　【106原住民特考】

(　　) **25** 國民身分證之初領、補領或全面換領應在何地為之？　(A)向任一戶
政事務所申請　(B)向戶籍地戶政事務所申請　(C)向中央主管機關
申請　(D)向直轄市主管機關申請。　　　　　　　　【106地方特考】

(　　) **26** 甲年滿14歲，向戶政事務所申請初領國民身分證，甲如欲初領國民
身分證，由下列何人為之？　(A)委託父母　(B)委託祖父母　(C)委
託成年兄姊　(D)甲本人。　　　　　　　　　　　　【106地方特考】

(　　) **27** 人民向戶政事務所申請提供戶籍資料之規定，下列何者正確？
(A)為便民服務，得容許將戶籍資料攜出保存處所　(B)戶長本人得
向戶政事務所申請閱覽全戶戶籍資料　(C)利害關係人得向戶政事務
所申請閱覽全戶戶籍資料　(D)戶籍資料包括現戶與除戶戶籍資料，
但不包括戶籍檔案原始資料。　　　　　　　　　　【106地方特考】

(　　) **28** 甲男駕駛汽車從臺北市到新竹市出差，經警察攔檢，下列敘述何者
正確？
(A)甲未隨身攜帶國民身分證，無須受罰　(B)甲未隨身攜帶國民身
分證，應裁處罰鍰　(C)甲未隨身攜帶駕駛執照，應扣留國民身分證
(D)甲未隨身攜帶行車執照，應扣留國民身分證。　　【106地方特考】

(　　) **29** 關於戶長之敘述，下列何者錯誤？
(A)共同生活戶以家長或主管人為戶長　(B)戶口名簿由戶長保管
(C)戶內人口辦理戶籍登記時，戶長應提供戶口名簿　(D)戶長親自
辦理全戶遷徙登記時，因須同時換領戶內成員之國民身分證，需要
有戶內成員的書面委託。　　　　　　　　　　　　【106地方特考】

(　　) **30** 依據戶籍法，下列何者得以書面委託他人為之？　(A)初領國民身分
證者　(B)補領國民身分證者　(C)更換相片換領者　(D)換領國民身
分證者。　　　　　　　　　　　　　　　　　　　　【107身障特考】

(　　) **31** 有戶籍國民年滿幾歲時，應申請發給國民身分證？　(A)十歲
(B)十二歲　(C)十四歲　(D)十六歲。　　　　　　　【107原住民特考】

( ) **32** 戶籍法規規定，換領國民身分證，由本人親自或以書面委託他人為之。此一規定，下列何者為其例外？ (A)身分證持有人因案服刑，事實上不能親自換發者 (B)身分證持有人更換相片換領者，應由本人親自為之 (C)身分證持有人在軍中服兵役，應由部隊長官統一代理換發 (D)身分證持有人曾經更改姓名者。　　　　【107原住民特考】

( ) **33** 有關國民身分證之敘述，下列何者正確？
(A)為求格式一致，空白國民身分證，一律由內政部統一印製
(B)有戶籍國民年滿14歲者，有申請初領國民身分證之義務 (C)初領國民身分證，由本人親自或以書面委託他人為之 (D)換領國民身分證，應由本人親自為之。　　　　【107地方特考】

( ) **34** 甲用餐時，因不慎打翻熱湯導致其國民身分證毀損，要如何處理？
(A)甲僅得向戶籍地戶政事務所申請補領國民身分證 (B)甲得向任一戶政事務所申請補領國民身分證 (C)甲僅得向戶籍地戶政事務所申請換領國民身分證 (D)甲得向任一戶政事務所申請換領國民身分證。　　　　【107地方特考】

( ) **35** 戶口名簿記載之事項若有變更時，應為如何處理？
(A)申請換領戶口名簿 (B)自行修改內容 (C)僅需向戶政事務所申請變更檔案內容即可，無須換領 (D)以身分證的內容為準即可，無須換領。　　　　【107地方特考】

( ) **36** 下列何種申請程序，本人得以書面委託他人為之？ (A)初領國民身分證 (B)因更換相片換領國民身分證 (C)補領國民身分證 (D)換領國民身分證。　　　　【105地特四等】

( ) **37** 依戶籍法規定，有戶籍國民年滿幾歲者，應申請初領國民身分證？
(A)11歲 (B)12歲 (C)13歲 (D)14歲。　　　　【105地特四等】

( ) **38** 有關國民身分證之敘述，下列何者錯誤？ (A)針對國民身分證之記載方式，姓氏在前，名在後，姓名不加列別名或外文姓名 (B)姓名字數6個字以下者，由電腦自動列印；字數7到14個字者，以人工輸入，由電腦列印；字數15個字以上者，以人工填寫 (C)國民身分證之役別記載變更者，得不申請換領國民身分證 (D)原住民傳統姓名，其羅馬拼音自左至右橫列並列中文姓名之正下方。但羅馬拼音於21個字以上者，以人工方式填寫。　　　　【106普考】

(　　) **39** 戶籍登記之申請手續不全者，戶政事務所所為下列處理，何者最為正確？　(A)不受理申請　(B)請示長官或主管機關　(C)先行登記後為查證和通知申請人　(D)一次告知補正。　【106普考】

(　　) **40** 16戶口名簿戶號編號，除首碼之英文字母外，原則上，另有數字碼幾碼？　(A)6碼　(B)7碼　(C)8碼　(D)10碼。　【106普考】

(　　) **41** 下列事項，何者不得委託他人為之？　(A)換領國民身分證　(B)補領國民身分證　(C)初領戶口名簿　(D)換領戶口名簿。　【107普考】

(　　) **42** 下列事項，何者應向戶籍地戶政事務所申請？　(A)補領戶口名簿　(B)換領國民身分證　(C)全面換領戶口名簿　(D)換領戶口名簿。　【107普考】

解答

1 (A)	2 (C)	3 (C)	4 (B)	5 (A)(C)	6 (C)	7 (B)	8 (C)	9 (B)
10 (A)	11 (A)	12 (A)	13 (D)	14 (A)	15 (B)	16 (B)	17 (D)	18 (D)
19 (A)	20 (C)	21 (D)	22 (B)	23 (B)	24 (C)	25 (B)	26 (D)	27 (B)
28 (A)	29 (D)	30 (D)	31 (C)	32 (B)	33 (B)	34 (D)	35 (A)	36 (D)
37 (D)	38 (B)	39 (D)	40 (B)	41 (B)	42 (C)			

第四節　戶籍資料之申請及提供

重點	條號	條文	相關法規
保存	第64條	戶籍資料，除因避免天災事變、辦理戶口查對校正或經戶政事務所主任核可外，不得攜出保存處所。 前項資料之格式及保存年限，由中央主管機關定之。【112地特四等、113普考】	--

重點	條號	條文	相關法規
重要 **閱覽或交付戶籍資料之申請人**	第65條	本人或利害關係人得向戶政事務所申請閱覽戶籍資料或交付戶籍謄本；申請人不能親自申請時，得以書面委託他人為之。 利害關係人依前項規定申請時，戶政事務所僅得提供有利害關係部分之戶籍資料或戶籍謄本。 戶籍謄本之格式及利害關係人範圍，由中央主管機關定之。	《申請戶籍謄本及閱覽戶籍登記資料處理原則》
重要 **親等關聯資料之申請** 【110地特三等】	第65-1條	申請人有下列情形之一者，得向任一戶政事務所申請親等關聯資料： 一、依人工生殖法第15條或第29條規定，有查證親屬關係之需求。 二、依人體器官移植條例第8條規定有器官捐贈查證親屬關係之需求。 三、辦理繼承登記有查證被繼承人之配偶及血親關係之需求。 四、為依國籍法第2條規定取得中華民國國籍，有查證父或母為中華民國國民之需求。 五、依法院要求或法院審判有查證親等關聯資料之需求。	《親等關聯資料申請提供及管理辦法》 《各機關申請提供戶籍資料及親等關聯資料辦法》

重點	條號	條文	相關法規
重要 **親等關聯資料 之申請**	第65-1條	六、依其他法律規定有查證親 　　屬關係之需求。 前項所稱親等關聯資料，指戶 政機關依據戶籍資料連結親屬 關係，依規定提供之親屬關係 證明文件。 第1項申請人未能親自申請親等 關聯資料時，得以書面委託他 人為之。 第1項申請人或前項受託人申請 親等關聯資料，戶政事務所僅 得提供有利害關係之部分。 前項申請人範圍、利害關係之 認定、提供資料格式、申請時 應備文件、查證方式、查證程 序及其他應遵行事項之辦法， 由中央主管機關定之。	《親等關聯資 料申請提供及 管理辦法》 《各機關申請 提供戶籍資料 及親等關聯資 料辦法》
謄本之申請	第66條	戶籍謄本之申請，得向任一戶 政事務所為之。但申請戶籍檔 案原始資料，應向原戶籍登記 之戶政事務所為之。	--
證明書之申請	第66-1條	本人得向任一戶政事務所申請 結婚證明書、離婚證明書、婚 姻紀錄證明書、遷徙紀錄證明 書或姓名更改紀錄證明書；本 人不能親自申請時，得以書面 委託他人為之。 前項證明書格式，由中央主管 機關定之。	--

重點	條號	條文	相關法規
提供資料之依據	第67條	各機關所需之戶籍資料及親等關聯資料,應以戶籍登記為依據。 前項資料,由各級主管機關及戶政事務所提供;其申請提供之方式、內容、程序、費用及其他應遵行事項之辦法,由中央主管機關定之。	--
提供資料之義務	第68條	各級主管機關及戶政事務所為查證戶籍登記事項,有關機關、學校、團體、公司或人民應提供資料。	--
規費	第69條	人民依本法請領國民身分證、戶口名簿、戶籍謄本、結婚證明書、離婚證明書、婚姻紀錄證明書、遷徙紀錄證明書、姓名更改紀錄證明書、戶籍檔案原始資料影本、親等關聯資料、戶口統計資料、申請閱覽戶籍資料,應繳納規費;其收費標準,由中央主管機關定之。	《戶政規費收費標準》

說明 1. 有關戶籍資料之申請及提供,規定在本法第六章(即第64條至第69條)中,詳如上表所列,下面就重點部分為說明。

2. 本法第65條就本人或利害關係人申請閱覽戶籍資料或交付戶籍謄本等事為規定。

(1)戶籍資料及戶籍謄本載有個人基本資料及各項記事,係屬個人隱私資料,而實務上利害關係人僅得申請與其有利害關係之資料,因此有第2項之規定。

(2)又本法未規定戶籍謄本之格式，應由何機關訂定；另利害關係人得申請閱覽戶籍登記資料或交付戶籍謄本之規定，因涉及隱私權之保障，其內容、範圍之訂定，應有法律明確授權，因此在第3項加以規範。

3. 本法第65-1條規定親等關聯資料之申請。

　(1)辦理人工生殖、器官捐贈、繼承登記雖得由人民申請戶籍謄本後，自行依各該主管機關需求填報所需文件（如繼承系統表）辦理，惟因資料繁雜，難免引發爭議。又戶政事務所受理人民查詢親等關聯資料，囿於現行戶籍資料係以戶為單位，如僅以戶籍謄本查詢，非但查證所需時間冗長，更易衍生疏漏。基於簡政便民，乃由內政部（戶政司）運用現行戶籍資料，透過電腦資訊系統連結親屬關係，並提供人民親等關聯資料。因此就有申請親等關聯資料之需求者，於本條第1項分6款規定

　(2)而本條第2項則明定親等關聯資料之定義。

　(3)基於簡政便民，第1項規定親等關聯資料由申請人親自向戶政事務所申請，如申請人未能親自申請者，於第3項定明得以書面委託他人申請。

　(4)為平衡戶籍資料提供及個人隱私保護，雖應依據人民需求提供親屬關聯資訊，惟基於個人資訊安全考量，因此第4項規定戶政事務所僅得提供有利害關係之部分。

　(5)為明確規範申請人範圍、利害關係之認定、提供資料格式、申請時應備文件、查證方式、查證程序及其他應遵行事項，本條第5項規定授權中央主管機關訂定法規命令以規範相關事項，並符授權明確性原則。

4. 本法第67條規定戶籍資料提供之依據。

　(1)目前各機關申請戶籍資料，應依各機關申請提供戶籍資料辦法向內政部申請應用資訊連結系統。考量親等關聯資料建置後，各機關亦有申請運用之需求，因此於第1項為相關之規定。

　(2)按現行各機關申請與內政部戶政資訊系統連結取得戶籍資料，該戶籍資料屬電腦處理個人資料保護法所稱之個人資料；又基於使用者付費之原則，且戶籍資料之收費標準具有全國一致性。為明確規範戶籍資料之申請方式、內容、程序、費用及其他應遵行事項等，而以第2項之規定授權中央主管機關訂定法規以規範相關事項，並符合授權明確性原則。

5.本法第68條規定有關機關團體提供戶籍登記事項資料之義務。實務上，各級主管機關及戶政事務所有向公私立金融機構或通信業者等公司請求提供當事人資料之需要，為完備各級主管機關及戶政事務所查證之執行依據，而加以規定。

歷年精選試題

選擇題

(　　) **1** 申請人不得基於下列何種原因，向戶政事務所申請親等關聯資料？ (A)依人工生殖法第15條或第29條規定，有查證親屬關係之需求 (B)辦理繼承登記有查證被繼承人之配偶及血親關係之需求　(C)依人體器官移植條例第8條規定有器官捐贈查證親屬關係之需求　(D)依法院要求或法院審判有查證債權債務關係之需求。　　　　　【103身障特考】

(　　) **2** 下列敘述何者錯誤？　(A)本人或利害關係人得向戶政事務所申請閱覽戶籍資料或交付戶籍謄本　(B)申請交付戶籍謄本時，申請人得以書面委託他人為之　(C)利害關係人依規定申請戶籍謄本時，戶政事務所僅得提供有利害關係部分之戶籍謄本　(D)戶籍謄本之格式設置由直轄市、縣（市）政府規定。　　　　　　　　　　　【103身障特考】

(　　) **3** 下列敘述何者錯誤？ (A)喪失中華民國國籍或臺灣地區人民身分者，應作廢止登記 (B)已辦理結婚登記或離婚登記者，當事人得向居住地法院申請結婚或離婚證書　(C)在國內出生十二歲以下之國民，應為出生登記 (D)出境兩年以上，原則上應為遷出登記。　　　　　　　　【103身障特考】

(　　) **4** 關於申請閱覽戶籍資料規定，下列何者錯誤？ (A)僅限本人可向戶政事務所申請閱覽戶籍資料　(B)非本人申請，戶政事務所僅得提供有利害關係部分之戶籍資料　(C)申請人不能親自申請時，得以書面委託他人為之　(D)申請閱覽戶籍資料者亦可申請交付戶籍謄本。　　　　　　　　　　　　　　　　　　　【105身障特考】

(　) **5** 關於申請親等關聯資料規定，下列何者錯誤？
(A)申請人未能親自申請親等關聯資料時，得以書面委託他人為之
(B)戶政事務所僅得提供有利害關係之部分　(C)申請人範圍、利害
關係之認定由內政部定之　(D)申請人應向戶籍地戶政事務所申請親
等關聯資料。　　　　　　　　　　　　　　　　【105身障特考】

(　) **6** 戶籍檔案原始資料應向何機關申請？　(A)任一戶政事務所　(B)原
戶籍登記之戶政事務所　(C)申請人現住所在地之戶政事務所
(D)直轄市、縣（市）政府。　　　　　　　　　　【105身障特考】

(　) **7** 關於結婚證明書申請之敘述，下列何者正確？　(A)本人只能向結婚
所在地之戶政事務所申請　(B)須由男方代表，向其戶籍所在地戶政
事務所申請　(C)本人得向任一戶政事務所申請　(D)須由結婚雙方
約定，由代表人向其戶籍所在地戶政事務所申請。　【105身障特考】

(　) **8** 人民依戶籍法請領國民身分證應繳納規費，其收費標準由何機關定
之？　(A)內政部　(B)立法院　(C)行政院　(D)直轄市、縣（市）
政府。　　　　　　　　　　　　　　　　　　　　【105身障特考】

(　) **9** 戶政事務所提供戶籍資料之方式、內容、程序等應遵行事項之辦
法，由何機關訂定？　(A)財政部　(B)戶政事務所　(C)科技部
(D)內政部。　　　　　　　　　　　　　　　　　【105原住民特考】

(　) **10** 戶籍資料，符合下列何種法定情形時得攜出保存處所？　(A)當事人
申請使用　(B)主管機關調閱　(C)法院查證親等關聯資料　(D)辦理
戶口查對校正。　　　　　　　　　　　　　　　【105原住民特考】

(　) **11** 利害關係人向戶政事務所申請閱覽戶籍資料或交付戶籍謄本時，
戶政事務所依法得提供之戶籍資料或交付戶籍謄本之範圍為何？
(A)有利害關係部分之戶籍資料或戶籍謄本　(B)全戶之戶籍資料或
戶籍謄本　(C)依利害關係人申請範圍而定　(D)由戶政事務所主任
決定。　　　　　　　　　　　　　　　　　　　【105原住民特考】

(　) **12** 下列關於戶籍謄本之敘述，何者正確？　(A)本人或利害關係人得申
請交付戶籍謄本　(B)申請人應親自申請戶籍謄本，不得委託他人為
之　(C)申請戶籍謄本須有法定正當理由始得為之　(D)申請戶籍謄
本，應向原戶籍登記之戶政事務所為之。　　　　　【106身障特考】

(　　) **13** 申請戶籍資料，下列敘述何者正確？
(A)除本人外，利害關係人申請閱覽戶籍資料須得本人之同意
(B)得提供申請人所需之全部戶籍資料　(C)申請人不能親自申請時，得以書面委託他人為之　(D)戶籍資料尚未數位化者，申請該資料應得戶政事務所主任之核可。　　　　　　　　　【106身障特考】

(　　) **14** 各級主管機關及戶政事務所為查證下列何者事項，有關機關、學校、團體、公司或人民應提供資料？　(A)家戶財產　(B)個人隱私
(C)戶籍登記　(D)公司登記。　　　　　　　　　　　　【106原住民特考】

(　　) **15** 依據戶籍法，申請人不能親自申請登記時，得以下列何項方式為之？
(A)電話　　　　　　　　　　　(B)書面委託他人
(C)傳真　　　　　　　　　　　(D)口頭委託他人。　　【106原住民特考】

(　　) **16** 戶籍資料，除有法定原因外，不得攜出保存處所。下列何者不是法定原因？　(A)辦理戶口查對校正　(B)換領戶口名簿　(C)經戶政事務所主任核可　(D)避免天災事變。　　　　　　　　　【106原住民特考】

(　　) **17** 下列何種資料之申請，應向原戶籍登記之戶政事務所為之？　(A)姓名更改紀錄證明書　(B)遷徙紀錄證明書　(C)戶籍檔案原始資料
(D)婚姻紀錄證明書。　　　　　　　　　　　　　　　【106原住民特考】

(　　) **18** 請問婚姻紀錄證明書，是由誰向何機關申請？
(A)本人向原登記之戶政事務所申請　(B)本人向現戶籍所在之戶政事務所申請　(C)本人得向任一戶政事務所申請　(D)本人得向政府民政單位申請。　　　　　　　　　　　　　　　　　【106地方特考】

(　　) **19** 申請戶籍檔案原始資料，應向那個機關申請？　(A)任一戶政事務所
(B)縣（市）政府民政單位　(C)戶籍所在地戶政事務所　(D)原戶籍登記之戶政事務所。　　　　　　　　　　　　　　　【106地方特考】

(　　) **20** 民眾有下列何種情形者，得向任一戶政事務所申請親等關聯資料？
(A)為辦理變更姓名需要　(B)為調查親屬收入及隱藏財產之需要
(C)為證實同一戶籍親屬不具血緣關係之需要　(D)辦理繼承登記有查證被繼承人之配偶及血親關係之需求。　　　　　　【107原住民特考】

(　) **21** 得向任一戶政事務所申請之證明書，不包括下列何者？　(A)死亡證明書　(B)結婚證明書　(C)遷徙紀錄證明書　(D)姓名更改紀錄證明書。　【107地方特考】

(　) **22** 依戶籍法規定，戶籍資料得攜出保存處所之事由，不包括下列何者？　(A)因避免天災事變　(B)因其他政府機關要求　(C)因辦理戶口查對校正　(D)經戶政事務所主任核可。　【107地方特考】

(　) **23** 下列何者不得向戶政事務所申請閱覽戶籍資料或交付戶籍謄本？　(A)債權人基於契約未履行或債務未清償向戶政機關調閱債務人之戶籍謄本　(B)同為公司行號之股東或合夥人，且為執行職務所必要　(C)訴訟繫屬中之兩造當事人　(D)家族為編撰族譜向戶政事務所提出申請。　【107地方特考】

(　) **24** 有關戶籍資料之申請，下列敘述何者錯誤？　(A)利害關係人得向戶政事務所申請閱覽戶籍資料　(B)本人得向任一戶政事務所申請戶籍謄本　(C)本人得向任一戶政事務所申請遷徙紀錄證明書　(D)本人得向任一戶政事務所申請戶籍檔案原始資料。

(　) **25** 依戶籍法規定，有關閱覽戶籍資料或交付戶籍謄本之申請，下列敘述何者錯誤？　(A)本人或利害關係人得向戶政事務所申請　(B)申請人不能親自申請時，得以書面委託他人為之　(C)利害關係人依規定申請時，戶政事務所僅得提供有利害關係部分之戶籍資料或戶籍謄本　(D)戶籍謄本之格式及利害關係人範圍，由地方戶政主管機關定之。　【108普考】

(　) **26** 依戶籍法規定，申請辦理繼承登記有查證被繼承人之配偶及血親關係之需求者，得向任一戶政事務所申請下列何項資料？　(A)親等關聯　(B)血統關聯　(C)世代關聯　(D)親子關聯。　【108普考】

解答

1 (D)	2 (D)	3 (B)	4 (A)	5 (D)	6 (B)	7 (C)	8 (A)	9 (D)
10 (D)	11 (A)	12 (A)	13 (C)	14 (C)	15 (B)	16 (B)	17 (C)	18 (C)
19 (D)	20 (D)	21 (A)	22 (B)	23 (D)	24 (D)	25 (D)	26 (A)	

第五節 / 戶口調查及統計

一、戶籍法

重點	條號	戶籍法
目的	第70條	各級主管機關及戶政事務所為辦理戶籍登記，得先清查戶口。
校正	第71條	戶政事務所得派員查對校正戶籍登記事項。
重要 教育程度 之查記	第72條	各級主管機關及戶政事務所應查記15歲以上人口之教育程度。
重要 名冊 之通報	第73條	各級中等以上學校應每年編造當年畢（結）業及新生名冊，通報中央主管機關。但國民中學新生名冊，得免通報。
統計表 之製作	第74條	各級主管機關及戶政事務所應分製各種統計表。 前項統計表，直轄市、縣（市）主管機關及其所屬戶政事務所應按期層送該管上級機關；必要時，得辦理其他戶口統計調查。

說明 1. 有關戶口調查及統計，本法部分規定在第七章（即第70條至第74條）中，詳如上表所列，下面就重點部分為說明。

2. 本法第72條規定教育程度之查記。

(1)一國人口教育程度組成是該國人口素質及人力資源的重要指標，教育程度統計資料是一個國家從事政治、經濟、社會、文化、教育及軍事等項建設與發展之依據，尤其對於教育政策之釐訂，教育行政措施之擬訂，人力培育與訓練，人力資源之規劃與運用，以及就業服務與職業訓練等關係至鉅，而個人教育程度之高低，更與其社會、經濟、政治之態度及行為息息相關。目前我國有關教育程度統計資料除每10年一次之戶口普查外，主要係戶籍登記資料統計而得，並無其他足資取代之資料可用，惟教育程度登

記之正確度不高，將該項登記廢除後，改以查記方式為之，只要當事人出示證明文件或經由戶政人員口頭詢問或由學校所通報名冊即可註記，以提高資料正確度。該項資料僅供統計之用，不作為教育程度公證之效力。

(2)按國際間教育程度統計係以15歲為基準年齡，且6歲至15歲間，屬國小、國中階段，為國民義務教育，而人力運用、勞動力等各項統計，亦係以15歲為基準年齡。因此本條規定查記人口教育程度，以15歲為基準。

3. 本法第73條規定學生名冊之通報。

(1)配合前條教育程度查記之規定，為落實教育程度查記，提高統計資料正確度，因此有本條之規定。

(2)又配合教育程度查記作業要點第11點規定：「各級學校主管機關應彙集所轄學校報送之畢（結）業生及新生教育程度資料檔於二星期內送內政部。」所以規定就結業及新生名冊應通報。

(3)另依本法第72條規定，各級主管機關及戶政事務所係查記15歲以上人口之教育程度，因國中新生未滿15歲，無須查記通報，而有但書之規定。

二、戶籍法施行細則

	重點	條號	戶籍法施行細則
戶口清查	區域及期間	第23條	戶口清查之區域及期間，由直轄市、縣（市）政府訂定，報中央主管機關備查。
	日期決定	第24條	戶口清查日，由直轄市、縣（市）政府定之。
	方式	第25條	辦理戶口清查，由戶政事務所派員依鄰內戶之次第發給戶籤，註明村（里）鄰及戶之門牌號碼，並於清查日起按戶查口，填寫戶口清查表。戶口清查表，得以戶籍登記申請書代替，由清查人員填寫，並由受清查人之戶長或其代理人簽名或蓋章。共同事業戶，得發交受清查之戶填報。

重點		條號	戶籍法施行細則
戶口清查	清查單位	第26條	戶口清查，以戶為單位，依村（里）鄰及門牌號碼編組。
	編製成果統計表	第27條	戶政事務所於戶口清查完竣，派員複查後，應即辦理戶籍登記，並編製成果統計表，層報中央主管機關。
登錄備查		第28條	未辦理戶籍登記區域初次辦理戶籍登記，由戶政事務所依戶口清查資料登錄於電腦系統，另以副本按村（里）合訂，彙送直轄市、縣（市）政府備查。
調查書表之印製、更正		第29條	辦理戶口調查及戶籍登記所用之各項書表，由戶政事務所自行印製或由直轄市、縣（市）政府統籌印製。 戶口調查及戶籍登記書表記載事項經更正者，應於更正處加蓋更正人印章。
重要 調查之範圍		第30條	戶口調查及戶籍登記，應查記戶內居住已滿或預期居住3個月以上之現住人口。
調查協助人員		第31條	戶政事務所按戶逐口辦理戶口調查時，村（里）鄰長、村（里）幹事、警勤區員警及入出國管理機關人員應予協助。
調查之補辦		第32條	無正當理由拒絕接受查對校正戶籍登記事項者，在申請戶籍登記或請領各項證明時，戶政事務所應通知補辦。
重要 教育程度查記事項		第33條	依本法第72條規定查記教育程度，應依各級中等以上學校通報之畢（結）業及新生教育程度查記名冊、當事人之申請、戶政人員口頭查詢或相關機關提供之資料，逕為註記。 前項教育程度註記資料，免填學校及科、系、所、院或學程名稱。

重點	條號	戶籍法施行細則
統計表之 格式與編製	第34條	戶口統計表格式、編製方法及編報日期，由中央主管機關定之。
實施程序或補 充規定之備查	第35條	各直轄市、縣（市）政府辦理戶口調查及登記所訂之實施程序或補充規定，應報中央主管機關備查。

説明 本細則第23條至第35條為戶口調查及統計之程序規定。

歷年精選試題

選擇題

(　　) **1** 有關戶口調查及統計的敘述，下列何者錯誤？
(A)各級主管機關及戶政事務所為辦理戶籍登記，得先清查戶口
(B)戶政事務所得派員查對校正戶籍登記事項　(C)各級主管機關及戶政事務所應分製各種統計表　(D)戶政事務所應查記十八歲以上人口之教育程度。　　　　　　　　　　　　　　【103身障特考】

(　　) **2** 下列何者非教育程度查記之明文規定？　(A)應由直轄市、縣（市）政府及戶政事務所查記　(B)應查記15歲以上人口之教育程度　(C)各級中等以上學校應每年編造名冊　(D)免填學校及科、系、所、院或學程名稱。　　　　　　　　　　　　　　【103地方特考】

(　　) **3** 各級中等以上學校應每年編造當年畢（結）業及新生名冊，通報中央主管機關。但下列何種學生名冊，得免通報？　(A)國民中學新生名冊　(B)高級中學新生名冊　(C)國民中學畢業生名冊　(D)高級中學畢業生名冊。　　　　　　　　　　　　　　【105原住民特考】

(　　) **4** 有關戶口調查及統計，下列敘述何者錯誤？　(A)各級主管機關及戶政事務所為辦理戶籍登記，得先清查戶口　(B)戶政事務所得派員查對校正戶籍登記事項　(C)各級主管機關及戶政事務所應查記15歲以上人口之教育程度　(D)各級中小學校應每年編造畢（結）業及新生名冊，通報中央主管機關。　　　　　　　　　　　　　　【105地方特考】

( ) **5** 有關違反戶籍法之罰則，下列敘述何者正確？ (A)意圖供冒用身分使用，而偽造、變造國民身分證，足以生損害於公眾或他人者，可處7年以下有期徒刑 (B)有關機關、學校、團體等故意提供各級主管機關及戶政事務所不實之資料者，可處1年以下有期徒刑 (C)無正當理由拒絕接受戶口調查者，可處新臺幣3千元以上9千元以下罰鍰 (D)將國民身分證交付他人，以供冒名使用，可處新臺幣1千元以上3千元以下罰鍰。 【106原住民特考】

( ) **6** 各級主管機關及戶政事務所應查記幾歲以上人口之教育程度？ (A)15 (B)12 (C)18 (D)20。 【106地方特考】

( ) **7** 戶政事務所辦理戶口調查，下列何者必非其清查業務？ (A)校正戶籍登記事項 (B)查記教育程度 (C)編造學校畢（結）業名冊 (D)查記戶內居住已滿3個月以上之現住人口。 【106地方特考】

( ) **8** 下列何機關應查記幾歲人口之教育程度？ (A)各級戶籍行政業務機關及戶政事務所應查記15歲以上人口 (B)各級主管機關及戶政事務所應查記15歲以上人口 (C)各級戶籍行政業務機關及戶政事務所應查記14歲以上人口 (D)各級主管機關及戶政事務所應查記14歲以上人口。 【107身障特考】

( ) **9** 依據戶籍法，有關戶口調查及統計之敘述，下列何者錯誤？ (A)各級主管機關及戶政事務所應分製各種統計表 (B)國民中學新生名冊每年必須通報中央主管機關 (C)各級主管機關及戶政事務所應查記十五歲以上人口之教育程度 (D)戶政事務所得派員查對校正戶籍登記事項。 【107身障特考】

( ) **10** 依戶籍法規定，戶政機關應查記幾歲以上人口之教育程度？ (A)二十歲 (B)十五歲 (C)八歲 (D)十七歲。 【107原住民特考】

( ) **11** 依戶籍法規定，各級戶政主管機關及各戶政事務所辦理戶籍登記時，應查記十五歲以上人口之下列何種資料？ (A)經濟收入情況 (B)教育程度 (C)職業類別 (D)入出國時間及次數。 【107地方特考】

（　）12 依戶籍法規定，關於學校編造當年畢（結）業及新生名冊之通報，下列敘述何者正確？　(A)各級學校均有通報義務　(B)國民中學及高級中學新生名冊，得免通報　(C)應通報地方主管機關　(D)各級中等以上學校有通報義務。　【107地方特考】

（　）13 依據戶籍法施行細則規定，戶口調查及戶籍登記，應查記戶內居住已滿或預期居住幾個月以上之現住人口？　(A)1　(B)2　(C)3　(D)6。

（　）14 依戶籍法規定，下列那個學校，無須每年編造其新生名冊，通報戶籍法之中央主管機關（即內政部）？　(A)國立政治大學　(B)國立宜蘭高級中學　(C)臺南市建興國中　(D)臺北市私立開平餐飲職業學校。

（　）15 依戶籍法規定，有關戶口調查及統計之敘述，下列何者錯誤？　(A)各級主管機關及戶政事務所為辦理戶籍登記，得先清查戶口　(B)各級主管機關及戶政事務所應查記14歲以上人口之教育程度　(C)各級主管機關及戶政事務所應分製各種統計表　(D)戶政事務所得派員查對校正戶籍登記事項。　【107地特四等】

（　）16 下列敘述何者錯誤？
(A)戶口清查日，由直轄市、縣（市）政府定之　(B)戶口清查，以戶為單位，依村（里）鄰及門牌號碼編組　(C)戶政事務所於戶口清查完竣，派員複查後，應即辦理戶籍登記，並編製成果統計表，層報中央主管機關　(D)戶口調查及戶籍登記，應查記戶內居住已滿或預期居住六個月以上之現住人口。　【103身障特考】

（　）17 戶口清查，以下列何者為單位？　(A)個人　(B)戶　(C)戶內成年人　(D)戶內居住人。　【105身障特考】

（　）18 辦理戶口調查所用之各項書表，由下列何機關印製？　(A)警察局　(B)檔案局　(C)內政部　(D)戶政事務所。　【105身障特考】

（　）19 戶口調查應查記戶內那些人口？　(A)居住3個月以上之現住人口　(B)居住1個月以上之現住人口　(C)居住1個月以上之曾住人口　(D)居住3個月以上之曾住人口。　【105原住民特考】

（　）**20** 有關戶口清查之敘述，下列何者正確？　(A)以人為單位，依直轄市、縣（市）編組　(B)以人為單位，依鄉鎮市區編組　(C)以戶為單位，依鄉鎮市區編組　(D)以戶為單位，依村（里）鄰及門牌號碼編組。　　　　　　　　　　　　　　　　【105地方特考】

（　）**21** 下列關於戶口清查之敘述，何者錯誤？　(A)各級主管機關及戶政事務所為辦理戶籍登記，得先清查戶口　(B)戶口清查之區域及期間，由中央主管機關定之　(C)戶口清查表，得以戶籍登記申請書代替，由清查人員填寫，並由受清查人之戶長或其代理人簽名或蓋章　(D)戶口清查，以戶為單位。　　　　　　　　　　　　【106身障特考】

（　）**22** 戶口調查及戶籍登記之查記對象為戶內居住已滿或預期至少居住多久以上之現住人口？　(A)1個月　(B)2個月　(C)3個月　(D)6個月。　　　　　　　　　　　　　　　【106原住民特考、106地方特考】

（　）**23** 有關戶口調查及統計之規定，下列何者錯誤？
(A)戶口清查之區域及期間，由直轄市、縣（市）政府訂定　(B)戶口調查各項書表由戶政事務所自行印製　(C)戶口統計編制方法應報中央主管機關備查　(D)戶口調查實施程序由直轄市、縣（市）政府訂定。　　　　　　　　　　　　　　　　　　　【107身障特考】

（　）**24** 戶口調查及戶籍登記應查記下列那些現住人口？　(A)二者均應查記居住已滿或預期居住6個月以上之人　(B)二者均應查記居住已滿或預期居住3個月以上之人　(C)戶口調查及戶籍登記均應查記現住人口無期限規定　(D)戶口調查查居住6個月以上，戶籍登記查3個月以上之人。　　　　　　　　　　　　　　　　　　　　【107身障特考】

（　）**25** 戶口清查，以戶為單位，依下列何者編組？
(A)戶數及道路名稱　(B)縣（市）　(C)區或鄉（鎮、市）　(D)村（里）鄰及門牌號碼。　　　　　　　　　　　　【107地方特考】

（　）**26** 依戶籍法相關規定，關於戶口清查之區域及期間之訂定，其權責機關及流程為何？　(A)由中央主管機關訂定　(B)由直轄市、縣（市）政府訂定，報中央主管機關備查　(C)由鄉（鎮、市、區）公所訂定，報直轄市、縣（市）政府備查　(D)由戶政事務所訂定，報鄉（鎮、市、區）公所備查。　　　　　　　　　　　　　　【107地方特考】

解答								
1 (D)	2 (A)	3 (A)	4 (D)	5 (C)	6 (A)	7 (C)	8 (B)	9 (B)
10 (B)	11 (B)	12 (D)	13 (C)	14 (C)	15 (B)	16 (D)	17 (B)	18 (D)
19 (A)	20 (D)	21 (B)	22 (C)	23 (C)	24 (B)	25 (D)	26 (B)	

第六節 / 罰則

一、刑事罰

重點	條號	戶籍法
重要 偽造及冒用	第75條	意圖供冒用身分使用,而偽造、變造國民身分證,足以生損害於公眾或他人者,處5年以下有期徒刑、拘役或科或併科新臺幣50萬元以下罰金。 行使前項偽造、變造之國民身分證者,亦同。將國民身分證交付他人,以供冒名使用,或冒用身分而使用他人交付或遺失之國民身分證,足以生損害於公眾或他人者,處3年以下有期徒刑、拘役或科或併科新臺幣30萬元以下罰金。【106地特四等】

説明 有關戶籍法之罰則部分,本法第75條是就國民身分證之偽造、變造及行使行為,處以刑事處罰。

二、行政罰

(一)罰則【113普考】

重點	條號	戶籍法
重要 不實申報	第76條	申請人故意為不實之申請或有關機關、學校、團體、公司、人民故意提供各級主管機關及戶政事務所不實之資料者,處新臺幣3千元以上九9千元以下罰鍰。

重點	條號	戶籍法
無故拒絕接受戶口調查或查證	**重要** 第77條	無正當理由拒絕接受戶口調查或有關機關、學校、團體、公司、人民拒絕依第68條規定提供查證戶籍登記事項之資料者，處新臺幣3千元以上9千元以下罰鍰。
公務員未踐行死亡通報	第78條	公務員執行職務未依第14條第2項規定辦理者，由其服務機關懲處。醫療機構未依同條項規定辦理者，處新臺幣1千元以上3千元以下罰鍰。
遲延申請戶籍登記	**重要** 第79條	無正當理由，違反第48條第1項規定，未於法定期間為戶籍登記之申請者，處新臺幣3百元以上9百元以下罰鍰；經催告而仍不為申請者，處新臺幣9百元罰鍰。
戶長未提供戶口名簿	第80條	戶長未依第56條第2項規定提供戶口名簿者，處新臺幣1千元以上3千元以下罰鍰。

説明 1. 本法第76條至第80條，屬行政處罰部分。

2. 有關刑罰與行政罰之區別，簡述如下表所示：

	刑罰	行政罰
處罰行為	違反社會性之犯罪行為	違反行政法上之義務
處罰主體 （誰來處罰）	司法機關	行政機關
處罰種類	主刑：死刑、無期徒刑、有期徒刑、拘役、罰金 從刑：褫奪公權	罰鍰 沒入 其他種類行政罰
時效	依刑法規定（§80、§84）而有不同	5年 （行政執行法）
一行為同時觸犯刑事法律及違反行政法上義務規定者	1. 依刑事法律處罰之。 2. 但其行為應處以其他種類行政罰或得沒入之物而未經法院宣告沒收者，亦得裁處之。 （行政罰法§26I）	

(二)行政罰處分單位

條號	戶籍法
第81條	本法有關罰鍰之處分,由戶政事務所為之。

説明 本法第81條規定本法有關罰鍰(即行政罰)部分之處分,交由戶政事務
所為之,以簡化行政程序。

歷年精選試題

選擇題

( ) **1** 下列敘述何者最正確?
(A)申請人故意為不實之申請或有關機關、學校、團體、公司、人民
故意提供各級主管機關及戶政事務所不實之資料者,處新臺幣三千
元以上九千元以下罰鍰　(B)申請人故意提供不實資料者,戶政事務
所不得連續處罰　(C)戶籍遷徙是一法律行為,自遷徙登記完成後始
發生效力　(D)戶政事務所發現申請人有不實申請或故意提供不實資
料者,得不經裁量一律處罰最低額罰鍰。　　　　　　【103身障特考】

( ) **2** 意圖供冒用身分使用,而偽造、變造國民身分證,足以生損害於公
眾或他人者,處五年以下有期徒刑、拘役或科或併科多少範圍的新
臺幣罰金?　(A)五十萬元以下　(B)四十萬元以下　(C)三十萬元以
下　(D)二十萬元以下。　　　　　　　　　　　　　【103身障特考】

( ) **3** 意圖供冒用身分使用,而偽造、變造國民身分證,足以生損害公
眾或他人者,處幾年以下有期徒刑?　(A)2年　(B)3年　(C)4年
(D)5年。　　　　　　　　　　　　　　　　　　　【103地方特考】

( ) **4** 戶籍法中有關罰鍰之處分,由下列何機關為之?
(A)戶政事務所　(B)內政部　(C)直轄市、縣(市)政府　(D)地方
法院。　　　　　　　　　　　　　　　　　　　　【105身障特考】

(　) **5** 人民故意提供戶政事務所不實之資料者，處新臺幣若干罰鍰？
(A)3000元以上9000元以下　(B)1000元以上6000元以下　(C)300元
以上900元以下　(D)1000元以上3000元以下。　　　　【105原住民特考】

(　) **6** 申請人因過失為不實之申請而提供戶政事務所不實之資料，經戶政
人員發現時，下列處置何者正確？
(A)處新臺幣6,000元罰鍰　(B)處新臺幣3,000元罰鍰　(C)處新臺幣
1,200元罰鍰　(D)不罰。　　　　　　　　　　　　　　【106身障特考】

(　) **7** 某丙意圖行使偽造之國民身分證，足以生損害於公眾，下列處置何
者係屬正確？
(A)處新臺幣50萬元罰鍰　(B)處新臺幣60萬元罰鍰　(C)處新臺幣50
萬元罰金　(D)處新臺幣60萬元罰金。　　　　　　　　【106身障特考】

(　) **8** 下列何種行為，足以生損害於公眾或他人者，得處5年以下有期徒
刑？　(A)將國民身分證交付他人，以供冒名使用　(B)冒用身分而
使用他人交付之國民身分證　(C)冒用身分而使用他人遺失之國民身
分證　(D)為冒用身分，而行使變造之國民身分證。【106原住民特考】

(　) **9** 某私立學校故意將未畢業之甲列入畢業生名冊中，提供給戶政事務
所作為教育程度記載，依戶籍法如何處罰該校？
(A)處新臺幣1千元以上3千元以下罰鍰　(B)處新臺幣3千元以上9千
元以下罰鍰　(C)依戶籍法無處罰規定　(D)處新臺幣3百元以上9百
元以下罰鍰。　　　　　　　　　　　　　　　　　　【107身障特考】

(　) **10** 甲於路上拾獲乙遺失的國民身分證，復將乙之國民身分證交予丙冒
名使用，讓乙受到損害，依戶籍法將如何處罰？　(A)甲與丙均處3
年以下有期徒刑、拘役或科或併科新臺幣30萬元以下罰金　(B)丙處
3年以下有期徒刑、拘役或科或併科新臺幣30萬元以下罰金無處罰
甲之規定　(C)甲與丙均處3年以下有期徒刑、拘役或併科新臺幣30
萬元以下罰金　(D)丙處3年以下有期徒刑、拘役或併科新臺幣30萬
元以下罰金無處罰甲之規定。　　　　　　　　　　　【107身障特考】

(　) **11** 依據戶籍法，有關戶籍法規定之罰則，下列敘述何者錯誤？　(A)民
眾無正當理由拒絕接受戶口調查者，處新臺幣3千元以上9千元以下

罰鍰　(B)民眾無正當理由，違反戶籍登記之申請，未於法定期間申請者，處新臺幣3百元以上9百元以下罰鍰　(C)申請人故意為不實之申請，處新臺幣3千元以上9千元以下罰鍰　(D)戶長不提供戶口名簿予戶內人口辦理戶籍登記，處新臺幣9百元罰鍰。　【107身障特考】

(　　) **12** 戶口名簿由戶長保管。戶內人口辦理戶籍登記時，戶長應提供戶口名簿，不得扣留。若戶長未依此規定提供戶口名簿者，處新臺幣一千元以上，幾千元以下罰鍰？　(A)二千元　(B)三千元　(C)三千五百元　(D)四千元。　【107原住民特考】

(　　) **13** 意圖供冒用身分使用，而偽造、變造國民身分證，足以生損害於公眾或他人者，處幾年以下有期徒刑、拘役或科或併科新臺幣五十萬元以下罰金？
(A)四年　(B)五年　(C)六年　(D)七年。　【107原住民特考】

(　　) **14** 戶籍法所定之應予罰鍰事由，不包括下列何者？　(A)申請人故意為不實之申請者　(B)公務員辦理死亡或死亡宣告登記，未依法定程序辦理者　(C)無正當理由拒絕接受戶口調查者　(D)無正當理由，未於法定期限內為戶籍登記之申請者。　【107地方特考】

(　　) **15** 人民因違反戶籍法而應依該法受罰鍰時，應由何機關為處分？
(A)內政部　(B)直轄市或縣（市）地方政府警察局　(C)戶政事務所　(D)直轄市政府或縣（市）政府。　【107地方特考】

(　　) **16** 民眾故意提供各級主管機關及戶政事務所不實之資料，依戶籍法規定罰則為何？　(A)處新臺幣3千元以上9千元以下罰鍰　(B)處新臺幣3百元以上9百元以下罰鍰　(C)處新臺幣1千元以上3萬元以下罰鍰　(D)處新臺幣1千元以上3千元以下罰鍰。　【106地特四等】

解答

1 (A)	2 (A)	3 (D)	4 (A)	5 (A)	6 (D)	7 (C)	8 (D)	9 (B)
10 (A)	11 (D)	12 (B)	13 (B)	14 (B)	15 (C)	16 (A)		

第七節 相關法規

戶籍法

中華民國 104 年 01 月 21 日總統華總一義字第 10400005621 號令修正公布

第一章 總則

第一條 中華民國人民戶籍之登記，依本法之規定。

第二條 本法所稱主管機關：在中央為內政部；在直轄市為直轄市政府；在縣（市）為縣（市）政府。

第三條 戶籍登記，以戶為單位。
在一家，或同一處所同一主管人之下共同生活，或經營共同事業者為一戶，以家長或主管人為戶長；單獨生活者，得為一戶並為戶長。
一人同時不得有二戶籍。

第四條 戶籍登記，指下列登記：
一、身分登記：
 (一)出生登記。
 (二)認領登記。
 (三)收養、終止收養登記。
 (四)結婚、離婚登記。
 (五)監護登記。
 (六)輔助登記。
 (七)未成年子女權利義務行使負擔登記。
 (八)死亡、死亡宣告登記。
 (九)原住民身分及民族別登記。

二、初設戶籍登記。
三、遷徙登記：
 (一)遷出登記。
 (二)遷入登記。
 (三)住址變更登記。
四、分（合）戶登記。
五、出生地登記。
六、依其他法律所為登記。

第五條 戶籍登記，由直轄市、縣（市）主管機關於其轄區內分設戶政事務所辦理。

第五條之一 本法所稱戶籍資料，指現戶戶籍資料、除戶戶籍資料、日據時期戶口調查簿資料、戶籍登記申請書、戶籍檔案原始資料、簿冊及電腦儲存媒體資料。
前項所稱現戶戶籍資料，指同一戶長戶內現住人口、曾居住該址之遷出國外、死亡、受死亡宣告及廢止戶籍之非現住人口戶籍資料；除戶戶籍資料，指戶長變更前戶籍資料。
現戶戶籍資料、除戶戶籍資料及戶籍登記申請書格式內容，由中央主管機關定之。

第二章　登記之類別

第六條　在國內出生未滿十二歲之國民，應為**出生登記**。無依兒童尚未辦理出生登記者，亦同。

第七條　認領，應為**認領登記**。

第八條　收養，應為**收養登記**。
終止收養，應為**終止收養登記**。

第九條　結婚，應為**結婚登記**。
離婚，應為**離婚登記**。

第十條　（刪除）

第十一條　對於無行為能力人或限制行為能力人，依法設置、選定、改定、酌定、指定或委託監護人者，應為**監護登記**。

第十二條　因精神障礙或其他心智缺陷，致為意思表示或受意思表示，或辨識其意思表示效果之能力，顯有不足之情事，經法院為輔助之宣告者，應為**輔助登記**。

第十三條　對於未成年子女權利義務之行使或負擔，經父母協議或經法院裁判確定、調解或和解成立由父母一方或雙方任之者，應為**未成年子女權利義務行使負擔登記**。

第十四條　死亡或受死亡宣告，應為**死亡或死亡宣告登記**。
檢察機關、軍事檢察機關、醫療機構於出具相驗屍體證明書、死亡證明書或法院為死亡宣告之裁判確定後，應將該證明書或裁判要旨送當事人戶籍地直轄市、縣（市）主管機關。
前項辦理程序、期限、方式及其他應遵行事項之辦法，由中央主管機關定之。

第十四條之一　原住民身分及民族別之取得、喪失、變更或回復，應為**原住民身分及民族別登記**。
前項登記，依原住民身分法及其相關法規規定辦理。

第十五條　在國內未曾設有戶籍，且有下列情形之一者，應為**初設戶籍登記**：
一、中華民國國民入境後，經核准定居。
二、外國人或無國籍人歸化或回復國籍後，經核准定居。
三、大陸地區人民或香港、澳門居民，經核准定居。
四、在國內出生，十二歲以上未辦理出生登記，合法居住且未曾出境。

第十六條　遷出原鄉（鎮、市、區）**三個月以上，應為遷出登記**。但法律另有規定、因服兵役、國內就學、入矯正機關收容、入住長期照顧機構或其他類似場所者，得不為遷出登記。
全戶遷徙時，經警察機關編列案號之失蹤人口、矯正機關收容人或出境未滿二年者，應隨同為遷徙登記。
出境二年以上，應為遷出登記。但有下列情形之一者，不適用之：
一、因公派駐境外之人員及其眷屬。
二、隨我國籍遠洋漁船出海作業。
我國國民出境後，未持我國護照或入國

證明文件入境者，其入境之期間，仍列入出境二年應為遷出登記期間之計算。

第十七條　由他鄉（鎮、市、區）**遷入三個月以上，應為遷入登記。**
原有戶籍國民遷出國外，持我國護照或入國證明文件入境三個月以上者，應為遷入登記。原有戶籍國民，經許可回復中華民國國籍者，亦同。

第十八條　同一鄉（鎮、市、區）內變更住址三個月以上，應為**住址變更登記**。

第十九條　在同一戶籍地址內，不同戶間另立新戶或合併為一戶者，應為**分（合）戶登記**。

第二十條　中華民國人民初次申請戶籍登記時，其**出生地**依下列規定：
一、申請戶籍登記，以其出生地所屬之省（市）及縣（市）為出生地。
二、無依兒童之出生地無可考者，以發現地為出生地。
三、在船機上出生而無法確定其出生地者，以其出生時該船機之註冊地、國籍登記地或船籍港所在地為出生地。
四、在兒童及少年福利機構安置教養，其出生地或發現地不明者，以該機構所在地為出生地。
五、在國外出生者，以其出生所在地之國家或地區為出生地。
六、不能依前五款規定確定其出生地者，以其居住處所地為出生地。

第三章　登記之變更、更正、撤銷及廢止

第二十一條　戶籍登記事項有變更時，應為**變更之登記**。

第二十二條　戶籍登記事項有錯誤或脫漏時，應為**更正之登記**。

第二十三條　戶籍登記事項自始不存在或自始無效時，應為**撤銷之登記**。撤銷中華民國國籍之喪失或撤銷中華民國國籍者，亦同。

第二十四條　戶籍登記事項嗣後不存在時，應為**廢止之登記**。喪失中華民國國籍或臺灣地區人民身分者，亦同。

第二十五條　登記後發生訴訟者，應俟判決確定或訴訟上和解或調解成立後，**再為變更、更正、撤銷或廢止之登記**。

第四章　登記之申請

第二十六條　戶籍登記之申請，**應向當事人戶籍地之戶政事務所**為之。但有下列情形之一者，**不在此限**：
一、經中央主管機關公告，並刊登政府公報之指定項目，其登記得向戶籍地以外之戶政事務所為之。
二、雙方或一方在國內現有或曾設戶籍者，在國內結婚或離婚，得向任一戶政事務所辦理結婚或離婚登記。
三、雙方或一方在國內現有或曾設戶籍者，在國外結婚或離婚，得檢

具相關文件，向我國駐外使領館、代表處、辦事處（以下簡稱駐外館處）或行政院於香港、澳門設立或指定之機構或委託之民間團體申請，經驗證後函轉戶籍地或原戶籍地戶政事務所辦理結婚或離婚登記。

四、雙方在國內未曾設戶籍者，在國內結婚或離婚，其結婚或離婚登記，得向任一戶政事務所為之。在國外結婚或離婚，得檢具相關文件，向駐外館處或行政院於香港、澳門設立或指定之機構或委託之民間團體申請，經驗證後函轉中央主管機關指定之中央政府所在地戶政事務所辦理結婚或離婚登記；或於驗證後，向任一戶政事務所辦理之。

五、初設戶籍登記，應向現住地之戶政事務所為之。

六、在國內之遷出登記，應向遷入地戶政事務所為之。

第二十七條　登記之申請，由申請人<u>以書面、言詞或網路</u>向戶政事務所為之。
依前項規定以網路申請登記之項目，由中央主管機關公告，並刊登政府公報。

第二十八條　登記申請書，應由申請人簽名或蓋章；其以言詞為申請時，戶政事務所應代填申請書。必要時，應向申請人朗讀後，由其簽名或蓋章；其以網路申請時，應以電子簽章為之。
前項電子簽章，限以內政部憑證管理中心簽發之自然人憑證為之。

第二十九條　出生登記，以父、母、祖父、祖母、戶長、同居人或撫養人為申請人。
前項出生登記，如係無依兒童，並得以兒童及少年福利機構為申請人。

第三十條　認領登記，以認領人為申請人；認領人不為申請時，以被認領人為申請人。

第三十一條　收養登記，以收養人或被收養人為申請人。

第三十二條　終止收養登記，以收養人或被收養人為申請人。

第三十三條　結婚登記，以雙方當事人為申請人。但於中華民國九十七年五月二十二日以前（包括九十七年五月二十二日當日）結婚，或其結婚已生效者，得以當事人之一方為申請人。
前項但書情形，必要時，各級主管機關及戶政事務所得請相關機關協助查證其婚姻真偽，並出具查證資料。

第三十四條　離婚登記，以雙方當事人為申請人。但經法院裁判離婚確定、調解或和解離婚成立或其他離婚已生效者，得以當事人之一方為申請人。

第三十四條之一　原住民身分及民族別登記，以本人為申請人。但本人未婚未成年時，原住民身分及民族別之取得或變更之登記，得以法定代理人為申請人。

第三十五條　監護登記，以監護人為申請人。

輔助登記,以輔助人或受輔助宣告之人為申請人。

未成年子女權利義務行使負擔登記,以行使或負擔之一方或雙方為申請人。

第三十六條 死亡登記,以配偶、親屬、戶長、同居人、經理殮葬之人、死亡者死亡時之房屋或土地管理人為申請人。

第三十七條 在矯正機關內被執行死刑或其他原因死亡,無人承領者,由各該矯正機關通知其戶籍地戶政事務所為死亡登記。

第三十八條 因災難死亡或死亡者身分不明,經警察機關查明而無人承領時,由警察機關通知其戶籍地戶政事務所為死亡登記。

第三十九條 死亡宣告登記,以聲請死亡宣告者或利害關係人為申請人。

第四十條 初設戶籍登記,以本人或戶長為申請人。

第四十一條 遷徙登記,以本人或戶長為申請人。

全戶之遷徙登記,以戶長為申請人。

第四十二條 依第十六條第三項規定應為出境人口之遷出登記者,其戶籍地戶政事務所得逕行為之。

第四十三條 分(合)戶登記,以本人或戶長為申請人。

第四十四條 出生地登記,以本人或第二十九條之申請人為申請人。

第四十五條 應辦理戶籍登記事項,無第二十九條至第三十二條、第三十三條第一項但書、第三十四條但書、第三十六條、第四十條、第四十一條及前二條之申請人時,得以利害關係人為申請人。

第四十六條 **變更、更正、撤銷或廢止登記,以本人為申請人**。本人不為或不能申請時,以原申請人或利害關係人為申請人,戶政事務所並應於登記後通知本人。戶政事務所依職權為更正、撤銷或廢止登記,亦同。

第四十七條 申請人不能親自申請登記時,得以書面委託他人為之。

認領、終止收養、結婚或兩願離婚登記之申請,除有正當理由,經戶政事務所核准者外,不適用前項規定。

第四十八條 戶籍登記之申請,應於**事件發生或確定後三十日內為之。但出生登記至遲應於六十日內**為之。

前項戶籍登記之申請逾期者,戶政事務所仍應受理。

戶政事務所查有不於法定期間申請者,應以書面催告應為申請之人。

第四十八條之一 下列戶籍登記,**免經催告程序**,由戶政事務所**逕行為之**:

一、死亡宣告登記。

二、喪失中華民國國籍之廢止戶籍登記。

三、撤銷前款登記之撤銷戶籍登記。

四、撤銷中華民國國籍之撤銷戶籍登記。

五、喪失臺灣地區人民身分之撤銷戶籍登記。

六、喪失臺灣地區人民身分之廢止戶籍登記。

第四十八條之二　下列戶籍登記，**經催告仍不申請者**，戶政事務所**應逕行為之**：

一、出生登記。

二、監護登記。

三、輔助登記。

四、未成年子女權利義務行使負擔登記。

五、死亡登記。

六、初設戶籍登記。

七、遷徙登記。

八、更正、撤銷或廢止登記。

九、經法院裁判確定、調解或和解成立之身分登記。

第四十九條　出生登記當事人之姓氏，依相關法律規定**未能確定時**，婚生子女，由申請人於戶政事務所**抽籤決定依父姓或母姓登記；非婚生子女，依母姓登記；無依兒童，依監護人之姓登記。**

戶政事務所依前條第一款規定逕為出生登記時，出生登記當事人姓氏，婚生子女，以抽籤決定依父姓或母姓登記；非婚生子女，依母姓登記；無依兒童，依監護人之姓登記，並由戶政事務所主任代立名字。

第五十條　全戶遷離戶籍地，未於法定期間申請遷徙登記，無法催告，經房屋所有權人、管理機關、地方自治機關申請或無人申請時，戶政事務所得將其全戶戶籍暫遷至該戶政事務所。

矯正機關收容人有前項情形者，戶政事務所得逕為遷至矯正機關，不受第十六條第一項但書及第二項規定之限制。

戶政事務所接收收容人出矯正機關通報後，應查實並由收容人居住地戶政事務所辦理遷入登記。

第五章　國民身分證及戶口名簿

第五十一條　國民身分證用以辨識個人身分，其效用及於全國。

戶口名簿應登載同一戶長戶內之現戶戶籍資料，用以證明該戶內之各成員，並以戶長列為首欄。

第五十二條　國民身分證及戶口名簿之格式、內容、繳交之相片規格，由中央主管機關定之。

國民身分證及戶口名簿之製發、相片影像檔建置之內容、保管、利用、查驗及其他應遵行事項之辦法，由中央主管機關定之。

第五十三條　空白國民身分證、戶口名簿，由直轄市、縣（市）主管機關印製。必要時，得由中央主管機關統一印製。

第五十四條　國民身分證及戶口名簿，由戶政事務所依據戶籍資料列印製發。

第五十五條　國民身分證統一編號與戶口名簿戶號之編定及配賦方式，由中央主管機關定之，交由戶政事務所配賦。

第五十六條　國民身分證應隨身攜帶，非依法律不得扣留。

戶口名簿由戶長保管。戶內人口辦理戶籍登記時，**戶長應提供戶口名簿，不得扣留**。

第五十七條　有戶籍國民年滿十四歲者，應申請初領國民身分證，未滿十四歲者，得申請發給。

國民身分證、戶口名簿，滅失或遺失者，應**申請補領**。

經戶籍登記之戶，應**請領戶口名簿**。

第五十八條　申請戶籍登記致國民身分證記載事項變更，應同時**申請換領**國民身分證。

國民身分證毀損或更換國民身分證相片者，應**申請換領**國民身分證。

戶口名簿記載事項變更，應**申請換領**戶口名簿。

第五十九條　國民身分證全面換發期程及其他應遵行事項之辦法，由中央主管機關定之。

國民身分證全面換發及舊證失效日期，由中央主管機關公告，並刊登政府公報。

已領有國民身分證者，應於全面換發國民身分證期間換發新證。

戶口名簿全面換發之相關事宜，準用前三項規定。

第六十條　初領或補領國民身分證，應由本人親自為之。

換領國民身分證，由本人親自或以書面委託他人為之。但更換相片換領者，應由本人親自為之。

戶長親自或委託戶內人口辦理全戶或部分戶內人口之遷徙登記時，須同時申請戶內人口之換領國民身分證，不受前項須以書面委託他人辦理之限制。

第六十一條　國民身分證之初領、補領、換領及全面換領，依下列規定辦理：

一、初領、補領或全面換領：向戶籍地戶政事務所申請。

二、換領：申請戶籍登記致國民身分證記載事項變更者，向各該申請登記之戶政事務所申請；國民身分證有毀損或更換相片之情形者，得向任一戶政事務所申請。

前項第一款所定情形，經中央主管機關公告，並刊登公報者，得向戶籍地以外之戶政事務所為之。

第六十二條　因死亡、死亡宣告、廢止戶籍登記、撤銷戶籍、補領、換領或全面換領國民身分證者，原國民身分證由戶政事務所截角後收回。

國民身分證係不法取得、冒用或變造者，發現之機關（構）應函知原發證之直轄市、縣（市）主管機關，註銷製發檔案資料。

第六十三條　初領或全面換領戶口名簿，由戶長親自或以書面委託他人向戶籍地戶政事務所為之。

補領或換領戶口名簿，由戶長親自或以書面委託他人，向任一戶政事務所為之。

第六章　戶籍資料之申請及提供

第六十四條　戶籍資料，除因避免天災事變、辦理戶口查對校正或經戶政事務

所主任核可外，**不得攜出保存處所**。

前項資料之格式及保存年限，由中央主管機關定之。

第六十五條　本人或利害關係人得向戶政事務所申請閱覽戶籍資料或交付戶籍謄本；申請人不能親自申請時，得以書面委託他人為之。

利害關係人依前項規定申請時，戶政事務所僅得提供有利害關係部分之戶籍資料或戶籍謄本。

戶籍謄本之格式及利害關係人範圍，由中央主管機關定之。

第六十五條之一　申請人有下列情形之一者，得向任一戶政事務所**申請親等關聯資料**：

一、依人工生殖法第十五條或第二十九條規定，有查證親屬關係之需求。

二、依人體器官移植條例第八條規定有器官捐贈查證親屬關係之需求。

三、辦理繼承登記有查證被繼承人之配偶及血親關係之需求。

四、為依國籍法第二條規定取得中華民國國籍，有查證父或母為中華民國國民之需求。

五、依法院要求或法院審判有查證親等關聯資料之需求。

六、依其他法律規定有查證親屬關係之需求。

前項**所稱親等關聯資料**，指戶政機關依據戶籍資料連結親屬關係，依規定提供之親屬關係證明文件。

第一項申請人未能親自申請親等關聯資料時，得以書面委託他人為之。

第一項申請人或前項受託人申請親等關聯資料，戶政事務所僅得提供有利害關係之部分。

前項申請人範圍、利害關係之認定、提供資料格式、申請時應備文件、查證方式、查證程序及其他應遵行事項之辦法，由中央主管機關定之。

第六十六條　戶籍謄本之申請，得向任一戶政事務所為之。但申請戶籍檔案原始資料，應向原戶籍登記之戶政事務所為之。

第六十六條之一　本人得向任一戶政事務所申請結婚證明書、離婚證明書、婚姻紀錄證明書、遷徙紀錄證明書或姓名更改紀錄證明書；本人不能親自申請時，得以書面委託他人為之。

前項證明書格式，由中央主管機關定之。

第六十七條　各機關所需之戶籍資料及親等關聯資料，應以戶籍登記為依據。

前項資料，由各級主管機關及戶政事務所提供；其申請提供之方式、內容、程序、費用及其他應遵行事項之辦法，由中央主管機關定之。

第六十八條　各級主管機關及戶政事務所為查證戶籍登記事項，有關機關、學校、團體、公司或人民應提供資料。

第六十九條　人民依本法請領國民身分證、戶口名簿、戶籍謄本、結婚證明書、離婚證明書、婚姻紀錄證明書、遷

徒紀錄證明書、姓名更改紀錄證明書、戶籍檔案原始資料影本、親等關聯資料、戶口統計資料、申請閱覽戶籍資料，應繳納規費；其收費標準，由中央主管機關定之。

第七章　戶口調查及統計

第七十條　各級主管機關及戶政事務所為辦理戶籍登記，得先清查戶口。

第七十一條　戶政事務所得派員查對校正戶籍登記事項。

第七十二條　各級主管機關及戶政事務所**應查記十五歲以上人口之教育程度**。

第七十三條　**各級中等以上學校應每年編造當年畢（結）業及新生名冊，通報中央主管機關**。但國民中學新生名冊，得免通報。

第七十四條　各級主管機關及戶政事務所應分製各種統計表。
前項統計表，直轄市、縣（市）主管機關及其所屬戶政事務所應按期層送該管上級機關；必要時，得辦理其他戶口統計調查。

第八章　罰則

第七十五條　意圖供冒用身分使用，而偽造、變造國民身分證，足以生損害於公眾或他人者，處五年以下有期徒刑、拘役或科或併科新臺幣五十萬元以下罰金。

行使前項偽造、變造之國民身分證者，亦同。
將國民身分證交付他人，以供冒名使用，或冒用身分而使用他人交付或遺失之國民身分證，足以生損害於公眾或他人者，處三年以下有期徒刑、拘役或科或併科新臺幣三十萬元以下罰金。

第七十六條　申請人故意為不實之申請或有關機關、學校、團體、公司、人民故意提供各級主管機關及戶政事務所不實之資料者，處新臺幣三千元以上九千元以下罰鍰。

第七十七條　無正當理由拒絕接受戶口調查或有關機關、學校、團體、公司、人民拒絕依第六十八條規定提供查證戶籍登記事項之資料者，處新臺幣三千元以上九千元以下罰鍰。

第七十八條　公務員執行職務未依第十四條第二項規定辦理者，由其服務機關懲處。醫療機構未依同條項規定辦理者，處新臺幣一千元以上三千元以下罰鍰。

第七十九條　無正當理由，違反第四十八條第一項規定，未於法定期間為戶籍登記之申請者，處新臺幣三百元以上九百元以下罰鍰；經催告而仍不為申請者，處新臺幣九百元罰鍰。

第八十條　戶長未依第五十六條第二項規定提供戶口名簿者，處新臺幣一千元以上三千元以下罰鍰。

第八十一條　本法有關罰鍰之處分，由戶政事務所為之。

第九章　附則

第八十二條　本法施行細則，由中央主管機關定之。

第八十三條　本法除第十條、第二十六條、第三十三條、第四十五條、第六十九條自中華民國九十七年五月二十三日施行，第四條第一款第六目、第十二條、第三十五條第二項、第四十八條第四項有關輔助登記部分之施行日期由行政院定之外，自公布日施行。

本法修正條文自公布日施行。

戶籍法施行細則

中華民國 104 年 07 月 10 日內政部台內戶字第 1041203058 號令修正公布

第一章　總則

第一條　本細則依戶籍法（以下簡稱本法）第八十二條規定訂定之。

第二條　為辦理戶籍行政業務，在直轄市、縣（市）政府為其民政機關（單位）。

第三條　戶之區分如下：

一、**共同生活戶**：在同一家或同一處所共同生活之普通住戶。

二、**共同事業戶**：在同一處所同一主管人之下經營共同事業之工廠、商店、寺廟、機關、學校或其他公私場所。

三、**單獨生活戶**：單獨居住一處所而獨立生活者。

同一處所有性質不同之戶並存者，應依其性質分別立戶。共同事業戶有名稱者，應標明其名稱。

第四條　**共同生活戶內之人口，其排列次序如下：**

一、戶長。

二、戶長之配偶。

三、戶長之直系尊親屬。

四、戶長之直系卑親屬。

五、戶長之旁系親屬。

六、其他家屬。

七、寄居人。

共同事業戶內之人口，其排列次序如下：

一、戶長。　　　二、受僱人。

三、學生。　　　四、收容人。

五、其他成員。　六、寄居人。

共同事業戶戶長另設有共同生活戶或單獨生活戶者，應註明其戶籍地址。

第五條　戶政事務所應於接獲入出國管理機關之當事人出境滿二年未入境人口通報時，通知應為申請之人限期辦理遷出登記；未依限辦理遷出登記者，

戶政事務所於查核當事人戶籍資料後，得依本法第四十二條規定逕行為之，並通知應為申請之人。

第六條 申請人依本法第十七條第二項規定辦理遷入登記，應向遷入地戶政事務所為之。

第七條 各機關需用戶籍資料，得請戶政機關提供或自行抄錄、查對。前項需用戶籍資料機關已建置電腦化作業者，應依規定申請與戶政資訊系統連結，取得戶籍資料。

第八條 （刪除）

第二章 戶籍登記

第九條 **戶籍登記，應經申請人之申請**。但於戶口清查後，初次辦理戶籍登記或依本法第三十七條、第三十八條、第四十二條、第四十八條之一、第四十八條之二、第四十九條第二項、第五十條規定辦理者，戶政事務所得依矯正機關、警察機關、入出國管理機關、檢察官、軍事檢察官、法院、軍事法院、衛生主管機關、中央主管機關、直轄市、縣（市）社政主管機關、房屋所有權人、房屋管理機關、地方自治機關之通知或依職權<u>逕為登記</u>。登記後發生訴訟，經法院裁判確定或訴訟上和解或調解成立後，應依本法第二十五條規定申請變更、更正、撤銷或廢止登記，經依本法第四十八條第三項規定以書面催告後仍不申請者，戶政事務所**應依職權逕為登記，並應於登記後通知本人。**

第九條之一 本法第十五條第一款至第三款應為初設戶籍登記者，有下列情事之一，戶政事務所**應通知內政部移民署：**
一、未居住國內。
二、申請初設戶籍地址不得設籍。
戶政事務所依本法第四十八條之二第六款逕為初設戶籍登記後，應通知該戶戶長或房屋所有權人。

第十條 **同一事件，牽涉二種以上登記者，應分別辦理登記。**

第十一條 戶籍登記申請書，應載明當事人及申請人出生年月日、姓名、國民身分證統一編號、住址、申請日期；必要時並載明戶號、戶長姓名等資料。

第十二條 戶政事務所受理戶籍登記所載日期，應依事件發生之日期記載。
事件發生地日期與臺灣地區日期不一致，經申請人提出事證者，戶政事務所得於戶籍登記記事載明。

第十三條 下列登記，申請人應於申請時提出證明文件正本：
一、出生登記。
二、認領登記。
三、收養、終止收養登記。
四、結婚、離婚登記。但於中華民國九十七年五月二十二日以前（包括九十七年五月二十二日當日）結婚，結婚雙方當事人與二人以上親見公開儀式之證人親自到場辦理登記者，得免提結婚證明文件。

五、監護登記。

六、輔助登記。

七、未成年子女權利義務行使負擔登記。

八、死亡、死亡宣告登記。

九、初設戶籍登記。

十、遷徙登記：單獨立戶者。

十一、分（合）戶登記。

十二、出生地登記。

十三、變更、撤銷或廢止登記。

十四、非過錄錯誤之更正登記。

十五、依其他法律所為之登記。

第十四條 申請人依前條規定提出之證明文件，經戶政事務所查驗後，除出生、死亡、死亡宣告及初設戶籍登記之證明文件應留存正本外，其餘登記之證明文件，得以影本留存。

依前項規定提出之證明文件及申請人依本法第四十七條規定出具之委託文件，係在國外作成者，應經我國駐外使領館、代表處或辦事處（以下簡稱駐外館處）驗證；其在大陸地區或香港、澳門作成者，應經行政院設立或指定之機構或委託之民間團體驗證；其在國內由外國駐我國使領館或授權機構製作者，應經外交部驗證。

前項文件為外文者，應檢附經駐外館處驗證或國內公證人認證之中文譯本。

戶政事務所逕為出生、死亡及死亡宣告登記者，得以相關機關通報文件留存；逕為初設戶籍登記者，得以職權調查之文件留存。

第十五條 戶籍登記事項錯誤或脫漏，係因戶政事務所作業錯誤所致者，依下列方式辦理：

一、現戶戶籍資料錯誤或脫漏，由現戶籍地戶政事務所查明更正，並通知當事人或原申請人。

二、最後除戶戶籍資料錯誤或脫漏，由最後戶籍地戶政事務所查明更正，並通知當事人或原申請人。但非最後戶籍資料錯誤或脫漏者，由該資料錯誤地戶政事務所查明更正，並通知當事人或原申請人。

第十六條 戶籍登記事項錯誤，係因申報資料錯誤所致者，應由申請人提出下列證明文件之一，向戶籍地戶政事務所申請更正；戶籍地戶政事務所並依前條規定辦理：

一、在臺灣地區初次登記戶籍或登記戶籍前之戶籍資料。

二、政府機關核發並蓋有發證機關印信之原始國民身分證。

三、各級學校、軍、警學校或各種訓練班、團、隊畢（肄）業證明文件。

四、公、私立醫療機構或合格助產士出具之出生證明書。

五、國防部或其所屬相關機關所發停、除役、退伍（令）證明書或兵籍資料證明書。

六、涉及事證確認之法院確定裁判、檢察官不起訴處分書、緩起訴處分書，或國內公證人之公、認證書等。

七、其他機關（構）核發之足資證明文件。

第十七條　更正出生年月日所檢附之證明文件，除屬前條第一款、第六款所定文件外，均以其發證日期或資料建立日期較在臺灣地區初次登記戶籍之證件發證日期先者為限。但發證日期較在臺灣地區初次登記戶籍之證件發證日期為後者，應檢附資料建立日期較在臺灣地區初次登記戶籍之證件發證日期為先之有關機關（構）檔存原始資料影本。

第十八條　更正出生年月日證件所載歲數，以國曆足歲計算。證件僅載有歲數者，以其發證或建立之民國紀元減去所載歲數，推定其出生年次。但民國前出生者，以證件所載歲數，減去發證或建立時之年份，再加一計算。

第十九條　戶政事務所依本法第四十六條通知本人時，本人死亡或為失蹤人口，應另通知本人之配偶及一親等直系血親。

本法第四十八條第三項之催告，其所定期限不得少於七日，催告書應送達應為申請之人。

戶政事務所辦理本法第四十八條之二所定登記之催告，應載明經催告屆期仍不申請者，由戶政事務所依本法第四十八條之二規定逕行為之。

戶政事務所依本法第四十八條之一及第四十八條之二規定逕為登記後，應通知應為申請之人。

戶政事務所依本法第五十條第一項規定逕為登記者，應將其全戶戶籍暫遷至該戶政事務所並註明地址，同時通報警察機關。

第二十條　戶籍登記之申請手續不全者，戶政事務所應一次告知補正。

第二十一條　戶政事務所受理戶籍登記，應查驗其國民身分證及戶口名簿正本。但外國人、無國籍人、臺灣地區無戶籍國民、大陸地區人民、香港或澳門居民，應查驗其護照、居留證、定居證或入出國許可等證明文件正本。

戶政事務所受理戶籍登記，應將受理登記資料登錄於電腦系統，列印戶籍登記申請書，並以戶籍登記申請書及留存之證明文件正本或影本，按年及村（里）分類裝釘存放戶政事務所。

第二十二條　戶籍登記事項，應登記於戶籍登記資料有關欄位或有關之戶內，並均載明其事由及日期。戶長有變更、死亡、死亡宣告、遷出、分（合）戶、住址變更、撤銷戶籍或廢止戶籍登記時，該戶籍登記資料列為除戶備份保存。

前項因戶長變更、死亡、死亡宣告、遷出、分（合）戶、住址變更、撤銷戶籍或廢止戶籍，列為除戶時，戶內尚有設籍人口者，應由該項登記之申請人，擇定戶內具行為能力者一人繼為戶長；戶內設籍人口均為無行為能力人或限制行為能力人時，應由最年長者一人繼為戶長。

戶長經戶政事務所依本法第四十二條、第四十八條之一或第四十八條之二規定逕為死亡、死亡宣告、遷出、住址變更、撤銷戶籍或廢止戶籍之登記，並列為除戶時，應依前項規定擇定一人繼為戶長。

第三章　戶口調查及統計

第二十三條　戶口清查之區域及期間，由直轄市、縣（市）政府訂定，報中央主管機關備查。

第二十四條　**戶口清查日，由直轄市、縣（市）政府定之。**

第二十五條　辦理戶口清查，由戶政事務所派員依鄰內戶之次第發給戶籤，註明村（里）鄰及戶之門牌號碼，並於清查日起按戶查口，填寫戶口清查表。戶口清查表，得以戶籍登記申請書代替，由清查人員填寫，並由受清查人之戶長或其代理人簽名或蓋章。共同事業戶，得發交受清查之戶填報。

第二十六條　**戶口清查，以戶為單位，依村（里）鄰及門牌號碼編組。**

第二十七條　戶政事務所於戶口清查完竣，派員複查後，應即辦理戶籍登記，並編製成果統計表，層報中央主管機關。

第二十八條　未辦理戶籍登記區域初次辦理戶籍登記，由戶政事務所依戶口清查資料登錄於電腦系統，另以副本按村（里）合訂，彙送直轄市、縣（市）政府備查。

第二十九條　辦理戶口調查及戶籍登記所用之各項書表，由戶政事務所自行印製或由直轄市、縣（市）政府統籌印製。

戶口調查及戶籍登記書表記載事項經更正者，應於更正處加蓋更正人印章。

第三十條　戶口調查及戶籍登記，應查記戶內居住已滿或預期居住三個月以上之現住人口。

第三十一條　戶政事務所按戶逐口辦理戶口調查時，村（里）鄰長、村（里）幹事、警勤區員警及入出國管理機關人員應予協助。

第三十二條　無正當理由拒絕接受查對校正戶籍登記事項者，在申請戶籍登記或請領各項證明時，戶政事務所應通知補辦。

第三十三條　依本法第七十二條規定查記教育程度，應依各級中等以上學校通報之畢（結）業及新生教育程度查記名冊、當事人之申請、戶政人員口頭查詢或相關機關提供之資料，逕為註記。

前項教育程度註記資料，免填學校及科、系、所、院或學程名稱。

第三十四條　戶口統計表格式、編製方法及編報日期，由中央主管機關定之。

第四章　附則

第三十五條　各直轄市、縣（市）政府辦理戶口調查及登記所訂之實施程序或補充規定，應報中央主管機關備查。

第三十六條　本細則自發布日施行。

原住民身分法

中華民國113年1月3日總統華總一義字第11200115331號令修正公布

第一條　為認定原住民身分，保障原住民權益，特制定本法。

第二條　本法所稱原住民，包括山地原住民及平地原住民，其身分之認定，除本法另有規定外，依下列規定：

一、**山地原住民**：臺灣光復前原籍在山地行政區域內，且戶口調查簿登記其本人或直系血親尊親屬屬於原住民者。

二、**平地原住民**：臺灣光復前原籍在平地行政區域內，且戶口調查簿登記其本人或直系血親尊親屬屬於原住民，並申請戶籍所在地鄉（鎮、市、區）公所登記為平地原住民有案者。

第三條　**父或母為原住民**，且符合下列各款規定之一者，取得原住民身分：

一、取用父或母所屬原住民族之傳統名字。

二、取用漢人姓名並以原住民族文字並列父或母所屬原住民族之傳統名字。

三、從具原住民身分之父或母之姓。

依前項第二款規定取得原住民身分者，其子女從其姓者，應依同款規定取得原住民身分。

第四條　**非原住民經年滿四十歲且無子女之原住民雙親共同收養**，且符合下列各款規定者，取得原住民身分：

一、被收養時未滿七歲。

二、取用或以原住民族文字並列收養者之一所屬原住民族之傳統名字，或從收養者之一之姓。

本法施行前，未滿七歲之非原住民為原住民父母收養者，不受前項雙親須年滿四十歲且無子女規定之限制。

第五條　原住民**有下列情形之一者，喪失原住民身分：**

一、依前二條規定取得原住民身分後，因變更姓名致未符合各該規定。

二、依前條規定取得原住民身分後，終止收養關係。

三、**成年後申請放棄原住民身分。**

四、依本法中華民國一百十年一月二十七日修正施行前之第四條第三項規定取得原住民身分，未於本法一百十二年十二月十八日修正之條文施行之日起算二年內，取用或以原住民族文字並列原住民父或母所屬原住民族之傳統名字，或從原住民父或母之姓。

依前項第三款規定喪失原住民身分，且無同項第一款或第二款規定情事者，得申請回復原住民身分；其回復以一次為限。

依第一項第三款規定申請喪失原住民身分者，**其申請時之直系血親卑親屬之原住民身分不喪失。**

第六條　為取得原住民身分，當事人得申請取用或以原住民族文字並列原住民族傳統名字，或從具原住民身分之父或母之姓；當事人未成年時，由法定代理人以書面約定申請，成年後，依個人意願申請，不受民法第一千零五十九條第一項、第四項、第一千零七十八條第一項、第二項及姓名條例第一條第二項規定之限制。

依前項規定申請取得原住民身分，除出生登記外，未成年時及成年後各以一次為限。

養子女依第一項規定申請取得原住民身分者，得以利害關係人身分，依戶籍法第六十五條規定向戶政事務所申請本生父母之戶籍資料或戶籍謄本。

第七條　符合第二條至第四條規定取得原住民身分之要件，而於申請取得原住民身分前死亡者，其子女準用第三條及前條之規定取得原住民身分。

第八條　山地原住民與平地原住民結婚，得約定變更為相同之山地原住民或平地原住民身分；其子女之身分從之。

未依前項規定約定變更為相同之原住民身分者，其子女於未成年時，得由法定代理人協議或成年後依個人意願，取得山地原住民或平地原住民身分。

第九條　原住民應依其父或母之所屬民族登記其民族別；其原住民族傳統名字或從姓，應與其登記之民族別相關聯。

前項原住民民族別之認定、登記、變更及其他相關事項之辦法，由中央原住民族主管機關定之。

第十條　原住民身分取得、喪失、變更或回復之申請，由戶政事務所受理，審查符合規定後，於戶籍資料內為原住民身分別及民族別之登記，並於登記後發生效力。

第十一條　因戶籍登記錯誤、脫漏或其他原因，誤登記為原住民身分或漏未登記為原住民身分者，當事人戶籍所在地之戶政事務所應於知悉後，書面通知當事人為撤銷或更正之登記，或由當事人向戶籍所在地之戶政事務所申請查明，並為撤銷或更正之登記。

第十二條　本法自公布日施行。

戶政規費收費標準

中華民國112年09月12日內政部台內戶字第1120243879號令修正發布

第一條　本標準依戶籍法第六十九條及規費法第十條規定訂定之。

第二條　戶政事務所受理閱覽戶籍資料，核發中文、英文戶籍謄本及戶籍檔案原始資料影本規費收費數額如下：

一、閱覽戶籍資料：每次收費新臺幣十五元。

二、戶籍謄本：每張收費新臺幣十五元。

三、英文戶籍謄本：每張收費新臺幣一百元。同一次申請二份以上

者,自第二份起每張收費新臺幣十五元。

四、戶籍檔案原始資料影本:每張收費新臺幣十元。

因國民身分證統一編號重複或錯誤,經重新配賦或更正而須請領戶籍謄本者,免收規費。

第三條 戶政事務所核發國民身分證規費收費數額如下:

一、初領:每張收費新臺幣五十元。

二、換領:每張收費新臺幣五十元。

三、補領:每張收費新臺幣二百元。

戶政事務所提供國民身分證之相片影像電子檔,收費數額每份新臺幣一百元。

換領國民身分證有下列各款情形之一者,免收規費:

一、因國民身分證統一編號重複或錯誤,經重新配賦或更正。

二、政府機關辦理行政區域調整、門牌整編或縣(市)改制作業。但因申請各項戶籍登記須同時換領,或跨直轄市、縣(市)換領國民身分證者,應繳納規費。

第四條 戶政事務所核發戶口名簿,其初領、補領、換領之收費數額每份新臺幣三十元。

換領戶口名簿有下列各款情形之一者,免收規費:

一、因國民身分證統一編號重複或錯誤,經重新配賦或更正。

二、政府機關辦理行政區域調整、門牌整編或縣(市)改制作業。但因申請各項戶籍登記須同時換領,或跨直轄市、縣(市)換領戶口名簿者,應繳納規費。

第五條 戶政機關提供戶口統計資料,其收費數額如下:

一、戶政機關提供戶口統計資料,每張收費新臺幣十元。

二、提供電子資料檔之收費依資料量核計,以百萬位元組(MegaByte,以下簡稱MB)為計價單位,申請之統計項目資料量不足五十MB者,收費新臺幣一千元;五十MB至不足一百MB者,收費新臺幣一千五百元;一百MB至不足五百MB者,收費新臺幣二千五百元;五百MB以上者,收費新臺幣三千五百元。

公私立學校申請戶口統計資料供教學研究、教育宣導或學生撰寫論文者,得折半收費;政府機關及民意機關為業務需要申請者,免收規費。

第六條 戶政事務所核發結婚證明書、離婚證明書或終止結婚證明書,每張收費新臺幣一百元;英文結婚證明書、離婚證明書或終止結婚證明書,每張收費新臺幣一百元。

戶政事務所核發婚姻紀錄證明書、遷徙紀錄證明書或姓名更改紀錄證明書,每張收費新臺幣十五元。

第七條 戶政事務所核發親等關聯資料之收費數額每張新臺幣三十元。同一次申請二份以上者,自第二份起每張收費新臺幣十五元。

第八條 本標準自發布日施行。

戶籍罰鍰處罰金額基準表

中華民國 99 年 09 月 17 日台內戶字第 0990186657 號令修正發布

區分＼項目		認領、收養、終止收養、結婚、離婚、監護、輔助、未成年子女權利義務行使負擔、死亡、死亡宣告、初設戶籍、變更登記、更正登記、撤銷登記、廢止登記	出生登記	遷入、遷出、住址變更登記
法定申報期間		三十日內	六十日內	三個月又三十日內
無正當理由不於法定期間申請之處罰（戶籍法第七十九條）	逾一日以上十五日以下	三百元		
	逾十六日以上三十日以下	五百元		
	逾三十一日以上一百八十日以下	七百元		
	逾一百八十一日以上	九百元		
	經催告仍不申請者	九百元		
不實申請或故意提供不實資料者之處罰（戶籍法第七十六條）	自動申請更正	三千元		
	戶政人員發現	六千元		
	被人檢舉	九千元		

項目	無正當理由於通知期限內拒絕之處罰	第二次通知拒絕之處罰	第三次通知拒絕之處罰
戶長未依規定提供戶口名簿（依據戶籍法第八十條處罰）	一千元	二千元	三千元
拒絕接受戶口調查（依據戶籍法第七十七條處罰）	三千元	六千元	九千元
拒絕提供查證資料（依據戶籍法第七十七條處罰）	三千元	六千元	九千元

項目		無正當理由於通知期限內拒絕之處罰	第二次通知拒絕之處罰	第三次通知拒絕之處罰
醫療機構未依規定通報死亡資料之處罰（戶籍法第七十八條）	逾一日以上十五日以下	一千元		
	逾十六日以上三十日以下	一千五百元		
	逾三十一日以上一百八十日以下	二千元		
	逾一百八十一日以上	三千元		
附記	一、貨幣單位為新臺幣。 二、期日及期間之計算依行政程序法規定。			

死亡資料通報辦法

中華民國111年05月10日內政部台內戶字第1110242047號令修正發布

第一條 本辦法依戶籍法（以下簡稱本法）第十四條第三項規定訂定之。

第二條 本辦法所稱死亡資料，指相驗屍體證明書、死亡證明書、宣告死亡事件裁判書及其裁判確定證明書之書面或電子檔資料。

第三條 本辦法所稱通報機關（構），指作成死亡資料之檢察機關、軍事檢察機關、醫療機構或法院。

第四條 法院應於作成死亡資料十五個工作日內，以網路傳輸司法院；司法院應於接獲通報後每日以網路傳輸內政部（以下簡稱本部）。

醫療機構、檢察機關、軍事檢察機關應於作成死亡資料七日內，以網路分別傳輸衛生福利部、法務部、國防部；衛生福利部、法務部、國防部應於接獲通報後七日內，再以網路傳輸本部。

第五條 本部依前條取得死亡資料後，依下列方式辦理：

一、將死亡者之國民身分證統一編號（以下簡稱統一編號）、出生年月日與本部戶政資訊系統資料庫比對符合後，再下傳其戶籍地戶政事務所。

二、死亡者無統一編號、統一編號有錯漏或無法比對時，留存於異常資料檔，並以網路傳輸回饋司法院、衛生福利部、法務部、國防部查核。

三、通報期限內同一人有多筆更新資料時，以最後一筆傳送本部，本部再下傳戶政事務所。

四、將死亡資料下傳戶政事務所後，同一人之通報資料有更新時，鄉（鎮、市、區）戶政資訊系統資料庫中應保留原有資料檔及更新資料檔。

五、下傳死亡資料應註明傳送下傳日期、資料區間日期及頁數，並於最末頁註記完字。

戶政事務所應於每個工作日執行戶政資訊系統接收通報。該日無通報死亡資料，資訊系統自動載明。

第六條　戶政事務所接獲死亡資料，**應於五日內**依下列規定處理：

一、查核死亡者戶籍資料，未於法定期間申請死亡登記者，依規定催告仍不申請或免經催告程序者，逕為登記，並得憑該份死亡資料作為死亡登記證明文件。

二、發現通報之死亡資料有錯漏者，應函請作成死亡資料之通報機關（構）查明處理。

前項第二款情形，通報機關（構）查明後，如死亡資料有更新者，應將更新資料重新通報。

第七條　戶政事務所辦理死亡登記後三十日內，經查通報機關（構）未依本法第十四條第二項規定通報者，由戶政事務所依本法第七十八條規定處理。

第八條　死亡通報資料得分製各種統計表，統計表格式，由本部另定之。

第九條　本部、戶政事務所接獲之死亡通報電子檔資料，應永久保存；書面資料，由戶政事務所轉成電子檔，檔存死亡通報系統，亦應永久保存。

第十條　本辦法自發布日施行。

國民身分證及戶口名簿格式內容製發相片影像檔建置管理辦法

中華民國112年09月12日內政部台內戶字第1120243878號令修正發布

第一章　總則

第一條　本辦法依戶籍法（以下簡稱本法）第五十二條規定訂定之。

第二條　本辦法所稱相片影像檔，指申請國民身分證繳交之數位或紙本相

片，而儲存於電磁紀錄物或其他類似媒體之個人資料。

前項相片規格如附件一。

第三條 國民身分證統一編號（以下簡稱統一編號）由文字碼及數字碼組成，共計十碼，一人配賦一號。

前項編號首碼以英文字母代表直轄市、縣（市）別，第二碼至第十碼為數字碼，第二碼為性別碼，第十碼為檢查碼。

戶口名簿戶號（以下簡稱戶號）由文字碼及數字碼組成，共計八碼，一戶配賦一號。

前項編號首碼以英文字母代表直轄市、縣（市）別，第二碼至第八碼為數字碼，第八碼為檢查碼。但數字碼不敷使用時，第二碼至第七碼得依序轉換為英文字母碼。

第四條 戶政事務所辦理出生登記及初設戶籍登記，應配賦統一編號。原無配賦者或統一編號為九碼者，亦同。

恢復戶籍、撤銷出生登記後再次設籍、撤銷或廢止初設戶籍登記後再經核准定居、回復國籍或撤銷國籍之喪失者，應沿用原配賦之統一編號。但再次設籍、再經核准定居時與原出生登記或初設戶籍登記之身分不同，或統一編號與他人重複、錯誤者，不在此限。

原有戶籍之旅外國人無統一編號或統一編號為九碼者，其申請配賦統一編號，由出國前最後戶籍地戶政事務所配賦。但同時恢復戶籍者，由受理地戶政事務所配賦統一編號。

戶政事務所辦理設立或分立新戶，應核發戶口名簿，並配賦戶號。

第五條 戶政事務所依序配賦統一編號或戶號，有錯誤、重複或特殊情事者，由戶籍地或最後戶籍地戶政事務所更正或變更之。但依本法第二十六條第一款公告之指定項目者，得向戶籍地以外之戶政事務所為之。

第六條 統一編號有錯誤或重複之情事，經戶政事務所查明屬實者，應即通知當事人更正或變更；須重新配賦新號者，得自行挑選號碼。經通知仍不申請者，戶政事務所得逕予更正或變更，於登記後通知其換領國民身分證及戶口名簿。

統一編號重複當事人之一方自願配賦新號，得予以重新配賦；雙方當事人均無意願，由配賦在後者重新配賦新號；無法分辨配賦之先後，由出生在後者重新配賦新號。

統一編號重複當事人之一方有第六條之一不得變更統一編號之情形時，由他方重新配賦新號。

第六之一條 有下列情事之一者，不得變更統一編號：

一、經通緝或羈押。

二、受有期徒刑以上刑之判決確定，未宣告緩刑或未准予易科罰金、易服社會勞動。但過失犯罪者，不在此限。

三、依入出國及移民法第六條第一項
　　第一款至第六款規定受禁止出國
　　處分。
前項第二款不得申請變更統一編號之
期間，自裁判確定之日起至執行完畢
滿三年止。

第七條　國民身分證或戶口名簿所使
用之文字，遇有缺字，應以人工方式
填寫，字體為黑色。
前項戶口名簿並加蓋校對章。

第二章　國民身分證

第八條　<u>國民身分證記載項目</u>如下：
一、姓名。
二、統一編號及其條碼。
三、出生日期。
四、相片。
五、發證日期（含發證直轄市、縣（市）
　　別及初領、補領或換領註記）。
六、性別。　　七、父姓名。
八、母姓名。　　九、配偶姓名。
十、役別。　　十一、出生地。
十二、戶籍地址。
十三、空白證編號。
十四、膠膜號。
前項第四款之相片，因特殊情形經戶
政事務所核准者，得免予列印。

第九條　<u>國民身分證記載方式及內容</u>
如下：
一、姓名排列方式如下：
　　(一)中文姓名排列，姓氏在前，名
　　　　字在後。姓名字數六個字以下
　　　　者，由電腦自動列印；字數七

至十五個字者，以人工輸入，
由電腦列印；字數十六個字以
上者，以人工方式填寫。
　　(二)臺灣原住民、其他少數民族及
　　　　歸化我國國籍者，其並列登記
　　　　之羅馬拼音並列中文姓名之正
　　　　下方。但羅馬拼音於二十一個
　　　　字元以上者，以人工方式填寫。
二、統一編號及其條碼：統一編號自
　　左至右橫排記載，並以條碼形式
　　呈現。
三、出生日期：以阿拉伯數字記載。
　　民國前出生者，在民字邊記載
　　「前」字，民國出生者，在民字
　　邊記載「國」字。
四、相片：因特殊情形免列印相片
　　者，應於相片欄記載「免列印相
　　片」字樣。
五、發證日期：發證日期為核准日
　　期，以阿拉伯數字記載，並應註
　　記發證直轄市、縣（市）別及初
　　領、補領或換領類別。
六、役別：依其役別註記。禁役、免
　　役、除役或現役人員免予註記。
七、配偶姓名：婚姻關係消滅，配偶
　　欄應為空白。因配偶死亡換領新
　　證者，得向戶政事務所申請記載
　　已歿配偶姓名，並應加註
　　「（歿）」字。
八、父母姓名：以記載生父、生母姓
　　名為原則。但收養關係存續中
　　者，記載方式如下：
　　(一)養父母共同收養者，記載養父
　　　　母姓名，不加註「養」字及本
　　　　生父母姓名。

(二) 由養父單獨收養者，父欄記載養父姓名，不加註「養」字及生父姓名，母欄劃記雙橫線如「＝」。但當事人申請加註生母姓名者，得不劃記雙橫線，並於母欄之「母」字前，人工加註「生」字。

(三) 由養母單獨收養者，母欄記載養母姓名，不加註「養」字及生母姓名，父欄劃記雙橫線如「＝」。但當事人申請加註生父姓名者，得不劃記雙橫線，並於父欄之「父」字前，人工加註「生」字。

(四) 生父與養母有婚姻關係者，父欄記載生父姓名，母欄記載養母姓名，不加註「養」字及生母姓名。養父與生母有婚姻關係者，亦同。

(五) 生父與養母間或生母與養父間有婚姻關係，並於收養關係成立後離婚者，父母姓名之記載方式同前目。

(六) 父、母不詳或父母均不詳者，父母欄劃記單橫線如「－」。

(七) 同性結婚繼親收養者，記載生父、養父姓名或生母、養母姓名，不加註「養」字及生母、生父姓名。

(八) 同性結婚共同收養者，記載二位養父或二位養母姓名，不加註「養」字及本生父母姓名。

(九) 同性結婚當事人之一方收養他方之子女或共同收養後終止結婚者，應視為繼親收養或共同收養而分別準用第七目或前目規定。

前項之日期，應以國曆之年、月、日記載。

第十條 戶政事務所同時受理戶籍登記及補領國民身分證之申請，應先審核辦妥戶籍登記後，再依本法規定補發國民身分證。

第十一條 當事人委託他人辦理戶籍登記致國民身分證記載事項變更，委託書應載明一併委託辦理換領國民身分證。

前項換領國民身分證有下列情形之一者，無須書面委託：

一、依本法第六十條第三項辦理遷徙登記。

二、因本人申請改姓、名或姓名時，其配偶、子女交付國民身分證並為配偶、父或母姓名更改。

因行政區域調整、縣（市）改制、門牌整編或更正，由戶長或戶內人口代為申請國民身分證者，無須書面委託。

第十二條 戶政事務所受理國民身分證之請領，應切實核對戶籍資料、歷次相片影像資料及人貌。核對人貌產生疑義時，應查證其他附有相片之證件或相關人證等方式，以確定身分。

未滿十四歲者，初領或補領國民身分證，應由法定代理人親自或由法定代理人書面委託當事人直系血親尊親屬代為請領，本人並應親自到場；換領

國民身分證，應由法定代理人親自或以書面委託他人為之。

第十三條 戶政事務所受理國民身分證之申請，應備文件不全者，應一次告知補正。

戶政事務所受理國民身分證業務時，有下列情形之一者，應通知申請人補正或陳述意見：

一、所繳交之相片及身分證明文件與檔存國民身分證請領資料有差異。

二、所繳交之委託書或國民身分證等證明文件之真偽有查證必要。

三、補領國民身分證異常頻繁或其他重大事項之說明有虛偽陳述或隱瞞重要事項之嫌，有查證之必要。

申請人未依前項規定補正或陳述意見者，應不予核發國民身分證。

戶政事務所依第二項審查結果，足認申請人有犯罪嫌疑者，應向檢察機關或司法警察機關為告發。

第十四條 **申請初領**國民身分證應備妥下列文件：

一、戶口名簿或身分證明文件正本。

二、最近二年所攝正面彩色相片一張或數位相片。

前項第一款文件，驗畢影印存卷後退還。

第十五條 **申請補領**國民身分證應備妥下列文件：

一、戶口名簿或身分證明文件正本。

二、最近二年所攝正面彩色相片一張或數位相片。

前項第一款文件，驗畢影印存卷後退還，第二款相片影像檔建檔日期在二年內，並經戶政事務所核對人貌相符者，得免繳交相片或數位相片，以檔存相片影像檔製作國民身分證。

已補領國民身分證者，其原國民身分證經戶政事務所發現，應即截角（如附件二）後收回。

第十六條 戶政事務所受理國民身分證補領申請時，應先辦理國民身分證掛失作業。

非上班時間國民身分證掛失作業，中央主管機關得委託戶政資訊服務廠商辦理。

國民身分證於掛失完成後，暫時停止其效力。

第十七條 當事人國民身分證非依法律遭扣留者，得由本人向戶政事務所申請補領，經當事人敘明理由並具結後，戶政事務所應予補發；原國民身分證於補發後失效。

第十八條 **申請換領**國民身分證應備妥下列文件：

一、國民身分證正本。

二、最近二年所攝正面彩色相片一張或數位相片。

有下列情形之一者，當事人得免繳交相片或數位相片，以檔存相片影像檔製作國民身分證：

一、依本法第六十條第二項規定由本人親自申請換領國民身分證。

二、有本法第六十條第三項情事申請換領國民身分證。

三、因戶政人員作業錯誤致當事人須換領國民身分證。

四、因行政區域調整、縣（市）改制、門牌整編或更正，申請換領國民身分證。

五、前項第二款相片影像檔建檔日期在二年內，並經戶政事務所核對人貌相符。

六、配偶死亡委託他人換領國民身分證。

七、因配偶、父母或養父母改姓、名或姓名，致當事人須換領國民身分證。

第十九條　國民身分證之役別記載變更者，得不申請換領國民身分證。

第二十條　國民身分證因毀損致有下列情形之一申請換領者，**應由本人親自辦理：**

一、條碼資料無法讀取。

二、防偽辨識功能損壞。

三、其他污損不堪使用致難以查核辨識身分等情形。

第二十一條　戶籍登記事項經戶政事務所為撤銷登記，致戶籍資料與國民身分證記載事項不符者，應催告當事人換領國民身分證；未換領者，逕予註銷原國民身分證。

第二十二條　因行政區域調整、門牌整編或縣（市）改制，國民身分證未全面換發前仍屬有效。

第二十三條　戶政事務所同日受理同一申請人二次以上補領國民身分證申請時，應自受理第二次申請時起，核發國民身分證臨時證明書（以下簡稱臨時證明書），並於次一上班日製作核發國民身分證。

戶政事務所受理國民身分證請領申請，應於申請當日完成核發。但因製證機具故障、系統中斷、網路斷線或其他特殊情形，致無法於申請當日製發國民身分證時，得核發臨時證明書。

臨時證明書得供辦理總統、副總統或公職人員選舉、罷免及公民投票時使用，戶政事務所應於投票前一日，彙整臨時證明書清冊通報各鄉（鎮、市、區）公所轉送各投開票所查核。

第二十四條　空白國民身分證經印製裁切賸餘之紙張廢料，戶政事務所應每日集中銷毀。

第二十五條　中央主管機關得設置國民身分證製發及電腦控管系統，空白國民身分證及膠膜交貨時，登錄於該電腦系統，辦理驗收及審核，並通報各直轄市、縣（市）主管機關。

直轄市、縣（市）主管機關登錄空白國民身分證及膠膜點交後，通報所轄戶政事務所。

空白國民身分證及膠膜展開並登錄後，置入保險櫃保管。

第二十六條　戶役政資訊系統空白國民身分證及膠膜控管各流程均應設置專屬帳號密碼，相關品管及驗證作業程序應符合國家或國際資訊安全管理驗證標準。

第二十七條　戶政事務所應每月統計國民身分證核發數量及空白國民身分證、膠膜之使用、作廢、遺失核銷、結餘數量，編製月報表於次月五日前送直轄市、縣（市）主管機關審核查考。

直轄市、縣（市）主管機關應將前項月報表於每月十日前送中央主管機關備查。

戶政事務所將收回之國民身分證及該所列印錯誤、污損等作廢之空白國民身分證、膠膜，均予截角，並一併列冊，函送直轄市、縣（市）主管機關彙整集中銷毀，於銷毀前應專人集中保管，並將銷毀情形報中央主管機關備查。

第三章　戶口名簿

第二十八條　<u>戶口名簿記載項目</u>如下：
一、戶號。
二、戶長統一編號。
三、戶別。
四、戶長變更及全戶動態記事。
五、戶籍地址。
六、編號。
七、初領、補領或換領日期。
八、流水號。
九、條碼。
十、頁次。
十一、核發機關。
十二、稱謂。
十三、出生日期。
十四、姓名。
十五、統一編號。
十六、父姓名。
十七、母姓名。
十八、父統一編號。
十九、母統一編號。
二十、配偶姓名。
二十一、配偶統一編號。
二十二、原住民身分及族別。
二十三、役別。
二十四、出生地。
二十五、出生別。
二十六、記事。
二十七、詳細／省略記事。
二十八、現住／非現住人口。

前項之日期，應以國曆年、月、日記載。

戶口名簿記載項目如無記載事項，應分別於該欄內劃記單橫線或空白。但戶口名簿記載項目如有變更或刪除時，除另有規定外，應同時換領戶口名簿，不得人工註記。

第二十九條　請領戶口名簿，由戶長備妥國民身分證申請。委託他人請領戶口名簿者，應由受託人持憑國民身分證及戶長委託書申請。

第三十條　辦理戶籍登記致戶口名簿記載事項變更，依法應同時換領戶口名簿者，其委託他人辦理戶籍登記時，委託書應載明一併委託辦理換領戶口名簿。

戶政事務所同時受理戶籍登記及補領戶口名簿申請，應先審核辦妥戶籍登記後，依本法規定補發戶口名簿。

第三十一條 因行政區域調整、門牌整編或縣（市）改制，戶口名簿未全面換發前仍屬有效。

前項情形，由戶內人口代為申請換領戶口名簿者，無須書面委託。

第三十二條 戶口名簿因申請換領或全戶有本法第六十二條之情事者，應收回註銷。但戶政事務所得依當事人之申請，將原戶口名簿作成註銷之標示後退還。

第三十三條 已收回註銷之戶口名簿，戶政事務所應每日集中銷毀。

第四章　相片影像檔

第三十四條 相片影像檔內容如下：
一、統一編號。
二、相片影像。
三、建檔之戶政事務所代碼。
四、建檔之人員及日期。
五、其他應記載事項。

第三十五條 戶政事務所應將相片影像檔彙集後，儲存於中央主管機關建置之資料庫，中央主管機關應指定專人依資通安全管理法及相關法令辦理安全維護事項，防止資通系統或資料遭未經授權之存取、使用、控制、洩漏、竄改、銷毀或其他侵害。

第三十六條 保管相片影像檔之相關業務人員應配賦作業帳號密碼，密碼應定期更新，並設定使用者權限。

第三十七條 各級主管機關及戶政事務所調閱或利用相片影像檔應符合相關法令規定，調閱檔案紀錄，應永久保存，不得更改。

第三十八條 相片影像檔應指派專人定期或不定期稽核，並交主管人員審核。

第三十九條 當事人得申請其本人之相片影像檔。

亡故者之親屬為辦理亡故者喪葬事宜，得申請亡故者相片影像檔；亡故者確無親屬或親屬無人辦理喪葬事宜者，得由經理殮葬人檢具相關證明文件為之。

前二項之申請，得向任一戶政事務所為之。

第四十條 相片影像檔之管理督導，應依下列方式辦理：
一、戶政事務所各級主管應隨時督導相關業務人員，不定期抽查保存、調閱、利用及管理情形，並製作書面抽查紀錄列管。
二、直轄市、縣（市）主管機關應將戶政事務所保存及管理情形，列為業務督導重點項目，加強列管查核。
三、中央主管機關應不定期抽查相片影像檔資料庫之保存、調閱、利用及管理情形，並督導連結機關、直轄市、縣（市）主管機關及戶政事務所之利用及管理情形。

第五章　附則

第四十一條　公務機關如需用國民身分證請領資料及相片影像檔，應依相關法令規定申請。

第四十二條　本辦法規定事項所需經費，由直轄市、縣（市）主管機關編列預算支應。

第四十三條　本辦法有關臨時證明書格式由中央主管機關公告之。

第四十四條　本辦法自發布日施行。

國民身分證全面換發辦法

中華民國109年03月19日台內戶字第1090241606號訂定發布

第一條　本辦法依戶籍法第五十九條第一項規定訂定之。

第二條　本辦法所稱全面換證，指於中央主管機關公告之期程內，由戶政事務所通知持原式樣國民身分證（以下簡稱舊證）換發為新式樣國民身分證（以下簡稱新證）。

第三條　為推動全面換證，中央主管機關應召集工作小組研議新證之式樣及全面換證計畫，並確認及管考換證工作等相關作業。
前項工作小組委員由中央主管機關遴聘相關機關（單位）代表及學者專家擔任之，人數不得少於九人，其中任一性別委員人數不得少於委員總數三分之一，且學者專家之人數不得少於委員總數三分之一。

第四條　前條第一項全面換證計畫之內容，包括計畫緣起、計畫目標、現行相關政策及方案檢討、執行策略、方法、期程及資源需求、預期效果及影響，由中央主管機關擬訂報請行政院核定。

第五條　全面換證期程由中央主管機關公告，並刊登政府公報。

第六條　全面換證對象為在國內設有現戶戶籍之現住人口。但矯正機關收容人，不在此限。
戶政事務所應於全面換證期間，排定換證期程，通知全面換證對象申請換證及領證；對未滿十四歲者，應通知其法定代理人代為申請初領或換領新證。

第七條　申請換領新證，應由本人為之。但未滿十四歲者，應由法定代理人為之。

前項申請人應於戶政事務所通知之期間，以下列方式之一申請換證：

一、以網路申請。

二、至戶政事務所排定之地點或戶政事務所臨櫃申請；因故未能親自辦理者，得填妥申請書，委託他人代為送件。

申請人因特殊情形，未能依前項所定方式申請換證，經戶政事務所認有必要者，得派員至申請人指定地點受理申請。

第八條　申請人以網路申請換領新證時，應於網路填寫申請書並上傳數位相片。

申請人至戶政事務所排定之地點、戶政事務所臨櫃或其指定地點申請換領新證時，應備妥申請書、舊證及已於網路上傳數位相片之序號或數位相片電子檔。

前二項之數位相片，應為本人最近六個月內所攝正面半身彩色相片。

申請人有特殊情形，得於申請換領新證時，併同申請免於新證上列印相片；經戶政事務所許可者得免列印相片。

依前條第二項第二款後段規定委託他人代為送件時，應提出委託書，並繳驗受託人之國民身分證；受託人為外國人、無國籍人、臺灣地區無戶籍國民、大陸地區人民、

香港或澳門居民者，應繳驗其護照、居留證、定居證或入出國許可等證明文件。

第九條　戶政事務所受理全面換證，應切實核對查明本人戶籍資料、歷次相片影像資料及人貌；核對本人容貌產生疑義時，應查證其他附有相片之證件或相關人證等方式，以確定身分。

戶政事務所依前項規定辦理核對，認申請人繳交之數位相片及身分證明文件與檔存國民身分證請領資料有差異者，應通知申請人補正或陳述意見。

申請人未依前項規定補正或陳述意見者，應不予核發新證。

戶政事務所依第二項審查結果，足認申請人有犯罪嫌疑者，應向檢察機關或司法警察機關告發。

第十條　領取新證，應由本人親至戶政事務所為之；未滿十四歲者，應由法定代理人或由法定代理人委託當事人直系血親尊親屬陪同代為領證。

有特殊情形，未能依前項規定親自領證，經戶政事務所認有必要者，戶政事務所得派員至其指定地點受理領取新證。

第十一條　領取新證時，應檢附舊證，由戶政事務所截角後收回。但舊證遺失者，應檢附戶口名簿或身分證明文件正本，經驗畢影印存卷後退還。

戶政事務所於核發新證前，對於前項但書所定情形，應先辦理舊證掛失作業。

第十二條　新證之申請或領取，應備文件不全者，戶政事務所應一次告知補正；未依規定補正者，應不予核發新證。

第十三條　戶政事務所發現申請人於領證前有出境戶籍遷出、死亡、受死亡宣告、廢止戶籍登記或撤銷戶籍情事者，應不予核發新證；新證已製作完成者，應予作廢。

戶政事務所發現新證有下列情形之一者，應予作廢並重新製發：

一、卡面印製資料、影像模糊或錯誤。

二、卡體彎折、刮壓裂痕或凹凸變形。

三、晶片脫落、磨損或無法讀取。

四、卡面記載事項於領證前已變更。

第十四條　依第十一條第一項收回及依前條第一項或第二項第四款作廢之國民身分證，戶政事務所應分別列冊函送直轄市、縣（市）主管機關彙整集中銷毀，於銷毀前應由專人集中保管，並將銷毀情形報中央主管機關備查。

依第十六條委由製卡中心製作之新證，有前條第二項第一款至第三款瑕疵情形之一者，戶政事務所應列冊函送製卡中心集中銷毀，製卡中心並應將銷毀情形報中央主管機關備查。

第十五條　全面換證作業結束前，中央主管機關應公告舊證失效日期。

第十六條　戶政事務所得委由中央主管機關指定製卡中心製證。

第十七條　本辦法自中華民國一百零八年一月一日施行。

親等關聯資料申請提供及管理辦法

中華民國110年06月25日內政部台內戶字第1100242138號令修正發布

第一條　本辦法依戶籍法（以下簡稱本法）第六十五條之一第五項規定訂定之。

第二條　戶政事務所依下列各款規定提供親等關聯資料：

一、受術夫妻依人工生殖法第十五條規定申請查證直系血親、直系姻親、四親等內旁系血親之親屬關係，或人工生殖子女擬結婚或被收養時，其結婚對象或收養人依人工生殖法第二十九條規定申請查詢直系血親、直系姻親、六親等內旁系血親及五親等內旁系姻親之親屬關係。

二、捐贈器官者依人體器官移植條例第八條規定申請查證五親等內血親或配偶之親屬關係，或十八歲以上之人捐贈部分肝臟申請查證五親等內親屬關係。

三、繼承人或其他法律規定得代為申請繼承登記者，為辦理繼承登記，申請查證被繼承人之配偶及依民法第一千一百三十八條各款規定血親關係。

四、為依國籍法第二條規定取得中華民國國籍，申請查證父或母為中華民國國民。

五、當事人依法院要求或法院審判需要申請查證親屬關係。

六、依其他法律規定申請查證親屬關係。

第三條 依前條第一款申請親等關聯資料，應檢具身分證明文件及下列各款證明文件正本之一：

一、經衛生主管機關許可實施人工生殖、接受生殖細胞之捐贈、儲存或提供行為之醫療機構，出具之醫療機構證明書。

二、經衛生主管機關出具之人工生殖子女證明書。

第四條 依第二條第二款申請親等關聯資料，應檢具身分證明文件及醫療機構之證明書（如附件一）正本。

第五條 依第二條第三款申請親等關聯資料，應檢具身分證明文件、依法律得代為申請繼承登記之證明文件及辦理繼承相關證明文件。

第六條 依第二條第四款申請親等關聯資料，應檢具身分證明文件正本。

第七條 依第二條第五款申請親等關聯資料，應檢具身分證明文件及法院通知、函文或其他證明文件正本。

第八條 依第二條第六款申請親等關聯資料，應檢具身分證明文件及依其他法律規定主管機關確認之證明文件正本。

第九條 本辦法所稱身分證明文件，指國民身分證、外僑居留證、外僑永久居留證、臺灣地區居留證、臺灣地區定居證、中華民國護照或其他政府機關核發足資證明身分之文件。

申請人依第三條至第八條規定提出之證明文件經戶政事務所查驗後，除衛生主管機關、醫療機構出具之證明文件與委託書應留存正本外，其餘證明文件應留存影本，並由戶政事務所加註「與正本無異」字樣。

申請人依本辦法規定應檢具之證明文件或委託文件係在國外作成者，應經我國駐外使領館、代表處或辦事處（以下簡稱駐外館處）驗證；其在大陸地區或香港、澳門作成之文書，應經行政院設立或指定之機構或委託之民間團體驗證；其在國內由外國駐我國使領館或授權機構製作者，應經外交部複驗。

前項文件為外文者，應檢附經駐外館處驗證或國內公證人認證之中文譯本。

第十條 戶政事務所受理申請親等關聯資料，應依下列規定辦理：

一、戶政事務所受理人員應將受理資料登錄於鄉（鎮、市、區）戶政資訊系統，列印親等關聯資料申請書（如附件二），由資訊系統自動產生核發案號。

二、查詢人員查詢親等關聯資料，應由管控稽核人員先登錄核發案號並同時簽到。

三、查詢人員列印親等關聯資料，經查對確認後，交由申請人簽名或蓋章。

四、印妥之親等關聯資料，交由主管人員確認並加蓋章戳後核發，其格式如附件三。

第十一條　戶政事務所受理申請親等關聯資料，應依下列規定查證後核發：

一、查證當事人國民身分證等身分證明文件、被申請者己身及相關親等戶籍資料。

二、發現有疑義或與事實不符者，戶政事務所依權責查證。

三、戶籍資料登記錯誤或脫漏時，由戶政事務所依法更正。

四、資料經確認無誤後，核發親等關聯資料。

第十二條　親等關聯資料之申請，戶政事務所應於受理後七個工作日內准駁，駁回時應敘明理由。

第十三條　親等關聯資料之內容，應記載被申請者己身及相關親等之國民身分證統一編號、姓名、出生年月日、出生別、役別、死亡日期、親等、稱謂、（養）父姓名及國民身分證統一編號、（養）母姓名及國民身分證統一編號、配偶姓名及國民身分證統一編號、住址，監護人、輔助人、未成年子女權利義務行使負擔人資料，其格式如附件三。

第十四條　中央主管機關運用戶籍資料建置親等關聯作業，應指定專人辦理安全維護事項，防止資料被竊取、竄改、毀損、滅失或洩漏，相關作業程序應符合國際資訊安全管理驗證標準。

第十五條　親等關聯資料提供後，書面申請書等文件應保存十年；電磁紀錄應永久保存。

第十六條　戶政事務所依第二條各款規定提供親等關聯資料所使用機具，由中央主管機關統一配置並列冊管制。

親等關聯作業使用者身分，依業務性質分為管控稽核人員、查詢人員及資料維護人員。

第十七條　戶政事務所各級主管應隨時督導相關業務，不定期抽查保存及管理情形，並製作書面抽查紀錄列管。

直轄市、縣（市）政府應將戶政事務所維護、查詢親等關聯作業與核發親等關聯資料情形，列為業務督導重點項目，加強列管稽核。

中央主管機關應不定期抽查親等關聯作業查詢情形，並督導直轄市、縣（市）政府及戶政事務所查詢情形。

第十八條　本辦法自發布日施行。

本辦法中華民國一百十年六月二十五日修正之第二條條文，自一百十二年一月一

各機關申請提供戶籍資料及親等關聯資料辦法

中華民國 111 年 12 月 26 日台內戶字第 1110244873 號令修正發布

第一條 本辦法依戶籍法（以下簡稱本法）第六十七條第二項規定訂定之。

第二條 本辦法提供資料之種類如下：

一、書面戶籍資料：指現戶戶籍資料、除戶戶籍資料、日據時期戶口調查簿資料、戶籍登記申請書、證明書、檔存證明文件、簿冊及卡片。

二、電磁紀錄戶籍資料：指依據戶籍登記項目經電腦處理之個人及全戶資料檔案。

三、人口統計資料：指依據戶籍登記之現住人口或依戶籍登記申請書記載事項，編製戶口統計資料，依統計期間可分月統計資料、季統計資料及年統計資料。

四、親等關聯資料：指戶政機關依據戶籍資料連結親屬關係，依規定提供之親屬關係證明文件。

五、國籍變更資料：指辦理戶籍登記所涉及國籍之取得、歸化、喪失、回復及撤銷等資料檔案。

第三條 本辦法所稱申請機關，指中央與地方各級機關。

本辦法所稱資訊連結系統，指內政部開發之連結介面、電子閘門、戶政資訊網站服務應用程式介面與資訊中介服務等應用軟體及作業程序。

本辦法所稱資訊連結系統提供機關（以下簡稱提供機關），在中央為內政部；在直轄市為直轄市政府；在縣（市）為縣（市）政府。但親等關聯資料以內政部為提供機關。

本辦法所稱連結機關，指向前項提供機關申請應用資訊連結系統，依各該法律規定之中央主管機關或地方主管機關。

第四條 申請機關申請提供書面戶籍資料、人口統計資料或申請查對、抄錄戶籍資料，應以書面向戶政事務所提出申請。但遇有緊急情形者，得徵得戶政事務所同意後，於七日內補提申請書。

第五條 申請機關申請提供書面戶籍資料，應載明被查詢者姓名、國民身分證統一編號、戶籍地行政區或戶籍地址、申請事由及資料使用後之處理方式，向任一戶政事務所為之。

戶政事務所應依個人資料保護法規定審核各機關之申請事由。

第六條 戶政事務所受理申請機關申請查對、抄錄或交付書面戶籍資料時，得依戶政規費收費標準酌收規費。

第七條 資訊連結系統提供資料方式如下：

一、線上資料查詢。

二、電磁紀錄之檔案傳輸。

第八條　連結機關申請應用資訊連結系統，其申請之電磁紀錄戶籍資料屬全國性或跨直轄市、縣（市）者，向內政部為之；屬單一直轄市、縣（市）資料者，向各該直轄市、縣（市）政府為之。但其他法律另有規定者，依其規定。

連結機關申請應用親等關聯資料，向內政部為之。

連結機關經核准應用資訊連結作業，其效期為五年。效期屆滿三個月前得重新申請應用，屆期未申請者，於效期屆滿時停止連結作業。

連結機關逾一年未應用資訊連結作業者，提供機關經書面告知並確認無需求後，停止連結作業；確認有需求者，逾六個月仍未應用，逕行停止連結作業。

第九條　連結機關申請應用資訊連結系統或親等關聯資料，應符合提供機關規定格式，並備下列文件經資通安全長審查後，向提供機關提出：

一、申請表。

二、各類需求資料項目表。

三、使用戶政資訊管理規定或親等關聯資料管理規定。

四、資料交換安全協議書。

五、申請全國性戶籍資料或親等關聯資料者，另須檢附連結機關及持有機關之資通安全責任等級A級證明文件。

前項規定格式，由內政部定之。

第一項使用戶政資訊管理規定或親等關聯資料管理規定，應敘明下列事項：

一、使用戶籍資料或親等關聯資料之法律依據及計畫或重大政策依據及計畫。

二、使用資料之目的、適用機關、業務範圍及資料安全管制作業。

三、處理個人資料之保密措施。

四、使用者查詢資料之具體作業程序。

五、指定專責人員辦理安全維護事項。

六、自提供機關取得之資料使用期限、銷毀程序及銷毀期限。

七、定期督考查核及配合提供機關實施稽核作業之具體程序，且每半年至少辦理一次連結機關、持有機關及使用連結資料之所屬機關之稽核。

八、應用親等關聯資料者，資料使用期間每月應抽查使用紀錄，且抽查比率不得低於查詢件數之百分之七十。

九、對於取得資料之處理及利用，違反個人資料保護法規定致當事人權益受損時應負之責任。

十、使用者違反規定時應負之責任。

申請國籍變更資料，適用前三項規定。

第十條　連結機關申請線上資料查詢親等關聯資料，除有特別協議外，應依下列規定辦理：

一、親等關聯資訊連結系統使用者身分，依業務性質分為機關管控稽核人員及機關查詢人員。

二、機關管控稽核人員應先登錄授權查詢人員帳號、授權查詢期間及被查詢者國民身分證統一編號，由系統自動產生查詢授權碼。

三、機關查詢人員查詢親等關聯資料時，應由機關管控稽核人員與機關查詢人員同時以自然人憑證登錄。

四、機關查詢人員應點選查詢授權碼、承辦案號、被查詢者國民身分證統一編號、被查詢者父母姓名，以查詢親等關聯資料。

第十一條 資訊連結系統發生異常時，連結機關應依下列各款順序處理：

一、網路通訊異常應向電信機構查明。

二、提供機關系統異常應向提供機關查明。

三、取得之資料有疑義應於七日內請提供機關查明。

第十二條 連結機關應於提供機關通知日起五日內，取回申請之電磁紀錄戶籍資料；屆期未取回，提供機關即刪除該資料。

連結機關對於取得之電磁紀錄戶籍資料應設定存取與使用權限及管理程序。

第十三條 提供機關及連結機關應保存電磁紀錄戶籍資料日誌。連結機關應定期稽核，遇有缺失時，應即檢討改善。

提供機關對連結機關實施稽核時，連結機關應密切配合。

第十四條 連結機關應備妥應用資訊連結系統使用者清冊，以配合提供機關實施稽核。

連結機關應建立調整權限及註銷帳號之作業程序，使用人員職務調動、離職或退休時，應即調整權限、廢止或註銷帳號。

第十五條 連結機關有下列情形之一者，應以書面通知提供機關：

一、承辦人員、專責人員及單位主管異動時，應於異動後七日內通知提供機關備查。

二、終止連結作業時，應於終止日前一個月內通知提供機關。

第十六條 連結機關違反第九條資訊管理規定或親等關聯資料管理規定者，提供機關應即以書面通知限期改善，並得暫停其連結作業。

前項改善期間最長不得逾六個月。

第一項之連結機關屆期未改善，情節重大者，提供機關應即停止其連結作業。

第十七條 本辦法中華民國一百十一年十二月二十六日修正施行前已經核准應用資訊連結系統或親等關聯資料之連結機關，應於本辦法修正施行之日起一年內，依第九條規定修正使用戶政資訊管理規定或親等關聯資料管理規定；經核准應用全國性資料者，並應檢附資通安全責任等級A級證明文件，報內政部審查。

前項情形，其於本辦法修正施行後非屬連結機關之持有機關，應由符合第三條第四項規定之主管機關，於前項規定期限內，依第九條規定訂定或修正使用戶政資訊管理規定或親等關聯資料管理規定；經核准應用全國性資料者，並應檢附其主管機關及持有機關之資通安全責任等級A級證明文件，報內政部審查。

未依前二項規定報請審查或未經審核通過者，內政部得逕行停止連結作業。

第十八條 本辦法自發布日施行。

chapter 02
姓名條例與
姓名條例施行細則

在戶籍中,有關姓名之登記、取用、使用及更改部分,規定在姓名條例及姓名條例施行細則中。相較於戶籍法及國籍法,姓名條例之條文數最少,準備上如以架構式來記憶,不但輕鬆而且容易記牢。

在申論題考試中,姓、名、及姓名的更改部分,是重中之中。另外就外國人如何取用中文姓名部分,可能配合國籍法一起出題。選擇題部分,除了上述部分,姓名之登記、原住民姓名之取用、姓名之使用規範都是重要考點。

姓名條例   **姓名條例施行細則**

基本原則規定   基本原則規定

國民§1I ——————————————————————— §2I 國民

原住民 ┌ §1II、III、IV ┐ ┌———————————— §6I 原住民
       └ §4I   ┘ └ 外國人、無國籍人申請歸化

外國人、無國籍人申請歸化   ┌ §2II   回復國籍者

回復國籍者 ┌ §1V ┐   │ §2III
          │ §1VI │   │ §2IV
          │ §1VII│   │ §2V
          └ §4II ┘   └ §6II

姓名取用之用字原則 ┌ §2 ——————— §5 姓名取用之用字原則
                 └ §3

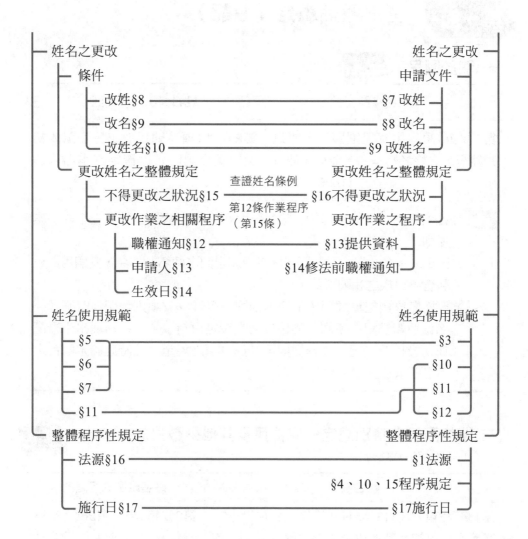

第一節／基本原則規定（登記）

(一)關於國民　

姓名條例	姓名條例施行細則
第1條第1項　中華民國國民，應以戶籍登記之姓名為本名，並以一個為限。　　　　　【112地特四等】	**第2條第1項**　國民於出生登記或初設戶籍登記時，應確定其本名依法登記。

説明　1. 姓名條例（下稱本條例）第1條第1項是楷定國民就姓名登記的基本原則。

2. 國民之本名，以一個為限，應以戶籍登記之姓名為本名，其適用對象包含各民族之我國國民。

3. 至姓名條例施行細則（下稱本細則）第2條第1項則說明何時應就姓名做戶籍登記。所謂「國民於初次設定戶籍」，係指辦理出生登記或初設戶籍登記。依本細則第2條第1項之規定，此時應確定國民之本名並依法登記。

(二)關於國民之特別規定－原依民及其他少數民族【110高考、112地特四等、113普考】　

姓名條例	姓名條例施行細則
第1條第2項　（113年5月29日修正公布） 臺灣原住民族及其他少數民族之姓名登記，依其文化慣俗為之；其已依漢人姓名登記者，得申請回復其傳統姓名；回復傳統姓名者，得申請回復原有漢人姓名。但均以一次為限。 **前項臺灣原住民族傳統姓名文化慣俗由中央原住民族主管機關調查確認；其內涵意義、取用方式及其他應行注意事項之指引，由中央主管機關會同中央原住民族主管機關定之。**	**第6條第1項、第2款**　臺灣原住民及其他少數民族傳統姓名之羅馬拼音，以當事人申報者為準。 臺灣原住民羅馬拼音之符號系統，由原住民族委員會提供。

姓名條例	姓名條例施行細則
第二項臺灣原住民族及其他少數民族之出生登記及初設戶籍登記以傳統姓名登記者，得申請變更為漢人姓名；變更為漢人姓名者，得申請回復傳統姓名。但均以一次為限。 **第4條第1項** （113年5月29日修正公布） 臺灣原住民**族**之**中文**傳統姓名或漢人姓名，均得以傳統姓名之**原住民族文字並列登記；其他少數民族之中文傳統姓名或漢人姓名，均得以傳統姓名之羅馬拼音並列登記。**不受第1條第1項規定之限制。	

説明 1. 本條例第1條第2項至第4項及第4條第1項是針對臺灣原住民及少數民族之姓名登記特別規定。係於113年5月29日修正公布時，為使原住民族可使用原住民族文字單列名字，不必侷限於中文姓名而修訂，具有歷史性意義。希冀透過姓名登記，促進族群融合平等，更進一步認識了解彼此，讓原住民族文字原味呈現原住民族文化。

2. 而本細則第6條第1項之規定，則為配合本條例中前述關於臺灣原住民及少數民族之姓名登記特別規定，於104年11月18日修訂時新增。

(三)外國人、無國籍人申請歸化我國籍、回復國籍者

【113普考】

姓名條例	姓名條例施行細則
第1條第5項至第7項 中華民國國民與外國人、無國籍人結婚，其配偶及所生子女之取用中文姓名，應符合我國國民使用姓名之習慣；外國人、無國籍人申請歸化我國國籍者，其中文姓名，亦同。	**第2條第2項到第5項** 外國人、無國籍人申請歸化中華民國（以下簡稱我國）國籍，或與我國國民結婚，於辦理結婚登記時，應以書面確定其中文姓名；其子女之中文姓名，依相關法律規定辦理。

姓名條例	姓名條例施行細則
已依前項規定取用中文姓名者，得申請更改中文姓名一次。 回復國籍者，應回復喪失中華民國國籍時之中文姓名。	依前項取用之中文姓名，得以其中文原名或外文音譯方式為之。 外國人、無國籍人為我國國民之配偶，申請歸化我國國籍時，其中文姓名應以我國國民戶籍資料之配偶姓名為準。 外國人、無國籍人申請歸化我國國籍，於許可前與我國國民結婚，其中文姓名應以申請歸化時之姓名為準。
第4條第2項　外國人、無國籍人於歸化我國取用中文姓名時，得以原有外文姓名之羅馬拼音並列登記，不受第一條第一項規定之限制。	**第6條第3項**　外國人、無國籍人歸化我國國籍者，原有外文姓名之羅馬拼音，以當事人申報者為準。

説明 1. 依本條例第1條第5項規定所適用之對象包括：
(1) 中華民國國民與外國人、無國籍人結婚，其配偶及所生子女。
(2) 外國人、無國籍人申請歸化我國國籍者。
2. 而本條例第1條第6項之適用對象也是相同。104年5月20日修正公布時之修正理由即指出；這是考量外國人、無國籍人取用中文姓名時，太倉促或不熟悉我國文字情形下，嗣後瞭解我國文化後，對其中文姓名認為字義粗俗不雅、音譯過長或有特殊原因，如：「豬角」、「蝦」、「罔市」、「色」、「肖維」及「死」等，給予更改姓名機會，使其融入我國社會文化，而增列本項（即第6項）外國人、無國籍人已取用中文姓名者，得申請更改中文姓名一次之規定。
3. 因此就這兩種對象，其在取用中文姓名時，要符合我國國民使用姓名之習慣，且得申請更改中文姓名一次。而本細則第2條第2項到第5項，則是針對前述之規定，為細部之程序性規範。
4. 另本條例第4條第2項，是在外國人、無國籍人申請戶籍歸化時，為確立其身分辨識度，應取中文姓名，並得以原有外文姓名之羅馬拼音並列登記。而本細則第6條第2項則是相關程序規定。
5. 至於本條例第1條第7項則是就回復國籍者，規定應回復喪失中華民國國籍時之中文姓名。

(四)姓名取用之用字原則

姓名條例	姓名條例施行細則
第2條 （113年5月29日修正公布） 辦理戶籍登記、申請歸化或護照時，應取用中文姓名，並應使用辭源、辭海、康熙等通用字典或教育部編訂之國語辭典中所列有之文字。 姓名文字未使用前項所定通用字典或國語辭典所列有之文字者，不予登記。 臺灣原住民族依其文化慣俗登記傳統姓名者，得使用原住民族文字。【113普考】 **第3條** 取用中文姓名，應依下列方式為之： 一、姓氏在前，名字在後。但無姓氏者，得登記名字。 二、中文姓氏與名字之間不得以空格或符號區隔。	**第5條** 國民之本名或外國人、無國籍人之中文姓名未使用本條例規定辭源、辭海、康熙等通用字典或教育部編訂之國語辭典中所列有之文字，或該文字屬教育部異體字字典所列之異體字，當事人得申請更正為上述字（辭）典所列通用文字、正體字。

說明 1. 前面已就一般國民及特定對象姓名之取用及登記加以規定，而本條例第2條及第3條，則規定姓名取用之原則方法。第2條第3項係於113年5月29日修正公布時所新增，目的如前所述，希冀透過姓名登記，促進族群融合平等，更進一步認識了解彼此，讓原住民族文字原味呈現原住民族文化。

2. 本細則第5條則是就取用姓名時選取之文字加以規範，其104年11月18日修正理由謂：「二、本條例第2條第2項於90年6月1日修正規定，針對非為通用字典所列之文字應不予登記，惟法律不溯及既往，如當事人姓名未使用通用字典所列之文字，於本條例施行前已登記者，尊重當事人個人意願，得辦理姓名更正。

三、姓名係識別個人身分重要資料，如使用異體字，於其他機關電腦無法顯示該文字，易滋生困擾。現代社會各項交易及日常生活所需，皆已資訊化，為利資料傳輸完整呈現當事人姓名，以確保民眾權益，並落實本條例第2條有關姓名文字之使用規範，本名未使用通用文字或使用異體字者，得申請將姓名更正登記為通用字典、國語辭典所列之文字或正體字。

四、申請人將『通用文字』更正為『非通用字』，有違本條例規定，自不予登記；另申請將『正體字』更改為『異體字』，無本條規定之適用，應依本條例有關改姓、改名或更改姓名規定辦理登記。」

第二節　姓名之更改　

(一)更改姓、名或姓名之條件及相關申請文件

1. 改姓：

姓名條例	姓名條例施行細則
第8條　（113年5月29日修正公布） 有下列情事之一者，得申請改姓： 一、被認領、撤銷認領。 二、被收養、撤銷收養或終止收養。 三、臺灣原住民**族**或其他少數民族因改漢姓造成家族姓氏誤植。 四、音譯過長。 五、其他依法改姓。 夫妻之一方得申請以其本姓冠以配偶之姓或回復其本姓；其回復本姓者，於同一婚姻關係存續中，以一次為限。【112地特三等、112地特四等、113普考】	**第7條**　依本條例第八條第一項各款規定申請改姓之證明文件如下： 一、依第一款規定申請者，為被認領、撤銷認領之證明文件。 二、依第二款規定申請者，為法院裁判書及確定證明書之證明文件，養子女為成年人得以終止收養書約為證明文件。 三、依第三款規定申請者，為足資證明家族正確姓氏之文件。 四、依第五款規定申請者，為其依法改姓之證明文件。 前項證明文件有戶籍資料可稽者，由戶政機關查證之。

說明　1. 本條例第8條第1項各款為得申請改姓之事由。至第2項是配合民法相關規定而設。
2. 本細則第7條則規定改姓登記時所需相關證明文件。

2. 改名：

姓名條例 **重要**	姓名條例施行細則
第9條 （113年5月29日修正公布） 有下列情事之一者，得申請改名： 一、同時在一公民營事業機構、機關（構）、團體或學校服務或肄業，姓名完全相同。 二、與三親等以內直系尊親屬名字完全相同。 三、同時在一直轄市、縣（市）設立戶籍六個月以上，姓名完全相同。 四、與經通緝有案之人犯姓名完全相同。 五、被認領、撤銷認領、被收養、撤銷收養或終止收養。 六、字義粗俗不雅、音譯過長或有特殊原因。 七、臺灣原住民族基於文化慣俗。 依前項第六款申請改名，以三次為限。但未成年人第二次改名，應於成年後始得為之。【112地特四等、113普考】	**第8條** 依本條例第九條第一項各款規定申請改名之證明文件或由戶政機關查證戶籍資料如下： 一、依第一款規定申請者，為公民營事業機構、機關（構）、團體或學校之證明文件。 二、依第二款規定申請者，由戶政機關查證同名直系尊親屬戶籍資料。 三、依第三款規定申請者，申請人應提供同姓名者戶籍所在之鄉（鎮、市、區），由戶政機關查證戶籍資料。 四、依第四款規定申請者，為載有通緝資料之證明文件。 五、依第五款規定申請者，為被認領、撤銷認領、被收養、撤銷收養或終止收養之證明文件。 六、依第六款規定申請者，由戶政機關查證申請人之改名次數及是否成年戶籍資料。

説明 1. 本條例第9條第1項各款規定得申請改名之事由。而同條第2項之規定，乃是有鑑於姓名更改為人格權表彰之一，改名字為個人的自由，為實現其權利，且考慮戶政作業程序，故將改名次數增為三次。

2. 本細則第8條則配合本條例第9條第1項各款，明列申請改名應查證之戶籍資料。

3. 更改姓名：

姓名條例 重要	姓名條例施行細則
第10條 有下列情事之一者，得申請更改姓名： 一、原名譯音過長或不正確。 二、因宗教因素出世或還俗。 三、因執行公務之必要，應更改姓名。 【105地特三等、106高考、110地特三等】	**第9條** 依本條例第十條規定申請更改姓名之證明文件如下： 一、依第一款規定申請者，為載有原姓名之證件。 二、依第二款規定申請者，為出世或還俗之證明。 三、依第三款規定申請者，為服務機關證明書。

說明 1. 本條例第10條規定得申請姓名全部更改之事由。
　　 2. 本細則第9條則配合本條例第10條各款，明列應提出之相關證明文件。

(二)更改姓名之整體性規定

1. **不得更改姓、名、姓名之狀況：**

姓名條例 重要	姓名條例施行細則
第15條 有下列情事之一者，不得申請改姓、改名或更改姓名： 一、經通緝或羈押。 二、受宣告強制工作之裁判確定。 三、受有期徒刑以上刑之判決確定，未宣告緩刑或未准予易科罰金、易服社會勞動。但過失犯罪者，不在此限。 前項第二款及第三款規定不得申請改姓、改名或更改姓名之期間，自裁判確定之日起至執行完畢滿三年止。【112地特三等、112地特四等、113高考】	**第16條** 戶政事務所受理十四歲以上國民申請改姓、改名或更改姓名者，應向相關機關查詢有無本條例第十五條所定情事。

相關法規：《查證姓名條例第十二條作業程序》（現行姓名條例應為第15條，然此作業程序並未隨之修正名稱）。

説明 1. 本條例第15條第1項各款規定不得申請改姓、改名或更改姓名之事由。其中有關第3款之修正理由為：「三、……基於受緩刑之宣告（含宣告後被撤銷）、易科罰金或易服社會勞動（含事後不履行或未履行完畢）者，均屬輕罪，依平等原則及比例原則，應有相同之規範，爰於原條文第1項第3款增訂『易服社會勞動』者亦不受不得申請改姓、改名或更改姓名之限制。」

2. 而本條例第15條第2項，則是認為姓名係人格權之表現，考量比例原則，如限制不得改姓、改名或更改姓名，應明定一定期間，期滿之後則恢復其申請姓名變更之權利，以啟其自新之規定。如此既可落實限制不法人士更名之意旨，兼可保障民眾更名之權益。

3. 由於有不得改姓、改名或更改姓名之規定，因此本細則第16條特別規定，就14歲以上國民為相關申請時，應向相關機關查詢有無本條例第15條所定情事。「查證姓名條例第十二條作業程序」（現行應為第15條，然此作業程序並未隨之修正名稱）即為相關之作業程序，在此應予注意。

2. **更改作業之職權變更與通知、申請人及生效日等：**

姓名條例	姓名條例施行細則
第12條　本人申請改姓、名或姓名時，戶政機關應同時依職權於其配偶、子女戶籍資料為配偶、父或母姓名更改，並應於變更登記後通知其配偶及子女。【113普考】 **第13條**　依本條例規定申請改姓、冠姓、回復本姓、改名、更改姓名、更正本名者，以本人或法定	**第13條**　申請改姓、冠姓、回復本姓、改名、更改姓名、更正本名、回復傳統姓名、回復原有漢人姓名、傳統姓名之羅馬拼音並列登記、原有外文姓名之羅馬拼音並列登記經核准者，戶政事務所應於登記後，於相關機關依規定申請查詢時，提供資料。

姓名條例	姓名條例施行細則
代理人為申請人。因收養或終止收養而須改姓者,辦理收養或終止收養登記之申請人,均得為改姓申請人。【107高考】 **第14條** 依本條例規定申請改姓、冠姓、回復本姓、改名、更改姓名或更正本名者,除法律另有規定外,自戶籍登記之日起,發生效力。【107地特三等】	**第14條** 本條例一百零四年五月二十日修正公布施行前,有本人申請改姓、冠姓、回復本姓、改名、更改姓名、更正本名、回復傳統姓名、回復原有漢人姓名,其配偶、子女戶籍資料未為配偶、父或母姓名更改(正)者,戶政事務所應依職權為之。 戶政事務所依前項規定為職權登記後,應通知其配偶及子女,並請其換領國民身分證及戶口名簿。

説明 1. 本條例第12條是針對本人申請改姓、改名或更改姓名時,戶政機關應就其配偶、子女之戶籍資料為職權變更與職權通知而規定。

2. 本條例第13條則是就改姓等相類申請作業之申請人為規定。

3. 本條例第14條則規定申請改姓等相類申請作業之生效日,為戶籍登記之日。

4. 本細則第13條規定申請改姓等相類申請作業完成後,戶政機關有義務於相關機關查詢時提供資料。

5. 本細則第14條規定,於104年5月20日本條例修正公布前申請改姓等相類申請作業時,戶政機關應就申請人之父母、配偶及子女等之戶籍資料,為職權登記,之後並應通知其配偶及子女,同時請其換領國民身分證及戶口名簿。

第三節 姓名之使用規範

【112地特四等、113普考】

(一)本名使用之必要 重要

姓名條例	姓名條例施行細則
第5條 國民依法令之行為，有使用姓名之必要者，均應使用本名。 **第6條** 學歷、資歷、執照及其他證件應使用本名；未使用本名者，無效。 **第7條** 財產之取得、設定、喪失、變更、存儲或其他登記時，應用本名，其未使用本名者，不予受理。	**第3條** 在國內設有戶籍國民其本名之證明為國民身分證，未滿十四歲者，得用戶口名簿或戶籍謄本代替之。 申請歸化、回復國籍者，於設戶籍前，本名之證明為歸化、回復國籍許可證書。僑居國外國民在國內未曾設有戶籍者，得以下列文件為本名之證明： 一、護照。 二、華僑身分證明書。 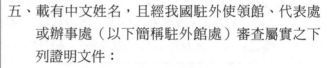 重要 三、華僑登記證。 四、國籍證明書。 五、載有中文姓名，且經我國駐外使領館、代表處或辦事處（以下簡稱駐外館處）審查屬實之下列證明文件： (一)我國政府核發之身分證明或其他證明文件。 (二)經政府機關立（備）案之華僑（文）學校製發之證書。 (三)經主管機關登記有案之僑團、僑社核發之證明書。 (四)其他經駐外館處審查屬實之文件。

説明 1. 本條例第5條、第6條及第7條分別規定何種狀況及何種證件應使用本名，及未使用本名之效果。
　　 2. 本細則第3條則就何種狀況下何種文件得為本名之證明。

(二)本條例施行前未使用本名之更正

姓名條例	姓名條例施行細則
第11條 在本條例施行前，有第六條、第七條所定未使用本名情事者，應於本條例施行後，向原權責公民營事業機構、機關（構）、學校、團體申請更正為本名；有第六條所定未使用本名情事者，得以學歷、資歷、執照、其他證件或其他足資證明文件之名字為準，向戶政事務所申請更正本名。 前項之申請，以一次為限。	**第11條** 依本條例第十一條第一項規定申請更正學歷、資歷、執照、財產及其他證件上之姓名者，應填具申請書，敘明證件上姓名與本姓名不符原因，並檢附戶籍謄本、含詳細記事之戶口名簿或足資證明二名同屬一人之文件及應更正姓名之學歷、資歷、執照、財產及其他證件，分別申請原發證機關或其主管機關改註或換發。 **第12條** 依本條例第十一條第一項規定申請更正本名者，應填具申請書，檢附本條例施行前之學歷、資歷、執照、其他證件或其他足資證明文件，向戶籍地戶政事務所申請更正。

説明 1. 本條例第11條就本條例施行前，前述未使用本名情事者，於本條例施行後應如何為本名之更正，及申請次數之限制。
2. 本細則第11條及第12條則就本條例第11條第1項之申請作業加以規定。

第四節　整體程序性之規定

姓名條例	姓名條例施行細則
第16條 本條例施行細則，由內政部定之。	**第1條** 本細則依姓名條例（以下簡稱本條例）第十六條規定訂定之。
--	**第4條** 依本條例規定申請改姓、冠姓、回復本姓、改名、更改姓名、回復傳統姓名、回復原有漢人姓名、傳統姓名之羅馬拼音並列登記、原有外文姓名之羅馬拼音並列登記者，應填具申請

姓名條例	姓名條例施行細則
--	書，檢附證明文件（回復傳統姓名者免附），向戶籍地戶政事務所申請核准。但經內政部公告，並刊登行政院公報之指定項目，得向戶籍地以外之戶政事務所為之。 僑居國外國民辦理前項之申請，依下列規定為之： 一、在國內現有或曾設有戶籍者，由駐外館處核轉其最後戶籍地戶政事務所核准。 二、在國內未曾設有戶籍者，由駐外館處核准。 **第10條**　依第四條及第五條規定申請之各類案件，於登記後，其有證件者，得向原發證機關或其主管機關為變更姓名之登記及改註證件。 **第15條**　本條例所定各類申請事項，不符規定者，受理機關應一次告知補正或以書面駁回。
第17條　本條例自公布日施行。	**第17條**　本細則自發布日施行。

説明　1. 本條例第16條與本細則第1條為相對應之規定，說明本細則之法源。

　　　2. 本條例第17條及本細則第17條均規定施行日。

　　　3. 本細則第4條、第10條及第15條則為整體性之程序規定。

　　　(1)第4條是說明就依本條例之相關申請，原則上應向戶籍地之戶政事務所為之。然經內政部公告並刊登行政院公報之指定項目，得向戶籍地以外之戶政事務所為之。同時亦規定僑居國外國民應何單位為相關申請。

　　　(2)第10條則規定各類申請案件於登記後，就證件部分，得向原發證機關或主管機關為相關之登記或改註。

　　　(3)第15條則就不符規定之各類申請，規定受理機關應予告知補正或以書面駁回。此乃是配合戶籍法施行細則第20條之規定。

第1～50題

（　　）**1** 下列何者得申請更改姓名？　(A)經通緝者　(B)經羈押者　(C)受
有期徒刑以上刑之判決確定，而未受緩刑或易科罰金者　(D)受有
期徒刑以上刑之判決確定，自判決確定之日起至執行完畢止，已
超過3年者。　　　　　　　　　　　　　　　　　　【103地方特考】

（　　）**2** 英文戶籍謄本，英文姓名登打方式規定，下列何者錯誤？　(A)全用
大寫英文字母　(B)姓之後加頓號　(C)名字之間加短橫線　(D)姓在
前、名在後。　　　　　　　　　　　　　　　　　　【103地方特考】

（　　）**3** 原住民已回復傳統姓名者，其以漢人姓名為出生登記之子女戶籍資
料中父母姓名記載，將如何辦理？　(A)應隨同變更，均應於記事欄
註記回復傳統姓名之父或母之原有漢人姓名　(B)應隨同變更，從回
復傳統姓名父或母姓之子女應註記父或母之原有漢人姓名　(C)得隨
同變更，均得於記事欄註記回復傳統姓名之父或母之原有漢人姓名
(D)得隨同變更，從回復傳統姓名父或母姓之子女得註記父或母之原
有漢人姓名。　　　　　　　　　　　　　　　　　　【103地方特考】

（　　）**4** 已申請回復傳統姓名之原住民，其申請回復漢人姓名之敘述，何
者正確？　(A)不可以再申請回復漢人姓名　(B)可以申請回復漢
人姓名，但以1次為限　(C)可以申請回復漢人姓名，但以2次為限
(D)可以申請回復漢人姓名，且無次數限制。　　　　【103地方特考】

（　　）**5** 依姓名條例規定，申請更改更正本名者，除法律另有規定外，自何
時起發生效力？　(A)溯自申請日　(B)申請案核准日　(C)核准通知
到達日　(D)戶籍登記日。　　　　　　　　　　　　【103地方特考】

（　　）**6** 申請改姓，以當事人或法定代理人為申請人，依姓名條例明文規
定，辦理何項戶籍登記之申請人亦得為改姓申請人？　(A)收養或

終止收養登記　(B)收養登記或認領登記　(C)收養登記　(D)認領
登記。　　　　　　　　　　　　　　　　　　　【103地方特考】

( )　**7** 夫妻之一方得申請以其本姓冠以配偶之姓或回復其本姓,同一
婚姻關係回復本姓者可改幾次姓?　(A)1次　(B)2次　(C)3次
(D)4次。　　　　　　　　　　　　　　　　　　【103地方特考】

( )　**8** 下列何者非屬得改姓之情形?　(A)姓氏粗俗不雅　(B)被認領
(C)被收養　(D)因執行公務之必要者。　　　　　　【103地方特考】

( )　**9** 有關中華民國國民本名之敘述,下列何者錯誤?　(A)中華民國國
民之本名,以1個為限　(B)外國人歸化我國國籍後,得不取用中
文姓名　(C)國民依法令之行為有使用姓名之必要者,應使用本名
(D)學歷證件應使用本名。　　　　　　　　　　　【103地方特考】

( )　**10** 持下列何種理由,申請改名可予核准?　(A)以姓名讀音諧音不雅
為由　(B)與通緝人犯名字完全相同　(C)與三親等直系卑親屬同名
(D)同住一縣內姓名完全相同。　　　　　　　　　【103地方特考】

( )　**11** 依姓名條例規定,何時應取用中文姓名?
(A)戶籍登記、財產登記、申請健保　(B)申請歸化、戶籍登記、入
學登記　(C)申請護照、申請歸化、戶籍登記　(D)申請健保、財產
登記、申請護照。　　　　　　　　　　　　　　【104地方特考】

( )　**12** 取用中文姓名,依姓名條例規定,下列方式何者錯誤?　(A)姓氏在
前,名字在後　(B)無姓氏者只要登記名字　(C)姓氏與名字間可以
空格　(D)姓氏與名字間不應加點號。　　　　　　【104地方特考】

( )　**13** 本人申請改姓、名或姓名時,戶政機關應同時依職權於其親屬戶籍
資料更改。下列何者不在更改範圍?　(A)配偶　(B)父母　(C)子
(D)女。　　　　　　　　　　　　　　　　　　【104地方特考】

( )　**14** 本人申請改名核准時,與其子女之戶籍資料,戶政事務所如何處
理?　(A)只變更登記本人之名,子女之戶籍資料不必處理　(B)變
更登記本人之名,同時子女戶籍記事父或母更名　(C)變更登記本人
之名,同時職權變更子女之父或母名　(D)變更登記本人之名,同時
通知子女變更父或母之名。　　　　　　　　　　【104地方特考】

(　) **15** 中華民國國民，應以戶籍登記之姓名為本名，以字義粗俗不雅申請
改名者，以幾次為限？
(A)2次　(B)3次　(C)4次　(D)不限次數。　　　【104地方特考】

(　) **16** 依姓名條例規定，姓名變更，何時發生效力？　(A)核准之日起
(B)溯及申請日　(C)戶籍登記日　(D)判決確定日。　【104地方特考】

(　) **17** 下列何種情形，確可申請更改姓名？　(A)受宣告強制工作執行完
畢　(B)受有期徒刑判決確定超過3年　(C)經通緝後現羈押中超過8
年　(D)有期徒刑確定准易服社會勞動。　　　　【104地方特考】

(　) **18** 依姓名條例第2條規定，辦理戶籍登記、申請歸化時，應取用中文
姓名，並應使用通用字（辭）典中所列有之文字。下列何者未在
其列？
(A)辭源　(B)辭海　(C)康熙字典　(D)國語日報辭典。【104地方特考】

(　) **19** 以字義粗俗不雅申請改名者，以幾次為限？　(A)1次　(B)2次
(C)3次　(D)不限次數。　　　　　　　　　　　【105身障特考】

(　) **20** 下列何種情形，得申請更改姓名？
(A)因宗教因素出世　(B)與經通緝有案之人犯姓名完全相同　(C)與
直系血親尊親屬名字完全相同　(D)同時在同一機關服務與其同仁之
姓名完全相同。　　　　　　　　　　　　　　【105身障特考】

(　) **21** 依姓名條例相關規定，有戶籍國民申請改姓、改名、更改姓名，由
何機關核准？　(A)戶政事務所　(B)直轄市、縣（市）政府　(C)內
政部　(D)法務部。　　　　　　　　　　　　　【105身障特考】

(　) **22** 本人申請更改姓名核准時，其配偶、子女戶籍資料之配偶、父或母
姓名，戶政事務所應如何處理？　(A)應依職權催告其配偶、子女變
更登記　(B)應同時依職權變更登記並催告其配偶、子女　(C)應同
時依職權變更登記並通知其配偶、子女　(D)應催告其配偶、子女
後，依職權變更登記。　　　　　　　　　　　【105原住民特考】

(　) **23** 我國姓名條例關於改姓與改名之規定，下列何者正確？
(A)被認領、被收養均應改姓　(B)被認領得改姓、被收養應改

姓　(C)被認領應改姓、被收養得改姓　(D)被認領、被收養均得改姓名。 【105原住民特考】

(　) **24** 依姓名條例，下列有關姓名登記之規定，何者錯誤？　(A)臺灣原住民已依漢人姓名登記者，得申請回復其傳統姓名　(B)我國國民與外國人結婚，其配偶取用中文姓名應符合我國國民使用姓名之習慣　(C)外國人申請歸化我國國籍，其取用中文姓名應符合我國國民使用姓名之習慣　(D)回復國籍者，得重新取用中文姓名，不以喪失國籍時之中文姓名為限。 【105地方特考】

(　) **25** 有關本名之規定，下列何者錯誤？　(A)中華民國國民應以戶籍登記之姓名為本名　(B)財產之取得，應用本名，未使用本名者，為保障其財產權益，仍應予受理　(C)學歷證件應使用本名，未使用本名者，無效　(D)國民依法令之行為，有使用姓名之必要者，均應使用本名。 【105地方特考】

(　) **26** 外國人申請歸化，辦理初設戶籍登記，須否取用中文姓名？　(A)僅申請歸化時須要　(B)僅初設戶籍才須要　(C)均應取用中文姓名　(D)中文或外文姓名擇一登記。 【105地方特考】

(　) **27** 依姓名條例，有關取用中文姓名之規定，下列何者正確？
(A)姓氏在前，名字在後；無姓氏者，應取用姓氏　(B)中文姓氏與名字之間得以空格區隔　(C)外國人申請歸化時，得以原有外文姓名之羅馬拼音並列登記　(D)原住民之傳統姓名及中文姓名，僅得擇一登記。 【105地方特考】

(　) **28** 依姓名條例規定，下列何種情事，得申請改姓？　(A)字義粗俗不雅　(B)受有期徒刑判決確定且執行完畢滿2年　(C)音譯過長　(D)因案羈押中。 【105地方特考】

(　) **29** 以字義不雅申請改名之次數規定，下列何者正確？
(A)以3次為限，但未成年人第2次改名應於成年後始得為之　(B)以2次為限，但未成年人改名不受次數限制　(C)無論成年人或未成年人改名次數均以3次為限　(D)無論成年人或未成年人改名次數均以2次為限。 【105地方特考】

(　) **30** 依姓名條例規定，有多款情事得申請改名，下列何者不得申請
　　　　更改？
　　　　(A)與祖父姓名相同　(B)與同校服務之同事姓名相同　(C)被人收養
　　　　(D)受有期徒刑以上刑之判決確定，執行滿1年。　　　【105地方特考】

(　) **31** 張君18歲時出家為僧，申請改名，2年後因犯案遭通緝，決定還俗並
　　　　改名轉運，依規定得否更改姓名？　(A)僅得申請改姓　(B)僅得申
　　　　請改名　(C)不得申請改姓、改名或更改姓名　(D)得申請改姓、改
　　　　名或更改姓名。　　　　　　　　　　　　　　　　　【105地方特考】

(　) **32** 臺灣原住民之姓名登記可依其文化慣俗為之，如果已回復傳統姓
　　　　名者，得申請回復原有漢人姓名。但以幾次為限？　(A)沒有限制
　　　　(B)二次　(C)一次　(D)三次。　　　　　　　　　　　【106身障特考】

(　) **33** 臺灣原住民及其他少數民族之姓名登記，依其下列何者為之？
　　　　(A)種族關係　(B)文化慣俗
　　　　(C)血緣關聯　(D)社會階級。　　　　　　　　　　　【106原住民特考】

(　) **34** 本人申請改姓、名或姓名時，依姓名條例之規定，其配偶、子女戶
　　　　籍資料應如何處理？　(A)由本人同時申請變更登記　(B)由其配偶
　　　　及子女另行申請變更登記　(C)戶政機關同時依職權為變更登記後，
　　　　通知其配偶及子女　(D)戶政機關徵得本人同意後，於戶籍登記簿註
　　　　記更改內容。　　　　　　　　　　　　　　　　　　【106原住民特考】

(　) **35** 因為字義粗俗不雅、音譯過長或有特殊原因而申請改名，以幾次為
　　　　限制？　(A)1　(B)2　(C)3　(D)4。　　　　　　　　【106地方特考】

(　) **36** 財產之取得、設定、喪失、變更、存儲或其他登記時，應用本
　　　　名，其未使用本名者，應如何處理？　(A)不予受理　(B)應予撤銷
　　　　(C)得廢棄之　(D)處罰鍰。　　　　　　　　　　　　【106地方特考】

(　) **37** 下列何種情形不一定要使用本名？　(A)著作出版　(B)國民依法令
　　　　之行為　(C)學歷證件　(D)財產設定登記。　　　　　【106地方特考】

(　) **38** 甲受有期徒刑3個月判決確定，並准予易科罰金，繳罰金後，他
　　　　想申請改名，受到如何影響？　(A)不因該刑案受到影響可申請
　　　　(B)還必須為過失犯才不受影響可申請　(C)自裁判確定之日起至執

行完畢3年內不得申請 (D)自裁判確定之日起至執行完畢滿3年止
不得申請。 【107身障特考】

( ) **39** 取用中文姓名之作法，下列何者錯誤？ (A)外國人無姓氏只登記名
字即可 (B)外國人申請歸化應取中文姓名 (C)外國人取用中文姓
名可改一次 (D)外國人並列中文姓名羅馬拼音。 【107身障特考】

( ) **40** 下列何項非少數民族姓名登記之規定？ (A)依少數民族文化慣俗為
姓名登記 (B)依傳統姓名登記者才可為羅馬拼音並列登記 (C)只
可以傳統姓名或漢人姓名擇一為姓名登記 (D)傳統姓名之羅馬拼音
以當事人申報者為準。 【107身障特考】

( ) **41** 按同一人改名情況統計，下列何者不符規定？ (A)同縣市姓名相同
2次＋同校姓名相同2次＋特殊原因2次 (B)字義粗俗不雅2次＋同校
姓名相同1次＋音譯過長1次 (C)與通緝犯同名2次＋音譯過長3次＋
與尊親屬名字相同1次 (D)字義粗俗不雅1次＋音譯過長2次＋特殊
原因1次。 【107身障特考】

( ) **42** 不得申請改姓、改名或更改姓名，下列何者錯誤？ (A)宣告強制工
作之裁判確定者 (B)經通緝或羈押者 (C)過失犯罪者 (D)受有期
徒刑以上刑之判決確定、未宣告緩刑或未准予易科罰金、易服社會
勞動者。 【107身障特考】

( ) **43** 臺灣原住民及其他少數民族之姓名已依漢人姓名登記者，得申請
回復其傳統姓名。但其回復之申請限幾次？ (A)一次 (B)二次
(C)三次 (D)四次。 【107原住民特考】

( ) **44** 依我國姓名條例規定，登記中文姓名時，若使用文字不能在下列何
種文獻中查得，即無法登記？
(A)微軟公司中文輸入法所使用之繁體中文文字 (B)中華百科全書
所記載之用字 (C)臺北市教育局所編纂之國語字典 (D)辭源、辭
海、康熙等通用字典。 【107原住民特考】

( ) **45** 根據我國姓名條例規定，臺灣原住民及其他少數民族之姓名登記，
依何種標準為之？
(A)國民一般生活習慣 (B)社會階級及職業性質 (C)文化慣俗
(D)國際人權公約所揭示之標準。 【107原住民特考】

(　) **46** 根據姓名條例規定，下列何人得以申請改名？　(A)張小平，在臺北市立建國中學就讀，同班尚有「張大平」「張中平」等人，以致大中小三平，蔚為趣談，但對張小平造成相當困擾　(B)臺北市民丁一，經戶政資料得知，臺北市設籍6個月以上名叫「丁一」者，至少有20人　(C)王平，與舅媽「王萍」經常造成混淆　(D)黃榮華，與經通緝之槍擊要犯「黃容華」發音相同。　　　【107原住民特考】

(　) **47** 張阿貓，年二十。因嫌原生姓名粗俗難聽，自國中以後即自行更名「張詩雅」，但未申請更名登記。其以「張詩雅」之名報考汽車駕照，承辦人員一時不查，竟准予報名。張阿貓考試及格，領得以「張詩雅」為登記姓名的汽車駕照。試問，該駕照之效力如何？(A)有效　(B)無效　(C)得撤銷　(D)效力未定。　　　【107原住民特考】

(　) **48** 中華民國國民，應以戶籍登記之姓名為本名，並以一個為限。但下列何者為其例外？　(A)依工作性質，有使用別名之需求，而為戶政機關許可者　(B)依傳統習俗兼祧而為兩家延續香火者　(C)臺灣原住民及其他少數民族之傳統姓名或漢人姓名，得以傳統姓名之羅馬拼音並列登記　(D)本名粗俗難聽者。　　　【107原住民特考】

(　) **49** 根據姓名條例之規定，下列何種情形可以申請改姓？　(A)運氣不佳，希望改運　(B)音譯諧音不雅　(C)原住民或其他少數民族因改漢姓造成家族姓氏誤植　(D)收養關係發生後，收養人與被收養人共同改為第三方姓氏。　　　【107原住民特考】

(　) **50** 中華民國國民與外國人、無國籍人結婚，其配偶及所生子女之取用中文姓名，應當以何種標準決定之？
(A)符合父母所決定之使用姓名習慣　(B)符合對該子女最佳利益之使用姓名習慣　(C)符合國際社會通行之使用姓名習慣　(D)符合我國國民使用姓名之習慣。　　　【107原住民特考】

解答

1 (D) 　 **2 (B)**（參見核發英文戶籍謄本作業要點第4點第(一)項第1款）

3 (B)（參見台灣原住民回復傳統姓名及更正姓名作業要點第6點）

4 (B) 　 **5 (D)** 　 **6 (A)** 　 **7 (B)** 　 **8 (A)** 　 **9 (B)** 　 **10 (A)**

11 (C)	12 (C)	13 (B)	14 (C)	15 (B)	16 (C)	17 (D)
18 (D)	19 (C)	20 (A)	21 (A)	22 (C)	23 (D)	24 (D)
25 (B)	26 (C)	27 (C)	28 (C)	29 (A)	30 (D)	31 (C)
32 (C)	33 (B)	34 (C)	35 (C)	36 (A)	37 (A)	38 (A)
39 (D)	40 (B)	41 (C)(D)	42 (C)	43 (A)	44 (D)	45 (C)
46 (B)	47 (B)	48 (C)	49 (C)	50 (D)		

第51～109題

( ) **51** 下列何者並非人民得申請改姓之情事？ (A)撤銷認領 (B)音譯過長 (C)臺灣原住民族因改漢姓造成家族姓氏誤植 (D)姓之讀音不雅。 【107地方特考】

( ) **52** 有下列何項情事者，得申請更改姓名？ (A)因宗教因素還俗 (B)字義粗俗不雅 (C)同時在一直轄市設立戶籍6個月以上，姓名完全相同 (D)與經通緝有案之人犯姓名完全相同。 【107地方特考】

( ) **53** 名因字義粗俗不雅、音譯過長而申請更改者，以幾次為限？ (A)1次 (B)2次 (C)3次 (D)4次。 【107地方特考】

( ) **54** 本人申請改姓名時，戶政機關應同時依職權於其子女戶籍資料為那些更改？ (A)配偶姓名 (B)父或母姓名 (C)配偶出生地 (D)父或母出生地。 【107地方特考】

( ) **55** 張姓民眾之名因與「指甲」諧音，依法得以下列何項理由，向戶政事務所申請改名？ (A)字義粗俗 (B)字義不雅 (C)音譯不雅 (D)特殊原因。 【107地方特考】

( ) **56** 甲因殺人罪被判處有期徒刑 10年確定，在服刑完畢後幾年方得申請改名？ (A)10年 (B)5年 (C)3年 (D)2年。 【107地方特考】

( ) **57** 甲被乙收養時，由收養人乙辦理收養登記。嗣終止收養，由甲辦理登記。關於甲因終止收養之改姓，由 何人申請？ (A)只有甲可以申請 (B)只有乙可以申請 (C)應由甲與乙共同申請 (D)甲或乙均得申請。 【107地方特考】

(　) **58** 依姓名條例規定申請改姓、冠姓、回復本姓、改名、更改姓名或更正本名者，除法律另有規定外，自何時發生效力？　(A)溯及至初次登記日起　(B)自申請登記之日起　(C)自戶籍登記完成之日起　(D)自戶籍登記完成之日後第30日起。　　　　　　　　　【107地方特考】

(　) **59** 當事人變更自己姓氏後，戶政機關對已從其姓子女之處置方式，下列何者錯誤？　(A)子女未隨同變更姓氏，得書面催告子女申請變更姓氏登記　(B)催告後仍不申請者，依姓名條例處以罰鍰　(C)戶政機關限期命子女申請變更姓氏登記，逾期未變更者處以怠金　(D)戶政機關可直接為變更登記。　　　　　　　　　【107地方特考】

(　) **60** 已歸化中華民國之美國人John Doe欲辦理戶籍登記，關於其姓名之取用，下列敘述何者正確？　(A)可用英文姓名辦理戶籍登記　(B)應依其母國習慣，將名字置於姓氏之前　(C)其戶籍登記上之姓氏與名字之間，不得以空格作為區隔　(D)其戶籍登記上之姓名，第一個字母都應大寫。　　　　　　　　　【107地方特考】

(　) **61** 下列何者非屬改姓名之原因？　(A)原名譯音過長　(B)因宗教因素還俗　(C)與經通緝有案之人犯姓名完全相同　(D)因執行公務之必要。　　　　　　　　　【105普考改】

(　) **62** 下列關於取用姓名之規定，何者正確？　(A)外國人於歸化我國取用中文姓名時，得以原有外文姓名之通用拼音並列登記　(B)無姓氏者，應由申請所在地戶籍機關決定其姓氏　(C)中文姓氏與名字之間不得以空格或符號區隔　(D)中文姓名文字限以教育部編訂之國語辭典中所列有之文字為範圍。　　　　　　　　　【105普考】

(　) **63** 依姓名條例規定，學歷、資歷、執照及其他證件應使用本名；未使用本名者，其法律效力為何？　(A)得撤銷　(B)無效　(C)效力未定　(D)效力停止。　　　　　　　　　【105普考、105地特四等】

(　) **64** 依姓名條例規定，臺灣原住民已依漢人姓名登記者，得申請回復其傳統姓名，但以幾次為限？　(A)1次　(B)2次　(C)3次　(D)無限制。　　　　　　　　　【105普考】

( ) **65** 依姓名條例規定，本國國民應以戶籍登記之姓名為本名，並以幾個為限？ (A)1個 (B)2個 (C)3個 (D)4個。 【105地特四等】

( ) **66** 依姓名條例規定，有下列那一種情事時，不得申請更改姓名？ (A)原名譯音過長 (B)經通緝或羈押 (C)因宗教因素出世 (D)因執行公務之必要。 【105地特四等】

( ) **67** 依姓名條例規定，因字義粗俗不雅而申請改名，其次數以幾次為限？ (A)1次 (B)2次 (C)3次 (D)4次。 【105地特四等】

( ) **68** 依據姓名條例規定，有下列情事之一者，不得申請改姓、改名或更改姓名，何者錯誤？ (A)經通緝或羈押 (B)過失犯罪者 (C)受宣告強制工作之裁判確定 (D)受有期徒刑以上刑之判決確定，未宣告緩刑或未准予易科罰金、易服社會勞動。 【106地特四等】

( ) **69** 僑居國外國民在國內未曾設有戶籍者，得以護照等相關文件為本名之證明，但不包含下列何者？ (A)醫院之出生證明 (B)華僑登記證 (C)華僑身分證明書 (D)經政府機關備案之華文學校製發之證書並經駐外館處審查屬實。 【106地特四等】

( ) **70** 關於臺灣原住民姓名登記之敘述，下列何者錯誤？ (A)已依漢人姓名登記者，得申請回復其傳統姓名，但以一次為限 (B)已回復傳統姓名者，得申請回復原有漢人姓名，但以一次為限 (C)得以傳統姓名之羅馬拼音並列登記，但仍以一個為限 (D)如使用中文登記傳統姓名，應使用通用字典或教育部編訂國語辭典所列有之文字。 【106普考】

( ) **71** 下列何者非屬不得申請改姓、改名或更改姓名之情形？ (A)通緝中 (B)羈押中 (C)過失犯罪而受有期徒刑以上刑之宣告，且未宣告緩刑或未准易科罰金、易服社會勞動者 (D)受宣告強制工作之裁判確定且執行完畢滿2年時。 【106普考】

( ) **72** 下列何種情形，得申請改姓？ (A)字義粗俗 (B)結婚或離婚 (C)音譯過長 (D)讀音不雅。 【107普考】

( ) **73** 歸化之外國人取用中文姓名，下列敘述何者錯誤？
(A)我國國民與外國人結婚，其配偶取用中文姓名，應符合我國國民使用姓名之習慣　(B)應使用辭源、辭海、康熙等通用字典或教育部編訂之國語辭典中所列有之文字　(C)得以原有外文姓名之羅馬拼音並列登記　(D)已取用中文姓名者，得申請變更中文姓名，但以3次為限。　　　　　　　　　　　　　　　　　　　　　　【107普考】

( ) **74** 依姓名條例申請改名之情形，下列何者有次數限制？　(A)與三親等以內直系尊親屬名字完全相同　(B)與經通緝有案之人犯姓名完全相同　(C)被認領或被收養　(D)字義粗俗不雅　　　　　【107普考】

( ) **75** 關於夫妻之冠姓，下列敘述何者正確？　(A)夫妻之一方，僅妻得申請以其本姓冠以配偶之姓　(B)夫妻之一方，申請以其本姓冠以配偶之姓者，不得再申請回復本姓　(C)夫妻之一方，申請以其本姓冠以配偶之姓者，得申請回復本姓，但須在同一婚姻關係存續中　(D)夫妻之一方，申請以其本姓冠以配偶之姓者，得申請回復本姓，於同一婚姻關係存續中，以1次為限　　　　　　　　【107地特四等】

( ) **76** 姓名條例施行細則，由何機關定之？　(A)外交部　(B)內政部　(C)經濟部　(D)國防部。　　　　　　　　　　　　　　【107地特四等】

( ) **77** 外國人歸化為我國國籍而取用中文姓名，關於申請更改中文姓名，下列敘述何者正確？
(A)一律不得更改　(B)得更改，但以1次為限　(C)得更改，但須符合改姓要件　(D)得更改，但須經外交部同意。　　　　【107地特四等】

( ) **78** 依姓名條例規定，關於申請改名之敘述，下列何者正確？　(A)非經申請人同意，戶政機關不得將改名情事通知任何人　(B)限由本人提出申請　(C)申請人配偶之戶籍資料亦應一併修改　(D)經法院判處有期徒刑且未易科罰金確定之日起，至執行完畢滿5年內，不得申請改名。　　　　　　　　　　　　　　　　　　　　　　【107地特四等】

( ) **79** 依姓名條例規定，得申請改姓之事由，不包括下列何者？　(A)音譯過長　(B)字義粗俗不雅　(C)終止收養　(D)臺灣原住民因改漢姓造成家族姓名誤植。　　　　　　　　　　　　　　　【107地特四等】

(　　) **80** 國民依法令之行為，有使用姓名之必要者，下列敘述何者正確？
(A)應使用本名　(B)得使用筆名　(C)得使用藝名　(D)得使用外文
姓名。　　　　　　　　　　　　　　　　　　　　　【108普考】

(　　) **81** 依姓名條例申請改姓，除法律另有規定外，自何日起發生效力？
(A)戶籍登記之日起　(B)申請改姓時起　(C)戶籍登記後滿3個月起
(D)申請改姓之翌年1月1日起。　　　　　　　　　　　【108普考】

(　　) **82** 因執行公務之必要，可否申請更改姓名？　(A)可申請更改姓名
(B)只能申請改姓　(C)只能申請改名　(D)只能更改一次。　【108普考】

(　　) **83** 姓名條例施行細則由何機關定之？　(A)教育部　(B)法務部　(C)內
政部　(D)行政院。　　　　　　　　　　　　　　　　　【108普考】

(　　) **84** 依姓名條例第8條第1項各款規定申請改姓，應檢附之證明文件，下
列敘述何者錯誤？　(A)被認領、撤銷認領者，為被認領、撤銷認領
之證明文件　(B)被收養者，為收養契約　(C)臺灣原住民因改漢姓
造成家族姓氏誤植者，為足資證明家族正確姓氏之文件　(D)其他依
法改姓者，為其依法改姓之證明文件。　　　　　　　　【108普考】

(　　) **85** 下列何種情形，得不使用本名？　(A)在職證明書　(B)汽車駕駛執
照　(C)國家考試准考證　(D)族譜。　　　　　　　　　【108普考】

(　　) **86** 依字義粗俗不雅、音譯過長或有特殊原因為理由申請改名，其次數
限制為何？　(A)1次為限　(B)2次為限　(C)3次為限　(D)無次數
限制。　　　　　　　　　　　　　　　　　　　　　　【108普考】

(　　) **87** 回復國籍居住國內者，在國內設戶籍前，依姓名使用規定，其本名
之證明為何？　(A)護照　(B)戶口名簿或戶籍謄本　(C)國籍證明書
(D)回復國籍許可證書。　　　　　　　　　　　　　【103地方特考】

(　　) **88** 未滿幾歲之國民申請改姓、改名或更改姓名，戶政事務所無須向相
關機關查詢其有無姓名條例第12條所定情事？　(A)14歲　(B)16歲
(C)18歲　(D)20歲。　　　　　　　　　　　　　　【103地方特考】

(　　) **89** 下列何種情形不一定要取中文姓名？　(A)無國籍人申請歸化我國
(B)無戶籍國民與外國人結婚　(C)外國人子女申請歸化我國　(D)外
國籍父為子辦出生登記。　　　　　　　　　　　　【104地方特考】

(　) **90** 小麗現年15歲，出生時父為其辦妥出生登記，現僑居國外，戶籍載明遷出國外，目前她以何項證件為本名之證明？　(A)華僑身分證明書　(B)國民身分證　(C)護照　(D)國籍證明書。　【104地方特考】

(　) **91** 外國人為我國有戶籍國民之配偶，申請歸化我國國籍時，其中文姓名以何者為準？　(A)經駐外館處驗證之結婚證書　(B)我國國民戶籍資料之配偶姓名　(C)夫妻互相約定之書面文件　(D)當事人申請歸化時自行取用姓名。　【105身障特考】

(　) **92** 臺灣原住民羅馬拼音之符號系統，由何機關提供？　(A)內政部　(B)原住民族委員會　(C)教育部　(D)文化部。　【105身障特考】

(　) **93** 依姓名條例第9條之規定申請改名，下列何種情事，須提出改名之證明文件？　(A)與通緝犯姓名相同　(B)與直系尊親屬名字相同　(C)與同一縣市內姓名相同　(D)本名音譯過長。　【105原住民特考】

(　) **94** 臺灣原住民及其他少數民族傳統姓名之羅馬拼音，以何者為準？　(A)足資證明家族正確姓氏之文件　(B)戶政機關查證　(C)原住民族委員會提供　(D)當事人申報。　【105原住民特考】

(　) **95** 在國內設有戶籍國民其本名之證明文件為何？　(A)國民身分證　(B)護照　(C)國籍證明書　(D)華僑登記證。　【105原住民特考】

(　) **96** 外國人申請歸化我國國籍，於許可前與我國國民結婚，其中文姓名應以下列何者為準？　(A)以我國國民戶籍資料之配偶姓名為準　(B)以申請歸化時之姓名為準　(C)以外僑居留證上之姓名為準　(D)以居留簽證上之姓名為準。　【105地方特考】

(　) **97** 僑居國外之國民，如在國內曾設有戶籍，欲申請更改姓名，應如何處理？　(A)由駐外館處核准　(B)由駐外館處核轉其最後戶籍地戶政事務所核准　(C)由駐外館處核轉內政部核准　(D)由駐外館處核轉任一戶政事務所核准。　【105地方特考】

(　) **98** 下列敘述，何者錯誤？　(A)臺灣原住民羅馬拼音之符號系統，係由原住民族委員會提供　(B)外國人及其子女已取用中文姓名者，得申請變更中文姓名，但以一次為限　(C)非婚生子女，其生父與生母結

婚後，可依照父母之約定改父姓　(D)以姓名字義粗俗不雅之原因而可申請改名，以一次為限。　　　　　　　　　　　　　【106身障特考】

(　　) **99** 下列何者不符姓名法規之規定？　(A)我國國民之外籍配偶申請歸化所用中文姓名，應以我國國民戶籍之配偶姓名為準　(B)日本籍配偶可以其日本護照的「鈴木信三」日本姓名，與國人辦理戶籍結婚登記　(C)喪失我國國籍後取得美國國籍者，可以外文音譯方式「保羅陳」，辦理回復國籍　(D)國人與外籍配偶所生子女之中文姓名，應符合民法及姓名條例等規定。　　　　　　　　　　　　【107身障特考】

(　　)**100** 本人申請變更姓名時，戶政事務所辦理下列何項作為，於法不符？　(A)依職權變更登記本人之配偶、子女戶籍上配偶、父或母之姓名　(B)依職權通知本人之配偶、子女申辦更改戶籍上配偶、父或母之姓名　(C)發現本人之配偶、子女戶籍未為配偶、父或母姓名更改者亦應職權變更　(D)依職權向相關機關查證有無姓名條例第15條不得變更姓名之情事。　　　　　　　　　　　　　　　　【107身障特考】

(　　)**101** 在國內設有戶籍國民，其本名之證明為國民身分證，其未滿幾歲者得用戶口名簿或戶籍謄本代替之？　(A)十二歲　(B)十三歲　(C)十四歲　(D)十五歲。　　　　　　　　　　　　【107原住民特考】

(　　)**102** 外國人與我國國民結婚時，於辦理結婚登記時，應如何辦理其姓名登記？　(A)應以口頭約定其中文姓名　(B)應以書面登記其原文姓名　(C)應以書面確定其中文姓名　(D)應以書面登記其原文姓名並加中文表示。　　　　　　　　　　　　　　　【107地方特考】

(　　)**103** 依姓名條例施行細則規定，臺灣原住民傳統姓名羅馬拼音之符號系統，應由何機關提供？　(A)外交部　(B)行政院原住民族委員會　(C)內政部　(D)各該戶政事務所。　　　　　　　　【107地方特考】

解答

51 (D)	52 (A)	53 (C)	54 (B)	55 (D)	56 (C)	57 (D)	58 (C)	59 (B)
60 (C)	61 (C)	62 (C)	63 (B)	64 (A)	65 (A)	66 (B)	67 (C)	68 (B)
69 (A)	70 (C)	71 (C)	72 (C)	73 (D)	74 (D)	75 (D)	76 (B)	77 (B)
78 (C)	79 (B)	80 (A)	81 (A)	82 (A)	83 (C)	84 (B)	85 (B)	86 (C)
87 (D)	88 (A)	89 (B)	90 (B)	91 (B)	92 (B)	93 (A)	94 (D)	95 (A)
96 (B)	97 (B)	98 (D)	99 (C)	100 (B)	101 (C)	102 (C)	103 (B)	

申論題

一、依姓名條例規定，我國國民基於何種原因可以申請更改姓名？【105地特三等】

答：(一) 姓名條例第10條規定：「有下列情事之一者，得申請更改姓名：

一、原名譯音過長或不正確。

二、因宗教因素出世或還俗。

三、因執行公務之必要，應更改姓名。」

(二) 同條例第15條規定：「有下列情事之一者，不得申請改姓、改名或更改姓名：

一、經通緝或羈押。

二、受宣告強制工作之裁判確定。

三、受有期徒刑以上刑之判決確定，未宣告緩刑或未准予易科罰金、易服社會勞動。但過失犯罪者，不在此限。

前項第2款及第3款規定不得申請改姓、改名或更改姓名之期間，自裁判確定之日起至執行完畢滿3年止。」

上述第10條為申請更改姓名之積極要件，第15條則為消極要件，如具有第10條規定之情形，且不具有第15條規定之狀況，即可申請更改姓名。

二、請分別列舉三項得申請改姓、更改姓名之法定情事？　　　　【106高考】

答：(一) 姓名條例第8條第1項規定：「有下列情事之一者，得申請改姓：

一、被認領、撤銷認領。

二、被收養、撤銷收養或終止收養。

三、臺灣原住民或其他少數民族因改漢姓造成家族姓氏誤植。

四、音譯過長。

五、其他依法改姓。」

以上為得申請改姓之事由。

(二) 同條例第10條規定：「有下列情事之一者，得申請更改姓名：

　　一、原名譯音過長或不正確。

　　二、因宗教因素出世或還俗。

　　三、因執行公務之必要，應更改姓名。」

　　以上為得申請更改姓名之事由。

三、依據姓名條例之規定，有關姓名登記及應使用本名事項之規定為何？　　　　　　　　　　　　　　　　　　　　　　　【106地特三等】

答：姓名條例中有關姓名登記之規定，如下：

(一) 姓名條例（下同）第1條規定：「中華民國國民，應以戶籍登記之姓名為本名，並以一個為限。

　　臺灣原住民族及其他少數民族之姓名登記，依其文化慣俗為之；其已依漢人姓名登記者，得申請回復其傳統姓名；回復傳統姓名者，得申請回復原有漢人姓名。但均以一次為限。

　　前項臺灣原住民族傳統姓名文化慣俗由中央原住民族主管機關調查確認；其內涵意義、取用方式及其他應行注意事項之指引，由中央主管機關會同中央原住民族主管機關定之。

　　第二項臺灣原住民族及其他少數民族之出生登記及初設戶籍登記以傳統姓名登記者，得申請變更為漢人姓名；變更為漢人姓名者，得申請回復傳統姓名。但均以一次為限。

　　中華民國國民與外國人、無國籍人結婚，其配偶及所生子女之取用中文姓名，應符合我國國民使用姓名之習慣；外國人、無國籍人申請歸化我國國籍者，其中文姓名，亦同。

　　已依前項規定取用中文姓名者，得申請更改中文姓名一次。

　　回復國籍者，應回復喪失中華民國國籍時之中文姓名。」

(二) 第2條規定：「辦理戶籍登記、申請歸化或護照時，應取用中文姓名，並應使用辭源、辭海、康熙等通用字典或教育部編訂之國語辭典中所列有之文字。

　　姓名文字未使用前項所定通用字典或國語辭典所列有之文字者，不予登記。

　　　　臺灣原住民族依其文化慣俗登記傳統姓名者，得使用原住民族文字。」

　(三)　第3條規定：「取用中文姓名，應依下列方式為之：

　　　　一、姓氏在前，名字在後。但無姓氏者，得登記名字二、中文姓氏與名字之間不得以空格或符號區隔。」

　(四)　第4條規定：「臺灣原住民族之中文傳統姓名或漢人姓名，均得以傳統姓名之原住民族文字並列登記；其他少數民族之中文傳統姓名或漢人姓名，均得以傳統姓名之羅馬拼音並列登記。不受第一條第一項規定之限制。

四、甲因案遭起訴，檢察官認定甲為故意犯，求處重刑，經法官審理後認定屬實，但情有可原，故判處六個月有期徒刑並得易科罰金確定，但甲沒錢繳納罰金，故入監服刑。甲於監禁完畢後，為免影響與其同名之曾祖父的名譽，故申請改名，甲戶籍地之戶政事務所是否應核准？　　　　　　　　　　　　　　　　　　　【106普考】

答：(一)　姓名條例第9條第1項規定：「有下列情事之一者，得申請改名：

　　　　一、同時在一公民營事業機構、機關（構）、團體或學校服務或肄業，姓名完全相同。

　　　　二、與三親等以內直系尊親屬名字完全相同。

　　　　三、同時在一直轄市、縣（市）設立戶籍六個月以上，姓名完全相同。

　　　　四、與經通緝有案之人犯姓名完全相同。

　　　　五、被認領、撤銷認領、被收養、撤銷收養或終止收養。

　　　　六、字義粗俗不雅、音譯過長或有特殊原因。

　　　　七、臺灣原住民族基於文化慣俗。」

　　　　查甲之曾祖父為甲三親等以內直系尊親屬，依上開第9條第1項第2款之規定，甲得申請改名。

　(二)　同條例第15條規定：「有下列情事之一者，不得申請改姓、改名或更改姓名：

　　　　一、經通緝或羈押。

　　　　二、受宣告強制工作之裁判確定。

三、受有期徒刑以上刑之判決確定，未宣告緩刑或未准予易科罰
　　金、易服社會勞動。但過失犯罪者，不在此限。
前項第2款及第3款規定不得申請改姓、改名或更改姓名之期間，
自裁判確定之日起至執行完畢滿3年止。」
查甲雖受6個月有期徒刑之宣告，但得易科罰金，僅因其沒錢繳納
而入監服刑，因此甲之狀況，並不符合姓名條例第15條第1項第3
款本文之狀況，因此甲不受前述第15條第1項之限制，仍得申請改
名，戶政事務所應予准許。

五、A因殺人罪入獄服刑，獲假釋出獄後，因更生需求而申請改名。請問其申請改名有何限制？ 【107身障三等】

答：(一) 姓名條例第9條規定：「有下列情事之一者，得申請改名：
　　　一、同時在一公民營事業機構、機關（構）、團體或學校服務或肄
　　　　　業，姓名完全相同。
　　　二、與三親等以內直系尊親屬名字完全相同。
　　　三、同時在一直轄市、縣（市）設立戶籍六個月以上，姓名完全相
　　　　　同。
　　　四、與經通緝有案之人犯姓名完全相同。
　　　五、被認領、撤銷認領、被收養、撤銷收養或終止收養。
　　　六、字義粗俗不雅、音譯過長或有特殊原因。
　　　七、臺灣原住民族基於文化慣俗。
　　　依前項第6款申請改名，以三次為限。但未成年人第二次改名，應
　　　於成年後始得為之。」
　　(二) 同條例第15條規定：「有下列情事之一者，不得申請改姓、改名
　　　或更改姓名：
　　　一、經通緝或羈押。
　　　二、受宣告強制工作之裁判確定。
　　　三、受有期徒刑以上刑之判決確定，未宣告緩刑或未准予易科罰
　　　　　金、易服社會勞動。但過失犯罪者，不在此限。
　　　前項第2款及第3款規定不得申請改姓、改名或更改姓名之期間，
　　　自裁判確定之日起至執行完畢滿3年止。」

(三) 因此A雖得依姓名條例第9條第1項第6款以「特殊原因」申請改名，但因有同條例第15條第1項第3款之限制，故須迨裁判確定之日起至執行完畢滿3年後，始得申請改名。

六、甲男與乙女結婚，請依姓名條例規定，回答以下問題：(一)甲欲冠乙之姓，應如何為之？(二)甲冠乙之姓後，能否回復其本姓？有何限制？　　　　　　　　　　　　　　　　　　　　　　　【107高考】

答：(一) 甲欲冠乙之姓之申請規定：

1. 姓名條例第13條規定：「依本條例規定申請改姓、冠姓、回復本姓、改名、更改姓名、更正本名者，以本人或法定代理人為申請人。因收養或終止收養而須改姓者，辦理收養或終止收養登記之申請人，均得為改姓申請人。」

2. 姓名條例施行細則第4條第1項規定：「依本條例規定申請改姓、冠姓、回復本姓、改名、更改姓名、回復傳統姓名、回復原有漢人姓名、傳統姓名之羅馬拼音並列登記、原有外文姓名之羅馬拼音並列登記者，應填具申請書，檢附證明文件（回復傳統姓名者免附），向戶籍地戶政事務所申請核准。但經內政部公告，並刊登行政院公報之指定項目，得向戶籍地以外之戶政事務所為之。」

3. 因此甲欲冠乙之姓，應以甲本人為申請人，再依姓名條例施行細則第4條第1項之規定，填具申請書及檢附證明文件，向戶籍地戶政事務所申請核准。

(二)

1. 姓名條例第8條規定：「有下列情事之一者，得申請改姓：
   一、被認領、撤銷認領。
   二、被收養、撤銷收養或終止收養。
   三、臺灣原住民族或其他少數民族因改漢姓造成家族姓氏誤植。
   四、音譯過長。
   五、其他依法改姓。
   夫妻之一方得申請以其本姓冠以配偶之姓或回復其本姓；其回復本姓者，於同一婚姻關係存續中，以一次為限。」

2. 同條例第15條規定：「有下列情事之一者，不得申請改姓、改名或更改姓名：

一、經通緝或羈押。

二、受宣告強制工作之裁判確定。

三、受有期徒刑以上刑之判決確定，未宣告緩刑或未准予易科罰金、易服社會勞動。但過失犯罪者，不在此限。

前項第二款及第三款規定不得申請改姓、改名或更改姓名之期間，自裁判確定之日起至執行完畢滿三年止。」

依上開規定，甲得依姓名條例第8條第1項第5款之事申請回復本姓，但依同條第2項之規定，以一次為限，且不得有同條例第15條規定之情事。

七、依姓名條例規定申請改姓，自何時發生效力？學歷、資歷、執照及其他證件應使用本名，而未使用本名者，其效力為何？　【107地特三等】

答：(一) 改姓效力之發生：

1. 姓名條例（下同）第8條規定：「有下列情事之一者，得申請改姓：

一、被認領、撤銷認領。

二、被收養、撤銷收養或終止收養。

三、臺灣原住民族或其他少數民族因改漢姓造成家族姓氏誤植。

四、音譯過長。

五、其他依法改姓。

夫妻之一方得申請以其本姓冠以配偶之姓或回復其本姓；其回復本姓者，於同一婚姻關係存續中，以一次為限。」

2. 第14條規定：「依本條例規定申請改姓、冠姓、回復本姓、改名、更改姓名或更正本名者，除法律另有規定外，自戶籍登記之日起，發生效力。」

3. 因此，如符合姓名條例第8條規定之狀況，始得申請改姓。依第8條之規定申請改姓者，依第14條之規定，自戶籍登記之日起發生效力。

(二) 未使用本名之效力：

第5條規定：「國民依法令之行為，有使用姓名之必要者，均應使用本名。」又第6條規定：「學歷、資歷、執照及其他證件應使用本名；未使用本名者，無效。」

因此學歷、資歷、執照及其他證件如未使用本名者，則為無效。

> **八、請依姓名條例規定，說明外國人申請歸化我國國籍取用中文姓名之規定。**　　　　　　　　　　　　　　　　　　　　　　　　**【107地特四等】**

答：(一) 姓名條例（下同）第1條第5項、第6項規定：「中華民國國民與外國人、無國籍人結婚，其配偶及所生子女之取用中文姓名，應符合我國國民使用姓名之習慣；外國人、無國籍人申請歸化我國國籍者，其中文姓名，亦同。

已依前項規定取用中文姓名者，得申請更改中文姓名一次。」

(二) 又第4條第2項規定：「外國人、無國籍人於歸化我國取用中文姓名時，得以原有外文姓名之羅馬拼音並列登記，不受第1條第1項規定之限制。」

(三) 取用中文姓名時，第2條第1項、第2項規定：「辦理戶籍登記、申請歸化或護照時，應取用中文姓名，並應使用辭源、辭海、康熙等通用字典或教育部編訂之國語辭典中所列有之文字。姓名文字未使用前項所定通用字典或國語辭典所列有之文字者，不予登記。

姓名文字未使用前項所定通用字典或國語辭典所列有之文字者，不予登記。」

第3條規定：「取用中文姓名，應依下列方式為之：

一、姓氏在前，名字在後。但無姓氏者，得登記名字。

二、中文姓氏與名字之間不得以空格或符號區隔。」

九、美國籍甲男與本國籍乙女結婚，甲辦理戶籍登記時，有關其使用
　　之中文姓名有何規定？是否可以只使用原有外文姓名？嗣後得否
　　申請更改其中文姓名？試就姓名條例與其施行細則之相關規定敘
　　述之。　　　　　　　　　　　　　　　　　　　　　【108高考】

答：(一) 依姓名條例第1條第1項規定：「中華民國國民，應以戶籍登記之
　　　　姓名為本名，並以一個為限。」
　　　　同條第3項規定：「中華民國國民與外國人、無國籍人結婚，其
　　　　配偶及所生子女之取用中文姓名，應符合我國國民使用姓名之習
　　　　慣；外國人、無國籍人申請歸化我國國籍者，其中文姓名，亦
　　　　同。」
　　　　同條例第3條規定：「取用中文姓名，應依下列方式為之：
　　　　一、姓氏在前，名字在後。但無姓氏者，得登記名字。
　　　　二、中文姓氏與名字之間不得以空格或符號區隔。」
　　　　又同條例第4條第2項規定：「外國人、無國籍人於歸化我國取用
　　　　中文姓名時，得以原有外文姓名之羅馬拼音並列登記，不受第1條
　　　　第1項規定之限制。」

　　(二) 姓名條例施行細則第2條第2項至第5項規定：「外國人、無國籍人
　　　　申請歸化中華民國（以下簡稱我國）國籍，或與我國國民結婚，
　　　　於辦理結婚登記時，應以書面確定其中文姓名；其子女之中文姓
　　　　名，依相關法律規定辦理。依前項取用之中文姓名，得以其中文原
　　　　名或外文音譯方式為之。外國人、無國籍人為我國國民之配偶，申
　　　　請歸化我國國籍時，其中文姓名應以我國國民戶籍資料之配偶姓名
　　　　為準。外國人、無國籍人申請歸化我國國籍，於許可前與我國國民
　　　　結婚，其中文姓名應以申請歸化時之姓名為準。」
　　　　同細則第5條規定：「國民之本名或外國人、無國籍人之中文姓
　　　　名未使用本條例規定辭源、辭海、康熙等通用字典或教育部編訂
　　　　之國語辭典中所列有之文字，或該文字屬教育部異體字字典所列
　　　　之異體字，當事人得申請更正為上述字（辭）典所列通用文字、
　　　　正體字。」

　　(三) 以上規定為外國人在我國辦理戶籍登記，依姓名條例及姓名條例
　　　　施行細則中，有關姓名部分之規定。因此，本題中，甲男和本國

籍乙女結婚，甲辦理戶籍登記，有關其使用之中文姓名，應依上開規定。

(四) 又姓名條例第2條第1項規定：「辦理戶籍登記、申請歸化或護照時，應取用中文姓名，並應使用辭源、辭海、康熙等通用字典或教育部編訂之國語辭典中所列有之文字。」因此甲仍須取用中文姓名，不得僅以原有外文姓名登記。

姓名條例第1條第4項規定：「已依前項規定取用中文姓名者，得申請更改中文姓名一次。」因此甲男嗣後得申請更改中文姓名一次。

第六節 相關法規

姓名條例

中華民國 113 年 5 月 29 日總統華總一義字第 11300045281 號令修正公布

第一條 中華民國國民，**應以戶籍登記之姓名為本名，並以一個為限。**
臺灣原住民族及其他少數民族之姓名登記，依其文化慣俗為之；其已依漢人姓名登記者，得申請回復其傳統姓名；回復傳統姓名者，得申請回復原有漢人姓名。**但均以一次為限。**
前項臺灣原住民族傳統姓名文化慣俗由中央原住民族主管機關調查確認；其內涵意義、取用方式及其他應行注意事項之指引，由中央主管機關會同中央原住民族主管機關定之。
第二項臺灣原住民族及其他少數民族之出生登記及初設戶籍登記以傳統姓名登記者，得申請變更為漢人姓名；

變更為漢人姓名者，得申請回復傳統姓名。但均以一次為限。
中華民國國民與外國人、無國籍人結婚，其配偶及所生子女**之取用中文姓名，應符合我國國民使用姓名之習慣**；外國人、無國籍人申請歸化我國國籍者，其中文姓名，亦同。
已依前項規定取用中文姓名者，**得申請更改中文姓名一次。**
回復國籍者，應回復喪失中華民國國籍時之中文姓名。

第二條 辦理戶籍登記、申請歸化或護照時，應取用中文姓名，並應使用辭源、辭海、康熙等通用字典或教育部編訂之國語辭典中**所列有之文字。**

姓名文字未使用前項所定通用字典或國語辭典所列有之文字者，不予登記。

臺灣原住民族依其文化慣俗登記傳統姓名者，得使用原住民族文字。

第三條 取用中文姓名，應依下列方式為之：

一、姓氏在前，名字在後。但無姓氏者，得登記名字。

二、中文姓氏與名字之間不得以空格或符號區隔。

第四條 臺灣原住民族之中文傳統姓名或漢人姓名，**均得以傳統姓名之原住民族文字並列登記**；其他少數民族之中文傳統姓名或漢人姓名，**均得以傳統姓名之羅馬拼音並列登記。不受第一條第一項規定之限制。**

外國人、無國籍人於歸化我國取用中文姓名時，**得以原有外文姓名之羅馬拼音並列登記**，不受第一條第一項規定之限制。

第五條 國民依法令之行為，有使用姓名之必要者，**均應使用本名。**

第六條 學歷、資歷、執照及其他證件應使用本名；**未使用本名者，無效。**

第七條 財產之取得、設定、喪失、變更、存儲或其他登記時，應用本名，其**未使用本名者，不予受理。**

第八條 有下列情事之一者，得申請改姓：

一、被認領、撤銷認領。

二、被收養、撤銷收養或終止收養。

三、臺灣原住民族或其他少數民族因改漢姓造成家族姓氏誤植。

四、音譯過長。

五、其他依法改姓。

夫妻之一方得申請以其本姓冠以配偶之姓或回復其本姓；其回復本姓者，於同一婚姻關係存續中，以一次為限。

第九條 有下列情事之一者，**得申請改名：**

一、同時在一公民營事業機構、機關（構）、團體或學校服務或肆業，姓名完全相同。

二、與三親等以內直系尊親屬名字完全相同。

三、同時在一直轄市、縣（市）設立戶籍六個月以上，姓名完全相同。

四、與經通緝有案之人犯姓名完全相同。

五、被認領、撤銷認領、被收養、撤銷收養或終止收養。

六、字義粗俗不雅、音譯過長或有特殊原因。

七、臺灣原住民族基於文化慣俗。

依前項第六款申請改名，**以三次為限。但未成年人第二次改名，應於成年後始得為之。**

第十條 有下列情事之一者，得申請更改姓名：

一、原名譯音過長或不正確。

二、因宗教因素出世或還俗。

三、因執行公務之必要，應更改姓名。

第十一條　在本條例施行前，有第六條、第七條所定未使用本名情事者，應於本條例施行後，向原權責公民營事業機構、機關（構）、學校、團體申請更正為本名；有第六條所定未使用本名情事者，得以學歷、資歷、執照、其他證件或其他足資證明文件之名字為準，向戶政事務所申請更正本名。
前項之申請，以一次為限。

第十二條　本人申請改姓、名或姓名時，戶政機關應同時依職權於其配偶、子女戶籍資料為配偶、父或母姓名更改，並應於變更登記後通知其配偶及子女。

第十三條　依本條例規定申請改姓、冠姓、回復本姓、改名、更改姓名、更正本名者，以本人或法定代理人為申請人。因收養或終止收養而須改姓者，辦理收養或終止收養登記之申請人，均得為改姓申請人。

第十四條　依本條例規定申請改姓、冠姓、回復本姓、改名、更改姓名或更正本名者，除法律另有規定外，**自戶籍登記之日起，發生效力。**

第十五條　有下列情事之一者，**不得申請改姓、改名或更改姓名：**
一、經通緝或羈押。
二、受宣告強制工作之裁判確定。
三、受有期徒刑以上刑之判決確定，未宣告緩刑或未准予易科罰金、易服社會勞動。但過失犯罪者，不在此限。
前項第二款及第三款規定不得申請改姓、改名或更改姓名之期間，**自裁判確定之日起至執行完畢滿三年止。**

第十六條　本條例施行細則，由內政部定之。

第十七條　本條例自公布日施行。

姓名條例施行細則

中華民國 104 年 11 月 18 日內政部台內戶字第 1041204799 號令修正發布

第一條　本細則依姓名條例（以下簡稱本條例）第十六條規定訂定之。

第二條　國民於出生登記或初設戶籍登記時，**應確定其本名依法登記。**
外國人、無國籍人申請歸化中華民國（以下簡稱我國）國籍，或與我國國民結婚，於辦理結婚登記時，**應以書面確定其中文姓名**；其子女之中文姓名，依相關法律規定辦理。
依前項取用之中文姓名，得以其中文原名或外文音譯方式為之。

外國人、無國籍人為我國國民之配偶，申請歸化我國國籍時，其中文姓名應以我國國民戶籍資料之配偶姓名為準。

外國人、無國籍人申請歸化我國國籍，於許可前與我國國民結婚，其中文姓名應以申請歸化時之姓名為準。

第三條　在國內設有戶籍國民其本名之證明為國民身分證，未滿十四歲者，得用戶口名簿或戶籍謄本代替之。

申請歸化、回復國籍者，於設戶籍前，本名之證明為歸化、回復國籍許可證書。僑居國外國民在國內未曾設有戶籍者，**得以下列文件為本名之證明：**

一、護照。

二、華僑身分證明書。

三、華僑登記證。

四、國籍證明書。

五、載有中文姓名，且經我國駐外使領館、代表處或辦事處（以下簡稱駐外館處）審查屬實之下列證明文件：

(一) 我國政府核發之身分證明或其他證明文件。

(二) 經政府機關立（備）案之華僑（文）學校製發之證書。

(三) 經主管機關登記有案之僑團、僑社核發之證明書。

(四) 其他經駐外館處審查屬實之文件。

第四條　依本條例規定申請改姓、冠姓、回復本姓、改名、更改姓名、回復傳統姓名、回復原有漢人姓名、傳統姓名之羅馬拼音並列登記、原有外文姓名

之羅馬拼音並列登記者，應填具申請書，檢附證明文件（回復傳統姓名者免附），向戶籍地戶政事務所申請核准。但經內政部公告，並刊登行政院公報之指定項目，得向戶籍地以外之戶政事務所為之。

僑居國外國民辦理前項之申請，依下列規定為之：

一、在國內現有或曾設有戶籍者，由駐外館處核轉其最後戶籍地戶政事務所核准。

二、在國內未曾設有戶籍者，由駐外館處核准。

第五條　國民之本名或外國人、無國籍人之中文姓名未使用本條例規定辭源、辭海、康熙等通用字典或教育部編訂之國語辭典中所列有之文字，或該文字屬教育部異體字字典所列之異體字，當事人得申請更正為上述字（辭）典所列通用文字、正體字。

第六條　臺灣原住民及其他少數民族傳統姓名之羅馬拼音，**以當事人申報者為準。**

臺灣原住民羅馬拼音之符號系統，由原住民族委員會提供。

外國人、無國籍人歸化我國國籍者，原有外文姓名之羅馬拼音，**以當事人申報者為準**。

第七條　依本條例第八條第一項各款規定申請改姓之證明文件如下：

一、依第一款規定申請者，為被認領、撤銷認領之證明文件。

二、依第二款規定申請者，為法院裁判書及確定證明書之證明文件，養子女為成年人得以終止收養書約為證明文件。

三、依第三款規定申請者，為足資證明家族正確姓氏之文件。

四、依第五款規定申請者，為其依法改姓之證明文件。

前項證明文件有戶籍資料可稽者，由戶政機關查證之。

第八條　依本條例第九條第一項各款規定**申請改名之證明文件或由戶政機關查證戶籍資料如下：**

一、依第一款規定申請者，為公民營事業機構、機關（構）、團體或學校之證明文件。

二、依第二款規定申請者，由戶政機關查證同名直系尊親屬戶籍資料。

三、依第三款規定申請者，申請人應提供同姓名者戶籍所在之鄉（鎮、市、區），由戶政機關查證戶籍資料。

四、依第四款規定申請者，為載有通緝資料之證明文件。

五、依第五款規定申請者，為被認領、撤銷認領、被收養、撤銷收養或終止收養之證明文件。

六、依第六款規定申請者，由戶政機關查證申請人之改名次數及是否成年戶籍資料。

第九條　依本條例第十條規定**申請更改姓名之證明文件如下：**

一、依第一款規定申請者，為載有原姓名之證件。

二、依第二款規定申請者，為出世或還俗之證明。

三、依第三款規定申請者，為服務機關證明書。

第十條　依第四條及第五條規定申請之各類案件，於登記後，其有證件者，得向原發證機關或其主管機關為變更姓名之登記及改註證件。

第十一條　依本條例第十一條第一項規定申請更正學歷、資歷、執照、財產及其他證件上之姓名者，應填具申請書，敘明證件上姓名與本姓名不符原因，並檢附戶籍謄本、含詳細記事之戶口名簿或足資證明二名同屬一人之文件及應更正姓名之學歷、資歷、執照、財產及其他證件，分別申請原發證機關或其主管機關改註或換發。

第十二條　依本條例第十一條第一項規定申請更正本名者，應填具申請書，檢附本條例施行前之學歷、資歷、執照、其他證件或其他足資證明文件，向戶籍地戶政事務所申請更正。

第十三條　申請改姓、冠姓、回復本姓、改名、更改姓名、更正本名、回復傳統姓名、回復原有漢人姓名、傳統姓名之羅馬拼音並列登記、原有外文姓名之羅馬拼音並列登記經核准者，戶政事務所應於登記後，**於相關機關依規定申請查詢時，提供資料。**

第十四條 本條例一百零四年五月二十日修正公布施行前，有本人申請改姓、冠姓、回復本姓、改名、更改姓名、更正本名、回復傳統姓名、回復原有漢人姓名，其配偶、子女戶籍資料未為配偶、父或母姓名更改（正）者，戶政事務所**應依職權為之**。
戶政事務所依前項規定為職權登記後，**應通知其配偶及子女，並請其換領國民身分證及戶口名簿**。

第十五條 本條例所定各類申請事項，不符規定者，受理機關應一次告知補正或以書面駁回。

第十六條 戶政事務所受理十四歲以上國民申請改姓、改名或更改姓名者，應向相關機關查詢有無本條例第十五條所定情事。

第十七條 本細則自發布日施行。

臺灣原住民族回復傳統姓名及更正姓名作業要點

中華民國 97 年 04 月 30 日台內戶字第 0970066641 號修正公布

一、 為辦理臺灣原住民（以下簡稱原住民）回復傳統姓名及姓名更正作業，特訂定本要點。

二、 回復傳統姓名及姓名更正作業包括下列規定：
(一) 回復傳統姓名。
(二) 回復原有漢人姓名。
(三) 並列傳統姓名之羅馬拼音。
(四) 更正傳統姓名、傳統姓名之羅馬拼音。
(五) 更正漢人姓氏。
(六) 更正父母姓名。

三、 第 2 點之申請，以當事人或法定代理人為申請人，並填具申請書，向戶籍地戶政事務所為之，由戶政事務所核定。但經內政部公告，並刊登政府公報之指定項目，其登記得向戶籍地以外之戶政事務所為之。

四、 原住民之傳統姓名或漢人姓名，均得以傳統姓名之羅馬拼音並列登記，其登記以當事人或法定代理人申報者為準。

五、 辦理第 2 點姓名變更或更正者，其配偶及子女之戶籍相關資料，應隨同變更，並得向任一戶政事務所申請為之。

六、 已回復傳統姓名者，其子女以漢人姓名辦理出生登記者，應依民法相關規定辦理。從父姓之子女之戶籍登記資料記事欄，應註記父之原有漢人姓名；從母姓之子女之戶籍登記資料記事欄，應註記母之原有漢人姓名。

七、已回復傳統姓名者，得申請回復原有漢人姓名，但以 1 次為限。

八、未申請回復傳統姓名之原住民，在臺灣省光復初次設戶籍時，自定之姓氏及父母姓名有下列情事之一，應申請更正：

(一) 父子或同胞兄弟姐妹，或有血親關係之伯叔，因分居各自定姓氏，致現用姓氏不同者，以同宗年齡最長者為準。

(二) 本人或其父母之姓氏，非我國所習見者。

(三) 同胞兄弟姐妹因分居，致民國43年譯註之中文父母姓名不相符者，以父母或同宗年齡最長者所譯註之姓名為準。

(四) 民國43年譯註之父母姓名，與實際上仍生存或已死亡父母姓名不符者。

依前項各款規定申請更正姓氏或父母姓名者，以1次為限。

九、依第 8 點第 1 項第 1 款、第 2 款規定申請更正姓氏者，應提憑日據時期戶籍謄本及光復初次設戶籍自定姓名時之戶籍謄本或其他足資證明之文件；無法提憑日據時期戶籍謄本者，得以相關年長親族 2 人以上證明為之。

依第 8 點第 1 項第 3 款、第 4 款規定申請更正父母姓名者，應提憑日據時期戶籍謄本及譯註姓名時之戶籍謄本及父母相關戶籍謄本或其他足資證明之文件；無法提憑日據時期戶籍謄本者，得以相關年長親族 2 人以上證明為之。

十、依第 8 點規定申請更正姓氏經核准者，從其姓之子女如未回復傳統姓名，應隨同更正姓氏。

十一、直轄市、縣（市）政府應以鄉、鎮、市、區別，於次月五日前將戶政事務所辦理回復傳統姓名、漢人姓名及並列羅馬拼音登記人數統計表，以戶役政資訊系統通報內政部。

附件一

臺灣原住民回復傳統（漢人）姓名及更正姓名申請書

□回復傳統姓名　　　　　　　□並列傳統姓名之羅馬拼音

□回復原有漢人姓名　　　　　□更正＿＿＿＿＿＿＿＿

當 事 人	現 用 姓 名		國 民 身 分 證統 一 編 號	
	擬 回 復 之 傳 統 姓 名			
	擬 回 復 之 漢 人 姓 名			
	傳 統 姓 名 之羅 馬 拼 音			
	擬 更 正 之 姓 名			
同 戶 內隨 同 變 更（更正）之配偶子女姓名	稱 謂		國民身分證統一 編 號	
	姓 名		出 生 日 期	民國　　年　　月　　日
	稱 謂		國民身分證統一 編 號	
	姓 名		出 生 日 期	民國　　年　　月　　日
	稱 謂		國民身分證統一 編 號	
	姓 名		出 生 日 期	民國　　年　　月　　日
	稱 謂		國民身分證統一 編 號	
	姓 名		出 生 日 期	民國　　年　　月　　日
戶籍地址	縣市　　　鄉鎮市區　　　里　鄰　　　　　路街段　　巷　　弄　　號　　樓之			

申請人：　　　　　　　　　　　　　（簽章）

聯絡電話：　　　　　　　　　申請日期：民國　　年　　月　　日

姓名類登記須知

民眾辦理事項	適用法條	申請人	民眾應攜帶之證件	民眾至戶政事務所填寫之文件
姓名變更登記	姓名條例第8條 姓名條例第9條 姓名條例第10條 姓名條例施行細則第7條 姓名條例施行細則第8條 姓名條例施行細則第9條	本人或法定代理人	1. 當事人國民身分證（未領證者以戶口名簿代替）、戶口名簿。 2. 申請人國民身分證、印章。 3. 改姓、改名或變更姓名證明文件 4. 規費新臺幣50元及相片1張，（換發國民身分證使用），相片規格請參照網址http://www.ris.gov.tw/187。	姓名變更登記申請書。（由戶政事務所列印出簽名或蓋章即可）

國籍法及國籍法施行細則

國籍法及國籍法施行細則規定了有關我國國籍之取得、喪失、回復與撤銷。有關國籍部分的概念,與涉外民事法律適用法有部分牽涉,所以本章第一節簡單介紹了國籍在法學上的基本概念;第二節才進入國籍法及國籍法施行細則之學習。

在考試上,外國人之歸化、我國國民國籍之喪失與回復,都是相當重要的考點。因此對於相關之申請條件(無論是積極事由或消極事由),都要熟記在心。另外有關於歸化人、回復國籍者及取有外國國籍之我國國民,在擔任公職時之相關限制,也極為重要。上述的部分,無論是在申論題或選擇題中,都是考試的主軸所在。

第一節 基本概念

一、國籍之意義

學者們對「國籍」下的定義有不同,但著眼點大致來自個人在國家中的法律地位,或個人與國家之法律關係。整體而言,「國籍」使個人在國家中具備「國民」之資格或地位,因而使個人成為國家支配統治的客體,享受國家賦予之一定權利,並須對國家負擔一定之義務。另一方面,「國籍」也使一國之國民與他國國民,具有區別之標誌。

二、國籍法之基本原則

(一) **國籍必有原則**:任何人均應有國籍。如此可保全個人之利益,亦能維持國家之目的與國際和平,同時減少國籍之消極衝突之情形。

(二) **國籍單一原則**:任何人均不得同時具有兩個以上之國籍。然因個人是否具有某國國籍,係以該國之法律為根據,因此對某特定個人,有可能造成無國籍或多重國籍之情況。

(三) **尊重個人意思原則**：對於國籍，許個人得依自己意思喪失；亦許個人以自己意思而取得新國籍。即個人主動表示意思，成為授籍權行使之一大條件。如歸化制度即是。

三、國籍之取得

(一) **生來國籍之取得**：指因人之出生而取得之國籍，亦即「固有國籍」。各國有下列幾種立法例：

1. **採血統主義**：不問子女出生於何地，專依血統取得父母之國籍。
2. **採出生地主義**：不問父母之國籍，子女必取得出生地之國籍。
3. **以出生地主義為主、血統主義為輔**：原則上依出生地主義定當事人之國籍，然父母雖為外國人，在符合一定條件之情況下，例外依血統主義使當事人保有父母之國籍。
4. **以血統主義為主、出生地主義為輔**：原則上依血統主義定當事人之國籍，但出生於內國之外國人之子女，如符合一定條件者，例外依出生地取得內國國籍。

(二) **傳來國籍之取得**：指因出生後之原因而取得之國籍。大致可分為三類：

1. **親屬法上之效果**：因親屬法上之原因而生之當然效果，不因當事人之意思而有所變更。如婚姻、認領或收養等等。
2. **歸化**：外國人向內國申請為內國之國民。
3. **國際法上之原因**：基於國際法之原因而取得國籍者。如人民因所居國家領土被合併、割讓等原因而隨之取得合併國或受讓國之國籍。

四、國籍之喪失、回復

(一) **國籍喪失**：其原因即是國籍取得原因之反面，因此仍分為三大類：(1)親屬法上之效果；(2)歸化；(3)國際法上之原因。在此不再敘述。國籍喪失之效力：喪失國籍即失去內國人民之資格，權利之享有與義務之負擔亦一併隨之喪失。

(二) **國籍回復**：即為喪失國籍後又重新取得內國之國籍。

五、國籍之衝突【105地特三等】

(一) **積極衝突**：即一人有兩個以上之國籍。又可分為生來國籍之積極衝突，和傳來國籍之積極衝突。前者因出生之事實而同時取得兩國國籍；後者則因出生後之事實而異時取得兩國國籍。

(二) **消極衝突**：即無國籍。一樣可分為生來國籍之消極衝突，和傳來國籍之消極衝突。前者因出生之事實而成為無國籍者；後者則因出生後之事實而成為無國籍者。

六、小結

上述關於國籍的基本概念，就國籍的取得、喪失及回復部分，我國以國籍法規範之。至於涉外民事法律適用法，則就是規範如何確認一個人的國籍。以下先就國籍法之規定加以討論。

第二節 ／ 法規釋義

```
國籍法                                          國籍法施行細則

── 國籍之具有§2 ─────────────────────── §3無國籍人 ─
── 歸化                                              歸化 ─
   ├─ 申請條件                              申請條件 ─
   │   ├─ 一般歸化§32 ──────────┐  ┌─ §4 ──┐
   │   │  (1)歸化取得我國國籍者基本語言     │  │        │
   │   │     能力及國民權利義務基本常識     │  │        │
   │   │     認定標準                       │  │        │
   │   │  (2)歸化取得我國國籍者基本語言     │  │        │
   │   │     能力及國民權利義務基本常識     │  │        │
   │   │     上課時數認定及測試作業須知     │  │        │
   │   └─ 特殊歸化 ┌─ §4 ────────┘  ├─ §5 ──┤
   │              ├─ §5 ──────────── ├─ §6 ──┤
   │              └─ §6 ──────────── └─ §7 ──┘
```

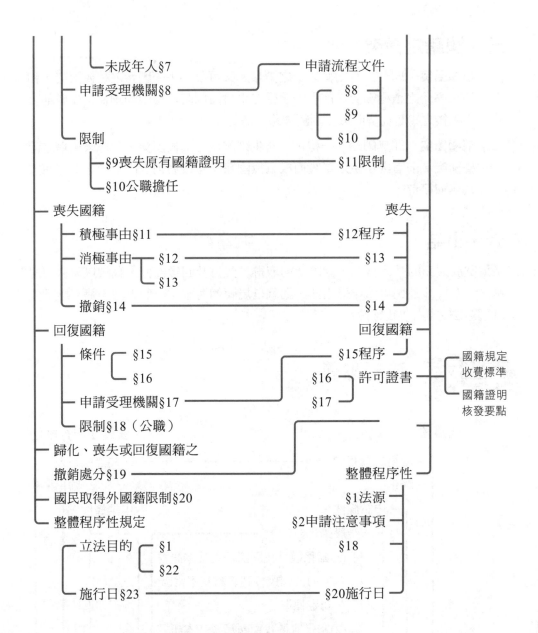

一、國籍之具有

國籍法	國籍法施行細則
第2條 有下列各款情形之一者,屬中華民國國籍: 一、出生時父或母為中華民國國民。 二、出生於父或母死亡後,其父或母死亡時為中華民國國民。 三、出生於中華民國領域內,父母均無可考,或均無國籍者。 四、歸化者。前項第一款及第二款之規定,於本法修正公布時之未成年人,亦適用之。 前項第一款及第二款規定,於本法中華民國八十九年二月九日修正施行時未滿二十歲之人,亦適用之。 【112地特四等、113普考】	第3條 本法所稱無國籍人,指任何國家依該國法律,認定不屬於該國國民者。有下列各款情形之一者,得認定為無國籍人: 一、持外國政府核發載明無國籍之旅行身分證件。 二、符合入出國及移民法第十六條第二項至第四項規定之泰國、緬甸、印尼、印度或尼泊爾地區無國籍人民,持有載明無國籍之外僑居留證。 三、其他經內政部認定。 【107地特三等】

説明 1. 國籍法（下稱本法）第2條第1項就何種情況得擁有我國國籍為規定。

    (1) 在105年修法時,參酌各國國籍法立法趨勢,將父系血統主義改為父母雙系血統主義,因此原條文第1款、第2款之「父」修正為「父或母」。因此就此部分所規定國籍之取得方式,是採血統主義。

    (2) 第3款之規定則是出生地主義的展現,在父母均無可考或均無國籍之情況下,使出生在我國領域之人,得取得我國國籍。以人道之立場,使之得以透由國籍之取得而保障個人之利益。

    (3) 而為使歸化者能有法規依據而取得我國國籍,因此有第4款之規定。

    (4) 因此,綜合上面的規定,可以看出本法對國籍取得部分,採取以「血統主義為主、出生地主義為輔」的立法例。

  2. 為配合110年1月13日修正、112年1月1日施行之民法將成年年齡修正為18歲,並保障本法89年2月9日修正施行時,18歲以上未滿20歲之人,得因母為中華民國國民而認定具有中華民國國籍之權益,爰於110年1月27日修正公布將第2項之「於本法修正公布時之未成年人」修正為「於本法中華民國89年2月9日修正施行時未滿20歲之人」,以資明確。本項修正規定係於112年1月1日施行。

  3. 國籍法施行細則（下稱本細則）第3條,則就何謂「無國籍人」加以定義。

二、歸化 重要

(一)申請條件【110地特四等、112地特三等、113普考、113高考】

國籍法	國籍法施行細則
第3條　外國人或無國籍人,現於中華民國領域內有住所,並具備下列各款要件者,得申請歸化: 一、於中華民國領域內,每年合計有一百八十三日以上合法居留之事實繼續五年以上。 二、依中華民國法律及其本國法均有行為能力。 三、無不良素行,且無警察刑事紀錄證明之刑事案件紀錄。 四、有相當之財產或專業技能,足以自立,或生活保障無虞。 五、具備我國基本語言能力及國民權利義務基本常識。 前項第三款所定無不良素行,其認定、邀集專家學者及社會公正人士研議程序、定期檢討機制及其他應遵行事項之辦法,由內政部定之。 第一項第五款所定我國基本語言能力及國民權利義務基本常識,其認定、測試、免試、收費及其他應遵行事項之標準,由內政部定之。	**第4條**　本法第三條至第五條及第十五條所稱於中華民國領域內有住所,指以久住之意思,住於我國領域內,且持有有效之外僑居留證或外僑永久居留證者。 **第5條**　本法第三條至第五條所定合法居留期間之計算,包括本法中華民國八十九年二月九日修正施行前已取得外僑居留證或外僑永久居留證之合法居留期間。 申請人以下列各款事由之一為居留原因者,其居留期間不列入前項所定合法居留期間之計算: 一、經勞動部許可從事就業服務法第四十六條第一項第八款至第十款規定之工作。 二、在臺灣地區就學。 三、經有關機關請求內政部移民署禁止其出國。 四、喪失原國籍,尚未取得我國國籍,等待回復原國籍。 五、因發生勞資爭議正在進行爭訟程序。 六、因職業災害需接受治療。 七、為刑事案件之被害人、證人。 八、以前七款之人為依親對象。

國籍法	國籍法施行細則
第4條 （113年5月24日修正公布） 外國人或無國籍人，現於中華民國領域內有住所，具備前條第一項第二款至第五款要件，於中華民國領域內，每年合計有一百八十三日以上合法居留之事實繼續三年以上，並有下列各款情形之一者，亦得申請歸化： 一、為中華民國國民之配偶，不須符合前條第一項第四款。 二、為中華民國國民配偶，因受家庭暴力離婚且未再婚；或其配偶死亡後未再婚且有事實足認與其亡故配偶之親屬仍有往來，但與其亡故配偶婚姻關係已存續二年以上者，不受與親屬仍有往來之限制。 三、對無行為能力、或限制行為能力之中華民國國籍子女，有扶養事實、行使負擔權利義務或會面交往。 四、父或母現為或曾為中華民國國民。 五、為中華民國國民之養子女。 六、出生於中華民國領域內。 七、為中華民國國民之監護人或輔助人。 未婚**且未滿十八歲**之外國人或無國籍人，**有下列情形之一者**，在中華民國領域內合法居留雖未滿三年且未具備前條第一項第二款、第四款及第五款要件，亦得申請歸化： 一、父、母、養父或養母現為中華民國國民。	**第6條** 本法第三條及第四條所稱每年合計有一百八十三日以上合法居留之事實繼續五年以上或三年以上，指其居留期間自申請歸化時，往前推算五年或三年之期間，應為連續不中斷，且該期間內每年合計合法居留一百八十三日以上。但於該期間內，因逾期居留，不符合法居留之要件，致居留期間中斷，其逾期居留期間未達三十日者，視為居留期間連續不中斷。 前項逾期居留期間，不列入合法居留一百八十三日之計算。 本法第五條所稱居留繼續十年以上，指申請歸化前曾有居留事實繼續十年以上。 **第7條** 本法第三條第一項第四款所定有相當之財產或專業技能，足以自立，或生活保障無虞，其規定如下： 一、申請回復國籍或依本法第四條第一項第二款、第三款規定申請歸化國籍者，得檢具下列文件之一，由內政部認定之： (一)國內之收入、納稅、動產或不動產資料。 (二)雇主開立之聘僱證明或申請人自行以書面敘明其工作內容及所得。

國籍法	國籍法施行細則
二、**現由社會福利主管機關或社會福利機構監護。**	(三)我國政府機關核發之專門職業及技術人員或技能檢定證明文件。
第5條　（113年5月24日修正公布） 外國人或無國籍人，現於中華民國領域內有住所，具備第三條第一項第二款至第五款要件，並具有下列各款情形之一者，亦得申請歸化： 一、出生於中華民國領域內，其父或母亦出生於中華民國領域內。 二、曾在中華民國領域內合法居留繼續十年以上。 三、**由中央目的事業主管機關推薦之高級專業人才，有助中華民國利益，並經內政部邀請社會公正人士及相關機關共同審核通過，且於中華民國領域內，每年合計有一百八十三日以上合法居留之事實繼續二年以上，或曾在中華民國領域內合法居留繼續五年以上。** 前項第**三**款所定高級專業人才之認定**要件、審核程序、方式及其他相關事項之**標準，由內政部定之。	(四)其他足資證明足以自立或生活保障無虞之資料。 二、以前款以外情形申請歸化者，應具備下列情形之一： (一)最近一年於國內平均每月收入逾勞動部公告基本工資二倍者。 (二)國內之動產及不動產估價總值逾新臺幣五百萬元者。 (三)我國政府機關核發之專門職業及技術人員或技能檢定證明文件。 (四)入出國及移民法第二十五條第三項第二款所定為我國所需高級專業人才，經許可在臺灣地區永久居留。 (五)其他經內政部認定者。 前項第一款第一目、第二目及第四目之文件，包含申請人及其在國內設有戶籍，且未領取生活扶助之下列人員所檢附者： 一、配偶。 二、配偶之父母。 三、父母。
第6條　（113年5月24日修正公布） 外國人或無國籍人，有殊勳於中華民國者，雖不具備第三條第一項各款要件，亦得申請歸化。 內政部為前項歸化之許可，應經行政院核准。	第一項第二款第一目、第二目所定金額之計算，包含申請人及其在國內設有戶籍之下列人員之收入或財產：

國籍法	國籍法施行細則
依第一項規定申請歸化者，免徵國籍許可證書規費。 **第7條** （113年5月24日修正公布） 歸化人之未婚**且未滿十八歲**子女，得申請隨同歸化。	一、配偶。 二、配偶之父母。 三、父母。 第一項第一款第三目及第二款第三目所定專門職業及技術人員或技能檢定證明文件，包含申請人及其在國內設有戶籍之下列人員所檢附者： 一、配偶。 二、配偶之父母。 三、父母。 第一項第一款第三目及第二款第三目所定專門職業及技術人員或技能檢定證明文件，由前項各款人員之一檢附者，該等人員並應出具足以保障申請人在國內生活無虞之擔保證明書。

相關法規：

1. 《歸化取得我國國籍者基本語言能力及國民權利義務基本常識認定標準》
2. 《歸化取得我國國籍者基本語言能力及國民權利義務基本常識上課時數認定及測試作業須知》

説明 1. 本法第3條所規範者，為一般歸化要件。至第4條至第7條則屬特殊歸化要件，茲略為整理如下表所示：

	一般歸化	特殊歸化		
	第3條 第1項	第4條 第1項	第5條	第6條 第1項
外國人或無國籍人現在我國領域內有住所	V	V	V	外國人或無國籍人（毋庸有住所）

	一般歸化	特殊歸化		
	第3條第1項	第4條第1項	第5條	第6條第1項
每年合計有183日以上合法居留事實	V	V	第3項部分需要	不需要
繼續期間	5年以上	3年以上	第3項部分要繼續2年以上	不需要
符合第3條第1項第2款至第5款之要件	V	V	V	不需要具備
其他要件		(1)為中華民國國民之配偶，不須符合第3條第1項第4款。 (2)為我國國民配偶，因受家庭暴力離婚且未再婚；或其配偶死亡後未再婚且有事實足認與其亡故配偶之親屬仍有往來，但與其亡故配偶婚姻關係已存續2年以上者，不受與親屬仍有往來之限制。 (3)對無行為能力、或限制行為能力之中華民國國籍子女，有扶養事實、行使負擔權利義務或會面交往。 (4)父或母現為或曾為中華民國國民。	1. 出生於中華民國領域內，其父或母亦出生於中華民國領域內。 2. 曾在中華民國領域內合法居留繼續10年以上。 3. 由中央目的事業主管機關推薦之高級專業人才，有助中華民國利益，並經內政部邀請社會公正人士及相關機關共同審核通過，且於中華民國領域內，每年合計有183日以上合法居留之事實繼續2年以	有殊勳於我國者

	一般歸化	特殊歸化		
	第3條 第1項	第4條 第1項	第5條	第6條 第1項
其他要件		(5)為中華民國國民之養子女。 (6)出生於中華民國領域內。 (7)為中華民國國民之監護人或輔助人。	上，或曾在中華民國領域內合法居留繼續五年以上。	
其他狀況		未婚且未滿18歲之外國人或無國籍人： （第4條第2項） (1)在中華民國領域內合法居留雖未滿3年； (2)且未具備第3條條第1項第2款、第4款及5款要件； (3)有下列情形之一者，亦得申請歸化： A.父、母、養父或養母現為中華民國國民。 B.現由社會福利主管機關或社會福利機構監護。		
第7條	歸化人之未婚且未滿十八歲子女，得申請隨同歸化。			

2. 至本細則第4條至第7條，則是針對歸化要件加以細項化規定：

(1)本細則第4條是定義何謂「在中華民國領域內有住所」。

(2)本細則第5條則是說明「合法居留」期間應如何計算。其中第1項是正面說明如何計算；第2項各款則是負面表列，因此合法居留期間之計算時應予扣除第2項各款事由。

(3)本細則第6條則是關於「本法第3條及第4條所稱每年合計有183日以上合法居留之事實繼續5年以上或3年以上」，及「本法第5條所稱居留繼續10年以上」應如何計算之規定。

(4)本細則第7條就「本法第3條第1項第4款所定有相當之財產或專業技能，足以自立，或生活保障無虞」之規定加以說明規範。

3. 110年1月27日國籍法修正公布時，為配合民法成年年齡修正為18歲，爰刪除第3條第1項第2款「年滿二十歲並」之文字，則該款之要件為：「二、依中華民國法律及其本國法均有行為能力。」本款修正規定係於112年1月1日施行。

4. 113年5月24日國籍法修正公布時，主要為落實兒童權利公約第7條保障兒童取得國籍權利，新增無國籍兒少被社福機關或機構監護者，可由其監護人主動協助申請歸化，以符兒少最佳利益；另強化延攬優秀外國人才誘因，放寬申請歸化居留年限為2年，同時增訂免徵殊勳人才歸化國籍許可證書規費，以感恩他們對我國的貢獻。因此第4條至第7條之修法重點如下：

(1)因應民法成年年齡調降為18歲，這次修法將條文涉及外國人「未婚未成年」部分，改為「未婚且未滿18歲」，以明確界定。

(2)考量現行規定，無國籍兒少僅可由國人養父、養母代為申請歸化，為完備保障未成年兒童權益機制，這次新增由社會福利主管機關或社會福利機構為其監護人，也可代為申請歸化我國國籍。

(3)面對國際人才競逐挑戰，為使優秀外來人士歸化我國更友善便利，這次修法放寬外國高級專業人才申請歸化居留年限，從現行的每年須有183日以上合法居留的事實繼續5年，放寬為繼續2年，或曾在我國領域內合法居留繼續5年以上，無須每年有183日以上合法居留之事實。

(4)為感謝殊勳外籍人士長期在臺居留奉獻，在醫療、社福、教育等領域，以及對偏遠鄉區的奉獻，這次增訂有「殊勳」於我國的外國人或無國籍人，申請歸化免徵國籍許可證書規費1,200元。

(二)申請歸化手續

國籍法	國籍法施行細則
第8條　外國人或無國籍人依第三條至第七條申請歸化者，應向內政部為之，並自許可之日起取得中華民國國籍。	**第8條**　依本法第三條至第五條或第七條規定申請歸化者，應填具申請書，並檢附下列文件： 一、有效之外僑居留證或外僑永久居留證。 二、原屬國警察紀錄證明或其他相關證明文件。但未滿十四歲或年滿十四歲前已入國，且未再出國者，免附。 三、相當之財產或專業技能，足以自立，或生活保障無虞之證明。但本法第四條第一項第一款與第四條第二項之申請人及第七條申請隨同歸化之未婚且未滿十八歲子女，免附。 四、歸化取得我國國籍者基本語言能力及國民權利義務基本常識認定標準第三條第一項、第二項所定證明文件。但本法第四條第二項之申請人及第七條申請隨同歸化之未婚且未滿十八歲子女，免附。 五、未婚且未滿十八歲人附繳其法定代理人同意證明及其婚姻狀況證明。但經外交部查證因原屬國法律或行政程序限制，致使不能提出婚姻狀況證明屬實者，免附。 六、其他相關身分證明文件。 依本法第四條第一項第二款規定申請歸化者，除檢附前項各款文件外，應一併檢附下列各款文件之一： 一、受家庭暴力且未再婚之證明文件。 二、與亡故配偶之親屬仍有往來事實且未再婚之證明文件。但有本法第四條第一項第二款但書規定情事者，免附其與亡故配偶之親屬仍有往來之證明文件。

國籍法	國籍法施行細則
第8條 外國人或無國籍人依第三條至第七條申請歸化者,應向內政部為之,並自許可之日起取得中華民國國籍。	依本法第四條第一項第三款規定申請歸化者,除檢附第一項各款文件外,應一併檢附下列各款文件之一。但行使負擔子女之權利義務,並依戶籍法為戶籍登記者,免附: 一、扶養事實之證明文件。 二、會面交往之證明文件。 前三項各款文件,應由各直轄市、縣(市)政府先行審查,併同戶政事務所查明申請歸化者之居留資料、入出國日期紀錄、刑事案件紀錄及與設有戶籍國人辦妥結婚、收養、監護、輔助或未成年子女權利義務行使負擔登記之戶籍資料轉送內政部。但未滿十四歲者,免查刑事案件紀錄。 第一項第六款所定證明文件,指下列各款文件之一: 一、未能檢附戶籍資料者,檢附結婚、收養、監護、輔助宣告或未成年子女權利義務行使負擔之證明文件。 二、出生證明或親子關係之相關身分證明文件。 【108高考】
	第9條 我國國民之配偶,依本法第三條至第五條規定申請歸化,其外僑居留證之居留事由為依親者,得免附前條第一項第二款所定證明文件。 我國國民之配偶,依本法第三條、第五條規定申請歸化,與我國國民婚姻關係持續三年以上者,得免附前條第一項第三款所定證明文件。 已取得外僑永久居留證者,其申請歸化,得免附前條第一項第三款所定證明文件。

國籍法	國籍法施行細則
第8條 外國人或無國籍人依第三條至第七條申請歸化者，應向內政部為之，並自許可之日起取得中華民國國籍。	依本法第三條至第五條規定申請歸化，前條第一項第三款之所得、動產或不動產資料，得由戶政事務所代查。 依本法第三條至第五條規定申請歸化者，前條第一項第四款證明文件已登錄於戶政資訊系統國籍行政作業者，得免附。【108高考】 **第10條** 依本法第六條規定申請歸化者，應填具申請書，並檢附下列文件： 一、殊勳相關證明文件。 二、其他相關身分證明文件。【111高考】

說明 1. 本法第8條就歸化應向何機關（內政部）為申請，以及取得國籍之時間點為規定。

2. 至於申請歸化之流程及所應檢附之文件，則規定在本細則第8條至第10條之中。

3. 110年5月12日本細則修正公布時，為配合民法成年年齡調降及涉及外國人部分均以年齡規範之體例，爰將本細則第8條第1項第3款至第5款規定之有關「未婚未成年」修正為「未婚且未滿十八歲」。這幾款修正規定係於112年1月1日施行。

(三)限制

國籍法	國籍法施行細則
第9條 （113年5月24日修正公布） 外國人申請歸化，應於許可歸化之日起，或依原屬國法令須滿一定年齡始得喪失原有國籍者自滿一定年齡之日起，一年內提出喪失原有國籍證明。 屆期未提出者，除經外交部查證因原屬國法律或行政程序限制屬實，致使不能於期限內提出喪失國籍證明者，得申請展延時限外，應撤銷其歸化許可。	**第11條** 外國人申請歸化，未能依本法第九條第一項規定於期限內提出喪失原有國籍證明者，至遲應於屆期三十

國籍法	國籍法施行細則
未依前二項規定提出喪失原有國籍證明前，應不予許可其定居。 外國人符合下列情形之一者，免提出喪失原有國籍證明： 一、**依第五條第一項第三款規定申請歸化**。 二、依第六條<u>**第一項**</u>規定申請歸化。 三、因非可歸責於當事人之事由，致無法取得喪失原有國籍證明。【112地特三等、113普考】	日前檢附已向原屬國申請喪失原有國籍之相關證明文件申請展延。【112地特三等】
第10條　外國人或無國籍人歸化者，不得擔任下列各款公職： 一、總統、副總統。 二、立法委員。 三、行政院院長、副院長、政務委員；司法院院長、副院長、大法官；考試院院長、副院長、考試委員；監察院院長、副院長、監察委員、審計長。 四、特任、特派之人員。 五、各部政務次長。 六、特命全權大使、特命全權公使。 七、僑務委員會副委員長。 八、其他比照簡任第十三職等以上職務之人員。 九、陸海空軍將官。 十、民選地方公職人員。 前項限制，自歸化日起滿十年後解除之。但其他法律另有規定者，從其規定。【110地特三等、113普考】	--

說明 1. 本法第9條規定外國人申請歸化，應提出喪失原有國籍之證明，及其例外規定。

    (1)在89年修法時，其修正理由為：「參照日本、韓國、新加坡等國國籍法及納入現行國籍變更申請程序第三點、第四點有關外國人取得、歸化我國國籍者，須提出喪失原有國籍證明之規定，爰將外國人申請歸化者應提出喪失其原有國籍之證明，予以明確規定，以避免實務上滋生困擾。經黨團協商後增列但書規定，能提出因非可歸責當事人事由，致無法取得該證明並經外交機關查證屬實者，不在此限。」

    (2)至105年修正時之修正理由則為：「……但申請歸化者，其本國法規定未必於相關程序均能與我國法律相配合，且為免使外國人放棄本國籍後，我國不許可其歸化，反而使該外國人成為無國籍人，影響其權益。爰修正提出喪失原有國籍證明之時間，為許可歸化之日起，或依原屬國法令須滿一定年齡始得喪失原有國籍者，自滿一定年齡之日起一年內提出。

    另為正視如依第六條規定申請歸化；由中央目的事業主管機關推薦科技、經濟、教育、文化、藝術、體育及其他領域之高級專業人才，有助中華民國利益，並經內政部邀請社會公正人士及相關機關共同審核通過；及因非可歸責於當事人之事由，致無法取得喪失原有國籍證明等特殊情形，當事人因現實困難無法取得喪失國籍證明，許其免提出喪失原有國籍證明。」

    (3)113年5月24日修正公布時，則為配合第5條及第6條之修正，而於本條第4項第1款、第2款做文字調整。

2. 本細則第11條則是規定上述程序之展延申請。

3. 至本法第10條則是關於歸化者擔任公職之種類限制（第1項）及限制年限（第2項）。第2項但書規定之「其他法律另有規定者」，如：總統副總統選舉罷免法第20條第2項規定：「回復中華民國國籍、因歸化取得中華民國國籍、大陸地區人民或香港、澳門居民經許可進入臺灣地區者，不得登記為總統、副總統候選人。」公職人員選舉罷免法第24條第7項亦規定：「回復中華民國國籍滿三年或因歸化取得中華民國國籍滿十年者，始得依第一項至第三項規定登記為候選人。」

三、喪失【105地特三等、106高考、110高考】

(一)喪失國籍之積極事由條件

國籍法	國籍法施行細則
第11條　中華民國國民有下列各款情形之一者，經內政部許可，喪失中華民國國籍： 一、由外國籍父、母、養父或養母行使負擔權利義務或監護之無行為能力人或限制行為能力人，為取得同一國籍且隨同至中華民國領域外生活。 二、為外國人之配偶。 三、依中華民國法律有行為能力，自願取得外國國籍。但受輔助宣告者，應得其輔助人之同意。 依前項規定喪失中華民國國籍者，其未成年子女，經內政部許可，隨同喪失中華民國國籍。 前項未成年子女，於本法中華民國一百零九年十二月二十九日修正之條文施行前結婚，修正施行後未滿十八歲者，於滿十八歲前仍適用修正施行前之規定。【112地特四等】	**第12條**　依本法第十一條規定申請喪失國籍者，應填具申請書，並檢附下列文件： 一、具有我國國籍之證明。 二、無欠繳稅捐及租稅罰鍰之證明。 三、未成年人附繳其法定代理人同意證明。 四、受輔助宣告者附繳其輔助人同意證明。 五、役齡男子附繳退伍、除役、退役或免服兵役證明。 六、其他相關身分證明文件。 戶政事務所於受理前項申請案時，應同時查明申請喪失國籍者之刑事案件紀錄及戶籍資料。但未滿十四歲或未曾於國內設有戶籍者，免查刑事案件紀錄。 第一項第一款所定證明，指下列各款文件之一： 一、戶籍資料。 二、國民身分證。 三、護照。 四、國籍證明書。 五、華僑登記證。 六、華僑身分證明書。但不包括檢附華裔證明文件向僑務委員會申請核發者。 七、父母一方具有我國國籍證明及本人出生證明。 八、歸化國籍許可證書。 九、其他經內政部認定之證明文件。 第一項第六款所定證明文件，指下列各款文件之一：

國籍法	國籍法施行細則
	一、未能檢附戶籍資料者，檢附結婚、認領、收養、監護、輔助宣告或未成年子女權利義務行使負擔之證明文件。 二、依本法第十二條第一款但書規定之僑居國外國民，應另檢附僑居國外身分證明文件。其入出國日期紀錄及遷出國外戶籍資料由內政部代查。

說明 1. 本法第11條規定喪失我國國籍之積極事由。所謂「積極事由」，是指具備此條件且經內政部之許可，則喪失我國國籍。本條於105年12月21日之修正理由為：「一、現行實務上，如父或母一方為外國人，因離婚或我國籍配偶死亡致婚姻關係消滅，其未成年子女為取得外國籍之父或母之國籍須先喪失我國國籍時，因父或母本係外國人，因此無法依現行第2項規定隨同父或母喪失我國國籍，又不符合原第1項第1款及第2款得申請喪失國籍之規定，僅得俟成年後，符合第1項第5款規定始得申請喪失我國國籍。已成年子女受監護宣告如由其外國籍父或母監護，欲申請喪失我國國籍隨同其外國籍父或母生活，依現行規定，亦有無法喪失中華民國國籍之困擾，另原第1項第4款為外國人之養子女得喪失中華民國國籍之規定，未考量無行為能力人或限制行為能力人為外國人收養者之最佳利益，均有待解決。

二、目前國人與外國人通婚頻繁，亦有為外國人收養情形，基於人權保障宜尊重其子女選擇國籍之自由，並考量無行為能力或限制行為之子女或養子女與外國籍父、母、養父或養母隨同生活之最佳利益，解決子女或養子女與外國籍父、母、養父或養母不同國籍困擾，爰將原條文第1項第1款、第2款及第4款之情事予以合併，列為修正條文第1項第1款，凡由外國籍父、母、養父或養母行使負擔權利義務或監護之無行為能力人或限制行為能力人，為取得同一國籍且隨同至中華民國領域外生活，得申請喪失國籍。現行第1項第3款、第5款移列為修正條文第1項第2款、第3款。並酌做文字修正。

三、本國國民喪失中華民國國籍之情形，其中，自願取得外國國籍，以
　　滿20歲為限，但依民法相關規定，有行為能力者，非僅為滿20歲者，
　　且另受輔助宣告者，允宜特別明定，應得其輔助人之同意，始符受輔
　　助人之利益。

四、參酌現行條文第7條『歸化人之未婚未成年子女，得申請隨同歸
　　化』，為求衡平，爰第2項增訂『未婚』文字，以資明確，至已婚未成
　　年人，如符合第1項各款規定，仍得申請喪失國籍。」

2. 又本法於110年1月27日修正公布時，為配合民法成年年齡及男女最低
　　結婚年齡均修正為18歲，而再次將本法第11條第2項「未婚」之文字刪
　　除。另審酌本法本次修正施行前已結婚之未成年人申請喪失國籍係適
　　用第1項規定，為使其權益不受本次修法影響，爰增訂第3項明定其於
　　滿18歲前仍適用修正施行前之規定。此二項修正規定係於112年1月1日
　　施行。

3. 至於依本法第11條申請喪失國籍之程序、應檢附之證明文件、戶政機關
　　之職權查證，則規範在本細則第12條中。

(二)喪失國籍之消極事由

國籍法	國籍法施行細則
第12條　依前條規定申請喪失國籍者，有下列各款情形之一，內政部不得為喪失國籍之許可： 一、男子年滿十五歲之翌年一月一日起，未免除服兵役義務，尚未服兵役者。但僑居國外國民，在國外出生且於國內無戶籍者或在年滿十五歲當年十二月三十一日以前遷出國外者，不在此限。 二、現役軍人。 三、現任中華民國公職者。	第13條　本法第十二條第一款但書所稱僑居國外國民，在年滿十五歲當年十二月三十一日以前遷出國外者，指僑居國外國民在年滿十五歲當年十二月三十一日以前出國，且其戶籍資料已載明遷出國外日期者。

國籍法	國籍法施行細則
第13條 有下列各款情形之一者，雖合於第十一條之規定，仍不喪失國籍： 一、為偵查或審判中之刑事被告。 二、受有期徒刑以上刑之宣告，尚未執行完畢者。 三、為民事被告。 四、受強制執行，未終結者。 五、受破產之宣告，未復權者。 六、有滯納租稅或受租稅處分罰鍰未繳清者。 【112地特四等、113普考】	--

説明 1. 有關喪失國籍之消極事由，則規定在本法第12條及第13條。所謂「消極事由」，是指如具備該事由，則不得喪失國籍或不喪失國籍。

2. 本法第12條是規定內政部不得為喪失國籍之許可之事由。

　(1)其中第1款但書之規定，於105年12月21日時之修正理由為：「五、按年滿16歲當年1月1日起至年滿18歲當年12月31日止之接近役齡男子出境後，依現行有關規定須具結保證返國履行兵役義務，以不許喪失國籍為宜，惟考量僑民在僑居地生存發展之實際需要，對於在15歲之前已遷出國外或出生在國外於國內無戶籍之僑民，其國籍之喪失予以放寬，爰於第1款增列但書。」

　(2)因此本細則第13條則係就上述之第1款但書中，有關「僑居國外國民」加以定義上之規定。

3. 而具備本法第13條各款事由，則即便合於本法第11條之規定，仍不喪失國籍。其中第1款及第2款屬刑事方面之原因，第3款至第5款則是民事訴訟上之因素，而第6款則與行政方面之租稅義務相關。

(三)喪失國籍之撤銷【110普考】

國籍法	國籍法施行細則
第14條　依第十一條規定喪失中華民國國籍者，未取得外國國籍時，得經內政部之許可，撤銷其國籍之喪失。	**第14條**　依本法第十四條規定申請撤銷國籍之喪失者，應填具申請書，並檢附下列文件： 一、喪失國籍許可證書。 二、原擬取得該外國國籍之政府所核發之駁回、同意撤回其申請案或其他未取得該國國籍之相關證明文件。 三、未成年人附繳其法定代理人同意證明。 前項第二款未取得外國國籍之事實，經內政部認有查證之必要時，得轉請外交部查明。

> 説明　1. 本法第14條規定申請喪失我國國籍後，卻未取得外國國籍時，得經內政部許可撤銷國籍之喪失。本條係於105年12月21日修正時新增，其立法理由為：「……二、目前實務上，凡喪失國籍領得喪失國籍許可證書之人，其未取得外國國籍者，均得繳回其喪失國籍許可證書，申請撤銷喪失國籍，爰增列本條，以符實際。」
> 2. 至上述申請「撤銷國籍之喪失」應行之程序，則以本細則第14條加以規定。

四、回復國籍　重要

(一)得申請回復國籍之事由　重要

國籍法	國籍法施行細則
第15條　依第十一條規定喪失中華民國國籍者，現於中華民國領域內有住所，並具備第三條第一項第三款、第四款要件，得申請回復中華民國國籍。 歸化人及隨同歸化之子女喪失國籍者，不適用前項規定。	--
第16條　回復中華民國國籍者之未成年子女，得申請隨同回復中華民國國籍。	--

說明 1. 本法第15條規定得申請回復我國國籍之要件。依本條規定，除歸化人及隨同歸化者外，原具有中華民國國籍復喪失中華民國國籍之人，均得申請回復國籍。

　　　2. 本法第16條則規定未成年子女得申請隨同回復我國國籍。

(二)申請機關及回復時點、申請程序

國籍法	國籍法施行細則
第17條　依第十五條及第十六條申請回復中華民國國籍者，應向內政部為之，並自許可之日起回復中華民國國籍。	第15條　依本法第十五條第一項或第十六條規定申請回復國籍者，應填具申請書，並檢附下列文件： 一、有效之外僑居留證或外僑永久居留證。 二、原屬國警察紀錄證明或其他相關證明文件。但未滿十四歲、年滿十四歲前已入國，且未再出國或為我國國民之配偶，其外僑居留證之居留事由為依親者，免附。 三、相當之財產或專業技能，足以自立，或生活保障無虞之證明。但申請隨同回復國籍之未成年子女或已取得外僑永久居留證者，免附。 四、未成年人附繳其法定代理人同意證明。 五、其他相關身分證明文件。 戶政事務所於受理前項申請案時，應同時查明申請回復國籍者在我國居住期間之刑事案件紀錄及戶籍資料。但未滿十四歲者，免查刑事案件紀錄。 依本法第十五條第一項規定申請回復國籍，第一項第三款之所得、動產或不動產資料，得由戶政事務所代查。

相關法規：《在臺原有戶籍大陸地區人民申請回復臺灣地區人民身分許可辦法》

說明 1. 本法第17條規定回復國籍應向內政部申請，及其回復國籍之日。

　　　2. 申請回復國籍之程序、應檢附之證明文件、戶政事務所之職權查明事項，則於本細則第15條規定。

(三)回復後之限制　重要

國籍法	國籍法施行細則
第18條　回復中華民國國籍者，自回復國籍日起三年內，不得任第十條第一項各款公職。但其他法律另有規定者，從其規定。	--

説明 本法第18條規定回復國籍者擔任公職之限制期間及限制種類。

五、歸化、喪失或回復國籍許可證書之申請、換發或補發

國籍法	國籍法施行細則
--	**第16條**　依本法申請歸化、喪失或回復國籍經許可者，由內政部核發歸化、喪失或回復國籍許可證書。 **第17條**　歸化、喪失、回復國籍許可證書污損或滅失者，得填具申請書，並檢附下列文件，申請換發或補發，申請人不能親自申請時，得以書面委託他人為之： 一、污損之證書。但申請補發者，免附。 二、相關身分證明文件。 三、未成年人附繳其法定代理人同意證明。 依前項規定所為之申請，向國內任一戶政事務所為之，層轉直轄市、縣（市）政府轉內政部或逕向內政部換發或補發；申請人居住國外者，得向駐外館處或行政院於香港、澳門設立或指定之機構或委託之民間團體為之，送外交部轉內政部換發或補發。但依第十四條規定同時申請撤銷國籍之喪失者，無庸換發或補發其喪失國籍許可證書。 第一項第二款身分證明文件為戶籍資料者，由戶政機關代查。

【相關法規】
1. 《中華民國國籍證明核發要點》
2. 《國籍規費收費標準》

<table>
<tr><td>説明</td><td>1. 本細則第16條規定依本法申請歸化、喪失或回復國籍許可證書之核發機關為內政部。</td></tr>
<tr><td></td><td>2. 本細則第17條則規定歸化、喪失或回復國籍許可證書之換發及補發程序。

然考量換發、補發國籍許可證書並不涉及身分權益變更，又國籍變更案件可於戶役政資訊系統查對，且現行多項戶籍登記及戶籍文件核發皆可委託及跨區辦理，為簡政便民，爰開放民眾得向任一戶政事務所申請，不僅限於住所地戶政事務所，且得以書面委託他人代為申請換發、補發國籍許可證書，不限本人或法定代理人親自申請，爰於110年5月12日修正公布時，將本條第1項及第2項之規定修正如上所示。</td></tr>
</table>

六、歸化、喪失或回復國籍之撤銷處分

國籍法	國籍法施行細則
第19條 歸化、喪失或回復中華民國國籍後，除依第九條第一項規定應撤銷其歸化許可外，內政部知有與本法之規定不合情形之日起二年得予撤銷。但自歸化、喪失或回復中華民國國籍之日起逾五年，不得撤銷。 經法院確定判決認其係通謀為虛偽結婚或收養而歸化取得中華民國國籍者，不受前項撤銷權行使期間之限制。 撤銷歸化、喪失或回復國籍處分前，內政部應召開審查會，並給予當事人陳述意見之機會。但有下列情形之一者，撤銷其歸化許可，不在此限： 一、依第二條規定認定具有中華民國國籍。 二、經法院確定判決，係通謀為虛偽結婚或收養而歸化取得中華民國國籍。 前項審查會由內政部遴聘有關機關代表、社會公正人士及學者專家共同組成，其中任一性別不得少於三分之一，且社會公正人士及學者專家之人數不得少於二分之一。 第三項審查會之組成、審查要件、程序等事宜，由內政部定之。【112地特四等、113普考】	--

---

説明 本法第19條規定得予許可歸化、喪失或回復國籍之撤銷處分之期限，並
規定撤銷應行之程序。

七、國民取得外國籍者擔任公職之限制

國籍法	國籍法施行細則
第20條 （113年5月24日修正公布） 中華民國國民取得外國國籍者，不得擔任中華民國公職；其已擔任者，除立法委員由立法院；直轄市、縣（市）、**直轄市山地原住民區**、鄉（鎮、市）民選公職人員，分別由行政院、內政部、**直轄市政府**、縣政府；村（里）長由鄉（鎮、市、區）公所解除其公職外，由各該機關免除其公職。但下列各款經該管主管機關核准者，不在此限： 一、公立大學校長、公立各級學校教師兼任行政主管人員與研究機關（構）首長、副首長、研究人員（含兼任學術研究主管人員）及經各級主管教育行政或文化機關核准設立之社會教育或文化機構首長、副首長、聘任之專業人員（含兼任主管人員）。 二、公營事業中對經營政策負有主要決策責任以外之人員。 三、各機關專司技術研究設計工作而以契約定期聘用之非主管職務。 四、僑務主管機關依組織法遴聘僅供諮詢之無給職委員。 五、其他法律另有規定者。 前項第一款至第三款人員，以具有專長或特殊技能而在我國不易覓得之人才且不涉及國家機密之職務者為限。 第一項之公職，不包括公立各級學校未兼任行政主管之教師、講座、研究人員、專業技術人員。	**第19條** 本法第二十條第一項所稱各該機關，指有權進用該公職人員之機關。 本法第二十條第一項所定中華民國國民取得外國國籍者，不得擔任中華民國公職之規定，於外國人取得我國國籍，仍保留外國國籍者，亦適用之。 本法第二十條第一項但書及第二項所列職務之人員，由各該管主管機關認定之。

國籍法	國籍法施行細則
中華民國國民兼具外國國籍者，擬任本條所定應受國籍限制之公職時，應於就（到）職前辦理放棄外國國籍，並於就（到）職之日起一年內，完成喪失該國國籍及取得證明文件。但其他法律另有規定者，從其規定。【112地特四等、113普考】	

説明 1. 本法第20條規定我國國民如取得外國國籍者，不得擔任公職之限制等相關規定。於113年5月24日修正公布時，配合地方制度法及公職人員選舉罷免法規定，增訂直轄市山地原住民區民選公職人員，即其區民代表會代表及區長，具外國國籍並擔任我國公職者，由直轄市政府解除其公職規定，以完備選舉制度。
2. 本細則第19條則是就本法第20條為細節性之規範。

八、整體程序性規定

(一)立法目的和法源

國籍法	國籍法施行細則
第1條　中華民國國籍之取得、喪失、回復與撤銷，依本法之規定。	--
第22條　本法施行細則由內政部定之。	**第1條**　本細則依國籍法（以下簡稱本法）第二十二條規定訂定之。

説明 1. 本法第1條是規定國籍法之立法目的。
2. 本法第22條規定本法施行細則由內政部定之。因此本細則第1條則是本細則之法源依據之規定。

(二)應繳付文件之公證

國籍法	國籍法施行細則
--	**第2條**　依本法規定申請歸化、喪失、回復國籍或撤銷國籍之喪失者，由本人或其法定代理人親自申請。 申請歸化、喪失、回復國籍或撤銷國籍之喪失，向國內住所地戶政事務所為之，層轉直轄市、縣（市）政府轉內政部許可。 申請喪失國籍或撤銷國籍之喪失，申請人居住國外者，得向中華民國（以下簡稱我國）駐外使領館、代表處或辦事處（以下簡稱駐外館處）或行政院於香港、澳門設立或指定之機構或委託之民間團體為之，送外交部轉內政部許可。 申請喪失國籍而有本法第十二條第一款但書規定情形者，應向駐外館處或行政院於香港、澳門設立或指定之機構或委託之民間團體為之，送外交部轉內政部許可。 申請之方式或要件不備，其能補正者，應通知申請人限期補正；屆期不補正、補正不全或不能補正者，駁回其申請。內政部辦理前項規定之業務，必要時得委由其他相關機關執行之。
	第18條　依本細則規定應繳附之文件由外國駐我國使領館或授權代表機構製作或驗證者，應經外交部驗證；其在國外作成者，應經駐外館處驗證及外交部複驗，但依第二條第三項、第四項規定向駐外館處申請，送外交部轉內政部許可者，免經外交部複驗。前項文件為外文者，應一併檢附經外交部驗證、駐外館處驗證及外交部複驗或由國內公證人認證之中文譯本。

說明　1. 本細則第2條規定本法及本細則相關事項之整體性申請注意事項，包括申請人、國內外之受理機關及補正事宜。

2. 本細則第18條規定由外國使領館或代表處等單位所製作、而於本細則規定之應繳附文件，應經外交部驗證，及相關注意事項。

(三)施行日

國籍法	國籍法施行細則
第23條　本法自公布日施行。 本法中華民國一百零九年十二月二十九日修正之條文，自一百十二年一月一日施行。	**第20條**　本細則自發布日施行。 本細則中華民國一百十年五月十二日修正發布之第八條條文，自一百十二年一月一日施行。

説明 為配合民法成年年齡及男女最低結婚年齡相關修正條文自112年1月1日施行，本法及本細則分別增訂第2項定明修正條文之施行日期。

第三節 / 歷年精選試題

第1～50題

( )　**1** 未成年子女依國籍法規定，是否均可隨同其父或母歸化、喪失或回復中華民國國籍？
(A)未成年子女均可隨同歸化、喪失或回復　(B)未婚未成年子女可隨同歸化，未成年子女可隨同喪失或回復　(C)未婚未成年子女可隨同喪失，未成年子女可隨同歸化或回復　(D)未成年子女可隨同回復，未婚且未滿十八歲子女可隨同歸化或喪失。　【103地方特考】

( )　**2** 喪失中華民國國籍者，未取得外國國籍，欲取得中華民國國籍，應提出下列何項申請？　(A)回復國籍　(B)撤銷國籍之喪失　(C)歸化　(D)無需申請，自動回復國籍。　【103地方特考】

( )　**3** 下列何者不是內政部不得許可其喪失國籍之對象？　(A)僑居國外國民，在國外出生且於國內無戶籍者　(B)現役軍人　(C)現任中華民國公職　(D)在臺設有戶籍之男子年滿15歲之翌年1月1日起，未免除服兵役義務，尚未服兵役者。　【103地方特考】

( )　**4** 歸化我國者，下列何種情形可免提出喪失其原有國籍之證明？
(A)有殊勳於我國者或經國安機關查證無法提出證明者　(B)有殊勳於我國者或經外交機關查證無法提出證明者　(C)經國安機關查證無法提出證明者　(D)經外交機關查證無法提出證明者。【103地方特考】

( )　**5** 已成年之外國人為中華民國國民之養子女，最快須在中華民國領域內合法居留幾年，方得申請歸化？　(A)1年　(B)2年　(C)3年　(D)5年。　【103地方特考】

( )　**6** 小明為我國籍生父及越南籍生母無婚姻關係同居中，於民國90年10月10日在臺北市出生，小明出生取得何國國籍？理由為何？　(A)因生父為我國國籍即具有我國國籍　(B)因生母為越南國籍具有越南國籍　(C)因出生於我國領域內即具有我國國籍　(D)父母雙系兼具我國國籍及越南國籍。　【103地方特考】

（　）　**7** 外國人歸化中華民國國籍後，至多幾年內發現有與國籍法之規定不合情形，應予撤銷？
(A)1年　(B)3年　(C)5年　(D)7年。　　　　　　　　　　【104地方特考】

（　）　**8** 現年均5歲之下列各人，何者出生時具有我國國籍？　(A)出生於中華民國領域內均有我國國籍　(B)出生時母親為越南國籍，父親無可考　(C)為日籍母非婚生子嗣經我國籍父認領　(D)出生於中華民國領域內父親為無國籍。　　　　　　　　　　【104地方特考】

（　）　**9** 我國國籍法規定，何時起改採父母雙系血統主義？　(A)民國90年2月9日　(B)民國89年2月9日　(C)民國90年2月10日　(D)民國89年2月10日。　　　　　　　　　　【104地方特考】

（　）　**10** 甲為外國人，於民國104年1月6日自國外入境適年滿14歲，同年為我國籍之養父母收養，下列何者非甲申請歸化取得我國國籍之法定條件？　(A)居住滿3年　(B)國內有住所　(C)無犯罪紀錄　(D)喪失外國籍。　　　　　　　　　　【104地方特考】

（　）　**11** 有關一般歸化的法定條件，下列何者正確？　(A)只要年滿20歲就符合有行為能力　(B)年滿20歲或依我國或其本國法有行為能力　(C)年滿20歲或依我國及其本國法有行為能力　(D)依我國及其本國法有行為能力。

（　）　**12** 若有桃園市議員取得外國國籍者，由何機關解除其公職？　(A)行政院　(B)內政部　(C)中央選舉委員會　(D)桃園市議會。　　　【104地方特考】

（　）　**13** 下列何種情形符合國籍法之規定？　(A)未成年子女均可隨同歸化、喪失、回復國籍　(B)未成年子女可隨同歸化，未婚未成年子女可隨同喪失、回復國籍　(C)未成年子女可隨同喪失國籍，未婚未成年子女可隨同歸化、回復國籍　(D)未成年子女均可隨同喪失、回復國籍，未婚且未滿十八歲子女可隨同歸化。　　　　【104地方特考】

（　）　**14** 外國人歸化取得我國國籍並初設戶籍後，要多久才可擔任縣市長？
(A)自初設戶籍日起滿10年　(B)自歸化日起滿10年　(C)自初設戶籍日起滿7年　(D)自歸化日起滿7年。　　　　　　　　【104地方特考】

(　) **15** 以自願取得外國籍為由，申請喪失我國籍，下列何者為其應具備之
法定條件？　(A)年滿20歲或依外國法有行為能力　(B)年滿20歲且
依外國法有行為能力　(C)年滿20歲或依我國法有行為能力　(D)依
我國法有行為能力。

(　) **16** 下列何項理由不准申請人喪失我國國籍，是錯誤之處分？　(A)申請
人為民事被告　(B)申請人欠房地稅未繳納　(C)申請人受罰金確定
判決　(D)申請人租稅罰鍰未繳清。　　　　　　　　　【104地方特考】

(　) **17** 某人具有我國國籍並兼具外國國籍，依我國國籍法之規定，擬任應
受國籍限制之公職時，應如何處理？　(A)應於就（到）日後辦理放
棄外國國籍，並於就（到）職次日起1年內完成喪失外國籍及取得證
明　(B)應於就（到）日前辦理放棄外國國籍，並於就（到）職之日
起1年內完成喪失外國籍及取得證明　(C)應於就（到）日前辦理放
棄外國國籍，並於就（到）職次日起1年內完成喪失外國籍及取得證
明　(D)應於就（到）日後辦理放棄外國國籍，並於就（到）職之日
起1年內完成喪失外國籍及取得證明。　　　　　　　【104地方特考】

(　) **18** 下列何者，屬中華民國國民？　(A)母為中華民國國民之非婚生子女
(B)出生於父母死亡後，其父母死亡時為外國人　(C)出生於中華民
國領域內，其父為外國人，母為無國籍者　(D)取得準歸化中華民國
國籍證明者。　　　　　　　　　　　　　　　　　【105身障特考】

(　) **19** 申請歸化者需具備我國基本語言能力及國民權利義務基本常識，其
認定標準由下列何機關定之？　(A)教育部　(B)內政部　(C)外交部
(D)行政院。　　　　　　　　　　　　　　　　　【105身障特考】

(　) **20** 外國人為中華民國國民之養子女，現於中華民國領域內有住所，於
中華民國領域內，每年合計有183日以上合法居留之事實繼續幾年
以上，得申請歸化？
(A)3年　(B)5年　(C)7年　(D)10年。　　　　　　　【105身障特考】

(　) **21** 外國人以曾在中華民國領域內合法居留繼續10年以上且現於中華民
國領域內有住所，為申請歸化之事由，須年滿幾歲始得申請歸化？
(A)10歲　(B)18歲　(C)依中華民國法律及其本國法均有行為能力時
(D)30歲。

( ) **22** 回復國籍之規定，下列何者錯誤？ (A)為外國人之配偶喪失中華民國國籍者，現於中華民國領域內有住所，得申請回復回籍 (B)回復中華民國國籍者之未成年子女，得申請隨同回復國籍 (C)歸化人喪失國籍者，現於中華民國領域內有住所，得申請回復國籍 (D)申請回復國籍者，自許可之日起回復中華民國國籍。　　　　　【105身障特考】

( ) **23** 申請歸化者經許可後，自何時起取得中華民國國籍？
(A)自許可之次日　(B)自許可之日　(C)自申請之日　(D)自申請之次日。　　　　　　　　　　　　　　　　　【105身障特考】

( ) **24** 外國人應自歸化日起滿幾年後，始得擔任立法委員？ (A)3年 (B)5年　(C)10年　(D)20年。　　　　　　　　【105身障特考】

( ) **25** 回復中華民國國籍者，自回復國籍日起幾年內不得擔任民選地方公職人員？ (A)3年　(B)4年　(C)5年　(D)6年。　【105身障特考】

( ) **26** 中華民國國民兼具外國國籍者，擬任國籍法所定應受國籍限制之公職時，應於何時辦理放棄外國國籍？ (A)就（到）職前 (B)就（到）職後3個月內 (C)就（到）職後30日內 (D)就（到）職後3日內。　　　　　　　　　　　　　　　　　【105身障特考】

( ) **27** 申請回復中華民國國籍者，自何日起回復國籍？
(A)戶政事務所受理日 (B)行政院許可日 (C)內政部許可日 (D)內政部發文日。　　　　　　　　　　　　　【105原住民特考】

( ) **28** 下列何者不准其回復中華民國國籍？ (A)被外國籍生父認領喪失國籍者 (B)為外國人配偶喪失國籍者 (C)歸化人喪失國籍者 (D)出生具有我國籍被外國人收養喪失國籍者。　　　　【105原住民特考】

( ) **29** 自願歸化申請取得中華民國國籍者，須有行為能力人，該行為能力，準據法為何？ (A)依中華民國法律 (B)依當事人本國法 (C)依中華民國及當事人本國法 (D)依行為地法。　【105原住民特考】

( ) **30** 歸化人之何親屬，可申請隨同歸化？
(A)未成年子女　(B)未婚且未滿十八歲子女　(C)未婚已成年子女 (D)已婚未成年子女。　　　　　　　　　　　【105原住民特考】

（　）**31** 艾咪生於民國80年2月9日，父為外國籍，母為我國籍，現在她須如何擁有中華民國國籍？
(A)出生即具有我國籍　(B)歸化取得我國籍　(C)先初設戶籍才有我國籍　(D)先領定居證才有我國籍。　　　　　【105原住民特考】

（　）**32** 依中華民國法律及其本國法均有行為能力之外國人，曾在中華民國領域內合法居留繼續幾年以上，現於中華民國領域內有住所，雖每年合計未達183日以上之居留事實，亦得申請歸化？　(A)3　(B)5　(C)7　(D)10。

（　）**33** 一般外國人，現於中華民國領域內有住所，申請歸化，應每年合計有183日以上合法居留之事實繼續幾年以上？　(A)3　(B)5　(C)7　(D)10。　　　　　【105原住民特考】

（　）**34** 回復中華民國國籍者，於幾年內不得擔任縣長？　(A)10年　(B)7年　(C)5年　(D)3年。　　　　　【105原住民特考】

（　）**35** 依國籍法規定，下列何者不具有我國國籍？　(A)無戶籍國民　(B)歸化者　(C)出生時，父為我國國民，母為外國人　(D)外國人於我國出生並合法居留10年以上。　　　　　【105地方特考】

（　）**36** 有關國籍之取得，下列敘述何者正確？
(A)外國人有殊勳於中華民國，仍須具備品行端正且無犯罪紀錄之條件，始得申請歸化　(B)外國人有殊勳於中華民國，內政部得逕予許可歸化，無須經行政院核准　(C)16歲之外國人，其養父母為中華民國國民者，須在我國合法居留滿3年，始得申請歸化　(D)16歲之外國人，其養父母為中華民國國民者，具備品行端正、無犯罪紀錄且符合國籍法第9條有關喪失國籍之規定者，在臺合法居留無須滿3年，亦得申請歸化。　　　　　【105地方特考】

（　）**37** 瑪麗在越南出生，15歲時為我國人收養，來臺後已合法居留1年多，請問得否申請歸化？
(A)須年滿20歲，始得申請　(B)須合法居留連續3年以上，且每年有183日以上，始得申請　(C)須合法居留連續5年以上，且每年有183日以上，始得申請　(D)現在可以申請。　　　　　【105地方特考】

( ) **38** 外國人歸化我國國籍未滿10年者，依國籍法規定，不得擔任某些公職，下列何者不在此限？ (A)嘉義市議員 (B)僑務委員會專門委員 (C)考試委員 (D)內政部政務次長。 【105地方特考】

( ) **39** 中華民國國民得申請喪失中華民國國籍之資格，下列何者錯誤？
(A)生父為外國人，經其生父認領者
(B)為外國人之配偶者
(C)父為我國人、生母為外國人之未成年者
(D)為外國人之養子女者。 【105地方特考】

( ) **40** 假設王大華當選為臺南市議員後又取得外國國籍，應由何機關解除其公職？ (A)行政院 (B)臺南市議會 (C)中央選舉委員會 (D)內政部。 【106身障特考】

( ) **41** 外國人依其個人意願申請歸化我國國籍，下列何者錯誤？ (A)於中華民國領域內，每年合計有183日以上合法居留之事實繼續5年以上 (B)年滿18歲並依中華民國法律及其本國法均有行為能力 (C)無不良素行，且無警察刑事紀錄證明之刑事案件紀錄 (D)具備我國基本語言能力及國民權利義務基本常識。 【106身障特考】

( ) **42** 下列何者正確？
(A)歸化、喪失或回復中華民國國籍後，除依國籍法第9條第1項規定應撤銷其歸化許可外，內政部知有與本法之規定不合情形之日起3年得予撤銷 (B)經法院確定判決認其係通謀為虛偽結婚或收養而歸化取得中華民國國籍者，不受國籍法第19條第1項規定撤銷權行使期間之限制 (C)撤銷歸化、喪失或回復國籍處分前，由外交部召開審查會，並給予當事人陳述意見之機會 (D)外國人或無國籍人歸化者，仍得擔任行政院各部政務次長。 【106身障特考】

( ) **43** 某乙為外國人，申請歸化為我國國籍，某乙若無法於1年內提出喪失原有國籍證明，除經下列何機關查證因原屬國法律或行政程序限制屬實，致使不能於期限內提出喪失國籍證明者，得申請展延時限外，應撤銷其歸化許可？ (A)內政部 (B)外交部 (C)行政院 (D)行政法院。 【106身障特考】

(　) **44** 撤銷歸化、喪失或回復國籍處分前，內政部應召開審查會，並給予當事人下列何項行為之機會？　(A)聽證　(B)陳述意見　(C)行政考核　(D)複查。　【106原住民特考】

(　) **45** 外國人或無國籍人申請歸化獲准，依法應自何時起取得中華民國國籍？　(A)申請之日　(B)許可之日　(C)提出喪失原有國籍證明之日　(D)聲明放棄原有國籍之日。　【106原住民特考】

(　) **46** 有殊勳於中華民國之外國人，雖未曾於中華民國領域內合法居留，亦得申請歸化。但此項歸化之許可，應經下列何者核准？　(A)外交部　(B)立法院　(C)行政院　(D)總統。　【106原住民特考】

(　) **47** 下列何種外國人，在中華民國領域內合法居留雖未滿3年，亦得申請歸化？
(A)未婚未成年之外國人，其父現為中華民國國民者　(B)為中華民國國民配偶，因受家庭暴力離婚且未再婚　(C)為中華民國國民之監護人　(D)有相當之財產或專業技能，足以自立。　【106原住民特考】

(　) **48** 中華民國國民有下列何項情形，經內政部許可，喪失中華民國國籍？　(A)為外國人之配偶　(B)為外國法人主管　(C)在外國犯罪　(D)在外國置巨產。　【106原住民特考】

(　) **49** 我國國民取得外國籍者，得擔任下列何種公職？　(A)縣長　(B)科技部部長　(C)中央研究院研究員　(D)里長。　【106地方特考】

(　) **50** 長期在臺灣服務照顧弱勢的外籍神父，申請歸化取得中華民國國籍，又不用放棄其原國籍，下列那一法定要件最有可能？　(A)於中華民國領域內合法居留繼續5年以上，且無不良素行　(B)於中華民國領域內合法居留繼續3年以上，且為中華民國國民之監護人　(C)於中華民國領域內合法居留繼續10年以上，且出生於中華民國領域內　(D)有殊勳於中華民國者。　【106地方特考】

解答

1 (D)	2 (B)	3 (A)	4 (B)	5 (C)	6 (B)	7 (C)	8 (C)
9 (B)	10 (A)	11 (D)	12 (A)	13 (D)	14 (B)	15 (D)	16 (C)
17 (B)	18 (A)	19 (B)	20 (A)	21 (C)	22 (C)	23 (B)	24 (C)

25 (A)	26 (A)	27 (C)	28 (C)	29 (C)	30 (B)	31 (A)	32 (D)
33 (B)	34 (D)	35 (D)	36 (D)	37 (D)	38 (B)	39 (C)	40 (A)
41 (B)	42 (B)	43 (B)	44 (B)	45 (B)	46 (C)	47 (A)	48 (A)
49 (C)	50 (D)						

第51～143題

(　) **51** 依國籍法第3條規定，無國籍人申請歸化取得中華民國國籍之法定
要件，下列何者錯誤？　(A)現於中華民國領域內有住所　(B)於中
華民國領域內，每年合計有183日以上合法居留之事實繼續5年以上
(C)年滿20歲並依中華民國法律及其本國法均有行為能力　(D)有相
當之財產或專業技能，足以自立。

(　) **52** 具有中華民國國籍之甲女子，與日本籍乙男子結婚，向內政部申請
喪失中華民國國籍，經查甲有一繫屬於臺北地方法院之民事訴訟，
列為民事被告，甲是否喪失國籍？　(A)經內政部為附條件許可，僅
在特定情況始喪失中華民國國籍　(B)內政部不得為喪失國籍之許可
(C)經內政部許可，喪失中華民國國籍　(D)縱經內政部許可，仍不
喪失中華民國國籍。　　　　　　　　　　　　　　　【106地方特考】

(　) **53** 喪失中華民國國籍者後來申請回復中華民國國籍，該申請人自回
復國籍日起幾年內，不得擔任民選地方公職人員？　(A)2　(B)3
(C)5　(D)10。　　　　　　　　　　　　　　　　　　【106地方特考】

(　) **54** 中華民國國民取得外國國籍者，下列敘述何者正確？　(A)不得擔任
公立學校教師　(B)不得擔任中華民國公職　(C)同時喪失中華民國
國籍　(D)內政部依職權撤銷其中華民國國籍。　　　　【106地方特考】

(　) **55** 依據國籍法，申請喪失國籍者，下列何種情形，主管機關得為喪失
國籍之許可？　(A)現役軍人　(B)男子尚未免除兵役義務者　(C)僑
居國外國民，年滿十五歲以前遷出國外，戶籍資料已載明者　(D)現
任我國公職者。　　　　　　　　　　　　　　　　　【107身障特考】

(　) **56** 出生具有我國國籍者，已喪失我國國籍時，可申請下列何者？
(A)未取得外國國籍者，可申請回復國籍　(B)取得外國國籍者，

可申請撤銷其國籍之喪失　(C)取得外國國籍者，可申請回復國籍
(D)取得外國國籍者，可為其子女撤銷國籍之喪失。　【107身障特考】

(　) **57** 下列何種情形，非現行國籍法明定得申請喪失我國國籍之事由？
(A)由外國籍生父認領者　(B)得輔助人同意自願取得外國國籍者
(C)為外國人之配偶　(D)依我國法律有行為能力自願取得外國國
籍者。　【107身障特考】

(　) **58** 歸化取得我國國籍與回復我國國籍，若干時間內有擔任公職之限
制，下列敘述何者正確？　(A)歸化10年回復5年　(B)歸化7年回復5
年　(C)歸化7年回復3年　(D)歸化10年回復3年。　【107身障特考】

(　) **59** 下列何種情形，非屬歸化法定條件？
(A)我國國民之外籍配偶歸化不須具備財產　(B)外籍配偶因家暴離
婚且未再婚可歸化　(C)外籍配偶之我國籍夫已死2年可歸化　(D)為
我國國民之監護人可歸化。　【107身障特考】

(　) **60** 甲男出生具有我國國籍，今年17歲，106年1月6日經許可隨同喪失
我國國籍，同年9月12日取得外國國籍，次日與乙女國外結婚，
今日甲男住於國內可申辦下列何項國籍變更？　(A)撤銷喪失國籍
(B)隨同回復國籍　(C)隨同歸化　(D)歸化。　【107身障特考】

(　) **61** 經法院確定判決，係通謀虛偽婚姻歸化取得我國國籍，其歸化許可
依法如何處理？　(A)無期限即行撤銷　(B)逾5年不得撤銷　(C)經
審查會決議撤銷　(D)報請行政院撤銷。　【107身障特考】

(　) **62** 有關外國人申請歸化及永久居留之敘述，下列何者正確？
(A)外國人申請歸化，原則上應提出喪失其原國籍之證明　(B)外國
人申請永久居留，依國籍法之規定　(C)外國人申請歸化，依入出國
及移民法之規定　(D)經許可永久居留者，由僑務委員會發給永久居
留證。　【107身障特考】

(　) **63** 依據國籍法，我國國籍之認定原則為何者？　(A)出生地主義
(B)以血統主義為主，出生地主義為輔　(C)血統主義　(D)以出生地
主義為主，血統主義為輔。　【107身障特考】

（　）**64** 下列外國人或無國籍人，若現在中華民國領域內有住所，具備國籍法第3條第1項第2款至第5款要件，且在中華民國領域內，每年合計有一百八十三日以上合法居留之事實滿三年，何者得申請歸化我國籍？　(A)甲，30歲，南亞某國國民，在我國境內擔任兒童美語班老師　(B)乙，25歲，東北亞某國國民，與我國國民丙結婚後移居我國　(C)丁，60歲，歐洲某國國民，因喜愛登山運動，退休後移居我國　(D)戊，55歲，美洲某國國民，在國內投資設廠，長期居留我國。　【107原住民特考】

（　）**65** 甲本為南亞某國國民，申請歸化我國國籍獲准。其下列何親屬得申請隨同歸化？　(A)甲之兄弟　(B)甲之直系血親尊親屬　(C)甲之未婚未成年子女　(D)甲之已婚未成年子女。　【107原住民特考】

（　）**66** 甲本為某國國民，因在我國工作長期居留，經過歸化取得我國國籍。依國籍法規定，其應當在歸化許可後多久時間之內，提出喪失原有國籍證明？
(A)二年　(B)三年　(C)五年　(D)一年。　【107原住民特考】

（　）**67** 甲本已喪失中華民國國籍，嗣後又經申請回復中華民國國籍。甲自回復日起幾年不得擔任縣長？　(A)一年　(B)三年　(C)五年　(D)七年。　【107原住民特考】

（　）**68** 南亞某國籍之美語老師甲，年30歲無配偶，於我國境內合法居留。若未有每年合計有一百八十三日以上合法居留之事實繼續五年以上的情形，亦無其他不合規定之要件，如甲要申請歸化我國籍，其應當在我國境內合法居留多久？　(A)十年　(B)十五年　(C)五年　(D)二年。　【107原住民特考】

（　）**69** 甲本為外國籍，於民國107年歸化為我國籍。但嗣後主管機關內政部發現其歸化文件有偽造、變造情事，擬撤銷其歸化。此一撤銷應在發現撤銷事由後幾年內為之？　(A)二年　(B)四年　(C)五年　(D)七年。　【107原住民特考】

（　）**70** 阿魯本為外國籍，新近歸化我國。其擬在政府機關服務，請問阿魯依國籍法之規定，具有擔任下列何種工作的資格？　(A)各部政務次長　(B)國民小學教師　(C)立法委員　(D)陸軍少將軍官。【107原住民特考】

(　　) **71** 依規定申請喪失國籍者，下列何者並非內政部不得為喪失國籍許可
之情形？　(A)男子年滿十五歲之翌年一月一日起，未免除服兵役義
務，尚未服兵役者　(B)現役軍人　(C)現任中華民國公職者　(D)為
偵查或審判中之刑事被告。　　　　　　　　　　　　【107原住民特考】

(　　) **72** 外國人或無國籍人歸化者，不得擔任立法委員等公職，然此等限
制，自歸化日起滿幾年後解除之？　(A)五年　(B)十年　(C)十五年
(D)二十年。　　　　　　　　　　　　　　　　　　【107原住民特考】

(　　) **73** 甲本為中華民國國民，因故喪失我國籍，嗣後又申請回復。甲申
請回復中華民國國籍獲准，自何日起回復其國籍？　(A)內政部回
復國籍公文送達日　(B)內政部作成許可決定日　(C)行政院核定日
(D)提出申請之日。　　　　　　　　　　　　　　　【107原住民特考】

(　　) **74** 撤銷歸化、喪失或回復國籍處分前，內政部應召開審查會，並給予
當事人陳述意見之機會。但有下列情形之一者，撤銷其歸化許可，
不在此限？
(A)歸化人之原生國家未給予我國國民相同待遇者　(B)經法院確定
判決，係通謀為虛偽結婚或收養而歸化取得中華民國國籍　(C)歸
化申請人所提出證件，有偽造變造情事，經刑事法院判決確定者
(D)歸化申請人事先簽署聲明書，聲明放棄權利者。【107原住民特考】

(　　) **75** 中華民國國民為外國人之配偶者，得經內政部許可，喪失中華民國
國籍。但有何種例外，使其無法喪失國籍？
(A)有滯納租稅或受租稅處分罰鍰未繳清者　(B)受監護或輔助宣告
者　(C)男性尚未履行兵役義務者　(D)受刑事法院緩刑之宣告，尚
未期滿者。　　　　　　　　　　　　　　　　　　【107原住民特考】

(　　) **76** 中華民國國民得經內政部許可，喪失中華民國國籍之事由，不包括
下列何者？　(A)依中華民國法律有行為能力，自願取得外國國籍
(B)依中華民國法律有行為能力，自願放棄我國國籍，而又未取得其
他國家國籍　(C)為外國人之配偶　(D)由外國籍養父或養母行使負
擔權利義務之無行為能力人，為取得同一國籍且隨同至中華民國領
域外生活。　　　　　　　　　　　　　　　　　　【107原住民特考】

( ) **77** 下列何人，非屬中華民國國民？ (A)美國籍夫甲與其妻乙，受企業指派住在我國境內，在臺北市臺大醫院生出長子丙 (B)我國籍女性國民丁，於臺北市臺大醫院生子A，出生時父不詳 (C)我國籍男性國民戊，派駐南亞某國，在當地與當地居民已發生婚外情，生子B (D)在臺北市拾獲剛出生之棄嬰C。 【107原住民特考】

( ) **78** 中華民國國民取得外國國籍者，原則上不得擔任中華民國公職。但依國籍法之規定，下列何者構成例外？ (A)公營事業中對經營政策負有主要決策責任之人員 (B)僑務主管機關依組織法遴聘之有給職委員 (C)各機關專司技術研究設計工作而經銓敘之主管 (D)公立大學未兼行政職務之教師。 【107原住民特考】

( ) **79** 外國人或無國籍人，現於中華民國領域內有住所，申請歸化為中華民國籍，其要件不包括下列何者？ (A)依中華民國法律及其本國法均有行為能力 (B)無不良素行，且無警察刑事紀錄證明之刑事案件紀錄 (C)在我國境內有繳納稅捐紀錄者 (D)具備我國基本語言能力及國民權利義務基本常識。

( ) **80** 回復中華民國國籍者之未成年子女，是否可回復中華民國國籍？ (A)不得申請回復國籍 (B)得申請回復國籍 (C)經生父同意後，方得申請回復國籍 (D)自動回復國籍。 【105普考】

( ) **81** 外國人申請歸化需具備我國基本語言能力，其認定標準由下列何者定之？
(A)內政部 (B)教育部 (C)外交部 (D)文化部。 【105普考】

( ) **82** 依國籍法規定，回復中華民國國籍者，除其他法律另有規定外，自回復國籍日起幾年內，不得任同法規定限制擔任之公職？ (A)1年 (B)3年 (C)5年 (D)7年 【105普考】

( ) **83** 依國籍法規定，與歸化人有何種關係之人，得申請隨同歸化？
(A)父或母 (B)未婚且未滿十八歲子女
(C)配偶 (D)兄弟姊妹。 【105普考】

( ) **84** 依國籍法規定，中華民國國民兼具外國國籍者，擬任立法委員時，應於就職之日起多久時間內，完成喪失該國國籍及取得證明文件？
(A)1年 (B)2年 (C)3年 (D)不需辦理喪失國籍。 【105普考】

(　) **85** 依國籍法規定，出生於中華民國領域內，父母均無可考，或均無國
籍者，其國籍應如何處理？
(A)屬中華民國國籍　(B)登記為無國籍　(C)聲請國際法院處理
(D)移送國際難民組織。　　　　　　　　　　　　　　【105地特四等】

(　) **86** 依國籍法規定，外國人或無國籍人依本法規定申請歸化者，應向下
列那一個機關為之？　(A)外交部　(B)國防部　(C)法務部　(D)內
政部。　　　　　　　　　　　　　　　　　　　　　【105地特四等】

(　) **87** 若依國籍法規定，外國人或無國籍人歸化者，得擔任下列那一種公職？
(A)監察委員　(B)典試委員
(C)立法委員　(D)政務委員。　　　　　　　　　　　【105地特四等】

(　) **88** 我國國民甲之前因與外國人結婚申請喪失中華民國國籍並經內政部
許可。多年後甲現於我國領域內有住所，且與其12歲之子乙欲申
請回復中華民國國籍。試問有關回復國籍的申請規定，下列何者正
確？　(A)隨同回復國籍的乙免附原屬國警察紀錄證明　(B)甲於回
復中華民國國籍後，3年內若有發現與國籍法之規定不合情形者，應
予撤銷其國籍之回復　(C)甲申請回復中華民國國籍，應向內政部為
之，並溯自申請之日起回復中華民國國籍　(D)甲應符合於我國領域
內每年合計有183日以上合法居留之事實繼續5年以上之要件。

(　) **89** 依據國籍法規定，外國人若已取得外僑永久居留證者，其申請歸
化，得免附下列何種證明文件？　(A)原屬國警察紀錄證明或其他相
關證明文件　(B)相當之財產或專業技能，足以自立，或生活保障無
虞之證明　(C)具備我國基本語言能力之證明文件　(D)喪失原有國
籍之證明文件。　　　　　　　　　　　　　　　　　【105地特四等】

(　) **90** 依國籍法規定，下列何者得作為具有我國國籍之證明文件？
(A)全民健康保險卡　(B)戶籍謄本　(C)駕駛執照　(D)繳稅證
明書。　　　　　　　　　　　　　　　　　　　　　【105地特四等】

(　) **91** 中華民國國民取得外國國籍者，依法不得擔任中華民國公職，但
不包括下列何種職務？　(A)公立各級學校未兼任行政主管之教
師　(B)里長　(C)公營事業中對經營政策負有主要決策責任之人員
(D)鄉長。　　　　　　　　　　　　　　　　　　　【105地特四等】

(　　) **92** 回復我國國籍者，除法律另有規定者外，自回復國籍日起幾年內，不得任國籍法第10條第1項各款公職？　(A)3年　(B)4年　(C)5年　(D)6年。　　　　　　　　　　　　　　　　　　　　　　【105地特四等】

(　　) **93** 外國人申請歸化，若有符合下列情形之一者，免提出喪失原有國籍證明，何者錯誤？　(A)有殊勳於中華民國者　(B)由中央目的事業主管機關推薦之高級專業人才　(C)因非可歸責於當事人之事由，致無法取得喪失原有國籍證明　(D)擁有國內動產及不動產估價總值逾新臺幣5百萬元者。　　　　　　　　　　　　　　　　【106地特四等】

(　　) **94** 依規定申請喪失國籍者，下列何種情形，內政部得為喪失國籍之許可？　(A)男子未免除或尚未服兵役義務者　(B)僑居國外國民，年滿15歲以前遷出國外，戶籍資料已載明者　(C)現役軍人　(D)現任我國公職者。　　　　　　　　　　　　　　　　　　　【106地特四等】

(　　) **95** 中華民國國民為外國人之配偶，有下列各款情形之一者，依規定仍不喪失國籍，何者錯誤？　(A)為偵查或審判中之刑事被告　(B)曾有滯納租稅前科者　(C)受有期徒刑以上刑之宣告，尚未執行完畢者　(D)為民事被告。　　　　　　　　　　　　　　　　　　　【106地特四等】

(　　) **96** 依入出國及移民法第16條第2項規定，所列舉無國籍人民，不包括那一地區？
(A)泰國　(B)柬埔寨　(C)緬甸　(D)印尼。　　　　　　　　【106地特四等】

(　　) **97** 國籍法所稱每年合計有183日以上合法居留之事實繼續5年以上或3年以上，應為連續不中斷。但於該期間內，因逾期居留，不符合法居留之要件，致居留期間中斷，惟其逾期居留期間未達幾日者，視為居留期間連續不中斷？
(A)10　(B)20　(C)30　(D)40。　　　　　　　　　　　　【106地特四等】

(　　) **98** 小端年滿12歲，隨同父母返國並申請回復國籍，下列何者非其應備文件？
(A)申請書　(B)有效之外僑居留證或外僑永久居留證　(C)原屬國之警察紀錄證明　(D)法定代理人之同意證明。　　　　　　　【106地特四等】

(   ) **99** 下列何者不符合申請歸化我國國籍之條件？ (A)外國人為我國人之配偶，已連續居留滿3年且每年住滿184天 (B)有殊勳於我國之神父，但居留尚未滿5年 (C)大陸地區人士為我國人之配偶，已連續居留滿6年且每年住滿184天 (D)已取得永久居留證之英語補習班外籍教師。 【106地特四等】

(   )**100** 下列4人均於民國89年2月10日出生，其中何人不具備我國國籍？ (A)小蓮在美國出生時，母為我國國民，父為美國人，但兩人未辦理結婚登記 (B)小艾在美國出生時，母為我國國民，但因難產死亡，父不詳 (C)小聰在臺灣出生時，母為美國人，父為無國籍 (D)小文在美國出生時，父母均為我國國民，但2年後離婚。 【106地特四等】

(   )**101** 國籍法規定國民取得外國國籍者不得擔任中華民國公職，如擬任該職，應於就（到）職前辦理放棄外國國籍，下列何者不在此限？ (A)市議會議員 (B)立法委員 (C)外交部科長 (D)僑務委員會遴聘僅供諮詢之無給職委員。 【106地特四等】

(   )**102** 假設某甲獲選為鄉民代表後取得外國國籍，應由何機關解除其公職？ (A)中央選舉委員會 (B)行政院 (C)內政部 (D)縣政府。【106普考】

(   )**103** 中華民國國民，自願取得外國國籍者，下列何者得經內政部許可而喪失中華民國國籍？
(A)僑居國外國民，在年滿15歲當年12月31日以前遷出國外者
(B)現役軍人 (C)現任中華民國公職者 (D)男子年滿15歲之翌年1月1日起，未免除服兵役義務而尚未服兵役者。 【106普考】

(   )**104** 某甲為外國人，現於中華民國領域內有住所，要申請歸化中華民國，有關國籍法規定歸化之要件，下列何者錯誤？ (A)年滿20歲並依中華民國法律和甲之本國法均有行為能力 (B)在中華民國領域內，每年合計有183日以上合法居留之事實繼續3年以上 (C)有相當之財產，足以自立或生活保障無虞 (D)具備我國基本語言能力及國民權利義務基本常識。 【106普考】

(   )**105** 中華民國國民取得外國國籍者，不得擔任中華民國公職。下列何者非屬經該管主管機關核准者，即得擔任之例外？ (A)中央研究院近代史研究所研究員 (B)臺鹽實業股份有限公司總經理 (C)財團法

人國家文化藝術基金會執行長　(D)勞動部職業安全衛生署職業傷病管理服務中心職業醫學專科醫師。　　　　　　　　　　　　【106普考】

(　)**106** 下列何者不屬於申請回復國籍者，應檢附之文件？　(A)外國國籍政府撤銷其國籍之證明　(B)滿14歲者之原屬國警察紀錄證明　(C)有效之外僑居留證或外僑永久居留證　(D)未成年人之法定代理人同意證明。　　　　　　　　　　　　　　　　　　　　　　　【107普考】

(　)**107** 於下列何種情形，即使為外國人之配偶且經內政部許可，仍不喪失中華民國國籍？　(A)受有期徒刑以上之刑宣告，已繳納易科罰金　(B)為民事被告訴訟，已經和解　(C)受破產之宣告，尚未復權　(D)受刑事偵查，已受不起訴處分。　　　　　　　　　【107普考】

(　)**108** 下列何者不屬於申請喪失國籍者應檢附之文件？　(A)無欠繳稅捐及租稅罰鍰之證明　(B)具有我國國籍之證明　(C)取得他國國籍之證明　(D)役齡男子附繳退伍、除役、退役或免服兵役證明。　　　　　【107普考】

(　)**109** 下列何者為歸化者於歸化日滿十年前，不得擔任的公職？　(A)各部會常務次長　(B)薦任12職等之公務員　(C)立法委員　(D)駐外代表處之約聘職員。　　　　　　　　　　　　　　　　　　　　　　【107普考】

(　)**110** 申請歸化之外國人需於中華民國領域內有住所，其住所證明文件為何？　(A)為中華民國國民配偶之證明文件　(B)經公證之房屋租賃契約　(C)外僑永久居留證或外僑居留證　(D)於臺灣地區就學之簽證。　　　　　　　　　　　　　　　　　　　　　　　　　　　【107普考】

(　)**111** 關於國籍法第20條規定，對中華民國國民取得外國國籍者任公職之限制，下列敘述何者錯誤？　(A)已擔任立法委員者，由立法院解除其職　(B)外國人歸化中華民國仍保留國籍者，不受該條限制　(C)不受限制之職務，由各該主管機關認定　(D)公營事業之董事長不得具有外國國籍。　　　　　　　　　　　　　　　　　　　【107普考】

(　)**112** 申請回復國籍者，欲證明有相當之財產或專業技能，足以自立，或生活保障無虞，得檢具之文件，不包括下列何者？　(A)國內之收入、納稅、動產或不動產資料　(B)申請人自行以書面敘明，其工作內容及所得　(C)雇主開立之聘僱證明　(D)國外不動產總值逾新臺幣500萬元。　　　　　　　　　　　　　　　　　　　　　【107地特四等】

（　）**113** 關於國籍之得喪變更，下列敘述何者正確？　(A)喪失國籍者非經本人申請，內政部不得撤銷其國籍之喪失　(B)隨同回復中華民國國籍之未成年子女，不得撤銷　(C)自喪失或回復中華民國國籍之日起逾5年，不得撤銷　(D)為中華民國國民配偶歸化取得之國籍，不得撤銷。　【107地特四等】

（　）**114** 成年人自願歸化外國並經內政部許可喪失中華民國國籍，其後未成功取得外國籍，若欲取得中華民國國籍，應依何種程序？　(A)由內政部撤銷其國籍之喪失　(B)由內政部許可回復其國籍　(C)向內政部申請一般歸化取得國籍　(D)向內政部申請特殊歸化取得國籍。　【107地特四等】

（　）**115** 某甲於107年1月1日回復中華民國國籍，如擬於109年8月1日擔任公職之敘述，下列何者正確？　(A)可以擔任花蓮縣玉里鎮民代表　(B)不得擔任僑務委員會僑務委員　(C)可以擔任中華民國空軍少校　(D)不得擔任基隆市民政處處長。　【108普考】

（　）**116** 一越南籍女性勞工，在臺與我國人同居出生之子女，經生父認領，依我國法規定，該子女之國籍為何？　(A)越南　(B)中華民國　(C)兼具越南及中華民國　(D)無國籍人。　【108普考】

（　）**117** 來自德國的修女A，在臺服務奉獻50多年，致力蒐集保存臺灣各族群傳統服飾文物，A欲申請歸化取得中華民國國籍，下列敘述何者正確？　(A)A須先放棄其原國籍，始得申請歸化　(B)A如符合有殊勳於中華民國之法定要件，無須放棄原國籍，即得申請歸化　(C)A在中華民國領域內合法居留繼續10年以上，且無不良素行，無須放棄原國籍，即得申請歸化　(D)A無須放棄原國籍，即得申請歸化，但仍須通過我國語言能力測試。　【108普考】

（　）**118** 外國人甲申請歸化為中華民國國籍經獲准後，下列何者得申請隨同歸化？　(A)甲之配偶A　(B)甲之25歲未婚大女兒B　(C)甲之18歲已婚小女兒C　(D)甲之15歲未婚小兒子D。　【108普考】

（　）**119** 下列何者得依國籍法規定，因出生而取得中華民國國籍？　(A)甲在桃園市出生，其生父為無國籍，生母為美國籍　(B)乙在臺北市出

生，其生父生母皆為美國籍，但兩人未辦理結婚登記　(C)丁在泰國出生，其生父為已婚之中華民國人，生母為泰國籍　(D)丁在新竹市出生，其父母為來臺工作的韓國籍夫妻。　　　　　　【108普考】

(　)**120** 外國人甲申請歸化為中華民國國籍經獲准後，未於1年內提出喪失原有國籍證明，但依法延展時限後已在期限內提出，則甲自何日起取得中華民國國籍？　(A)甲提出申請歸化之日　(B)甲提出喪失原有國籍證明之日　(C)申請機關許可歸化之日　(D)申請機關許可歸化日之翌日。　　　　　　　　　　　　　　　　　【108普考】

(　)**121** 甲帶3名子女從美國返臺定居，並於108年2月1日申請回復中華民國國籍。於108年2月1日時，其長子20歲，未婚；次子18歲，已婚；三子15歲，未婚。關於3人之隨同回復國籍，下列敘述何者正確？(A)長子及次子須自行申請回復，三子可隨同回復　(B)長子須自行申請回復，次子及三子可隨同回復　(C)次子須自行申請回復，長子及三子可隨同回復　(D)3名子女皆可隨同回復。

(　)**122** 申請歸化者未滿幾歲，得免附原屬國警察紀錄證明？　(A)7歲(B)12歲　(C)14歲　(D)20歲。　　　　　　　　　　【103地方特考】

(　)**123** 下列何種申請人，其居留期間得計入歸化國籍之合法居留期間？(A)經勞動部許可從事看護者　(B)經勞動部許可從事公立學校之合格外語課程教師者　(C)在臺灣地區就學者　(D)以臺灣地區就學者為依親對象者。　　　　　　　　　　　　　　　　【103地方特考】

(　)**124** 外國人以中華民國國民配偶之身分申請歸化國籍者，生活保障無虞之證明文件，下列何者非必備文件？　(A)最近1年於國內平均每月收入逾勞動部公告基本工資2倍　(B)國內之收入資料　(C)國內之納稅資料　(D)國內之動產資料。　　　　　　　　　【104地方特考】

(　)**125** 外國人為中華民國國民之配偶，申請歸化時，其外僑居留證之居留事由為依親者，得免附下列何項文件？(A)原屬國警察紀錄證明　(B)喪失原國籍證明　(C)有效之外僑居留證　(D)入出國日期證明。　　　　　　　　　　　　　　　　【104地方特考】

278 chapter 03 國籍法及國籍法施行細則

( )**126** 國籍法中歸化相關規定,所稱於中華民國領域內有住所,指以久住之意思,住於中華民國領域內,且持有下列何種有效之證件? (A)臺灣地區居留證 (B)入出境許可證 (C)華僑登記證 (D)外僑居留證。 【105身障特考】

( )**127** 申請歸化、回復國籍,向何機關提出申請文件? (A)戶政事務所 (B)直轄市、縣(市)政府 (C)內政部 (D)駐外館處。 【105身障特考】

( )**128** 國籍法所稱每年合計有183日以上合法居留之事實繼續5年以上,其居留期間如何計算? (A)自外僑居留證核發之日起算滿5年連續不中斷 (B)自申請歸化時,往前推算滿5年連續不中斷 (C)自申請歸化許可時,往前推算滿5年連續不中斷 (D)外僑居留證有效期限累計滿5年。 【105身障特考】

( )**129** 申請歸化者所檢具之財產證明,由下列何機關認定? (A)財政部 (B)內政部 (C)勞動部 (D)衛生福利部。 【105原住民特考】

( )**130** 以在國內「居留繼續10年以上」為由申請歸化,該10年以上係如何計算? (A)核准歸化往前計居留事實繼續10年 (B)申請歸化前曾有居留事實繼續10年 (C)申請歸化往前計居留事實繼續10年 (D)歸化案送達內政部往前計繼續10年。 【105原住民特考】

( )**131** 國外出生之無戶籍國民,申請喪失我國國籍,應先向何處為之? (A)外交部 (B)內政部 (C)駐外館處 (D)戶政事務所。 【105原住民特考】

( )**132** 已取得外僑永久居留證者,其申請歸化,得免附下列何種文件? (A)喪失原有國籍之證明 (B)外國人居留證明書 (C)原屬國警察紀錄證明 (D)相當之財產或專業技能足以自立之證明。 【105原住民特考】

( )**133** 外國人申請歸化者,應向何機關為之? (A)內政部 (B)外交部 (C)僑務委員會 (D)內政部移民署。 【105原住民特考】

( )**134** 邱君20年前赴海外移民,申請喪失我國國籍,現年邁返鄉,欲回復國籍,首先應向何機關提出申請? (A)向內政部移民署提出 (B)向外交部提出 (C)向原戶籍地縣(市)政府提出 (D)向國內住所地戶政事務所提出。 【105地方特考】

(　)**135** 傑克已取得外僑永久居留證，但因愛臺灣，仍決定申請歸化，請問下列何項文件得免附？
(A)入出國日期證明書　(B)生活保障無虞之證明　(C)外僑永久居留證　(D)原屬國警察紀錄證明。　　　　　　　　　　　　【105地方特考】

(　)**136** 下列敘述，何者錯誤？　(A)某甲雖然具有含中華民國國籍在內之雙重國籍，但是只受聘為國立臺灣大學之助理教授，某甲到職後不須放棄外國國籍　(B)持有外國政府核發載明無國籍之旅行身分證件者，就是無國籍人　(C)中華民國國民兼具外國國籍者，擬任立法委員，應於就職前辦理放棄外國國籍　(D)經外交部認定為無國籍人，即屬無國籍人。　　　　　　　　　　　　　　　　　　【106身障特考】

(　)**137** 依國籍法第3條規定每年合計有183日以上合法居留之事實繼續5年以上得申請歸化，此合法居留期間應為連續不中斷。但於該期間內，因逾期居留，不符合法居留之要件，致居留期間中斷，其逾期居留期間未達幾日，仍視為居留期間連續不中斷？　(A)10日　(B)15日　(C)20日　(D)30日。　　　　　　　　　　　　　　　　　　【106身障特考】

(　)**138** 外國人為中華民國國民之配偶，申請歸化時，毋須符合下列那一種條件？　(A)無不良素行，且無警察刑事紀錄證明之刑事案件紀錄　(B)依中華民國法律及其本國法均有行為能力　(C)有相當之財產或專業技能，足以自立，或生活保障無虞　(D)具備我國基本語言能力及國民權利義務基本常識。

(　)**139** 外國人申請歸化，原則上應於許可歸化之日起至遲多久時間內提出喪失原有國籍證明，屆期未提出者，應撤銷其歸化許可？　(A)3個月　(B)6個月　(C)1年　(D)2年。　　　　　　　　　　　【106原住民特考】

(　)**140** 依據國籍法，下列何者之情形，並無法取得中華民國國籍？　(A)歸化者　(B)出生時父或母為中華民國國民　(C)出生於父或母死亡後，其父或母死亡時為中華民國國民　(D)出生於中華民國領域內，父母均為外國人。　　　　　　　　　　　　　　　【106原住民特考】

(　)**141** 依有關規定申請歸化者，應填具申請書，並檢附有關文件。例如原屬國警察紀錄證明或其他相關證明文件。但未滿幾歲或年滿幾歲前已入

國，且未再出國者，免附？　(A)十三歲，十三歲　(B)十四歲，十四歲　(C)十五歲，十五歲　(D)十六歲，十六歲。　【107原住民特考】

(　　)142 申請歸化者，可以有多項情形，例如應具備最近一年於國內平均每月收入逾勞動部公告基本工資之幾倍者？　(A)一倍　(B)二倍　(C)三倍　(D)四倍。　【107原住民特考】

(　　)143 下列各款情形中，何者不得認定為無國籍人？　(A)持外國政府核發載明無國籍之旅行身分證件　(B)符合入出國及移民法第16條第2項至第4項規定之泰國、緬甸、印尼、印度或尼泊爾地區無國籍人民，持有載明無國籍之外僑居留證　(C)喪失原國籍，尚未取得我國國籍，等待回復原國籍　(D)其他經內政部認定。　【107原住民特考】

解答

51 (C)	52 (D)	53 (B)	54 (B)	55 (C)	56 (C)	57 (A)	58 (D)	59 (C)
60 (B)	61 (A)	62 (A)	63 (B)	64 (B)	65 (C)	66 (D)	67 (B)	68 (A)
69 (A)	70 (B)	71 (D)	72 (B)	73 (B)	74 (B)	75 (A)	76 (B)	77 (A)
78 (D)	79 (C)	80 (B)	81 (A)	82 (B)	83 (B)	84 (A)	85 (A)	86 (D)
87 (B)	88 (A)	89 (B)	90 (B)	91 (A)	92 (A)	93 (D)	94 (B)	95 (B)
96 (B)	97 (C)	98 (C)	99 (C)	100 (C)	101 (D)	102 (D)	103 (A)	104 (B)
105 (B)	106 (A)	107 (C)	108 (C)	109 (C)	110 (C)	111 (B)	112 (D)	113 (C)
114 (A)	115 (C)	116 (B)	117 (B)	118 (D)	119 (C)	120 (C)	121 (B)	122 (C)
123 (B)	124 (A)	125 (A)	126 (D)	127 (A)	128 (B)	129 (B)	130 (B)	131 (C)
132 (D)	133 (A)	134 (D)	135 (B)	136 (D)	137 (D)	138 (C)	139 (C)	140 (D)
141 (B)	142 (B)	143 (C)						

申論題

一、中華民國國民兼具外國國籍不得擔任中華民國公職，在何種情況下例外？由何機關認定之？　【105普考】

答：(一) 中華民國國民兼具外國國籍不得擔任中華民國公職之例外狀況：

　　1. 國籍法第20條規定：「中華民國國民取得外國國籍者，不得擔任中華民國公職；其已擔任者，除立法委員由立法院；直轄市、縣（市）、直轄市山地原住民區、鄉（鎮、市）民選公職人員，分別

由行政院、內政部、直轄市政府、縣政府；村（里）長由鄉（鎮、市、區）公所解除其公職外，由各該機關免除其公職。但下列各款經該管主管機關核准者，不在此限：

一、公立大學校長、公立各級學校教師兼任行政主管人員與研究機關（構）首長、副首長、研究人員（含兼任學術研究主管人員）及經各級主管教育行政或文化機關核准設立之社會教育或文化機構首長、副首長、聘任之專業人員（含兼任主管人員）。

二、公營事業中對經營政策負有主要決策責任以外之人員。

三、各機關專司技術研究設計工作而以契約定期聘用之非主管職務。

四、僑務主管機關依組織法遴聘僅供諮詢之無給職委員。

五、其他法律另有規定者。

前項第1款至第3款人員，以具有專長或特殊技能而在我國不易覓得之人才且不涉及國家機密之職務者為限。

第1項之公職，不包括公立各級學校未兼任行政主管之教師、講座、研究人員、專業技術人員。

中華民國國民兼具外國國籍者，擬任本條所定應受國籍限制之公職時，應於就（到）職前辦理放棄外國國籍，並於就（到）職之日起1年內，完成喪失該國國籍及取得證明文件。但其他法律另有規定者，從其規定。」

2. 依上開規定，中華民國國民兼具外國國籍不得擔任中華民國公職之例外情況為第1項第1款至第5款之情況，即為：

(1)公立大學校長、公立各級學校教師兼任行政主管人員與研究機關（構）首長、副首長、研究人員（含兼任學術研究主管人員）及經各級主管教育行政或文化機關核准設立之社會教育或文化機構首長、副首長、聘任之專業人員（含兼任主管人員），且以具有專長或特殊技能而在我國不易覓得之人才且不涉及國家機密之職務者為限。

(2)公營事業中對經營政策負有主要決策責任以外之人員。且以具有專長或特殊技能而在我國不易覓得之人才且不涉及國家機密之職務者為限。

(3)各機關專司技術研究設計工作而以契約定期聘用之非主管職務。且以具有專長或特殊技能而在我國不易覓得之人才且不涉及國家機密之職務者為限。

(4)僑務主管機關依組織法遴聘僅供諮詢之無給職委員。

(5)其他法律另有規定者。

(二) 認定機關：

　1. 依國籍法施行條例第19條之規定：「本法第20條第1項所稱各該機關，指有權進用該公職人員之機關。

　本法第20條第1項所定中華民國國民取得外國國籍者，不得擔任中華民國公職之規定，於外國人取得我國國籍，仍保留外國國籍者，亦適用之。

　本法第20條第1項但書及第2項所列職務之人員，由各該管主管機關認定之。」

　2. 因此前述規定之認定機關，則應依國籍法施行條例第19條第3項之規定，由各該管主管機關認定之。

二、請敘明國籍法規對於固有國籍之認定標準及具有我國國籍之證明文件？　　　　　　　　　　　　　　　　　　　　　【105身障三等】

答：(一) 所謂「固有國籍」，是指因人之出生而取得之國籍，又稱「生來取得之國籍」。

　(二) 國籍法第2條第1項規定：「有下列各款情形之一者，屬中華民國國籍：

　一、出生時父或母為中華民國國民。

　二、出生於父或母死亡後，其父或母死亡時為中華民國國民。

　三、出生於中華民國領域內，父母均無可考，或均無國籍者。

　四、歸化者。」

　本條第1項第1款至第3款之規定，即為國籍法中對於固有國籍之認定標準。

　(三) 至具有我國國籍之證明文件，依中華民國國籍證明核發要點第2點第1項規定：「中華民國民為證明具有我國國籍之需要，得申請核發國籍證明。」該要點第4點第1項規定：「內政部受理國民申請核發國籍證明，應審核下列文件：

(一)國籍證明申請書。

(二)具有我國國籍之證明文件正本。

(三)本人最近二年內所攝正面半身彩色相片一張（規格如附件二）。」

至該點第2項規定：「前項第2款所定具有我國國籍之證明文件，為下列各款文件之一：

(一)國民身分證。

(二)戶籍資料。

(三)護照。

(四)國籍證明書。

(五)華僑身分證明書。

(六)父母一方具有我國國籍證明文件及本人出生證明。

(七)臺灣地區居留證。

(八)歸化國籍許可證書。

(九)其他經內政部認定之證明文件。」此即為具有我國國籍之證明文件。

三、請分別敘明中華民國國民得申請喪失中華民國國籍之情形？小明今年5歲，其爸爸是我國人，媽媽是外國人，其欲申請喪失我國國籍，應如何辦理？　　　　　　　　　　　　　　　　　　　　【105身障三等】

答：(一) 我國國民得申請喪失我國國籍之情形：

1. 國籍法第11條規定：「中華民國國民有下列各款情形之一者，經內政部許可，喪失中華民國國籍：

一、由外國籍父、母、養父或養母行使負擔權利義務或監護之無行為能力人或限制行為能力人，為取得同一國籍且隨同至中華民國領域外生活。

二、為外國人之配偶。

三、依中華民國法律有行為能力，自願取得外國國籍。但受輔助宣告者，應得其輔助人之同意。

依前項規定喪失中華民國國籍者，其未成年子女，經內政部許可，隨同喪失中華民國國籍。

前項未成年子女，於本法中華民國一百零九年十二月二十九日修正
之條文施行前結婚，修正施行後未滿十八歲者，於滿十八歲前仍適
用修正施行前之規定。」此即為得申請喪失國籍之積極要件，具備
此要件，申請人得向內政部申請喪失國籍之許可。

2. 又同法第12條規定：「依前條規定申請喪失國籍者，有下列各款
情形之一，內政部不得為喪失國籍之許可：

一、男子年滿15歲之翌年1月1日起，未免除服兵役義務，尚未服
兵役者。但僑居國外國民，在國外出生且於國內無戶籍者或在
年滿15歲當年12月31日以前遷出國外者，不在此限。

二、現役軍人。

三、現任中華民國公職者。」

3. 同法第13條規定：「有下列各款情形之一者，雖合於第22條之規
定，仍不喪失國籍：

一、為偵查或審判中之刑事被告。

二、受有期徒刑以上刑之宣告，尚未執行完畢者。

三、為民事被告。

四、受強制執行，未終結者。

五、受破產之宣告，未復權者。

六、有滯納租稅或受租稅處分罰鍰未繳清者。」此即為喪失國籍之
消極要件，如有上述二條規定之情形，申請人縱有國籍法第11條第
1項規定之要件，內政部不得為喪失國籍之許可，或申請人仍不喪
失國籍。

(二) 小明欲申請喪失我國國籍之辦理方式：

1. 國籍法第2條第1項第1款規定：「有下列各款情形之一者，屬中華
民國國籍：一、出生時父或母為中華民國國民。」本題中小明之父
為我國國民，因此依上開規定，小明具有我國國籍。

2. 又小明年僅5歲，依民法第13條第1項之規定：「未滿7歲之未成年
人，無行為能力。」因此小明為無行為能力人。

3. 綜上，小明如欲申請喪失國籍，其可依照之規定如下：

(1)國籍法第11條第1項第1款之規定：「一、由外國籍父、母、養
父或養母行使負擔權利義務或監護之無行為能力人或限制行為
能力人，為取得同一國籍且隨同至中華民國領域外生活。」即

小明由其外國籍之母行使負擔權利義務，為取得同一國籍且隨同至外國生活。

(2)或者，依國籍法第11條第2項之規定：「依前項規定喪失中華民國國籍者，其未成年子女，經內政部許可，隨同喪失中華民國國籍。」即小明之父先依同條第1項之規定申請喪失國籍，而小明依第2項規定，即得經內政部許可隨同喪失我國國籍。

四、根據國籍法規定，我國國民於那些情形下可以喪失國籍？

【105地特三等】

答：(一) 國籍法第11條規定：「中華民國國民有下列各款情形之一者，經內政部許可，喪失中華民國國籍：

一、由外國籍父、母、養父或養母行使負擔權利義務或監護之無行為能力人或限制行為能力人，為取得同一國籍且隨同至中華民國領域外生活。

二、為外國人之配偶。

三、依中華民國法律有行為能力，自願取得外國國籍。但受輔助宣告者，應得其輔助人之同意。

依前項規定喪失中華民國國籍者，其未成年子女，經內政部許可，隨同喪失中華民國國籍。

前項未成年子女，於本法中華民國一百零九年十二月二十九日修正之條文施行前結婚，修正施行後未滿十八歲者，於滿十八歲前仍適用修正施行前之規定。」此即為得申請喪失國籍之積極要件，具備此要件，申請人得向內政部申請喪失國籍之許可。

(二) 又同法第12條規定：「依前條規定申請喪失國籍者，有下列各款情形之一，內政部不得為喪失國籍之許可：

一、男子年滿15歲之翌年1月1日起，未免除服兵役義務，尚未服兵役者。但僑居國外國民，在國外出生且於國內無戶籍者或在年滿15歲當年12月31日以前遷出國外者，不在此限。

二、現役軍人。

三、現任中華民國公職者。」

同法第13條規定：「有下列各款情形之一者，雖合於第22條之規定，仍不喪失國籍：
一、為偵查或審判中之刑事被告。
二、受有期徒刑以上刑之宣告，尚未執行完畢者。
三、為民事被告。
四、受強制執行，未終結者。
五、受破產之宣告，未復權者。
六、有滯納租稅或受租稅處分罰鍰未繳清者。」
此即為喪失國籍之消極要件，如有上述二條規定之情形，申請人縱有國籍法第11條第1項規定之要件，內政部不得為喪失國籍之許可，或申請人仍不喪失國籍。

五、試述國籍消極衝突之意義及解決國籍消極衝突方法。　【105地特三等】

答：(一) 所謂「國籍消極衝突」，係指無國籍。一樣可分為生來國籍之消極衝突，和傳來國籍之消極衝突。前者因出生之事實而成為無國籍者；後者則因出生後之事實而成為無國籍者。

(二) 至各國學說、實務與立法例在處理消極衝突之方法，可區分如下：
1. 針對生來之消極衝突，多數國家係採取住所地法或居所地法來解決這個問題。
2. 針對傳來消極衝突，學說則有分歧見解，有主張採住所地法者；另亦有主張依原有國籍或最後所屬國籍定其本國法者

(三) 我國就國籍消極衝突解決方法如下：
1. 國籍法第2條第1項第3款規定：「有下列各款情形之一者，屬中華民國國籍：……三、出生於中華民國領域內，父母均無可考，或均無國籍者。」即在這種狀況下，在血統主義下兼採出生地主義，以避免出生在我國者卻無法取得國籍。
2. 另無國籍人於國籍法第3條至第6條之規定，得歸化取得我國國籍。
3. 再者同法第14條規定：「依第十一條規定喪失中華民國國籍者，未取得外國國籍時，得經內政部之許可，撤銷其國籍之喪失。」其立法目的即在避免喪失國籍者成為無國籍人。

4. 又依據涉外民事法律適用法第3條規定：「依本法應適用當事人本
　國法，而當事人無國籍時，適用其住所地法。」

六、依國籍法規定，認定某人具有我國國籍之情形為何？　【105地特四等】

答：國籍法第2條規定：「有下列各款情形之一者，屬中華民國國籍：
　一、出生時父或母為中華民國國民。
　二、出生於父或母死亡後，其父或母死亡時為中華民國國民。
　三、出生於中華民國領域內，父母均無可考，或均無國籍者。
　四、歸化者。
　前項第一款及第二款規定，於本法中華民國八十九年二月九日修正施行
　時未滿二十歲之人，亦適用之。」因此具備上開規定之要件，即有我國
　國籍。

**七、甲於民國80年1月1日生於美國，為家中長子，出生時父母皆為我國
　國民，兩年後隨父母回國，並於臺北市設有戶籍。民國95年2月1日
　出國赴美唸書，並未辦理遷出登記，一直居住在美國至今。現為美
　國公民的甲，欲任美國公職，於今年（即106年）5月初向內政部申
　請喪失我國國籍，請問內政部得否許可？　【106高考】**

答：(一) 國籍法第11條第1項規定：「中華民國國民有下列各款情形之一
　　　者，經內政部許可，喪失中華民國國籍：
　　　一、由外國籍父、母、養父或養母行使負擔權利義務或監護之無行
　　　　為能力人或限制行為能力人，為取得同一國籍且隨同至中華民
　　　　國領域外生活。
　　　二、為外國人之配偶。
　　　三、依中華民國法律有行為能力，自願取得外國國籍。但受輔助宣
　　　　告者，應得其輔助人之同意。」
　　(二) 同法第12條規定：「依前條規定申請喪失國籍者，有下列各款情
　　　形之一，內政部不得為喪失國籍之許可：

一、男子年滿15歲之翌年1月1日起,未免除服兵役義務,尚未服兵役者。但僑居國外國民,在國外出生且於國內無戶籍者或在年滿15歲當年12月31日以前遷出國外者,不在此限。

二、現役軍人。

三、現任中華民國公職者。」

(三) 國籍法施行細則第13條規定:「本法第12條第1款但書所稱僑居國外國民,在年滿15歲當年12月31日以前遷出國外者,指僑居國外國民在年滿15歲當年12月31日以前出國,且其戶籍資料已載明遷出國外日期者。」

(四) 綜上,如我國國民具有國籍法第11條第1項各款之情事,且不具備同法第12條各款之狀況,自得向內政部申請喪失國籍,且內政部得為喪失國籍之許可。

(五) 本題中,甲於民國80年1月1日生於美國,為家中長子,出生時父母皆為我國國民,兩年後隨父母回國,並於臺北市設有戶籍。民國95年2月1日出國赴美唸書,並未辦理遷出登記,一直居住在美國至今。於106年5月時,甲已成年,具有完全行為能力,本得依國籍法第11條第1項第3款申請喪失國籍之許可。然其雖有同法第12條第1款但書規定之情狀,即其已在年滿15歲當年12月31日以前遷出國外,但因未辦理遷出登記,而不符國籍法施行細則第13條之規定。因此甲符合國籍法第12條第1款本文之條件,故內政部不得為喪失國籍之許可。

八、湯姆本來是外國人,因結婚歸化為我國國民,歸化時間為民國100年1月1日,他對參政很有興趣,擬於民國107年參選市長,請依據國籍法規定論述可否擔任民選公職?並請一併論述,外國人或無國籍人歸化者,不得擔任那些公職?　　　　　　　　　【106地特三等】

答:(一) 國籍法第10條規定:「外國人或無國籍人歸化者,不得擔任下列各款公職:

一、總統、副總統。

二、立法委員。

三、行政院院長、副院長、政務委員；司法院院長、副院長、大法
　　官；考試院院長、副院長、考試委員；監察院院長、副院長、
　　監察委員、審計長。

四、特任、特派之人員。

五、各部政務次長。

六、特命全權大使、特命全權公使。

七、僑務委員會副委員長。

八、其他比照簡任第十三職等以上職務之人員。

九、陸海空軍將官。

十、民選地方公職人員。

前項限制，自歸化日起滿十年後解除之。但其他法律另有規定
者，從其規定。」

(二) 市長屬民權地方公職人員。因此依上開規定，如湯姆欲擔任市
　　長，要自歸化日起滿十年後，即要迨110年1月1日後，始得擔任民
　　選市長。

九、馬庫斯是一位外國人，經應聘至美語進修班教英語，在臺灣有固定住所，由於長期居住並已有很多朋友與學生，遂擬申請歸化為中華民國國民，請問其歸化之要件為何？　　　　　　【106地特四等】

答：有關外國人申請歸化為我國國民，依國籍法規定，應具備之要件為：

(一) 國籍法第3條第1項規定：「外國人或無國籍人，現於中華民國領
　　域內有住所，並具備下列各款要件者，得申請歸化：

一、於中華民國領域內，每年合計有183日以上合法居留之事實繼
　　續5年以上。

二、依中華民國法律及其本國法均有行為能力。

三、無不良素行，且無警察刑事紀錄證明之刑事案件紀錄。

四、有相當之財產或專業技能，足以自立，或生活保障無虞。

五、具備我國基本語言能力及國民權利義務基本常識。」

(二) 同法第4條規定：「外國人或無國籍人，現於中華民國領域內有住
　　所，具備前條第1項第2款至第5款要件，於中華民國領域內，每年

合計有183日以上合法居留之事實繼續3年以上,並有下列各款情形之一者,亦得申請歸化:

一、為中華民國國民之配偶,不須符合前條第1項第4款。

二、為中華民國國民配偶,因受家庭暴力離婚且未再婚;或其配偶死亡後未再婚且有事實足認與其亡故配偶之親屬仍有往來,但與其亡故配偶婚姻關係已存續2年以上者,不受與親屬仍有往來之限制。

三、對無行為能力、或限制行為能力之中華民國國籍子女,有扶養事實、行使負擔權利義務或會面交往。

四、父或母現為或曾為中華民國國民。

五、為中華民國國民之養子女。

六、出生於中華民國領域內。

七、為中華民國國民之監護人或輔助人。

未婚且未滿18歲之外國人或無國籍人,有下列情形之一者,在中華民國領域內合法居留雖未滿三年且未具備前條第1項第2款、第4及第5款要件,亦得申請歸化:

一、父、母、養父或養母現為中華民國國民。

二、現由社會福利主管機關或社會福利機構監護。」

(三) 同法第5條規定:「外國人或無國籍人,現於中華民國領域內有住所,具備第3條第1項第2款至第5款要件,並具有下列各款情形之一者,亦得申請歸化:

一、出生於中華民國領域內,其父或母亦出生於中華民國領域內。

二、曾在中華民國領域內合法居留繼續10年以上。

三、由中央目的事業主管機關推薦之高級專業人才,有助中華民國利益,並經內政部邀請社會公正人士及相關機關共同審核通過,且於中華民國領域內,每年合計有183日以上合法居留之事實繼續2年以上,或曾在中華民國領域內合法居留繼續5年以上。

前項第3款所定高級專業人才之認定要件、審核程序、方式及其他相關事項之標準,由內政部定之。」

(四) 同法第6條規定:「外國人或無國籍人,有殊勳於中華民國者,雖不具備第3條第1項各款要件,亦得申請歸化。內政部為前項歸化之許可,應經行政院核准。

依第1項規定申請歸化者，免徵國籍許可證書規費。」

(五) 綜上所述，國籍法第3條第1項或第5條第1項第2款規定之任一種情況，都較有可能符合馬庫斯的條件。因此馬庫斯如符合上述之規定，自得申請歸化為我國國籍。

十、甲與我國國民乙結婚，婚後申請歸化，於民國100年1月20日取得我國國籍。事後內政部於民國105年3月1日接獲檢舉，表示甲、乙係假結婚，根本不住在一起，無婚姻之實。內政部調查後，認為甲、乙係通謀為虛偽結婚，於105年5月25日撤銷甲之國籍。甲認為此撤銷不合法，因為內政部並無權自行認定通謀為虛偽結婚並進而撤銷其歸化取得之國籍，內政部只能基於法院確定通謀為虛偽結婚之判決而撤銷其歸化取得之我國國籍。請問：(一)甲的看法是否合法？ (二)內政部於105年5月25日撤銷甲歸化取得之我國國籍是否合法？
【106普考】

答：(一) 甲之看法並不合法，理由如下：

1. 甲之事例發生在105年12月21日現行國籍法修正前，因此應適用修正前之國籍法，合先敘明。

2. 105年12月21日修正前國籍法第19條規定：「歸化、喪失或回復中華民國國籍後，5年內發現有與國籍法之規定不合情形，應予撤銷。」

3. 而行政程序法第117條規定：「違法行政處分於法定救濟期間經過後，原處分機關得依職權為全部或一部之撤銷。」

4. 綜上所述，內政部為國籍法之主管機關，依法就甲是否通謀為虛偽結婚，有裁量權，進而撤銷其歸化取得之國籍。故甲認為內政部只能基於法院確定通謀為虛偽結婚之判決，而撤銷其歸化取得之我國國籍，與當時之法律並不符合。

(二) 內政部105年5月25日撤銷甲歸化取得之我國國籍並不合法：

1. 前已提及105年12月21日修正前國籍法第19條規定：「歸化、喪失或回復中華民國國籍後，5年內發現有與國籍法之規定不合情形，應予撤銷。」

2. 就「5年內發現有與國籍法之規定不合情形」，在解釋上應解釋為歸化、喪失或回復中華民國國籍後之5年內，發現有與國籍法之規定不合，始應予撤銷。其立法意旨提到：「……另為維持法之安定性，增訂『五年內』發現不合規定情形，始得以撤銷之規定。」顯見此5年期限，是為維持法定安定性及人民之權益。如人民已歸化、喪失或回復中華民國國籍超過5年，卻因內政部因「發生有與國籍法之規定不合情形」而率爾撤銷相關許可之行政處分，則將造成法不安定，且影響人民之權益甚鉅。

3. 因此本題甲於民國100年1月20日取得國籍，內政部遲至105年3月1日始接獲檢舉，並至105年5月25日撤銷甲之國籍，顯已逾5年之期限。故內政部105年5月25日撤銷甲歸化取得之我國國籍並不合法。

十一、請列舉外國人符合何種情形申請歸化時，免提出喪失原有國籍證明？　　　　　　　　　　　　　　　　　　　　　【107身障三等】

答：(一) 國籍法第9條第1項至第3項規定：「外國人申請歸化，應於許可歸化之日起，或依原屬國法令須滿一定年齡始得喪失原有國籍者自滿一定年齡之日起，一年內提出喪失原有國籍證明。屆期未提出者，除經外交部查證因原屬國法律或行政程序限制屬實，致使不能於期限內提出喪失國籍證明者，得申請展延時限外，應撤銷其歸化許可。

未依前二項規定提出喪失原有國籍證明前，應不予許可其定居。」

因此原則上外國人申請歸化，應提出喪失原有國籍證明。

(二) 而同條第4項即規定外國人免提出喪失原有國籍證明：「外國人符合下列情形之一者，免提出喪失原有國籍證明：

一、依第5條第1項第3款規定申請歸化。

二、依第6條第1項規定申請歸化。

三、因非可歸責於當事人之事由，致無法取得喪失原有國籍證明。」

上述第5條第1項第3款係規定：「外國人或無國籍人，現於中華民國領域內有住所，具備第三條第一項第二款至第五款要件，並具有

下列各款情形之一者，亦得申請歸化：……三、由中央目的事業主管機關推薦之高級專業人才，有助中華民國利益，並經內政部邀請社會公正人士及相關機關共同審核通過，且於中華民國領域內，每年合計有183日以上合法居留之事實繼續2年以上，或曾在中華民國領域內合法居留繼續5年以上。」
而第6條第1項則規定：「外國人或無國籍人，有殊勳於中華民國者，雖不具備第3條第1項各款要件，亦得申請歸化。」
(三) 因此外國人在符合國籍法第9條第4項各款之規定時，得不提出喪失原有國籍之證明。

十二、越南籍女A嫁給我國國民B，來臺一年內產子，後A因受B家暴離婚，仍繼續居留於我國而未再婚，A 得否申請歸化我國籍？

【107高考】

答：(一) 國籍法第3條第1項規定外國人申請歸化之一般要件：「外國人或無國籍人，現於中華民國領域內有住所，並具備下列各款要件者，得申請歸化：
一、於中華民國領域內，每年合計有183日以上合法居留之事實繼續5年以上。
二、依中華民國法律及其本國法均有行為能力。
三、無不良素行，且無警察刑事紀錄證明之刑事案件紀錄。
四、有相當之財產或專業技能，足以自立，或生活保障無虞。
五、具備我國基本語言能力及國民權利義務基本常識。」
(二) 又同法第4條第1項第2款規定：「外國人或無國籍人，現於中華民國領域內有住所，具備前條第1項第2款至第5款要件，於中華民國領域內，每年合計有183日以上合法居留之事實繼續3年以上，並有下列各款情形之一者，亦得申請歸化：
二、為中華民國國民配偶，因受家庭暴力離婚且未再婚；或其配偶死亡後未再婚且有事實足認與其亡故配偶之親屬仍有往來，但與其亡故配偶婚姻關係已存續2年以上者，不受與親屬仍有往來之限制。」
(三) 因此依國籍法第4條第1項第2款前段之規定，A自得申請歸化我國國籍。

十三、依國籍法規定，曾為我國國民配偶之外國人或無國籍人申請歸化
　　　之要件為何？並說明其立法理由。　　　　　　　　【107普考】

答：(一) 國籍法第3條第1項規定外國人申請歸化之一般要件：「外國人
　　　　或無國籍人，現於中華民國領域內有住所，並具備下列各款要件
　　　　者，得申請歸化：
　　　　一、於中華民國領域內，每年合計有183日以上合法居留之事實繼
　　　　　　續5年以上。
　　　　二、依中華民國法律及其本國法均有行為能力。
　　　　三、無不良素行，且無警察刑事紀錄證明之刑事案件紀錄。
　　　　四、有相當之財產或專業技能，足以自立，或生活保障無虞。
　　　　五、具備我國基本語言能力及國民權利義務基本常識。」
　　(二) 又同法第4條第1項第2款規定：「外國人或無國籍人，現於中華民
　　　　國領域內有住所，具備前條第1項第2款至第5款要件，於中華民國
　　　　領域內，每年合計有183日以上合法居留之事實繼續3年以上，並
　　　　有下列各款情形之一者，亦得申請歸化：
　　　　二、為中華民國國民配偶，因受家庭暴力離婚且未再婚；或其配偶
　　　　　　死亡後未再婚且有事實足認與其亡故配偶之親屬仍有往來，但與其亡
　　　　　　故配偶婚姻關係已存續2年以上者，不受與親屬仍有往來之限制。」
　　　　因此曾為我國國民配偶，除符合國籍法第3條第1項規定之一般申
　　　　請歸化條件外，如有國籍法第4條第1項第2款規定情事，亦得申請
　　　　歸化。其立法理由為：「……外籍配偶因受家庭暴力離婚且未再
　　　　婚，或其配偶死亡後未再婚，均屬不可歸責於外籍配偶之事由，如
　　　　其具有足認與其配偶之親屬仍往來照顧之低度生活交往關係，應認
　　　　仍有申請歸化權，始為合理。……」等語。

十四、何謂無國籍人？依國籍法相關規定說明之。　　【107地特三等】

答：所謂無國籍人之定義，國籍法施行細則第3條中定有明文，其規定如
　　下：「
　　本法所稱無國籍人，指任何國家依該國法律，認定不屬於該國國民者。
　　有下列各款情形之一者，得認定為無國籍人：

一、持外國政府核發載明無國籍之旅行身分證件。

二、符合入出國及移民法第16條第2項至第4項規定之泰國、緬甸、印尼、印度或尼泊爾地區無國籍人民，持有載明無國籍之外僑居留證。

三、其他經內政部認定。」

十五、於何種情形，外國人或無國籍人申請歸化者免提出喪失國籍之證明？其理由為何？ 【108高考】

答：(一) 國籍法（下同）第9條第4項規定：「外國人符合下列情形之一者，免提出喪失原有國籍證明：

一、依第5條第1項第3款規定申請歸化。

二、依第6條第1項規定申請歸化。

三、因非可歸責於當事人之事由，致無法取得喪失原有國籍證明。」

上述第5條第1項第3款係規定：「外國人或無國籍人，現於中華民國領域內有住所，具備第三條第一項第二款至第五款要件，並具有下列各款情形之一者，亦得申請歸化：……三、由中央目的事業主管機關推薦之高級專業人才，有助中華民國利益，並經內政部邀請社會公正人士及相關機關共同審核通過，且於中華民國領域內，每年合計有183日以上合法居留之事實繼續2年以上，或曾在中華民國領域內合法居留繼續5年以上。」

而第6條第1項則規定：「外國人或無國籍人，有殊勳於中華民國者，雖不具備第3條第1項各款要件，亦得申請歸化。」

(二) 其理由，可參見105年12月21日修正時該部分之修正理由，謂：「……另為正視如依第6條規定申請歸化；由中央目的事業主管機關推薦科技、經濟、教育、文化、藝術、體育及其他領域之高級專業人才，有助中華民國利益，並經內政部邀請社會公正人士及相關機關共同審核通過；及因非可歸責於當事人之事由，致無法取得喪失原有國籍證明等特殊情形，當事人因現實困難無法取得喪失國籍證明，許其免提出喪失原有國籍證明。」因此對於相關高級專業人才，或對我國有殊勳者，而給予特別優惠之規定。

十六、為中華民國國民之外國人配偶因受家暴離婚而未再婚者，欲申請
　　　歸化為中華民國國籍，為證明其具有相當之財產或專業技能，足
　　　以自立，或生活保障無虞，得檢具之文件包含那些？　　【108普考】

答：(一) 國籍法第4條第1項第2款規定：「外國人或無國籍人，現於中華民
　　　　國領域內有住所，具備前條第1項第2款至第5款要件，於中華民國
　　　　領域內，每年合計有183日以上合法居留之事實繼續3年以上，並
　　　　有下列各款情形之一者，亦得申請歸化：……二、為中華民國國民
　　　　配偶，因受家庭暴力離婚且未再婚；或其配偶死亡後未再婚且有事
　　　　實足認與其亡故配偶之親屬仍有往來，但與其亡故配偶婚姻關係已
　　　　存續2年以上者，不受與親屬仍有往來之限制。」
　　　　而同法第3條第1項第2至5款之事由則為：「外國人或無國籍人，
　　　　現於中華民國領域內有住所，並具備下列各款要件者，得申請歸
　　　　化：……
　　　　二、依中華民國法律及其本國法均有行為能力。
　　　　三、無不良素行，且無警察刑事紀錄證明之刑事案件紀錄。
　　　　四、有相當之財產或專業技能，足以自立，或生活保障無虞。
　　　　五、具備我國基本語言能力及國民權利義務基本常識。」
　　(二) 又國籍法施行細則第8條第1項、第2項規定：「依本法3條至第5條
　　　　或第7條規定申請歸化者，應填具申請書，並檢附下列文件：
　　　　一、有效之外僑居留證或外僑永久居留證。
　　　　二、原屬國警察紀錄證明或其他相關證明文件。但未滿14歲或年
　　　　　　滿14歲前已入國，且未再出國者，免附。
　　　　三、相當之財產或專業技能，足以自立，或生活保障無虞之證
　　　　　　明。但本法第四條第一項第一款與第四條第二項之申請人及第
　　　　　　七條申請隨同歸化之未婚且未滿十八歲子女，免附。
　　　　四、歸化取得我國國籍者基本語言能力及國民權利義務基本常識
　　　　　　認定標準第三條第一項、第二項所定證明文件。但本法第四條
　　　　　　第二項之申請人及第七條申請隨同歸化之未婚且未滿十八歲子
　　　　　　女，免附。

五、未婚且未滿十八歲人附繳其法定代理人同意證明及其婚姻狀況證明。但經外交部查證因原屬國法律或行政程序限制，致使不能提出婚姻狀況證明屬實者，免附。

六、其他相關身分證明文件。

依本法第4條第1項第2款規定申請歸化者，除檢附前項各款文件外，應一併檢附下列各款文件之一：

一、受家庭暴力且未再婚之證明文件。

二、與亡故配偶之親屬仍有往來事實且未再婚之證明文件。但有本法第4條第1項第2款但書規定情事者，免附其與亡故配偶之親屬仍有往來之證明文件。」

因此依本題所示情形申請歸化者，應檢附之文件，除應依國籍法施行細則第8條第1項之規定外，尚須檢附同條第2項規定之文件。

第四節 相關法規

國籍法

中華民國 113 年 5 月 24 日總統華總一義字第 11300042371 號令修正公布

第一條 中華民國**國籍之取得、喪失、回復與撤銷**，依本法之規定。

第二條 有下列各款情形之一者，**屬中華民國國籍**：

一、出生時父或母為中華民國國民。

二、出生於父或母死亡後，其父或母死亡時為中華民國國民。

三、出生於中華民國領域內，父母均無可考，或均無國籍者。

四、歸化者。

前項第一款及第二款規定，於本法中華民國八十九年二月九日修正施行時未滿二十歲之人，亦適用之。

第三條 外國人或無國籍人，**現於中華民國領域內有住所**，並具備下列各款要件者，**得申請歸化**：

一、於中華民國領域內，每年**合計有一百八十三日以上**合法居留之事實**繼續五年以上**。

二、依中華民國法律及其本國法**均有行為能力**。

三、無不良素行，且無警察刑事紀錄證明之刑事案件紀錄。

四、**有相當之財產或專業技能，足以自立，或生活保障無虞。**

五、具備我國基本語言能力及國民權利義務基本常識。

前項第三款所定無不良素行，其認
定、邀集專家學者及社會公正人士研
議程序、定期檢討機制及其他應遵行
事項之辦法，由內政部定之。
第一項第五款所定我國基本語言能力
及國民權利義務基本常識，其認定、
測試、免試、收費及其他應遵行事項
之標準，由內政部定之。

第四條　外國人或無國籍人，**現於中華
民國領域內有住所，具備前條第一項第
二款至第五款要件**，於中華民國領域
內，每年合計有**一百八十三日以上合法
居留之事實繼續三年以上**，並有下列各
款情形之一者，亦得申請歸化：
一、**為中華民國國民之配偶，不須符
　　合前條第一項第四款。**
二、為中華民國國民配偶，因受家庭
　　暴力離婚且未再婚；或其配偶死
　　亡後未再婚且有事實足認與其亡故
　　配偶之親屬仍有往來，但與其亡
　　故配偶婚姻關係已存續二年以上
　　者，不受與親屬仍有往來之限制。
三、對無行為能力、或限制行為能力之
　　中華民國國籍子女，有扶養事實、
　　行使負擔權利義務或會面交往。
四、父或母現為或曾為中華民國國民。
五、為中華民國國民之養子女。
六、出生於中華民國領域內。
七、為中華民國國民之監護人或輔
　　助人。
未婚且未滿十八歲之外國人或無國籍
人，有下列情形之一者，在中華民國
領域內合法居留**雖未滿三年且未具備**

**前條第一項第二款、第四款及第五款
要件**，亦得申請歸化：
一、父、母、養父或養母現為中華民
　　國國民。
二、現由社會福利主管機關或社會福
　　利機構監護。

第五條　外國人或無國籍人，現於中華
民國領域內有住所，**具備第三條第一項
第二款至第五款要件**，並具有下列各款
情形之一者，亦得申請歸化：
一、出生於中華民國領域內，其父或
　　母亦出生於中華民國領域內。
二、曾在中華民國領域內合法居留繼
　　續十年以上。
三、**由中央目的事業主管機關推薦之高
　　級專業人才，有助中華民國利益**，
　　並經內政部邀請社會公正人士及相
　　關機關共同審核通過，且於中華民
　　國領域內，每年合計有**一百八十三
　　日以上**合法居留之事實**繼續二年以
　　上**，或曾在中華民國領域內合法居
　　留**繼續五年以上**。
前項第三款所定高級專業人才之認定
要件、審核程序、方式及其他相關事
項之標準，**由內政部定之**。

第六條　外國人或無國籍人，**有殊勳於
中華民國者，雖不具備第三條第一項各
款要件**，亦得申請歸化。
內政部為前項歸化之許可，應經行政
院核准。
依第一項規定申請歸化者，免徵國籍
許可證書規費。

第七條　歸化人之**未婚且未滿十八歲子女，得申請隨同歸化**。

第八條　外國人或無國籍人依第三條至第七條申請歸化者，**應向內政部為之**，並自許可之日起取得中華民國國籍。

第九條　外國人申請歸化，應於許可歸化之日起，或依原屬國法令須滿一定年齡始得喪失原有國籍者自滿一定年齡之日起，**一年內提出喪失原有國籍證明**。屆期未提出者，除經外交部查證因原屬國法律或行政程序限制屬實，致使不能於期限內提出喪失國籍證明者，**得申請展延時限外，應撤銷其歸化許可**。

未依前二項規定提出喪失原有國籍證明前，應不予許可其定居。

外國人符合下列情形之一者，**免提出喪失原有國籍證明**：

一、依第五條第一項第三款規定申請歸化。

二、依第六條第一項規定申請歸化。

三、因非可歸責於當事人之事由，致無法取得喪失原有國籍證明。

第十條　**外國人或無國籍人歸化者，不得擔任下列各款公職**：

一、總統、副總統。

二、立法委員。

三、行政院院長、副院長、政務委員；司法院院長、副院長、大法官；考試院院長、副院長、考試委員；監察院院長、副院長、監察委員、審計長。

四、特任、特派之人員。

五、各部政務次長。

六、特命全權大使、特命全權公使。

七、僑務委員會副委員長。

八、其他比照簡任第十三職等以上職務之人員。

九、陸海空軍將官。

十、民選地方公職人員。

前項限制，自歸化日起滿十年後解除之。但其他法律另有規定者，從其規定。

第十一條　中華民國國民有下列各款情形之一者，**經內政部許可，喪失中華民國國籍**：

一、由外國籍父、母、養父或養母行使負擔權利義務或監護之無行為能力人或限制行為能力人，為取得同一國籍且隨同至中華民國領域外生活。

二、為外國人之配偶。

三、依中華民國法律有行為能力，自願取得外國國籍。但受輔助宣告者，應得其輔助人之同意。

依前項規定喪失中華民國國籍者，其未成年子女，經內政部許可，隨同喪失中華民國國籍。

前項未成年子女，於本法中華民國一百零九年十二月二十九日修正之條文施行前結婚，修正施行後未滿十八歲者，於滿十八歲前仍適用修正施行前之規定。

第十二條　依前條規定申請喪失國籍者，有下列各款情形之一，**內政部不得為喪失國籍之許可**：

一、男子年滿十五歲之翌年一月一日起，未免除服兵役義務，尚未服

兵役者。但僑居國外國民，在國外出生且於國內無戶籍者或在年滿十五歲當年十二月三十一日以前遷出國外者，不在此限。

二、現役軍人。

三、現任中華民國公職者。

第十三條　有下列各款情形之一者，雖合於第十一條之規定，仍不喪失國籍：

一、為偵查或審判中之刑事被告。

二、受有期徒刑以上刑之宣告，尚未執行完畢者。

三、為民事被告。

四、受強制執行，未終結者。

五、受破產之宣告，未復權者。

六、有滯納租稅或受租稅處分罰鍰未繳清者。

第十四條　依第十一條規定喪失中華民國國籍者，未取得外國國籍時，得經內政部之許可，撤銷其國籍之喪失。

第十五條　依第十一條規定喪失中華民國國籍者，現於中華民國領域內有住所，並具備第三條第一項第三款、第四款要件，得申請回復中華民國國籍。

歸化人及隨同歸化之子女喪失國籍者，不適用前項規定。

第十六條　回復中華民國國籍者之未成年子女，得申請隨同回復中華民國國籍。

第十七條　依第十五條及第十六條申請回復中華民國國籍者，應向內政部為之，並自許可之日起回復中華民國國籍。

第十八條　回復中華民國國籍者，自回復國籍日起三年內，不得任第十條第一項各款公職。但其他法律另有規定者，從其規定。

第十九條　歸化、喪失或回復中華民國國籍後，除依第九條第一項規定應撤銷其歸化許可外，內政部知有與本法之規定不合情形之日起二年得予撤銷。但自歸化、喪失或回復中華民國國籍之日起逾五年，不得撤銷。

經法院確定判決認其係通謀為虛偽結婚或收養而歸化取得中華民國國籍者，不受前項撤銷權行使期間之限制。撤銷歸化、喪失或回復國籍處分前，內政部應召開審查會，並給予當事人陳述意見之機會。但有下列情形之一者，撤銷其歸化許可，不在此限：

一、依第二條規定認定具有中華民國國籍。

二、經法院確定判決，係通謀為虛偽結婚或收養而歸化取得中華民國國籍。

前項審查會由內政部遴聘有關機關代表、社會公正人士及學者專家共同組成，其中任一性別不得少於三分之一，且社會公正人士及學者專家之人數不得少於二分之一。

第三項審查會之組成、審查要件、程序等事宜，由內政部定之。

第二十條　中華民國國民取得外國國籍者，不得擔任中華民國公職；其已擔任者，除立法委員由立法院；直轄市、縣（市）、直轄市山地原住民區、鄉

（鎮、市）民選公職人員，分別由行政院、內政部、直轄市政府、縣政府；村（里）長由鄉（鎮、市、區）公所解除其公職外，由各該機關免除其公職。但下列各款經該管主管機關核准者，**不在此限**：

一、公立大學校長、公立各級學校教師兼任行政主管人員與研究機關（構）首長、副首長、研究人員（含兼任學術研究主管人員）及經各級主管教育行政或文化機關核准設立之社會教育或文化機構首長、副首長、聘任之專業人員（含兼任主管人員）。

二、公營事業中對經營政策負有主要決策責任以外之人員。

三、各機關專司技術研究設計工作而以契約定期聘用之非主管職務。

四、僑務主管機關依組織法遴聘僅供諮詢之無給職委員。

五、其他法律另有規定者。

前項第一款至第三款人員，以具有專長或特殊技能而在我國不易覓得之人才且不涉及國家機密之職務者為限。

第一項之公職，不包括公立各級學校未兼任行政主管之教師、講座、研究人員、專業技術人員。

中華民國國民兼具外國國籍者，擬任本條所定應受國籍限制之公職時，**應於就（到）職前辦理放棄外國國籍，並於就（到）職之日起一年內，完成喪失該國國籍及取得證明文件**。但其他法律另有規定者，從其規定。

第二十一條 （刪除）

第二十二條 本法施行細則由內政部定之。

第二十三條 本法自公布日施行。
本法中華民國一百零九年十二月二十九日修正之條文，自一百十二年一月一日施行。

國籍法施行細則

中華民國110年05月12日內政部台內戶字第1100242072號令修正發布

第一條 本細則依國籍法（以下簡稱本法）第二十二條規定訂定之。

第二條 依本法規定申請歸化、喪失、回復國籍或撤銷國籍之喪失者，由本人或其法定代理人親自申請。
申請歸化、喪失、回復國籍或撤銷國籍之喪失，向國內住所地戶政事務所為之，層轉直轄市、縣（市）政府轉內政部許可。
申請喪失國籍或撤銷國籍之喪失，申請人居住國外者，得向中華民國（以下簡稱我國）駐外使領館、代表處或辦事處（以下簡稱駐外館處）或行政院於香港、澳門設立或指定之機構或委託之民間團體為之，送外交部轉內政部許可。

申請喪失國籍而有本法第十二條第一款但書規定情形者，應向駐外館處或行政院於香港、澳門設立或指定之機構或委託之民間團體為之，送外交部轉內政部許可。

申請之方式或要件不備，其能補正者，應通知申請人限期補正；屆期不補正、補正不全或不能補正者，駁回其申請。內政部辦理前項規定之業務，必要時得委由其他相關機關執行之。

第三條　本法所稱無國籍人，指任何國家依該國法律，認定不屬於該國國民者。
有下列各款情形之一者，得認定為無國籍人：
一、持外國政府核發載明無國籍之旅行身分證件。
二、符合入出國及移民法第十六條第二項至第四項規定之泰國、緬甸、印尼、印度或尼泊爾地區無國籍人民，持有載明無國籍之外僑居留證。
三、其他經內政部認定。

第四條　本法第三條至第五條及第十五條所稱於中華民國領域內有住所，指以久住之意思，住於我國領域內，且持有有效之外僑居留證或外僑永久居留證者。

第五條　本法第三條至第五條所定合法居留期間之計算，包括本法中華民國八十九年二月九日修正施行前已取得外僑居留證或外僑永久居留證之合法居留期間。

申請人以下列各款事由之一為居留原因者，**其居留期間不列入前項所定合法居留期間之計算：**
一、經勞動部許可從事就業服務法第四十六條第一項第八款至第十款規定之工作。
二、在臺灣地區就學。
三、經有關機關請求內政部移民署禁止其出國。
四、喪失原國籍，尚未取得我國國籍，等待回復原國籍。
五、因發生勞資爭議正在進行訴訟程序。
六、因職業災害需接受治療。
七、為刑事案件之被害人、證人。
八、以前七款之人為依親對象。

第六條　本法第三條及第四條所稱每年合計有一百八十三日以上合法居留之事實繼續五年以上或三年以上，指其居留期間自申請歸化時，往前推算五年或三年之期間，應為連續不中斷，且該期間內每年合計合法居留一百八十三日以上。但於該期間內，因逾期居留，不符合法居留之要件，致居留期間中斷，其逾期居留期間未達三十日者，視為居留期間連續不中斷。
前項**逾期居留期間，不列入合法居留一百八十三日之計算。**
本法第五條所稱居留繼續十年以上，指申請歸化前曾有居留事實繼續十年以上。

第七條　本法第三條第一項第四款所定有相當之財產或專業技能，足以自立，或生活保障無虞，其規定如下：

一、申請回復國籍或依本法第四條第
　　一項第二款、第三款規定申請歸
　　化國籍者，得檢具下列文件之一，
　　由內政部認定之：
　　(一) 國內之收入、納稅、動產或不
　　　　動產資料。
　　(二) 雇主開立之聘僱證明或申請人
　　　　自行以書面敘明其工作內容及
　　　　所得。
　　(三) 我國政府機關核發之專門職業及
　　　　技術人員或技能檢定證明文件。
　　(四) 其他足資證明足以自立或生活
　　　　保障無虞之資料。
二、以前款以外情形申請歸化者，應
　　具備下列情形之一：
　　(一) 最近一年於國內平均每月收入逾
　　　　勞動部公告基本工資二倍者。
　　(二) 國內之動產及不動產估價總值
　　　　逾新臺幣五百萬元者。
　　(三) 我國政府機關核發之專門職業及
　　　　技術人員或技能檢定證明文件。
　　(四) 入出國及移民法第二十五條第
　　　　三項第二款所定為我國所需高
　　　　級專業人才，經許可在臺灣地
　　　　區永久居留。
　　(五) 其他經內政部認定者。
前項第一款第一目、第二目及第四目
之文件，包含申請人及其在國內設有
戶籍，且未領取生活扶助之下列人員
所檢附者：
一、配偶。
二、配偶之父母。
三、父母。

第一項第二款第一目、第二目**所定金額
之計算**，包含申請人及其在國內設有戶
籍之下列人員之收入或財產：
一、配偶。
二、配偶之父母。
三、父母。
第一項第一款第三目及第二款第三目
所定專門職業及技術人員或技能檢定
證明文件，包含申請人及其在國內設有
戶籍之下列人員所檢附者：
一、配偶。
二、配偶之父母。
三、父母。
第一項第一款第三目及第二款第三目
所定專門職業及技術人員或技能檢定
證明文件，由前項各款人員之一檢附
者，該等人員並應出具足以保障申請人
在國內生活無虞之擔保證明書。

**第八條　依本法第三條至第五條或第
七條規定申請歸化者**，應填具申請
書，並檢附下列文件：
一、有效之外僑居留證或外僑永久居
　　留證。
二、原屬國警察紀錄證明或其他相關
　　證明文件。但未滿十四歲或年
　　滿十四歲前已入國，且未再出國
　　者，免附。
三、相當之財產或專業技能，足以自
　　立，或生活保障無虞之證明。但
　　本法第四條第一項第一款與第四
　　條第二項之申請人及第七條申請
　　隨同歸化之**未婚且未滿十八歲子
　　女**，免附。

四、歸化取得我國國籍者基本語言能力
　　及國民權利義務基本常識認定標準
　　第三條第一項、第二項所定證明文
　　件。但本法第四條第二項之申請人
　　及第七條申請隨同歸化之**未婚且未
　　滿十八歲子女**，免附。
五、未婚且未滿十八歲人附繳其法定
　　代理人同意證明及其婚姻狀況證
　　明。但經外交部查證因原屬國法
　　律或行政程序限制，致使不能提
　　出婚姻狀況證明屬實者，免附。
六、其他相關身分證明文件。
依本法第四條第一項第二款規定申請
歸化者，除檢附前項各款文件外，應
一併檢附下列各款文件之一：
一、受家庭暴力且未再婚之證明文件。
二、與亡故配偶之親屬仍有往來事實
　　且未再婚之證明文件。但有本法
　　第四條第一項第二款但書規定情
　　事者，免附其與亡故配偶之親屬
　　仍有往來之證明文件。
依本法第四條第一項第三款規定申請
歸化者，除檢附第一項各款文件外，
應一併檢附下列各款文件之一。但行
使負擔子女之權利義務，並依戶籍法
為戶籍登記者，免附：
一、扶養事實之證明文件。
二、會面交往之證明文件。
前三項各款文件，應由各直轄市、縣
（市）政府先行審查，併同戶政事務
所查明申請歸化者之居留資料、入出
國日期紀錄、刑事案件紀錄及與設有
戶籍國人辦妥結婚、收養、監護、輔

助或未成年子女權利義務行使負擔登
記之戶籍資料轉送內政部。但未滿
十四歲者，免查刑事案件紀錄。
第一項第六款**所定證明文件**，指下列
各款文件之一：
一、未能檢附戶籍資料者，檢附結婚、
　　收養、監護、輔助宣告或未成年子
　　女權利義務行使負擔之證明文件。
二、出生證明或親子關係之相關身分
　　證明文件。

第九條　我國國民之配偶，依本法第三
條至第五條規定申請歸化，其外僑居留
證之居留事由為依親者，得免附前條第
一項第二款所定證明文件。
我國國民之配偶，依本法第三條、第五
條規定申請歸化，與我國國民婚姻關係
持續三年以上者，得免附前條第一項第
三款所定證明文件。
已取得外僑永久居留證者，其申請歸
化，得免附前條第一項第三款所定證明
文件。
依本法第三條至第五條規定申請歸化，
前條第一項第三款之所得、動產或不動
產資料，得由戶政事務所代查。
依本法第三條至第五條規定申請歸化
者，前條第一項第四款證明文件已登
錄於戶政資訊系統國籍行政作業者，
得免附。

第十條　**依本法第六條規定申請歸化
者**，應填具申請書，並檢附下列文件：
一、殊勳相關證明文件。
二、其他相關身分證明文件。

第十一條　外國人申請歸化，未能依本法第九條第一項規定於期限內提出喪失原有國籍證明者，至遲應於屆期三十日前檢附已向原屬國申請喪失原有國籍之相關證明文件申請展延。

第十二條　依本法第十一條規定申請喪失國籍者，應填具申請書，並檢附下列文件：
一、具有我國國籍之證明。
二、無欠繳稅捐及租稅罰鍰之證明。
三、未成年人附繳其法定代理人同意證明。
四、受輔助宣告者附繳其輔助人同意證明。
五、役齡男子附繳退伍、除役、退役或免服兵役證明。
六、其他相關身分證明文件。
戶政事務所於受理前項申請案時，應同時查明申請喪失國籍者之刑事案件紀錄及戶籍資料。但未滿十四歲或未曾於國內設有戶籍者，免查刑事案件紀錄。
第一項第一款所定證明，指下列各款文件之一：
一、戶籍資料。
二、國民身分證。
三、護照。
四、國籍證明書。
五、華僑登記證。
六、華僑身分證明書。但不包括檢附華裔證明文件向僑務委員會申請核發者。
七、父母一方具有我國國籍證明及本人出生證明。

八、歸化國籍許可證書。
九、其他經內政部認定之證明文件。
第一項第六款所定證明文件，指下列各款文件之一：
一、未能檢附戶籍資料者，檢附結婚、認領、收養、監護、輔助宣告或未成年子女權利義務行使負擔之證明文件。
二、依本法第十二條第一款但書規定之僑居國外國民，應另檢附僑居國外身分證明文件。其入出國日期紀錄及遷出國外戶籍資料由內政部代查。

第十三條　本法第十二條第一款但書所稱僑居國外國民，在年滿十五歲當年十二月三十一日以前遷出國外者，指僑居國外國民在年滿十五歲當年十二月三十一日以前出國，且其戶籍資料已載明遷出國外日期者。

第十四條　依本法第十四條規定申請撤銷國籍之喪失者，應填具申請書，並檢附下列文件：
一、喪失國籍許可證書。
二、原擬取得該外國國籍之政府所核發之駁回、同意撤回其申請案或其他未取得該國國籍之相關證明文件。
三、未成年人附繳其法定代理人同意證明。
前項第二款未取得外國國籍之事實，經內政部認有查證之必要時，得轉請外交部查明。

第十五條　依本法第十五條第一項或第十六條規定申請回復國籍者，應填具申請書，並檢附下列文件：

一、有效之外僑居留證或外僑永久居留證。

二、原屬國警察紀錄證明或其他相關證明文件。但未滿十四歲、年滿十四歲前已入國，且未再出國或為我國國民之配偶，其外僑居留證之居留事由為依親者，免附。

三、相當之財產或專業技能，足以自立，或生活保障無虞之證明。但申請隨同回復國籍之未成年子女或已取得外僑永久居留證者，免附。

四、未成年人附繳其法定代理人同意證明。

五、其他相關身分證明文件。

戶政事務所於受理前項申請案時，應同時查明申請回復國籍者在我國居住期間之刑事案件紀錄及戶籍資料。但未滿十四歲者，免查刑事案件紀錄。

依法第十五條第一項規定申請回復國籍，第一項第三款之所得、動產或不動產資料，得由戶政事務所代查。

第十六條　依本法申請歸化、喪失或回復國籍經許可者，由內政部核發歸化、喪失或回復國籍許可證書。

第十七條　歸化、喪失、回復國籍許可證書污損或滅失者，得填具申請書，並檢附下列文件，申請換發或補發，申請人不能親自申請時，得以書面委託他人為之：

一、污損之證書。但申請補發者，免附。

二、相關身分證明文件。

三、未成年人附繳其法定代理人同意證明。

依前項規定所為之申請，向國內任一戶政事務所為之，層轉直轄市、縣（市）政府轉內政部或逕向內政部換發或補發；申請人居住國外者，得向駐外館處或行政院於香港、澳門設立或指定之機構或委託之民間團體為之，送外交部轉內政部換發或補發。但依第十四條規定同時申請撤銷國籍之喪失者，無庸換發或補發其喪失國籍許可證書。

第一項第二款身分證明文件為戶籍資料者，由戶政機關代查。

第十八條　依本細則規定應繳附之文件由外國駐我國使領館或授權代表機構製作或驗證者，應經外交部驗證；其在國外作成者，應經駐外館處驗證及外交部複驗，但依第二條第三項、第四項規定向駐外館處申請，送外交部轉內政部許可者，免經外交部複驗。

前項文件為外文者，應一併檢附經外交部驗證、駐外館處驗證及外交部複驗或由國內公證人認證之中文譯本。

第十九條　本法第二十條第一項所稱各該機關，指有權進用該公職人員之機關。

本法第二十條第一項所定中華民國國民取得外國國籍者，不得擔任中華民國公職之規定，於外國人取得我國國籍，仍保留外國國籍者，亦適用之。

本法第二十條第一項但書及第二項所列職務之人員，由各該管主管機關認定之。

第二十條 本細則自發布日施行。
本細則中華民國一百十年五月十二日修正發布之第八條條文，自一百十二年一月一日施行。

國籍規費收費標準

中華民國 108 年 03 月 21 日內政部台內戶字第 1080240890 修正發布

第一條 本標準依規費法第十條第一項規定訂定之。

第二條 內政部核發國籍許可證書、國籍證明規費收費數額如下：
一、歸化國籍許可證書：每張收費新臺幣一千二百元。
二、喪失國籍許可證書：每張收費新臺幣一千二百元。
三、回復國籍許可證書：每張收費新臺幣一千二百元。
四、中華民國國籍證明：每張收費新臺幣一千元。
於國外申請喪失國籍或核發國籍證明者，前項喪失國籍許可證書規費每張收費美金五十元，國籍證明規費每張收費美金四十五元。

第三條 國籍許可證書污損或滅失者，申請人得向內政部申請換發或補發，規費每張收費新臺幣一千元。於國外申請者，每張收費美金四十五元。

第四條 於國外提出申請之國籍案件，其規費得依駐外使領館、代表處、辦事處或行政院於香港、澳門設立或指定之機構或委託之民間團體徵收領事規費之折算規定，折算當地幣值計收。

第五條 國籍許可證書、國籍證明規費由申請歸化、喪失、回復國籍或國籍證明機關受理代收後，層轉內政部繳庫。

第六條 本標準自發布日施行。

中華民國國籍證明核發要點

中華民國 105 年 01 月 18 日台內戶字第 1051200086 號令修正發布

一、 內政部為辦理中華民國國籍證明（以下簡稱國籍證明）核發事宜，特訂定本要點。

二、 中華民國國民為證明具有我國國籍之需要，得申請核發國籍證明。前項國籍證明，格式如附件一。

三、 中華民國國民或其法定代理人得
　　 向內政部申請核發國籍證明或向
　　 任一戶政事務所申請，層轉內政
　　 部核發；其居住國外者，得由居
　　 住地鄰近駐外使領館、代表處、
　　 辦事處或行政院於香港、澳門設
　　 立或指定之機構或委託之民間團
　　 體代為受理申請，送外交部轉內
　　 政部核發。

四、 內政部受理國民申請核發國籍證
　　 明，應審核下列文件：
　　(一) 國籍證明申請書。
　　(二) 具有我國國籍之證明文件正本。
　　(三) 本人最近二年內所攝正面半身彩
　　　　 色相片一張（規格如附件二）。
　　 前項第二款所定具有我國國籍之證
　　 明文件，為下列各款文件之一：
　　(一) 國民身分證。
　　(二) 戶籍資料。　　(三)護照。
　　(四) 國籍證明書。
　　(五) 華僑身分證明書。
　　(六) 父母一方具有我國國籍證明文
　　　　 件及本人出生證明。

　　(七) 臺灣地區居留證。
　　(八) 歸化國籍許可證書。
　　(九) 其他經內政部認定之證明文件。
　　 前項第五款所定華僑身分證明書，
　　 不包括檢附華裔證明文件向僑務委
　　 員會申請核發者。
　　 內政部受理持護照、華僑身分證明
　　 書或臺灣地區居留證申請核發國籍
　　 證明者，應向外交部、僑務委員會
　　 或內政部移民署查證文件是否合法
　　 有效。
　　 第一項第一款國籍證明申請書格式
　　 如附件三。
　　 第二項具有我國國籍證明文件正
　　 本，受理機關於驗畢影印一份後退
　　 還。

五、 依本要點領取國籍證明後，經發
　　 現係冒用身分、申請資料虛偽不
　　 實或以不法取得、偽造、變造之
　　 證件申請者，內政部應註銷其國
　　 籍證明，並登載於內政部公報。

附件一

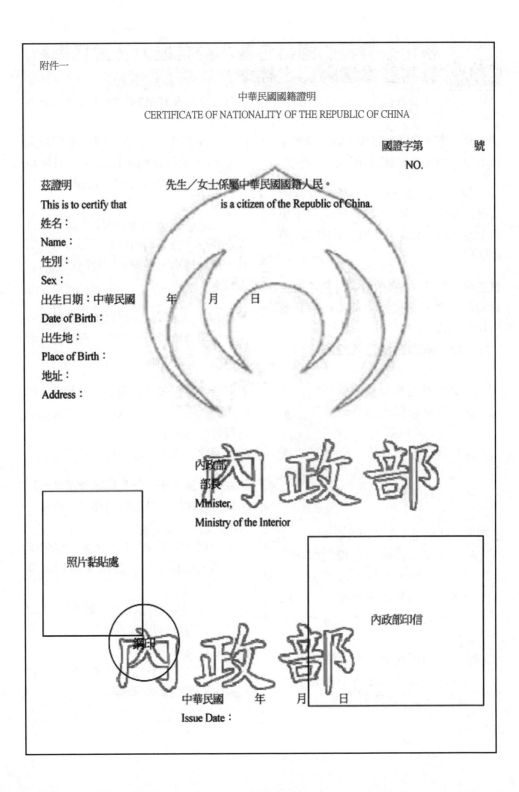

中華民國國籍證明
CERTIFICATE OF NATIONALITY OF THE REPUBLIC OF CHINA

國證字第　　　號
NO.

茲證明　　　　　先生／女士係屬中華民國國籍人民。
This is to certify that　　　　　is a citizen of the Republic of China.
姓名：
Name：
性別：
Sex：
出生日期：中華民國　　年　　月　　日
Date of Birth：
出生地：
Place of Birth：
地址：
Address：

內政部
部長
Minister,
Ministry of the Interior

照片黏貼處

鋼印

內政部印信

中華民國　　年　　月　　日
Issue Date：

歸化取得我國國籍者基本語言能力及國民權利義務基本常識認定標準

中華民國 106 年 06 月 03 日內政部台內戶字第 1061201720 號令修正發布

第一條　本標準依國籍法（以下簡稱本法）第三條第三項規定訂定之。

第二條　本法第三條第一項第五款所稱具備我國基本語言能力，指在日常生活上能與他人交談、溝通，並知曉社會相關訊息。

第三條　有下列各款文件之一者，認定具備我國基本語言能力及國民權利義務基本常識：
一、曾就讀國內公私立各級各類學校一年以上之證明。
二、曾參加國內政府機關所開設之課程上課總時數或累計時數達一定時間以上之證明。
三、參加歸化取得我國國籍者基本語言能力及國民權利義務基本常識測試（以下簡稱歸化測試）合格之證明。
前項第二款證明文件，規定如下：
一、依本法第三條第一項規定申請歸化者：二百小時以上之證明。
二、依本法第四條第一項第一款至第三款規定申請歸化者：七十二小時以上之證明。
三、依本法第四條第一項第四款至第七款或第五條規定申請歸化者：一百小時以上之證明。

四、依本法第三條第一項、第四條第一項或第五條申請歸化，且年滿六十五歲者：七十二小時以上之證明。
第一項第二款所定國內政府機關所開設之課程，包括國內政府機關自行、委託或補助機構、團體、學校辦理之各種課程。

第四條　持有有效之外僑居留證或外僑永久居留證者，得向任一辦理歸化測試機關申請參加歸化測試。

第五條　歸化測試之測試內容範圍，以歸化測試題庫為限。但題目次序及選項序號得任意對調。
前項題庫，由內政部訂定並公告之。

第六條　歸化測試分為口試及筆試，依下列規定辦理，參加歸化測試者得擇一應試：
一、口試：以問答方式辦理，得就華語、閩南語、客語或原住民語擇一應試。
二、筆試：以選擇題方式辦理，測驗卷書寫系統以華語為之。
前項題目均為二十題。
第一項口試，內政部得協調客家委員會或原住民族委員會協助辦理。

第七條　歸化測試每題五分，總分一百分，合格分數如下：

一、依本法第三條第一項申請歸化者：總分七十分以上。

二、依本法第四條第一項或第五條申請歸化者：總分六十分以上。

三、依本法第三條第一項、第四條第一項或第五條申請歸化，且年滿六十五歲者：總分五十分以上。

第八條　辦理歸化測試機關應排定測試時間及地點，以定期集中測試或隨到隨考之方式擇一辦理。

測試方式採集中測試辦理者，於受理申請案二星期內，應以書面通知參加歸化測試者測試時間及地點。

第九條　辦理歸化測試機關應核發歸化測試成績單。

歸化測試成績單有污損或滅失，得向原歸化測試機關申請換發或補發。

第十條　申請歸化測試，應繳納測試費新臺幣五百元，並檢附下列文件：

一、外僑居留證或外僑永久居留證。

二、歸化測試通知書。但採隨到隨考方式，免附。

三、本人最近二年內所攝正面半身彩色相片一張。

申請換發或補發歸化測試成績單，應繳納新臺幣五十元，並檢附下列文件：

一、外僑居留證或外僑永久居留證。

二、污損之成績單。但申請補發者，免附。

第十一條　內政部得委由直轄市或縣（市）辦理歸化測試業務。

第十二條　本標準自中華民國一百零三年四月十四日施行。

本標準修正條文自發布日施行。

涉外民事法律適用法

涉外民事法律適用法是對於涉外民事案件，決定如何適用何國法律之法則，在學理上被稱為「國際私法」，在我國則以涉外民事法律適用法如何規範。雖然考試之試題僅以涉外民事法律適用法為範圍，然因為牽涉到許多國際私法之概念，因此先就國際私法基本概念做一個簡單介紹，再進入涉外民事法律適用法之學習。

涉外民事法律適用法相關繁複，但考試重點多放在親屬、繼承部分，因為此部分與戶籍規定最為相關。申論題常以實例題方式展現，但只要記牢各類事項如何適用法律，在解答時並沒有太大難度，但須注意各條規定之事項所涵蓋之範圍。選擇題部分，除親屬、繼承，其餘章節則以物權部分最為常見，至權利主體、法律行為之方式及債等部分，仍應熟記，至少就如何適用之法理要有基本概念，如此就能準確答題。

一、基本概念簡介

(一) **國際私法之定義**：國際私法是即指對於涉外案件，就內外國之法律，決定其應適用何國法律之法則。

1. **對象**：國際私法所規範之對象，為具有「涉外成分」之案件（稱涉外案件）。所謂「涉外成分」指下列因素：

   (1)**牽涉外國人**：案件之當事人，其中一方或雙方為外國人或無國籍人。

   (2)**牽涉外國地**：構成案件之事實涉及外國地。

   (3)**牽涉外國人及外國地**：指案件當事人中有外國人，而構成案件之事實中又牽涉外國地。

2. **功用**：國際私法是就涉外案件，決定其應適用何國法律。而涉外案件可能包括民事事件、商事事件或刑事案件等等，涉外民事法律適用法是我國就涉外民事事件所採用之國際私法。

(二) **國際私法之性質**：關於國際私法之性質，在學說上一直都有分歧的見解，略述如下：

1. **國際法／國內法**：以目前現狀及通說來看，國際私法雖用於涉外案件，然其性質屬國內法，因其為內國就涉外案件決定如何適用法律之法規，其制

定方式一般亦同於國內法。雖說為國內法，但不可否認其與國際法關係十分密切。

2. **實體法／程序法**：國際私法並非直接規定涉外案件中有關當事人間權利義務之實質內容，而是一種適用法則，在性質上偏向於程序法，猶如一般法律之施行法。因此通說會認為國際私法既非實體法，亦非程序法，而採「特殊法域」的看法。

3. **公法／私法**：以程序法的性質來看，國際私法應偏向公法；然如就國際私法是就涉外案件之實體法（即私法）為適用的指引，又具有私法之性質。因此難以下斷論，但總體而言，國際私法與私法性質仍有差異，應可說為內外國私法之適用法規。因此亦屬「特殊法域」。

(三) **我國國際私法之體制與類型**

1. **體制**：規定於單行法中：
在各國就國際私法的立法體制中，或有規定在民法中；亦有規定在民法施行法之中；然我國係另立法規（即涉外民事法律適用法），採單行法之體制。

2. **類型**：採雙面法則：
在各國就國際私法的立法類型，大致有兩種：一是採單面法則，即僅規定內國法適用之情形；而我國所採為雙面法則，即以抽象方式，就某種涉外事件所應適用之法律，不分內外國法，均予指示如何適用。

(四) **連繫因素**：連繫涉外案件與某國法律之基礎。如不動產事件，以不動產所在國之法律為其適用法。綜合可歸納種類如下：

1. **與主體有關**：指與案件中之主體相關者，如自然人之國籍、住所、居所等。

2. **與客體有關**：指與案件中之客體或物相關者，如物之所在地。

3. **與行為有關**：指與案件中之行為相關者，以行為地加以連結。如侵權行為之發生地、契約履行地、遺囑之成立地等。

4. **與當事人意思有關**：一般多指契約當事人之合意而言。

(五) **定性**

1. 確認涉外案件中法律關係屬於何種法律範疇，以便適用該範疇之法則來決定準據法。簡言之，即決定法律關係之性質。例如：該涉外案件屬侵權行為事件抑或屬契約事件等即是。

2. 就定性之標準，通說採「法庭地說」，即定性應依法庭地法之內國法為準。

(六) 解題基本思考順序

1. **是否為涉外案件**：即先確認是否具有涉外成分。如婚後同住我國之A國的甲男和我國的乙女就離婚涉訟。

2. **是否有一般直接管轄權**：在不違反公益及當事人之利益的情況下，我國法院都有一般直接管轄權。

3. **加以定性**：如前述1.項之例子，其定性即為「離婚事件」。

4. **找出連繫因素**：定性後則依國際私法之規定找出連繫因素。承上例，本例之連繫因素依我國涉外民事法律適用法為當事人之國籍、住所地等（參見第50條規定）。

5. **選擇準據法**：依法規規定之連繫因素找出準據法。再承上例，涉外民事法律適用法第50條規定：「離婚及其效力，依協議時或起訴時夫妻共同之本國法；無共同之本國法時，依共同之住所地法；無共同之住所地法時，依與夫妻婚姻關係最切地之法律。」因此如甲男和乙女有共同之本國法，即依兩人之本國法；如無共同之本國法（本例中顯然沒有），則依共同之住所地法。在本例中，我國為甲男和乙女之共同住所地，因此兩人因離婚涉訟，應適用我國法律中有關離婚之規定為其準據法。

6. **適用準據法**

7. **判決**

以上是一般國際私法在解題上思考的七步驟。然在戶政相關考試中，題目較為單純，基本上只要思考到第5步，即可回答問題。

二、法規釋義

第一節 ／ 通則

(一) 下列何者為我國涉外民事事件規定適用法律的順序？　(A)涉外民事法律適用法→法理→其他法律之規定　(B)其他法律之規定→法理→涉外民事法律適用法　(C)法理→其他法律之規定→涉外民事法律適用法　(D)涉外民事法律適用法→其他法律之規定→法理

正確答案：(D)

相應法條	白話解說
第1條 涉外民事，本法未規定者，適用其他法律之規定；其他法律無規定者，依法理。	1. 本條說明涉外民事事件適用法律的依據為何。 2.「涉外民事」事件，包括下列2個條件： 　(1)須具有涉外要素：即具有以下任何一種涉外成分： 　　A.牽涉外國人。 　　B.牽涉外國地。 　　C.牽涉外國人及外國地。 　(2)須為民事事件。 3. 依本條之規定，涉外民事事件適用法律之順序如下： 　(1)首先看本法（即涉外民事法律適用法，本章下同）有無規定，有規定即依本法適用法律。 　(2)如無規定，則適用其他法律之規定。 　(3)其他法律中仍無規定時，則依法理。所謂「法理」，包括判例、習慣和條約等。

(二) 依涉外民事法律適用法應適用當事人本國法，而當事人有多數國籍時，應如何適用法律？　(A)適用住所地法　(B)適用居所地法　(C)適用其關係最切之國籍定其本國法　(D)依我國法。

　　正確答案：(C)

相應法條	白話解說
第2條 依本法應適用當事人本國法，而當事人有多數國籍時，依其關係最切之國籍定其本國法。 　　【108高考】	1. 本條說明發生國籍積極衝突時如何定本國法。 2. 所謂「國籍積極衝突」，是指當事人有兩個以上的國籍。 3. 本條的適用順序如下： 　(1)**依本法應適用當事人之本國法**：在涉外民事事件中，法院依本法判斷出該事件的判決參考法律依據，應依當事人之本國法之時。

相應法條 **重要**	白話解說
第2條　依本法應適用當事人本國法，而當事人有多數國籍時，依其關係最切之國籍定其本國法。 【108高考】	(2)**而當事人有多數國籍時**：此時，如當事人有兩個以上的國籍時，本條始有適用餘地。 (3)**依其關係最切之國籍定其本國法**：何種國籍與當事人關係最切，則以關係最切的國籍，做為該涉外民事事件應適用之當事人本國法。 依本法應適用當事人之本國法　➡　當事人有多數國籍　➡　依關係最切國籍定其本國法 4. 所謂「關係最切」：至於當事人與各國籍關係之密切程度，則宜參酌： (1)當事人之主觀意願（例如最後取得之國籍是否為當事人真心嚮往）。 (2)及各種客觀因素（例如當事人之住所、營業所、工作、求學及財產之所在地等）。 綜合判斷之。

修正理由摘要：（99.5.26）

二、依本法應適用當事人本國法，而當事人有多數國籍時，原條文規定依其國籍係先後取得或同時取得之不同，而分別定其本國法，並於先後取得者，規定一律依其最後取得之國籍定其本國法。此一規定，於最後取得之國籍並非關係最切之國籍時，難免發生不當之結果，且按諸當前國際慣例，亦非合宜。爰參考義大利1995年第218號法律（以下簡稱義大利國際私法）第19條第2項規定之精神，明定當事人有多數國籍之情形，一律依其關係最切之國籍定其本國法，俾使法律適用臻於合理、妥當。至於當事人與各國籍關係之密切程度，則宜參酌當事人之主觀意願（例如最後取得之國籍是否為當事人真心嚮往）及各種客觀因素（例如當事人之住所、營業所、工作、求學及財產之所在地等），綜合判斷之。此外，中華民國賦予當事人國籍，因此而生之法律適用之利益，既得一併於各國牽連關係之比較中，予以充分衡量，已無單獨規定適用中華民國法律之必要，爰刪除但書之規定。

(三) 依涉外民事法律適用法之規定，於應適用當事人本國法時，而當事人有國籍消籍衝突之情況，應如何適用法律？　(A)依住所地法　(B)依居所地法　(C)依關係最切之國籍定其本國法　(D)依我國法。

正確答案：(A)

相應法條	白話解說
第3條　依本法應適用當事人本國法，而當事人無國籍時，適用其住所地法。	1. 本條說明發生國籍消極衝突時如何定本國法。 2. 所謂「國籍消籍衝突」是指當事人為無國籍之人。 3. 本條的適用順序如下： 　(1)**依本法應適用當事人之本國法**：在涉外民事事件中，法院依本法判斷出該事件的判決參考法律依據，應依當事人之本國法之時。 　(2)**而當事人無國籍時**：此時，如當事人為無國籍之人時，本條始有適用餘地。 　(3)**適用其住所地法**：當事人無國籍時，自無「本國法」之可能，因此適用其住所地之法律為準據法。 依本法應適用當事人之本國法 ➡ 當事人無國籍 ➡ 適用當事人之住所地法 4. 依本條之規定，此時住所地法被當成「當事人本國法」之備位準據法。

修正理由摘要：（99.5.26）

一、條次變更。

二、本條原條文第27條第1項前段係規定無國籍人之本國法之問題，其餘部分則規定當事人之住所地法問題，體例上宜分條規定之。爰將其前段單獨移列第3條，其餘部分移列第4條，並將「依」其住所地法，修正為「適用」其住所地法，使條文之文字前後呼應。

(四) 依涉外民事法律適用法應適用當事人之住所地法，而當事人住所不明時，
　　應如何適用法律？　(A)依居所地法　(B)依關係最切之居所地法　(C)依現在
　　地法　(D)以上均有可能。

　　正確答案：(D)

相應法條	白話解說
第4條　依本法應適用當事人之住所地法，而當事人有多數住所時，適用其關係最切之住所地法。 當事人住所不明時，適用其居所地法。 當事人有多數居所時，適用其關係最切之居所地法；居所不明者，適用現在地法。	1. 本條說明發生住所衝突（含居所衝突）時如何定住所地法。 2. 所謂「住所」，是人從事各項活動所形成法律關係之中心點。依民法第20條第1項規定：「依一定事實，足認以久住之意思，住於一定之地域者，即為設定其住所於該地。」因此住所之設定包括下列幾個條件： (1)有久住之意思。 (2)久住之事實。 (3)另依民法第20條第2項規定：「一人同時不得有兩住所。」 3. 所謂「住所衝突」，包含了兩部分： (1)住所積極衝突：當事人有兩個以上之住所地。 (2)住所消極衝突：當事人並無住所或住所不明。 4. 至「居所」和住所的主要差別，在於居所設定時並無久住之意思。而「居所衝突」亦包括「居所積極衝突」和「居所消極衝突」，前者表示當事人有兩個以上居所；後者表示當事人無居所或居所不明。 5. 本條的適用順序如下： (1)**依本法適用當事人之住所地法**：在涉外民事事件中，法院依本法判斷出該事件的判決參考法律依據，應依當事人之住所地法時。 (2)**而當事人有多數住所時→適用其關係最切之住所地法**：依本條第1項之規定，此時如當事人有兩個以上之住所，何住所地與當事人關係最切，則以關係最切的住所地法，做為該涉外民事事件應適用之當事人住所地法。

相應法條	白話解說
第4條 依本法應適用當事人之住所地法，而當事人有多數住所時，適用其關係最切之住所地法。 當事人住所不明時，適用其居所地法。 當事人有多數居所時，適用其關係最切之居所地法；居所不明者，適用現在地法。	(3) **如當事人住所不明→適用其居所地法**：另種可能的情況是遇到當事人住所不明，此時依本條第2項之規定，以當事人之居所地法，為該涉外民事事件應適用之準據法。 (4) **如當事人有多數居所→適用其關係最切居所地法**：依前述規定而須適用當事人居所地法時，同樣可能遇到兩種狀況。其一，如當事人有兩個以上之居所。此時，依本條第3項前段之規定，何居所地與當事人關係最切，則以關係最切的居所地法，做為該涉外民事事件應適用之當事人住所地法。 (5) **如當事人居所不明→適用現在地法**：另種可能的情況即是當事人連居所都不明時，依本條第3項後段之規定，此時只好以現在地法為該涉外民事事件應適用之準據法。

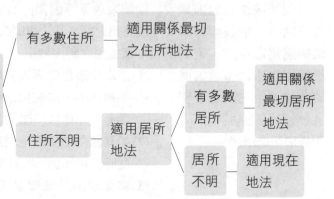

6. 應須注意，本條一開始所稱「依本法應適用當事人之住所地法」之情況，非單指第3條處理國籍消極衝突下，以當事人之住所地法為補充性準據法的情況；更重要的是在現行本法中，住所地法具有獨立做為準據法之情況。如本法第61條第2款即規定遺囑及其撤回之方式，在遺囑人死亡時，即得依其住

相應法條	白話解說
	所地法為準據法。因此依本法而有任何適用當事人住所地法之情況，都有本條之適用可能。 7. 而相對於住所地法具有獨立準據法的地位，居所地法和現在地法，則單純居於補充性準據法之地位，用以在當事人住所不明時輔助找出應適用之準據法。

(五) 依涉外民事法律適用法應適用當事人本國法時，如發生一國數法之情況，應先如何適用法律？　(A)適用住所地法　(B)適用居所地法　(C)依該國關於法律適用之規定，定其應適用之法律　(D)適用現在地法。

正確答案：(C)

相應法條	白話解說
第5條　依本法適用當事人本國法時，如其國內法律因地域或其他因素有不同者，依該國關於法律適用之規定，定其應適用之法律；該國關於法律適用之規定不明者，適用該國與當事人關係最切之法律。	1. 本條說明一國數法時如何適用法律。 2. 所謂「一國數法」是指一個國家內因地域、種族或宗教等等因素而有數種法制之情況。如美國各州之間，其法律即有不同。 3. 本條適用之順序如下： 　(1) **依本法適用當事人當事人本國法**：在涉外民事事件中，法院依本法判斷出該事件的判決參考法律依據，應依當事人之本國法之時。 　(2) **如其國內法律因地域或其他因素有不同者**：此時出現所謂「一國數法」之情況。 　(3) **依該國關於法律適用之規定來定其應適用之法律**：在理想狀態下，該國對於這種情形，在法律中會規定有如何適用法律，此時即依該國關於法律適用之規定，定其應適用之法律。

相應法條	白話解説
依本法應適用當事人本國法	**(4)該國關於法律適用之規定不明者，適用該國與當事人關係最切之法律**：萬一遇上該國就法律應如何適用之規定不明時，則適用該國法律中，與當事人關係最切之法律。

其國內法律因地域或其他因素不同：
- 該國關於法律適用有明確規定 — 依該國規定來定其應適用之法律
- 該國關於法律適用規定不明 — 適用該國與當事人關係最切之法律

4. 依本條之修正理由，原條文就「一國數法」之情形，採「直接指定主義」，即直接明定應適用之法律。在修法後則加以修正，改採「間接指定原則」，在該國法律中有關於法律如何適用之規定時，依該國法律之規定來定其適用法；另佐以「關係最切原則」，如遇該國法律就法律應如何適用之規定不明確時，則以與當事人關係最切之該國法律為應適用之法律。

修正理由摘要（99.5.26）
二、依本法適用當事人本國法時，原條文就其國內各地方之不同法律，直接明定其應適用之法律，惟該國法律除因地域之劃分而有不同外，亦可能因其他因素而不同，且該國對其國內各不同法律之適用，通常亦有其法律對策。爰參考義大利國際私法第18條規定之精神，就其國內法律不同之原因，修正為地域或其他因素，並對當事人本國法之確定，改採間接指定原則及關係最切原則，規定依該國關於法律適用之規定，定其應適用之法律，該國關於法律適用之規定不明者，適用該國與當事人關係最切之法律。

(六) 依涉外民事法律適用法適用當事人本國法時，如依其本國法就該法律關係
　　須依其他法律而定者，應適用該其他法律。此種法理稱為：　(A)定性　(B)
　　反致　(C)管轄　(D)連繫因素。

　　正確答案：(B)

相應法條	白話解說
第6條　依本法適用當事人本國法時，如依其本國法就該法律關係須依其他法律而定者，應適用該其他法律。但依其本國法或該其他法律應適用中華民國法律者，適用中華民國法律。	1. 本條說明反致。 2. 所謂「反致」，是指涉外法律關係中，依內國國際私法應適用某外國法律，從而依該外國國際私法之規定，應依內國法或第三國法，此時內國法院則依反致之規定，以轉據之內國法或第三國法為應適用之法律。 3. 本條之適用順序如下： (1) 依本法適用當事人本國法：此為本條適用之先決條件，前已多做說明，在此不再繁敘。 (2) 依該本國法→適用其他法律（第三國法）：如當事人之本國法中規定就該法律關係，應依第三國之法律，則以應適用之第三國法律為該件涉外民事事件之準據法。此為本條本文規定之情況，在學理上稱為「第一次轉據反致」。 (3) 依該本國法→適用我國法：如當事人如當事人之本國法中規定就該法律關係，應依我國之法律，則以應適用之我國法律為該件涉外民事事件之準據法。此為本條但書規定情況之一種，在學理上稱為「直接反致」。 (4) 依第三國法→適用我國法：如當事人之本國法中規定就該法律關係，應依第三國之法律；然依該第三國法之規定，應適用我國法時，則以我國法律為該件涉外民事事件之準據法。此為本條但書規定之另外一種情況，在學理上稱為「間接反致」。

相應法條	白話解説

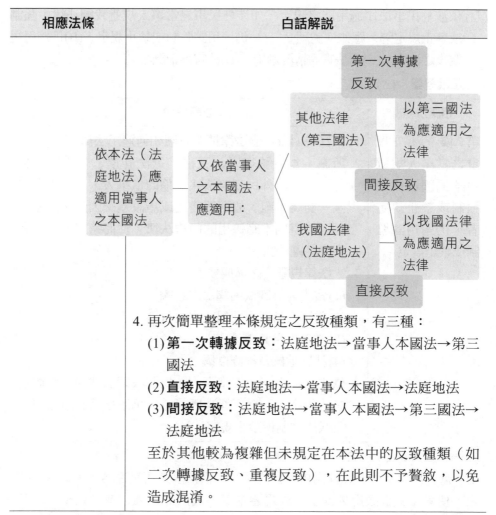

4. 再次簡單整理本條規定之反致種類，有三種：
　(1) **第一次轉據反致**：法庭地法→當事人本國法→第三
　　 國法
　(2) **直接反致**：法庭地法→當事人本國法→法庭地法
　(3) **間接反致**：法庭地法→當事人本國法→第三國法→
　　 法庭地法
　至於其他較為複雜但未規定在本法中的反致種類（如
　二次轉據反致、重複反致），在此則不予贅敘，以免
　造成混淆。

修正理由摘要（99.5.26）：

二、原條文關於反致之規定，兼採直接反致、間接反致及轉據反致，已能充
　　分落實反致之理論，惟晚近各國立法例已傾向於限縮反致之範圍，以簡
　　化法律之適用，並有僅保留直接反致之例。爰刪除原條文中段「依該其
　　他法律更應適用其他法律者，亦同」之規定，以示折衷。

三、直接反致在原條文是否有明文規定，學說上之解釋並不一致。爰於但書
　　增列「其本國法或」等文字，俾直接反致及間接反致，均得以本條但書
　　為依據。

(七) 依涉外民事法律適用法之規定，如涉外民事之當事人規避我國法律中強制
　　或禁止規定時，應如何處理？　(A)仍適用該強制或禁止規定　(B)仍適用規
　　避後之法律　(C)由法官看情況適用　(D)法官得拒絕審判。

　　正確答案：(A)

相應法條	白話解說
第7條　涉外民事之當事人規避中華民國法律之強制或禁止規定者，仍適用該強制或禁止規定。	1. 本條說明有規避法律情況時應如何適用法律。 2. 所謂「規避法律」，又稱「選法詐欺」、「竊法舞弊」，指涉外民商事法律關係的當事人，人為的利用某一衝突規範，故意藉變更或巧設連繫因素之歸屬關係，以避開本應適用的內國法律，從而適用對自己有利的外國法律。 3. 「法律規避」之構成要件如下： 　(1)當事人具詐欺內國法之意圖。 　(2)當事人有變更連繫因素之行為。 　(3)當事人自其中獲取利益。 　(4)法庭地國為被詐欺國。 4. 依本條之規定，如當事人為規避我國法律中之強制或禁止規定，而變更連繫因素時，仍應適用其所欲規避之我國強制或禁止規定。

修正理由摘要（99.5.26）

二、涉外民事事件原應適用中華民國法律，但當事人巧設連結因素或連繫因素，使其得主張適用外國法，而規避中華民國法律之強制或禁止規定之適用，並獲取原為中華民國法律所不承認之利益者，該連結因素或連繫因素已喪失真實及公平之性質，適用之法律亦難期合理，實有適度限制其適用之必要。蓋涉外民事之當事人，原則上雖得依法變更若干連結因素或連繫因素（例如國籍或住所），惟倘就其變更之過程及變更後之結果整體觀察，可認定其係以外觀合法之行為（變更連結因素或連繫因素之行為），遂行違反中華民國之強制或禁止規定之行為者，由於變更連結因素或連繫因素之階段，乃其規避中華民國強制或禁止規定之計畫之一部分，故不應適用依變更後之連結因素或連繫因素所定應適用之法律，而仍適用中華民國之強制或禁止規定，以維持正當適用中華民國法律之利益。現行條文對此尚無明文可據，爰增訂之。

(八) 依涉外民事法律適用法之規定適用外國法時，如有下列何種情況，不適用該外國法？ (A)該外國與我國無邦交 (B)該外國法適用之結果有背於我國之公序良俗 (C)該外國法之規定有背於我國之公序良俗 (D)該外國法適用有錯誤。

正確答案：(B)

相應法條	白話解說

第8條 依本法適用外國法時，如其適用之結果有背於中華民國公共秩序或善良風俗者，不適用之。	1. 本條說明外國法適用上如有背於我國公序良俗時之限制。
	2. 依本法適用外國法時，如遇外國法「適用之結果」有背於我國公共秩序或善良風俗時，加以限制適用，將法律效果設為「不適用」該外國法。
	3. 至「不適用」後，應為如何之處理？學說上有下列幾種主要見解：（參考）
	  (1) **拒絕審判說：** 此說認為在這種情況下，法官得拒絕審判，但我國實務均不採此見解。
	  (2) **替代適用說：** 此說即以內國法（我國法）相關部分之規定，替代適用被排除適用之外國法。
	  (3) **分別處理說：** 此說認為得由法官按情形選擇是否拒絕審判或以內國法或第三國法代用。
	  (4) **法理說：** 此說認為應用國際私法的法理來決定所應適用之法則。
	  (5) **類推適用說：** 此說認為內國法院得類推適用被排除之外國法中不違背內國公序良之其他規定，加以補充。

修正理由摘要（99.5.26）

二、按關於外國法適用之限制，原條文係以「其規定」有背於中華民國公共秩序或善良風俗為要件，如純從「其規定」判斷，難免失之過嚴，而限制外國法之正當適用。爰將「其規定」一詞修正為「其適用之結果」，以維持內、外國法律平等之原則，並彰顯本條為例外規定之立法原意。

(一) 依涉外民事法律適用法之規定，有關人之一般權利能力，如何適用準
　　據法？　(A)依本國法　(B)依住所地法　(C)依居所地法　(D)依現在地法。
　　正確答案：(A)

相應法條	白話解說
第9條　人之權利能力，依其本國法。 【110高考】	1. 本條說明關於人之權利能力所應適用之準據法。 2. 在學理上人之權利能力又細分為： 　(1) **一般權利能力**：指人做為權利主體，在法律上得享受權利、負擔義務之能力。 　(2) **特別權利能力**：指在特殊法律關係中所得享有之權利能力（如繼承）。 3. 本條所規範是指一般權利能力。至於特別權利能力，則該權利本身之準據法來決定（如胎兒是否享有繼承權）。

．修正理由摘要（99.5.26）
　二、原條文關於人之一般權利能力，並未規定其應適用之法律，關於人之
權利能力之始期及終期等問題，難免發生法律適用之疑義。衡諸權利能力
問題之性質，仍以適用當事人之屬人法為當。爰參考德國民法施行法第7
條第1項關於權利能力應適用之法律之規定，增訂本條，明定應依當事人
之本國法。
．我國民法相關規定：
第6條：人之權利能力，始於出生，終於死亡。

(二) 設A國以16歲為成年，甲今年17歲，原為A國人，今年甫歸化為我國人，則其行為能力為： (A)依A國法有完全行為能力 (B)依我國法為限制行為能力人 (C)其在A國為有行為能力，在我國為限制行為能力 (D)依A國法有完全行為能力，不因其國籍變更而受限制。

正確答案：(D)

相應法條	白話解說
第10條 人之行為能力，依其本國法。 有行為能力人之行為能力，不因其國籍變更而喪失或受限制。 外國人依其本國法無行為能力或僅有限制行為能力，而依中華民國法律有行為能力者，就其在中華民國之法律行為，視為有行為能力。 關於親屬法或繼承法之法律行為，或就在外國不動產所為之法律行為，不適用前項規定。 【110高考、113普考】	1. 本條說明行為能力所應適用之準據法。 2. 「行為能力」與「權利能力」及「意思能力」不同，乃指為法律行為之資格。亦即個人得以意思活動使其行為發生法律上效果的資格。 3. 本條分為幾個部分處理： (1)原則上：行為能力之準據法，為當事人之本國法。（第1項） (2)如有行為能力人，其國籍有變更，其行為能力會因變更國籍後之新本國法喪失或受限制之時，其仍為有行為能力人，而不受之影響。此即所謂「一為成年，永為成年」法則。（第2項） (3)外國人依其本國法為無行為能力人或限制行為能力人，然而依我國法律有行為能力，就其在我國所為之法律行為，視為有行為能力。（第3項） →例外： A.關於親屬法之法律行為。 B.關於繼承法之法律行為。 C.就在外國不動產所為之法律行為。

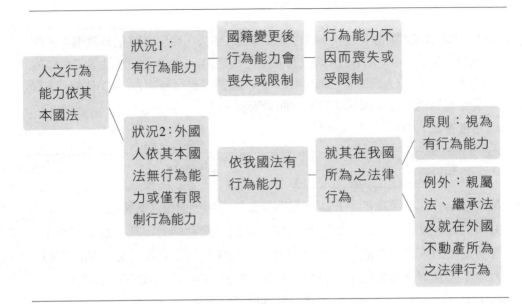

· 修正理由摘要（99.5.26）

三、人之行為能力之準據法所據以決定之連結因素或連繫因素，依第1項
規定應以行為時為準，但如當事人依其舊國籍所定之本國法已有行為能
力，而依行為時之國籍所定之本國法卻無行為能力或僅有限制行為能力，
仍不宜容許該當事人以其無行為能力或僅有限制行為能力為抗辯。爰參考
德國民法施行法第7條第2項規定之精神，增訂第2項，表明「既為成年，
永為成年」之原則。

· 我國民法相關規定：

第12條：滿18歲為成年。（自112年1月1日施行）

第13條：未滿7歲之未成年人，無行為能力。

　　　　滿7歲以上之未成年人，有限制行為能力。

(三) B國人甲和我國人乙結婚，婚後兩人定居我國。一日甲不慎失足落海失蹤，
7年後，乙就此聲請死亡宣告。有關本件死亡宣告，下列何者敘述正確？
(A)死亡宣告之效力依我國法律　(B)死亡宣告之效力僅限於甲在我國之財產
(C)死亡宣告之效力僅限於甲在我國依我國法律而定之法律關係　(D)乙不得
聲請死亡宣告，應由檢察官為之。

正確答案：(A)

相應法條	白話解說
第11條 凡在中華民國有住所或居所之外國人失蹤時,就其在中華民國之財產或應依中華民國法律而定之法律關係,得依中華民國法律為死亡之宣告。 前項失蹤之外國人,其配偶或直系血親為中華民國國民,而現在中華民國有住所或居所者,得因其聲請依中華民國法律為死亡之宣告,不受前項之限制。 前二項死亡之宣告,其效力依中華民國法律。 【112地特三等】	1. 本條說明依我國法聲請死亡宣告所應適用之準據法。 2. 所謂「死亡宣告」,乃係對於因失蹤而生死不明之自然人於經過一段時間後,授權法院得因利害關係人或檢察官之聲請,進而以裁判宣告失蹤人死亡之程序(參照民法第8條以下規定)。其目的則在於使得利害關係人在財產或親屬上的法律關係能夠早日予以確定,避免懸而不決造成困擾。 3. 本條之適用狀況,為在我國有住所或居所之外國人,其失蹤時之處理。 4. 本條之適用如下: (1)在我國有住所或居所之外國人失蹤。 (2)如其有配偶或直系血親為我國國民,且現在在我國有住所或居所,其我國籍之配偶或直系血親,得依我國法律聲請死亡宣告。(第2項) (3)如其未有符合第2項規定條件之我國籍配偶或直系血親時,則就其在我國之財產,或依我國法律而定之法律關係,得依我國法律,由利害關係人或檢察官之聲請為死亡宣告。(第1項) (4)而因前二項死亡宣告均依我國法律聲請,因此本條第3項規定,其效力依我國法律之規定。

・修正理由摘要（99.5.26）

　三、中華民國法院對外國人為死亡之宣告者，原條文未規定其效力應適
　　　用之法律。由於該死亡之宣告依第1項規定係依中華民國法律所為，其效
　　　力亦應依同一法律，較為妥當。爰增訂第3項，明定其效力依中華民國法
　　　律，以杜爭議。

・我國民法相關規定：

　第8條：失蹤人失蹤滿7年後，法院得因利害關係人或檢察官之聲請，為死
　　　　　亡之宣告。

　　　　　失蹤人為80歲以上者，得於失蹤滿3年後，為死亡之宣告。

　　　　　失蹤人為遭遇特別災難者，得於特別災難終了滿1年後，為死亡之
　　　　　宣告。

　第9條：受死亡宣告者，以判決內所確定死亡之時，推定其為死亡。

　　　　　前項死亡之時，應為前條各項所定期間最後日終止之時。但有反
　　　　　證者，不在此限。

　第10條：失蹤人失蹤後，未受死亡宣告前，其財產之管理，除其他法律另
　　　　　有規定者外，依家事事件法之規定。

　第11條：二人以上同時遇難，不能證明其死亡之先後時，推定其為同時死亡。

(四) 依涉外民事法律適用法之規定，凡在我國有住所或居所之外國人，依下列
何國法同有受監護、輔助宣告之原因，得為監護、輔助宣告？ (A)我國法
及本國法 (B)我國法及主要財產所在地法 (C)我國法及現在地法 (D)我
國法及關係最密切住所地法。

正確答案：(A)

相應法條	白話解說
第12條 凡在中華民國有住所或居所之外國人，依其本國及中華民國法律同有受監護、輔助宣告之原因者，得為監護、輔助宣告。 前項監護、輔助宣告，其效力依中華民國法律。	1. 本條說明外國人為監護和輔助宣告，及其效力所應適用之法律。 2. 本條之適用： 　(1) **對象**：在我國有住所或居所之外國人。 　(2) **成立條件**：（依其本國法＋依我國法）同有受監護或輔助宣告之原因。 　(3) **結果**：得為監護或輔助宣告。 　(4) **效力**：監護、輔助宣告之效力以我國法為準據法。 3. 本條之成立要件，採「累積適用」，即依當事人之本國法和我國法，均有受監護或輔助宣告之原因，始得為監護或輔助宣告。

‧修正理由摘要（99.5.26）
　　二、原第3條條文於98年12月15日修正通過，並於98年12月30日公布，將
禁治產宣告改為監護宣告，並增加輔助宣告之相關規定，爰以原該條文之
內容移列為本條文字。

‧我國民法相關規定：
　第14條：對於因精神障礙或其他心智缺陷，致不能為意思表示或受意思表
　　　　　示，或不能辨識其意思表示之效果者，法院得因本人、配偶、四
　　　　　親等內之親屬、最近一年有同居事實之其他親屬、檢察官、主管
　　　　　機關、社會福利機構、輔助人、意定監護受任人或其他利害關係
　　　　　人之聲請，為監護之宣告。
　　　　　受監護之原因消滅時，法院應依前項聲請權人之聲請，撤銷其宣告。
　　　　　法院對於監護之聲請，認為未達第1項之程度者，得依第15條之1
　　　　　第1項規定，為輔助之宣告。

　　受監護之原因消滅，而仍有輔助之必要者，法院得依第15條之1第1項規定，變更為輔助之宣告。

第15條：受監護宣告之人，無行為能力。

第15-1條：對於因精神障礙或其他心智缺陷，致其為意思表示或受意思表示，或辨識其意思表示效果之能力，顯有不足者，法院得因本人、配偶、四親等內之親屬、最近一年有同居事實之其他親屬、檢察官、主管機關或社會福利機構之聲請，為輔助之宣告。

　　受輔助之原因消滅時，法院應依前項聲請權人之聲請，撤銷其宣告。

　　受輔助宣告之人有受監護之必要者，法院得依第14條第1項規定，變更為監護之宣告。

第15-2條：受輔助宣告之人為下列行為時，應經輔助人同意。但純獲法律上利益，或依其年齡及身分、日常生活所必需者，不在此限：

一、為獨資、合夥營業或為法人之負責人。

二、為消費借貸、消費寄託、保證、贈與或信託。

三、為訴訟行為。

四、為和解、調解、調處或簽訂仲裁契約。

五、為不動產、船舶、航空器、汽車或其他重要財產之處分、設定負擔、買賣、租賃或借貸。

六、為遺產分割、遺贈、拋棄繼承權或其他相關權利。

七、法院依前條聲請權人或輔助人之聲請，所指定之其他行為。

　　第78條至第83條規定，於未依前項規定得輔助人同意之情形，準用之。

　　第85條規定，於輔助人同意受輔助宣告之人為第1項第1款行為時，準用之。

　　第1項所列應經同意之行為，無損害受輔助宣告之人利益之虞，而輔助人仍不為同意時，受輔助宣告之人得逕行聲請法院許可後為之。

(五) 依涉外民事法律適用法之規定，法人以下列何者為其本國法？ (A)主事務
所所在地法 (B)據以設立之法律 (C)主要財產所在地 (D)法人代表人之
國籍。

正確答案：(B)

相應法條	白話解說
第13條 法人，以其據以設立之法律為其本國法。【112地特四等】	1. 本條說明法人以何為本國法。 2. 依本條之規定，法人以其據以設立之法律為其本國法，不分內、外國法人，亦不問外國法人是否經中華民國認許。

‧修正理由摘要（99.5.26）

　二、按內、外國之法人均有應依其屬人法決定之事項（詳如第14條所
列），本條所規定者即為法人之屬人法。原條文僅就外國法人予以規定，
並以經中華民國認許成立為條件，漏未規定中華民國法人及未經中華民國
認許成立之外國法人之屬人法，顯有不足，實有擴大規範範圍之必要。原
條文規定外國法人以其住所地法為其本國法，至於依中華民國法律設立之
中華民國法人，則依法理以中華民國法律為其本國法，二者所依循之原則
不同，而有使其一致之必要。爰參考1979年泛美商業公司之法律衝突公約
第2條及義大利國際私法第25條第1項等立法例之精神，均採法人之設立準
據法主義，明定所有法人均以其所據以設立之法律，為其本國法。

‧我國民法相關規定：

　第25條：法人非依本法或其他法律之規定，不得成立。

　第26條：法人於法令限制內，有享受權利負擔義務之能力。但專屬於自然
　　　　　人之權利義務，不在此限。

(六) 依涉外民事法律適用法之規定，外國法人之內部事項依其本國法為準據法。下列何事項不屬於規定中之內部事項？　(A)法人之性質　(B)法人之機關　(C)章程之變更　(D)法人代表人之國籍。

正確答案：(D)

相應法條	白話解說
第14條　外國法人之下列內部事項，依其本國法： 一、法人之設立、性質、權利能力及行為能力。 二、社團法人社員之入社及退社。 三、社團法人社員之權利義務。 四、法人之機關及其組織。 五、法人之代表人及代表權之限制。 六、法人及其機關對第三人責任之內部分擔。 七、章程之變更。 八、法人之解散及清算。 九、法人之其他內部事項。【110地特三等、112地特四等】	1. 本條就外國法人內部事項之準據法加以規範。 2. 依本條之規定，外國法人之內部事項，依其本國法（參見第13條）為準據法。其中第1款至第8款係就內部事項為具體之例示性規定；而為免於疏漏，再以第9款做為概括之補充性規定。

· 修正理由摘要（99.5.26）

　　二、外國法人依前條所定之屬人法，其主要適用之範圍，乃該法人之內部事務，至其具體內容，則因包含甚廣，難以盡列。爰參考瑞士國際私法第155條及義大利國際私法第25條第2項等立法例之精神，就外國法人之內部事務於第1款至第8款為例示性之規定，再輔以第9款之補充規定，以期完全涵括。

· 我國民法相關規定：參見民法第一編總則第二章第二節法人之相關規定（民法第25條至第65條）

(七)下列有關外國法人依我國法律設立分支機構之敘述，何者為是？ (A)分支機構在法律上非屬外國法人之一部 (B)其內部事項依我國法律 (C)其外部事項依我國法律 (D)實務並未有直接以其為權利主體之例。

正確答案：(B)

相應法條	白話解說
第15條 依中華民國法律設立之外國法人分支機構，其內部事項依中華民國法律。【112地特四等】	1. 本條說明關於外國法人分支機構之特殊規定。 2. 按理而言，外國法人之分支機構為外國法人之一部，然本條在此有特殊之規定： (1) **對象**：外國法人如依我國法成立之分支機構。 (2) **事項**：其內部事項（參見第14條）。 (3) **效力**：依我國法為準據法。 3. 整理第13條至第15條，則就外國法人之部分： (1) 依其設立時所依之法律為其本國法，而其內部事項即依本國法為準據法。 (2) 如依我國法律設立，則內部事項依我國法為準據法。 (3) 如依我國法律設立分支機構，分支機構之內部事項依我國法；而外部事項或對外法律關係，則非第15條之規範範疇。

修正理由摘要（99.05.26）

二、外國法人依中華民國法律設立分支機構者，例如外國公司經中華民國政府認許而設立在中華民國之分公司之情形，該分支機構在法律上雖仍為該外國法人之一部分，其設立卻是該外國法人在中華民國境內營業或為其他法律行為之必要條件，實務上並有直接以其為權利主體或行為主體之例，故亦有必要就該分支機構，單獨決定其內部事項應適用之法律。此等分支機構性質上固非屬於中華民國法人，但因其乃依據中華民國法律設立，關於該分支機構本身之內部事項，自宜適用中華民國法律。爰增訂明文規定，以應實際需要。本條規定僅適用於外國法人在內國之分支機構依前條所定之內部事項，如為該分支機構之外部事項或對外法律關係（例如與第三人訂定契約所生之問題等），因該外部事項或對外法律關係另有其應適用之法律，自非本條之適用範圍；至於外國法人依內國法律設立另一內國法人之情形，例如外國公司轉投資而依中華民國法律設立中華民國之子公司等，其內部事項乃具有單獨人格之該中華民國法人（子公司）本身之問題，亦非屬本條之適用範圍。

第三節 / 法律行為之方式及代理

(一) A國人甲在在B國對我國人乙發出買賣契約之邀約，乙則在我國發出承諾，兩人在C國簽約。則當甲、乙在台北地院就本件買賣契約之方式涉訟時，應如何適用準據法？　(A)依買賣契約所應適用之法律　(B)依本件買賣契約之邀約地B國法　(C)依本件買賣契約之簽約地C國法　(D)以上均可。

正確答案：(D)

相應法條	白話解說
第16條　法律行為之方式，依該行為所應適用之法律。但依行為地法所定之方式者，亦為有效；行為地不同時，依任一行為地法所定之方式者，皆為有效。	1. 本條說明一般法律行為如何適用法律。 2. 所謂「法律行為」係指以意思表示而發生一定私法效果的法律事實。又可分為負擔行為和處分行為： 　(1) 處分行為指直接使權利發生、變更、消滅之法律行為。 　(2) 負擔行為是指因當事人之意思表示，而使一方當事人對於他方事人取得請求為一定作為或不作為之請求權，當事人因此發生一定債權債務關係之法律行為。因此又稱為「債權行為」。 　(3) 本條主要所規範者，即為一般債權行為。 3. 本條規範一般法律行為方式之準據法： 　(1) 得依該行為所應適用之法律。 　(2) 亦得依行為地所定之方式 　　→行為地不同時：得依任一行為地法所定之方式。 　(3) 換句話說，一般法律行為方式之準據法，得以該行為所應適用之法律，亦得依行為地法，擇一均可。此種適用方式，在學理上稱為「選擇適用」。

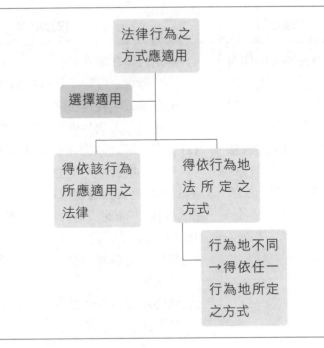

修正理由摘要（99.5.26）

二、原條文第5條規定之各類法律行為，性質本不相同，其方式問題宜配合各該法律行為之成立要件及效力予以規定，較為妥適。爰將其第1項有關一般法律行為（主要為債權行為）之規定，移列為本條，並增訂行為地不同時，依任一行為地法所定之方式者，皆為有效，以貫徹立法旨意。

(二) A國人甲授權在B國營業之B國人乙處分甲在B國之財產，甲、乙二人未明示合意定其應適用之法律。此時甲、乙間就其授權內容發生爭議，應如何適用法律？ (A)依甲之本國法 (B)依乙之本國法 (C)依財產所在地法 (D)依與代理行為關係最切地法。

正確答案：(D)

相應法條	白話解說
第17條 代理權係以法律行為授與者，其代理權之成	1. 本條說明意定代理行為應如何適用法律。 2. 以法律行為授與代理權，即法理上所謂之「意定代理」。

相應法條	白話解說
立及在本人與代理人間之效力，依本人及代理人所明示合意應適用之法律；無明示之合意者，依與代理行為關係最切地之法律。	(1)意定代理之成立： 　A.代理權之授與（包含授與之範圍）。 　B.以本人名義為法律行為。 　C.由代理人代為或代受意思表示。 (2)意定代理之效力：代理人與相對人所為之法律行為，直接對本人發生效力。 3.因此本條是針對意定代理之成立和效力如何適用法律加以規範。而此決定於本人與代理人間是否就所應適用之法律有明示之合意： (1)有明示之合意→依本人與代理人之合意法律為準據法。 (2)無明示之合意：依與代理行為關係最切地之法律為準據法。

· 修正理由摘要（99.5.26）

二、代理權之授與，與其原因法律關係（如委任契約）本各自獨立，並各有其準據法。本條係針對代理權授與之行為，明定其應適用之法律，至其原因法律關係應適用之法律，則宜另依該法律關係（如委任契約）之衝突規則決定之。代理權係以法律行為授與者，本人及代理人常可直接就其相關問題達成協議。爰參考1978年海牙代理之準據法公約第5條、第6條規定之精神，明定代理權之成立及在本人與代理人間之效力，應依本人及代理人明示之合意定其應適用之法律，以貫徹當事人意思自主原則。至於當事人無明示之合意者，則由法院就具體個案中之各種主觀、客觀因素及實際情形，比較代理行為及相關各地之間之關係，而以其中與代理行為關係最切地之法律，為應適用之法律。例如A國人甲（本人）授權在B國營業之B國人乙（代理人）處分甲在B國之財產，甲、乙未明示合意定其應適用之法律，則就甲、乙之間關於其授權之內容及範圍之爭議，B國法律乃關係最切地之法律。

· 我國民法相關規定：

第103條　代理人於代理權限內，以本人名義所為之意思表示，直接對本人發生效力。

前項規定，於應向本人為意思表示，而向其代理人為之者，準用之。

第104條　代理人所為或所受意思表示之效力，不因其為限制行為能力人而受影響。

第105條　代理人之意思表示，因其意思欠缺、被詐欺、被脅迫，或明知其事情或可得而知其事情，致其效力受影響時，其事實之有無，應就代理人決之。但代理人之代理權係以法律行為授與者，其意思表示，如依照本人所指示之意思而為時，其事實之有無，應就本人決之。

(三) A國人甲授權在B國營業之B國人乙處分甲在C國之財產，並由C國人丙買受，如甲、丙未明示合意定其應適用之法律，則就甲、丙之間關於乙所受授權之內容及範圍之爭議，應如何適用法律？　(A)依與代理行為關係最切地之法律　(B)依相對人丙之本國法　(C)依本人甲之本國法　(D)依代理人乙之本國法。

　　正確答案：(A)

相應法條	白話解說
第18條　代理人以本人之名義與相對人為法律行為時，在本人與相對人間，關於代理權之有無、限制及行使代理權所生之法律效果，依本人與相對人所明示合意應適用之法律；無明示之合意者，依與代理行為關係最切地之法律。	1. 本條說明本人與相對人間就代理行為之法律效果有爭議時應如何適用法律。 2. 依本條之規定，當代理人以本人之名義與相對人為法律行為時： (1)牽涉對象：本人與相對人。 (2)爭議項目： 　A.代理權之有無 　B.代理權之限制 　C.行使代理權所生之法律效果 (3)處理方式：本人與相對人是否明示合意應適用之法律： 　A.有明示之合意→依合意應適用之法律。 　B.無明示之合意→依代理行為關係最切地之法律。

修正理由摘要（99.05.26）

二、本人因代理人代為法律行為，而與相對人發生之法律關係，與代理權之授與及代理人代為之法律行為，關係均甚密切。爰參考1978年海牙代理之準據法公約第11條至第14條規定之精神，規定在本人與相對人間之法律關係，原則上應依本人與相對人所明示合意應適用之法律，如其對此無明示之合意，則依與代理行為關係最切地之法律。法院於認定某地是否為關係最切地時，應斟酌所有主觀及客觀之因素，除當事人之意願及對各地之認識情形外，尚應包括該地是否為代理人或其僱用人於代理行為成立時之營業地、標的物之所在地、代理行為地或代理人之住所地等因素。例如A國人甲（本人）授權在B國營業之B國人乙（代理人）處分甲在C國之財產，並由C國人丙（相對人）買受，如甲、丙未明示合意定其應適用之法律，則就甲、丙之間關於乙所受授權之內容及範圍之爭議，C國法律關於保護丙之信賴具有重要之利益，可認為關係最切地之法律。

(四)A國人甲（本人）未授權B國人乙（無權代理人）處分甲在C國之財產，乙竟以甲之代理人名義予以出售，並由C國人丙（相對人）買受之，如該代理行為因甲未予以承認而未生效，丙擬向乙請求損害賠償，則應依本人與相對人所明示合意應適用之法律，無明示之合意者，則依與代理行為關係最切地之法律。

相應法條	白話解說

第19條 代理人以本人之名義與相對人為法律行為時，在相對人與代理人間，關於代理人依其代理權限、逾越代理權限或無代理權而為法律行為所生之法律效果，依前條所定應適用之法律。	1. 本條就代理人與相對人間就代理權所生之爭議定應適用之法律。
	2. 依本條規定，當代理人以本人之名義與相對人為法律行為時：
	(1)牽涉對象：代理人與相對人。
	(2)爭議項目：
	  A.代理人依其代理權限。
	  B.代理人逾越代理權限。
	  C.代理人無代理權。
	而為法律行為所生之法律效果。

相應法條	白話解說
	(3)處理方式：依第18條所定方式，即**本人與相對人間**是否有明示合意所應適用之法律： A.有明示之合意：依合意所應適用之法律。 B.無明示之合意：依與代理行為關係最切地之法律。

· 修正理由摘要（99.5.26）

二、代理人欠缺代理權或逾越代理權限，仍以本人之名義為法律行為者，其相對人與代理人因此所生之法律關係，例如就其所受損害請求賠償之問題等，亦有決定其準據法之必要。爰參考1978年海牙代理之準據法公約第15條規定之精神，規定應與前條所定之法律關係適用相同之準據法。例如A國人甲（本人）未授權B國人乙（無權代理人）處分甲在C國之財產，乙竟以甲之代理人名義予以出售，並由C國人丙（相對人）買受之，如該代理行為因甲未予以承認而未生效，丙擬向乙請求損害賠償，則應依本人與相對人所明示合意應適用之法律，無明示之合意者，則依與代理行為關係最切地之法律，以保護丙之信賴利益。

· 我國民法相關規定：

第106條：代理人非經本人之許諾，不得為本人與自己之法律行為，亦不得既為第三人之代理人，而為本人與第三人之法律行為。但其法律行為，係專履行債務者，不在此限。

第107條：代理權之限制及撤回，不得以之對抗善意第三人。但第三人因過失而不知其事實者，不在此限。

第108條：代理權之消滅，依其所由授與之法律關係定之。代理權，得於其所由授與之法律關係存續中撤回之。但依該法律關係之性質不得撤回者，不在此限。

第109條：代理權消滅或撤回時，代理人須將授權書交還於授權者，不得留置。

第110條：無代理權人，以他人之代理人名義所為之法律行為，對於善意之相對人，負損害賠償之責。

(一) 依涉外民事法律適用法之規定，法律行為發生債之關係時，其效力及成立所應適用之法律，如當事人無明示之意思時，依關係最切之法律。則就不動產所為之法律，下列何者推定為關係最切之法律？　(C)債務人之本國法 (D)債權人之本國法。

正確答案：(A)

相應法條	白話解說
第20條　法律行為發生債之關係者，其成立及效力，依當事人意思定其應適用之法律。 當事人無明示之意思或其明示之意思依所定應適用之法律無效時，依關係最切之法律。 法律行為所生之債務中有足為該法律行為之特徵者，負擔該債務之當事人行為時之住所地法，推定為關係最切之法律。但就不動產所為之法律行為，其所在地法推定為關係最切之法律。	1. 本條說明以法律行為發生債之關係應如何適用法律。 2. 依本條之規定，法律行為發生債之關係者，其成立及效力所應適用之法律，視當事人有無明示之意思： (1)有明示之意思→依明示之意思定其應適用之法律。 (2)無明示之意思或其明示之意思依所定應適用之法律無效→依關係最切之法律。 法律行為發生債之關係之成立及效力 ├─ 當事人有明示之意思 ── 依當事人之意思 └─ 當事人無明示之意思或意思無效 ── 依關係最切之法律

相應法條	白話解說
	3. 至於如何推定關係最切之法律： (1) 依該法律行為所生之債務中，有足為該法律行為之特徵者→依負擔該債務之當事人行為時之住所地法。 (2) 就不動產所為之法律行為→依不動產所在地法。 關係最切之法律之推定 ・就不動產所為之法律行為 — 不動產所在地法 ・其他法律行為其所生債務中有足為該法律行為特徵者 — 依負擔該債務之當事人行為時之住所地法

修正理由摘要（99.5.26）

三、原條文關於債權行為適用之法律，於當事人意思不明時係以硬性之一般規則予以決定，有時發生不合理情事。爰參考德國民法施行法第28條規定之精神，於本條第2項改採關係最切之原則，由法院依具體案情個別決定其應適用之法律，並在比較相關國家之利益及關係後，以其中關係最切之法律為準據法，以兼顧當事人之主觀期待與具體客觀情況之需求。此外，為減少本條適用上之疑義，現行條文第2項關於「當事人意思不明」之用語，亦修正為「當事人無明示之意思或其明示之意思依所定應適用之法律無效」，以重申第一項當事人之意思限定於明示之意思，且當事人就準據法表示之意思，應依其事實上已表示之準據法，決定其是否有效成立之問題。

四、本條第2項關係最切之法律之認定，各國法院常有漫無標準之困擾，為兼顧當事人對於其準據法之預測可能性。爰參考1980年歐洲共同體契約之債準據法公約（即羅馬公約）第4條之精神，規定法律行為所生之債務中有

相應法條	白話解說

足為該法律行為之特徵者，負擔該債務之當事人行為時之住所地法，推定為關係最切之法律。至於具有特徵性之債務之判斷，則宜參考相關國家之實踐，分別就個案認定，並逐漸整理其類型，以為法院優先考量適用之依據。法院就既已定型之案件類型，固應推定負擔該具有特徵性之債務之當事人行為時之住所地法，為關係最切之法律，並以其為準據法，但如另有其他法律與法律行為之牽連關係更密切，仍得適用之，其應說明比較此二法律與法律行為之牽連關係，乃屬當然。就不動產所為之法律行為，該不動產之所在地法，與負擔具有特徵性之債務之當事人行為時之住所地法相較，仍以該不動產之所在地法關係較切，爰於但書推定其為關係最切之法律。

(二) 依涉外民事法律適用法之規定，法律行為發生票據上權利者，其成立及效力，依當事人意思定其應適用之法律。當事人無明示之意思或其明示之意思依所定應適用之法律無效時，則應如何適用法律？　(A)逕依付款地法　(B)依行為地法　(C)行為地不明時，依發票人之住所地法　(D)逕依發票人之住所地法。

正確答案：(B)

相應法條	白話解說
第21條　法律行為發生票據上權利者，其成立及效力，依當事人意思定其應適用之法律。當事人無明示之意思或其明示之意思依所定應適用之法律無效時，依行為地法；行為地不明者，依付款地法。	1. 本條說明票據行為所應適用之法律。 2. 依本條之規定： 　(1)法律行為發生票據上權利，其成立及效力，視當事人有無明示之意思： 　　A.有明示之意思→依當事人意思定其應適用之法律。 　　B.無明示之意思或其明示之意思依所定應適用之法律無效，則看行為地： 　　　a. 確定行為地為何→依行為地法。 　　　b. 行為地不明→依付款地法。

相應法條	白話解說
	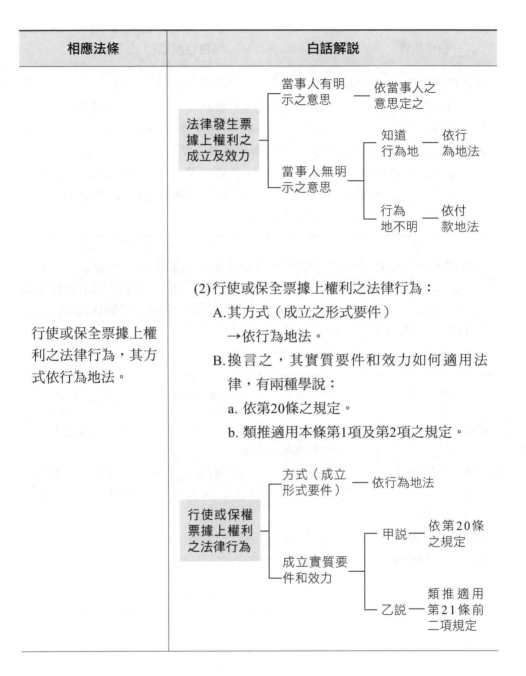
行使或保全票據上權利之法律行為，其方式依行為地法。	(2)行使或保全票據上權利之法律行為： 　A.其方式（成立之形式要件） 　　→依行為地法。 　B.換言之，其實質要件和效力如何適用法律，有兩種學說： 　　a. 依第20條之規定。 　　b. 類推適用本條第1項及第2項之規定。

相應法條	白話解說

修正理由摘要（99.5.26）

二、國際金融業務分行（OBU）的授信對象為境外法人，其行為地多為境外，依現行實務作法，銀行均會與授信戶約定依我國法律辦理。爰依當事人意思自主原則及國際金融業務分行實務運作之需求，將第1項後段修正為「依當事人意思定其應適用之法律」。並增訂第2項「當事人無明示之意思或其明示之意思依所定應適用之法律無效時，依行為地法；行為地不明者，依付款地法」。原第三項文字未予修正。

(三) 依涉外民事法律適用法之規定，有關法律行為發生指示證券或無記名證券之債者，其成立及效力之敘述，下列何者正確？ (A)原則上依行為地法 (B)原則上依付款地法 (C)如行為地不明時，依與證券關係最切之法律 (D)如付款地不明時，依行為地法。

正確答案：(A)

相應法條	白話解說
第22條 法律行為發生指示證券或無記名證券之債者，其成立及效力，依行為地法；行為地不明者，依付款地法。	1. 本條說明指示證券或無記名證券，其債之成立及效力應如何適用法律。 2. 依本條之規定，法律行為發生指示證券或無記名證券之債者，其成立及效力，視是否確認行為地為何： (1) 確認行為地→依行為地法； (2) 行為地不明者→依付款地法。 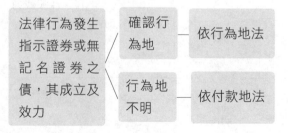

修正理由摘要（99.5.26）

二、各國法律在票據制度之外，多設有指示證券及無記名證券之制度，以補票據制度之不足，而關於指示證券及無記名證券之規定，各國法律並非一致。爰仿票據之例，明定其成立及效力，依行為地法，行為地不明者，依付款地法。

(四) 甲國人A與乙國人B在我國為鄰居，某天A回甲國時，B發生A之房屋冒煙失火，於是緊急敲破A房屋之窗戶為其滅火。如A、B二人就此事在我國涉訟，我國法院應如何適用法律？ (A)依甲國法 (B)依乙國法 (C)依甲國法及乙國法 (D)依我國法。

正確答案：(D)

相應法條	白話解說
第23條 關於由無因管理而生之債，依其事務管理地法。	本條說明無因管理而生之債，應依該事務管理地法。

修正理由摘要（99.5.26）

三、本法對於法律行為及侵權行為而生之債，均單獨規定其應適用之法律。原條文第8條就關於由無因管理、不當得利或其他法律事實而生之債，固明定應依事實發生地法，但無因管理與不當得利之法律事實之性質未盡一致，有對其個別獨立規定之必要。爰將原條文第八條關於由無因管理而生之債部分移列第23條，關於由不當得利而生之債部分移列第24條，並衡酌無因管理之法律事實之重心，參考奧地利國際私法第47條、德國民法施行法第39條等立法例之精神，修正其應適用之法律，為其事務管理地法。

(五) 依涉外民事法律適用法之規定，關於由不當得利而生之債應如何適用法律，下列何者敘述正確？ (A)如非因給付而發生者，其應適用事實之發生地法 (B)如非因給付而發生者，其應適用所由發生之法律關係所應適用之法律 (C)如因給付而發生者，其應適用利益之受領地法 (D)如因給付而發生者，依該給付所由發生之法律關係所應適用之法律。

正確答案：(D)

相應法條	白話解説
第24條　關於由不當得利而生之債，依其利益之受領地法。但不當得利係因給付而發生者，依該給付所由發生之法律關係所應適用之法律。	1. 本條説明由不當得利而生之債，應如何適用法律。 2. 依本條之規定，由不當得利而生之債： 　(1)原則：依其利益之受領地法。 　(2)但書：如不當得利係因給付而發生時→依該給付所由發生之法律關係所應適用之法律。 3. 不當得利分為兩種： 　(1)非給付型不當得利：指並非基於給付行為而產生者。如誤以為是自己所有而出賣他人所有之物。 　→此時應依本條本文之規定，以利益受領地法為適用之法律。 　(2)給付型不當得利：指基於當事人間之給付行為而產生者。如出賣人履行無效之買賣契約，而交付並移轉標的物之所有權。 　→此時應依本條但書之規定，適用該給付所由發生之法律關係所應適用之法律。

修正理由摘要（99.5.26）

四、關於由不當得利而生之債，有因當事人對於不存在之債務提出給付而發生者，亦有因其他原因而發生者，凡此二種法律事實是否構成不當得利，受領人所受利益應返還之範圍等問題，均有必要明定其應適用之法律。按因當事人之給付而生之不當得利，例如出賣人為履行無效之買賣契約，而交付並移轉標的物之所有權，其所發生之不當得利問題，實際上與該給付所由發生之法律關係，即該買賣契約之是否有效之問題，關係非常密切，其本質甚至可解為該買賣契約無效所衍生之問題，故宜依同一法律予以解決。非因給付而生之其他不當得利，其法律關係乃因當事人受領利益而發生，法律事實之重心係在於當事人之受領利益，則宜適用利益之受領地法，以決定不當得利之相關問題。爰參考奧地利國際私法第46條、瑞士國際私法第128條、德國民法施行法第38條等立法例之精神，規定關於由不當得利而生之債，原則上應依其利益之受領地法，並於但書規定不當得利係因給付而發生者，依該給付所由發生之法律關係所應適用之法律。

(六) 依涉外民事法律適用法之規定，關於由侵權行為而生之債，應如何適用法律？　(A)全部依侵權行為地法　(B)全部依關係最切之法律　(C)侵權行為地法與關係最切之法律擇一適用　(D)如無關係最切之法律，依侵權行為地法。

正確答案：(D)

相應法條	白話解説
第25條　關於由侵權行為而生之債，依侵權行為地法。但另有關係最切之法律者，依該法律。	1. 本條說明一般侵權行為所生之債，應如何適用法律。 2. 依本條之規定，一般侵權行為所生之債： 　(1)原則：依侵權行為地法。 　(2)但書：另有關係最切之法律者：依該法律。 3. 因此，本條在適用上順序應為： 由侵權行為而生之債　／　有關係最切之法律 — 依關係最切之法律　＼　無關係最切之法律 — 依侵權行為地法

修正理由摘要（99.5.26）

三、原條文就因侵權行為而生之債，原則上採侵權行為地法主義，有時發生不合理之結果。爰參考奧地利國際私法第48條第1項、德國民法施行法第41條等立法例之精神，酌採最重要牽連關係理論，於但書規定另有關係最切之法律者，依該法律，以濟其窮。此外，本法對因特殊侵權行為而生之債，於第26條至第28條規定其應適用之法律，其內容即屬本條但書所稱之關係最切之法律，故應優先適用之。

四、涉外侵權行為之被害人，於我國法院對於侵權行為人，請求損害賠償及其他處分時，其準據法之決定既已考量各法律之牽連關係之程度，中華民國法律之適用利益及認許範圍，亦當已於同一過程充分衡酌，無須再受中華民國法律認許範圍之限制，爰刪除原條文第2項。

(七) 依涉外民事法律適用法第26條之規定，因商品之通常使用或消費致生損害者，被害人與商品製造人間之法律關係所應適用之法律，下列何者敘述有誤？　(A)原則依商品製造地法　(B)符合但書條件得依損害發生地法　(C)符合但書條件得依被害人買受該商品地之法　(D)符合但書條件得依被害人之本國法。

　　正確答案：(A)

相應法條	白話解説
第26條　因商品之通常使用或消費致生損害者，被害人與商品製造人間之法律關係，依商品製造人之本國法。但如商品製造人事前同意或可預見該商品於下列任一法律施行之地域內銷售，並經被害人選定該法律為應適用之法律者，依該法律： 一、損害發生地法。 二、被害人買受該商品地之法。 三、被害人之本國法。	1. 本條說明商品製造人侵權行為所應適用之法律。 2. 依本條之規定，因商品之通常使用或消費致生損害者，被害人與商品製造人間之法律關係： (1)原則：依商品製作人之本國法。 (2)但書：如商品製造人A.事前同意或B.可預見該商品於下列任一法律施行之地域內銷售，並經被害人選定下列法律為應適用之法律者，依該法律： 　　a. 損害發生地法。 　　b. 被害人買受該商品地法。 　　c. 被害人之本國法。 3. 因此本條在適用順序上： 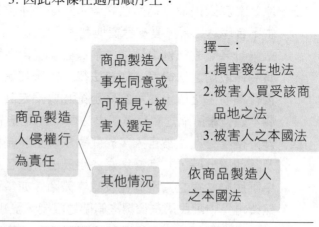

修正理由摘要（99.5.26）

二、因商品之通常使用或消費致生損害者，被害人與商品製造人間之法律
關係，涉及商品製造人之本國法關於其商品製造過程之注意義務及所生責
任之規定，爰規定原則上應適用商品製造人之本國法。此一規定不問商品
係經外國製造人事前同意而進口，或經由貿易商依真品平行輸入之方式而
進口者，

均有其適用。如前述被害人之所以因商品之通常使用或消費而受損害，乃
是因為商品製造人之創造或增加被害人與商品接觸之機會所致，或謂其間
具有相當之牽連關係者，即有特別保護被害人之必要。爰參考1973年海牙
產品責任準據法公約第4條至第7條、瑞士國際私法第135條、義大利國際私
法第63條等立法例之精神，於但書明定如商品製造人事前同意或可預見該
商品於損害發生地、被害人買受該商品地或被害人之本國銷售者，被害人
得就該等地域之法律選定其一，為應適用之法律。

(八) 依涉外民事法律適用法之規定，市場競爭秩序因不公平競爭或限制競爭之
行為而受妨害者，其因此所生之債，原則應適用下列何種法律？　(A)加害
人之本國法　(B)受害人之本國法　(C)市場所在地法　(D)以上均可。

正確答案：(C)

相應法條	白話解說
第27條　市場競爭秩序因不公平競爭或限制競爭之行為而受妨害者，其因此所生之債，依該市場之所在地法。但不公平競爭或限制競爭係因法律行為造成，而該法律行為所應適用之法律較有利於被害人者，依該法律行為所應適用之法律。	1. 本條說明不公平競爭或限制競爭行為而受妨害所生之債，應如何適用法律。 2. 依本條之規定，關於市場競爭秩序因不公平競爭或限制競爭之行為而受妨害者，其因此所生之債： (1)原則：依該市場所在地法。 (2)但書：不公平競爭或限制競爭係因法律行為造成，而該法律行為所應適用之法律較有利於被害人者，依該法律行為所應適用之法律。

3. 因此本條之適用順序為：

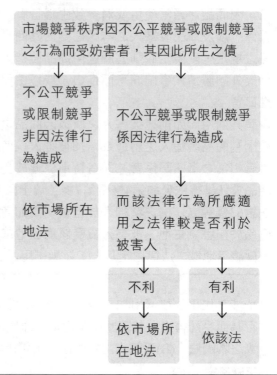

修正理由摘要（99.5.26）

二、不公平競爭或限制競爭等違反競爭法規或公平交易法之行為，對於藉該等法規維持之市場競爭狀態或競爭秩序，均構成妨害，其因此而發生之債權債務關係，亦與該市場所屬國家之法律密切相關。爰參考奧地利國際私法第48條第2項、瑞士國際私法第136條、第137條等立法例之精神，明定其應依該市場所在地法或所屬國家之法律。不公平競爭或限制競爭行為所妨害之市場橫跨二國以上者，各該國均為市場之所在地，就該等行為在各地所生之債，應分別依各該市場之所在地法。如不公平競爭或限制競爭之行為係以法律行為（例如契約或聯合行為）實施，而該法律行為所應適用之法律較有利於被害人者，為保護被害人之利益，自應依該法律行為所應適用之法律。

(九) 依涉外民事法律適用法之規定，侵權行為係經由出版、廣播、電視、電腦
　　網路或其他傳播方法為之，且行為人又以之為業者，其所生之債應如何適
　　用法律？　(A)依行為地法　(B)依損害發生地法　(C)依行為人之住所地法
　　(D)依行為人之營業地法

　　正確答案：(D)

相應法條	白話解說
第28條　侵權行為係經由出版、廣播、電視、電腦網路或其他傳播方法為之者，其所生之債，依下列各款中與其關係最切之法律： 一、行為地法；行為地不明者，行為人之住所地法。 二、行為人得預見損害發生地者，其損害發生地法。 三、被害人之人格權被侵害者，其本國法。 前項侵權行為之行為人，係以出版、廣播、電視、電腦網路或其他傳播方法為營業者，依其營業地法。	1. 本條說明媒體侵權行為應如何適用法律。 2. 依本條之規定： 　(1)適用之事項：侵權行為由出版、廣播、電視、電腦網路或其他傳播方法為之者，其所生之債。 　(2)適用之法律： 　　A.原則：由下列選擇與其關係最切之法律： 　　　a. 行為地法；行為地不明者，依行為人住所地法。 　　　b. 行為人得預見損害發生地者，其損害發生地法。 　　　c. 被害人之人格權被侵害者，其本國法。 　　B.但書：如上述侵權行為之行為人係以出版、廣播、電視、電腦網路或其他傳播方法為營業者→依其營業地法。

修正理由摘要（99.5.26）

二、侵權行為係經由出版、廣播、電視、電腦網路或其他傳播方法實施
　　者，其損害之範圍較廣，而行為地與損害發生地之認定亦較困難。為
　　保護被害人並兼顧有關侵權行為之基本原則。爰參考瑞士國際私法第
　　139條規定之精神，規定被害人得依與其關係最切之下列法律，而主張

相應法條	白話解說

其權利：一、行為地法，行為地不明者，作為行為人私法生活重心之住所地法；二、行為人得預見損害發生地者，其損害發生地法；三、人格權被侵害者，為被害人人格權應適用之法律，即其本國法。法院認定某法律是否為關係最切之法律時，應斟酌包括被害人之意願及損害填補之程度等在內之所有主觀及客觀之因素，再綜合比較評定之。

三、侵權行為之行為人，係以出版、廣播、電視、電腦網路或其他傳播方法為營業者，即公共傳播媒介業者本身為侵權行為之行為人時，該侵權行為與其營業行為密不可分，有依同一法律決定該行為之合法性及損害賠償等問題之必要。爰規定應依其營業地法，以兼顧公共傳播媒介之社會責任原則。

(十) 依涉外民事法律適用法之規定，侵權行為之被害人對賠償義務人之保險人之直接請求權，應如何適用法律？　(A)依侵權行為地法　(B)依被害人之本國法　(C)依保險契約所應適用之法律　(D)依損害發生地法。

正確答案：(C)

相應法條	白話解說
第29條　侵權行為之被害人對賠償義務人之保險人之直接請求權，依保險契約所應適用之法律。但依該侵權行為所生之債應適用之法律得直接請求者，亦得直接請求。	1. 本條說明責任保險所應適用之法律。 2. 依本條之規定： 　(1)**原則**：侵權行為之被害人對賠償義務人之保險人之直接請求權→依保險契約所應適用之法律。 　(2)**但書**：依該侵權行為所生之債應適用之法律得直接請求者，亦得直接請求。

修正理由摘要（99.5.26）

二、侵權行為人投保責任保險者，被害人並非保險契約之當事人，保險人非為侵權行為之債之當事人，被害人之得否直接向保險人請求給付，有認為應依該保險契約之準據法者，也有認為應依侵權行為之準據法者。惟為

相應法條	白話解説

保護被害人之利益，宜使被害人得就此二準據法選擇適用，以直接向保險人請求給付，較為妥當。爰參考德國民法施行法第40條第4項、瑞士國際私法第141條等立法例之精神，規定侵權行為之被害人對賠償義務人之保險人之直接請求權，依保險契約所應適用之法律；但依該侵權行為所生之債應適用之法律得直接請求者，亦得直接請求。

(十一) 依涉外民事法律適用法第30條之規定，關於由第20條至第29條以外之法律事實而生之債，應如何適用法律？ (A)依債權人之本國法 (B)依債務人之本國法 (C)依債權發生地法 (D)依事實發生地法。

　　正確答案：(D)

相應法條	白話解説
第30條　關於由第二十條至前條以外之法律事實而生之債，依事實發生地法。	1. 本條說明依第20條至第20條以外的法律事實所生之債，應適用事實發生地法。 2. 本條為前述各條之補充規定。

修正理由摘要（99.5.26）
二、債之關係傳統上固以因法律行為、侵權行為、無因管理或不當得利而發生者為主，但由於科技發展及社會活動日新月異，債之發生原因必將日趨多樣性，為免掛一漏萬。爰將原條文第8條有關其他法律事實之規定，移列本條，並酌作文字修正，以資涵蓋。

(十二) 依涉外民事法律適用法之規定，非因法律行為而生之債，其當事人於我國法院起訴後合意適用我國法律，應適用何國法律？ (A)我國法 (B)當事人之本國法 (C)債之發生地法 (D)債之給付地法。

　　正確答案：(A)

相應法條	白話解說
第31條　非因法律行為而生之債，其當事人於中華民國法院起訴後合意適用中華民國法律者，適用中華民國法律。	1.本條說明非因法律行為而生之債，所應適用之法律。 2.本條之適用順序如下： 　(1)適用對象：非因法律行為而生之債。 　(2)適用條件：當事人於我國法院起訴後合意適用我國法律。 　(3)適用結果：適用我國法律。 3.本條針對「非因法律行為所生之債」（如無因管理）。另本法第24條關於不當得利所適用之法律部分，有可能與本條發生競合。

修正理由摘要（99.5.26）

二、當事人就非因法律行為而生之債涉訟者，法院多盼當事人能達成訴訟上和解，如未能達成和解，其在訴訟中達成適用法院所在地法之合意者，對訴訟經濟亦有助益，當為法之所許。爰參考德國民法施行法第42條、瑞士國際私法第132條等立法例之精神，規定當事人於中華民國法院起訴後合意適用中華民國法律者，即以中華民國法律為準據法。

(十三) A國人甲借錢予我國人乙，雙方合意以我國法為準據法。嗣後甲將本件債權讓與B國人丙，後乙、丙就本件債權讓與契約涉訟，法院應如何適用法律？　(A)A國法　(B)我國法　(C)B國法　(D)同時適用B國法和我國法。

正確答案：(B)

相應法條	白話解說
第32條　債權之讓與，對於債務人之效力，依原債權之成立及效力所應適用之法律。	1.本條說明債之讓與應如何適用法律。 2.依本條之規定，關於債權讓與： 　(1)對債務人之效力→依原債權之成立及效力所應適用之法律。

相應法條	白話解說
債權附有第三人提供之擔保權者，該債權之讓與對該第三人之效力，依其擔保權之成立及效力所應適用之法律。	(2)債權附有第三人提供之擔保權，讓債權之讓對該第三人之效力→依其擔保權之成立及效力所應適用之法律。 3. 如果整合本條第1項及第20條之規定，則債權讓與對債務人之效力： (1)債權讓與係以債權契約為之者，應依第20條之規定適用法律。此可兼顧當事人意思自主原則與債務人利益之保護。 (2)如係其他情形下所成立之債權讓與，則依本條第1項之規定適用法律。

修正理由摘要（99.5.26）

二、承擔人與債務人訂立契約承擔其債務時，債權人既未參與其間承擔該債務之法律行為，即不應因該債務之承擔而蒙受不測之不利益。爰規定其對於債權人之效力，應依原債權之成立及效力所應適用之法律，以保護債權人之利益。

三、債務由承擔人承擔時，原有之債權債務關係之內容即已變更，故如第三人曾為原債權提供擔保，該第三人所擔保之債權內容亦因而有所不同，故該第三人得否因而免責或其擔保是否仍繼續有效等問題，宜依該擔保權之成立及效力所應適用之法律，以保護該第三擔保人之利益。例如A國人甲與B國人乙訂定最高限額100萬元之保證契約，擔保乙對於C國人丙之債權，如丁承擔丙對乙之60萬元之債務，則甲之保證契約是否轉而擔保丁對乙承擔之6萬元債務所對應之債權，及甲是否仍應擔保丙對乙之其他債務所對應之債權等問題，均宜依該保證契約應適用之法律決定之。

(十四) 依涉外民事法律適用法之規定，債務承擔對債權人之效力，應適用原債權之成立及效力所應適用之法律，此規定之主要原因是下列何者？ （A）保護債務人 (B)保護債權人 (C)貫徹當事人意思自主原則 （D）貫徹關係最切原則。

正確答案：(B)

相應法條	白話解説
第33條　承擔人與債務人訂立契約承擔其債務時，該債務之承擔對於債權人之效力，依原債權之成立及效力所應適用之法律。 債務之履行有債權人對第三人之擔保權之擔保者，該債務之承擔對於該第三人之效力，依該擔保權之成立及效力所應適用之法律。	1. 本條說明債務承擔所應適用之法律。 2. 依本條之規定： 　(1)承擔人與債務人訂立契約承擔其債務時： 　　A.適用對象：債務承擔對債權人之效力。 　　B.適用結果：依原債權之成立及效力所應適用之法律。 　(2)債務之履行有債權人對第三人之擔保權之擔保者： 　　A.適用對象：債務承擔對第三人之效力。 　　B.適用結果：依該擔保權之成立及效力所應適用之法律。

修正理由摘要（99.5.26）

二、承擔人與債務人訂立契約承擔其債務時，債權人既未參與其間承擔該債務之法律行為，即不應因該債務之承擔而蒙受不測之不利益。爰規定其對於債權人之效力，應依原債權之成立及效力所應適用之法律，以保護債權人之利益。

三、債務由承擔人承擔時，原有之債權債務關係之內容即已變更，故如第三人曾為原債權提供擔保，該第三人所擔保之債權內容亦因而有所不同，故該第三人得否因而免責或其擔保是否仍繼續有效等問題，宜依該擔保權之成立及效力所應適用之法律，以保護該第三擔保人之利益。例如A國人甲與B國人乙訂定最高限額10萬元之保證契約，擔保乙對於C國人丙之債權，如丁承擔丙對乙之60萬元之債務，則甲之保證契約是否轉而擔保丁對乙承擔之6萬元債務所對應之債權，及甲是否仍應擔保丙對乙之其他債務所對應之債權等問題，均宜依該保證契約應用之法律決定之。

(十五) A國人甲與B國人乙，就其在我國之房屋簽有租賃契約，並請C國人丙為本件租賃契約之保證人，契約中約定以我國法為所應適用之法律。嗣後乙拖欠租約達三個月，並對甲之房屋造成破壞，即回到B國。丙以保證人之身分，就乙拖欠之租約及造成之損害，給付予甲。丙為此對乙求償，在我國起訴，則我國法院應如何適用法律？　(A)依A國法　(B)依B國法　(C)依C國法　(D)依我國法。

正確答案：(D)

相應法條	白話解說
第34條　第三人因特定法律關係而為債務人清償債務者，該第三人對債務人求償之權利，依該特定法律關係所應適用之法律。	1. 本條說明第三人清償所應適用之法律。 2. 依本條之規定 　(1)適用狀況：第三人因特定法律關係而為債務人清償債務者。 　(2)適用對象：第三人對債務人求償之權利。 　(3)適用方式：依該特定法律關係所應適用之法律。 3. 所謂「因特定法律關係」而為債務人清償債務，如：第三人為原債權契約之保證人。

修正理由摘要（99.5.26）
二、第三人因特定法律關係而為債務人清償債務者，例如保證人或其他擔保人代債務人清償債務時，該第三人是否得承受或代位行使原債權人對債務人之權利或向債務人求償之問題，所涉及者主要為原債權人及繼受人間之利益衡量，其與第三人所據以清償之法律關係（保證契約）之準據法關係密切。爰參考德國民法施行法第33條第3項、瑞士國際私法第146條等立法例之精神，明定應依該特定法律關係所應適用之法律。

(十六) 依涉外民事法律適用法之規定，數人負同一債務而由部分債務人清償全部債務者，為清償之債務人對其他債務人求償之權利，應如何適用法律？　(A)適用清償地法　(B)適用原債權應適用之法律　(C)依債務人間之法律關係所應適用之法律　(D)以上均可適用。

正確答案：(C)

相應法條	白話解說
第35條　數人負同一債務，而由部分債務人清償全部債務者，為清償之債務人對其他債務人求償之權利，依債務人間之法律關係所應適用之法律。	1. 本件說明多數債務人內部求償應如何適用法律。 2. 依本條之規定： 　(1)適用之狀況：數人負同一債務，而由部分債務人清償全部債務者。 　(2)適用之對象：清償者對其他債務人求償之權利。 　(3)適用之方式：依債務人間之法律關係所應適用之法律。 3. 數人負同一債務，可能狀況包括：可分債務、不可分債務、連帶債務及不真正連帶債務。 　(1)就可分債務、不可分債務和連帶債務，都可適用本條關於多數債務人內部求償之規定。 　(2)而不真正連帶債務部分，是指數債務人基於不同債務發生之原因，就同一內容之給付，對於同一債權人各負全部給付之義務。依最高法院之見解，各債務人間不生內部分求償之問題。因此應無本條之適用。

修正理由摘要（99.5.26）

二、數人負同一債務，而由部分債務人清償全部債務者，為清償之債務人就超過其應分擔額之部分之清償，與前條關於第三人清償債務之情形類似，清償者對其他債務人求償之權利，按理應依相同原則決定其準據法。此外，多數債務人之所以負同一債務，可能係基於特定之法律關係（例如委任契約或繼承），該法律關係與在債權人與債務人間之債之法律關係，性質並不相同，亦均各有其應適用之法律，債務人內部之責任分擔或求償問題，適用前者應適用之法律，實較妥適。爰參考瑞士國際私法第144條規定之精神增訂本條，以為依據。

(十七) 依涉外民事法律適用法之規定，消滅時效應如何適用法律？ (A)債權人之本國法 (B)債務人之本國法 (C)清償地法 (D)以上均有可能，因依該請求權所由發生之法律關係所應適用之法律。

正確答案：(D)

相應法條	白話解說
第36條 請求權之消滅時效，依該請求權所由發生之法律關係所應適用之法律。	1. 本條說明消滅時效，依該請求權所由發生之法律關係所應適用之法律。 2. 消滅時效所適用的對象是請求權，是指請求權人如於一定期間內不行使其權利，而使請求權效力減損之制度。

修正理由摘要（99.5.26）
二、請求權之消滅時效，因各國關於其法律效果之規定不同，國際私法上有認定其為實體問題者，亦有以之為程序問題者。消滅時效規定於我國實體法，本法亦認定其為實體問題，並規定其準據法決定之問題。由於消滅時效係針對特定之請求權而發生，而請求權又為法律關係效力之一部分，爰參考瑞士國際私法第148條規定之精神，規定消滅時效之問題，應依其請求權所由發生之法律關係之準據法。

(十八) 依涉外民事法律適用法之規定，債之消滅應如何適用法律？ (A)依原債權之成立所應適用之法律 (B)依原債權之效力所應適用之法律 (C)依原債權之成立或效力所應適用之法律擇一 (D)依原債權之成立及效力所應適用之法律。

正確答案：(D)

相應法條	白話解說
第37條 債之消滅，依原債權之成立及效力所應適用之法律。	1. 本條說明債之消滅，應依原債權之成立及效力所應適用之法律。 2. 債之消滅事由包括：清償、提存、抵銷、免除和混同。

修正理由摘要（99.5.26）

二、債之關係存續中，當事人如以法律行為予以免除，或有其他法律所規定之原因者，債之關係均可能歸於消滅。特定之法律事實是否足以使債之關係消滅，或何種法律事實可構成債之消滅原因之問題，其本質與原債權之存續與否問題直接相關，均應適用同一法律，較為妥適，爰規定其應依原債權之準據法。

第五節／物權 重要

(一) 依涉外民事法律適用法之規定，關於物權之準據法，下列何者敘述有誤？
(A)一般物權依物之所在地法　(B)以權利為標的之物權，依權利之成立地法
(C)物之所在地有變更時，物權之變更，依其原因事實開始時之物之所在地法　(D)航國器依登記國法。

正確答案：(C)

相應法條	白話解說
第38條　關於物權依物之所在地法。 關於以權利為標的之物權，依權利之成立地法。 物之所在地如有變更，其物權之取得、喪失或變更，依其原因事實完成時物之所在地法。 關於船舶之物權依船籍國法；航空器之物權，依登記國法。	1. 本條說明物權應如何適用法律。 2. 依本條之規定： 　(1)物： 　　A.依物之所在地法。 　　B.如物之所在地有變更，其物權之取得、喪失或變更→依原因事實完成時物之所在地法。 　(2)權利→依權利之成立地法 　(3)船舶→依船籍國法。 　(4)航空器→依登記國法。

修正理由摘要（99.5.26）

二、物權因法律事實而變動者，除當事人因而取得或喪失物權之外，該物權亦有可能因而變更。原條文第3項「得喪」為「取得、喪失」之簡稱，不足以完全涵括其變動情形。爰依民法之用語，將其修正為「取得、喪失或變更」。

(二)依涉外民事法律適用法之規定，物權之法律行為方式，應如何適用法律？
(A)依物之所在地法　(B)物在託運期間，依物之目的地法　(C)依所有權人之本國法　(D)依該物權所應適用之法律。

正確答案：(D)

相應法條	白話解說
第39條　物權之法律行為，其方式依該物權所應適用之法律。	1. 本條說明物權之法律行為方式，應適用該物權所應適用之法律。 2. 本條與前條（第38條）之區別，在於本條所規範者，為物權行為方式，換言之，即物權之形式成立要件。而前條所規範者，為物權之實質成立要件與物權之效力。

修正理由摘要（99.5.26）
二、物權之法律行為之方式，原條文僅於第5條第2項規定應依物之所在地法，然此一規定僅能適用於以物為標的物之物權，至於前條第2項及第4項之物權，其物權行為之方式，則宜依各該物權所應適用之法律。爰將其移列增訂為單獨條文，並依此意旨予以修正，俾能適用於各種類型之物權行為。

(三)依涉外民事法律適用法之規定，自外國輸入我國領域之動產，於輸入前依其所在地法成立之物權，其效力應如何適用法律？　(A)僅依輸入前物之所在地法　(B)僅依我國法　(C)依輸入前物之所在地法或依我國法均可　(D)依輸入前物之所在地法及我國法兩者。

正確答案：(B)

相應法條	白話解說
第40條　自外國輸入中華民國領域之動產，於輸入前依其所在地法成立之物權，其效力依中華民國法律。	1. 本條說明自外國輸入我國領域之動產物權效力，應如何適用法律。 2. 依本條之規定： (1)適用條件： 　自外國輸入我國領域之動產 　→其於輸入前依其所在地法成立之物權。 (2)效力：依我國法。

修正理由摘要（99.5.26）

二、動產經移動致其所在地前後不同時，動產物權即應依其新所在地法。此一原則有時與保護已依其舊所在地法取得之物權之原則，難以配合。自外國輸入中華民國領域之動產，於輸入前已依其所在地法成立之物權（例如動產擔保交易之擔保利益），權利人如欲在中華民國境內行使該物權，即須先在我國境內依法承認其仍有效，並決定其具體之權利內容。為使在外國成立之該物權，得以轉換為內國之物權之形式，在內國被適度承認其效力，並保護內國財產之交易安全，爰規定該物權之效力，應依中華民國法律。

(四) 依涉外民事法律適用法之規定，有關動產之物權應如何適用法律？　(A)依其所在地法　(B)自外國輸入我國之動產，其物權效力依我國法　(C)在託運期間，動產物權之取得、設定、喪失或變更，依其目的地法　(D)以上皆是。

　　正確答案：(D)

相應法條	白話解說
第41條　動產於託運期間，其物權之取得、設定、喪失或變更，依其目的地法。	1. 本條說明動產在託運期間，有關物權之變動，應如何適用法律。 2. 依本條之規定： 　(1) 適用之時間點：動產於託運期間。 　(2) 適用之事項：其物權之取得、設定、喪失或變更。 　(3) 適用法律：依目的地法。

修正理由摘要（99.5.26）

二、託運中之動產之所在地，處於移動狀態，不易確定，其物權之準據法，向有爭議。按託運中之動產非由所有人自為運送或隨身攜帶，且其物權係因法律行為而取得、設定、喪失或變更者，該物權即與當事人之意思或期待關連甚切。爰參考義大利國際私法第52條、瑞士國際私法第103條等立法例之精神，規定依該動產之運送目的地法，以兼顧當事人期待及交易安全。至於託運中之動產非因法律行為而變動者，仍宜依物之現實所在地法，以符合實際之需求。

(五) 甲主張乙在A國侵害其智慧財產權，乙抗辯甲在A國無該權利，則我國法院
　　 應如何適用法律？　(A)依A國法　(B)依我國法　(C)依權利登記地法　(D)
　　 以上皆可適用。

　　 正確答案：(A)

相應法條	白話解說
第42條　以智慧財產為標的之權利，依該權利應受保護地之法律。 受僱人於職務上完成之智慧財產，其權利之歸屬，依其僱傭契約應適用之法律。 【106地特三等】	1. 本條說明智慧財產權應如何適用法律。 2. 依本條第1項之規定：智慧財產權依該權利應受保護地之法律，其適用範圍包括權利之種類、內容、成立及效力。 3. 本條第2項則特別就受僱人於職務上完成之智慧財產權之歸屬為規定，其適用法律應依其僱傭契約應適用之法律為準據法。

修正理由摘要（99.5.26）

一、本條新增。

二、智慧財產權，無論在內國應以登記為成立要件者，如專利權及商標專用權等，或不以登記為成立要件者，如著作權及營業秘密等，均係因法律規定而發生之權利，其於各國領域內所受之保護，原則上亦應以各該國之法律為準。爰參考義大利國際私法第54條、瑞士國際私法第110條第1項等立法例之精神，規定以智慧財產為標的之權利，其成立及效力應依權利主張者認其權利應受保護之地之法律，俾使智慧財產權之種類、內容、存續期間、取得、喪失及變更等，均依同一法律決定。該法律係依主張權利者之主張而定，並不當然為法院所在國之法律，即當事人主張其依某國法律有應受保護之智慧財產權者，即應依該國法律確定其是否有該權利。例如甲主張乙在A國侵害其智慧財產權，乙抗辯甲在A國無該權利，則我國法院應適用A國法律，而非我國法律，以解決在A國應否保護及如何保護之問題；如甲依我國法律取得智慧財產權，乙在A國有疑似侵害其權利之行為，則我國法院應依A國法決定甲在A國有無權利之問題。

三、受僱人於職務上完成之智慧財產，其權利之歸屬問題固與該權利之發生或成立密切相關，同時亦涉及當事人於該僱傭契約內之約定，惟就其法律適用問題而言，則與該僱傭契約之準據法關係較密切。爰明定受僱人於職務上完成之智慧財產，其權利之歸屬，依其僱傭契約應適用之法律。

(六) 依涉外民事法律適用法之規定，因載貨證券而生之法律關係，如其上未記載應如何適用法律時，其準據法為何？　(A)依物權設立時之法律 (B) 依目的地法　(C)依出發地法　(D)依關係最切地之法。

　　正確答案：(D)

相應法條	白話解說
第43條　因載貨證券而生之法律關係，依該載貨證券所記載應適用之法律；載貨證券未記載應適用之法律時，依關係最切地之法律。 對載貨證券所記載之貨物，數人分別依載貨證券及直接對該貨物主張物權時，其優先次序，依該貨物之物權所應適用之法律。 因倉單或提單而生之法律關係所應適用之法律，準用前二項關於載貨證券之規定。 【106地特三等】	1. 本條規定載貨證券及相類券單應如何適用法律。 2. 依本條之規定：因載貨證券、倉單或提單（下均稱券單）而生之： (1)法律關係：視券單上是否記載有應適用之法律： 　A.有記載→依記載應適用之法律。 　B.未記載→依關係最切地之法律。 (2)物權優先次序：對券單上所記載之貨物： 　A.狀況如有數人： 　　a. 分別依券單 　　b. 直接對該貨物 　　主張物權時。 　B.其優先次序適用法律→以該貨物之物權所應適用之法律。

修正理由摘要（99.5.26）

一、本條新增。

二、載貨證券係因運送契約而發給，但其與運送契約之法律關係截然分立，故因載貨證券而生之法律關係，其準據法應獨立予以決定，而非當然適用運送契約之準據法。海商法第77條之所以規定應依本法決定其應適用之法律，亦為此故。因載貨證券而生之法律關係，主要是運送人及其使用人或代理人對於載貨證券之持有人，應依載貨證券之文義負責之關係。故即使載貨證券之內容多為運送人及其使用人或代理

人片面決定，甚或其具有僅為單方當事人之意思表示之性質，仍應承
認該載貨證券關於應適用之法律之效力，以維持法律適用之明確及一
致，並保護交易安全，至於無記載應適用之法律者，則應依關係最切
地之法律，以示公平。爰增訂第1項，以修正現行司法實務之見解。載
貨證券上關於準據法之記載，如有使運送人藉以減免責任，而對於載
貨證券之持有人形成不公平情形者，仍可依法認定其記載為無效，而
適用關係最切地之法律，併此說明。

三、數人分別依載貨證券主張權利，或對證券所載貨物直接主張權利者，
其所主張之權利，既各有準據法，自難決定各權利之優先次序。爰參
考瑞士國際私法第106條第3項規定之精神，規定此時應適用該貨物
物權之準據法，以杜爭議。至於載貨證券所記載之貨物之物權之準據
法，啟運之前固為其當時之所在地法，即出發地法，啟運之後即屬第
41條所規定之託運中物品，依該條規定應為其目的地法，併此說明。

四、因倉單或提單而生之法律關係，其性質既與因載貨證券所生者類
似，其所應適用之法律自宜本同一原則予以決定。爰規定其準用本第1
項及第2項關於載貨證券之規定，以利法律之適用。

(七) 依涉外民事法律適用法之規定，關於有價證券由證券集中保管人保管者，
該證券權利之取得、喪失、處分或變更，應如何適用法律？　(A)依集中保
管契約明示應適用之法律　(B)直接依關係最切地之法律　(C)依證券集中保
管人之本國法　(D)依證券權利之成立地法。

正確答案：(A)

相應法條	白話解説
第44條　有價證券由證券集中保管人保管者，該證券權利之取得、喪失、處分或變更，依集中保管契約所明示	1. 本條說明有價證券由集中保管人保管時，其權利應如何適用法律。 2. 依本條之規定： 　(1)適用之狀況：有價證券由證券集中保管者。 　(2)適用之事項：該證券權利之取得、喪失、處分或變更。

相應法條	白話解説
應適用之法律；集中保管契約未明示應適用之法律時，依關係最切地之法律。 【106地特三等】	(3) 適用之方式：視集中保管契約是否明示應適用之法律： A. 有明示→依明示所應適用之法律。 B. 未明示→依關係最切地之法律。

修正理由摘要（99.5.26）

一、本條新增。

二、有價證券由證券集中保管人保管者，就該證券進行交易之當事人與證券集中保管人之間，均訂有證券集中保管契約以為依據，且該證券權利之取得、喪失、處分或變更，均僅透過證券業者就當事人在證券集中保管人開立之帳戶，為劃撥、交割或其他登記，當事人在證券存摺上關於證券權利變動之登記，並已取代傳統上以直接交付該有價證券之方式，而成為該證券權利變動之公示及證明方法。透過電腦網路而進行之有價證券之涉外交易，已日益頻繁，實有必要確定其準據法，以維護交易安全。爰參考2002年海牙中介者所保管之證券若干權利之準據法公約第4條至第6條之精神，規定該證券權利之取得、喪失、處分或變更，均應依集中保管契約所明示應適用之法律，集中保管契約未明示應適用之法律者，依關係最切地之法律。法院確定關係最切地之法律時，應依具體情事，參照前述公約相關規定之精神決定之。

第六節　親屬

(一) 依涉外民事法律適用法之規定，婚約之成立，依各該當事人之本國法。但婚約之方式尚可依當事人一方之本國法及下列何者為準據法？　(A)共同住所地法　(B)共同居所地法　(C)婚約訂定地法　(D)與當事人關係最切地之法。

正確答案：(C)

相應法條	白話解説
第45條 婚約之成立，依各該當事人之本國法。但婚約之方式依當事人一方之本國法或依婚約訂定地法者，亦為有效。 婚約之效力，依婚約當事人共同之本國法；無共同之本國法時，依共同之住所地法；無共同之住所地法時，依與婚約當事人關係最切地之法律。	1. 本條說明婚約之成立與效力所應適用之法律。 2. 依本條之規定： (1)就婚約之成立： 　A.原則：依各該當事人之本國法。 　B.但書：就婚約之方式（即婚約成立之形式要件）依： 　　a. 當事人一方之本國法；或 　　b. 婚約訂定地法者， 　　亦為有效。 　• 因此就婚約成立之實質要件，應採「各該當事人之本國法」。如甲、乙訂立婚約，就婚約成立之實質要件，應適用「甲之本國法『加上』乙之本國法」，此為學理上所謂之「並行適用」。 　• 至於本條第1項但書規定，就婚約成立之形式要件，除可採「各該當事人之本國法」，亦可採「當事人一方之本國法」或「婚約訂定地法」。此即謂「選擇適用」。

	形式要件	實質要件
原則	(1)依各該當事人之本國法（並行適用）	
但書	(2)當事人一方之本國法 (3)婚約訂定地法	
適用	(1)(2)(3)三種方式選擇適用	只有(1)

(2)就婚約之效力，如婚約當事人：
　A.有共同本國法時→依共同本國法。
　B.無共同本國法：
　　a. 有共同住所地→依共同住所地法。
　　b. 無共同住所地→依與婚約當事人關係最切地之法律。

相應法條	白話解說
	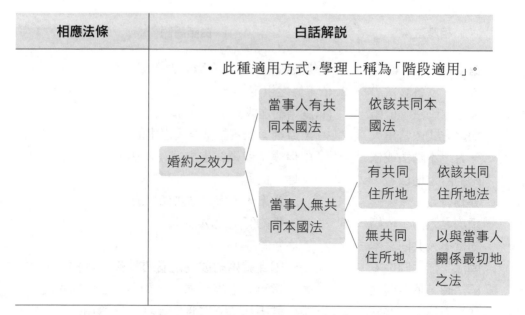

· 修正理由摘要（99.5.26）

　二、婚約在實體法上為結婚以外之另一法律行為，其成立要件應適用
　　　之法律，亦有必要予以明文規定。爰參考現行條文關於婚姻成立
　　　要件之規定，明定原則上應依各該當事人之本國法，但婚約之方
　　　式依當事人一方之本國法或依婚約訂立地法者，亦為有效，以利
　　　婚約之成立。

　三、婚約之效力及違反婚約之責任問題，其準據法之決定宜與婚姻之效
　　　力採類似之原則。爰明定依婚約當事人共同之本國法；無共同之本
　　　國法時，依共同之住所地法；無共同之住所地法時，依與婚約當事
　　　人關係最切地之法律。至於各地與婚約當事人關係密切之程度，則
　　　應綜合考量各當事人之居所、工作或事業之重心地、財產之主要所
　　　在地、學業及宗教背景、婚約之訂定地等各項因素判斷之。

· 我國民法相關規定：參見民法第972條至第979條。

(二) A國人甲與我國人乙在B國結婚，雙方因乙是否重婚而在我國涉訟。則我國
　　法用應如何適用法律？　(A)適用甲之本國法即A國法　(B)適用乙之本國法
　　即我國法　(C)適用A國法和我國法　(D)適用結婚地即B國法。

　　正確答案：(C)

相應法條	白話解説
第46條　婚姻之成立，依各該當事人之本國法。但結婚之方式依當事人一方之本國法或依舉行地法者，亦為有效。【105高考、106高考】	1. 本條說明婚姻成立所應適用之法律。 2. 依本條之規定： 　(1)原則：婚姻之成立，依各該當事人之本國法。 　(2)但書：就結婚之方式（即婚姻成立之形式要件），依： 　　A.當事人一方之本國法 　　B.結婚舉行地法 　　亦為有效。 　(3)綜上，本條適用之方式，與前條（即第45條）婚約成立適用法律之方式相同。

	形式要件	實質要件
原則	(1)依各該當事人之本國法（並行適用）	
但書	(2)當事人一方之本國法 (3)結婚舉行地法	
適用	(1)(2)(3)三種方式選擇適用	只有(1)

· 修正理由摘要（99.5.26）

二、原條文關於法律行為之成立要件，有規定為「之成立」者，有「成立之要件」者，爰統一採用前者，以求其一致。

三、晚近各國國際私法之立法例，關於結婚之方式已有自由化之傾向，原條文第11條第2項有過度強調內國法律之適用之嫌。爰予以刪除，以符合國際趨勢。

· 我國民法相關規定：

第980條：男女未滿18歲者，不得結婚。（自112年1月1日施行）

第981條：（刪除）（自112年1月1日施行）

第982條：結婚應以書面為之，有二人以上證人之簽名，並應由雙方當事人向戶政機關為結婚之登記。

第983條：與左列親屬，不得結婚：

一、直系血親及直系姻親。

二、旁系血親在六親等以內者。但因收養而成立之四親等及六親等旁系血親，輩分相同者，不在此限。

三、旁系姻親在五親等以內，輩分不相同者。

前項直系姻親結婚之限制，於姻親關係消滅後，亦適用之。

第1項直系血親及直系姻親結婚之限制，於因收養而成立之直系親屬間，在收養關係終止後，亦適用之。

第984條：監護人與受監護人，於監護關係存續中，不得結婚。但經受監護人父母之同意者，不在此限。

第985條：有配偶者，不得重婚。

一人不得同時與二人以上結婚。

· 司法院就本條（即第46條）之修正草案如下：

(1)修正條文內容：「婚姻之成立，依各該當事人之本國法。但適用當事人一方之本國法，因性別關係致使無法成立，而他方為中華民國國民者，依中華民國法律。

結婚之方式依當事人一方之本國法或依舉行地法者，皆為有效。」

(2)修法說明為：「一、司法院釋字第748號解釋施行法於108年5月24日施行，該法第2條規定，相同性別之二人，得為經營共同生活之目的，成立具有親密性及排他性之永久結合關係，並依該法第四條規定，向戶政機關辦理結婚登記。又該法僅規範相同性別之二人可向戶政機關辦理結婚登記，並未規範跨國同性婚姻。現行涉外民事法律適用法第46條本文規定，婚姻成立之實質要件（例如自主意思合致、最低年齡、近親禁止、無監護關係、單一配偶、性別異同等），準據法應依各該當事人之本國法，亦即雙方當事人均各自具備依其本國法所定之成立要件時，始足當之。惟目前全球僅29個國家承認同性婚姻，倘其中一方當事人非上開國家之國民，因不具備其本國法之成立要件，則我國國民與其所締結之婚姻，即不被承認。為求更加周延保障我國國民之自由平等權益、人格健全發展與人性尊嚴，倘涉外婚姻適用當事人一方之本國法，因性別關係致使無法成立者，有悉依中華民國法律規定之必要，爰將現行條文本文移列第1項並增訂但書。二、現行條文但書就成立關係之形式要件，爰移列第2項，並酌為文字修正。」【113高考】

(三) A國人甲與B國人乙結婚，婚後夫妻兩人將住所設在我國，但均在C國工作。如二人因婚姻效力在我國涉訟時，我國法院應適用何國法律？　(A)A國法　(B)B國法　(C)C國法　(D)我國法。

正確答案：(D)

相應法條	白話解說
第47條　婚姻之效力，依夫妻共同之本國法；無共同之本國法時，依共同之住所地法；無共同之住所地法時，依與夫妻婚姻關係最切地之法律。【107地特三等、110地特四等】	1. 本條說明婚姻之效力應如何適用法律。 2. 依本條之規定，如夫妻間： 　(1)有共同之本國法→依共同之本國法。 　(2)無共同之本國法： 　　A.有共同之住所→依共同之住所地法。 　　B.無共同之住所→依與夫妻婚姻關係最切地之法律。 　(3)換言之，本條之適用方式，與第45條第2項之模式相同。 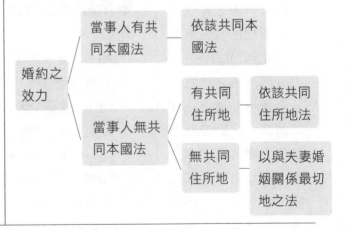

修正理由摘要（99.5.26）

二、關於婚姻之效力，原條文第12條專以夫或妻單方之本國法為準據法，與兩性平等原則之精神並不符合。爰參考德國民法施行法第14條、日本法律適用通則法第35條、義大利國際私法第39條等立法例之精神，修正為應依夫妻共同之本國法，無共同之本國法時，依共同之住所地法，無共同之住所地法時，則由法院綜合考量攸關夫妻婚姻之各項因素，包括夫妻之居所、工作或事業之重心地、財產之主要所在地、家庭成員生活重心之地、

相應法條	白話解説
學業及宗教背景等，而以其中關係最切地之法律，為應適用之法律，俾能符合兩性平等原則及當前國際趨勢。	

(四) 依涉外民事法律適用法第48條之規定，下列有關夫妻財產制適用法律之敘述，何者有誤？　(A)夫妻得以書面合意適用其一方之本國法或住所地法　(B)如夫妻無書面合意約定，則依夫妻共同之本國法　(C)如夫妻仍無共同之本國法，則直接依與夫妻婚姻關係最切地之法律　(D)關於夫妻之不動產，如依其所在地法應從特別規定者，不適用第48條第1項、第2項規定。

正確答案：(C)

相應法條	白話解説
第48條　夫妻財產制，夫妻以書面合意適用其一方之本國法或住所地法者，依其合意所定之法律。夫妻無前項之合意或其合意依前項之法律無效時，其夫妻財產制依夫妻共同之本國法；無共同之本國法時，依共同之住所地法；無共同之住所地法時，依與夫妻婚姻關係最切地之法律。前二項之規定，關於夫妻之不動產，如依其所在地法，應從特別規定者，不適用之。【107高考、111普考】	1. 本條說明有關夫妻財產制如何適用法律。 2. 依本條之規定，有關夫妻財產制，原則上視夫妻有無以書面合意適用其一方之本國法或住所地法： (1)如有合意→依其合意所定之法律。 (2)如無合意或其合意（依前項之法律）無效時，視夫妻有無共同之本國法： 　A.有共同之本國法 　　→依共同之本國法。 　B.無共同之本國法 　　→視其有無共同住所地： 　　a. 有共同住所地→依共同住所地法。 　　b. 無共同住所地→依與夫妻婚姻關係最切地之法律。 (3)特殊情況：關於夫妻之不動產，如依不動產所在地法有特別規定者，則要適用不動產所在地法之特別規定，而不適用上述二項之規定。

相應法條	白話解説
第48條 夫妻財產制，夫妻以書面合意適用其一方之本國法或住所地法者，依其合意所定之法律。 夫妻無前項之合意或其合意依前項之法律無效時，其夫妻財產制依夫妻共同之本國法；無共同之本國法時，依共同之住所地法；無共同之住所地法時，依與夫妻婚姻關係最切地之法律。 前二項之規定，關於夫妻之不動產，如依其所在地法，應從特別規定者，不適用之。　　【107高考】	夫妻財產制 不動產部分 ／ 其他財產 依不動產所在地法 ／ 有夫妻有無書面合意適用其一方之本國法或住所地法 有特別規定 → 應從其規定 無特別規定 有書面合意 → 依書面合意之法律 無書面合意或合意無效 → 有無共同住所 有共同住所 → 依共同住所地法 無共同住所 → 依與夫妻婚姻關係最切地之法律

3. 就夫妻財產制，本條先採「區分主義」，就夫妻財產區分為不動產及不動產以外之財產，在第3項就不動產部分，先視不動產所在地法有無特別規定，如有則從其特別規定；如無，則依本條第1項、第2項規定適用法律。而其他財產部分，則依本條第1項、第2項之規定，採「階段適用」模式來適用法律。

修正理由摘要（99.5.26）

二、原條文第13條關於夫妻財產制應適用之法律，未能平衡兼顧夫妻雙方
　　之屬人法，有違當前兩性平等之世界潮流，且其中關於嫁娶婚及招贅
　　婚之區別，已不合時宜，有合併該條第1項及第2項並修正其內容之必
　　要。關於夫妻財產制之實體法在平衡夫妻間之權利義務之外，亦應兼
　　顧保護交易第三人之原則，而國際私法上亦應有相關規定。爰合併原
　　條文第13條第1項及第2項，並參考1978年海牙夫妻財產制準據法公
　　約第3條、第4條、德國民法施行法第15條、日本法律適用通則法第26
　　條、義大利國際私法第30條、瑞士國際私法第52條等立法例之精神，
　　規定夫妻財產制得由夫妻合意定其應適用之法律，但以由夫妻以書面
　　合意適用其一方之本國法或住所地法之情形為限。

三、夫妻無本條第1項之合意或其合意依本條第1項應適用之法律無效時，
　　其夫妻財產制應適用之法律，仍應與夫妻之婚姻關係具有密切關係。
　　爰規定其應依夫妻共同之本國法，無共同之本國法時，依共同之住所
　　地法，無共同之住所地法時，依與夫妻婚姻關係最切地之法律。關於
　　與夫妻婚姻關係最切地之認定標準，可參考第47條之說明。

四、原條文第3項不修正，移列為本條第3項。

(五) A國人甲和B國人乙為夫妻，婚後長年定居C國，夫妻二人在我國有房屋一
　　棟，與我國人丙就該房屋簽訂有租賃契約。兩人就夫妻財產制未為書面合
　　意，後兩人就夫妻財產制涉訟，則就該棟房屋部分對丙之效力，應適用何
　　國法律？　(A)我國法　(B)A國法　(C)B國法　(D)C國法。

正確答案：(A)

相應法條	白話解說
第49條　夫妻財產制應適用外國法，而夫妻就其在中華民國之財產與善意第三人為法律行為	1. 本條說明夫妻財產制對第三人效力之特別適用規定。 2. 依本條之規定： 　(1)關於夫妻財產制，如依前條適用之結果，應適用外國法時；

相應法條	白話解説
者，關於其夫妻財產制對該善意第三人之效力，依中華民國法律。	(2)夫妻就其在我國之財產，與善意第三人為法律行為； (3)關於其夫妻財產制對該善意第三人之效力→依我國法律。 夫妻財產制應適用外國法 ↓ 夫妻就其在我國之財產與善意第三人為法律行為 ↓ 關於其夫妻財產制對該善意第三人之效力 ↓ 依我國法 3. 本條為夫妻財產制適用法律之特別規定，係基於維護內國交易秩序之考量。

修正理由摘要（99.5.26）

二、夫妻財產制應適用之法律，原應適用於所有涉及夫妻財產之法律關係，但夫妻處分夫妻財產時，如其相對人（第三人）不知該準據法之內容，即可能受到不測之損害。為保護內國之財產交易安全，對於夫妻財產制之準據法為外國法，被處分之特定財產在中華民國境內，而該外國法之內容為相對人（第三人）所不知時，實宜適度限制該準據法對相對人（第三人）之適用範圍。爰規定夫妻財產制應適用外國法，而夫妻就其在中華民國之財產與善意第三人為法律行為者，關於其夫妻財產制對該善意第三人之效力，依中華民國法律。蓋關於其夫妻財產制對該善意第三人之效力，即善意第三人與夫妻財產制間之關係，與內國之交易秩序實關係密切，應適用中華民國法律，以維護內國之交易秩序。

(六) 依涉外民事法律適用法之規定，離婚及其效力，如在協議時或起訴時夫妻無共同之本國法，但有共同住所地，應如何適用法律？　(A)依當事人一方之本國法　(B)依共同住所地法　(C)依共同居所地法　(D)依與夫妻婚姻關係最切地法。

正確答案：(B)

相應法條	白話解說
第50條　離婚及其效力，依協議時或起訴時夫妻共同之本國法；無共同之本國法時，依共同之住所地法；無共同之住所地法時，依與夫妻婚姻關係最切地之法律。 【107身障三等、107高考】	1. 本條說明離婚之成立及效力應如何適用法律。 2. 依本條之規定，離婚之成立之效力，視夫妻協議時或起訴時有無共同之本國法： 　(1)有共同之本國法→依共同之本國法。 　(2)無共同之本國法→視有無共同住所： 　　A.有共同之住所→依共同之住所地法。 　　B.無共同之住所→依與夫妻婚姻關係最切地之法律。 　離婚之要件及效力 　├協議或起訴時有共同本國法 → 依該共同本國法 　└協議或起訴時無共同本國法 　　├有共同住所地 → 依該共同住所地法 　　└無共同住所地 → 以與夫妻婚姻關係最切地之法 3. 須注意：離婚事件，事涉配偶間之身分、夫妻之財產及對於子女之親權三層面。就夫妻之財產變化，應依第48條及第49條之規定；就子女親權部分，應依第55條之規定。因此本條所規範者，僅就離婚所涉及夫妻間身分上所發生之變化，而為規範。

修正理由摘要（99.5.26）

二、原條文關於離婚僅規定裁判離婚，而不及於兩願離婚，其關於離婚及其效力應適用之法律，規定亦非一致。爰合併原條文第14條及第15條，移列為本條，並就其內容酌予修正及補充。

三、關於離婚及其效力應適用之法律，原條文並未兼顧夫妻雙方之連結因素或連繫因素，與兩性平等原則及當前立法趨勢，均難謂合。爰修正決定準據法之原則，以各相關法律與夫妻婚姻關係密切之程度為主要衡酌標準，並規定夫妻之兩願離婚及裁判離婚，應分別依協議時及起訴時夫妻共同之本國法，無共同之本國法時，依共同之住所地法，無共同之住所地法時，依與夫妻婚姻關係最切地之法律。本條所稱離婚之效力，係指離婚對於配偶在身分上所發生之效力而言，至於夫妻財產或夫妻對於子女之權利義務在離婚後之調整問題等，則應依關於各該法律關係之規定，定其應適用之法律，現行實務見解有與此相牴觸之部分，應不再援用，以維持法律適用之正確，併此説明。

(七) 依涉外民事法律適用法之規定，無論婚姻關係是否消滅，婚生子女之身分，均得選擇適用下列何項而取得？　(A)出生時子女之本國法　(B)出生時其母之本國法　(C)出生時其母之夫之本國法　(D)出生時其母之住所地法。

　　正確答案：(A)

相應法條	白話解説
第51條　子女之身分，依出生時該子女、其母或其母之夫之本國法為婚生子女者，為婚生子女。但婚姻關係於子女出生前已消滅	1. 本條說明關於婚生子女之身分，應如何適用法律。 2. 依本條之規定： 　(1)原則：如依下列任一狀況得使子女取得婚生子女之身分，則該子女為婚生子女（選擇適用）： 　　A.出生時該子女之本國法。 　　B.出生時其母之本國法。 　　C.出生時其母之夫（不見得為其生父）之本國法。

相應法條	白話解說
者，依出生時該子女之本國法、婚姻關係消滅時其母或其母之夫之本國法為婚生子女者，為婚生子女。【112地特三等】	(2)例外：如婚姻關係於子女出生前已消滅者，依下列任一狀況得使子女取得婚生子女之身分，則該子女為婚生子女（選擇適用）： A.出生時該子女之本國法。 B.婚姻關係消滅時其母之本國法。 C.婚姻關係消滅時其母之夫之本國法。

修正理由摘要（99.5.26）

二、關於子女之身分，原條文規定應依其母之夫之本國法，與當前兩性平等之思潮尚有未合，且晚近如奧地利國際私法第21條、德國民法施行法第19條第1項、義大利國際私法第33條第2項及日本法律適用通則法第28條第1項等立法例，亦有藉選擇適用多數國家之法律，以儘量承認子女婚生性之立法趨勢。爰將現行條文第1項及第2項合併，並修正為應依出生時該子女、其母或其母之夫之本國法為婚生子女者，為婚生子女。但書關於婚姻關係於子女出生前已消滅者之規定，亦修正為應依出生時該子女之本國法、婚姻關係消滅時其母或其母之夫之本國法。

(八) 依涉外民事法律適用法之規定，非婚生子女之生父與生母結婚者，其身分應如何適用法律？　(A)依出生時之本國法　(B)依出生時其生母之本國法　(C)依出生時其生父之本國法　(D)依生父與生母婚姻效力所應適用之法律。

正確答案：(D)

相應法條	白話解說
第52條　非婚生子女之生父與生母結婚者，其身分依生父與生母婚姻之效力所應適用之法律。【112地特三等、113普考】	1. 本條說明非婚生子女準正應如何適用法律。 2. 非婚生子女之生父與生母結婚，得依法律規定使非婚生子女準正為婚生子女。 3. 因此依本條規定，非婚生子女是否得準正為婚生子女，應適用生父與生母婚姻效力所應適用之法律（本法第47條之規定）。

・修正理由摘要（99.5.26）

　　二、非婚生子女之生父與生母結婚者，該非婚生子女是否因準正而取得
　　與婚生子女相同之身分之問題，原為各國立法政策之表現，並與其生父
　　及生母婚姻之效力息息相關。爰參照奧地利國際私法第22條及日本法律
　　適用通則法第30條等立法例之精神，規定其亦應適用該婚姻之效力所應
　　適用之法律。

・我國民法相關規定：

　　第1064條：非婚生子女，其生父與生母結婚者，視為婚生子女。

(九) 依涉外民事法律適用法之規定，有關認領之準據法，下列敘述何者有誤？
　　(A)其成立與否得依認領時或起訴時認領人之本國法　(B)其成立與否得依認
　　領時或起訴時被認領人之本國法　(C)如被認領人為胎兒時，依其母之本國
　　法為胎兒之本國法　(D)認領之效力，適用被認領人之本國法。

　　正確答案：(D)

相應法條	白話解說
第53條　非婚生子女之認領，依認領時或起訴時認領人或被認領人之本國法認領成立者，其認領成立。 前項被認領人為胎兒時，以其母之本國法為胎兒之本國法。 認領之效力，依認領人之本國法。【111高考、112地特三等】	1. 本條說明非婚生子女認領之成立及效力，應如何適用法律。 2. 依本條之規定： 　(1)成立：於認領時或起訴時，依下列各一狀況認領得成立者，其認領即成立（選擇適用）： 　　A.依認領人之本國法。 　　B.依被認領人之本國法（依第2項規定，如被認領人為胎兒時，依其母之本國法為胎兒之本國法）。 　(2)效力：依認領人之本國法。

・修正理由摘要（99.5.26）

　　二、非婚生子女之認領，所確認者為自然血親關係而非法定血親關係，
　　　　其方式有任意認領及強制認領等二種。現行條文關於非婚生子女認
　　　　領之成立，採認領人與被認領人本國法並行適用主義，易誤會認領

為類似收養行為之身分契約，並不利於涉外認領之有效成立，影響非婚生子女之利益至鉅。爰刪除「之成立要件」等字，並改採認領人或被認領人本國法選擇適用主義，以儘量使非婚生子女取得婚生地位，並保護被認領人之利益。

三、被認領人在出生前以胎兒之身分被認領者，其國籍尚無法單獨予以認定，爰明定以其母之本國法為胎兒之本國法，以利認領準據法之確定。

· 我國民法相關規定：

第1065條：非婚生子女經生父認領者，視為婚生子女。其經生父撫育者，視為認領。非婚生子女與其生母之關係，視為婚生子女，無須認領。

第1069條：非婚生子女認領之效力，溯及於出生時。但第三人已得之權利，不因此而受影響。

第1069-1條：非婚生子女經認領者，關於未成年子女權利義務之行使或負擔，準用第1055條、第1055-1條及第1055-2條之規定。

第1070條：生父認領非婚生子女後，不得撤銷其認領。但有事實足認其非生父者，不在此限。

(十) 依涉外民事法律適用法之規定，有關收養之成立，應如何適用法律？ (A)依收養人之本國法　(B)依被收養人之本國法　(C)依收養人之本國法及被收養人之本國法　(D)以上均可。

正確答案：(C)

相應法條	白話解說
第54條　收養之成立及終止，依各該收養者被收養者之本國法。收養及其終止之效力，依收養者之本國法。【112地特四等】	1. 本條說明收養之成立、終止及其效力所應適用之法律。 2. 依本條之規定，無論是收養之成立，或是收養之終止，其適用如下： (1)成立（或終止成立）要件部分：收養者之本國法＋被收養者之本國法（並行適用）。 (2)效力（包括收養及終止收養）：以收養者之本國法。

相應法條	白話解説
	3. 須注意,第2項所謂「效力」,僅指收養及終止收養時,收養人及被收養人身分上之變化(此即謂「直接效力」,包括親權行使、扶養義務等等)。至衍生出得否繼承之效力,則應依繼承相關所應適用之法律。

修正理由摘要(99.5.26)

二、原條文第1項未修正,移列本條第1項。

三、原條文第2項僅就收養之效力,規定應依收養者之本國法,然收養終止之效力,亦有依同一法律決定之必要,爰予以增列,以利法律之適用。

(十一) 依涉外民事法律適用法之規定,父母與子女間之法律關係,應如何適用法律? (A)依父之本國法 (B)依母之本國法 (C)依子女之本國法 (D)以上均可。

　　　正確答案:(C)

相應法條	白話解説
第55條 父母與子女間之法律關係,依子女之本國法。【108高考】	1. 本條說明父母對未成年子女關於親權之行使所應適用之法律。 2. 為保障子女之權益,故本條所應適用者為「子女之本國法」。 3. 修正理由提到:「本條所稱父母與子女間之法律關係,是指父母對於未成年子女關於親權之權利義務而言,其重點係在此項權利義務之分配及行使問題」,在適用上應加以注意。

修正理由摘要(99.5.26)

二、關於父母與子女間之法律關係,原規定以依父或母之本國法為原則,參諸1989年聯合國兒童權利保護公約及1996年海牙關於父母保護子女之責任及措施之管轄權、準據法、承認、執行及合作公約所揭示之原則,已非

適宜。爰參考日本法律適用通則法第32條、瑞士國際私法第82條等立法例之精神，修正為依子女之本國法，並刪除但書之規定，以貫徹子女之本國法優先適用及保護子女利益之原則。本條所稱父母與子女間之法律關係，是指父母對於未成年子女關於親權之權利義務而言，其重點係在此項權利義務之分配及行使問題，至於父母對於未成年子女之扶養義務之問題、已成年子女對於父母之扶養義務、父母與子女間彼此互相繼承之問題等，則應分別依扶養權利義務及繼承之準據法予以決定，併此說明。

(十二) 依涉外民事法律適用法第56條之規定，原則上監護應如何適用法律？
(A)依監護人之本國法　(B)依受監護人之本國法　(C)依監護人之住所地法　(D)依受監護人之住所地法。

正確答案：(B)

相應法條	白話解說
第56條　監護，依受監護人之本國法。但在中華民國有住所或居所之外國人有下列情形之一者，其監護依中華民國法律： 一、依受監護人之本國法，有應置監護人之原因而無人行使監護之職務。 二、受監護人在中華民國受監護宣告。 輔助宣告之輔助，準用前項規定。	1. 本條說明監護及輔助宣告之輔助所應適用之法律。 2. 依本條之規定：監護/輔助宣告之輔助： 　(1)原則：依受監護人／受輔助人之本國法。 　(2)但書：外國人在我國有住所或居所，又有下列任一情形時： 　　A.依受監護人／受輔助人之本國法，有應置監護人／輔助人之原因而無人行使監護／輔助之職務。 　　B.受監護人／受輔助在我國受監護宣告／輔助宣告。 　　其監護／輔助依我國法。

修正理由摘要（99.5.26）

二、原條文第20條，移列本條，並依法制作業通例，刪除各款之「者」
字，並將「左列」修正為「下列」。原法第20條條文於98年12月15日
修正通過，並於98年12月30日公布，已將禁治產宣告改為監護宣告，
並增加輔助宣告之相關規定，爰以原該條文之內容移列為本條文字，
不再修正內容，只作條次之變更。

三、民法總則編與親屬編關於監護宣告及輔助宣告之修正條文將於98年11
月23日施行，如本條之修正條文於該期日之前即已施行，於該期日之
前，解釋上仍宜將監護之宣告調整為禁治產宣告，以利法律之適用。

(十三) 依涉外民事法律適用法之規定，有關扶養所應適用之法律，何者敘述正
確？　(A)應依扶養權利人之本國法　(B)應依扶養義務人之本國法　(C)
應依扶養權利人之本國法及扶養義務人之本國法　(D)本條之適用範圍，
包括父母對未成年子女之扶養義務。

正確答案：(A)

相應法條	白話解說
第57條　扶養，依扶養權利人之本國法。【112地特四等】	1. 本條說明扶養所應適用之法律。 2. 應依扶養權利人之本國法。 3. 須注意，如為父母對未成年子女之扶養義務，應依本法第55條，已如前述。

・修正理由摘要（99.5.26）

　　二、關於扶養之權利義務，原條文規定應依扶養義務人之本國法，參諸
1973年海牙扶養義務準據法公約及1989年泛美扶養義務公約所揭示之原
則，已非合宜。爰參考1973年海牙扶養義務準據法公約第4條之精神，修
正為應依扶養權利人之本國法。

・我國民法相關規定：

第1114條：左列親屬，互負扶養之義務：

　　　　一、直系血親相互間。

二、夫妻之一方與他方之父母同居者，其相互間。

三、兄弟姊妹相互間。

四、家長家屬相互間。

第1116-1條：夫妻互負扶養之義務，其負扶養義務之順序與直系血親卑親屬同，其受扶養權利之順序與直系血親尊親屬同。

第1117條：受扶養權利者，以不能維持生活而無謀生能力者為限。前項無謀生能力之限制，於直系血親尊親屬，不適用之。

第七節　繼承

(一) 依涉外民事法律適用法之規定，繼承之準據法為下列何者？　(A)繼承人之本國法　(B)被繼承人死亡時之本國法　(C)被繼承人死亡地法　(D)遺產所在地法

正確答案：(B)

相應法條	白話解說
第58條　繼承，依被繼承人死亡時之本國法。但依中華民國法律中華民國國民應為繼承人者，得就其在中華民國之遺產繼承之。【111高考、113普考】	1. 本條說明繼承事件之準據法。 2. 依本條之規定，關於繼承： 　(1)原則：依被繼承人死亡時之本國法。 　(2)特殊情況：我國國民： 　　A.依被繼承人之本國法，不得為繼承人。 　　B.但依我國法應為繼承人。 　　此時就被繼承人在我國之遺產得繼承之。 3. 須注意：如我國國民依被繼承人之本國法得為繼承人時，自無礙於其對遺產之繼承；僅在其依被繼承人之本國法不得為繼承人，然依我國法卻得為繼承人時，始影響其權益。因此為保護內國公益，本條但書在解釋上應限於「我國國民依被繼承人之本國法不得為繼承人，但依我國法應為繼承人」之時始有適用。

(二) 依涉外民事法律適用法之規定，外國人死亡時，在我國遺有財產，如確認為無人繼承之財產者，應依下列何種法律處理？　(A)被繼承人死亡時之本國法　(B)被繼承死亡時之住所地法　(C)被繼承人死亡地法　(D)我國法律。

正確答案：(D)

相應法條	白話解說
第59條　外國人死亡時，在中華民國遺有財產，如依前條應適用之法律為無人繼承之財產者，依中華民國法律處理之。	1. 本條說明外國人死亡時，在我國無人繼承之遺產應適用何種法律處理。 2. 依本條之規定： (1)外國人死亡時，在我國遺有財產。 (2)依本法第58條為無人繼承之財產。 (3)此時，就其在我國遺留之財產，應依我國法律處理。

· 修正理由摘要（99.5.26）

　　二、原條文就外國人死亡，而在中華民國遺有財產之情形，規定如依其本國法為無人繼承之財產者，即依中華民國法律處理之，惟此時仍應考慮中華民國國民得依中華民國法律為繼承人之規定。爰將現行條文「依其本國法」，修正為「依前條應適用之法律」，以符合立法本旨。

· 我國民法相關規定：

　　第1185條　第1178條所定之期限屆滿，無繼承人承認繼承時，其遺產於清償債權並交付遺贈物後，如有賸餘，歸屬國庫。

(三) 依涉外民事法律適用法之規定，有關遺囑應適用之法律，下列何者正確？　(A)遺囑之成立應依成立時遺囑人之本國法　(B)遺囑之效力應依成立時遺囑人之本國法　(C)遺囑之撤回應依撤回時遺囑人之本國法　(D)以上皆是。

正確答案：(D)

相應法條	白話解說
第60條　遺囑之成立及效力，依成立時遺囑人之本	1. 本條說明遺囑之準據法。 2. 依本條之規定，遺囑： (1)成立及效力：依成立時遺囑人之本國法。 (2)撤回：依撤回時遺囑人之本國法。

相應法條	白話解説
國法。遺囑之撤回，依撤回時遺囑人之本國法。	3. 本條應與下條（即第61條）合併理解。

我國民法相關規定：

第1189條　遺囑應依左列方式之一為之：

一、自書遺囑。　　　二、公證遺囑。　　三、密封遺囑。

四、代筆遺囑。　　　五、口授遺囑。

（各款規定之遺囑方式，規定在第1190條至第1198條，在此不予詳列。）

第1199條　遺囑自遺囑人死亡時發生效力。

(四) A國人甲在我國居住，設有住所。其至B國旅遊時自書遺囑，在回台途中因飛機失事死亡。則有關甲之遺囑，其應適用下列何種法律？　(A)A國法 (B)我國法　(C)B國法　(D)以上皆可。

　　　正確答案：(D)

相應法條	白話解説
第61條　遺囑及其撤回之方式，除依前條所定應適用之法律外，亦得依下列任一法律為之： 一、遺囑之訂立地法。 二、遺囑人死亡時之住所地法。 三、遺囑有關不動產者，該不動產之所在地法。【113普考】	1. 本條說明遺囑準據法之補充規定。 2. 統整第60條及第61條之規定： 表格（要件：形式、實質；效力） 成立｜成立時之本國法 　　｜(1)遺囑之訂立地法。 　　｜(2)遺囑人死亡時之住所地法。 撤回｜(3)遺囑有關不動產者，該不動產之所在地法。 　　｜撤回時之本國法 依本條與前條（即第60條）之規定，遺囑所應適用法律之選擇，係採「選擇適用」。

修正理由摘要（99.5.26）

二、關於遺囑之訂立及撤回之方式，晚近立法例均採數國法律選擇適用之原則，以利遺囑之有效成立及撤回，並尊重遺囑人之意思。爰參考1961年海牙遺囑方式之法律衝突公約第1條及第2條、德國民法施行法第26條規定之精神，增訂本條。

<table>
<tr><td></td></tr>
</table>

第八節　附則

(一) 依現行涉外民事法律適用法（下稱本法）之規定，如法律事實發生在本法修正施行前，然法律效果發生在本法修正施行後，下列敘述何者正確？
(A)全部不適用本法修正施行後之規定　(B)全部不適用本法修正施行前之規定　(C)就發生於本法修正施行後之法律效果，應適用本法修正施行後之規定　(D)應由法官視狀況個案處理。

正確答案：(C)

相應法條	白話解說
第62條　涉外民事，在本法修正施行前發生者，不適用本法修正施行後之規定。但其法律效果於本法修正施行後始發生者，就該部分之法律效果，適用本法修正施行後之規定。	1. 本條說明現行之本法不溯及既往之原則及例外狀況。 2. 依本條之規定： 　(1)原則： 　　　法律事實發生在本法修正施行前 　　　→不溯及既往。 　　　→不適用本法修正施行後之規定。 　(2)例外： 　　　法律效果發生在本法修正施行後 　　　→該部分之法律效果適用本法修正施行後之規定。

修正理由摘要（99.5.26）

二、本法增訂及修正條文之適用，以法律事實發生日為準，原則上不溯及既往。爰於本文規定涉外民事，在本法修正施行前發生者，不適用本法修正施行後之規定。例如因法律行為或侵權行為而生之涉外民事法律關係，

即應以該法律行為之成立日或侵權行為之實施日等為準，其在本法修正施行前發生者，原則上即不適用本法修正施行後之規定。對於持續發生法律效果之涉外民事法律關係，例如夫妻在本法修正施行前結婚者，其結婚之效力，或子女在本法修正施行前出生者，其父母子女間之法律關係等，即使其原因法律事實發生在本法修正施行之前，亦不宜一律適用本法修正施行前之規定。此等法律關係，應以系爭法律效果發生時為準，就其於本法修正施行後始發生之法律效果，適用本法修正施行後之規定，其於此前所發生之法律效果，始適用本法修正施行前之規定。爰參考瑞士國際私法第196條之精神，於但書規定其法律效果於本法修正施行後始發生者，該部分之法律效果，適用本法修正施行後之規定。

(二) 施行日期

相應法條	白話解說
第63條　本法自公布日後一年施行。	1. 本條說明本法之施行日期。 2. 現行本法之修正後施行日期為民國100年5月26日，理由參見下列修正理由摘要。

- 修正理由摘要（99.5.26）

　　二、本次修正，變動原條文之程度甚鉅，立法作業上相當於制定新法，對法院審理涉外民事事件亦有重大影響，允宜加強宣導，充分準備，以利施行，爰規定修正後之新法自公布日後1年施行。新法施行前，仍應妥善適用原條文，併此說明。

- 司法院就本條（即第63條）之修正草案如下：

(1)修正條文內容：「本法自公布日後一年施行。本法修正條文，除另定施行日期者外，自公布日施行。」

(2)修法說明為：「一、現行條文未修正移列第1項。二、明定修正條文之施行日期，爰增訂第2項。」

第九節　歷年精選試題

第1〜50題

選擇題

( )　**1** 依涉外民事法律適用法應適用當事人本國法，而當事人無國籍時，應先適用下列何者？　(A)適用其住所地法　(B)適用其居所地法　(C)適用其現在地法　(D)適用其出身地法。　　【101移民行政】

( )　**2** 有關父母與子女間之法律關係，其法律關係之準據法，應以下列何者為準？　(A)依生母之本國法　(B)依生父之本國法　(C)依行為地之法　(D)依子女之本國法。　　【101移民行政】

( )　**3** 外國人依其本國法無行為能力，但依中華民國法律有行為能力，其在中華民國之法律行為，該法律效果為何？
　　(A)視為有行為能力　(B)推定有行為能力　(C)無行為能力　(D)有限制行為能力。　　【101移民行政】

( )　**4** 關於涉外婚姻之效力，依其準據法原則上為下列何者？　(A)當事人一方之本國法　(B)結婚舉行地法　(C)各該當事人之本國法　(D)夫妻共同之本國法。　　【101移民行政】

( )　**5** 依涉外民事法律適用法之規定，應適用當事人本國法，而當事人無國籍時，應適用下列何者？　(A)其住所地法　(B)其行為地法　(C)其所在地法　(D)其爭訟所在地法。　　【101移民行政】

( )　**6** 外國人依其本國法僅有限制行為能力，而依中華民國法律有行為能力者，就其在中華民國之法律行為，其行為能力如何？　(A)限制行為能力　(B)無行為能力　(C)視為無行為能力　(D)視為有行為能力。　　【101移民行政】

( )　**7** 依中華民國法律設立之外國法人分支機構，其內部事項適用下列何者？　(A)依外國法人國家之法律　(B)依中華民國之法律　(C)依該外國法人之章程規定　(D)依外國法人之選定。　　【101移民行政】

（　）　**8** 有關非婚生子女之認領規定，若被認領者為胎兒時，應以何人之本國法作為認領之準據法？　(A)認領人之本國法　(B)該胎兒之母的本國法　(C)認領人及該胎兒之母的共同住在地法　(D)認領人及該胎兒之母的共同居住地法。　【102普考】

（　）　**9** 由於不當得利而生之債，應以下列何者為其之準據法？　(A)依付款地法　(B)依行為地法　(C)依其事務管理地法　(D)依其利益之受領地法。　【102普考】

（　）　**10** 依涉外民事法律適用法應適用當事人本國法，而當事人無國籍時，適用下列何者？　(A)當事人之住所地法　(B)當事人之居所地法　(C)當事人之現在地法　(D)當事人之行為地法。　【102普考】

（　）　**11** 認領之效力，下列敘述何者正確？　(A)依認領人之本國法　(B)依被認領人之本國法　(C)依認領人之母之本國法　(D)依認領人之父之本國法。　【102普考】

（　）　**12** 有關父母與子女間之法律關係認定之準據法，下列敘述何者正確？　(A)依父之本國法　(B)依母之本國法　(C)依子女之本國法　(D)依父之住所地法。　【102普考】

（　）　**13** 侵權行為之行為人，係以出版、廣播、電視、電腦網路或其他傳播方法為營業者，應以下列何者處理？　(A)行為地法　(B)損害發生地法　(C)付款地法　(D)依其營業地法。　【102地方特考】

（　）　**14** 有關物權之適用法律，下列敘述何者錯誤？　(A)船舶之物權，依船籍國法；航空器之物權，依登記國法　(B)動產於託運期間，其物權之取得、設定、喪失或變更，依其託運地法　(C)以智慧財產為標的之權利，依該權利應受保護地之法律。　(D)物之所在地如有變更，其物權之取得、喪失或變更，依其原因事實完成時，物之所在地法。　【102地方特考】

（　）　**15** 依涉外民事法律適用法，父母與子女間之法律關係，依何者之本國法？　(A)父　(B)母　(C)母之父　(D)子女。　【102地方特考】

（　）**16** 依我國涉外民事法律適用法規定，以下何種情形得為監護宣告？
(A)在我國有住所之外國人，依其住所地法或其本國法有受監護宣告
原因者　(B)在我國有居所之外國人，依其本國及我國法律同有受監
護宣告之原因者　(C)在我國有住所之外國人，依其本國或我國法律
有受監護宣告之原因者　(D)在我國無住所之無國籍人，依我國法律
有受監護宣告之原因者。　　　　　　　　　　　　　　【103普考】

（　）**17** 以下何者非我國涉外民事法律適用法明文規定之婚姻效力準據法？
(A)夫妻共同之本國法　(B)夫妻共同之住所地法　(C)夫妻共同之居
所地法　(D)夫妻婚姻關係最切地法。　　　　　　　　【103普考】

（　）**18** 父母與子女間法律關係之準據法，依我國涉外民事法律適用法規
定，何者正確？　(A)依父之本國法　(B)依子女之本國法　(C)依母
之本國法　(D)依父之住所地法。　　　　　　　　　　【103普考】

（　）**19** 有關外國人遺囑撤回所依法律之敘述，下列何者正確？　(A)依撤回
時遺囑人之本國法　(B)依遺囑繼承人所在地法　(C)依遺囑人指定
之住所地法　(D)依法定遺囑繼承人指定之住所地法。　【103普考】

（　）**20** 關於我國公民與外國公民婚姻中夫妻財產適用法律之敘述，何者
錯誤？
(A)夫妻可以書面合意適用其一方之本國法　(B)夫妻無合意時，依
我國法　(C)夫妻無共同之住所地法時，依與夫妻婚姻關係最切地之
法律　(D)夫妻無共同之本國法時，依共同之住所地法。　【103普考】

（　）**21** 外國動產於託運期間，其物權之取得應依下列何法？　(A)依其託
運者國籍法　(B)依其交易地法　(C)依其目的地法　(D)依其生產
地法。　　　　　　　　　　　　　　　　　　　　　　【103普考】

（　）**22** 有關外國人權利與行為能力之敘述，下列何者錯誤？　(A)外國
人之權利能力，依其本國法　(B)外國人之行為能力，依其本國
法　(C)外國人之行為能力不論有無，均須因其國籍變更而重行認定
(D)外國人依中華民國法律有行為能力者，就其在中華民國之法律行
為，仍視為有行為能力。　　　　　　　　　　　　　　【103普考】

(　　) **23** 對於外國法人而言,其所適用的本國法,是依據下列那一原則來認定的?
(A)以其據以設立之法律　(B)以其設立地點之法律　(C)以其營運總部所在地之法律　(D)只要設立於我國,均適用我國法律。【103普考】

(　　) **24** 臺灣人甲男與越南人乙女離婚後,有關財產爭議,下列何者應優先考量?　(A)雙方同意適用越南之法律　(B)共同之本國法　(C)夫妻共同之住所地法　(D)雙方最切地之法律。　　　　　　【103移民行政】

(　　) **25** 依涉外民事法律適用法之規定,下列敘述,何者錯誤?　(A)外國法人之章程變更,依其本國法　(B)依中華民國法律設立之外國法人分支機構,其內部事項依其本國法律　(C)婚姻之成立,依各該當事人之本國法。但結婚之方式依當事人一方之本國法或依舉行地法者,亦為有效　(D)外國人依其本國法無行為能力或僅有限制行為能力,而依中華民國法律有行為能力者,就其在中華民國之法律行為,視為有行為能力。　　　　　　　　　　　　【103移民行政】

(　　) **26** 依涉外民事法律適用法規定,收養及其終止之效力,依下列何項認定?　(A)依收養者之本國法　(B)依收養者之住所地法　(C)依被收養者之本國法　(D)依被收養者之住所地法。　　【103移民行政】

(　　) **27** 依涉外民事法律適用法規定,非婚生子女之生父與生母結婚,其身分適用下列何項法律?　(A)依該非婚生子女住所地法　(B)依該非婚生子女之本國法　(C)依生父與生母書面合意適用之法律　(D)依生父與生母婚姻效力所應適用之法律。　　　　　　【103移民行政】

(　　) **28** 涉外民事,當事人有多數國籍時,適用何地之法律?　(A)依當事人出生地之本國法　(B)依其關係最切之國籍之法律　(C)適用其住所地法　(D)適用其現在地法。　　　　　　　　【103地方特考】

(　　) **29** 非婚生子女之認領,依認領時認領人或被認領人之本國法認領成立者,其認領成立;然而若被認領人為胎兒時,則以下列何者之本國法為胎兒之本國法?　(A)其父　(B)其母　(C)其出生地　(D)其監護人或機構。　　　　　　　　　　　　　　【103地方特考】

( ) **30** 依據「涉外民事法律適用法」之明文規定，父母與子女間之法律關係，依下列何者之本國法？　(A)其父之本國法　(B)其母之本國法　(C)子女之本國法　(D)其父或母之本國法。　　　　　　　　【103地方特考】

( ) **31** 依涉外民事法律適用法規定，收養及其終止之效力，依下列何者之法律？　(A)依中華民國法律　(B)依被收養者之本國法　(C)依收養者之本國法　(D)依收養者居住地之法律。　　　　　　　　【104普考】

( ) **32** 依涉外民事法律適用法應適用當事人本國法，而當事人無國籍時，則應如何適用法律？　(A)適用管轄法院所在地法　(B)適用當事人住所地法　(C)適用中華民國法　(D)適用聯合國法

( ) **33** 依涉外民事法律適用法，對應適用當事人之住所地法的規定，下列何者正確？　(A)當事人有多數住所時，由其擇一關係最切之住所地法　(B)當事人住所不明時，適用其居所地法　(C)當事人有多數居所時，由其擇一關係最切之居所地法　(D)居所不明者，適用其住所地法。　　　　　　　　【104地方特考】

( ) **34** 判定法人所適用之本國法的依據為何？　(A)以其組織章程指定地之法律　(B)以其主管機關所在地之法律　(C)以其設立所在地之法律　(D)以其據以設立之法律。　　　　　　　　【104地方特考】

( ) **35** 依涉外民事法律適用法規定，下列關於遺囑撤回效力之敘述，何者錯誤？　(A)可依遺囑執行人之本國法　(B)可依遺囑之訂立地法　(C)可依遺囑人死亡時之住所地法　(D)遺囑有關不動產者，可依該不動產之所在地法。　　　　　　　　【105普考】

( ) **36** 依涉外民事法律適用法規定，父母與子女間之法律關係，應依下列何法？　(A)依父母之本國法　(B)依父親之本國法　(C)依子女之本國法　(D)由父母與子女共同居住地之本國法。　　　　　　　　【105普考】

( ) **37** 依涉外民事法律適用法規定，關於婚姻效力所依據的法律，下列何者錯誤？　(A)可依夫妻共同之本國法　(B)可依共同之住所地法　(C)可依與夫妻婚姻關係最切地之法律　(D)可依夫妻雙方共同協議並指定。　　　　　　　　【105普考】

( ) **38** 依涉外民事法律適用法規定，外國人依其本國法無行為能力，但依中華民國法律有行為能力者，就其在中華民國之法律行為應視為：(A)有行為能力 (B)無行為能力 (C)視行為是否影響他人權利而定 (D)視外國人是否有固定居所而定。　　　　　　　　【105普考】

( ) **39** 依涉外民事法律適用法規定，當事人無國籍時，應如何適用法律？(A)適用其出生地法 (B)適用其住所地法 (C)適用國際法 (D)一律適用中華民國法律。　　　　　　　　【105普考】

( ) **40** 依涉外民事法律適用法規定，適用外國法之結果有背於中華民國公共秩序或善良風俗者，則應如何適用？ (A)聲請司法院大法官解釋 (B)函請外交部解釋 (C)函請該外國駐臺機關團體解釋 (D)不適用之。　　　　　　　　【105普考】

( ) **41** 依涉外民事法律適用法規定，人之權利能力，應如何適用法律？(A)依其住所地法 (B)依其行為地法 (C)依其本國法 (D)依其現在地法。　　　　　　　　【105普考】

( ) **42** 依據涉外民事法律適用法規定，動產於託運期間，其物權之取得、設定、喪失或變更，應依據何法？(A)動產所有人住所地法 (B)動產來源地法 (C)動產目的地法 (D)動產轉運地法。　　　　　　　　【105地方特考】

( ) **43** 依涉外民事法律適用法規定，當事人無國籍時，其準據法應如何適用？ (A)適用其戶籍地法 (B)適用其住所地法 (C)適用其出生地法 (D)適用其國籍地法。　　　　　　　　【105地方特考】

( ) **44** 依涉外民事法律適用法規定，關於繼承，原則上如何適用法律？(A)依遺產之所在地法 (B)依繼承人之本國法 (C)依被繼承人死亡時之本國法 (D)依被繼承人之住所地法。　　　　　　　　【105地方特考】

( ) **45** 有關物權之涉外民事適用法律規定，下列何者正確？ (A)自外國輸入中華民國領域內之動產，於輸入前依其所在地法成立之物權，其效力依該所在地之法律 (B)關於以權利為標的之物權，依權利之成立地法 (C)船舶之物權依其所有人之本國法 (D)物權之法律行為，其方式依行為地法。　　　　　　　　【105地方特考】

(　) **46** 乙為我國人和印尼國人丙交往多年並生下一子丁，乙和丙為顧及丁
之出生身分和成長需要，於生下丁後決定結婚，辦好結婚登記後並
以臺北為共同住所地。然而婚後4年丙失業，為照顧丁，乙、丙雙方
也常意見不合因此感情不睦，丙在一次和乙爭吵後離家出走並音訊
全無迄今6年，乙乃向法院訴請離婚並請求酌定丁之親權由乙行使。
請問下列敘述何者正確？　(A)乙、丙之離婚，應依乙和丙雙方之
本國法皆准許乙和丙離婚而定　(B)乙、丙之離婚，應依我國法為準
據法　(C)丁是否取得婚生子女之地位，應依乙或丙之一方本國法定
之，以承認子女之婚生性為原則　(D)丁是否取得婚生子女之地位，
應依乙與丙結婚時雙方本國法定之。　　　　　　　　　【106普考】

(　) **47** 依涉外民事法律適用法規定，關於由不當得利而生之債，如係因給
付而發生者，應適用之準據法為何？　(A)依給付地法　(B)依其利
益之受領地法　(C)依其利益之受領人本國法　(D)依該給付所由發
生之法律關係所應適用之法律。　　　　　　　　　　【106普考】

(　) **48** 法律行為發生票據上權利者，依涉外民事法律適用法規定，下列敘
述何者錯誤？　(A)其成立及效力，依當事人意思定其應適用之法
律　(B)當事人無明示之意思時，依行為地法　(C)當事人明示之意
思依所定應適用之法律無效時，如行為地不明者，依受款人本國法
(D)保全票據上權利之法律行為，其方式依行為地法。　【106普考】

(　) **49** 依涉外民事法律適用法規定，婚姻關係於子女出生前已消滅者，
下列何者非屬得認定為婚生子女之準據法？　(A)出生時該子女之
本國法　(B)婚姻關係消滅時夫妻共同之本國法或共同之住所地法
(C)婚姻關係消滅時其母之夫之本國法　(D)婚姻關係消滅時其母之
本國法。　　　　　　　　　　　　　　　　　　　　【106普考】

(　) **50** 依涉外民事法律適用法規定，受僱人於職務上完成之智慧財產，其
權利之歸屬，應適用之準據法為何？　(A)依受僱人本國法　(B)依
僱用人本國法　(C)依僱傭契約應適用之法律　(D)依受僱人工作地
或住所地法。　　　　　　　　　　　　　　　　　　【106普考】

解答

1 (A)	2 (D)	3 (A)	4 (D)	5 (A)	6 (D)	7 (B)	8 (B)	9 (D)
10 (A)	11 (A)	12 (C)	13 (D)	14 (B)	15 (D)	16 (B)	17 (C)	18 (B)
19 (A)	20 (B)	21 (C)	22 (C)	23 (A)	24 (A)	25 (B)	26 (A)	27 (D)
28 (B)	29 (B)	30 (C)	31 (C)	32 (B)	33 (B)	34 (D)	35 (A)	36 (C)
37 (D)	38 (A)	39 (B)	40 (D)	41 (C)	42 (C)	43 (B)	44 (C)	45 (B)
46 (B)	47 (D)	48 (C)	49 (B)	50 (C)				

第51～84題

（　　）**51** 依涉外民事法律適用法規定，債之消滅，應適用之準據法為何？
(A)依原債權成立及效力所應適用之法律　(B)依所由之法律關係所
應適用之法律　(C)依關係最切地之法律　(D)依債之清償行為地之
法律。　　　　　　　　　　　　　　　　　　　　　　　【106普考】

（　　）**52** 依據涉外民事法律適用法規定，婚約與婚姻適用之法律，何者錯
誤？　(A)婚約之成立，依各該當事人之本國法　(B)婚約之方式，
依婚約訂定地法者有效　(C)婚約之效力，依婚約當事人共同之本國
法　(D)婚姻之成立，依舉行地法者有效。　　　　　　【106地方特考】

（　　）**53** 依涉外民事法律適用法，有關權利主體之相關規定，下列何者錯
誤？　(A)人之權利能力，依其本國法　(B)人之行為能力，依其行
為地法　(C)法人，以其據以設立之法律為其本國法　(D)外國法人
之設立等內部事項，依其本國法。　　　　　　　　　　【106地方特考】

（　　）**54** 日本籍甲男與我國籍乙女二人於2015年4月1日在東京結婚，婚後二
人住在美國加州舊金山市。二人於同年9月1日協議離婚。同年12
月24日乙女於加州生下丙。關於丙是否為婚生子女，我國法院應如
何適用法律？　(A)適用日本法　(B)選擇適用日本法或中華民國法
(C)選擇適用加州法或中華民國法　(D)選擇適用中華民國法、日本
法或加州法。　　　　　　　　　　　　　　　　　　　　【107普考】

（　　）**55** 我國人甲男、乙女（均為成年人）於美國紐約市結婚，並依當地法
規辦理結婚登記，取得結婚證書，但未在我國辦理結婚登記。則依

我國法律規定，甲乙之結婚為：　(A)有效成立　(B)無效　(C)不成立　(D)效力未定。　　　　　　　　　　　　　　　　　　　【107普考】

(　) **56** A國人甲男在我國居留工作30多年，未娶也無子女。甲過世後，在我國及A國均留有財產，但依A國法規定，甲無繼承人，甲在我國之遺產，應如何處理？　(A)依A國法處理　(B)依中華民國法處理　(C)選擇依A國法或依中華民國法處理　(D)由甲生前選擇依中華民國法或依A國法處理。　　　　　　　　　　　　　　　　【107普考】

(　) **57** A國人甲男與B國人乙女在我國留學相識，共同居住在臺北市，同居期間乙為甲生下一子丙，後甲與乙結婚。甲、乙婚後丙是否從甲之姓氏，依我國涉外民事法律適用法，應適用何國法律？
(A)A國法　(B)B國法　(C)中華民國法　(D)併行適用A國法與B國法。　　　　　　　　　　　　　　　　　　　　　　　　【107普考】

(　) **58** A國甲男與B國乙女二人為夫妻，在我國及日本均有共同住所，惟二人較常居住在我國。今二人離婚，關於甲與乙間是否仍互負扶養義務之問題，我國法院應適用何國法律？　(A)A國法　(B)B國法　(C)中華民國法　(D)日本法。　　　　　　　　　　　　　　　　【107普考】

(　) **59** A國人甲男與我國人乙女交往，二人未有婚姻，3年後乙女在臺北產下一子丙，甲男擬認領丙，惟乙女否認甲男之認領，我國法院就甲男認領是否成立，應如何適用法律？　(A)甲男應適用A國法，丙男應適用中華民國法，再合併判斷認領之效力　(B)適用A國法　(C)適用中華民國法　(D)選擇適用A國法或中華民國法，認領合乎其中一國法律之規定，認領即為成立。　　　　　　　　　　　　　　　【107普考】

(　) **60** A國人甲生前在B國留下遺囑，欲將自己在A國與中華民國的所有財產全數捐給某基金會。關於甲是否具備遺囑能力問題，我國法院應如何適用法律？
(A)適用A國法　(B)適用中華民國法　(C)累積適用中華民國法及A國法　(D)選擇適用中華民國法或A國法。　　　　　　　　　　　　　　　　　　　　　　　　　【107普考】

(　) **61** 日本人甲男與我國人乙女結婚，並無約定夫妻財產制，婚後二人多數時間居住在韓國釜山並工作，但在臺北、東京也有居所。數年後

二人離婚，關於其夫妻財產之分配，我國法院應如何適用法律？(A)適用日本法　(B)適用韓國法　(C)適用中華民國法　(D)分別適用日本法與中華民國法。　　　　　　　　　　　　【107地方特考】

(　) 62 我國人甲被A國人乙收養，嗣乙終止收養。關於甲有無繼承乙在日本之不動產權利，我國法院應如何適用法律？　(A)適用日本法　(B)適用中華民國法　(C)適用A國法　(D)原則上適用A國法，例外適用日本法。　　　　　　　　　　　　　　　【107地方特考】

(　) 63 A國人甲男與我國人乙女結婚，婚後二人定居B國。關於甲婚後是否有家務代理權，依我國涉外民事法律適用法，應適用何國法律？(A)A國法　(B)中華民國法　(C)B國法　(D)由乙女選擇適用中華民國法或B國法。　　　　　　　　　　　　　　【107地方特考】

(　) 64 A國人甲男18歲，B國人乙女16歲，二人在我國相遇並締結婚約。關於甲乙婚約是否成立，我國法院應如何適用法律？　(A)甲乙均依A國法　(B)甲乙均依B國法　(C)甲乙得選擇依A國法、B國法或中華民國法　(D)甲男依A國法，乙女依B國法。　　　　　【107地方特考】

(　) 65 我國人甲男、乙女至A國度假，並在當地公開宴客結婚。設A國關於婚姻之形式要件採儀式婚，甲乙均具備結婚之實質要件，依涉外民事法律適用法規定，甲乙之婚姻是否有效？　(A)有效　(B)無效　(C)效力未定　(D)相對無效。　　　　　　　　　　　　【107地方特考】

(　) 66 A國人甲男與B國人乙女為夫妻，在我國有共同住所，嗣二人離婚，關於乙女請求甲男給付贍養費用之事，我國法院應如何適用法律？(A)適用A國法　(B)適用B國法　(C)適用中華民國法　(D)選擇適用A國法或B國法。　　　　　　　　　　　　　　　【107地方特考】

(　) 67 A國籍甲男與我國籍乙女結婚後共同居住在臺北市，關於甲、乙位於B國不動產之歸屬問題，依我國涉外民事法律適用法應適用：(A)A國法　(B)中華民國法　(C)原則依中華民國法，例外依B國法(D)同時適用中華民國法與B國法。　　　　　　　　　【108普考】

(　) 68 甲男自小生長在A國，但同時具有我國與A國雙重國籍，與我國籍乙女結婚後共同居住在B國，甲、乙婚後不睦，遂在我國法院起

訴請求離婚，關於離婚之原因問題，我國法院應如何適用法律？
(A)中華民國法　(B)A國法　(C)B國法　(D)併用中華民國法與A國法。　　　　　　　　　　　　　　　　　　　　【108普考】

(　) **69** 涉外民事法律適用法第45條第1項規定：「婚約之成立，依各該當事人之本國法。」此種立法型態為：
(A)準據法之重疊適用　(B)準據法之併行適用　(C)準據法之選擇適用　(D)準據法之分割適用。　　　　　　　　　　　　　【108普考】

(　) **70** 法國人甲在我國定居30年，後於我國病逝。甲於我國、法國及菲律賓均有遺產。關於甲遺產繼承應適用之法律，下列敘述何者錯誤？
(A)依法國法甲之遺產為無人繼承之財產時，就甲在我國之遺產，依我國法律處理　(B)依我國法我國國民應為繼承人者，得就甲在我國之遺產繼承　(C)甲之遺產繼承依法國法處理　(D)依法國法我國國民應為繼承人者，得就甲在菲律賓之遺產繼承。　　【108普考】

(　) **71** 依涉外民事法律適用法之規定，下列何者正確？
(A)當事人住所不明時，適用其居所地法　(B)當事人無國籍時，適用其居所地法　(C)涉外民事，本法未規定者，適用其他法律之規定；其他法律無規定者，依習慣　(D)當事人居所不明者，適用其住所地法。　　　　　　　　　　　　　　　　　　　【105移民行政】

(　) **72** 依涉外民事法律適用法有關非婚生子女之規定，下列何者錯誤？
(A)認領之效力，依認領人之本國法　(B)收養及其終止之效力，依收養者之本國法　(C)非婚生子女之認領，被認領人為胎兒時，以其母之本國法為胎兒之本國法　(D)父母與子女間之法律關係，依父母之本國法。　　　　　　　　　　　　　　　　【105移民行政】

(　) **73** 下列涉外民事法律適用法有關繼承與遺囑之敘述，何者錯誤？
(A)繼承，依被繼承人死亡時之本國法。但依中華民國法律中華民國國民應為繼承人者，得就其在中華民國之遺產繼承之　(B)外國人死亡時，在中華民國遺有財產，如無人繼承之財產者，依與被繼承當事人關係最切地之法律處理之　(C)遺囑之成立及效力，依成立時遺囑人之本國法　(D)遺囑之撤回，依撤回時遺囑人之本國法。　【106移民行政】

(　) **74** 依涉外民事法律適用法第48條，夫妻財產制，夫妻以書面合意適用
其一方之本國法或住所地法者，依其合意所定之法律。夫妻無前項
之合意或其合意依前項之法律無效時，其夫妻財產制首先依照：
(A)依共同之住所地法　(B)依夫妻共同之本國法　(C)依各該當事人
之本國法　(D)依與夫妻婚姻關係最切地之法律。　　【104移民行政】

(　) **75** 依涉外民事法律適用法第50條，離婚及其效力，依協議時或起訴時
法律適用順序為：　(A)共同之住所地法、夫妻共同之本國法、與
夫妻婚姻關係最切地之法律　(B)共同之住所地法、與夫妻婚姻關係
最切地之法律、夫妻共同之本國法　(C)與夫妻婚姻關係最切地之法
律、共同之住所地法、夫妻共同之本國法　(D)夫妻共同之本國法、
共同之住所地法、與夫妻婚姻關係最切地之法律。　　【104移民行政】

(　) **76** 依據涉外民事法律適用法之規定，應如何認定人之行為能力？
(A)人之行為能力，依其本國法　(B)人之行為能力，依其行為地法
(C)有行為能力人之行為能力，因其國籍變更而喪失　(D)外國人依
其本國法僅有限制行為能力，而依中華民國法律有行為能力者，視
為限制行為能力。　　【105移民行政】

(　) **77** 依涉外民事法律適用法規定，應適用當事人本國法，而當事人有多
數國籍時，應適用何國法律？
(A)當事人關係最切之國籍地法　(B)行為地法　(C)結果發生地法
(D)當事人居所地法。　　【105移民行政】

(　) **78** 依涉外民事法律適用法規定，離婚及其效力，首先應依何國法
律？　(A)依夫妻共同之住所地法　(B)依協議時或起訴時夫妻
共同之本國法　(C)依原結婚國法　(D)依夫妻婚姻關係最切地
之法律。　　【105移民行政】

(　) **79** 依涉外民事法律適用法第51條之規定，如子女出生於婚姻關係存續
中時，子女身分之判斷，下列何者正確？　(A)依出生時該子女之
本國法或住居地法之一為婚生子女者，為婚生子女　(B)依出生時
該子女、其母或其母之夫之本國法為非婚生子女者，為非婚生子女
(C)依出生時該子女之本國法或住居地法之一為非婚生子女者，為非

婚生子女　(D)依出生時該子女、其母或其母之夫之本國法為婚生子女者，為婚生子女。　　　　　　　　　　　　　【106移民行政】

(　　) 80 依涉外民事法律適用法第58條至第61條之規定，關於外國人死亡時之遺產繼承事項之法律適用，下列何者錯誤？　(A)以該外國人死亡時之住居地法優先適用　(B)如依我國法我國國民應為繼承人者，得就其於我國之遺產繼承之　(C)遺囑之成立方式，得依遺囑之訂立地法或外國人死亡時之住所地法任一為之　(D)外國人死亡時如於我國遺有財產，且依繼承所應適用之法律屬無人繼承之財產時，依我國法律處理之。　　　　　　　　　　　　　　　　　【106移民行政】

(　　) 81 原告甲（中華民國籍之法人）於2017年之年底，向我國法院起訴主張，被告乙（日本國之法人）與訴外人丙（日本國之法人）之間訂有電腦訂單，準據法約定為日本國法，乙因違約應賠償丙美金60萬元。丙將上開損害賠償債權讓與甲，甲請求乙給付上開金額。我國法院就甲、乙間之法律關係應適用何國法律？　(A)日本國法，因涉外民事法律適用法第32條規定，債權之讓與，對於債務人之效力，依原債權之成立及效力所應適用之法律　(B)我國法，因涉外民事法律適用法第32條規定，債權之讓與，對於債務人之效力，依原債權之成立及效力所應適用之法律　(C)日本國法，因涉外民事法律適用法第39條規定，依準物權行為之成立及效力所適用之法律　(D)我國法，因涉外民事法律適用法第39條規定，依準物權行為之成立及效力所適用之法律。　　　　　　　　　　　　　　　　　【107移民行政】

(　　) 82 依涉外民事法律適用法應適用當事人本國法，而當事人無國籍時，適用其下列何者之法？　(A)住所地法　(B)現在地法　(C)居所地法　(D)出生地法。　　　　　　　　　　　　　　　　　【107移民行政】

(　　) 83 有關離婚及其效力應適用之法律順序應為：　(A)夫妻共同之本國法、共同之住所地法、婚姻關係最切地之法律　(B)婚姻關係最切地之法律、夫妻共同之本國法、共同之住所地法　(C)夫妻共同之本國法、婚姻關係最切地之法律、共同之住所地法　(D)婚姻關係最切地之法律、共同之住所地法、夫妻共同之本國法。　　　　　　　　　　　　　　　　　【107移民行政】

(　　) **84** 依據涉外民事法律適用法第2條，依本法應適用當事人本國法，而當事人有多數國籍時，下列敘述何者正確？　(A)依其住所地法　(B)依其慣居地法　(C)依法庭地法　(D)依其關係最切之國籍。

【108移民行政】

解答

51 (A)	52 (D)	53 (B)	54 (D)	55 (A)	56 (B)	57 (C)	58 (C)	59 (D)
60 (A)	61 (B)	62 (C)	63 (C)	64 (D)	65 (A)	66 (C)	67 (C)	68 (C)
69 (B)	70 (D)	71 (A)	72 (D)	73 (B)	74 (B)	75 (D)	76 (A)	77 (A)
78 (B)	79 (D)	80 (A)	81 (A)	82 (A)	83 (A)	84 (D)		

申論題

一、兩位美國公民漢斯與瑪麗來臺灣讀書期間，到戶政事務所辦理結婚登記，畢業後返回美國居住，因個性不合，來信詢問如何辦理離婚，請分別依美國法律承認臺灣結婚登記效力及不承認臺灣結婚登記效力之兩種情形，依涉外民事法律適用法及戶籍法，指點他們應如何辦理。

【105高考】

答：(一) 涉外民事法律適用法第46條規定：「婚姻之成立，依各該當事人之本國法。但結婚之方式依當事人一方之本國法或依舉行地法者，亦為有效。」

又同法第50條規定：「離婚及其效力，依協議時或起訴時夫妻共同之本國法；無共同之本國法時，依共同之住所地法；無共同之住所地法時，依與夫妻婚姻關係最切地之法律。」

(二) 依本題題意，兩位美國公民漢斯與瑪麗來臺灣讀書期間，到戶政事務所辦理結婚登記，畢業後返回美國居住，因個性不合而欲離婚。兩人婚姻之成立，依涉外民事法律適用法第46條之規定，應依夫妻共同之本國法即美國法為適用之法律。然結婚之方式依舉行地法者，亦為有效，換言之，兩人在臺灣辦理結婚登記，依臺灣現行之民法為有效婚，合先敘明。

(三) 如美國法承認臺灣結婚登記之效力時：
　　1. 因美國法承認臺灣結婚登記之效力，表二人之婚姻有效成立。則二人可直接在美國辦理離婚手續即可。
　　2. 又或者二人亦至臺灣依法辦理離婚登記，再經美國在台協會驗證離婚登記文件後，返美辦理離婚手續。
(四) 如美國法不承認臺灣結婚之效力時：
　　1. 因美國法不承認我國結婚登記之效力，因此在美國部分，二人在我國所為的結婚登記自始不生效力，二人在美國亦無須辦理離婚手續。
　　2. 然前已述，在我國兩人之結婚登記為有效，建議二人應至臺灣辦理離婚登記，以免生重婚之爭議。

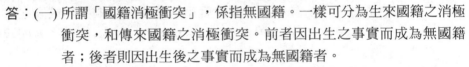

二、 試述國籍消極衝突之意義及解決國籍消極衝突方法。　【105地方特考】

答：(一) 所謂「國籍消極衝突」，係指無國籍。一樣可分為生來國籍之消極衝突，和傳來國籍之消極衝突。前者因出生之事實而成為無國籍者；後者則因出生後之事實而成為無國籍者。
(二) 至各國學說、實務與立法例在處理消極衝突之方法，可區分如下：
　　1. 針對生來之消極衝突，多數國家係採取住所地法或居所地法來解決這個問題。
　　2. 針對傳來消極衝突，學說則有分歧見解，有主張採住所地法者；另亦有主張依原有國籍或最後所屬國籍定其本國法者
(三) 我國就國籍消極衝突解決方法如下：
　　1. 國籍法第2條第1項第3款規定：「有下列各款情形之一者，屬中華民國國籍：……三、出生於中華民國領域內，父母均無可考，或均無國籍者。」即在這種狀況下，在血統主義下兼採出生地主義，以避免出生在我國者卻無法取得國籍。
　　2. 另無國籍人於國籍法第3條至第6條之規定，得歸化取得我國國籍。
　　3. 再者同法第14條規定：「依第十一條規定喪失中華民國國籍者，未取得外國國籍時，得經內政部之許可，撤銷其國籍之喪失。」其立法目的即在避免喪失國籍者成為無國籍人。

4. 又依據涉外民事法律適用法第3條規定：「依本法應適用當事人本國法，而當事人無國籍時，適用其住所地法。」

三、甲為外國人，十六歲生日當天來臺北成為某高中交換生，在臺北讀書停留兩年後，進入某大學讀書，滿十九歲時回國向父母說明，欲與大她四歲的研究所學長（我國國民）在臺北結婚，父母深表祝賀，十天後甲回臺北與學長舉行公開婚禮。請問：(一)依我國法律規定，甲與學長的婚姻如有效，須具備那些要件？(二)若甲與學長的婚姻有效，甲欲以我國國民配偶身分申請歸化為我國國民，須符合那些法定要件？　　　　　　　　　　　　　　　　　　【106高考】

答：(一) 甲與學長的婚姻有效須具備之要件：

1. 涉外民事法律適用法第46條規定：「婚姻之成立，依各該當事人之本國法。但結婚之方式依當事人一方之本國法或依舉行地法者，亦為有效。」因此就婚姻之成立（即婚姻成立之實質要件），應並行適用甲之本國法與學長之本國法（後者即我國法）。

2. 然依本條但書之規定，結婚之方式依當事人一方之本國法或依舉行地法者，亦為有效。因此本題就結婚之方式（即婚姻成立之形式要件），得選擇適用當事人一方之本國法或舉行地法。而依學長之本國法或依舉行地法，都在我國，因此如依我國法具備結婚之形式要件，則形式上甲與學長的婚姻即為有效。

3. 關於婚姻成立之形式要件，我國民法規定在第982條：「結婚應以書面為之，有二人以上證人之簽名，並應由雙方當事人向戶政機關為結婚之登記。」因此甲與學長之婚姻如欲有效，應踐行民法第982條之規定。

(二) 甲欲以我國國民配偶身分申請歸化為我國國民，須符合之法定要件：

1. 國籍法第3條第1項規定外國人申請歸化之一般要件：「外國人或無國籍人，現於中華民國領域內有住所，並具備下列各款要件者，得申請歸化：

一、於中華民國領域內，每年合計有183日以上合法居留之事實繼續5年以上。

二、依中華民國法律及其本國法均有行為能力。

三、無不良素行，且無警察刑事紀錄證明之刑事案件紀錄。

四、有相當之財產或專業技能，足以自立，或生活保障無虞。

五、具備我國基本語言能力及國民權利義務基本常識。」

2. 又同法第4條第1項第1款規定：「外國人或無國籍人，現於中華民國領域內有住所，具備前條第1項第2款至第5款要件，於中華民國領域內，每年合計有183日以上合法居留之事實繼續3年以上，並有下列各款情形之一者，亦得申請歸化：

一、為中華民國國民之配偶，不須符合前條第1項第4款。」

3. 依本題題意，瑪莎為我國國民正華之配偶，欲取得我國國籍，得依國籍法第4條第1項第1款規定之要件為申請，即須符合如下之要件：

(1)現於我國領域有住所。

(2)於我國領域內，每年合計有183日以上合法居留之事實繼續3年以上。

(3)依中華民國法律及其本國法均有行為能力。

(4)無不良素行，且無警察刑事紀錄證明之刑事案件紀錄。

(5)具備我國基本語言能力及國民權利義務基本常識。

四、我國與其他國家相關國際貿易往來相當頻繁發達，故在相關法律權利與義務之適用規定，對於貿易往來之發展相當重要，請依現行規定論述託運中之動產之物權、智慧財產權、載貨證券相關問題與集中保管之有價證券權利變動等，其適用之準據法規定為何？

【106地方特考】

答：(一) 有關託運中之動產之物權，依涉外民事法律適用法第41條規定：「動產於託運期間，其物權之取得、設定、喪失或變更，依其目的地法。」

(二) 有關智慧財產權，依涉外民事法律適用法第42條規定：「以智慧財產為標的之權利，依該權利應受保護地之法律。

受僱人於職務上完成之智慧財產，其權利之歸屬，依其僱傭契約應適用之法律。」

(三) 有關載貨證券，依涉外民事法律適用法第43條規定：「因載貨證券而生之法律關係，依該載貨證券所記載應適用之法律；載貨證券未記載應適用之法律時，依關係最切地之法律。

對載貨證券所記載之貨物，數人分別依載貨證券及直接對該貨物主張物權時，其優先次序，依該貨物之物權所應適用之法律。

因倉單或提單而生之法律關係所應適用之法律，準用前二項關於載貨證券之規定。」

(四) 有關有價證券，依涉外民事法律適用法第44條規定：「有價證券由證券集中保管人保管者，該證券權利之取得、喪失、處分或變更，依集中保管契約所明示應適用之法律；集中保管契約未明示應適用之法律時，依關係最切地之法律。」

五、 A女為中華民國國民，B男為泰國人，兩人結婚後定居泰國。嗣後因感情不睦而協議分居，A女赴日本工作，B男則留在泰國。依涉外民事法律適用法，兩人若欲離婚，對其適用之法律，有何規定？

【107身障特考】

答：(一) 涉外民事法律適用法第50條規定：「離婚及其效力，依協議時或起訴時夫妻共同之本國法；無共同之本國法時，依共同之住所地法；無共同之住所地法時，依與夫妻婚姻關係最切地之法律。」
本題A與B於協議時或起訴時並無共同之本國法，亦無共同之住所地法，故依上開規定，應依與夫妻婚姻關係最切地之法律。

(二) 所謂「關係最切」，宜參酌當事人之主觀意願（例如是否為當事人真心嚮往）及各種客觀因素（例如當事人之住所、營業所、工作、求學及財產之所在地等），綜合判斷之。按依題意，A與B婚後定居泰國，因此泰國應為與A、B夫妻婚姻關係最切地，故依上開規定，應適用泰國法做為A、B離婚及其效力之準據法。

六、 我國人甲男與日本人乙女在臺灣結婚，婚後在日本東京有共同住
　　所。後兩人感情不睦，協議離婚，甲主張其於婚姻存續期間內購
　　買座落在臺北之A屋（登記為乙所有）為甲乙二人共有，就甲之主
　　張，我國法院應如何適用法律？　　　　　　　　　　【107高考】

答：(一) 涉外民事法律適用法第50條就離婚及其效力之準據法為規定，然
　　　　 其係指配偶間身分上所生之效力而言。就離婚後夫妻財之調整，應
　　　　 適用同法第48條之規定，因兩者之關係更密切。

　　(二) 涉外民事法律適用法第48條規定：「夫妻財產制，夫妻以書面合
　　　　 意適用其一方之本國法或住所地法者，依其合意所定之法律。
　　　　 夫妻無前項之合意或其合意依前項之法律無效時，其夫妻財產制依
　　　　 夫妻共同之本國法；無共同之本國法時，依共同之住所地法；無共
　　　　 同之住所地法時，依與夫妻婚姻關係最切地之法律。
　　　　 前二項之規定，關於夫妻之不動產，如依其所在地法，應從特別規
　　　　 定者，不適用之。」

　　(三) 綜上，甲、乙間未離婚前就夫妻財產制並無書面合意，因此依上開
　　　　 第48條第2項之規定，因兩人無共同之本國法，但在日本東京有共
　　　　 同住所，故原則上應依共同之住所地法即日本法。
　　　　 然依上開第48條第3項之規定：「前二項之規定，關於夫妻之不動
　　　　 產，如依其所在地法，應從特別規定者，不適用之。」本題不動產
　　　　 A屋位在我國，則依前述之規定，如我國法有特別之規定，則應適
　　　　 用我國法，而不適用日本法。

七、 A國人甲與我國人乙為男女朋友，兩人同居住在臺北多年，交往期
　　間乙為甲產下一子丙。其後甲、乙二人結婚，甲、丙間之關係，應
　　如何適用法律？　　　　　　　　　　　　　　　【107地特三等】

答：(一) 涉外民事法律適用法第52條規定：「非婚生子女之生父與生母結
　　　　 婚者，其身分依生父與生母婚姻之效力所應適用之法律。」本題丙
　　　　 為甲、乙交往期間所生，為非婚生子女，後甲、乙二人結婚，故關
　　　　 於丙之身分，有上開規定之適用。因此丙之身分應視甲、乙二人婚
　　　　 姻效力所應適用之法律。

(二) 同法第47條規定：「婚姻之效力，依夫妻共同之本國法；無共同
之本國法時，依共同之住所地法；無共同之住所地法時，依與夫
妻婚姻關係最切地之法律。」本題中甲、乙二人並無共同之本國
法，然二人同住臺北多年，縱未設共同之住所，臺北顯然係為夫
妻婚姻關係最切之法律，因此就二人婚姻關係之效力，應適用我國
法。再承第1點所述，則丙之身分所應適用之法律，應依我國法。
民法第1064條規定：「非婚生子女，其生父與生母結婚者，
視為婚生子女。」本題中甲男與乙女以同居關係生下丙，其後
甲、乙兩人結婚，依前述民法第1064條之規定，丙視為甲、乙
之婚生子女。

八、 **A國人甲男與我國人乙女結婚，婚後即共同居住於臺北市。甲、
乙婚姻關係存續中生有一子丙，丙為未成年，且具有A國與我國
雙重國籍。甲、乙不睦，協議離婚，但對於丙之親權行使意見不
一，對於甲、乙應如何對丙行使親權之問題，我國法院應如何適
用法律？**
　　　　　　　　　　　　　　　　　　　　　　　　　　【108高考】

答：(一) 涉外民事法律適用法（下同）第1條規定：「涉外民事，本法未規
定者，適用其他法律之規定；其他法律無規定者，依法理。」
第2條規定：「依本法應適用當事人本國法，而當事人有多數國籍
時，依其關係最切之國籍定其本國法。」
第2條之修正理由則謂：「……二、依本法應適用當事人本國法，
而當事人有多數國籍時，原條文規定依其國籍係先後取得或同時取
得之不同，而分別定其本國法，並於先後取得者，規定一律依其最
後取得之國籍定其本國法。此一規定，於最後取得之國籍並非關
係最切之國籍時，難免發生不當之結果，且按諸當前國際慣例，亦
非合宜。爰參考義大利1995年第218號法律（以下簡稱義大利國際
私法）第19條第2項規定之精神，明定當事人有多數國籍之情形，
一律依其關係最切之國籍定其本國法，俾使法律適用臻於合理、妥
當。至於當事人與各國籍關係之密切程度，則宜參酌當事人之主
觀意願（例如最後取得之國籍是否為當事人真心嚮往）及各種客觀

因素（例如當事人之住所、營業所、工作、求學及財產之所在地等），綜合判斷之。此外，中華民國賦予當事人國籍，因此而生之法律適用之利益，既得一併於各國牽連關係之比較中，予以充分衡量，已無單獨規定適用中華民國法律之必要，爰刪除但書之規定。」等語。

(二) 另第50條規定：「離婚及其效力，依協議時或起訴時夫妻共同之本國法；無共同之本國法時，依共同之住所地法；無共同之住所地法時，依與夫妻婚姻關係最切地之法律。」

第55條規定：「父母與子女間之法律關係，依子女之本國法。」

(三) 又按第55條之修正理由謂：「……二、關於父母與子女間之法律關係，原規定以依父或母之本國法為原則，參諸1989年聯合國兒童權利保護公約及1996年海牙關於父母保護子女之責任及措施之管轄權、準據法、承認、執行及合作公約所揭示之原則，已非適宜。爰參考日本法律適用通則法第32條、瑞士國際私法第82條等立法例之精神，修正為依子女之本國法，並刪除但書之規定，以貫徹子女之本國法優先適用及保護子女利益之原則。本條所稱父母與子女間之法律關係，是指父母對於未成年子女關於親權之權利義務而言，其重點係在此項權利義務之分配及行使問題，至於父母對於未成年子女之扶養義務之問題、已成年子女對於父母之扶養義務、父母與子女間彼此互相繼承之問題等，則應分別依扶養權利義務及繼承之準據法予以決定，併此說明。」等語。

綜上，本題中，甲、乙對丙行使親權之爭議，依上開第55條之修正理由，應依第55條規定，依丙之本國法為其適用之法律。而甲、乙婚後即共同居住於台北市，丙未成年且具雙重國籍，依第2條之規定，應依丙關係最切之國籍定本國法。再依第2條之修正理由觀之，我國應為丙關係最切之國籍。因此有關本題之親權爭議，應適用我國之法律。

近年試題及解析

109年 高考三級

一、依國籍法規定，關於外國人或無國籍人歸化之撤銷，其要件與程序為何？

答：(一) 歸化撤銷之要件：

1. 無法按期提出喪失原有國籍證明：

國籍法（下同）第9條第1項規定：「外國人申請歸化，應於許可歸化之日起，或依原屬國法令須滿一定年齡始得喪失原有國籍者自滿一定年齡之日起，1年內提出喪失原有國籍證明。屆期未提出者，除經外交部查證因原屬國法律或行政程序限制屬實，致使不能於期限內提出喪失國籍證明者，得申請展延時限外，應撤銷其歸化許可。」

2. 除第9條第1項規定外，其他與國籍法規定不合之情形，為內政部知悉者：

第19條第1項本文規定：「歸化、喪失或回復中華民國國籍後，除依第9條第1項規定應撤銷其歸化許可外，內政部知有與本法之規定不合情形之日起2年得予撤銷。」

(二) 歸化撤銷之程序：（參見國籍法第19條第3項至第5項規定）

1. 在為處分前，內政部應召開審查會，並給予當事人陳述意見之機會。但有下列情形之一者，撤銷其歸化許可，不在此限：

(1) 依第二條規定認定具有中華民國國籍。

(2) 經法院確定判決，係通謀為虛偽結婚或收養而歸化取得中華民國國籍。

2. 前項審查會由內政部遴聘有關機關代表、社會公正人士及學者專家共同組成，其中任一性別不得少於三分之一，且社會公正人士及學者專家之人數不得少於二分之一。

3. 前述審查會之組成、審查要件、程序等事宜，由內政部定之。

二、依戶籍法規定，戶政事務所應如何處理下列申請？
(一)A因出國旅遊，以書面委託朋友B代為申請其新生女之出生登記。
(二)成年男子C認領其與D女所生之非婚生女兒E，D女持C同意認領之書面，向戶政事務所申請認領登記。

答：(一) 戶政事務所應同意A以書面委託朋友B代為申請其新生女之出生登記：

1. 戶籍法（下同）第29條第1項規定：「出生登記，以父、母、祖父、祖母、戶長、同居人或撫養人為申請人。」又第47條第1項規定：「申請人不能親自申請登記時，得以書面委託他人為之。」

2. 因此依上開規定，戶政事務所應同意A以書面委託朋友B代為申請其新生女之出生登記。

(二) 戶政事務所不應同意D持C同意認領之書面辦理認領登記：

1. 第30條規定：「認領登記，以認領人為申請人；認領人不為申請時，以被認領人為申請人。」

2. 而第47條第2項規定：「認領、終止收養、結婚或兩願離婚登記之申請，除有正當理由，經戶政事務所核准者外，不適用前項規定。」其修正理由謂：「認領、終止收養、結婚及兩願離婚涉及當事人身分重大變更，除有正當理由，經戶政事務所核准者外，應由當事人親自辦理，以避免影響當事人權益。」等語。

3. 因此本題中，依第30條之規定，得為認領登記申請人者僅認領人C及被認領人E（如C不為申請時），因此D不得為認領登記之申請人。縱申請人無法親自辦理欲委託D代為辦理，亦應經戶政事務所核准後，方得由D代理辦理。故本題之情形，戶政事務所不應同意D持C同意認領之書面辦理認領登記。

> 三、出生登記當事人之姓氏，依相關法律規定未能確定時，依戶籍法之
> 　　規定，應如何決定其姓氏而為登記？請依婚生子女、非婚生子女、
> 　　無依兒童，分別說明之。

答：(一) 民法第1059條第1項至第4項規定：「父母於子女出生登記前，應
　　　　　以書面約定子女從父姓或母姓。

　　　　　未約定或約定不成者，於戶政事務所抽籤決定之。

　　　　　子女經出生登記後，於未成年前，得由父母以書面約定變更為父姓
　　　　　或母姓。

　　　　　子女已成年者，得變更為父姓或母姓。

　　　　　前二項之變更，各以一次為限。」

　　　　　同法第1059-1條規定：「非婚生子女從母姓。經生父認領者，適用
　　　　　前條第2項至第4項之規定。

　　　　　非婚生子女經生父認領，而有下列各款情形之一，法院得依父母之
　　　　　一方或子女之請求，為子女之利益，宣告變更子女之姓氏為父姓或
　　　　　母姓：

　　　　　一、父母之一方或雙方死亡者。

　　　　　二、父母之一方或雙方生死不明滿3年者。

　　　　　三、子女之姓氏與任權利義務行使或負擔之父或母不一致者。

　　　　　四、父母之一方顯有未盡保護或教養義務之情事者。」

　　　　　以上規定為子女姓氏之相關法律規定。

　　(二) 戶籍法第49條則規定：「出生登記當事人之姓氏，依相關法律規
　　　　　定未能確定時，婚生子女，由申請人於戶政事務所抽籤決定依父姓
　　　　　或母姓登記；非婚生子女，依母姓登記；無依兒童，依監護人之姓
　　　　　登記。

　　　　　戶政事務所依前條第1款規定逕為出生登記時，出生登記當事人姓
　　　　　氏，婚生子女，以抽籤決定依父姓或母姓登記；非婚生子女，依母
　　　　　姓登記；無依兒童，依監護人之姓登記，並由戶政事務所主任代立
　　　　　名字。」

(三) 綜上所述，如為出生登記時，當事人之姓氏依相關法律規定未能確
定時：

	申請人自為登記時	戶政事務所逕為登記時
婚生子女	於戶政事務所抽籤決定依父姓或母姓登記	以抽籤決定依父姓或母姓登記
非婚生子女	依母姓登記	依母姓登記
無依兒童	依監護人之姓登記	依監護人之姓登記，並由戶政事務所主任代立名字

四、我國人甲男乙女結婚後即前往美國加州洛杉磯居住，10年後甲乙
離婚，乙女欲對甲男主張婚後剩餘財產分配，我國法院應如何適
用法律？

答：我國法院應適用我國法為裁判。理由如下：

(一) 本題中雖甲、乙二人均為我國人，但婚後長期居住國外，因此應依
涉外民事法律適用法確認應適用之法律。

(二) 離婚事件，事涉配偶間之身分、夫妻之財產及對於子女之親權三層
面。涉外民事法律適用法（下同）雖對離婚加以規範，然其僅涉及
夫妻間身分上所發生之變化部分；至夫妻之財產變化，應依第48
條及第49條之規定；就子女親權部分，應依第55條之規定。本題
事涉甲、乙離婚後剩餘財產分配之適用法律，為夫妻財產制之一
環，為此應依第48條、第49條之規定，合先敘明。

(三) 第48條規定：「夫妻財產制，夫妻以書面合意適用其一方之本國
法或住所地法者，依其合意所定之法律。
夫妻無前項之合意或其合意依前項之法律無效時，其夫妻財產制依
夫妻共同之本國法；無共同之本國法時，依共同之住所地法；無共
同之住所地法時，依與夫妻婚姻關係最切地之法律。

前二項之規定，關於夫妻之不動產，如依其所在地法，應從特別規定者，不適用之。」

第49條規定：「夫妻財產制應適用外國法，而夫妻就其在中華民國之財產與善意第三人為法律行為者，關於其夫妻財產制對該善意第三人之效力，依中華民國法律。」

(四) 本題甲、乙均為我國人，婚後即長期居住美國加州洛杉磯，依題意觀之，應未就其夫妻財產制書面合意適用之法律，因此依第48條第2項之規定，其夫妻財產制應適用兩人之共同本國法即我國法。為此，就甲、乙離婚後，乙女欲對甲男主張婚後剩餘財產分配時，我國法院應適用我國法為裁判。

(五) 則依我國民法第1005條規定：「夫妻未以契約訂立夫妻財產制者，除本法另有規定外，以法定財產制，為其夫妻財產制。」因此依題意甲、乙間既未特別就夫妻財產制為約定，應以法定財產制為其夫妻財產制。又同法第1030-1條第1項本文規定：「法定財產制關係消滅時，夫或妻現存之婚後財產，扣除婚姻關係存續所負債務後，如有剩餘，其雙方剩餘財產之差額，應平均分配。」為此我國法院應依民法第1030-1條以下規定處理。

109年 普考

申論題

> 一、在何種情形下，內政部不得許可中華民國國民依國籍法第11條喪失國籍？

答：(一) 國籍法（下同）第11條規定：「中華民國國民有下列各款情形之一者，經內政部許可，喪失中華民國國籍：

一、由外國籍父、母、養父或養母行使負擔權利義務或監護之無行為能力人或限制行為能力人，為取得同一國籍且隨同至中華民國領域外生活。

二、為外國人之配偶。

三、依中華民國法律有行為能力，自願取得外國國籍。但受輔助宣告者，應得其輔助人之同意。

依前項規定喪失中華民國國籍者，其未成年子女，經內政部許可，隨同喪失中華民國國籍。

前項未成年子女，於本法中華民國一百零九年十二月二十九日修正之條文施行前結婚，修正施行後未滿十八歲者，於滿十八歲前仍適用修正施行前之規定。」

(二) 第12條規定：「依前條規定申請喪失國籍者，有下列各款情形之一，內政部不得為喪失國籍之許可：

一、男子年滿十五歲之翌年一月一日起，未免除服兵役義務，尚未服兵役者。但僑居國外國民，在國外出生且於國內無戶籍者或在年滿十五歲當年十二月三十一日以前遷出國外者，不在此限。

二、現役軍人。

三、現任中華民國公職者。」因此如有第12條各款規定之情況，內政部不得許可我國國民依第11條規定喪失國籍。

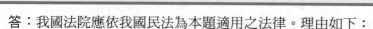

二、A國人甲男與我國人乙女結婚後住在臺北市多年，因感情不睦，遂協議離婚。關於二人離婚後是否仍對他方負有扶養義務之問題，我國法院應如何適用法律？

答：我國法院應依我國民法為本題適用之法律。理由如下：

(一) 本題中係A國人甲男與我國人乙女協議離婚後之扶養義務之問題，事件中有涉外成分，因此應依涉外民事法律適用法決定準據法。

(二) 離婚事件，事涉配偶間之身分、夫妻之財產及對於子女之親權三層面。涉外民事法律適用法（下同）第50條係對離婚後夫妻間身分上所發生之變化部分加以規範；至夫妻之財產變化，應依第48條及第49條之規定；就子女親權部分，應依第55條之規定。本題事涉協議協離婚後之扶養義務問題，因此應依第50條規定認定準據法。

(三) 第50條規定：「離婚及其效力，依協議時或起訴時夫妻共同之本國法；無共同之本國法時，依共同之住所地法；無共同之住所地法時，依與夫妻婚姻關係最切地之法律。」本題中甲男係A國人，乙女係我國人，兩人並無共同之本國法，然其婚後多年兩人共住在臺北市。則依上開規定，關於兩人離婚及其效力，應依兩人共同住所地臺北市之法律。換言之，應依我國民法為適用之法律。

我國民法第1116-1條規定：「夫妻互負扶養之義務，其負扶養義務之順序與直系血親卑親屬同，其受扶養權利之順序與直系血親尊親屬同。」因此夫妻離婚後，依上開規定，顯已不負扶養義務。

選擇題

(　) **1** 下列何者非屬傳來取得國籍之情形？　(A)外國人有殊勳於中華民國而歸化者　(B)歸化人之未婚未成年子女隨同歸化者　(C)出生於中華民國領域內，父母均無可考，或均無國籍者　(D)外國人為中華民國國民之配偶而歸化者。

(　) **2** 大華之父為中華民國籍，母為日本籍，兩人於日本同居時在民國100年4月20日生下大華，並於103年5月15日返國辦理結婚登記。依我

國相關法律，大華的國籍應如何認定？ (A)出生時就具有我國國籍 (B)生父母辦理結婚登記時大華才具有我國國籍 (C)必須歸化始能取得我國國籍 (D)出生在日本，不具有中華民國國籍。

( ) **3** 來自烏克蘭年滿30歲之甲熱愛臺灣，來臺工作合法居留超過5年，並與中華民國國籍人結婚生子，甲欲循一般歸化程序申請歸化為中華民國國籍，下列何者非屬一般歸化之法定要件？ (A)甲須滿20歲，且依中華民國法律及烏克蘭法律已是完全行為能力人 (B)甲在中華民國境內有依法繳納所得稅之紀錄 (C)甲於中華民國領域內，每年合計有183日以上合法居留之事實繼續5年以上 (D)甲無不良素行，且無警察刑事紀錄證明之刑事案件紀錄。

( ) **4** 外國人為中華民國國民之配偶，具備國籍法第3條第1項之歸化要件，如有下列何情形，仍不得申請歸化中華民國國籍？ (A)外國人因受家庭暴力而離婚且未再婚 (B)外國人與其配偶兩願離婚 (C)外國人之配偶死亡後未再婚，且有扶養其配偶之父母 (D)外國人之配偶死亡後未再婚，且與原配偶之兄弟姊妹仍有往來。

( ) **5** 甲於喪失中華民國國籍後，經申請而回復中華民國國籍。下列何者非甲自回復國籍日起3年內，依法不得擔任之公職？ (A)高雄市政府新聞局主任秘書 (B)教育部政務次長 (C)中華民國駐教廷之特命全權大使 (D)臺北市中正區里長。

( ) **6** 依現行法規定，申請喪失國籍時所應檢附之證明文件，不包括下列何者？ (A)國民身分證 (B)戶口名簿 (C)華僑登記證 (D)全民健康保險卡。

( ) **7** 甲經法院判決確定係以假結婚而歸化取得中華民國國籍，甲之歸化許可依法應如何處理？ (A)內政部應召開審查會審查 (B)依法應給予甲陳述意見之機會 (C)內政部應立即撤銷歸化許可 (D)經行政院核准後撤銷歸化許可。

( ) **8** 在飛機上出生之中華民國人民而無法確定其出生地者，其出生地應如何認定？ (A)以其出生時該飛機之起飛地 (B)以其出生時該飛機之降落地 (C)以其出生時該飛機之註冊地 (D)以其出生時該飛機之所在地。

(　)　**9** 甲出生後，有關其出生登記，下列敘述何者錯誤？　(A)甲若為無依兒童，出生登記得以兒童及少年福利機構為申請人　(B)甲之出生登記，申請人於申請時提出證明文件正本即可　(C)甲之出生登記，經催告仍不申請者，戶政事務所應逕行為之　(D)甲之出生登記，得以監護人為申請人。

(　)　**10** 甲死亡後，有關其死亡登記，下列敘述何者錯誤？　(A)得以經理殮葬之人為申請人　(B)得以死亡者死亡時之土地管理人為申請人　(C)得以村（里）長為申請人　(D)甲之死亡登記，經催告仍不申請者，由戶政事務所逕行為之。

(　)　**11** 在國內未曾設有戶籍，有下列何種情形者，應為初設戶籍登記？　(A)大陸地區人民，經核准停留者　(B)在國內出生，6歲以上未辦理出生登記，合法居住且未曾出境　(C)外國人歸化，經核准定居　(D)持有中華民國護照入境者。

(　)　**12** 甲為設有戶籍之中華民國國民，與未設有戶籍之中華民國國民乙於臺北市公證結婚後，有關其結婚登記之申請，下列敘述何者正確？　(A)得向甲之戶籍地或臺北市之戶政事務所為結婚登記　(B)應向甲戶籍地之戶政事務所為結婚登記　(C)得向任一戶政事務所辦理結婚登記　(D)應向為公證結婚所在地之戶政事務所辦理結婚登記。

(　)　**13** 下列何者出境2年以上，應為遷出登記？　(A)因公派駐境外之人員　(B)因公派駐境外人員之眷屬　(C)隨我國籍遠洋漁船出海作業者　(D)留學生。

(　)　**14** 未成年人第二次改名，依姓名條例第9條規定，應於幾歲後始得為之？　(A)14歲　(B)16歲　(C)18歲　(D)20歲。

(　)　**15** 受宣告強制工作之裁判確定而不得申請改姓之期間，自裁判確定之日起至執行完畢滿幾年止？　(A)一年　(B)二年　(C)三年　(D)四年。

(　)　**16** 關於被收養者之改姓或改名，下列敘述何者錯誤？　(A)得申請改姓　(B)得申請改名　(C)得同時申請改姓與改名　(D)只能申請改姓。

(　)　**17** 姓名文字未使用辭源、辭海、康熙等通用字典或教育部編訂之國語辭典所列有之文字者，如何辦理戶籍登記？　(A)依法不予登記

(B)可依申請人意願登記　(C)可依父母約定登記　(D)由戶政機關依職權更正。

( ) **18** 依據姓名條例之規定，有關取用中文姓名之敘述，下列何者正確？(A)無姓氏者，不得登記　(B)姓氏與名字無前後區分，得依當事人意願，自由登記　(C)中文姓氏與名字之間不得以空格或符號區隔(D)姓名文字得依當事人意願創造新文字。

( ) **19** 依據姓名條例第1條規定，下列敘述何者錯誤？　(A)中華民國國民，應以戶籍登記之姓名為本名，並以一個為限　(B)臺灣原住民及其他少數民族之姓名登記，得申請回復其傳統姓名　(C)外國人、無國籍人申請歸化我國國籍者，其中文姓名，須與其姓名發音相近(D)回復國籍者，應回復喪失中華民國國籍時之中文姓名。

( ) **20** 僑居國外國民在國內未曾設有戶籍者，不得以下列何種文件為本名之證明？　(A)出生證明書　(B)護照　(C)華僑登記證　(D)國籍證明書。

( ) **21** 我國人甲至A國旅行時，於飯店自書遺囑，嗣後甲歸化為B國籍，不久過世。關於甲之遺囑是否有效，依我國涉外民事法律適用法，應如何適用法律？　(A)適用中華民國法　(B)適用B國法　(C)適用A國法　(D)選擇適用中華民國法或B國法。

( ) **22** 下列敘述何者為單面法則之規定？　(A)遺囑之成立及效力，依成立時遺囑人之本國法　(B)依中華民國法律設立之外國法人分支機構，其內部事項依中華民國法律　(C)人之行為能力，依其本國法(D)關於物權依物之所在地法。

( ) **23** 甲男與乙女結婚時，約定以中華民國法律作為夫妻財產制應適用之法律，下列敘述何者正確？　(A)關於夫妻財產制準據法應適用法律之約定，可以用口頭約定　(B)僅能約定以夫妻雙方之共同本國法或共同住所地法為應適用之法律　(C)夫妻財產為不動產時，應適用該不動產所在地之特別規定　(D)關於夫妻財產制應適用法律之約定若為無效時，以結婚時夫之本國法為應適用法律。

（　）**24** 我國人甲女未婚且父母雙亡，有一兄長乙為日本人。甲欲請求乙扶養。關於扶養應適用之法律，下列敘述何者正確？　(A)適用扶養義務人之本國法，亦即日本法　(B)適用扶養權利人之本國法，亦即我國法　(C)適用各該當事人之本國法，亦即甲適用我國法而乙適用日本法　(D)涉外民事法律適用法未規定兄弟姐妹間之扶養。

（　）**25** 美國人甲男與日本人乙女為夫妻，在我國有共同住所，後因婚姻不睦向我國法院訴請裁判離婚，乙女並請求甲男給付贍養費。我國法院應如何適用法律？　(A)適用美國法　(B)適用日本法　(C)適用我國法　(D)選擇適用美國法或日本法。

解答及解析（答案標示為#者，表官方曾公告更正該題答案。）

1 (C)。「傳來取得」係指因出生後之原因而取得之國籍。大致可分為三類：

(1)親屬法上之效果：因親屬法上之原因而生之當然效果，不因當事人之意思而有所變更。如婚姻、認領或收養等等。

(2)歸化：外國人向內國申請為內國之國民。

(3)國際法上之原因：基於國際法之原因而取得國籍者。如人民因所居國家領土被合併、割讓等原因而隨之取得合併國或受讓國之國籍。

(C)之敘述係屬因出生而取得國籍，為「生來取得」，非屬「傳來取得」，故本題答案應選(C)。

2 (A)。國籍法第2條規定：「有下列各款情形之一者，屬中華民國國籍：
一、出生時父或母為中華民國國民。
二、出生於父或母死亡後，其父或母死亡時為中華民國國民。

三、出生於中華民國領域內，父母均無可考，或均無國籍者。
四、歸化者。
前項第一款及第二款規定，於本法中華民國八十九年二月九日修正施行時未滿二十歲之人，亦適用之。」
本題題述之情形，符合上開第2條第1項第1款之規定，因此大華出生即具有我國國籍，本題答案應選(A)。

3 (B)。國籍法第3條第1項規定：「外國人或無國籍人，現於中華民國領域內有住所，並具備下列各款要件者，得申請歸化：
一、於中華民國領域內，每年合計有183日以上合法居留之事實繼續5年以上。
二、年滿20歲並依中華民國法律及其本國法均有行為能力。
三、無不良素行，且無警察刑事紀錄證明之刑事案件紀錄。

四、有相當之財產或專業技能，足
　　以自立，或生活保障無虞。
五、具備我國基本語言能力及國民
　　權利義務基本常識。」
本條規定為歸化之一般要件，本題
中B不含在上開規定中，本題答案
應選(B)。
（應注意：110年1月27日修正公
布、112年1月1日施行之國籍法第3
條第1項第2款規定為：「二、依中
華民國法律及其本國法均有行為能
力。」）

4 (B)。國籍法第4條第1項第1款、第2
款規定：「外國人或無國籍人，現於
中華民國領域內有住所，具備前條第
1項第2款至第5款要件，於中華民國
領域內，每年合計有183日以上合法
居留之事實繼續3年以上，並有下列
各款情形之一者，亦得申請歸化：
一、為中華民國國民之配偶，不須
　　符合前條第1項第4款。
二、為中華民國國民配偶，因受
　　家庭暴力離婚且未再婚；或其
　　配偶死亡後未再婚且有事實足
　　認與其亡故配偶之親屬仍有往
　　來，但與其亡故配偶婚姻關係
　　已存續2年以上者，不受與親屬
　　仍有往來之限制。」
本題(B)不含在上開規定中，本題答
案應選(B)。

5 (A)。國籍法第18條規定：「回復
中華民國國籍者，自回復國籍日起
3年內，不得任第10條第1項各款公
職。但其他法律另有規定者，從其
規定。」

同法第10條第1項規定：「外國人或
無國籍人歸化者，不得擔任下列各
款公職：
一、總統、副總統。
二、立法委員。
三、行政院院長、副院長、政務委
　　員；司法院院長、副院長、大
　　法官；考試院院長、副院長、
　　考試委員；監察院院長、副院
　　長、監察委員、審計長。
四、特任、特派之人員。
五、各部政務次長。
六、特命全權大使、特命全權公使。
七、僑務委員會副委員長。
八、其他比照簡任第十三職等以上
　　職務之人員。
九、陸海空軍將官。
十、民選地方公職人員。」

6 (D)。國籍法施行細則第12條第1
項、第3項規定：「依本法第11條
規定申請喪失國籍者，應填具申請
書，並檢附下列文件：……
第1項第1款所定證明，指下列各款
文件之一：
一、戶籍資料。
二、國民身分證。
三、護照。
四、國籍證明書。
五、華僑登記證。
六、華僑身分證明書。但不包括檢
　　附華裔證明文件向僑務委員會
　　申請核發者。
七、父母一方具有我國國籍證明及
　　本人出生證明。

解答與解析

八、歸化國籍許可證書。

九、其他經內政部認定之證明文件。」

(D)不含在上開規定中，本題答案應選(D)。

7 (C)。國籍法施行細則第19條第1項、第2項規定：「歸化、喪失或回復中華民國國籍後，除依第9條第1項規定應撤銷其歸化許可外，內政部知有與本法之規定不合情形之日起2年得予撤銷。但自歸化、喪失或回復中華民國國籍之日起逾5年，不得撤銷。

經法院確定判決認其係通謀為虛偽結婚或收養而歸化取得中華民國國籍者，不受前項撤銷權行使期間之限制。」

本題答案應選(C)。

8 (C)。戶籍法第20條第3款規定：「中華民國人民初次申請戶籍登記時，其出生地依下列規定：……三、在船機上出生而無法確定其出生地者，以其出生時該船機之註冊地、國籍登記地或船籍港所在地為出生地。」

本題答案應選(C)。

9 (D)。(A)、(D)戶籍法第29條規定：「出生登記，以父、母、祖父、祖母、戶長、同居人或撫養人為申請人。前項出生登記，如係無依兒童，並得以兒童及少年福利機構為申請人。」

(B)戶籍法施行細則第13條第1款規定：「下列登記，申請人應於申請時提出證明文件正本：一、出生登記。」

(C)戶籍法第48-2條第1款規定：「下列戶籍登記，經催告仍不申請者，戶政事務所應逕行為之：一、出生登記。

綜上，(D)之敘述明顯錯誤，本題答案應選(D)。

※然須注意，戶籍法施行細則第14條第1項規定：「申請人依前條規定提出之證明文件，經戶政事務所查驗後，除出生、死亡、死亡宣告及初設戶籍登記之證明文件應留存正本外，其餘登記之證明文件，得以影本留存。」因此申請出生登記時除提出證明文件正本外，戶政事務所於查驗後，亦應留存正本，選項(B)之敘述恐有疑義。

10 (C)。戶籍法第36條規定：「死亡登記，以配偶、親屬、戶長、同居人、經理殮葬之人、死亡者死亡時之房屋或土地管理人為申請人。」

同法第48-2條第5款規定：「下列戶籍登記，經催告仍不申請者，戶政事務所應逕行為之：……五、死亡登記。」

(C)之敘述有誤，本題答案應選(C)。

11 (C)。戶籍法第15條規定：「在國內未曾設有戶籍，且有下列情形之一者，應為初設戶籍登記：

一、中華民國國民入境後，經核准定居。

二、外國人或無國籍人歸化或回復國籍後，經核准定居。

三、大陸地區人民或香港、澳門居
　　民，經核准定居。
四、在國內出生，12歲以上未辦理
　　出生登記，合法居住且未曾出
　　境。」
本題答案應選(C)。

12 (C)。戶籍法第26條第2款規定：
「戶籍登記之申請，應向當事人戶
籍地之戶政事務所為之。但有下列
情形之一者，不在此限：……二、
雙方或一方在國內現有或曾設戶籍
者，在國內結婚或離婚，得向任
一戶政事務所辦理結婚或離婚登
記。」
本題答案應選(C)。

13 (D)。戶籍法第16條第3項規定：
「出境二年以上，應為遷出登記。
但有下列情形之一者，不適用之：
一、因公派駐境外之人員及其眷屬。
二、隨我國籍遠洋漁船出海作
　　業。」
本題答案應選(D)。

14 (D)。姓名條例第9條第2項規定：
「依前項第6款申請改名，以三次為
限。但未成年人第二次改名，應於
成年後始得為之。」
民法第12條規定：「滿20歲為成
年。」
本題答案應選(D)。（修法後滿18歲
為成年）

15 (C)。姓名條例第15條規定：「有下
列情事之一者，不得申請改姓、改
名或更改姓名：

一、經通緝或羈押。
二、受宣告強制工作之裁判確定。
三、受有期徒刑以上刑之判決確
　　定，未宣告緩刑或未准予易科
　　罰金、易服社會勞動。但過失
　　犯罪者，不在此限。
前項第2款及第3款規定不得申請
改姓、改名或更改姓名之期間，自
裁判確定之日起至執行完畢滿3年
止。」
本題答案應選(C)。

16 (D)。姓名條例第8條第1項第2款規
定：「有下列情事之一者，得申請
改姓：……二、被收養、撤銷收養
或終止收養。」
同條例第9條第1項第5款規定：
「有下列情事之一者，得申請改
名：……五、被認領、撤銷認領、
被收養、撤銷收養或終止收養。」
(D)之敘述有誤，本題答案應選(D)。

17 (A)。姓名條例第2條第1項、第2項
規定：「辦理戶籍登記、申請歸化
或護照時，應取用中文姓名，並應
使用辭源、辭海、康熙等通用字典
或教育部編訂之國語辭典中所列有
之文字。
姓名文字未使用前項所定通用字典
或國語辭典所列有之文字者，不予
登記。」
本題答案應選(A)。

18 (C)。姓名條例第3條規定：「取用
中文姓名，應依下列方式為之：
一、姓氏在前，名字在後。但無姓
　　氏者，得登記名字。

二、中文姓氏與名字之間不得以空格或符號區隔。」

本題答案應選(C)。

19 (C)。姓名條例第1條規定：「中華民國國民，應以戶籍登記之姓名為本名，並以一個為限。

臺灣原住民族及其他少數民族之姓名登記，依其文化慣俗為之；其已依漢人姓名登記者，得申請回復其傳統姓名；回復傳統姓名者，得申請回復原有漢人姓名。但均以一次為限。

前項臺灣原住民族傳統姓名文化慣俗由中央原住民族主管機關調查確認；其內涵意義、取用方式及其他應行注意事項之指引，由中央主管機關會同中央原住民族主管機關定之。

第二項臺灣原住民族及其他少數民族之出生登記及初設戶籍登記以傳統姓名登記者，得申請變更為漢人姓名；變更為漢人姓名者，得申請回復傳統姓名。但均以一次為限。

中華民國國民與外國人、無國籍人結婚，其配偶及所生子女之取用中文姓名，應符合我國國民使用姓名之習慣；外國人、無國籍人申請歸化我國國籍者，其中文姓名，亦同。

已依前項規定取用中文姓名者，得申請更改中文姓名一次。

回復國籍者，應回復喪失中華民國國籍時之中文姓名。」

(C)之敘述有誤，本題答案應選(C)。

20 (A)。姓名條例施行細則第3條第2項規定：「申請歸化、回復國籍者，於設戶籍前，本名之證明為歸化、回復國籍許可證書。僑居國外國民在國內未曾設有戶籍者，得以下列文件為本名之證明：

一、護照。

二、華僑身分證明書。

三、華僑登記證。

四、國籍證明書。

五、載有中文姓名，且經我國駐外使領館、代表處或辦事處（以下簡稱駐外館處）審查屬實之下列證明文件：

(一)我國政府核發之身分證明或其他證明文件。

(二)經政府機關立（備）案之華僑（文）學校製發之證書。

(三)經主管機關登記有案之僑團、僑社核發之證明書。

(四)其他經駐外館處審查屬實之文件。」

(A)不含在上開規定中，本題答案應選(A)。

21 (A)。涉外民事法律適用法第60條第1項規定：「遺囑之成立及效力，依成立時遺囑人之本國法。」

本題答案應選(A)。

22 (B)。在各國就國際私法的立法類型，大致有兩種：一是採單面法則，即僅規定內國法適用之情形；而我國所採為雙面法則，即以抽象方式，就某種涉外事件所應適用之法律，不分內外國法，均予指示如何適用。

本題中僅(B)之敘述符合單面法則，本題答案應選(B)。

23 **(C)**。涉外民事法律適用法第48條規定：「夫妻財產制，夫妻以書面合意適用其一方之本國法或住所地法者，依其合意所定之法律。

夫妻無前項之合意或其合意依前項之法律無效時，其夫妻財產制依夫妻共同之本國法；無共同之本國法時，依共同之住所地法；無共同之住所地法時，依與夫妻婚姻關係最切地之法律。

前二項之規定，關於夫妻之不動產，如依其所在地法，應從特別規定者，不適用之。」

本題答案應選(C)。

24 **(B)**。涉外民事法律適用法第57條規定：「扶養，依扶養權利人之本國法。」

本題答案應選(B)。

25 **(C)**。本題事涉美國人甲男與日本人乙女間，在我國訴請裁判離婚，關於離婚效力之問題，有涉外成分，因此我國法院審理時，應依涉外民事法律適用法決定適用何國之法律。

涉外民事法律適用法第50條規定：「離婚及其效力，依協議時或起訴時夫妻共同之本國法；無共同之本國法時，依共同之住所地法；無共同之住所地法時，依與夫妻婚姻關係最切地之法律。」

本題中甲與乙間無共同之本國法，然在我國有共同住所，依上開規定，應適用我國法。

本題答案應選(C)。

解答與解析

109年　地特三等

一、涉外民事法律適用法上，有關監護事務有何規定？請說明之。

答：有關監護之規定如下：

(一) 涉外民事法律適用法（下稱本法）第12條：

1. 第12條規定：「凡在中華民國有住所或居所之外國人，依其本國及中華民國法律同有受監護、輔助宣告之原因者，得為監護、輔助宣告。前項監護、輔助宣告，其效力依中華民國法律。」

2. 本條說明外國人為監護和輔助宣告，及其效力所應適用之法律。

3. 本條之適用：

(1) 對象：在我國有住所或居所之外國人。

(2) 成立條件：（依其本國法＋依我國法）同有受監護或輔助宣告之原因。

(3) 結果：得為監護或輔助宣告。

(4) 效力：監護、輔助宣告之效力以我國法為準據法。

4. 本條之成立要件，採「累積適用」，即依當事人之本國法和我國法，均有受監護或輔助宣告之原因，始得為監護或輔助宣告。

(二) 本法第56條第1項：

1. 第56條第1項規定：「監護，依受監護人之本國法。但在中華民國有住所或居所之外國人有下列情形之一者，其監護依中華民國法律：
一、依受監護人之本國法，有應置監護人之原因而無人行使監護之職務。
二、受監護人在中華民國受監護宣告。」

2. 本條說明監護及輔助宣告之輔助所應適用之法律。就監護部分：

(1) 原則：依受監護人之本國法。

(2) 但書：外國人在我國有住所或居所，又依受監護人之本國法，有應置監護人原因而無人行使監護之職務；或者受監護人在我國受監護宣告，其監護依我國法。

二、戶籍法第四十八條之二規定，戶籍登記經催告仍不申請者，戶政事務所應逕行為之。試問，有那些戶籍登記，戶政事務所應逕行為之？

答：依戶籍法第48-2條之規定：「下列戶籍登記，經催告仍不申請者，戶政事務所應逕行為之：

一、出生登記。

二、監護登記。

三、輔助登記。

四、未成年子女權利義務行使負擔登記。

五、死亡登記。

六、初設戶籍登記。

七、遷徙登記。

八、更正、撤銷或廢止登記。

九、經法院裁判確定、調解或和解成立之身分登記。」

三、依姓名條例第八條規定，有那些情事者，得申請改姓？請敘述之。

答：姓名條例第8條規定：「有下列情事之一者，得申請改姓：

一、被認領、撤銷認領。

二、被收養、撤銷收養或終止收養。

三、臺灣原住民族或其他少數民族因改漢姓造成家族姓氏誤植。

四、音譯過長。

五、其他依法改姓。

夫妻之一方得申請以其本姓冠以配偶之姓或回復其本姓；其回復本姓者，於同一婚姻關係存續中，以一次為限。」

> 四、日本國籍之甲男與我國籍之乙女結婚後，定居我國且取得永久居留，兩人間並生有一子丙，數年後乙女因病去世，甲男仍然繼續居住在我國，並獨自扶養丙。其後，甲男因交通事故死亡，經查其在我國遺有價值約新臺幣一千萬元之財產，但未留有任何遺囑。試問，依涉外民事法律適用法規定，甲男之遺產應如何繼承？

答：(一) 國籍法第2條第1項規定：「有下列各款情形之一者，屬中華民國國籍：

一、出生時父或母為中華民國國民。

二、出生於父或母死亡後，其父或母死亡時為中華民國國民。

三、出生於中華民國領域內，父母均無可考，或均無國籍者。

四、歸化者。」

涉外民事法律適用法第51條規定：「子女之身分，依出生時該子女、其母或其母之夫之本國法為婚生子女者，為婚生子女。……」

民法第1061條規定：「稱婚生子女者，謂由婚姻關係受胎而生之子女。」

本題中，日本籍的甲男與我國籍的乙女結婚生下一子丙，依上述國籍法第2條第1項第1款之規定，丙自為我國之國民；且依上述涉外民事法律適用法第51條本文規定及民法第1061條規定，丙為甲、乙之婚生子女無疑，合先敘明。

(二) 涉外民事法律適用法第58條規定：「繼承，依被繼承人死亡時之本國法。但依中華民國法律中華民國國民應為繼承人者，得就其在中華民國之遺產繼承之。」

民法第1138條第1款規定：「遺產繼承人，除配偶外，依左列順序定之：一、直系血親卑親屬。」

(三) 由上述民法第1138條第1款之規定，本題中丙依我國法律為甲之繼承人，其又為中華民國國民，已如前述，因此依涉外民事法律適用法第58條但書之規定，自得就甲在我國之遺產繼承之。至甲如在我國之外有遺產，因甲僅取得我國永久居留權，非歸化為我國籍，則應依甲死亡時之本國法即日本法為處理。

109年　地特四等

>**申論題**

一、我國人甲、乙於赴美國拉斯維加斯旅遊時，突決定在當地（美國內華達州克拉克郡）教堂舉行婚禮，依當地法律於結婚登記處進行結婚登記並受領結婚證書。嗣後甲乙於我國法院爭執婚姻之效力，應如何適用法律？附理由說明之。

答：(一) 有關婚姻之成立之規定：

1. 涉外民事法律適用法第46條規定：「婚姻之成立，依各該當事人之本國法。但結婚之方式依當事人一方之本國法或依舉行地法者，亦為有效。」
依本條之規定，婚姻成立之形式要件，除可採「各該當事人之本國法」，亦可採「當事人一方之本國法」或「舉行地法」。此即謂「選擇適用」之法理。然就婚姻成立之實質要件，僅得依「各該當事人之本國法」。

2. 我國民法第982條規定：「結婚應以書面為之，有二人以上證人之簽名，並應由雙方當事人向戶政機關為結婚之登記。」此為民法中婚姻成立之形式要件。
同法第980、981、983、984、985、995、996、997條等有關結婚之法定年齡、未成年人結婚應有法定代理人之同意、須非禁婚親、須非監護關係、須非重婚、須非不能人道、及當事人有合意及意思表示無瑕疵等規定，則為民法中婚姻成立之實質要件。

(二) 有關婚姻之效立之規定：

涉外民事法律適用法第47條規定：「婚姻之效力，依夫妻共同之本國法；無共同之本國法時，依共同之住所地法；無共同之住所地法時，依與夫妻婚姻關係最切地之法律。」此種適用方式，學理上稱為「階段適用」。

(三) 綜上所述：

1. 本題中，甲、乙均為我國國民，在美國內華達州克拉克郡教堂舉行婚禮，依當地法律於結婚登記處進行結婚登記並受領結婚證書。後就婚姻之效力在我國法院為爭執。

2. 則依上述涉外民事法律適用法第47條規定，因甲、乙均為我國人，其婚姻效力所應適用之法律，應為我國民法，故應適用民法中有關婚姻效力之相關規定。

> **二、依姓名條例及民法規定，未成年人甲申請更改姓名之程序為何？又甲如經法院宣告變更姓氏者，其程序有無不同？**

答：(一) 姓名條例之相關規定：

1. 姓名條例（下同）第8條規定：「有下列情事之一者，得申請改姓：
   一、被認領、撤銷認領。
   二、被收養、撤銷收養或終止收養。
   三、臺灣原住民族或其他少數民族因改漢姓造成家族姓氏誤植。
   四、音譯過長。
   五、其他依法改姓。
   夫妻之一方得申請以其本姓冠以配偶之姓或回復其本姓；其回復本姓者，於同一婚姻關係存續中，以一次為限。」

2. 第9條規定：「有下列情事之一者，得申請改名：
   一、同時在一公民營事業機構、機關（構）、團體或學校服務或肄業，姓名完全相同。
   二、與三親等以內直系尊親屬名字完全相同。
   三、同時在一直轄市、縣（市）設立戶籍六個月以上，姓名完全相同。
   四、與經通緝有案之人犯姓名完全相同。
   五、被認領、撤銷認領、被收養、撤銷收養或終止收養。
   六、字義粗俗不雅、音譯過長或有特殊原因。
   七、臺灣原住民基於文化慣俗。
   依前項第六款申請改名，以三次為限。但未成年人第二次改名，應於成年後始得為之。」

3. 第10條規定：「有下列情事之一者，得申請更改姓名：
   一、原名譯音過長或不正確。
   二、因宗教因素出世或還俗。
   三、因執行公務之必要，應更改姓名。」

(二) 民法相關規定：
  1. 民法（下同）第1059條規定：「父母於子女出生登記前，應以書面約定子女從父姓或母姓。未約定或約定不成者，於戶政事務所抽籤決定之。
    子女經出生登記後，於未成年前，得由父母以書面約定變更為父姓或母姓。
    子女已成年者，得變更為父姓或母姓。
    前二項之變更，各以一次為限。
    有下列各款情形之一，法院得依父母之一方或子女之請求，為子女之利益，宣告變更子女之姓氏為父姓或母姓：
    一、父母離婚者。
    二、父母之一方或雙方死亡者。
    三、父母之一方或雙方生死不明滿三年者。
    四、父母之一方顯有未盡保護或教養義務之情事者。」
  2. 第1059-1條規定：「非婚生子女從母姓。經生父認領者，適用前條第二項至第四項之規定。
    非婚生子女經生父認領，而有下列各款情形之一，法院得依父母之一方或子女之請求，為子女之利益，宣告變更子女之姓氏為父姓或母姓：
    一、父母之一方或雙方死亡者。
    二、父母之一方或雙方生死不明滿三年者。
    三、子女之姓氏與任權利義務行使或負擔之父或母不一致者。
    四、父母之一方顯有未盡保護或教養義務之情事者。」
(三) 姓名條例施行細則之相關規定：
  1. 姓名條例施行細則（下同）第7條規定：「依本條例第八條第一項各款規定申請改姓之證明文件如下：
    一、依第一款規定申請者，為被認領、撤銷認領之證明文件。
    二、依第二款規定申請者，為法院裁判書及確定證明書之證明文件，養子女為成年人得以終止收養書約為證明文件。
    三、依第三款規定申請者，為足資證明家族正確姓氏之文件。
    四、依第五款規定申請者，為其依法改姓之證明文件。
    前項證明文件有戶籍資料可稽者，由戶政機關查證之。」

2. 第8條規定：「依本條例第九條第一項各款規定申請改名之證明文件或由戶政機關查證戶籍資料如下：

一、依第一款規定申請者，為公民營事業機構、機關（構）、團體或學校之證明文件。

二、依第二款規定申請者，由戶政機關查證同名直系尊親屬戶籍資料。

三、依第三款規定申請者，申請人應提供同姓名者戶籍所在之鄉（鎮、市、區），由戶政機關查證戶籍資料。

四、依第四款規定申請者，為載有通緝資料之證明文件。

五、依第五款規定申請者，為被認領、撤銷認領、被收養、撤銷收養或終止收養之證明文件。

六、依第六款規定申請者，由戶政機關查證申請人之改名次數及是否成年戶籍資料。」

3. 第9條規定：「依本條例第十條規定申請更改姓名之證明文件如下：

一、依第一款規定申請者，為載有原姓名之證件。

二、依第二款規定申請者，為出世或還俗之證明。

三、依第三款規定申請者，為服務機關證明書。」

(四) 須注意者，依內政部戶政司所公布之姓名登記須知中提到未成年人應由法定代理人為申請人，且未成年人由法定代理人單方申請，須另附他方之同意書。

(五) 至於如為法院宣告變更姓氏時，依姓名條例施行細則之相關規定，應出具法院裁判書及確定證明書之證明文件。

選擇題

(　　) **1** 外國人申請歸化所需之合法居留期間之計算，下列何種居留期間得列入計算？　(A)經勞動部許可從事看護工作　(B)經勞動部許可從事海洋漁撈工作　(C)經勞動部許可從事中央主管機關指定為經濟社會發展需要之工作　(D)經勞動部許可從事運動員之工作。

(　　) **2** 我國國民兼具外國國籍者，如擬擔任國籍法所定應受國籍限制之公職，應如何辦理？　(A)應一律先申請內政部許可　(B)於就（到）

職前辦理放棄外國國籍，並於就（到）職之日起1年內完成喪失該國籍及取得證明文件　(C)只須於就（到）職之日起1年內完成喪失該國籍及取得證明文件即可　(D)應於就（到）職前完成喪失該國籍及取得證明文件。

(　　) **3** 關於有殊勳於中華民國之外國人申請歸化，下列敘述何者正確？ (A)其許可由行政院為之　(B)申請人於中華民國領域內毋須設有住所　(C)國籍法明文授權主管機關就殊勳之認定標準另以辦法定之　(D)毋須具有於中華民國領域內，每年合計有183日以上合法居留之事實繼續5年以上之要件。

(　　) **4** 歸化後發現有應撤銷歸化許可之事由者，於下列何種情形，內政部仍不得撤銷其歸化許可？　(A)未於許可歸化之日起1年內提出喪失原有國籍證明者　(B)經法院確定判決認係通謀為虛偽結婚而歸化逾5年者　(C)無國籍人因出生於我國領域內而申請歸化許可逾5年者　(D)內政部知有與國籍法規定不合情形之日起逾1年者。

(　　) **5** 依國籍法規定，我國國籍之取得係採以下何種主義？　(A)僅採血統主義　(B)僅採出生地主義　(C)血統主義為主，出生地主義為輔　(D)出生地主義為主，血統主義為輔。

(　　) **6** 無國籍人歸化者，於歸化日起滿10年內，得擔任下列何種公職？ (A)內政部科長　(B)村里長　(C)特命全權公使　(D)鄉民代表。

(　　) **7** 出生於我國領域內之無國籍人申請歸化，就其具備「有相當之財產或專業技能，足以自立，或生活保障無虞」要件，得提出之證明文件，不包括下列何者？　(A)我國政府機關核發之專門職業及技術人員或技能檢定證明文件　(B)最近1年於國內平均每月收入逾勞動部公告基本工資2倍者　(C)雇主開立之聘僱證明或申請人自行以書面敘明其工作內容及所得　(D)國內之動產及不動產估價總值逾新臺幣500萬元者。

(　　) **8** 下列何者為原住民民族別登記之辦理依據？　(A)原住民族基本法　(B)原住民族工作權保障法　(C)原住民族教育法　(D)原住民身分法。

(　　) **9** 下列何種登記，毋須有正當理由並經戶政事務所核准，即得以書面委託他人為之？　(A)認領登記　(B)終止收養登記　(C)兩願離婚登記　(D)法院裁判離婚之登記。

(　　) **10** 以本人或戶長為申請人之戶籍登記，不包括下列何者？　(A)遷徙登記　(B)全戶之遷徙登記　(C)分戶登記　(D)合戶登記。

(　　) **11** 下列有關出生地之敘述何者錯誤？　(A)無依兒童之出生地無可考者，以發現地為出生地　(B)國外出生者，以其出生所在地之國家或地區為出生地　(C)以其出生地所屬之省（市）及縣（市）為出生地　(D)在少年福利機構安置教養者，均以該機構所在地為出生地。

(　　) **12** 有關戶籍登記之申請人，下列敘述何者正確？　(A)監護登記，以監護人及被監護人雙方為申請人　(B)認領登記，以認領人及被認領人雙方為申請人　(C)收養登記，被收養人得為申請人　(D)終止收養登記，僅被收養人得為申請人。

(　　) **13** 某甲遷出某戶後失蹤，未於法定期間辦理遷出登記，戶政事務所應如何辦理？　(A)本人死亡時，應另通知本人之配偶及一親等直系血親　(B)應為公示催告　(C)逕行為之　(D)辦理死亡宣告。

(　　) **14** 依姓名條例規定申請回復本姓，除法律另有規定外，自何日起發生效力？　(A)提出申請之日起　(B)戶籍登記之日起　(C)戶籍登記後滿1個月起　(D)提出申請後滿3個月起。

(　　) **15** 申請歸化之外國人，下列何者不須具備「有相當之財產或專業技能，足以自立，或生活保障無虞」之要件？　(A)為我國國民之配偶者　(B)扶養5歲之我國籍子女者　(C)父母曾為我國國民者　(D)為我國國民之養子女者。

(　　) **16** 關於臺灣原住民之姓名登記，下列何者錯誤？　(A)得僅以傳統姓名登記　(B)得僅以漢人姓名登記　(C)得以傳統姓名之羅馬拼音與漢人姓名並列登記　(D)得以漢人姓名之羅馬拼音與傳統姓名並列登記。

(　　) **17** 因字義粗俗不雅而申請改名，下列何者錯誤？　(A)以3次為限　(B)由本人向戶政機關提出申請　(C)未成年人應於成年後，始得申

請改名　(D)所改之名應使用辭源、辭海、康熙等通用字典或教育部編訂之國語辭典中所列有之文字。

(　) **18** 依姓名條例第9條第1項各款規定申請改名，應檢附之證明文件，不包括下列何者？　(A)同時在一公營事業機構服務而姓名完全相同者，為該公營事業機構之證明文件　(B)與三親等以內直系尊親屬名字完全相同者，為戶口名簿　(C)與經通緝有案之人犯姓名完全相同者，為載有通緝資料之證明文件　(D)撤銷認領者，為撤銷認領之證明文件。

(　) **19** 下列何者為戶籍法規定之身分登記　(A)遷徙登記　(B)分戶登記　(C)初設戶籍登記　(D)輔助登記。

(　) **20** 關於姓名變更登記後之通知，下列敘述何者正確？　(A)戶政機關應於變更登記後通知其配偶及子女　(B)戶政機關應於變更登記後通知其配偶及子女，但其子女已成年者，不在此限　(C)戶政機關應於變更登記後通知其配偶及子女，但其配偶經監護宣告或輔助宣告者，不在此限　(D)戶政機關應於變更登記後通知其配偶及子女，但其配偶或子女在監服刑者，不在此限。

(　) **21** 關於本國國民與外國人結婚，其配偶與所生子女之取用中文姓名，下列敘述何者正確？　(A)得為姓氏在後，名字在前　(B)其配偶取用中文姓名時，應冠我國配偶之姓　(C)應符合我國國民使用姓名之習慣　(D)已取用中文姓名者，不得申請更改。

(　) **22** A國人甲夫與我國人乙妻婚後於B國及我國皆有共同住所，嗣後甲乙向我國法院請求裁判離婚，關於甲乙離婚後其未成年子丙（A國籍）之親權行使，應如何適用法律？　(A)中華民國法　(B)A國法　(C)B國法　(D)選擇適用B國法或中華民國法。

(　) **23** 關於申請更改姓名之次數，下列敘述何者錯誤？　(A)臺灣原住民及其他少數民族已依漢人姓名登記者，申請回復其傳統姓名，以1次為限　(B)臺灣原住民及其他少數民族已依漢人姓名登記而回復其傳統姓名後，不得再申請回復原有漢人姓名　(C)外國人申請歸化我國國籍而取用中文姓名者，得申請更改中文姓名1次　(D)無國籍人申請歸化我國國籍而取用中文姓名者，得申請更改中文姓名1次。

( ) **24** 法國人甲在日本收養我國人乙，關於其收養效力之問題，我國法院
應如何適用法律？ (A)適用法國法 (B)適用日本法 (C)適用我國
法 (D)適用法國法或我國法。

( ) **25** 我國人15歲甲女與法國人23歲乙男在我國結婚。關於甲乙之婚姻是
否成立，應如何適用法律？ (A)應適用我國法律 (B)應適用法國
法律 (C)應適用我國法律與法國法律 (D)甲女適用我國法律，乙
男適用法國法律。

解答及解析（答案標示為#者，表官方曾公告更正該題答案。）

1 (D)。國籍法施行細則第5條第1項、
第2項第1款規定：「本法第三條至
第五條所定合法居留期間之計算，
包括本法中華民國八十九年二月九
日修正施行前已取得外僑居留證或
外僑永久居留證之合法居留期間。
申請人以下列各款事由之一為居留
原因者，其居留期間不列入前項所
定合法居留期間之計算：一、經勞
動部許可從事就業服務法第四十六
條第一項第八款至第十款規定之工
作。」因此如非「經勞動部許可從
事就業服務法第四十六條第一項第
八款至第十款規定之工作」，則得
列入居留時間之計算。就業服務法
第46條第1項第8款至第10款規定：
「雇主聘僱外國人在中華民國境內
從事之工作，除本法另有規定外，
以下列各款為限：……八、海洋漁
撈工作。九、家庭幫傭及看護工
作。十、為因應國家重要建設工程
或經濟社會發展需要，經中央主管
機關指定之工作。」
(D)不含在上列就業服務法第46條第

1項第8款至第10款之規定中，本題
答案應選(D)。

2 (B)。國籍法第20條第4項規定：
「中華民國國民兼具外國國籍者，
擬任本條所定應受國籍限制之公職
時，應於就（到）職前辦理放棄外
國國籍，並於就（到）職之日起一
年內，完成喪失該國國籍及取得證
明文件。但其他法律另有規定者，
從其規定。」
本題答案應選(B)。

3 (D)。國籍法（下同）第6條第1
項、第2項規定：「外國人或無國
籍人，有殊勳於中華民國者，雖不
具備第三條第一項各款要件，亦得
申請歸化。
內政部為前項歸化之許可，應經行
政院核准。」
第3條第1項規定：「外國人或無
國籍人，現於中華民國領域內有住
所，並具備下列各款要件者，得申
請歸化：
一、於中華民國領域內，每年合計
有一百八十三日以上合法居留

之事實繼續五年以上。

二、依中華民國法律及其本國法均
　　有行為能力。

三、無不良素行，且無警察刑事紀
　　錄證明之刑事案件紀錄。

四、有相當之財產或專業技能，足
　　以自立，或生活保障無虞。

五、具備我國基本語言能力及國民
　　權利義務基本常識。」

因此：

(A)其許可係由內政部為，但須經行
政院核准。(B)申請人仍應符合第3
條第1項本文之條件，即「現於中華
民國領域內有住所」。(C)就殊勳之
認定標準，國籍法並未明文授權。
本題答案應選(D)。

4 **(C)**。國籍法第19條第1項規定：
「歸化、喪失或回復中華民國國籍
後，除依第九條第一項規定應撤銷
其歸化許可外，內政部知有與本法
之規定不合情形之日起二年得予撤
銷。但自歸化、喪失或回復中華
民國國籍之日起逾五年，不得撤
銷。」
本題答案應選(C)。

5 **(C)**。國籍法第第2條第1項規定：
「有下列各款情形之一者，屬中華
民國國籍：

一、出生時父或母為中華民國國民。

二、出生於父或母死亡後，其父或
　　母死亡時為中華民國國民。

三、出生於中華民國領域內，父母
　　均無可考，或均無國籍者。

四、歸化者。」

上述前二款即採血統主義，第三款
則係採出生地主義。故我國籍之取得
以血統主義為主，出生地主義為輔。

6 **(A)**。國籍法第10條規定：「外國人
或無國籍人歸化者，不得擔任下列
各款公職：

一、總統、副總統。

二、立法委員。

三、行政院院長、副院長、政務委
　　員；司法院院長、副院長、大
　　法官；考試院院長、副院長、
　　考試委員；監察院院長、副院
　　長、監察委員、審計長。

四、特任、特派之人員。

五、各部政務次長。

六、特命全權大使、特命全權公使。

七、僑務委員會副委員長。

八、其他比照簡任第十三職等以上
　　職務之人員。

九、陸海空軍將官。

十、民選地方公職人員。

前項限制，自歸化日起滿十年後解
除之。但其他法律另有規定者，從
其規定。」
本題中，(A)不含在上列規定之限制
中，本題答案應選(A)。

7 **(C)**。國籍法第5條規定：「外國人
或無國籍人，現於中華民國領域內
有住所，具備第三條第一項第二款
至第五款要件，並具有下列各款情
形之一者，亦得申請歸化：

一、出生於中華民國領域內，其父或
　　母亦出生於中華民國領域內。

二、曾在中華民國領域內合法居留
　　繼續十年以上。

三、由中央目的事業主管機關推薦之高級專業人才，有助中華民國利益，並經內政部邀請社會公正人士及相關機關共同審核通過，且於中華民國領域內，每年合計有一百八十三日以上合法居留之事實繼續二年以上，或曾在中華民國領域內合法居留繼續五年以上。」

同法第3條第1項第2款至第5款規定：「外國人或無國籍人，現於中華民國領域內有住所，並具備下列各款要件者，得申請歸化：……

二、依中華民國法律及其本國法均有行為能力。

三、無不良素行，且無警察刑事紀錄證明之刑事案件紀錄。

四、有相當之財產或專業技能，足以自立，或生活保障無虞。

五、具備我國基本語言能力及國民權利義務基本常識。」

國籍法施行細則第7條第1項、第2項規定：「本法第三條第一項第四款所定有相當之財產或專業技能，足以自立，或生活保障無虞，其規定如下：

一、申請回復國籍或依本法第四條第一項第二款、第三款規定申請歸化國籍者，得檢具下列文件之一，由內政部認定之：

(一)國內之收入、納稅、動產或不動產資料。

(二)雇主開立之聘僱證明或申請人自行以書面敘明其工作內容及所得。

(三)我國政府機關核發之專門職業及技術人員或技能檢定證明文件。

(四)其他足資證明足以自立或生活保障無虞之資料。

二、以前款以外情形申請歸化者，應具備下列情形之一：

(一)最近一年於國內平均每月收入逾勞動部公告基本工資二倍者。

(二)國內之動產及不動產估價總值逾新臺幣五百萬元者。

(三)我國政府機關核發之專門職業及技術人員或技能檢定證明文件。

(四)入出國及移民法第二十五條第三項第二款所定為我國所需高級專業人才，經許可在臺灣地區永久居留。

(五)其他經內政部認定者。」

因此出生於我領域內之無國籍人申請歸化，其非以國籍法第4條第1項第2款、第3款規定申請歸化，有關其具備「有相當之財產或專業技能，足以自立，或生活保障無虞」所得提出之證明文件，應依國籍法施行細則第7條第2項之規定，不含同條第1項之規定。

(C)不含在上列規定中，本題答案應選(C)。

8 (D)。戶籍法第14-1條規定：「原住民身分及民族別之取得、喪失、變更或回復，應為原住民身分及民族別登記。

前項登記，依原住民身分法及其相關法規規定辦理。」
本題答案應選(D)。

9 (D)。戶籍法第47條規定：「申請人不能親自申請登記時，得以書面委託他人為之。
認領、終止收養、結婚或兩願離婚登記之申請，除有正當理由，經戶政事務所核准者外，不適用前項規定。」
(D)不含在上列第2項之規定中，本題答案應選(D)。

10 (B)。戶籍法（下同）第40條規定：「初設戶籍登記，以本人或戶長為申請人。」
第41條規定：「遷徙登記，以本人或戶長為申請人。
全戶之遷徙登記，以戶長為申請人。」
第43條規定：「全戶之遷徙登記，以戶長為申請人。」
本題答案應選(B)。

11 (D)。戶籍法第20條規定：「中華民國人民初次申請戶籍登記時，其出生地依下列規定：
一、申請戶籍登記，以其出生地所屬之省（市）及縣（市）為出生地。
二、無依兒童之出生地無可考者，以發現地為出生地。
三、在船機上出生而無法確定其出生地者，以其出生時該船機之註冊地、國籍登記地或船籍港所在地為出生地。

四、在兒童及少年福利機構安置教養，其出生地或發現地不明者，以該機構所在地為出生地。
五、在國外出生者，以其出生所在地之國家或地區為出生地。
六、不能依前五款規定確定其出生地者，以其居住處所地為出生地。」
(D)之敘述有誤，本題答案應選(D)。

12 (C)。(A)戶籍法（下同）第35條第1項規定：「監護登記，以監護人為申請人。」(B)第30條規定：「認領登記，以認領人為申請人；認領人不為申請時，以被認領人為申請人。」(C)第31條規定：「收養登記，以收養人或被收養人為申請人。」(D)第32條規定：「終止收養登記，以收養人或被收養人為申請人。」
本題答案應選(C)。

13 (A)。戶籍法（下同）第14條規定：「死亡或受死亡宣告，應為死亡或死亡宣告登記。
檢察機關、軍事檢察機關、醫療機構於出具相驗屍體證明書、死亡證明書或法院為死亡宣告之裁判確定後，應將該證明書或裁判要旨送當事人戶籍地直轄市、縣（市）主管機關。
前項辦理程序、期限、方式及其他應遵行事項之辦法，由中央主管機關定之。」
第21條規定：「戶籍登記事項有變更時，應為變更之登記。」

解答與解析

第48-2條第5款、第7款、第8款規定：「下列戶籍登記，經催告仍不申請者，戶政事務所應逕行為之：……五、死亡登記。……七、遷徙登記。八、更正、撤銷或廢止登記。」

第46條規定：「變更、更正、撤銷或廢止登記，以本人為申請人。本人不為或不能申請時，以原申請人或利害關係人為申請人，戶政事務所並應於登記後通知本人。戶政事務所依職權為更正、撤銷或廢止登記，亦同。」

戶籍法施行細則第19條第1項規定：「戶政事務所依本法第四十六條通知本人時，本人死亡或為失蹤人口，應另通知本人之配偶及一親等直系血親。」

本題中，某甲遷出某戶後失蹤，本應為遷出登記，然如於本人死亡時，則依戶籍法第14條第1項應為死亡登記。故依第21條應為變更登記，而有第46條之適用。因此依戶籍法施行細則第19條第1項之規定，於本人死亡或失蹤人口，應另通知本人之配偶及一親等直系血親。
本題答案應選(A)。

14 (B)。姓名條例第14條規定：「依本條例規定申請改姓、冠姓、回復本姓、改名、更改姓名或更正本名者，除法律另有規定外，自戶籍登記之日起，發生效力。」
本題答案應選(B)。

15 (A)。國籍法第4條第1項第1款規定：「外國人或無國籍人，現於

中華民國領域內有住所，具備前條第一項第二款至第五款要件，於中華民國領域內，每年合計有一百八十三日以上合法居留之事實繼續三年以上，並有下列各款情形之一者，亦得申請歸化：一、為中華民國國民之配偶，不須符合前條第一項第四款。」

同法第3條第1項第4款規定：「外國人或無國籍人，現於中華民國領域內有住所，並具備下列各款要件者，得申請歸化：……四、有相當之財產或專業技能，足以自立，或生活保障無虞。」
本題答案應選(A)。

16 (D)。姓名條例（下同）第1條第1項、第2項規定：「中華民國國民，應以戶籍登記之姓名為本名，並以一個為限。

臺灣原住民族及其他少數民族之姓名登記，依其文化慣俗為之；其已依漢人姓名登記者，得申請回復其傳統姓名；回復傳統姓名者，得申請回復原有漢人姓名。但均以一次為限。」

第4條第1項規定：「臺灣原住民族之中文傳統姓名或漢人姓名，均得以傳統姓名之原住民族文字並列登記；其他少數民族之中文傳統姓名或漢人姓名，均得以傳統姓名之羅馬拼音並列登記。不受第一條第一項規定之限制。」
(D)之敘述有誤，本題答案應選(D)。

17 (C)。姓名條例（下同）第9條第1

項第6款、第2項規定：「有下列情事之一者，得申請改名：……六、字義粗俗不雅、音譯過長或有特殊原因。

依前項第六款申請改名，以三次為限。但未成年人第二次改名，應於成年後始得為之。」

第13條規定：「依本條例規定申請改姓、冠姓、回復本姓、改名、更改姓名、更正本名者，以本人或法定代理人為申請人。因收養或終止收養而須改姓者，辦理收養或終止收養登記之申請人，均得為改姓申請人。」

第2條規定：「辦理戶籍登記、申請歸化或護照時，應取用中文姓名，並應使用辭源、辭海、康熙等通用字典或教育部編訂之國語辭典中所列有之文字。

姓名文字未使用前項所定通用字典或國語辭典所列有之文字者，不予登記。」

(C)之敘述有誤，本題答案應選(C)。

18 **(B)**。姓名條例第9條第1項規定：「有下列情事之一者，得申請改名：
一、同時在一公民營事業機構、機關（構）、團體或學校服務或肄業，姓名完全相同。
二、與三親等以內直系尊親屬名字完全相同。
三、同時在一直轄市、縣（市）設立戶籍六個月以上，姓名完全相同。

四、與經通緝有案之人犯姓名完全相同。
五、被認領、撤銷認領、被收養、撤銷收養或終止收養。
六、字義粗俗不雅、音譯過長或有特殊原因。
七、臺灣原住民族基於文化慣俗。」

姓名條例施行細則第8條規定：「依本條例第九條第一項各款規定申請改名之證明文件或由戶政機關查證戶籍資料如下：
一、依第一款規定申請者，為公民營事業機構、機關（構）、團體或學校之證明文件。
二、依第二款規定申請者，由戶政機關查證同名直系尊親屬戶籍資料。
三、依第三款規定申請者，申請人應提供同姓名者戶籍所在之鄉（鎮、市、區），由戶政機關查證戶籍資料。
四、依第四款規定申請者，為載有通緝資料之證明文件。
五、依第五款規定申請者，為被認領、撤銷認領、被收養、撤銷收養或終止收養之證明文件。
六、依第六款規定申請者，由戶政機關查證申請人之改名次數及是否成年戶籍資料。」

(B)不含在上列規定中，本題答案應選(B)。

19 **(D)**。戶籍法第4條第1款規定：「戶籍登記，指下列登記：
一、身分登記：(一)出生登記。(二)

解答與解析

認領登記。(三)收養、終止收養登記。(四)結婚、離婚登記。(五)監護登記。(六)輔助登記。(七)未成年子女權利義務行使負擔登記。(八)死亡、死亡宣告登記。(九)原住民身分及民族別登記。」
本題答案應選(D)。

20 (A)。姓名條例第12條規定:「本人申請改姓、名或姓名時,戶政機關應同時依職權於其配偶、子女戶籍資料為配偶、父或母姓名更改,並應於變更登記後通知其配偶及子女。」
本題答案應選(A)。

21 (C)。姓名條例第1條第5項、第6項規定:「中華民國國民與外國人、無國籍人結婚,其配偶及所生子女之取用中文姓名,應符合我國國民使用姓名之習慣;外國人、無國籍人申請歸化我國國籍者,其中文姓名,亦同。
已依前項規定取用中文姓名者,得申請更改中文姓名一次。」
本題答案應選(C)。

22 (B)。涉外民事法律適用法(下同)第50條規定:「離婚及其效力,依協議時或起訴時夫妻共同之本國法;無共同之本國法時,依共同之住所地法;無共同之住所地法時,依與夫妻婚姻關係最切地之法律。」
離婚事件,事涉配偶間之身分、夫妻之財產及對於子女之親權三層

面。就夫妻之財產變化,應依第48條及第49條之規定;就子女親權部分,應依第55條之規定。因此本條所規範者,僅就離婚所涉及夫妻間身分上所發生之變化,而為規範。
第55條規定:「父母與子女間之法律關係,依子女之本國法。」
本題答案應選(B)。

23 (B)。姓名條例第1條第2項、第5項、第6項規定:「臺灣原住民族及其他少數民族之姓名登記,依其文化慣俗為之;其已依漢人姓名登記者,得申請回復其傳統姓名;回復傳統姓名者,得申請回復原有漢人姓名。但均以一次為限。」、「中華民國國民與外國人、無國籍人結婚,其配偶及所生子女之取用中文姓名,應符合我國國民使用姓名之習慣;外國人、無國籍人申請歸化我國國籍者,其中文姓名,亦同。
已依前項規定取用中文姓名者,得申請更改中文姓名一次。」
(B)之敘述有誤,本題答案應選(B)。

24 (A)。涉外民事法律適用法第54條第2項規定:「收養及其終止之效力,依收養者之本國法。」
本題答案應選(A)。

25 (D)。涉外民事法律適用法第46條規定:「婚姻之成立,依各該當事人之本國法。但結婚之方式依當事人一方之本國法或依舉行地法者,亦為有效。」
本題答案應選(D)。

110年 高考三級

> 一、國民依國籍法規定申請喪失中華民國國籍者，經內政部許可，喪失國籍。但有那些情形時，內政部不得為喪失國籍之許可？又有那些情形時，仍不喪失國籍？

答：(一) 得申請喪失我國國籍之規定如下：

依國籍法（下同）第11條規定：「中華民國國民有下列各款情形之一者，經內政部許可，喪失中華民國國籍：

一、由外國籍父、母、養父或養母行使負擔權利義務或監護之無行為能力人或限制行為能力人，為取得同一國籍且隨同至中華民國領域外生活。

二、為外國人之配偶。

三、依中華民國法律有行為能力，自願取得外國國籍。但受輔助宣告者，應得其輔助人之同意。

依前項規定喪失中華民國國籍者，其未成年子女，經內政部許可，隨同喪失中華民國國籍。

前項未成年子女，於本法中華民國一百零九年十二月二十九日修正之條文施行前結婚，修正施行後未滿十八歲者，於滿十八歲前仍適用修正施行前之規定。」

(二) 內政部不得為喪失國籍之許可：第12條規定：「依前條規定申請喪失國籍者，有下列各款情形之一，內政部不得為喪失國籍之許可：一、男子年滿十五歲之翌年一月一日起，未免除服兵役義務，尚未服兵役者。但僑居國外國民，在國外出生且於國內無戶籍者或在年滿十五歲當年十二月三十一日以前遷出國外者，不在此限。二、現役軍人。三、現任中華民國公職者。」

(三) 仍不喪失國籍之情形：第13條規定：「有下列各款情形之一者，雖合於第十一條之規定，仍不喪失國籍：一、為偵查或審判中之刑事被告。二、受有期徒刑以上刑之宣告，尚未執行完畢者。三、為民事被告。四、受強制執行，未終結者。五、受破產之宣告，未復權者。六、有滯納租稅或受租稅處分罰鍰未繳清者。」

二、依據戶籍法相關規定，戶籍登記事項有錯誤或脫漏時，應如何處理？

答：(一) 戶籍法之規定：

1. 戶籍法第22條規定：「戶籍登記事項有錯誤或脫漏時，應為更正之登記。」

2. 就申請人之部分，應依同法第46條規定：「變更、更正、撤銷或廢止登記，以本人為申請人。本人不為或不能申請時，以原申請人或利害關係人為申請人，戶政事務所並應於登記後通知本人。戶政事務所依職權為更正、撤銷或廢止登記，亦同。」

(二) 戶籍法施行細則之規定：

1. 戶籍法施行細則（下稱同細則）第15條規定：「戶籍登記事項錯誤或脫漏，係因戶政事務所作業錯誤所致者，依下列方式辦理：

一、現戶戶籍資料錯誤或脫漏，由現戶籍地戶政事務所查明更正，並通知當事人或原申請人。

二、最後除戶戶籍資料錯誤或脫漏，由最後戶籍地戶政事務所查明更正，並通知當事人或原申請人。但非最後戶籍資料錯誤或脫漏者，由該資料錯誤地戶政事務所查明更正，並通知當事人或原申請人。」

2. 同細則第16條規定：「戶籍登記事項錯誤，係因申報資料錯誤所致者，應由申請人提出下列證明文件之一，向戶籍地戶政事務所申請更正；戶籍地戶政事務所並依前條規定辦理：

一、在臺灣地區初次登記戶籍或登記戶籍前之戶籍資料。

二、政府機關核發並蓋有發證機關印信之原始國民身分證。

三、各級學校、軍、警學校或各種訓練班、團、隊畢（肄）業證明文件。

四、公、私立醫療機構或合格助產士出具之出生證明書。

五、國防部或其所屬相關機關所發停、除役、退伍（令）證明書或兵籍資料證明書。

六、涉及事證確認之法院確定裁判、檢察官不起訴處分書、緩起訴處分書，或國內公證人之公、認證書等。

七、其他機關（構）核發之足資證明文件。」

3. 同細則第17條規定：「更正出生年月日所檢附之證明文件，除屬前條第一款、第六款所定文件外，均以其發證日期或資料建立日期較在臺灣地區初次登記戶籍之證件發證日期先者為限。但發證日期較在臺灣地區初次登記戶籍之證件發證日期為後者，應檢附資料建立日期較在臺灣地區初次登記戶籍之證件發證日期為先之有關機關（構）檔存原始資料影本。」

4. 同細則第18條規定：「更正出生年月日證件所載歲數，以國曆足歲計算。證件僅載有歲數者，以其發證或建立之民國紀元減去所載歲數，推定其出生年次。但民國前出生者，以證件所載歲數，減去發證或建立時之年份，再加一計算。」

三、請依姓名條例，說明臺灣原住民之姓名登記的規定為何？

答：(一) 姓名條例之規定：

1. 姓名條例（下同）第1條第1項至第4項規定：「中華民國國民，應以戶籍登記之姓名為本名，並以一個為限。

   臺灣原住民族及其他少數民族之姓名登記，依其文化慣俗為之；其已依漢人姓名登記者，得申請回復其傳統姓名；回復傳統姓名者，得申請回復原有漢人姓名。但均以一次為限。

   前項臺灣原住民族傳統姓名文化慣俗由中央原住民族主管機關調查確認；其內涵意義、取用方式及其他應行注意事項之指引，由中央主管機關會同中央原住民族主管機關定之。

   第二項臺灣原住民族及其他少數民族之出生登記及初設戶籍登記以傳統姓名登記者，得申請變更為漢人姓名；變更為漢人姓名者，得申請回復傳統姓名。但均以一次為限。」

2. 第2條第3項規定：「臺灣原住民族依其文化慣俗登記傳統姓名者，得使用原住民族文字。」

3. 第4條第1項規定：「臺灣原住民族之中文傳統姓名或漢人姓名，均得以傳統姓名之原住民族文字並列登記；其他少數民族之中文傳統姓名或漢人姓名，均得以傳統姓名之羅馬拼音並列登記。不受第一條第一項規定之限制。」

(二) 姓名條例施行細則之規定：

1. 姓名條例施行細則（下稱同細則）第4條第1項規定：「依本條例規定申請改姓、冠姓、回復本姓、改名、更改姓名、回復傳統姓名、回復原有漢人姓名、傳統姓名之羅馬拼音並列登記、原有外文姓名之羅馬拼音並列登記者，應填具申請書，檢附證明文件（回復傳統姓名者免附），向戶籍地戶政事務所申請核准。但經內政部公告，並刊登行政院公報之指定項目，得向戶籍地以外之戶政事務所為之。」

2. 同細則第6條第1項、第2項規定：「臺灣原住民及其他少數民族傳統姓名之羅馬拼音，以當事人申報者為準。

臺灣原住民羅馬拼音之符號系統，由原住民族委員會提供。」

四、依涉外民事法律適用法之規定，人的權利能力及行為能力之法律適用為何？

答：(一) 有關人的權利能力之部分：

1. 涉外民事法律適用法（下同）第9條規定：「人之權利能力，依其本國法。」

2. 說明：

(1) 在學理上人之權利能力又細分為：

A. 一般權利能力：指人做為權利主體，在法律上得享受權利、負擔義務之能力。

B. 特別權利能力：指在特殊法律關係中所得享有之權利能力（如繼承）。

(2) 本條所規範是指一般權利能力。至於特別權利能力，則該權利本身之準據法來決定（如胎兒是否享有繼承權）。

(3) 本條99年5月26日修正理由謂：「二、原條文關於人之一般權利能力，並未規定其應適用之法律，關於人之權利能力之始期及終期等問題，難免發生法律適用之疑義。衡諸權利能力問題之性質，仍以適用當事人之屬人法為當。爰參考德國民法施行法第7條第1項關於權利能力應適用之法律之規定，增訂本條，明定應依當事人之本國法。」

(4)相關之民法規定在第6條，謂：「人之權利能力，始於出生，終於死亡。」

(二) 有關人的行為能力之部分：

1. 第10條規定：「人之行為能力，依其本國法。

有行為能力人之行為能力，不因其國籍變更而喪失或受限制。

外國人依其本國法無行為能力或僅有限制行為能力，而依中華民國法律有行為能力者，就其在中華民國之法律行為，視為有行為能力。

關於親屬法或繼承法之法律行為，或就在外國不動產所為之法律行為，不適用前項規定。」

2. 說明：

(1)「行為能力」與「權利能力」及「意思能力」不同，乃指為法律行為之資格。亦即個人得以意思活動使其行為發生法律上效果的資格。

(2)本條分為幾個部分處理：

A.原則上：行為能力之準據法，為當事人之本國法。（第1項）

B.如有行為能力人，其國籍有變更，其行為能力會因變更國籍後之新本國法喪失或受限制之時，其仍為有行為能力人，而不受之影響。此即所謂「一為成年，永為成年」法則。（第2項）

C.外國人依其本國法為無行為能力人或限制行為能力人，然而依我國法律有行為能力，就其在我國所為之法律行為，視為有行為能力。（第3項）

例外：①關於親屬法之法律行為。②關於繼承法之法律行為。③就在外國不動產所為之法律行為。

(3)本條99年5月26日修正理由謂：「三、人之行為能力之準據法所據以決定之連結因素或連繫因素，依第1項規定應以行為時為準，但如當事人依其舊國籍所定之本國法已有行為能力，而依行為時之國籍所定之本國法卻無行為能力或僅有限制行為能力，仍不宜容許該當事人以其無行為能力或僅有限制行為能力

為抗辯。爰參考德國民法施行法第7條第2項規定之精神，增訂第2項，表明『既為成年，永為成年』之原則。」

(4)民法（下同）之相關規定如下：

A. 第12條規定：「滿二十歲為成年。」

B. 第13條規定：「未滿七歲之未成年人，無行為能力。滿七歲以上之未成年人，有限制行為能力。未成年人已結婚者，有行為能力。」

（※應注意：110年1月13日修正、112年1月1日施行之民法第12條、第13條規定分別為：「滿十八歲為成年。」、「未滿七歲之未成年人，無行為能力。滿七歲以上之未成年人，有限制行為能力。」）

110年　普考

申論題

一、甲自願歸化外國國籍，並經政府機關許可喪失我國國籍後，逾3年仍未取得該外國國籍。在國內仍有住所之甲如擬回復我國國籍，應向那個政府機關提出何種申請？並應檢附那些證件？

答：(一) 申請撤銷其國籍之喪失之規定：國籍法（下稱「同法」）第11條第1項規定：「中華民國國民有下列各款情形之一者，經內政部許可，喪失中華民國國籍：

一、由外國籍父、母、養父或養母行使負擔權利義務或監護之無行為能力人或限制行為能力人，為取得同一國籍且隨同至中華民國領域外生活。

二、為外國人之配偶。

三、依中華民國法律有行為能力，自願取得外國國籍。但受輔助宣告者，應得其輔助人之同意。」

同法第14條規定：「依第十一條規定喪失中華民國國籍者，未取得外國國籍時，得經內政部之許可，撤銷其國籍之喪失。」

依國籍法施行細則（下稱同細則）第14條第1項規定：「依本法第十四條規定申請撤銷國籍之喪失者，應填具申請書，並檢附下列文件：

一、喪失國籍許可證書。

二、原擬取得該外國國籍之政府所核發之駁回、同意撤回其申請案或其他未取得該國國籍之相關證明文件。

三、未成年人附繳其法定代理人同意證明。」

依題意：甲自願歸化外國國籍，並經政府機關許可喪失我國國籍後，逾3年仍未取得該外國國籍。因此甲之前係依同法第11條第1項第3款之規定經政府機關許可喪失我國國籍，然3年後因故仍未能取得該外國國籍，則其得依同法第14條之規定，申請撤銷其國籍之喪失，其申請程序及應檢附之文件則依同細則第14條第1項之規定。

(二) 申請回復我國國籍：同法第15條規定：「依第十一條規定喪失中華民國國籍者，現於中華民國領域內有住所，並具備第三條第一項第三款、第四款要件，得申請回復中華民國國籍。」

同細則第15條第1項規定：「依本法第十五條第一項或第十六條規定申請回復國籍者，應填具申請書，並檢附下列文件：

一、有效之外僑居留證或外僑永久居留證。

二、原屬國警察紀錄證明或其他相關證明文件。但未滿十四歲、年滿十四歲前已入國，且未再出國或為我國國民之配偶，其外僑居留證之居留事由為依親者，免附。

三、相當之財產或專業技能，足以自立，或生活保障無虞之證明。但申請隨同回復國籍之未成年子女或已取得外僑永久居留證者，免附。

四、未成年人附繳其法定代理人同意證明。

五、其他相關身分證明文件。

戶政事務所於受理前項申請案時，應同時查明申請回復國籍者在我國居住期間之刑事案件紀錄及戶籍資料。但未滿十四歲者，免查刑事案件紀錄。

依本法第十五條第一項規定申請回復國籍，第一項第三款之所得、動產或不動產資料，得由戶政事務所代查。」

甲如依第(一)項所述申請撤銷其國籍之喪失，經內政部許可後，得依同法第15條第1項規定申請回復我國國籍，申請程序及檢附文件則依同細則第15條之規定。

二、依戶籍法規定，遷出原戶籍地應為遷出登記之法定事由為何？其例外規定又為何？

答：(一) 應為遷出登記之法定事由：戶籍法（下同）第16條規定：「遷出原鄉（鎮、市、區）三個月以上，應為遷出登記。但法律另有規定、因服兵役、國內就學、入矯正機關收容、入住長期照顧機構或其他類似場所者，得不為遷出登記。

全戶遷徙時，經警察機關編列案號之失蹤人口、矯正機關收容人或出境未滿二年者，應隨同為遷徙登記。

出境二年以上，應為遷出登記。但有下列情形之一者，不適用之：

一、因公派駐境外之人員及其眷屬。

二、隨我國籍遠洋漁船出海作業。

我國國民出境後，未持我國護照或入國證明文件入境者，其入境之期間，仍列入出境二年應為遷出登記期間之計算。」

因此「應為遷出登記」之法定事由為：

第16條第1項本文：遷出原鄉（鎮、市、區）三個月以上者。

第16條第2項規定：全戶遷徙時，經警察機關編列案號之失蹤人口、矯正機關收容人或出境未滿二年者，應隨同為遷徙登記。

第16條第3項規定本文：出境二年以上者。

(二) 例外規定：依上開第16條之規定，「應為遷出登記」之例外規定如下：第16條第1項但書規定：遷出原鄉（鎮、市、區）三個月以上，但法律另有規定、因服兵役、國內就學、入矯正機關收容、入住長期照顧機構或其他類似場所者但法律另有規定、因服兵役、國內就學、入矯正機關收容、入住長期照顧機構或其他類似場所者。

第16條第3項但書規定：出境二年以上，但有下列情形之一者：一、因公派駐境外之人員及其眷屬。二、隨我國籍遠洋漁船出海作業。

選擇題

( ) **1** 下列何者得列入國籍法第3條至第5條所定之合法居留期間？ (A)經勞動部許可從事就業服務法第46條之工作期間 (B)在臺灣地區就學期間 (C)依親在臺灣就學者所居留之期間 (D)為中華民國國民收養後居留之期間。

( ) **2** 關於國籍之回復，下列敘述何者錯誤？ (A)回復中華民國國籍者之未成年子女，得申請隨同回復中華民國國籍 (B)申請回復中華民國國籍者，應向內政部為之 (C)申請回復中華民國國籍者，應現於中華民國領域內有住所 (D)回復中華民國國籍者，自回復國籍日起10年內，不得任村、里長。

( ) **3** 以中華民國國民之配偶身分申請歸化時,得檢具之證明文件,不包括下列何者? (A)足資證明足以自立或生活保障無虞之資料 (B)外國政府機關核發之專門職業技術人員證明文件 (C)申請人自行以書面敘明其工作內容及所得 (D)中華民國國內之動產或不動產資料。

( ) **4** 下列何者未滿14歲之未成年人申請歸化時,應附之文件? (A)原屬國警察紀錄證明或其他相關證明文件 (B)相當之財產或專業技能,足以自立,或生活保障無虞之證明 (C)基本語言能力及國民權利義務基本常識證明文件 (D)有效之外僑居留證或外僑永久居留證。

( ) **5** 依國籍法規定,得申請喪失中華民國國籍之情形,包括下列何者? (A)年滿20歲,自願取得由中國核發之港澳臺居民居住證者 (B)生父為外國人,被生父認領者 (C)為外國人之配偶者 (D)為外國人之養子女者。

( ) **6** 下列戶籍登記事項,何者不得以利害關係人為申請人? (A)監護登記 (B)認領登記 (C)收養登記 (D)出生登記。

( ) **7** 下列何種戶籍登記,如要委託他人申請,應有正當理由,且經戶政事務所核准? (A)收養登記 (B)出生登記 (C)遷徙登記 (D)認領登記。

( ) **8** 下列何者得為監護登記之適用對象? (A)因車禍受傷,雖仍可筆談,但語言表達能力受損之70歲甲 (B)因生病完全喪失文字及語言表達能力之30歲乙 (C)母親在國外工作,只和父親共同生活之12歲丙 (D)父母雙亡,亦無其他尊親屬但已婚之19歲丁。

( ) **9** 下列情形,何者應為遷出登記? (A)受聘至美國電影公司工作,出境6個月 (B)因工作移住臺中,遷出原鎮6個月 (C)入住長期照顧機構,遷出原市6個月 (D)因服兵役,遷出原鄉6個月。

( ) **10** 下列事項,何者得向任一戶政事務所申請? (A)初領國民身分證 (B)補領國民身分證 (C)全面換領國民身分證 (D)更換國民身分證之相片。

( ) **11** 依戶籍法規定，關於初次申請戶籍登記之出生地，下列敘述何者錯誤？　(A)申請戶籍登記，以其出生地所屬之省（市）及縣（市）為出生地　(B)無依兒童之出生地無可考者，以發現地為出生地　(C)在兒童及少年福利機構收容教養者，均以該機構所在地為出生地　(D)在國外出生者，以其出生所在地之國家或地區為出生地。

( ) **12** 輔助登記，屬於戶籍登記中之何種項目？　(A)初設戶籍登記　(B)遷徙登記　(C)身分登記　(D)合戶登記。

( ) **13** 因災難死亡或死亡者身分不明，經警察機關查明而無人承領時，應由何者通知其戶籍地戶政事務所為死亡登記？　(A)檢察官　(B)警察機關　(C)法院　(D)當地直轄市或縣市政府。

( ) **14** 非婚生子女之生父與生母結婚者，其身分應適用之法律為下列何者？　(A)依生父之本國法　(B)依生母之本國法　(C)依生父與生母婚姻之成立應適用之法律　(D)依生父與生母婚姻之效力應適用之法律。

( ) **15** 經法院判決離婚確定者，其離婚登記，應由何者為申請人？　(A)雙方當事人共同為之　(B)任一方當事人　(C)做成確定判決之法院　(D)任一方當事人或做成確定判決之法院。

( ) **16** 依姓名條例施行細則規定，關於申請改名之程序，下列敘述何者錯誤？　(A)申請人應填具申請書，向戶政事務所申請核准　(B)申請人應提供相關證明文件　(C)戶政事務所得查證申請人提供之相關證明文件　(D)戶政事務所核准後，應發給申請人改名證明書。

( ) **17** 出生登記當事人之姓氏，依相關法律規定未能確定時，無依兒童之姓氏應如何登記？　(A)依安置機構負責人之姓登記　(B)依觀護人之姓登記　(C)依監護人之姓登記　(D)依戶政事務所主任之姓登記。

( ) **18** 中華民國國民取得外國國籍者之擔任公職，下列敘述何者正確？　(A)得擔任國立大學之系主任　(B)得擔任專司技術研究設計工作之主管　(C)應於到職之日起1年內完成喪失外國國籍並取得證明文件　(D)得擔任僑務主管機關之駐外公務人員。

(　　) **19** 關於國民之姓名，下列敘述何者正確？　(A)國民之姓名經戶籍登記者，為本名，以一個為限　(B)國民之姓名涉及姓名權人主觀之價值觀念，法律不得規範　(C)姓名權為人格權之一種，國民之本名不以戶籍登記者為限　(D)命名為人民之自由，國民之姓名一經命名，即生法律效力。

(　　) **20** 依姓名條例規定，得申請更改姓之事由，不包括下列何者？　(A)與通緝有案之人犯姓名完全相同　(B)被認領或收養　(C)音譯過長　(D)臺灣原住民因改漢姓造成家族姓氏誤植。

(　　) **21** 韓國人甲男與我國人乙女結婚，婚後因工作住在美國加州洛杉磯。關於雙方住所之設定，依我國涉外民事法律適用法，應適用何法律？　(A)中華民國法　(B)韓國法　(C)加州法　(D)分別適用中華民國法及韓國法。

(　　) **22** A國人甲男18歲，依A國民法規定，滿18歲為成年，嗣甲男19歲時歸化為我國人，依涉外民事法律適用法規定，甲男行為能力應如何判定？　(A)甲男為完全行為能力人　(B)甲男為無行為能力人　(C)甲男為限制行為能力人　(D)甲男關於其利益之事項為完全行為能力人。

(　　) **23** A國人甲男與B國人乙女婚後共同住在臺北市多年，其後兩人感情不睦，乙欲聲請我國法院裁判離婚，我國法院應如何適用法律？　(A)適用A國法　(B)適用B國法　(C)適用中華民國法　(D)甲男適用A國法，乙女適用B國法。

(　　) **24** A國人甲男與我國人乙女結婚，婚後二人同住在臺北，並育有一未成年子丙，丙同時具有A國籍與我國籍。嗣甲乙於民國105年離婚，關於對未成年子丙之保護教養義務問題，我國法院應如何適用法律？　(A)A國法　(B)中華民國法　(C)選擇適用A國法或中華民國法　(D)選擇適用對丙最佳利益保護之國家的法律。

(　　) **25** A國人甲男於2012年依A國法規定立有遺囑，2013年甲歸化日本籍，同年並依日本法規定另立新遺囑。2014年甲過世，對甲於2012年所立遺囑之效力，我國法院應如何適用法律？　(A)日本法　(B)A國法　(C)中華民國法　(D)選擇適用A國法或日本法。

解答及解析（答案標示為#者，表官方曾公告更正該題答案。）

1 (D)。國籍法施行細則第5條第2項規定：「申請人以下列各款事由之一為居留原因者，其居留期間不列入前項所定合法居留期間之計算：

一、經勞動部許可從事就業服務法第四十六條第一項第八款至第十款規定之工作。

二、在臺灣地區就學。

三、經有關機關請求內政部移民署禁止其出國。

四、喪失原國籍，尚未取得我國國籍，等待回復原國籍。

五、因發生勞資爭議正在進行爭訟程序。

六、因職業災害需接受治療。

七、為刑事案件之被害人、證人。

八、以前七款之人為依親對象。」

(D)之敘述不屬之，本題答案應選擇(D)。

2 (D)。(A)國籍法（下同）第16條規定：「回復中華民國國籍者之未成年子女，得申請隨同回復中華民國國籍。」(B)第17條規定：「依第十五條及第十六條申請回復中華民國國籍者，應向內政部為之，並自許可之日起回復中華民國國籍。」(C)第15條第1項規定：「依第十一條規定喪失中華民國國籍者，現於中華民國領域內有住所，並具備第三條第一項第三款、第四款要件，得申請回復中華民國國籍。」(D)第18條規定：「回復中華民國國籍者，自回復國籍日起三年內，不得任第十條第一項各款公職。但其他法律另有規定者，從其規定。」

第10條第1項規定：「外國人或無國籍人歸化者，不得擔任下列各款公職：一、總統、副總統。二、立法委員。三、行政院院長、副院長、政務委員；司法院院長、副院長、大法官；考試院院長、副院長、考試委員；監察院院長、副院長、監察委員、審計長。四、特任、特派之人員。五、各部政務次長。六、特命全權大使、特命全權公使。七、僑務委員會副委員長。八、其他比照簡任第十三職等以上職務之人員。九、陸海空軍將官。十、民選地方公職人員。」

(D)之敘述錯誤，本題答案應選擇(D)。

3 (#)。答(A)或(B)或(C)或(D)者均給分。國籍法（下同）第4條第1項第1款規定：「外國人或無國籍人，現於中華民國領域內有住所，具備前條第一項第二款至第五款要件，於中華民國領域內，每年合計有一百八十三日以上合法居留之事實繼續三年以上，並有下列各款情形之一者，亦得申請歸化：一、為中華民國國民之配偶，不須符合前條第一項第四款。」

第3條第1項規定：「外國人或無國籍人，現於中華民國領域內有住所，並具備下列各款要件者，得申請歸化：

一、於中華民國領域內，每年合計有一百八十三日以上合法居留之事實繼續五年以上。

二、依中華民國法律及其本國法均
　　有行為能力。
三、無不良素行，且無警察刑事紀
　　錄證明之刑事案件紀錄。
四、有相當之財產或專業技能，足
　　以自立，或生活保障無虞。
五、具備我國基本語言能力及國民
　　權利義務基本常識。」
由上開規定可知，如以中華民國國
民之配偶身分申請歸化時，須具備
國籍法第3條第1項第1、2、3、5款之
要件，然本題各選項均非前述第3條
第1項第1、2、3、5款之要件，因此
全部選項之證明文件都毋須檢具。
故本題答4個選項任一者均給分。

4 (D)。國籍法施行細則第8條第1項規
定：「依本法第三條至第五條或第
七條規定申請歸化者，應填具申請
書，並檢附下列文件：
一、有效之外僑居留證或外僑永久
　　居留證。
二、原屬國警察紀錄證明或其他相
　　關證明文件。但未滿十四歲或
　　年滿十四歲前已入國，且未再
　　出國者，免附。
三、相當之財產或專業技能，足
　　以自立，或生活保障無虞之證
　　明。但本法第四條第一項第一
　　款與第四條第二項之申請人及
　　第七條申請隨同歸化之未婚且
　　未滿十八歲子女，免附。
四、歸化取得我國國籍者基本語言
　　能力及國民權利義務基本常識
　　認定標準第三條第一項、第二

項所定證明文件。但本法第四
條第二項之申請人及第七條申
請隨同歸化之未婚且未滿十八
歲子女，免附。
五、未婚且未滿十八歲人附繳其法
　　定代理人同意證明及其婚姻狀
　　況證明。但經外交部查證因原
　　屬國法律或行政程序限制，致
　　使不能提出婚姻狀況證明屬實
　　者，免附。
六、其他相關身分證明文件。」
本題答案應選擇(D)。

5 (C)。國籍法第11條第1項規定：
「中華民國國民有下列各款情形之
一者，經內政部許可，喪失中華民
國國籍：
一、由外國籍父、母、養父或養
　　母行使負擔權利義務或監護之
　　無行為能力人或限制行為能力
　　人，為取得同一國籍且隨同至
　　中華民國領域外生活。
二、為外國人之配偶。
三、依中華民國法律有行為能力，
　　自願取得外國國籍。但受輔助
　　宣告者，應得其輔助人之同
　　意。」
本題答案應選擇(C)。

6 (A)。戶籍法（下同）第45條規
定：「應辦理戶籍登記事項，無第
二十九條至第三十二條、第三十三
條第一項但書、第三十四條但書、
第三十六條、第四十條、第四十一
條及前二條之申請人時，得以利
害關係人為申請人。」(A)第35條

第1項規定：「監護登記，以監護人為申請人。」(B)第30條規定：「認領登記，以認領人為申請人；認領人不為申請時，以被認領人為申請人。」(C)第31條規定：「收養登記，以收養人或被收養人為申請人。」(D)第29條規定：「出生登記，以父、母、祖父、祖母、戶長、同居人或撫養人為申請人。前項出生登記，如係無依兒童，並得以兒童及少年福利機構為申請人。」
本題答案應選擇(A)。

7 (D)。戶籍法第47條規定：「申請人不能親自申請登記時，得以書面委託他人為之。
認領、終止收養、結婚或兩願離婚登記之申請，除有正當理由，經戶政事務所核准者外，不適用前項規定。」
本題答案應選擇(D)。

8 (B)。戶籍法第11條規定：「對於無行為能力人或限制行為能力人，依法設置、選定、改定、酌定、指定或委託監護人者，應為監護登記。」
民法第14條第1項規定：「對於因精神障礙或其他心智缺陷，致不能為意思表示或受意思表示，或不能辨識其意思表示之效果者，法院得因本人、配偶、四親等內之親屬、最近一年有同居事實之其他親屬、檢察官、主管機關、社會福利機構、輔助人、意定監護受任人或其

他利害關係人之聲請，為監護之宣告。」
本題答案應選擇(B)。

9 (B)。戶籍法第16條第1項到第3項規定：「遷出原鄉（鎮、市、區）三個月以上，應為遷出登記。但法律另有規定、因服兵役、國內就學、入矯正機關收容、入住長期照顧機構或其他類似場所者，得不為遷出登記。
全戶遷徙時，經警察機關編列案號之失蹤人口、矯正機關收容人或出境未滿二年者，應隨同為遷徙登記。
出境二年以上，應為遷出登記。但有下列情形之一者，不適用之：
一、因公派駐境外之人員及其眷屬。
二、隨我國籍遠洋漁船出海作業。」
本題答案應選擇(B)。

10 (#)。答(A)或(B)或(D)者均給分。
戶籍法第61條規定：「國民身分證之初領、補領、換領及全面換領，依下列規定辦理：
一、初領、補領或全面換領：向戶籍地戶政事務所申請。
二、換領：申請戶籍登記致國民身分證記載事項變更者，向各該申請登記之戶政事務所申請；國民身分證有毀損或更換相片之情形者，得向任一戶政事務所申請。
前項第一款所定情形，經中央主管機關公告，並刊登公報者，得向戶籍地以外之戶政事務所為之。」

內政部台內戶字第1020266971號公告要旨謂：「依據戶籍法第26條第1款、第61條第2項、姓名條例第4條第1項等規定，新增初領及補領國民身分證、死亡登記、變更姓名登記等項目得向戶籍地以外之戶政事務所申請。」

因此本題選(A)、(B)、(D)者均給分。

11 (C)。戶籍法第20條規定：「中華民國人民初次申請戶籍登記時，其出生地依下列規定：

一、申請戶籍登記，以其出生地所屬之省（市）及縣（市）為出生地。

二、無依兒童之出生地無可考者，以發現地為出生地。

三、在船機上出生而無法確定其出生地者，以其出生時該船機之註冊地、國籍登記地或船籍港所在地為出生地。

四、在兒童及少年福利機構安置教養，其出生地或發現地不明者，以該機構所在地為出生地。

五、在國外出生者，以其出生所在地之國家或地區為出生地。

六、不能依前五款規定確定其出生地者，以其居住處所地為出生地。」

(C)之敘述錯誤，本題答案應選擇(C)。

12 (C)。戶籍法第4條第1款第6目規定：「戶籍登記，指下列登記：一、身分登記：……(六)輔助登記。」

本題答案應選擇(C)。

13 (B)。戶籍法第38條規定：「因災難死亡或死亡者身分不明，經警察機關查明而無人承領時，由警察機關通知其戶籍地戶政事務所為死亡登記。」

本題答案應選擇(B)。

14 (D)。涉外民事法律適用法第52條規定：「非婚生子女之生父與生母結婚者，其身分依生父與生母婚姻之效力所應適用之法律。」

本題答案應選擇(D)。

15 (B)。戶籍法第34條規定：「離婚登記，以雙方當事人為申請人。但經法院裁判離婚確定、調解或和解離婚成立或其他離婚已生效者，得以當事人之一方為申請人。」

本題答案應選擇(B)。

16 (D)。姓名條例施行細則第8條規定：「依本條例第九條第一項各款規定申請改名之證明文件或由戶政機關查證戶籍資料如下：

一、依第一款規定申請者，為公民營事業機構、機關（構）、團體或學校之證明文件。

二、依第二款規定申請者，由戶政機關查證同名直系尊親屬戶籍資料。

三、依第三款規定申請者，申請人應提供同姓名者戶籍所在之鄉（鎮、市、區），由戶政機關查證戶籍資料。

四、依第四款規定申請者，為載有通緝資料之證明文件。

五、依第五款規定申請者，為被認
領、撤銷認領、被收養、撤銷
收養或終止收養之證明文件。

六、依第六款規定申請者，由戶政
機關查證申請人之改名次數及
是否成年戶籍資料。」
(D)之敘述不屬之，本題答案應選擇(D)。

17 (C)。戶籍法第49條規定：「出生
登記當事人之姓氏，依相關法律規
定未能確定時，婚生子女，由申請
人於戶政事務所抽籤決定依父姓或
母姓登記；非婚生子女，依母姓登
記；無依兒童，依監護人之姓登
記。」
本題答案應選擇(C)。

18 (C)。國籍法第20條第1項、第4項
規定：「中華民國國民取得外國國
籍者，不得擔任中華民國公職；其
已擔任者，除立法委員由立法院；
直轄市、縣（市）、直轄市山地原
住民區、鄉（鎮、市）民選公職人
員，分別由行政院、內政部、直轄
市政府、縣政府；村（里）長由鄉
（鎮、市、區）公所解除其公職
外，由各該機關免除其公職。但下
列各款經該管主管機關核准者，不
在此限：

一、公立大學校長、公立各級學校
教師兼任行政主管人員與研究
機關（構）首長、副首長、研
究人員（含兼任學術研究主管
人員）及經各級主管教育行政
或文化機關核准設立之社會教
育或文化機構首長、副首長、

聘任之專業人員（含兼任主管
人員）。

二、公營事業中對經營政策負有主
要決策責任以外之人員。

三、各機關專司技術研究設計工作而
以契約定期聘用之非主管職務。

四、僑務主管機關依組織法遴聘僅
供諮詢之無給職委員。

五、其他法律另有規定者。」
「中華民國國民兼具外國國籍者，
擬任本條所定應受國籍限制之公職
時，應於就（到）職前辦理放棄外
國國籍，並於就（到）職之日起一
年內，完成喪失該國國籍及取得證
明文件。但其他法律另有規定者，
從其規定。」
本題答案應選擇(C)。

19 (A)。戶籍法第1條第1項規定：「中
華民國國民，應以戶籍登記之姓名
為本名，並以一個為限。」
司法院釋字第399號解釋理由書謂：
「……姓名權為人格權之一種，人
之姓名為其人格之表現，故如何
命名為人民之自由，應為憲法第
二十二條所保障。姓名條例第六條
第一項就人民申請改名，設有各種
限制，其第六款規定命名文字字義
粗俗不雅或有特殊原因經主管機關
認定者得申請改名，命名文字字義
粗俗不雅者，主管機關之認定固有
其客觀依據，至於『有特殊原因』
原亦屬一種不確定法律概念，尤應
由主管機關於受理個別案件時，就
具體事實認定之，且命名之雅與不

解答與解析

雅，繫於姓名權人主觀之價值觀
念，主管機關於認定時允宜予以尊
重。……」等語。

本題答案應選擇(A)。

20 (A)。姓名條例第8條第1項規定：
「有下列情事之一者，得申請改姓：
一、被認領、撤銷認領。
二、被收養、撤銷收養或終止收養。
三、臺灣原住民族或其他少數民族
　　因改漢姓造成家族姓氏誤植。
四、音譯過長。
五、其他依法改姓。」
(A)之敘述不屬之，本題答案應選擇(A)。

21 (C)。涉外民事法律適用法第47條規
定：「婚姻之效力，依夫妻共同之
本國法；無共同之本國法時，依共
同之住所地法；無共同之住所地法
時，依與夫妻婚姻關係最切地之法
律。」
有關夫妻婚後住所之設定，係屬婚
姻之效力，故依上開規定，本題中
因甲、乙並無共同之本國法，亦尚
未就住所為約定，然婚後因工作住
在美國加州，美國加州為與甲、乙
夫妻婚姻關係最切地，而應適用加
州法。
本題答案應選擇(C)。

22 (A)。涉外民事法律適用法第10條第
2項規定：「有行為能力人之行為能
力，不因其國籍變更而喪失或受限
制。」
本題答案應選擇(A)。

23 (C)。涉外民事法律適用法第50條規
定：「離婚及其效力，依協議時或
起訴時夫妻共同之本國法；無共同
之本國法時，依共同之住所地法；
無共同之住所地法時，依與夫妻婚
姻關係最切地之法律。」
本題甲、乙間並無共同之本國，故
依上開規定，應依共同之住所地法
即我國法。本題答案應選擇(C)。

24 (B)。涉外民事法律適用法（下同）
第55條規定：「父母與子女間之法
律關係，依子女之本國法。」
第2條規定：「依本法應適用當事
人本國法，而當事人有多數國籍
時，依其關係最切之國籍定其本國
法。」
本題中，甲、乙關於未成年子丙之
保護教養義務問題，係屬父母與子
女間之法律關係，依上開第55條
規定，應依丙之本國法。又因為丙
同時具有A國籍與我國籍，則依第
2條規定，依丙之關係最切之國籍
定其本國法。由於丙與父母均住在
臺北，其關係最切之國籍應為我國
籍，所以採我國法。本題答案應選
擇(B)。

25 (B)。涉外民事法律適用法第60條第
1項規定：「遺囑之成立及效力，依
成立時遺囑人之本國法。」
本題答案應選擇(B)。

110年 地特三等

一、依據國籍法規定，外國人或無國籍人歸化者，不得擔任那些公職，並請論述其中之法理基礎為何？

答：(一) 有關外國人或無國籍人歸化後不得擔任公司之規定，依國籍法（下同）第10條規定為：「外國人或無國籍人歸化者，不得擔任下列各款公職：一、總統、副總統。二、立法委員。三、行政院院長、副院長、政務委員；司法院院長、副院長、大法官；考試院院長、副院長、考試委員；監察院院長、副院長、監察委員、審計長。四、特任、特派之人員。五、各部政務次長。六、特命全權大使、特命全權公使。七、僑務委員會副委員長。八、其他比照簡任第十三職等以上職務之人員。九、陸海空軍將官。十、民選地方公職人員。

前項限制，自歸化日起滿十年後解除之。但其他法律另有規定者，從其規定。」

(二) 法理依據：

1. 此規定係因考量外國人或無國籍人甫歸化時，易因政治體制、社會背景、文化認知等因素上與國民有所不同，而無法立即適應。如擔任公務員時，因涉及國家公權力之行使，將與國家發生公法上職務關係及忠誠義務，故從個人面向及國家利益之面向考量，歸化後應給予一定緩衝時間，方能擔任公務員，始屬妥適。

2. 相同法理可參見釋字第618號解釋文：「……八十九年十二月二十日修正公布之兩岸關係條例第二十一條第一項前段規定，大陸地區人民經許可進入臺灣地區者，非在臺灣地區設有戶籍滿十年，不得擔任公務人員部分，乃係基於公務人員經國家任用後，即與國家發生公法上職務關係及忠誠義務，其職務之行使，涉及國家之公權力，不僅應遵守法令，更應積極考量國家整體利益，採取一切有利於國家之行為與決策；並鑑於兩岸目前仍處於分治與對立之狀態，且政治、經濟與社會等體制具有重大之本質差異，為確保臺灣地區安全、民眾福祉暨維護自由民主之憲政秩序，所為之特別規

定，其目的洵屬合理正當。基於原設籍大陸地區人民設籍臺灣地區未滿十年者，對自由民主憲政體制認識與其他臺灣地區人民容有差異，故對其擔任公務人員之資格與其他臺灣地區人民予以區別對待，亦屬合理，與憲法第七條之平等原則及憲法增修條文第十一條之意旨尚無違背。又系爭規定限制原設籍大陸地區人民，須在臺灣地區設有戶籍滿十年，作為擔任公務人員之要件，實乃考量原設籍大陸地區人民對自由民主憲政體制認識之差異，及融入臺灣社會需經過適應期間，且為使原設籍大陸地區人民於擔任公務人員時普遍獲得人民對其所行使公權力之信賴，尤需有長時間之培養，系爭規定以十年為期，其手段仍在必要及合理之範圍內，立法者就此所為之斟酌判斷，尚無明顯而重大之瑕疵，難謂違反憲法第二十三條規定之比例原則。」等語。

二、依據戶籍法規定，申請人可在何種要件情形下，得向任一戶政事務所申請親等關聯資料，並請問何謂親等關聯資料且訂定此種要件情形之基本法理為何？

答：(一) 申請親等關聯資料之要件：

1. 依戶籍法（下同）第65-1條第2項規定：「前項所稱親等關聯資料，指戶政機關依據戶籍資料連結親屬關係，依規定提供之親屬關係證明文件。」

2. 其申請要件，則依同條第1項規定：「申請人有下列情形之一者，得向任一戶政事務所申請親等關聯資料：

   一、依人工生殖法第十五條或第二十九條規定，有查證親屬關係之需求。

   二、依人體器官移植條例第八條規定有器官捐贈查證親屬關係之需求。

   三、辦理繼承登記有查證被繼承人之配偶及血親關係之需求。

   四、為依國籍法第二條規定取得中華民國國籍，有查證父或母為中華民國國民之需求。

五、依法院要求或法院審判有查證親等關聯資料之需求。

六、依其他法律規定有查證親屬關係之需求。」

(二) 法理依據：

1. 本條規定之基本法理，可參見100年5月25日修正時之立法理由，謂：「……二、辦理人工生殖、器官捐贈、繼承登記雖得由人民申請戶籍謄本後，自行依各該主管機關需求填報所需文件（如繼承系統表）辦理，惟因資料繁雜，難免引發爭議。又戶政事務所受理人民查詢親等關聯資料，囿於現行戶籍資料係以戶為單位，如僅以戶籍謄本查詢，非但查證所需時間冗長，更易衍生疏漏。基於簡政便民，乃由內政部（戶政司）運用現行戶籍資料，透過電腦資訊系統連結親屬關係，並提供人民親等關聯資料。爰將現行法律規定有申請親等關聯資料之需求者，於第一項分六款規定，說明如下：(一)依人工生殖法第十五條或第二十九條規定，接受人工生殖之受術夫妻或人工生殖子女擬結婚或被收養時，有查證親屬關係之需求，爰作第一項第一款規定。(二)依人體器官移植條例第八條規定，捐贈器官或部分肝臟，有查證親屬關係之需求，爰作第一項第二款規定。(三)人民辦理繼承登記時，有查證被繼承人之配偶及血親關係之需求，又債權人依強制執行法第十一條第三項或第四項規定，得代位申請繼承登記，或遺囑執行人依民法第一千二百十五條規定得代理繼承人申辦繼承登記等情形，亦須查證被繼承人之親屬關係，爰作第一項第三款規定。(四)為依國籍法第二條規定取得中華民國國籍，有查證父或母為中華民國國民之需求；又依法院審理案件之要求，有查證當事人親屬關係，或其他法律規定有申請親等關聯資料之需求者，爰分別為第一項第四款至第六款規定。」等語。

2. 另依親等關聯資料申請提供及管理辦法第2條於100年6月29日訂定之立法理由第二點至第七點亦有描述，內容如下：

(1) 依據人工生殖法第十五條與精卵捐贈親屬關係查證辦法第三條規定，受術夫妻有查證直系血親、直系姻親、四親等內之旁系血親之親屬關係需求，或依據人工生殖法第二十九條與人工生殖子女親屬關係查詢辦法規定，人工生殖子女擬結婚

或被收養時，其結婚對象或收養人有查詢直系血親、直系姻親、六親等旁系血親及五親等旁系姻親之親屬關係需求者，爰作第一款規定。

(2)依據人體器官移植條例第八條規定，考量捐贈器官者有查詢器官移植於捐贈者五親等以內之血親或配偶需求，或成年人捐贈部分肝臟有查詢移植於其五親等以內之姻親之需求，或滿十八歲之未成年人捐贈部分肝臟有查詢移植於其五親等以內親屬之需求，為避免近親器官移植爭議，爰作第二款規定。

(3)民眾辦理繼承登記時，有須先查證被繼承人之配偶及血親關係之需求，又債權人依強制執行法第十一條得代位申請繼承登記，或遺囑執行人依民法第一千二百十五條規定得代理繼承人申辦繼承登記等情形，亦須查證被繼承人之親屬關係，爰作第三款規定。

(4)實務上，民眾為依國籍法第二條規定取得中華民國國籍，有查證父或母為中華民國國民之需求，爰作第四款規定。

(5)考量法院審理案件為查證當事人親屬關係有申請親等關聯資料之需求者，爰作第五款規定。

(6)有關第六款依其他法律規定係指其他法律規定有查證親屬關係之需求，例如社會救助法第五條，有查詢一親等之直系血親之需求，為確認當事人有查證之需求，並利戶政事務所查證，爰規定應提憑依據法令之主管機關確認之相關證明文件辦理。

3. 因此雖然從100年至今，規定之文字因應其他法規修法而略有調整，但基本法理仍不出上述內容。

三、依據姓名條例之規定，在何種要件情形下，不得申請改姓、改名或更改姓名，其中規定不得申請改姓、改名或更改姓名之期間為何，且其規定之法理基礎為何？

答：(一)不得申請改姓、改名或更改姓名之要件、期間之規定：

1. 有關不得申請之要件，依姓名條例（下同）第15條第1項規定：「有下列情事之一者，不得申請改姓、改名或更改姓名：

一、經通緝或羈押。

二、受宣告強制工作之裁判確定。

三、受有期徒刑以上刑之判決確定，未宣告緩刑或未准予易科罰金、易服社會勞動。但過失犯罪者，不在此限。」

2. 有關不得申請之期間規定，則於同條第2項規定：「前項第二款及第三款規定不得申請改姓、改名或更改姓名之期間，自裁判確定之日起至執行完畢滿三年止。」

(二) 基本法理：

1. 上述規定中，有關申請要件之基本法理，係依90年6月20日修正時之立法理由謂：「二、避免不法人士透過更改姓名逃避犯罪查緝或再從事不法行為影響社會秩序，爰增列不得更改姓名之情事。」之後修法時雖就要件規定略有調整，但基本法理仍不出於上述內容。

2. 而上述申請之規定，本無期限之限制，後於92年6月25日修正時，增訂第2項之期限規定，其理由如下：「四、原條文第二款、第三款情形，其剝奪申請姓名變更權原無期限規定，亦即終身均不得申請姓名變更；然姓名係人格權之表現，考量比例原則，此一限制允宜明定一定期間，期滿之後則恢復其申請姓名變更之權利，以啟其自新，爰增列修正條文第二項。如此既可落實限制不法人士更名之意旨，兼可保障民眾更名之權益。」後並於96年12月16日修正時，修正第二項「……至執行完畢滿五年止」為「……至執行完畢滿三年止」。

四、依據涉外民事法律適用法規定，外國法人之那些內部事項，依其本國法？

答：(一)外國法人內部事項所適用法律，依涉外民事法律適用法第14條規定：「外國法人之下列內部事項，依其本國法：

一、法人之設立、性質、權利能力及行為能力。

二、社團法人社員之入社及退社。

三、社團法人社員之權利義務。

　　　　四、法人之機關及其組織。

　　　　五、法人之代表人及代表權之限制。

　　　　六、法人及其機關對第三人責任之內部分擔。

　　　　七、章程之變更。

　　　　八、法人之解散及清算。

　　　　九、法人之其他內部事項。」

(二) 本條規定之立法理由謂：「二、外國法人依前條所定之屬人法，其主要適用之範圍，乃該法人之內部事務，至其具體內容，則因包含甚廣，難以盡列。爰參考瑞士國際私法第一百五十五條及義大利國際私法第二十五條第二項等立法例之精神，就外國法人之內部事務於第一款至第八款為例示性之規定，再輔以第九款之補充規定，以期完全涵括。」等語。

110年　地特四等

申論題

一、外國人具備何種要件，得申請一般歸化？

答：(一) 原則規定：依國籍法（下同）第3條第1項之規定：「外國人或無國籍人，現於中華民國領域內有住所，並具備下列各款要件者，得申請歸化：

一、於中華民國領域內，每年合計有一百八十三日以上合法居留之事實繼續五年以上。

二、年滿二十歲並依中華民國法律及其本國法均有行為能力。

三、無不良素行，且無警察刑事紀錄證明之刑事案件紀錄。

四、有相當之財產或專業技能，足以自立，或生活保障無虞。

五、具備我國基本語言能力及國民權利義務基本常識。」

（應注意：110年1月27日修正、112年1月1日施行之國籍法第3條第1項第2款規定為：「二、依中華民國法律及其本國法均有行為能力。」）

(二) 特殊要件：

1. 具有一定之原則要件，且具有特定身分者：第4條第1項規定：「外國人或無國籍人，現於中華民國領域內有住所，具備前條第一項第二款至第五款要件，於中華民國領域內，每年合計有一百八十三日以上合法居留之事實繼續三年以上，並有下列各款情形之一者，亦得申請歸化：

一、為中華民國國民之配偶，不須符合前條第一項第四款。

二、為中華民國國民配偶，因受家庭暴力離婚且未再婚；或其配偶死亡後未再婚且有事實足認與其亡故配偶之親屬仍有往來，但與其亡故配偶婚姻關係已存續二年以上者，不受與親屬仍有往來之限制。

　　三、對無行為能力、或限制行為能力之中華民國國籍子女，有扶養事實、行使負擔權利義務或會面交往。

　　四、父或母現為或曾為中華民國國民。

　　五、為中華民國國民之養子女。

　　六、出生於中華民國領域內。

　　七、為中華民國國民之監護人或輔助人。」

2. 未婚且未滿18歲之外國人或無國籍人之特殊要件：

　　第4條第2項規定：「未婚且未滿十八歲之外國人或無國籍人，有下列情形之一者，在中華民國領域內合法居留雖未滿三年且未具備前條第一項第二款、第四款及第五款要件，亦得申請歸化：

　　一、父、母、養父或養母現為中華民國國民。

　　二、現由社會福利主管機關或社會福利機構監護。」

3. 就其他要件及專業人才部分：

　　第5條第1項規定：「外國人或無國籍人，現於中華民國領域內有住所，具備第三條第一項第二款至第五款要件，並具有下列各款情形之一者，亦得申請歸化：

　　一、出生於中華民國領域內，其父或母亦出生於中華民國領域內。

　　二、曾在中華民國領域內合法居留繼續十年以上。

　　三、由中央目的事業主管機關推薦之高級專業人才，有助中華民國利益，並經內政部邀請社會公正人士及相關機關共同審核通過，且於中華民國領域內，每年合計有一百八十三日以上合法居留之事實繼續二年以上，或曾在中華民國領域內合法居留繼續五年以上。」

4. 有殊勳於中華民國者：

　　第6條第1項、第2項規定：「外國人或無國籍人，有殊勳於中華民國者，雖不具備第三條第一項各款要件，亦得申請歸化。

　　內政部為前項歸化之許可，應經行政院核准。」

5. 未婚且未滿18歲子女之隨同歸化：

　　第7條規定：「歸化人之未婚且未滿十八歲子女，得申請隨同歸化。」

二、菲律賓籍女移工甲來臺工作時和我國籍之男子乙相戀，不久生下一子丙，丙出生六個月仍未申報戶口，甲於居留期即將屆滿前和乙結婚，婚後兩人共同住在桃園市。關於丙之身分應如何適用法律？甲、乙於婚後三個月始抱丙至管轄之戶政事務所申請丙之出生登記，戶政事務所之承辦人應如何處理該申請？

答：(一) 丙之身份之適用法律：

1. 涉外民事法律適用法（下同）第52條規定：「非婚生子女之生父與生母結婚者，其身分依生父與生母婚姻之效力所應適用之法律。」本題中，菲籍甲女與我國籍乙男尚未結婚即產下一子丙，則丙出生時因甲、乙當未結婚，為非婚生子女，然嗣後甲、乙結婚，則有關丙之身分，應依上述規定適用法律。

2. 同法第47條規定：「婚姻之效力，依夫妻共同之本國法；無共同之本國法時，依共同之住所地法；無共同之住所地法時，依與夫妻婚姻關係最切地之法律。」本題中甲、乙並無共同之本國法，然兩人婚後共同住在桃園市，故有共同之住所地，則依上述規定，兩人婚姻之效力係依共同住所地桃園市之法律，即應適用我國法。

3. 再依前述第52條之規定，丙之身分，應適用我國法。則依我國民法第1064條之規定：「非婚生子女，其生父與生母結婚者，視為婚生子女。」因此丙應視為甲、乙之婚生子女。

(二) 丙之出生登記：戶籍法（下同）第6條規定：「在國內出生未滿十二歲之國民，應為出生登記。無依兒童尚未辦理出生登記者，亦同。」而辦理出生登記戶籍法相關規定如下：

1. 申請人：依第29條第1項規定：「出生登記，以父、母、祖父、祖母、戶長、同居人或撫養人為申請人。」

2. 受理戶政事務所：第26條第1項本文規定：「戶籍登記之申請，應向當事人戶籍地之戶政事務所為之。」而依內政部戶政司網站則指出：「戶籍地直轄市、縣（市）政府所轄任一戶政事務所。新生兒與父、母設籍同戶之出生登記得於戶政司網站『網路申辦服務』線上申辦。」

3. 申請期限：
　(1) 第48條規定：「戶籍登記之申請，應於事件發生或確定後三十日內為之。但出生登記至遲應於六十日內為之。
　　前項戶籍登記之申請逾期者，戶政事務所仍應受理。戶政事務所查有不於法定期間申請者，應以書面催告應為申請之人。」
　(2) 第48-2條第1款規定：「下列戶籍登記，經催告仍不申請者，戶政事務所應逕行為之：一、出生登記。」
　(3) 行政罰規定：「無正當理由，違反第四十八條第一項規定，未於法定期間為戶籍登記之申請者，處新臺幣三百元以上九百元以下罰鍰；經催告而仍不為申請者，處新臺幣九百元罰鍰。」
4. 姓氏規定：第49條規定：「出生登記當事人之姓氏，依相關法律規定未能確定時，婚生子女，由申請人於戶政事務所抽籤決定依父姓或母姓登記；非婚生子女，依母姓登記；無依兒童，依監護人之姓登記。
　戶政事務所依前條第一款規定逕為出生登記時，出生登記當事人姓氏，婚生子女，以抽籤決定依父姓或母姓登記；非婚生子女，依母姓登記；無依兒童，依監護人之姓登記，並由戶政事務所主任代立名字。」

選擇題

(　　) **1** 甲出生於中華民國領域內，父母均為無國籍者，下列敘述何者正確？　(A)甲為無國籍　(B)甲出生後即得申請歸化為中華民國國籍　(C)甲為中華民國國籍　(D)甲得隨父母申請難民庇護。

(　　) **2** 外國人申請歸化，有下列何種情形時，免提出喪失原有國籍證明？　(A)有正當理由，申請展延提出喪失原有國籍證明時限者　(B)申請隨同歸化之未婚未成年子女　(C)投資一定金額於中華民國領域內，對促進產業發展有重大貢獻者　(D)有殊勳於中華民國者。

(　　) **3** 有關撤銷歸化之審查程序，下列敘述何者錯誤？　(A)內政部應召開審查會　(B)內政部應依行政程序法規定舉行聽證　(C)經法院確定

判決係通謀為收養而歸化取得中華民國國籍，得不給予當事人陳述意見之機會　(D)審查會之組成，其中任一性別不得少於三分之一。

(　　) **4** 為外國人之配偶，雖提出申請，但仍不喪失國籍之情形，不包括下列何者？　(A)受有期徒刑以上刑之宣告，執行完畢後3年內　(B)為民事被告　(C)未繳清滯納租稅金額者　(D)偵查程序中之刑事被告。

(　　) **5** 為外國人之配偶，經內政部許可，喪失中華民國國籍者，如嗣後未取得外國國籍，內政部應如何處理？　(A)依其申請回復其國籍　(B)依其申請撤銷國籍之喪失　(C)命其以無國籍人身分申請歸化　(D)返國設定住所後始予回復國籍。

(　　) **6** 下列何者申請歸化時，免附基本語言能力及國民權利義務基本常識之證明？　(A)有殊勳於中華民國之外國人　(B)為中華民國國民配偶之外國人　(C)為中華民國國民配偶，因受家庭暴力離婚且未再婚之外國人　(D)出生於中華民國領域內之外國人。

(　　) **7** 下列何者無法申請喪失國籍？　(A)里長　(B)公立學校教師　(C)後備軍人　(D)公營事業約聘人員。

(　　) **8** 某甲原登記為平地原住民身分，因父母離婚而欲變回山地原住民身分，應為下列何種登記？　(A)變更　(B)更正　(C)廢止　(D)撤銷。

(　　) **9** 甲承租乙管理之房屋，於租賃期間發生死亡，下列何者不得為死亡登記之申請人？　(A)乙　(B)甲同居人　(C)生前囑託之朋友　(D)經理殯葬之人。

(　　) **10** 依戶籍法規定，下列何種情形應為遷出登記？　(A)入矯正機關收容6個月以上　(B)因公派駐境外出境2年以上　(C)遷出原鄉（鎮、市、區）3個月以上　(D)入住長期照顧機構1年以上。

(　　) **11** 依戶籍法規定，有關監護登記與輔助登記，下列敘述何者錯誤？　(A)對於父母雙亡之12歲兒童，依法選定監護人者，應為監護登記　(B)滿17歲女子，經法定代理人同意結婚者，因仍為未成年人，應依法選定監護人，並為監護登記　(C)因精神障礙，致為意思表示之能力，顯有不足之情事，經法院為輔助之宣告者，應為輔助登記

(D)因心智缺陷，致辨識其意思表示效果之能力，顯有不足之情事，經法院為輔助之宣告者，應為輔助登記。

( ) **12** 下列何種情形應為撤銷登記？　(A)戶籍登記事項自始不存在時　(B)喪失臺灣地區人民身分者　(C)戶籍登記事項有變更時　(D)戶籍登記事項有錯誤時。

( ) **13** 下列戶籍登記，何者並非得以當事人之任何一方為之？　(A)監護登記　(B)終止收養登記　(C)收養登記　(D)95年於國內結婚之登記。

( ) **14** 下列何種戶籍登記，免經催告程序，由戶政事務所逕行為之？　(A)死亡宣告登記　(B)死亡登記　(C)初設戶籍登記　(D)遷徙登記。

( ) **15** 依姓名條例第10條各款規定申請改姓名，應檢附之證明文件，不包括下列何者？　(A)原名譯音過長者，為載有原姓名之證件　(B)原名不正確者，為載有原姓名之族譜　(C)出家為比丘者，為出世之證明　(D)因執行公務之必要而更改姓名者，為服務機關證明書。

( ) **16** 關於中文姓名之取用，下列敘述何者錯誤？　(A)應使用辭源、辭海、康熙等通用字典或教育部編訂之國語辭典中所列有之文字　(B)姓名文字未使用辭源、辭海、康熙等通用字典或教育部編訂之國語辭典中所列有之文字者，不予登記　(C)中華民國國民與外國人結婚所生子女之取用中文姓名，得依該外國人使用姓名之習慣　(D)姓氏與名字之間不得以符號區隔。

( ) **17** 關於臺灣原住民之姓名登記，下列敘述何者錯誤？　(A)已依漢人姓名登記者，得申請回復其傳統姓名，但以一次為限　(B)已回復傳統姓名者，得申請回復原有漢人姓名，但以一次為限　(C)如使用中文登記傳統姓名，應使用辭源、辭海、康熙等通用字典或教育部編訂之國語辭典中所列有之文字　(D)得以傳統姓名之通用拼音並列登記。

( ) **18** 關於國民使用姓名，下列敘述何者正確？　(A)身分登記所使用之證件，得使用別名　(B)財產買賣交易所使用之證件，得使用別名　(C)商業登記所使用之證件，得使用別名　(D)學歷應使用本名，未使用本名者，無效。

( ) **19** 下列何者經該管主管機關核准，於取得外國籍後，得繼續擔任中華民國公職？ (A)中央研究院研究員兼任所長 (B)國立高中校長 (C)里長 (D)公營事業總經理。

( ) **20** 關於冠姓、改名、改姓之申請人，下列敘述何者正確？ (A)申請冠姓者，以本人及其配偶為申請人 (B)申請改名者，以本人、配偶或法定代理人為申請人 (C)申請改姓者，以本人、配偶或法定代理人為申請人 (D)因收養而須改姓者，以辦理收養登記者為申請人。

( ) **21** 下列何種情形得申請改姓？ (A)羈押中 (B)受宣告強制工作之裁判確定之日起至執行完畢滿3年之期間 (C)同時在一學校肄業，姓名完全相同 (D)音譯過長。

( ) **22** 法國人甲男與我國人乙女於2018年7月在巴黎結婚，乙女於2019年1月離家赴美國紐約州與美國人丙男同居，並於同年4月生下丁。關於丁是否為甲之婚生子女應適用之準據法，下列敘述何者錯誤？ (A)應適用我國法 (B)應適用法國法 (C)應適用我國法或法國法 (D)應適用我國法、法國法或美國紐約州法。

( ) **23** 於2019年繫屬之訴訟適用當事人本國法時，下列敘述何者錯誤？ (A)當事人無國籍時，適用當事人之住所地法 (B)當事人有多數國籍時，適用當事人最後取得國籍之本國法 (C)如依其本國法就該法律關係須依其他法律而定者，應適用該其他法律 (D)有行為能力人之行為能力，不因其國籍變更而喪失或受限制。

( ) **24** 德國人甲男與我國人乙女在美國未婚同居，並生下丙女。其後甲男返回德國居住，乙丙返回我國居住。甲男欲認領丙女，關於其認領效力之問題，我國法院應如何適用法律？ (A)適用美國法 (B)適用我國法 (C)適用德國法 (D)甲適用德國法而丙適用美國法。

( ) **25** 住所在菲律賓的法國人甲，於生前赴日本立下遺囑，欲將甲在我國的土地捐贈某財團法人，甲於返回菲律賓後死亡。關於甲之遺囑方式應適用之法律，下列敘述何者錯誤？ (A)得適用法國法 (B)得適用日本法 (C)得適用菲律賓法 (D)得適用我國法。

解答及解析（答案標示為#者，表官方曾公告更正該題答案。）

1 (C)。國籍法第2條第1項規定：「有
下列各款情形之一者，屬中華民國
國籍：
一、出生時父或母為中華民國國民。
二、出生於父或母死亡後，其父或
　　母死亡時為中華民國國民。
三、出生於中華民國領域內，父母
　　均無可考，或均無國籍者。
四、歸化者。」
本題答案應選擇(C)。

2 (D)。國籍法（下同）第9條第4項
規定：「外國人符合下列情形之一
者，免提出喪失原有國籍證明：
一、依第五條第一項第三款規定申
　　請歸化。
二、依第六條第一項規定申請歸化。
三、因非可歸責於當事人之事由，
　　致無法取得喪失原有國籍證
　　明。」
第6條第1項規定：「外國人或無國
籍人，有殊勳於中華民國者，雖不
具備第三條第一項各款要件，亦得
申請歸化。」
本題答案應選擇(D)。

3 (B)。國籍法第19條第3項規定：
「撤銷歸化、喪失或回復國籍處分
前，內政部應召開審查會，並給予
當事人陳述意見之機會。但有下列
情形之一者，撤銷其歸化許可，不
在此限：
一、依第二條規定認定具有中華民
　　國國籍。

二、經法院確定判決，係通謀為虛
　　偽結婚或收養而歸化取得中華
　　民國國籍。」
(B)之敘述錯誤，本題答案應選擇(B)。

4 (A)。國籍法（下同）第11條第1項
第2款規定：「中華民國國民有下列
各款情形之一者，經內政部許可，
喪失中華民國國籍：……二、為外
國人之配偶。」
第13條規定：「有下列各款情形之一
者，雖合於第十一條之規定，仍不喪
失國籍：
一、為偵查或審判中之刑事被告。
二、受有期徒刑以上刑之宣告，尚
　　未執行完畢者。
三、為民事被告。
四、受強制執行，未終結者。
五、受破產之宣告，未復權者。
六、有滯納租稅或受租稅處分罰鍰
　　未繳清者。」
(A)之敘述不屬之，本題答案應選擇
(A)。

5 (B)。國籍法（下同）第11條第1項
第2款規定：「中華民國國民有下列
各款情形之一者，經內政部許可，
喪失中華民國國籍：……二、為外
國人之配偶。」
第14條規定：「依第十一條規定喪
失中華民國國籍者，未取得外國國
籍時，得經內政部之許可，撤銷其
國籍之喪失。」
本題答案應選擇(B)。

6 (A)。國籍法施行細則第7條第1項第4款規定：「依本法第三條至第五條或第七條規定申請歸化者，應填具申請書，並檢附下列文件：……四、歸化取得我國國籍者基本語言能力及國民權利義務基本常識認定標準第三條第一項、第二項所定證明文件。但本法第四條第二項之申請人及第七條申請隨同歸化之未婚且未滿十八歲子女，免附。」
上述規定不含國籍法第6條第1項規定：「外國人或無國籍人，有殊勳於中華民國者，雖不具備第三條第一項各款要件，亦得申請歸化。」
本題答案應選擇(A)。

7 (A)。國籍法第12條第1項規定：「依前條規定申請喪失國籍者，有下列各款情形之一，內政部不得為喪失國籍之許可：
一、男子年滿十五歲之翌年一月一日起，未免除服兵役義務，尚未服兵役者。但僑居國外國民，在國外出生且於國內無戶籍者或在年滿十五歲當年十二月三十一日以前遷出國外者，不在此限。
二、現役軍人。
三、現任中華民國公職者。」
本題中(A)選項敘述之里長係屬「現任中華民國公職者」，故即便申請喪失國籍，內政部亦不得為喪失之許可。
本題答案應選擇(A)。

8 (A)。戶籍法（下同）第14-1條第1項規定：「原住民身分及民族別之取得、喪失、變更或回復，應為原住民身分及民族別登記。」
原住民身分法第11條第1項規定：「原住民身分取得、喪失、變更或回復之申請，由戶政事務所受理，審查符合規定後，於戶籍資料內為原住民身分別及民族別之登記，並於登記後發生效力。」
第21條規定：「戶籍登記事項有變更時，應為變更之登記。」
本題答案應選擇(A)。

9 (C)。戶籍法第36條規定：「死亡登記，以配偶、親屬、戶長、同居人、經理殮葬之人、死亡者死亡時之房屋或土地管理人為申請人。」
(C)之敘述不屬之，本題答案應選擇(C)。

10 (C)。戶籍法第16條第1項至第3項規定：「遷出原鄉（鎮、市、區）三個月以上，應為遷出登記。但法律另有規定、因服兵役、國內就學、入矯正機關收容、入住長期照顧機構或其他類似場所者，得不為遷出登記。
全戶遷徙時，經警察機關編列案號之失蹤人口、矯正機關收容人或出境未滿二年者，應隨同為遷徙登記。
出境二年以上，應為遷出登記。但有下列情形之一者，不適用之：
一、因公派駐境外之人員及其眷屬。
二、隨我國籍遠洋漁船出海作業。」
本題答案應選擇(C)。

解答與解析

11 (B)。戶籍法第11條規定：「對於無行為能力人或限制行為能力人，依法設置、選定、改定、酌定、指定或委託監護人者，應為監護登記。」

同法第12條規定：「因精神障礙或其他心智缺陷，致為意思表示或受意思表示，或辨識其意思表示效果之能力，顯有不足之情事，經法院為輔助之宣告者，應為輔助登記。」

民法（下同）第12條規定：「滿二十歲為成年。」

第13條規定：「未滿七歲之未成年人，無行為能力。滿七歲以上之未成年人，有限制行為能力。未成年人已結婚者，有行為能力。」

則：(A)第1091條規定：「未成年人無父母，或父母均不能行使、負擔對於其未成年子女之權利、義務時，應置監護人。」(B)第981條規定：「未成年人結婚，應得法定代理人之同意。」又依第13條第3項之規定，因此滿17歲女子經法定代理人同意結婚者，有行為能力，自毋庸依法選定監護人。(C)、(D)第15-1條第1項規定：「對於因精神障礙或其他心智缺陷，致其為意思表示或受意思表示，或辨識其意思表示效果之能力，顯有不足者，法院得因本人、配偶、四親等內之親屬、最近一年有同居事實之其他親屬、檢察官、主管機關或社會福利機構之聲請，為輔助之宣告。」(B)之敘述錯誤，本題答案應選擇(B)。

（然本題應注意：110年1月13日修正、112年1月1日施行之民法第12條規定為：「滿十八歲為成年。」

同法第13條規定為：「未滿七歲之未成年人，無行為能力。

滿七歲以上之未成年人，有限制行為能力。」

另第981條規定亦隨上開規定之修正而刪除。）

12 (A)。戶籍法第23條前段規定：「戶籍登記事項自始不存在或自始無效時，應為撤銷之登記。」

本題答案應選擇(A)。

13 (A)。(A)戶籍法（下同）第35條第1項規定：「監護登記，以監護人為申請人。」

(B)第32條規定：「終止收養登記，以收養人或被收養人為申請人。」

(C)第31條規定：「收養登記，以收養人或被收養人為申請人。」(D)第33條第1項規定：「結婚登記，以雙方當事人為申請人。但於中華民國九十七年五月二十二日以前（包括九十七年五月二十二日當日）結婚，或其結婚已生效者，得以當事人之一方為申請人。」

本題答案應選擇(A)。

14 (A)。戶籍法第48-1條規定：「下列戶籍登記，免經催告程序，由戶政事務所逕行為之：

一、死亡宣告登記。

二、喪失中華民國國籍之廢止戶籍登記。

三、撤銷前款登記之撤銷戶籍登記。

四、撤銷中華民國國籍之撤銷戶籍
　　登記。

五、喪失臺灣地區人民身分之撤銷
　　戶籍登記。

六、喪失臺灣地區人民身分之廢止
　　戶籍登記。」

本題答案應選擇(A)。

15 (B)。姓名條例第10條規定：「有下
列情事之一者，得申請更改姓名：

一、原名譯音過長或不正確。

二、因宗教因素出世或還俗。

三、因執行公務之必要，應更改姓
　　名。」

姓名條例施行細則第9條規定：「依
本條例第十條規定申請更改姓名之
證明文件如下：

一、依第一款規定申請者，為載有
　　原姓名之證件。

二、依第二款規定申請者，為出世
　　或還俗之證明。

三、依第三款規定申請者，為服務
　　機關證明書。」

(B)之敘述不屬之，本題答案應選擇
(B)。

16 (C)。(A)、(B)姓名條例（下同）第
2條第1項、第2項規定：「辦理戶籍
登記、申請歸化或護照時，應取用
中文姓名，並應使用辭源、辭海、
康熙等通用字典或教育部編訂之國
語辭典中所列有之文字。姓名文字
未使用前項所定通用字典或國語辭
典所列有之文字者，不予登記。」
(C)第1條第5項規定：「中華民國國
民與外國人、無國籍人結婚，其配

偶及所生子女之取用中文姓名，應
符合我國國民使用姓名之習慣；外
國人、無國籍人申請歸化我國國籍
者，其中文姓名，亦同。」(D)第3
條第2款規定：「取用中文姓名，應
依下列方式為之：……二、中文姓
氏與名字之間不得以空格或符號區
隔。」(C)之敘述錯誤，本題答案應
選擇(C)。

17 (D)。(A)、(B)姓名條例（下同）第1
條第2項規定：「臺灣原住民及其他
少數民族之姓名登記，依其文化慣
俗為之；其已依漢人姓名登記者，
得申請回復其傳統姓名；回復傳統
姓名者，得申請回復原有漢人姓
名。但均以一次為限。」(C)第2條
第1項規定：「辦理戶籍登記、申請
歸化或護照時，應取用中文姓名，
並應使用辭源、辭海、康熙等通用
字典或教育部編訂之國語辭典中所
列有之文字。」(D)第4條第1項規
定：「臺灣原住民及其他少數民族
之傳統姓名或漢人姓名，均得以傳
統姓名之羅馬拼音並列登記，不受
第一條第一項規定之限制。」(D)之
敘述錯誤，本題答案應選擇(D)。

18 (D)。姓名條例（下同）第5條規
定：「國民依法令之行為，有使用
姓名之必要者，均應使用本名。」
第6條規定：「學歷、資歷、執照及
其他證件應使用本名；未使用本名
者，無效。」

本題答案應選擇(D)。

解答與解析

19 (A)。國籍法第20條第1項規定：
「中華民國國民取得外國國籍者，
不得擔任中華民國公職；其已擔任
者，除立法委員由立法院；直轄
市、縣（市）、直轄市山地原住民
區、鄉（鎮、市）民選公職人員，
分別由行政院、內政部、直轄市
政府、縣政府；村（里）長由鄉
（鎮、市、區）公所解除其公職
外，由各該機關免除其公職。但下
列各款經該管主管機關核准者，不
在此限：
一、公立大學校長、公立各級學校
　　教師兼任行政主管人員與研究
　　機關（構）首長、副首長、研
　　究人員（含兼任學術研究主管
　　人員）及經各級主管教育行政
　　或文化機關核准設立之社會教
　　育或文化機構首長、副首長、
　　聘任之專業人員（含兼任主管
　　人員）。
二、公營事業中對經營政策負有主
　　要決策責任以外之人員。
三、各機關專司技術研究設計工作而
　　以契約定期聘用之非主管職務。
四、僑務主管機關依組織法遴聘僅
　　供諮詢之無給職委員。
五、其他法律另有規定者。」
本題答案應選擇(A)。

20 (D)。姓名條例第13條規定：「依
本條例規定申請改姓、冠姓、回復
本姓、改名、更改姓名、更正本名
者，以本人或法定代理人為申請
人。因收養或終止收養而須改姓

者，辦理收養或終止收養登記之申
請人，均得為改姓申請人。」
本題答案應選擇(D)。

21 (D)。姓名條例第8條第1項規定：「有
下列情事之一者，得申請改姓：
一、被認領、撤銷認領。
二、被收養、撤銷收養或終止收養。
三、臺灣原住民族或其他少數民族
　　因改漢姓造成家族姓氏誤植。
四、音譯過長。
五、其他依法改姓。」
本題答案應選擇(D)。

22 (#)。依考選部答案，答(A)或(B)或
(C)或(D)者均給分。
涉外民事法律適用法第51條規定：
「子女之身分，依出生時該子女、
其母或其母之夫之本國法為婚生子
女者，為婚生子女。但婚姻關係於
子女出生前已消滅者，依出生時該
子女之本國法、婚姻關係消滅時其
母或其母之夫之本國法為婚生子女
者，為婚生子女。」
本題中，丁是否為甲男之婚生子
女，得適用該子女即丁（出生於美
國紐約州）、丁之母乙女（我國）
或乙女之夫甲男（法國）之本國
法，故本題選(A)、(B)、(C)、(D)均
給分。

23 (B)。(A)涉外民事法律適用法（下
同）第3條規定：「依本法應適用
當事人本國法，而當事人無國籍
時，適用其住所地法。」(B)第2條
規定：「依本法應適用當事人本國
法，而當事人有多數國籍時，依其

關係最切之國籍定其本國法。」(C)
第6條規定：「依本法適用當事人
本國法時，如依其本國法就該法律
關係須依其他法律而定者，應適用
該其他法律。但依其本國法或該其
他法律應適用中華民國法律者，適
用中華民國法律。」(D)第10條第2
項規定：「有行為能力人之行為能
力，不因其國籍變更而喪失或受限
制。」(B)之敘述錯誤，本題答案應
選擇(B)。

24 (C)。涉外民事法律適用法第53條規
定：「非婚生子女之認領，依認領
時或起訴時認領人或被認領人之本
國法認領成立者，其認領成立。
前項被認領人為胎兒時，以其母之
本國法為胎兒之本國法。
認領之效力，依認領人之本國
法。」
本題答案應選擇(C)。

25 (#)。依考選部答案一律給分。
涉外民事法律適用法（下同）第60
條規定：「遺囑之成立及效力，依
成立時遺囑人之本國法。
遺囑之撤回，依撤回時遺囑人之本
國法。」
第61條規定：「遺囑及其撤回之
方式，除依前條所定應適用之法律
外，亦得依下列任一法律為之：
一、遺囑之訂立地法。
二、遺囑人死亡時之住所地法。
三、遺囑有關不動產者，該不動產
　　之所在地法。」
本題得適用遺囑人之本國法（即法
國）、遺囑之訂立地法（日本）、
遺囑人死亡時之住所地法（菲律
賓）或遺囑中不動產之所在地法
（我國）。因此一律給分。

解答與解析

111年　高考三級

一、國籍法第6條第1項「有殊勳於中華民國者」，其認定標準為何？

答：(一) 國籍法（下同）第6條規定：「外國人或無國籍人，有殊勳於中華民國者，雖不具備第三條第一項各款要件，亦得申請歸化。
　　　　內政部為前項歸化之許可，應經行政院核准。
　　　　依第一項規定申請歸化者，免徵國籍許可證書規費。」

(二) 而依歸化國籍有殊勳於我國者認定原則第二點規定：「二、有下列情形之一者，得認定有殊勳於我國：

1. 曾依勳章條例授予勳章。

2. 對我國民主、人權、宗教、內政、國防、外交、教育、文化、藝術、科技、經濟、金融、醫學、體育、農業、社會福利、醫療服務或其他領域事務，具有重大貢獻，曾獲中央政府獎章、外國政府勳章或獎章。

3. 為馬偕計畫適用對象，對我國長期奉獻服務或具有特殊貢獻。

4. 創辦或服務於醫療、社會福利、社會教育等相關機構逾二十年，並為政府資源不易到達之偏鄉地區長期提供服務、照護弱勢、教化輔導、精神援助，有功於我國社會，事蹟具體明確。

5. 有助於提高我國國際能見度，提升我國國際形象，促進我國與他國之交流、合作，事蹟具體明確。

6. 其他對國家或社會有特殊貢獻。」
　　同認定原則第三點規定：「三、第二點各款之認定，內政部得徵詢相關機關提供意見。」

(三) 其申請歸化程序，依國籍法施行細則第10條規定：「依本法第六條規定申請歸化者，應填具申請書，並檢附下列文件：一、殊勳相關證明文件。二、其他相關身分證明文件。」
　　另依歸化國籍有殊勳於我國者認定原則第四點規定：「四、以殊勳申請歸化我國國籍，應填具歸化國籍殊勳事蹟表，並檢附有關證明文件。」

> **二、原住民身分喪失之事由為何？請分別舉法條說明之。**

答：(一) 戶籍法第14-1條規定：「原住民身分及民族別之取得、喪失、變更或回復，應為原住民身分及民族別登記。前項登記，依原住民身分法及其相關法規規定辦理。」因此原住民身分之取得、喪失、變更或回復之事由，主要係依據原住民身分法。

(二) 依原住民身分法（下同），原住民身分喪失之事由在第5條規定：「原住民有下列情形之一者，喪失原住民身分：

一、依前二條規定取得原住民身分後，因變更姓名致未符合各該規定。

二、依前條規定取得原住民身分後，終止收養關係。

三、成年後申請放棄原住民身分。

四、依本法中華民國一百十年一月二十七日修正施行前之第四條第三項規定取得原住民身分，未於本法一百十二年十二月十八日修正之條文施行之日起算二年內，取用或以原住民族文字並列原住民父或母所屬原住民族之傳統名字，或從原住民父或母之姓。

依前項第三款規定喪失原住民身分，且無同項第一款或第二款規定情事者，得申請回復原住民身分；其回復以一次為限。

依第一項第三款規定申請喪失原住民身分者，其申請時之直系血親卑親屬之原住民身分不喪失。」

1. 第3條規定：「父或母為原住民，且符合下列各款規定之一者，取得原住民身分：

一、取用父或母所屬原住民族之傳統名字。

二、取用漢人姓名並以原住民族文字並列父或母所屬原住民族之傳統名字。

三、從具原住民身分之父或母之姓。

依前項第二款規定取得原住民身分者，其子女從其姓者，應依同款規定取得原住民身分。」

2. 第4條規定：「非原住民經年滿四十歲且無子女之原住民雙親共同收養，且符合下列各款規定者，取得原住民身分：

一、被收養時未滿七歲。

二、取用或以原住民族文字並列收養者之一所屬原住民族之傳統名字，或從收養者之一之姓。

本法施行前，未滿七歲之非原住民為原住民父母收養者，不受前項雙親須年滿四十歲且無子女規定之限制。」

(三) 原住民身分法第10條規定：「原住民身分取得、喪失、變更或回復之申請，由戶政事務所受理，審查符合規定後，於戶籍資料內為原住民身分別及民族別之登記，並於登記後發生效力。」

三、姓名條例第9條規定，與三親等以內直系尊親屬名字完全相同者，得申請改名。其立法理由為何？若申請改名結果與三親等以內直系尊親屬名字完全相同，戶政機關得否撤銷其改名？

答：(一) 立法理由部分：

1. 姓名條例第9條第1項第2款規定：「有下列情事之一者，得申請改名：……二、與三親等以內直系尊親屬名字完全相同。」

2. 上述規定之立法理由：依姓名條例於72年11月18日修正時新增本款之理由謂：「一、為維護家庭倫理，與直系尊親屬三親等以內名字完全相同，應准予改名，爰增列第二款規定。」等語。

(二) 得否撤銷部分：

1. 依內政部台內戶字第0960156367號函之要旨謂：「戶政事務所於受理民眾申請改名時，應確實查核是否有直系親屬或兄弟姊妹使用相同姓名之情形，並得請民眾主動提供相關證明文件，如提證困難，亦得以書面切結無與直系親屬或兄弟姊妹使用相同姓名之情形後受理其改名。」

(1)其說明欄第二項謂：「二、按本部96年8月31日台內戶字第0960139512號函略以，直系親屬或兄弟姊妹使用相同姓名與姓名條例第7條第1項第2款規定意旨不符，戶政事務所於受理民眾申請改名時，應確實查核是否有上開情形，以避免直系親屬或兄弟姊妹使用相同姓名，而混淆身分之辨識，本案仍請依上開規定辦理。惟為避免逐一查證當事人直系親屬或兄弟姊妹，

造成改名程序複查冗長，得請改名當事人主動提證相關證明文件，如有提證困難，得以書面切結無與直系親屬或兄弟姊妹使用相同姓名之情形後受理其改名。」等語。

(2)因此目前戶政事務所之改名申請書中，有切結欄謂：「上開改名當事人欲改用之姓名並未與其直系親屬或兄弟姊妹同姓名之情形，特此具結，如有不實，願負一切法律責任，事後如經查使用與直系親屬或兄弟姊妹同姓名，當事人及申請人均同意戶政事務所撤銷改名登記，絕無異議。」

2. 就上述規定及切結書欄觀之，若申請改名結果與三親等以內直系尊親屬名字完全相同時，戶政事務所似得予以撤銷。然如觀司法院釋字第399號解釋理由書中謂：「……姓名權為人格權之一種，人之姓名為其人格之表現，故如何命名為人民之自由，應為憲法第二十二條所保障。姓名條例第六條第一項就人民申請改名，設有各種限制，其第六款規定命名文字字義粗俗不雅或有特殊原因經主管機關認定者得申請改名，命名文字字義粗俗不雅者，主管機關之認定固有其客觀依據，至於『有特殊原因』原亦屬一種不確定法律概念，尤應由主管機關於受理個別案件時，就具體事實認定之，且命名之雅與不雅，繫於姓名權人主觀之價值觀念，主管機關於認定時允宜予以尊重。……」等語，顯見姓名權為基本權之一種，是否得因上開函釋及切結書內容，而將改名權任意予以撤銷，則不無疑義。

四、A國繼承法規定，被認領非婚生子女之應繼分為婚生子女的二分之一。A國人甲於我國死亡後，其於我國所認領之非婚生子女乙主張就甲於我國遺產之繼承，應適用我國法，並認為A國法違反我國公序良俗不應適用。乙之主張是否有理？

答：(一) 認領部分：

1. 涉外民事法律適用法（下同）第53條規定：「非婚生子女之認領，依認領時或起訴時認領人或被認領人之本國法認領成立者，其認領成立。

前項被認領人為胎兒時，以其母之本國法為胎兒之本國法。

認領之效力，依認領人之本國法。」

2. 本條於99年5月26日之修正理由謂：「二、非婚生子女之認領，所確認者為自然血親關係而非法定血親關係，其方式有任意認領及強制認領等二種。現行條文關於非婚生子女認領之成立，採認領人與被認領人本國法並行適用主義，易誤會認領為類似收養行為之身分契約，並不利於涉外認領之有效成立，影響非婚生子女之利益至鉅。爰刪除『之成立要件』等字，並改採認領人或被認領人本國法選擇適用主義，以盡量使非婚生子女取得婚生地位，並保護被認領人之利益。」

3. 因此綜上，甲對乙之認領，得依A國法或依我國民法成立。依我國民法第1065條第1項規定：「非婚生子女經生父認領者，視為婚生子女。其經生父撫育者，視為認領。」

(二) 繼承部分：

1. 第58條規定：「繼承，依被繼承人死亡時之本國法。但依中華民國法律中華民國國民應為繼承人者，得就其在中華民國之遺產繼承之。」

有關上述但書之規定，於我國國民依被繼承人之本國法得為繼承人時，自無礙於其對遺產之繼承；僅在其依被繼承人之本國法不得為繼承人，然依我國法卻得為繼承人時，始影響其權益。因此為保護內國公益，本條但書在解釋上應限於「我國國民依被繼承人之本國法不得為繼承人，但依我國法應為繼承人」之時始有適用。

2. 因乙經甲依我國民法為認領，依民法第1065第1項規定，視為甲之婚生子女。則依我國民法第1038條第1款之規定，乙為甲之繼承人；又依A國法律規定，乙亦得繼承甲之遺產，只是應繼分僅為婚生子女之二分之一，恐無第58條但書之適用。

(三) 公序良俗規定部分：

1. 第8條規定：「依本法適用外國法時，如其適用之結果有背於中華民國公共秩序或善良風俗者，不適用之。」本條於99年5月26日之修正理由謂：「二、按關於外國法適用之限制，原條文係以『其規定』有背於中華民國公共秩序或善良風俗為要件，如純從『其規定』判斷，難免失之過嚴，而限制外國法之正當適用。爰將『其

規定』一詞修正為『其適用之結果』，以維持內、外國法律平等之原則，並彰顯本條為例外規定之立法原意。」另外就所謂「公共秩序」、「善良風俗」，前者係指立國精神與基本國策之具體表現，而後者則為發源於民間之倫理觀念。

2. 就繼承部分而言，A國法律適用結果確實與我國民法適用之結果不同。而我國民法中，將非婚生子女經生父認領者，視為婚生子女，其係以保障子女之權益為優先價值，使經認領之非婚生子女得與婚生子女在法律上有相同之對待。因此如出於前述之考題，則本題中乙依第8條所為之主張應屬合理。

111年　普考

> **申論題**

一、受輔助宣告之人，得否自行辦理戶籍登記或證明文件？

答：(一) 民法第15-1條第1項規定：「對於因精神障礙或其他心智缺陷，致
其為意思表示或受意思表示，或辨識其意思表示效果之能力，顯有
不足者，法院得因本人、配偶、四親等內之親屬、最近一年有同居
事實之其他親屬、檢察官、主管機關或社會福利機構之聲請，為輔
助之宣告。」

(二) 第15-2條第1項規定：「受輔助宣告之人為下列行為時，應經輔
助人同意。但純獲法律上利益，或依其年齡及身分、日常生活所
必需者，不在此限：一、為獨資、合夥營業或為法人之負責人。
二、為消費借貸、消費寄託、保證、贈與或信託。三、為訴訟行
為。四、為和解、調解、調處或簽訂仲裁契約。五、為不動產、
船舶、航空器、汽車或其他重要財產之處分、設定負擔、買賣、
租賃或借貸。六、為遺產分割、遺贈、拋棄繼承權或其他相關權
利。七、法院依前條聲請權人或輔助人之聲請，所指定之其他行
為。」本條規定於97年5月23日之立法理由謂：「二、受輔助宣告
之人僅係因精神障礙或其他心智缺陷，致其為意思表示或受意思表
示，或辨識其所為意思表示效果之能力，顯有不足，並不因輔助宣
告而喪失行為能力，惟為保護其權益，於為重要之法律行為時，應
經輔助人同意，爰於第一項列舉應經輔助人同意之行為。但純獲法
律上利益，或依其年齡及身分、日常生活所必需者，則予排除適
用，以符實際。」

(三) 依內政部台內戶字第0970156136號函要旨謂：「受輔助宣告之人
為重要之法律行為時應經輔助人同意，惟其辦理各項戶籍登記業務
時，應視為完全行為能力人，自得自行辦理之。」等語。
而其說明欄第二項謂：「二、法務部97年9月17日法律決字第
0970028237號函略以：『按97年5月23日修正公布，定自98年11
月23日施行之民法（以下簡稱修正後民法）第15條之2第1項序文

規定：『受輔助宣告之人為下列行為時，應經輔助人同意。但純
獲法律上利益，或依其年齡及身分、日常生活所必需者，不在此
限：』其立法說明略以：受輔助宣告之人不因輔助宣告而喪失行
為能力，惟為保護其權益，於為重要之法律行為時，應經輔助人
同意，又按修正後民法第1113條之1規定，輔助人及有關輔助之職
務，並未準用同法第1098條第1項之規定，亦即輔助人並非受輔助
宣告之人之法定代理人。』是以貴部來函所述『受輔助宣告之人辦
理各項戶籍登記業務時，應視為完全行為能力人，具有行政程序之
行為能力』之見解，本部敬表贊同。末按依修正後民法第1113條之
1第2項準用同法第1112條之2規定，法院為輔助之宣告、撤銷輔助
之宣告、選定輔助人、許可輔助人辭任及另行選定或改定輔助人
時，應依職權囑託該管戶政機關登記。」本案請參酌上開意旨審認
之。」

(四) 綜上所述，受輔助宣告之人應得自行辦理戶籍登記或證明文件。

二、獨居我國人甲於我國境內死亡後，其居住香港之香港籍配偶（香港
居民）乙向我國法院請求分配甲於我國境內之剩餘財產，甲乙並未
約定夫妻財產制，應如何適用法律？

答：(一) 香港澳門關係條例第38條規定：「民事事件，涉及香港或澳門
者，類推適用涉外民事法律適用法。涉外民事法律適用法未規定
者，適用與民事法律關係最重要牽連關係地法律。」

(二) 涉外民事法律適用法第48條規定：「夫妻財產制，夫妻以書面合
意適用其一方之本國法或住所地法者，依其合意所定之法律。
夫妻無前項之合意或其合意依前項之法律無效時，其夫妻財產制依
夫妻共同之本國法；無共同之本國法時，依共同之住所地法；無共
同之住所地法時，依與夫妻婚姻關係最切地之法律。
前二項之規定，關於夫妻之不動產，如依其所在地法，應從特別規
定者，不適用之。」

(三) 因此上開規定，就甲在我國之財產，應分別處理：

1. 就不動產部分，依涉外民事法律適用法第48條第3項之規定，依其
所在地法（即我國民法）有無特別之規定為處理。

2. 就不動產以外之財產：由於甲與乙間，並未書面約定其適用之法律，應依同條第2項之規定，依共同之住所地法（因甲、乙間無共同之本國法），即應依香港之法律為處理。

選擇題

( ) **1** 甲為外國人，其配偶為中華民國國民，甲以配偶身分申請歸化，下列敘述何者正確？　(A)其配偶死亡後二年內再婚者，亦得申請歸化　(B)毋須具備我國基本語言能力及國民權利義務基本常識　(C)仍應具有相當之財產，足以自立，或生活保障無虞　(D)原則上仍須提出喪失原有國籍證明。

( ) **2** 關於子女申請改姓，下列敘述何者正確？　(A)被生父認領時，得申請改姓　(B)父母受兩年以上刑之宣告確定者，得申請改姓　(C)被撤銷認領時，得申請改姓。惟該子女未成年者，不得改姓　(D)與經通緝有案之人犯姓名完全相同，得申請改姓。

( ) **3** 關於外國人申請歸化，下列敘述何者錯誤？　(A)為中華民國國民之外國人配偶申請歸化時，須無不良素行且無警察刑事紀錄證明之刑事案件紀錄　(B)有殊勳於中華民國之外國人申請歸化，須每年合計有183日以上合法居留之事實　(C)申請歸化之外國人，其行為能力之認定應依中華民國法律及其本國法　(D)外國人之配偶為中華民國國民而申請歸化時，毋須具備有相當之財產或專業技能，足以自立，或生活保障無虞之要件。

( ) **4** 下列何者申請喪失國籍，內政部不得為喪失國籍之許可？　(A)僑居國外國民，在國外出生且於國內無戶籍者　(B)退伍軍人　(C)行政機關之約聘人員　(D)為民事被告。

( ) **5** 下列何者不具有中華民國國籍？　(A)歸化者　(B)回復中華民國國籍者　(C)撤銷喪失中華民國國籍者　(D)喪失中華民國國籍，但未取得外國國籍者。

( ) **6** 關於回復我國國籍者之擔任公職，下列敘述何者正確？　(A)自回復國籍日起1年後，得擔任民選地方公職人員　(B)自回復國籍日起2

年後，得擔任立法委員　(C)自回復國籍日起3年後，得擔任縣議員　(D)自回復國籍日起10年後，得擔任總統。

(　) **7** 關於外國人申請歸化所需合法居留期間之計算，下列何種居留原因得列入計算？　(A)因職業災害須接受治療　(B)經勞動部許可從事技術性之工作　(C)喪失原國籍，尚未取得我國國籍，等待回復原國籍　(D)為刑事案件之被害人。

(　) **8** 下列離婚登記之情形，何者應以雙方當事人為申請人？　(A)經法院和解離婚成立者　(B)經法院調解離婚成立者　(C)經法院裁判離婚確定者　(D)經公證人公證之協議離婚。

(　) **9** 下列何種情形應為遷入登記？　(A)在同一鄉內變更住址3個月以上　(B)由他鎮遷入2個月以上　(C)原有戶籍國民遷出國外，持我國護照入境3個月以上　(D)原有戶籍國民，經許可回復中華民國國籍，持入國證明文件入境2個月以上。

(　) **10** 有關戶籍登記，下列敘述何者錯誤？　(A)死亡登記應於事件發生或確定後30日內為之　(B)出生登記至遲應於出生後60日內為之　(C)戶政事務所查有不於法定期間申請者，應以書面催告應為申請之人　(D)戶籍登記之申請逾期者，戶政事務所不應受理。

(　) **11** 某甲為中華民國人民，於某船舶生下某乙，無法確定其出生地，下列何者非屬確認其出生地之依據？　(A)以該船舶之註冊地　(B)以該船舶之停泊地　(C)以該船舶之國籍登記地　(D)以該船舶之船籍港所在地。

(　) **12** 下列何者應向戶籍地戶政事務所辦理之？　(A)國民身分證之全面換領　(B)國民身分證有毀損之情形　(C)戶籍謄本之申請　(D)申請閱覽戶籍資料。

(　) **13** 下列何種情形應為變更登記？　(A)戶籍登記事項自始無效時　(B)搬家至同一鄉內之其他處所時　(C)喪失中華民國國籍者　(D)新家住址漏未登記段、弄者。

(　) **14** 下列何者並非戶籍法規定之身分登記？　(A)監護登記　(B)未成年子女權利義務行使負擔登記　(C)出生地登記　(D)死亡登記。

( ) **15** 有關臺灣原住民及其他少數民族傳統姓名之羅馬拼音，下列敘述何者錯誤？ (A)以當事人申報者為準 (B)得僅列傳統姓名之羅馬拼音 (C)得與其傳統姓名並列登記 (D)得與其漢人姓名並列登記。

( ) **16** 歸化我國之外國人取用中文姓名，下列敘述何者錯誤？ (A)應符合我國國民使用姓名之習慣 (B)姓氏與名字之間不得以空格區隔 (C)已取用中文姓名者，得申請變更中文姓名，但以3次為限 (D)得以原有外文姓名之羅馬拼音並列登記。

( ) **17** 下列何者得不使用本名？ (A)抵押權設定登記 (B)學歷證書 (C)廚師執照 (D)出版書籍。

( ) **18** 依姓名條例之規定，有關不得更改姓名之限制期間，下列敘述何者正確？ (A)因故意犯罪而被提起公訴之日起至執行完畢滿3年止 (B)因故意犯罪而受有期徒刑以上刑之判決，且未宣告緩刑或未准予易科罰金、易服社會勞動，自判決確定之日起至執行完畢滿3年止 (C)因過失犯罪而被提起公訴之日起至執行完畢滿3年止 (D)因過失犯罪而受有期徒刑以上刑之判決，且未宣告緩刑或未准予易科罰金、易服社會勞動，自判決確定之日起至執行完畢滿3年止。

( ) **19** 有關臺灣原住民姓名登記之敘述，下列何者錯誤？ (A)已依漢人姓名登記者，得申請回復其傳統姓名 (B)已回復其傳統姓名者，得再申請回復原有漢人姓名 (C)申請回復傳統姓名，須經原住民族委員會核定 (D)姓名登記，依其文化慣俗為之。

( ) **20** 關於本國國民之姓名，下列敘述何者正確？ (A)中華民國國民，得以外交部發給護照之姓名為本名 (B)臺灣原住民之姓名登記，應以向原住民族委員會登記者，為其姓名 (C)回復國籍者，應回復喪失中華民國國籍時之中文姓名 (D)中華民國國民更改姓名者，一人以2次為限，並應於成年後始得修改之。

( ) **21** 關於夫妻之一方申請以本姓冠以配偶之姓，或回復其本姓，下列敘述何者正確？ (A)離婚者，應於離婚登記生效2年內，回復本姓 (B)再婚者，不得申請冠姓 (C)配偶之一方為外國人者，不得申請冠姓 (D)回復本姓者，於同一婚姻關係存續中，以1次為限。

( ) **22** 某甲從小居住在臺北市,同時具有我國與A國國籍,關於甲之行為能力有無之問題,我國法院應如何適用法律? (A)中華民國法 (B)A國法 (C)中華民國法與A國法 (D)中華民國法或A國法。

( ) **23** 我國人甲男與法國人乙女在臺灣結婚定居於臺北。乙失蹤下落不明,甲欲於我國法院聲請為乙之死亡宣告,應如何適用法律? (A)死亡宣告之要件依法國法,死亡宣告之效力依我國法 (B)死亡宣告之要件與效力皆依我國法 (C)死亡宣告之要件依我國法,死亡宣告之效力依法國法 (D)死亡宣告之要件與效力皆依法國法。

( ) **24** A國人甲男與B國人乙女為夫妻,在我國有共同住所。關於乙婚後是否應變更姓氏,應適用何國法律? (A)適用A國法 (B)適用B國法 (C)適用我國法 (D)選擇適用A國法或B國法。

( ) **25** 法國人甲男20歲,日本人乙女18歲,在我國旅遊時相遇,一見鍾情並締結婚約。我國法院應如何決定甲乙之婚約是否成立? (A)適用法國法 (B)適用日本法 (C)適用我國法 (D)甲男適用法國法、乙女適用日本法。

解答及解析(答案標示為#者,表官方曾公告更正該題答案。)

1 (D)。國籍法第4條(下同)第1項第1款、第2款規定:「外國人或無國籍人,現於中華民國領域內有住所,具備前條第一項第二款至第五款要件,於中華民國領域內,每年合計有一百八十三日以上合法居留之事實繼續三年以上,並有下列各款情形之一者,亦得申請歸化:
一、為中華民國國民之配偶,不須符合前條第一項第四款。
二、為中華民國國民配偶,因受家庭暴力離婚且未再婚;或其配偶死亡後未再婚且有事實足認與其亡故配偶之親屬仍有往來,但與其亡故配偶婚姻關係已存續二年以上者,不受與親屬仍有往來之限制。」
第3條第1項第4款規定:「外國人或無國籍人,現於中華民國領域內有住所,並具備下列各款要件者,得申請歸化:……四、有相當之財產或專業技能,足以自立,或生活保障無虞。」
第9條第1項規定:「外國人申請歸化,應於許可歸化之日起,或依原屬國法令須滿一定年齡始得喪失原有國籍者自滿一定年齡之日起,一年內提出喪失原有國籍證明。」因此:(A)依第4條第1項第2款規定,不得申請歸化。(B)、(C)依第4條第

1項第1款規定，僅不須具備「有相當之財產或專業技能」等之證明，但須具備其他各款之證明。(D)依第9條第1項規定，應提出喪失原有國籍證明。

本題答案應選擇(D)。

2 (A)。姓名條例第8條第1項規定：「有下列情事之一者，得申請改姓：

一、被認領、撤銷認領。

二、被收養、撤銷收養或終止收養。

三、臺灣原住民族或其他少數民族因改漢姓造成家族姓氏誤植。

四、音譯過長。

五、其他依法改姓。」

本題答案應選擇(A)。

3 (B)。國籍法（下同）第3條第1項規定：「外國人或無國籍人，現於中華民國領域內有住所，並具備下列各款要件者，得申請歸化：

一、於中華民國領域內，每年合計有一百八十三日以上合法居留之事實繼續五年以上。

二、依中華民國法律及其本國法均有行為能力。

三、無不良素行，且無警察刑事紀錄證明之刑事案件紀錄。

四、有相當之財產或專業技能，足以自立，或生活保障無虞。

五、具備我國基本語言能力及國民權利義務基本常識。」

第4條第1項第1款規定：「外國人或無國籍人，現於中華民國領域內有住所，具備前條第一項第二款至第五款要件，於中華民國領域內，每

年合計有一百八十三日以上合法居留之事實繼續三年以上，並有下列各款情形之一者，亦得申請歸化：

一、為中華民國國民之配偶，不須符合前條第一項第四款。」

第6條第1項規定：「外國人或無國籍人，有殊勳於中華民國者，雖不具備第三條第一項各款要件，亦得申請歸化。」

(B)之敘述錯誤，本題答案應選擇(B)。

4 (D)。國籍法（下同）第12條規定：「依前條規定申請喪失國籍者，有下列各款情形之一，內政部不得為喪失國籍之許可：

一、男子年滿十五歲之翌年一月一日起，未免除服兵役義務，尚未服兵役者。但僑居國外國民，在國外出生且於國內無戶籍者或在年滿十五歲當年十二月三十一日以前遷出國外者，不在此限。

二、現役軍人。

三、現任中華民國公職者。」

第13條規定：「有下列各款情形之一者，雖合於第十一條之規定，仍不喪失國籍：

一、為偵查或審判中之刑事被告。

二、受有期徒刑以上刑之宣告，尚未執行完畢者。

三、為民事被告。

四、受強制執行，未終結者。

五、受破產之宣告，未復權者。

六、有滯納租稅或受租稅處分罰鍰未繳清者。」

本題答案應選擇(D)。

5 (D)。申請歸化、回復我國國籍者、以及撤銷喪失我國國籍者，均有我國國籍；然喪失我國國籍但又未取得外國國籍者將成為無國籍者。
本題答案應選擇(D)。

6 (C)。國籍法第18條規定：「回復中華民國國籍者，自回復國籍日起三年內，不得任第十條第一項各款公職。但其他法律另有規定者，從其規定。」
總統副總統選舉罷免法第20條第2項規定：「回復中華民國國籍、因歸化取得中華民國國籍、大陸地區人民或香港、澳門居民經許可進入臺灣地區者，不得登記為總統、副總統候選人。」
本題答案應選擇(C)。

7 (B)。國籍法施行細則第5條第2項規定：「申請人以下列各款事由之一為居留原因者，其居留期間不列入前項所定合法居留期間之計算：
一、經勞動部許可從事就業服務法第四十六條第一項第八款至第十款規定之工作。
二、在臺灣地區就學。
三、經有關機關請求內政部移民署禁止其出國。
四、喪失原國籍，尚未取得我國國籍，等待回復原國籍。
五、因發生勞資爭議正在進行爭訟程序。
六、因職業災害需接受治療。
七、為刑事案件之被害人、證人。
八、以前七款之人為依親對象。」
就業服務法第46條第1項第8款至第

10款規定：「雇主聘僱外國人在中華民國境內從事之工作，除本法另有規定外，以下列各款為限：……
八、海洋漁撈工作。
九、家庭幫傭及看護工作。
十、為因應國家重要建設工程或經濟社會發展需要，經中央主管機關指定之工作。」
(B)之敘述不屬之，本題答案應選擇(B)。

8 (D)。戶籍法第34條規定：「離婚登記，以雙方當事人為申請人。但經法院裁判離婚確定、調解或和解離婚成立或其他離婚已生效者，得以當事人之一方為申請人。」
本題答案應選擇(D)。

9 (C)。戶籍法第17條規定：「由他鄉（鎮、市、區）遷入三個月以上，應為遷入登記。
原有戶籍國民遷出國外，持我國護照或入國證明文件入境三個月以上者，應為遷入登記。原有戶籍國民，經許可回復中華民國國籍者，亦同。」
本題答案應選擇(C)。

10 (D)。戶籍法第48條規定：「戶籍登記之申請，應於事件發生或確定後三十日內為之。但出生登記至遲應於六十日內為之。
前項戶籍登記之申請逾期者，戶政事務所仍應受理。
戶政事務所查有不於法定期間申請者，應以書面催告應為申請之人。」
(D)之敘述錯誤，本題答案應選擇(D)。

解答與解析

11 (B)。戶籍法第20條第3款規定：「中華民國人民初次申請戶籍登記時，其出生地依下列規定：……三、在船機上出生而無法確定其出生地者，以其出生時該船機之註冊地、國籍登記地或船籍港所在地為出生地。」
(B)之敘述不屬之，本題答案應選擇(B)。

12 (A)。戶籍法第61條第1項第1款規定：「國民身分證之初領、補領、換領及全面換領，依下列規定辦理：一、初領、補領或全面換領：向戶籍地戶政事務所申請。」
內政部台內戶字第1020266971號公告要旨謂：「依據戶籍法第26條第1款、第61條第2項、姓名條例第4條第1項等規定，新增初領及補領國民身分證、死亡登記、變更姓名登記等項目得向戶籍地以外之戶政事務所申請。」
本題答案應選擇(A)。

13 (B)。戶籍法第21條規定：「戶籍登記事項有變更時，應為變更之登記。」
本題答案應選擇(B)。

14 (C)。戶籍法第4條第1項規定：「戶籍登記，指下列登記：一、身分登記：(一)出生登記。(二)認領登記。(三)收養、終止收養登記。(四)結婚、離婚登記。(五)監護登記。(六)輔助登記。(七)未成年子女權利義務行使負擔登記。(八)死亡、死亡宣告登記。(九)原住民身分及民族別登記。」
(C)之敘述不屬之，本題答案應選擇(C)。

15 (B)。姓名條例第4條第1項規定：「臺灣原住民及其他少數民族之傳統姓名或漢人姓名，均得以傳統姓名之羅馬拼音並列登記，不受第一條第一項規定之限制。」
(B)之敘述錯誤，本題答案應選擇(B)。

16 (C)。姓名條例（下同）第1條第5項、第6項規定：「中華民國國民與外國人、無國籍人結婚，其配偶及所生子女之取用中文姓名，應符合我國國民使用姓名之習慣；外國人、無國籍人申請歸化我國國籍者，其中文姓名，亦同。
已依前項規定取用中文姓名者，得申請更改中文姓名一次。」
第3條規定：「取用中文姓名，應依下列方式為之：
一、姓氏在前，名字在後。但無姓氏者，得登記名字。
二、中文姓氏與名字之間不得以空格或符號區隔。」
第4條第2項規定：「外國人、無國籍人於歸化我國取用中文姓名時，得以原有外文姓名之羅馬拼音並列登記，不受第一條第一項規定之限制。」
(C)之敘述錯誤，本題答案應選擇(C)。

17 (D)。姓名條例（下同）第5項第國民依法令之行為，有使用姓名之必要者，均應使用本名。
第6條規定：「學歷、資歷、執照及其他證件應使用本名；未使用本名者，無效。」
(D)之敘述不屬之，本題答案應選擇(D)。

18 **(B)**。姓名條例第15條規定：「有下列情事之一者，不得申請改姓、改名或更改姓名：

一、經通緝或羈押。

二、受宣告強制工作之裁判確定。

三、受有期徒刑以上刑之判決確定，未宣告緩刑或未准予易科罰金、易服社會勞動。但過失犯罪者，不在此限。

前項第二款及第三款規定不得申請改姓、改名或更改姓名之期間，自裁判確定之日起至執行完畢滿三年止。」

本題答案應選擇(B)。

19 **(C)**。姓名條例第1條第2項規定：「臺灣原住民族及其他少數民族之姓名登記，依其文化慣俗為之；其已依漢人姓名登記者，得申請回復其傳統姓名；回復傳統姓名者，得申請回復原有漢人姓名。但均以一次為限。」

(C)之敘述錯誤，本題答案應選擇(C)。

20 **(C)**。姓名條例第1條第7項規定：「回復國籍者，應回復喪失中華民國國籍時之中文姓名。」

本題答案應選擇(C)。

21 **(D)**。姓名條例第8條第2項規定：「夫妻之一方得申請以其本姓冠以配偶之姓或回復其本姓；其回復本姓者，於同一婚姻關係存續中，以一次為限。」

本題答案應選擇(D)。

22 **(A)**。涉外民事法律適用法（下同）第10條第1項規定：「人之行為能力，依其本國法。」

第2條規定：「依本法應適用當事人本國法，而當事人有多數國籍時，依其關係最切之國籍定其本國法。」

本題甲之行為能力，依上述第10條第1項規定依其本國法而定，又因其同時具有我國與A國籍，依第2條之規定，依其關係最切之國籍定其本國法，甲從小居住於臺北市，故關係最切者為我國，其本國法應為我法。本題答案應選擇(A)。

23 **(B)**。涉外民事法律適用法第11條規定：「凡在中華民國有住所或居所之外國人失蹤時，就其在中華民國之財產或應依中華民國法律而定之法律關係，得依中華民國法律為死亡之宣告。

前項失蹤之外國人，其配偶或直系血親為中華民國國民，而現在中華民國有住所或居所者，得因其聲請依中華民國法律為死亡之宣告，不受前項之限制。

前二項死亡之宣告，其效力依中華民國法律。」

本題答案應選擇(B)。

24 **(C)**。涉外民事法律適用法第47條規定：「婚姻之效力，依夫妻共同之本國法；無共同之本國法時，依共同之住所地法；無共同之住所地法時，依與夫妻婚姻關係最切地之法律。」

解答與解析

有關乙婚後是否應變更姓氏，屬甲、乙之婚姻效力，又由於甲、乙並無共同之本國法，故依上開規定，依兩人共同之住所地法即我國法。本題答案應選擇(C)。

25 (D)。涉外民事法律適用法第45條第1項規定：「婚約之成立，依各該當事人之本國法。但婚約之方式依當事人一方之本國法或依婚約訂定地法者，亦為有效。」
本題答案應選擇(D)。

111年 地特三等

一、A男為中華民國國民，到美國讀書，取得博士學位後與B女（美國人，無中華民國國籍）結婚，並在美國大學教書。目前，A已取得美國國籍（同時保留中華民國國籍）。夫妻無子女，亦未買房子，一直住在美國大學宿舍。嗣後，因我國C公立大學邀請，A擬返國擔任該校教授，且A亦同意兼任該校文學院院長。然而，B女不願意陪同A男回國，雙方因此感情破裂，A男則向中華民國法院請求離婚。
請依涉外民事法律適用法規定說明，AB之離婚訴訟，是否適用中華民國法律？並請依國籍法規定說明，A擔任C公立大學教授及兼任該校文學院院長，應經何種程序辦理？

答：(一) A、B之離婚訴訟，依涉外民事法律適用法，應適用美國法。說明如下：

　　1. 涉外民事法律適用法第50條規定：「離婚及其效力，依協議時或起訴時夫妻共同之本國法；無共同之本國法時，依共同之住所地法；無共同之住所地法時，依與夫妻婚姻關係最切地之法律。」

　　又同法第2條規定：「依本法應適用當事人本國法，而當事人有多數國籍時，依其關係最切之國籍定其本國法。」

　　2. 本題中，A為我國國民，已取得美國國籍，然亦保留我國國籍；而B則為美國籍，無我國國籍。又兩人並未在美購屋，一直住在美國大學宿舍。

　　3. 依上開涉外民事法律適用法第50條規定，兩人離婚，首先應適用兩人共同之本國法。由於A具有我國國籍與美國國籍，依上開涉外民事法律適用法第2條規定，應依其關係最切之國籍定其本國法。在此所謂「關係最切」，宜參酌當事人之主觀意願及各種客觀因素（例如當事人之住所、營業所、工作、求學及財產之所在地等）綜合判斷之。依A目前之工作、生活之狀態，宜以美國國籍為其關係最切者。如此判斷以美國籍為A之本國法，則A、B間即有共同之本國法，故其離婚應適用美國法。

500 chapter 05 近年試題及解析

4. 退萬步言,如不認同A之本國法為美國法,又因A、B係住在美國大學宿舍,無共同之住所地,然與A、B婚姻關係最切地仍為美國,故仍應適用美國法。

(二)A依國籍法之規定應為如下之程序:

1. 國籍法第20條第1項第1款、第2項至第4項規定:「中華民國國民取得外國國籍者,不得擔任中華民國公職;其已擔任者,除立法委員由立法院;直轄市、縣(市)、直轄市山地原住民區、鄉(鎮、市)民選公職人員,分別由行政院、內政部、直轄市政府、縣政府;村(里)長由鄉(鎮、市、區)公所解除其公職外,由各該機關免除其公職。但下列各款經該管主管機關核准者,不在此限:一、公立大學校長、公立各級學校教師兼任行政主管人員與研究機關(構)首長、副首長、研究人員(含兼任學術研究主管人員)及經各級主管教育行政或文化機關核准設立之社會教育或文化機構首長、副首長、聘任之專業人員(含兼任主管人員)。……

前項第一款至第三款人員,以具有專長或特殊技能而在我國不易覓得之人才且不涉及國家機密之職務者為限。

第一項之公職,不包括公立各級學校未兼任行政主管之教師、講座、研究人員、專業技術人員。

中華民國國民兼具外國國籍者,擬任本條所定應受國籍限制之公職時,應於就(到)職前辦理放棄外國國籍,並於就(到)職之日起一年內,完成喪失該國國籍及取得證明文件。但其他法律另有規定者,從其規定。」等語。

2. 本題中,A受邀擔任C公立大學之教授並兼任該校文學院院長,其係屬國籍法第20條第1項第1款規定之「公立各級學校教師兼任行政主管人員與研究機關(構)首長」,並非同條第3項所謂「公立各級學校未兼任行政主管之教師、講座、研究人員、專業技術人員」,故依同條第2項之規定,其本身須具備「具有專長或特殊技能而在我國不易覓得之人才且不涉及國家機密之職務者」之限制條件。

3. 因此本題中A除應具上述同條第2項之要件外,還應依同條第4項之規定,應於就(到)職前辦理放棄外國國籍,並於就(到)職之日起一年內,完成喪失該國國籍及取得證明文件。

二、「羅馬拼音」是否為姓名條例之法律用語？姓名條例針對「羅馬拼音」之使用，有無明確之規範？

答：(一)羅馬拼音為姓名條例之法律用語，說明如下：

「羅馬拼音」一詞在姓名條例，出現於第4條之規定中；又在姓名條例施行細則，分別出現在第4條、第6條及第13條之規定中。係針對臺灣原住名之傳統姓名以及外國人、無國籍人於歸化我國國籍時，取用中文姓名時原有名字並列時使用之。因此「羅馬拼音」一詞為姓名條例之法律用語。

(二)姓名條例中針對「羅馬拼音」之規範：

1. 臺灣原住民及其他少數民族：

(1)姓名條例第4條第1項規定：「臺灣原住民族之中文傳統姓名或漢人姓名，均得以傳統姓名之原住民族文字並列登記；其他少數民族之中文傳統姓名或漢人姓名，均得以傳統姓名之羅馬拼音並列登記。不受第一條第一項規定之限制。」

(2)姓名條例施行細則（下稱施行細則）第6條第1項、第2項規定：「臺灣原住民及其他少數民族傳統姓名之羅馬拼音，以當事人申報者為準。

臺灣原住民羅馬拼音之符號系統，由原住民族委員會提供。」

2. 外國人、無國籍人：

(1)姓名條例第4條2項規定：「外國人、無國籍人於歸化我國取用中文姓名時，得以原有外文姓名之羅馬拼音並列登記，不受第一條第一項規定之限制。」

(2)施行細則第6條第3項規定：「外國人、無國籍人歸化我國國籍者，原有外文姓名之羅馬拼音，以當事人申報者為準。」

3. 綜合規定：

(1)施行細則第4條第1項規定：「依本條例規定申請改姓、冠姓、回復本姓、改名、更改姓名、回復傳統姓名、回復原有漢人姓名、傳統姓名之羅馬拼音並列登記、原有外文姓名之羅馬拼音並列登記者，應填具申請書，檢附證明文件（回復傳統姓名者免附），

向戶籍地戶政事務所申請核准。但經內政部公告，並刊登行政院公報之指定項目，得向戶籍地以外之戶政事務所為之。」

(2)施行細則第13條規定：「申請改姓、冠姓、回復本姓、改名、更改姓名、更正本名、回復傳統姓名、回復原有漢人姓名、傳統姓名之羅馬拼音並列登記、原有外文姓名之羅馬拼音並列登記經核准者，戶政事務所應於登記後，於相關機關依規定申請查詢時，提供資料。」

三、請依戶籍法之具體規定，分析比較「監護登記」與「輔助登記」規範設計之異同？

答：

<table>
<tr><th colspan="2">異同點</th><th>監護登記</th><th>輔助登記</th></tr>
<tr><td rowspan="2">異</td><td>要件
不同</td><td>戶籍法（下同）第11條規定：「對於無行為能力人或限制行為能力人，依法設置、選定、改定、酌定、指定或委託監護人者，應為監護登記。」</td><td>第12條規定：「因精神障礙或其他心智缺陷，致為意思表示或受意思表示，或辨識其意思表示效果之能力，顯有不足之情事，經法院為輔助之宣告者，應為輔助登記。」</td></tr>
<tr><td>申請人
不同</td><td>第35條第1項規定：「監護登記，以監護人為申請人。」</td><td>第35條第2項規定：「輔助登記，以輔助人或受輔助宣告之人為申請人。」</td></tr>
<tr><td>同</td><td>同為戶籍登記中之身分登記</td><td colspan="2">第4條第1款第5目、第6目規定：「戶籍登記，指下列登記：一、身分登記：……(五)監護登記。(六)輔助登記。」</td></tr>
</table>

	異同點	監護登記	輔助登記
同	申請方式：均得以書面委託申請	第47條規定：「申請人不能親自申請登記時，得以書面委託他人為之。 認領、終止收養、結婚或兩願離婚登記之申請，除有正當理由，經戶政事務所核准者外，不適用前項規定。」	
	申請期限均為30日	第48條第1項規定：「戶籍登記之申請，應於事件發生或確定後三十日內為之。但出生登記至遲應於六十日內為之。」	
	經催告仍不申請者，戶政事務所應逕行為之	第48-2條第2款、第3款規定：「下列戶籍登記，經催告仍不申請者，戶政事務所應逕行為之：……二、監護登記。三、輔助登記。」 戶籍法施行細則（下稱施行細則）第19條第3項、第4項規定：「戶政事務所辦理本法第四十八條之二所定登記之催告，應載明經催告屆期仍不申請者，由戶政事務所依本法第四十八條之二規定逕行為之。 戶政事務所依本法第四十八條之一及第四十八條之二規定逕為登記後，應通知應為申請之人。」	
	申請時應提出證明文件正本	施行細則第13條第5款、第6款：「下列登記，申請人應於申請時提出證明文件正本：……五、監護登記。六、輔助登記。」	

111年 地特四等

> **申論題**

> 一、隨著國際移民趨勢熱絡，移民議題漸受各國政府重視。然而，不同
> 國家對於國籍持（擁）有，有不同的見解；有些國家秉持「單一國
> 籍」，有些國家允許「雙重國籍」存在。就「雙重國籍」概念下，
> 試論述擁有「雙重國籍」之「優點」為何？

答：有關雙重國籍之優點，說明如下

(一) 雙重國籍係指一人有兩個以上之國籍。又稱「國籍之積極衝
突」。

1. 依國籍必有原則和國籍單一原則，任何人均應有國籍，且任何人均
不得同時具有兩個以上之國籍。然因某些原因，會使人具有兩個以
上的國籍。

2. 故造成雙重國籍的原因可分為生來國籍之積極衝突，和傳來國籍之
積極衝突。前者因出生之事實而同時取得兩國（以上）之國籍；後
者則因出生後之事實而異時取得兩國（以上）之國籍。

(二) 雙重國籍之優點

1. 對國家而言，雙重國籍可加速移民社群融入社會，並增加人才的流
入，同時刺激並增加整體之經濟、文化、社會等面向之進步。如
我國國籍法第9條第3項即規定：「外國人符合下列情形之一者，
免提出喪失原有國籍證明：一、依第六條規定申請歸化。二、由
中央目的事業主管機關推薦科技、經濟、教育、文化、藝術、體育
及其他領域之高級專業人才，有助中華民國利益，並經內政部邀
請社會公正人士及相關機關共同審核通過。三、因非可歸責於當事
人之事由，致無法取得喪失原有國籍證明。」其修正理由即謂：
「另為正視如依第六條規定申請歸化；由中央目的事業主管機關推
薦科技、經濟、教育、文化、藝術、體育及其他領域之高級專業人
才，有助中華民國利益，並經內政部邀請社會公正人士及相關機關
共同審核通過；及因非可歸責於當事人之事由，致無法取得喪失原

有國籍證明等特殊情形，當事人因現實困難無法取得喪失國籍證
明，許其免提出喪失原有國籍證明。」等語。

2. 對個人而言，雙重國籍之優點如下：

(1)得同時享有兩國對公民之福利與特權，並享有更好的經濟條件
與生活品質。

(2)得輕鬆往來於兩國之間，便於各種交流。

(3)對兩國均有源自公民身分之政治影響力。

二、戶籍登記事項有錯誤或脫漏時，後續依法應如何處理？如因申報資料錯誤所造成者，申請人可提出相關文件證明向戶籍地戶政事務所申請。所稱之「相關文件證明」係包括那些，請加以說明。

答：(一)戶籍登記事項有錯誤或脫漏時，後續依法處理方式如下：

1. 戶籍法（下同）第22條規定：「戶籍登記事項有錯誤或脫漏時，
應為更正之登記。」

2. 更正登記之申請人，依第46條規定：「變更、更正、撤銷或廢止
登記，以本人為申請人。本人不為或不能申請時，以原申請人或利
害關係人為申請人，戶政事務所並應於登記後通知本人。戶政事務
所依職權為更正、撤銷或廢止登記，亦同。」

第47條第1項規定：「申請人不能親自申請登記時，得以書面委託
他人為之。」

3. 申請期間，依第48條第1項規定：「戶籍登記之申請，應於事件
發生或確定後三十日內為之。但出生登記至遲應於六十日內為
之。」

第48-2條第8款規定：「下列戶籍登記，經催告仍不申請者，戶政
事務所應逕行為之：……八、更正、撤銷或廢止登記。」

(二) 如因申報資料錯誤所致者，其相關文件證明包括如下：

戶籍法施行細則第16條規定：「戶籍登記事項錯誤，係因申報資
料錯誤所致者，應由申請人提出下列證明文件之一，向戶籍地戶政
事務所申請更正；戶籍地戶政事務所並依前條規定辦理：

一、在臺灣地區初次登記戶籍或登記戶籍前之戶籍資料。

二、政府機關核發並蓋有發證機關印信之原始國民身分證。

三、各級學校、軍、警學校或各種訓練班、團、隊畢（肄）業證明文件。

四、公、私立醫療機構或合格助產士出具之出生證明書。

五、國防部或其所屬相關機關所發停、除役、退伍（令）證明書或兵籍資料證明書。

六、涉及事證確認之法院確定裁判、檢察官不起訴處分書、緩起訴處分書，或國內公證人之公、認證書等。

七、其他機關（構）核發之足資證明文件。」

選擇題

（　）**1** 某棄嬰A在宜蘭被拾獲，外表為金髮藍眼之白種人，但生父生母均無可考，關於A之國籍應如何處理？　(A)A依法取得中華民國國籍　(B)應將A登記為無國籍　(C)暫不為A之國籍登記，待其滿20歲時再決定是否申請歸化為中華民國國籍　(D)請求聯合國難民署協助判斷。

（　）**2** 外國人甲曾經勞動部許可在臺灣從事就業服務法第46條第9款之外籍看護工作3年，不幸發生職業災害後在臺灣治療1年，痊癒後於臺灣就讀大學4年，畢業後憑其語言專業，擔任補習及進修教育法立案之短期補習班之專任教師3年。甲考慮申請歸化我國籍，有關其居留期間計算，下列敘述何者正確？　(A)擔任看護工作之3年期間列入計算　(B)職業災害之1年治療期間列入計算　(C)大學就學之4年期間列入計算　(D)擔任補習班專任教師之3年期間列入計算。

（　）**3** 16歲甲男之母為外國國籍；父為中華民國國籍，但於甲1歲時不幸死亡。甲於國外出生、居住。依國籍法規定，下列敘述何者正確？　(A)為取得母親國國籍，甲男得申請喪失中華民國國籍　(B)甲男得申請歸化　(C)甲男非屬中華民國國籍　(D)甲男提出喪失中華民國國籍之申請，因已年滿15歲、未免除服兵役義務且尚未服兵役，故內政部不得許可其喪失國籍之申請。

(　) **4** 有關外國人申請歸化時，依法得免附部分文件，下列敘述何者正確？　(A)為我國人之配偶，免附外僑居留證　(B)未婚之成年子女，免附財力證明　(C)在臺就業已取得外僑永久居留證者，免附財力證明　(D)外國人出境未超過3個月者，免附警察刑事紀錄證明。

(　) **5** 有關國籍法上外國人申請歸化其居留期間之計算，下列敘述何者錯誤？　(A)逾期居留期間，不列入計算　(B)居留原因為喪失原國籍，尚未取得我國國籍，等待回復原國籍者，不列入計算　(C)居留原因為以在臺灣地區就學之外國人為依親對象者，不列入計算　(D)居留原因為經勞動部許可擔任經政府核准投資事業之主管，不列入計算。

(　) **6** 甲經歸化獲得我國國籍，下列何者不是撤銷甲歸化許可之事由？　(A)甲申請歸化時變造財力證明以達法定標準　(B)甲申請歸化係藉由與國人乙間通謀虛偽之收養關係　(C)甲申請歸化後於10年內擔任民選地方公職人員　(D)查得甲於歸化前之刑事案件紀錄。

(　) **7** 下列申請喪失我國國籍者，內政部得予以許可？　(A)現任憲兵　(B)村長　(C)應服而未服兵役之滿16歲男子　(D)為外國人之配偶。

(　) **8** 依國籍法規定，具有外國籍之中華民國國民，得擔任下列何種工作？　(A)村里幹事　(B)公立大學校長　(C)立法委員　(D)公立醫院主治醫師。

(　) **9** 關於戶籍登記之敘述，下列何者錯誤？　(A)一人同時不得有二戶籍　(B)戶籍登記，以戶為單位　(C)戶籍登記包括依其他法律所為登記　(D)現戶戶籍資料、除戶戶籍資料及戶籍登記申請書格式內容，應由法律定之。

(　) **10** 依戶籍法規定，出生登記經催告仍不申請者，下列敘述何者錯誤？　(A)婚生子女，由申請人於戶政事務所抽籤決定依父姓或母姓登記　(B)無依兒童，依監護人之姓登記　(C)無依兒童，由戶政事務所主任代立名字　(D)非婚生子女，依母姓登記。

(　) **11** 下列結婚或離婚登記之申請，何者不得逕向任一戶政事務所為之？　(A)一方在國內現有戶籍，在國內結婚者　(B)雙方在國內曾

設戶籍，在國內離婚者　(C)一方在國內曾設戶籍，在國外結婚者
(D)雙方在國內未曾設戶籍，在國內離婚者。

(　) **12** 有關申請親等關聯資料，下列敘述何者錯誤？　(A)得依人工生殖法
第15條或第29條規定，查證親屬關係　(B)得依人體器官移植條例第
8條規定查證親屬關係　(C)依國籍法第2條規定取得中華民國國籍，
有查證父或母為中華民國國民之需求　(D)辦理繼承登記有查證被繼
承人之姻親關係之需求。

(　) **13** 原有戶籍國民喪失國籍後，經許可回復我國國籍者，應辦理下列何
種戶籍登記？　(A)初設戶籍登記　(B)遷入登記　(C)回復戶籍登記
(D)出生地登記。

(　) **14** 甲原設籍於新北市永和區，因工作因素搬遷到臺中市大里區居住，
依戶籍法規定，甲應向那一戶政事務所辦理遷出登記？　(A)新北市
永和戶政事務所　(B)新北市任一戶政事務所　(C)臺中市大里區戶
政事務所　(D)全國任一戶政事務所。

(　) **15** 依姓名條例規定，下列何種情形得申請改姓？　(A)結婚或離婚
(B)讀音或字義粗俗不雅　(C)與經通緝有案之人犯姓名完全相同
(D)音譯過長。

(　) **16** 依戶籍法規定，死亡資料通報機關（構）未履行其通報義務者，
如何處置？　(A)公務員執行職務未依法通報者，由其服務機關懲
處　(B)醫療機構由衛生福利部處以罰鍰　(C)檢察機關由法務部懲
處　(D)均由戶政事務所處以罰鍰。

(　) **17** 甲為新加坡人，下列何者非屬姓名條例規定應取用中文姓名之情
形？　(A)與中華民國國民結婚辦理戶籍登記　(B)申請歸化中華民
國國籍　(C)在臺應聘工作申請外僑居留證　(D)經我國國籍生父認
領後，申請中華民國護照。

(　) **18** 甲、乙、丙、丁四人均申請改名，何人之申請不應許可？　(A)甲50
歲，10年前以字義粗俗不雅改名，現又以同理由申請改名　(B)乙30
歲，6年前以特殊原因改名，現以字義粗俗不雅申請改名　(C)丙21
歲，一周前因字義粗俗不雅改名，現又以同理由申請改名　(D)丁12
歲時以音譯過長改名，於16歲時以特殊原因申請改名。

( ) **19** 關於申請更改姓名,下列敘述何者正確? (A)因原名譯音過長或不正確而申請更改姓名者,以一次為限 (B)因宗教因素出世或還俗,得申請更改姓名 (C)因執行公務之必要,而更改姓名者,應於該公務結束後半年內,申請回復原姓名 (D)與四親等以內直系尊親屬姓名完全相同者,得申請更改姓名。

( ) **20** 依姓名條例規定,關於臺灣原住民姓名登記,下列敘述何者錯誤? (A)已依漢人姓名登記者,得申請回復其傳統姓名 (B)回復傳統姓名者,得申請回復原有漢人姓名 (C)回復傳統姓名時,得以原有漢人姓名之羅馬拼音並列登記 (D)回復原有漢人姓名時,得以傳統姓名之羅馬拼音並列登記。

( ) **21** 有關婚後冠配偶姓之規定,下列敘述何者正確? (A)得書面約定,刪除本姓用配偶之姓 (B)得口頭約定,以其本姓冠以配偶之姓 (C)離婚時經申請戶政機關許可後,得保留所冠配偶之姓 (D)同一婚姻關係存續中申請回復本姓,以一次為限。

( ) **22** 具有我國國籍之乙於2022年初,在菲律賓夜店痛毆日本人甲,甲於臺灣向乙起訴請求損害賠償,我國法院應如何適用法律? (A)適用中華民國法 (B)適用菲律賓法 (C)適用日本法 (D)重疊適用中華民國法及菲律賓法。

( ) **23** 日本人甲男與我國人乙女在馬來西亞訂婚,二人在馬來西亞有共同住所,嗣甲在新加坡解除婚約,關於因婚約解除所生之損害賠償問題,我國法院應如何適用法律? (A)適用馬來西亞法 (B)適用新加坡法 (C)適用中華民國法 (D)適用日本法。

( ) **24** 甲為美國人時,書立遺囑,指定其好友加拿大人乙為繼承人。多年後甲歸化為我國人,並與日本人丙女結婚,甲欲撤回遺囑,我國法院應適用何國法律? (A)適用美國法 (B)適用加拿大法 (C)適用我國法 (D)適用日本法。

( ) **25** 依涉外民事法律適用法應適用當事人本國法,而當事人國籍消極衝突時,應適用何法? (A)居所地法 (B)住所地法 (C)習慣居所地法 (D)關係最切之國籍法。

chapter 05 近年試題及解析

解答及解析（答案標示為#者，表官方曾公告更正該題答案。）

1 (A)。國籍法第2條第1項規定：「有
下列各款情形之一者，屬中華民國
國籍：
一、出生時父或母為中華民國國民。
二、出生於父或母死亡後，其父或
　　母死亡時為中華民國國民。
三、出生於中華民國領域內，父母
　　均無可考，或均無國籍者。
四、歸化者。」
依上開第3款之規定，本題答案應選
擇(A)。

2 (D)。國籍法施行細則第5條規定：
「本法第三條至第五條所定合法居
留期間之計算，包括本法中華民國
八十九年二月九日修正施行前已取
得外僑居留證或外僑永久居留證之
合法居留期間。申請人以下列各款
事由之一為居留原因者，其居留期
間不列入前項所定合法居留期間之
計算：
一、經勞動部許可從事就業服務法
　　第四十六條第一項第八款至第
　　十款規定之工作。
二、在臺灣地區就學。
三、經有關機關請求內政部移民署
　　禁止其出國。
四、喪失原國籍，尚未取得我國國
　　籍，等待回復原國籍。
五、因發生勞資爭議正在進行爭訟
　　程序。
六、因職業災害需接受治療。
七、為刑事案件之被害人、證人。
八、以前七款之人為依親對象。」

就業服務法第46條第1項第8款到第
10款規定：「雇主聘僱外國人在中
華民國境內從事之工作，除本法另
有規定外，以下列各款為限：……
八、海洋漁撈工作。九、家庭幫傭
及看護工作。十、為因應國家重要
建設工程或經濟社會發展需要，經
中央主管機關指定之工作。」
(D)之敘述不屬上開規定之限制，本
題答案應選擇(D)。

3 (A)。國籍法第2條第1項規定：「有
下列各款情形之一者，屬中華民國
國籍：
一、出生時父或母為中華民國國民。
二、出生於父或母死亡後，其父或
　　母死亡時為中華民國國民。
三、出生於中華民國領域內，父母
　　均無可考，或均無國籍者。
四、歸化者。」
本題中，因甲之父為中華民國國
籍，依上開規定，甲出生即取得中
華民國國籍，故其如欲取得母親國
國籍，得申請喪失中華民國國籍。
本題答案應選擇(A)。

4 (C)。國籍法施行細則（下同）第9
條第3項規定：「已取得外僑永久居
留證者，其申請歸化，得免附前條
第一項第三款所定證明文件。」
第8條第1項第3款規定：「依本法第
三條至第五條或第七條規定申請歸
化者，應填具申請書，並檢附下列
文件：……三、相當之財產或專業
技能，足以自立，或生活保障無虞

之證明。但本法第四條第一項第一款與第四條第二項之申請人及第七條申請隨同歸化之未婚且未滿十八歲子女，免附。」

本題答案應選擇(C)。

5 (D)。國籍法施行細則（下同）第5條規定：「本法第三條至第五條所定合法居留期間之計算，包括本法中華民國八十九年二月九日修正施行前已取得外僑居留證或外僑永久居留證之合法居留期間。

申請人以下列各款事由之一為居留原因者，其居留期間不列入前項所定合法居留期間之計算：

一、經勞動部許可從事就業服務法第四十六條第一項第八款至第十款規定之工作。

二、在臺灣地區就學。

三、經有關機關請求內政部移民署禁止其出國。

四、喪失原國籍，尚未取得我國國籍，等待回復原國籍。

五、因發生勞資爭議正在進行爭訟程序。

六、因職業災害需接受治療。

七、為刑事案件之被害人、證人。

八、以前七款之人為依親對象。」

第6條第1項、第2項規定：「本法第三條及第四條所稱每年合計有一百八十三日以上合法居留之事實繼續五年以上或三年以上，指其居留期間自申請歸化時，往前推算五年或三年之期間，應為連續不中斷，且該期間內每年合計合法居留一百八十三日以上。但於該期間

內，因逾期居留，不符合法居留之要件，致居留期間中斷，其逾期居留期間未達三十日者，視為居留期間連續不中斷。

前項逾期居留期間，不列入合法居留一百八十三日之計算。」

(D)之敘述錯誤，本題答案應選擇(D)。

6 (C)。國籍法第19條第1項規定：「歸化、喪失或回復中華民國國籍後，除依第九條第一項規定應撤銷其歸化許可外，內政部知有與本法之規定不合情形之日起二年得予撤銷。但自歸化、喪失或回復中華民國國籍之日起逾五年，不得撤銷。」

本題中日(A)、(B)、(D)均有「與本法（國籍法）之規定不合情形」，故得據此撤銷甲歸化許可，唯(C)之敘述不屬之，本題答案應選擇(C)。

7 (D)。國籍法第12條規定：「依前條規定申請喪失國籍者，有下列各款情形之一，內政部不得為喪失國籍之許可：

一、男子年滿十五歲之翌年一月一日起，未免除服兵役義務，尚未服兵役者。但僑居國外國民，在國外出生且於國內無戶籍者或在年滿十五歲當年十二月三十一日以前遷出國外者，不在此限。

二、現役軍人。

三、現任中華民國公職者。」

(D)之敘述不屬之，本題答案應選擇(D)。

8 (B)。國籍法第20條第1項至第3項規定：「中華民國國民取得外國國籍者，不得擔任中華民國公職；其已擔任者，除立法委員由立法院；直轄市、縣（市）、直轄市山地原住民區、鄉（鎮、市）民選公職人員，分別由行政院、內政部、直轄市政府、縣政府；村（里）長由鄉（鎮、市、區）公所解除其公職外，由各該機關免除其公職。但下列各款經該管主管機關核准者，不在此限：……

一、公立大學校長、公立各級學校教師兼任行政主管人員與研究機關（構）首長、副首長、研究人員（含兼任學術研究主管人員）及經各級主管教育行政或文化機關核准設立之社會教育或文化機構首長、副首長、聘任之專業人員（含兼任主管人員）。

二、公營事業中對經營政策負有主要決策責任以外之人員。

三、各機關專司技術研究設計工作而以契約定期聘用之非主管職務。

四、僑務主管機關依組織法遴聘僅供諮詢之無給職委員。

五、其他法律另有規定者。

前項第一款至第三款人員，以具有專長或特殊技能而在我國不易覓得之人才且不涉及國家機密之職務者為限。

第一項之公職，不包括公立各級學校未兼任行政主管之教師、講座、研究人員、專業技術人員。」

本題答案應選擇(B)。

9 (D)。戶籍法第5-1條第3項規定：「現戶戶籍資料、除戶戶籍資料及戶籍登記申請書格式內容，由中央主管機關定之。」

(D)之敘述錯誤，本題答案應選擇(D)。

10 (A)。戶籍法（下同）第48-2條第1款規定：「下列戶籍登記，經催告仍不申請者，戶政事務所應逕行為之：一、出生登記。」

第49條規定：「出生登記當事人之姓氏，依相關法律規定未能確定時，婚生子女，由申請人於戶政事務所抽籤決定依父姓或母姓登記；非婚生子女，依母姓登記；無依兒童，依監護人之姓登記。

戶政事務所依前條第一款規定逕為出生登記時，出生登記當事人姓氏，婚生子女，以抽籤決定依父姓或母姓登記；非婚生子女，依母姓登記；無依兒童，依監護人之姓登記，並由戶政事務所主任代立名字。」

(A)之敘述錯誤，本題答案應選擇(A)。

11 (C)。戶籍法第26條第1款至第4款規定：「戶籍登記之申請，應向當事人戶籍地之戶政事務所為之。但有下列情形之一者，不在此限：

一、經中央主管機關公告，並刊登政府公報之指定項目，其登記得向戶籍地以外之戶政事務所為之。

二、雙方或一方在國內現有或曾設戶籍者，在國內結婚或離婚，

得向任一戶政事務所辦理結婚或離婚登記。

三、雙方或一方在國內現有或曾設戶籍者，在國外結婚或離婚，得檢具相關文件，向我國駐外使領館、代表處、辦事處（以下簡稱駐外館處）或行政院於香港、澳門設立或指定之機構或委託之民間團體申請，經驗證後函轉戶籍地或原戶籍地戶政事務所辦理結婚或離婚登記。

四、雙方在國內未曾設戶籍者，在國內結婚或離婚，其結婚或離婚登記，得向任一戶政事務所為之。在國外結婚或離婚，得檢具相關文件，向駐外館處或行政院於香港、澳門設立或指定之機構或委託之民間團體申請，經驗證後函轉中央主管機關指定之中央政府所在地戶政事務所辦理結婚或離婚登記；或於驗證後，向任一戶政事務所辦理之。」

(C)之敘述不屬之，本題答案應選擇(C)。

12 (D)。戶籍法第65-1條第1項規定：「申請人有下列情形之一者，得向任一戶政事務所申請親等關聯資料：

一、依人工生殖法第十五條或第二十九條規定，有查證親屬關係之需求。

二、依人體器官移植條例第八條規定有器官捐贈查證親屬關係之需求。

三、辦理繼承登記有查證被繼承人之配偶及血親關係之需求。

四、為依國籍法第二條規定取得中華民國國籍，有查證父或母為中華民國國民之需求。

五、依法院要求或法院審判有查證親等關聯資料之需求。

六、依其他法律規定有查證親屬關係之需求。」

(D)之敘述錯誤，本題答案應選擇(D)。

13 (B)。戶籍法第17條第2項規定：「原有戶籍國民遷出國外，持我國護照或入國證明文件入境三個月以上者，應為遷入登記。原有戶籍國民，經許可回復中華民國國籍者，亦同。」

本題答案應選擇(B)。

14 (C)。戶籍法施行細則第6條規定：「申請人依本法第十七條第二項規定辦理遷入登記，應向遷入地戶政事務所為之。」

在辦理遷入登記時，一併辦理遷出登記。

本題答案應選擇(C)。

15 (D)。姓名條例第8條規定：「有下列情事之一者，得申請改姓：

一、被認領、撤銷認領。

二、被收養、撤銷收養或終止收養。

三、臺灣原住民或其他少數民族因改漢姓造成家族姓氏誤植。

四、音譯過長。

五、其他依法改姓。

夫妻之一方得申請以其本姓冠以配偶之姓或回復其本姓；其回復本姓者，於同一婚姻關係存續中，以一次為限。」
本題答案應選擇(D)。

16 (A)。死亡資料通報辦法第7條規定：「戶政事務所辦理死亡登記後三十日內，經查通報機關（構）未依本法第十四條第二項規定通報者，由戶政事務所依本法第七十八條規定處理。」
戶籍法第78條規定：「公務員執行職務未依第十四條第二項規定辦理者，由其服務機關懲處。醫療機構未依同條項規定辦理者，處新臺幣一千元以上三千元以下罰鍰。」
本題答案應選擇(A)。

17 (C)。姓名條例（下同）第1條第3項規定：「中華民國國民與外國人、無國籍人結婚，其配偶及所生子女之取用中文姓名，應符合我國國民使用姓名之習慣；外國人、無國籍人申請歸化我國國籍者，其中文姓名，亦同。」
第4條第2項規定：「外國人、無國籍人於歸化我國取用中文姓名時，得以原有外文姓名之羅馬拼音並列登記，不受第一條第一項規定之限制。」
本題答案應選擇(C)。

18 (D)。姓名條例第9條規定：「有下列情事之一者，得申請改名：
一、同時在一公民營事業機構、機關（構）、團體或學校服務或肄業，姓名完全相同。

二、與三親等以內直系尊親屬名字完全相同。
三、同時在一直轄市、縣（市）設立戶籍六個月以上，姓名完全相同。
四、與經通緝有案之人犯姓名完全相同。
五、被認領、撤銷認領、被收養、撤銷收養或終止收養。
六、字義粗俗不雅、音譯過長或有特殊原因。
七、臺灣原住民族基於文化慣俗。
依前項第六款申請改名，以三次為限。但未成年人第二次改名，應於成年後始得為之。」
(A)、(B)、(C)甲、乙、丙均符合第2項之規定次數內，得申請改名。
本題答案應選擇(D)。

19 (B)。姓名條例第10條規定：「有下列情事之一者，得申請更改姓名：
一、原名譯音過長或不正確。
二、因宗教因素出世或還俗。
三、因執行公務之必要，應更改姓名。」
本題答案應選擇(B)。

20 (C)。姓名條例（下同）第1條第2項規定：「臺灣原住民族及其他少數民族之姓名登記，依其文化慣俗為之；其已依漢人姓名登記者，得申請回復其傳統姓名；回復傳統姓名者，得申請回復原有漢人姓名。但均以一次為限。」
修正前第4條第1項規定：「臺灣原住民及其他少數民族之傳統姓名或

漢人姓名，均得以傳統姓名之羅馬拼音並列登記，不受第一條第一項規定之限制。」

(C)之敘述錯誤，本題答案應選擇(C)。

（※113年5月29日修正公布之姓名條例第4條第1項規定：「臺灣原住民族之中文傳統姓名或漢人姓名，均得以傳統姓名之原住民族文字並列登記；其他少數民族之中文傳統姓名或漢人姓名，均得以傳統姓名之羅馬拼音並列登記。不受第一條第一項規定之限制。」）

21 (D)。姓名條例第8條第2項規定：「夫妻之一方得申請以其本姓冠以配偶之姓或回復其本姓；其回復本姓者，於同一婚姻關係存續中，以一次為限。」

本題答案應選擇(D)。

22 (B)。民法第184條規定：「因故意或過失，不法侵害他人之權利者，負損害賠償責任。故意以背於善良風俗之方法，加損害於他人者亦同。

違反保護他人之法律，致生損害於他人者，負賠償責任。但能證明其行為無過失者，不在此限。」

涉外民事法律適用法第25條規定：「關於由侵權行為而生之債，依侵權行為地法。但另有關係最切之法律者，依該法律。」

本題答案應選擇(B)。

23 (A)。涉外民事法律適用法第45條規定：「婚約之成立，依各該當事人之本國法。但婚約之方式依當事人一方之本國法或依婚約訂定地法者，亦為有效。

婚約之效力，依婚約當事人共同之本國法；無共同之本國法時，依共同之住所地法；無共同之住所地時，依與婚約當事人關係最切地之法律。」

解除婚約屬婚約之效力問題，依上開第2項規定，無共同之本國法時，依共同之住所地法。

本題答案應選擇(A)。

24 (C)。涉外民事法律適用法第60條第2項規定：「遺囑之撤回，依撤回時遺囑人之本國法。」

本題答案應選擇(C)。

25 (B)。涉外民事法律適用法第3條規定：「依本法應適用當事人本國法，而當事人無國籍時，適用其住所地法。」

本題答案應選擇(B)。

112年 高考三級

一、外國人申請歸化我國之要件為何？某外國人原本就應該離開我國，主管機關在權宜下所發給居留事由為「其他－回復國籍中」的外僑居留證，此居留期間，是否得算入國籍法第3條第1項申請歸化之合法居留期間？請申論之。

答：(一)外國人申請歸化我國之要件，說明如下：

1. 一般歸化要件：

外國人申請歸化我國之一般要件係規定於國籍法（下同）第3條：「外國人或無國籍人，現於中華民國領域內有住所，並具備下列各款要件者，得申請歸化：

一、於中華民國領域內，每年合計有183日以上合法居留之事實繼續5年以上。

二、依中華民國法律及其本國法均有行為能力。

三、無不良素行，且無警察刑事紀錄證明之刑事案件紀錄。

四、有相當之財產或專業技能，足以自立，或生活保障無虞。

五、具備我國基本語言能力及國民權利義務基本常識。

前項第三款所定無不良素行，其認定、邀集專家學者及社會公正人士研議程序、定期檢討機制及其他應遵行事項之辦法，由內政部定之。

第1項第5款所定我國基本語言能力及國民權利義務基本常識，其認定、測試、免試、收費及其他應遵行事項之標準，由內政部定之。」

2. 特殊歸化要件：外國人申請歸化我國之特殊要件，分別規定如下：

(1)第4條規定：「外國人或無國籍人，現於中華民國領域內有住所，具備前條第1項第2款至第5款要件，於中華民國領域內，每年合計有183日以上合法居留之事實繼續3年以上，並有下列各款情形之一者，亦得申請歸化：

一、為中華民國國民之配偶，不須符合前條第1項第4款。

二、為中華民國國民配偶，因受家庭暴力離婚且未再婚；或其配偶死亡後未再婚且有事實足認與其亡故配偶之親屬仍有

往來，但與其亡故配偶婚姻關係已存續二年以上者，不受與親屬仍有往來之限制。

三、對無行為能力、或限制行為能力之中華民國國籍子女，有扶養事實、行使負擔權利義務或會面交往。

四、父或母現為或曾為中華民國國民。

五、為中華民國國民之養子女。

六、出生於中華民國領域內。

七、為中華民國國民之監護人或輔助人。

未婚且未滿十八歲之外國人或無國籍人，有下列情形之一者，在中華民國領域內合法居留雖未滿三年且未具備前條第一項第二款、第四款及第五款要件，亦得申請歸化：

一、父、母、養父或養母現為中華民國國民。

二、現由社會福利主管機關或社會福利機構監護。」

(2)第5條規定：「外國人或無國籍人，現於中華民國領域內有住所，具備第三條第一項第二款至第五款要件，並具有下列各款情形之一者，亦得申請歸化：

一、出生於中華民國領域內，其父或母亦出生於中華民國領域內。

二、曾在中華民國領域內合法居留繼續十年以上。

三、由中央目的事業主管機關推薦之高級專業人才，有助中華民國利益，並經內政部邀請社會公正人士及相關機關共同審核通過，且於中華民國領域內，每年合計有一百八十三日以上合法居留之事實繼續二年以上，或曾在中華民國領域內合法居留繼續五年以上。

前項第三款所定高級專業人才之認定要件、審核程序、方式及其他相關事項之標準，由內政部定之。」

(3)第6條規定：「外國人或無國籍人，有殊勳於中華民國者，雖不具備第三條第一項各款要件，亦得申請歸化。

內政部為前項歸化之許可，應經行政院核准。

依第一項規定申請歸化者，免徵國籍許可證書規費。」

(4)第7條規定：「歸化人之未婚且未滿十八歲子女，得申請隨同歸化。」

(二) 居留事由為「其他一回復國籍中」之外僑居留證，此居留期間不得算入國籍法第3條第1項申請歸化之合法居留期間，說明如下：

1. 國籍法施行細則第5條第1項及第2項第4款規定：「本法第3條至第5條所定合法居留期間之計算，包括本法中華民國89年2月9日修正施行前已取得外僑居留證或外僑永久居留證之合法居留期間。
   申請人以下列各款事由之一為居留原因者，其居留期間不列入前項所定合法居留期間之計算：……四、喪失原國籍，尚未取得我國國籍，等待回復原國籍。」

2. 因此本題中，居留事由為「其他一回復國籍中」之外僑居留證，其顯係符合上開國籍法施行細則第5條第2項第4款規定之情況，故依該項規定，其居留期間自不列入申請歸化之合法居留期間。

二、依戶籍法規定，身分登記可區分為何種類別？對於結婚登記必要時，各級主管機關及戶政事務所得請相關機關協助查證其婚姻真偽，並出具查證資料。如主管機關發現有虛偽結婚登記之情形，依戶籍法規定，得採取何種處分措施？請申論之。

答：(一)戶籍法規定之身分登記區分如下：

戶籍法第4條第1款規定：「戶籍登記，指下列登記：一、身分登記：(一)出生登記。(二)認領登記。(三)收養、終止收養登記。(四)結婚、離婚登記。(五)監護登記。(六)輔助登記。(七)未成年子女權利義務行使負擔登記。(八)死亡、死亡宣告登記。(九)原住民身分及民族別登記。」

(二) 有虛偽結婚登記情形，依戶籍法規定，得採取處分措施說明如下：

1. 戶籍法第23條規定：「戶籍登記事項自始不存在或自始無效時，應為撤銷之登記。撤銷中華民國國籍之喪失或撤銷中華民國國籍者，亦同。」

2. 按如有虛偽結婚登記情形時，因當事人雙方欠缺結婚合意之婚姻實質要件，故依上開戶籍法第23條規定，其所為結婚登記為自始不存在或自始無效，則應為撤銷之登記。

3. 其撤銷登記之申請人，依同法第46條規定：「變更、更正、撤銷或廢止登記，以本人為申請人。本人不為或不能申請時，以原申請人或利害關係人為申請人，戶政事務所並應於登記後通知本人。戶政事務所依職權為更正、撤銷或廢止登記，亦同。」

同法第48-2條第8款規定：「下列戶籍登記，經催告仍不申請者，戶政事務所應逕行為之：……八、更正、撤銷或廢止登記。」

三、姓名權之意涵為何？依姓名條例規定，於何種情事之下，得申請改名？請申論之。

答：(一)姓名權之意涵說明如下：

1. 姓名權為人格權之一種，為人之人格表現。憲法第22條規定：「凡人民之其他自由及權利，不妨害社會秩序公共利益者，均受憲法之保障。」姓名權受憲法第22條所保障。

2. 又民法第19條規定：「姓名權受侵害者，得請求法院除去其侵害，並得請求損害賠償。」因此姓名權受侵害者，得依民法之規定請求法院除去其侵害，並得請求損害賠償。

3. 司法院釋字第399號解釋理由書即謂：「……姓名權為人格權之一種，人之姓名為其人格之表現，故如何命名為人民之自由，應為憲法第二十二條所保障。姓名條例第六條第一項就人民申請改名，設有各種限制，其第六款規定命名文字字義粗俗不雅或有特殊原因經主管機關認定者得申請改名，命名文字字義粗俗不雅者，主管機關之認定固有其客觀依據，至於『有特殊原因』原亦屬一種不確定法律概念，尤應由主管機關於受理個別案件時，就具體事實認定之，且命名之雅與不雅，繫於姓名權人主觀之價值觀念，主管機關於認定時允宜予以尊重。……」等語。

(二) 依姓名條例之規定，得申請改名之情形係規定於第9條：

姓名條例第9條規定：「有下列情事之一者，得申請改名：

一、同時在一公民營事業機構、機關（構）、團體或學校服務或肄業，姓名完全相同。

二、與三親等以內直系尊親屬名字完全相同。

三、同時在一直轄市、縣（市）設立戶籍六個月以上，姓名完全
　　相同。

四、與經通緝有案之人犯姓名完全相同。

五、被認領、撤銷認領、被收養、撤銷收養或終止收養。

六、字義粗俗不雅、音譯過長或有特殊原因。

七、臺灣原住民族基於文化慣俗。

依前項第六款申請改名，以三次為限。但未成年人第二次改名，應
於成年後始得為之。」

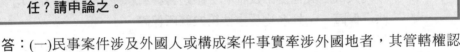

四、民事案件涉及外國人或構成案件事實中牽涉外國地者，其管轄權應
　　如何認定？未經認許其成立之外國法人，在我國以其名義與他人為
　　法律行為，致造成侵權行為，其行為人就該法律行為負有何種責
　　任？請申論之。

答：(一)民事案件涉及外國人或構成案件事實牽涉外國地者，其管轄權認
　　　定，說明如下：

1. 所謂「民事案件涉及外國人或構成案件事實牽涉外國地者」，即指
　　該民事事件具有「涉外因素」，即屬國際私法所規範之對象，如何
　　定其管轄權，應依相關法律所規定之方式決定其所適用之法律。

2. 我國就涉外民事事件所採用之國際私法，即為涉外民事法律適用
　　法。故如民事案件涉及外國人或構成案件事實牽涉外國地者，在我
　　國應依涉外民事法律適用法決定管轄權。

(二)有關未經認許其成立之外國法人應負何種責任，說明如下：

1. 涉外民事法律適用法（下同）第13條規定：「法人，以其據以設
　　立之法律為其本國法。」依99年5月26日修正理由謂：「二、按
　　內、外國之法人均有應依其屬人法決定之事項（詳如第十四條所
　　列），本條所規定者即為法人之屬人法。原條文僅就外國法人予以
　　規定，並以經中華民國認許成立為條件，漏未規定中華民國法人及
　　未經中華民國認許成立之外國法人之屬人法，顯有不足，實有擴
　　大規範範圍之必要。原條文規定外國法人以其住所地法為其本國
　　法，至於依中華民國法律設立之中華民國法人，則依法理以中華民

國法律為其本國法，二者所依循之原則不同，而有使其一致之必要。爰參考一九七九年泛美商業公司之法律衝突公約第二條及義大利國際私法第二十五條第一項等立法例之精神，均採法人之設立準據法主義，明定所有法人均以其所據以設立之法律，為其本國法。」因此外國法人無論是否經我國認許其成立，均依其據以設立之法律為其本國法。合先敘明。

2. 又，第25條規定：「關於由侵權行為而生之債，依侵權行為地法。但另有關係最切之法律者，依該法律。」因此本題中，未經認許其成立之外國法人，在我國以其名義與他人為法律行為，致造成侵權行為時，依上開第25條規定，應依侵權行為地法即我國法。故行為人就該法律行為所應負之責任，可能有如下之規定之適用：

(1)我國民法第184條規定：「因故意或過失，不法侵害他人之權利者，負損害賠償責任。故意以背於善良風俗之方法，加損害於他人者亦同。

違反保護他人之法律，致生損害於他人者，負賠償責任。但能證明其行為無過失者，不在此限。」

(2)同法第185條規定：「數人共同不法侵害他人之權利者，連帶負損害賠償責任。不能知其中孰為加害人者亦同。

造意人及幫助人，視為共同行為人。」

(3)第188條規定：「受僱人因執行職務，不法侵害他人之權利者，由僱用人與行為人連帶負損害賠償責任。但選任受僱人及監督其職務之執行，已盡相當之注意或縱加以相當之注意而仍不免發生損害者，僱用人不負賠償責任。

如被害人依前項但書之規定，不能受損害賠償時，法院因其聲請，得斟酌僱用人與被害人之經濟狀況，令僱用人為全部或一部之損害賠償。

僱用人賠償損害時，對於為侵權行為之受僱人，有求償權。」

112年　普考

申論題

> 一、何謂「國籍」？外籍人士於我國籍配偶死亡後，依國籍法第3條規定申請歸化我國，其中「有相當之財產或專業技能，足以自立，或生活保障無虞」之要件，應如何認定？請申論之。

答：(一) 國籍係為使個人在國家中具備「國民」之資格或地位，因而使個人成為國家支配統治的客體，享受國家賦予之一定權利，並須對國家負擔一定之義務。另一方面，「國籍」也使一國之國民與他國國民，具有區別之標誌。

(二) 「有相當之財產或專業技能，足以自立，或生活保障無虞」之認定，說明如下：

　1. 國籍法第3條第1項第4款規定：「外國人或無國籍人，現於中華民國領域內有住所，並具備下列各款要件者，得申請歸化：……四、有相當之財產或專業技能，足以自立，或生活保障無虞。」

　2. 國籍法施行細則第7條規定：「本法第三條第一項第四款所定有相當之財產或專業技能，足以自立，或生活保障無虞，其規定如下：

　　一、申請回復國籍或依本法第四條第一項第二款、第三款規定申請歸化國籍者，得檢具下列文件之一，由內政部認定之：

　　　(一)國內之收入、納稅、動產或不動產資料。

　　　(二)雇主開立之聘僱證明或申請人自行以書面敘明其工作內容及所得。

　　　(三)我國政府機關核發之專門職業及技術人員或技能檢定證明文件。

　　　(四)其他足資證明足以自立或生活保障無虞之資料。

　　二、以前款以外情形申請歸化者，應具備下列情形之一：

　　　(一)最近一年於國內平均每月收入逾勞動部公告基本工資二倍者。

　　　(二)國內之動產及不動產估價總值逾新臺幣五百萬元者。

(三)我國政府機關核發之專門職業及技術人員或技能檢定證明
文件。

(四)入出國及移民法第二十五條第三項第二款所定為我國所需
高級專業人才,經許可在臺灣地區永久居留。

(五)其他經內政部認定者。

前項第一款第一目、第二目及第四目之文件,包含申請人及其在國
內設有戶籍,且未領取生活扶助之下列人員所檢附者:
一、配偶。二、配偶之父母。三、父母。

第一項第二款第一目、第二目所定金額之計算,包含申請人及其在
國內設有戶籍之下列人員之收入或財產:
一、配偶。二、配偶之父母。三、父母。

第一項第一款第三目及第二款第三目所定專門職業及技術人員或技
能檢定證明文件,包含申請人及其在國內設有戶籍之下列人員所檢
附者:
一、配偶。二、配偶之父母。三、父母。

第一項第一款第三目及第二款第三目所定專門職業及技術人員或技
能檢定證明文件,由前項各款人員之一檢附者,該等人員並應出具
足以保障申請人在國內生活無虞之擔保證明書。」

二、戶籍登記得為更正者,包括何種情形?戶籍登記事項錯誤,係因申
報資料錯誤所致者,依規定申請人應提出何種證明文件,加以申請
更正?請申論之。

答:(一)戶籍登記得為更正之情形,說明如下:

戶籍法第22條規定:「戶籍登記事項有錯誤或脫漏時,應為更正
之登記。」

(二)戶籍登記事項錯誤係因申報資料錯誤所致時,申請人應提出如下說
明之證明文件:

戶籍法施行細則第16條規定:「戶籍登記事項錯誤,係因申報資
料錯誤所致者,應由申請人提出下列證明文件之一,向戶籍地戶政
事務所申請更正;戶籍地戶政事務所並依前條規定辦理:

一、在臺灣地區初次登記戶籍或登記戶籍前之戶籍資料。

二、政府機關核發並蓋有發證機關印信之原始國民身分證。

三、各級學校、軍、警學校或各種訓練班、團、隊畢（肄）業證明文件。

四、公、私立醫療機構或合格助產士出具之出生證明書。

五、國防部或其所屬相關機關所發停、除役、退伍（令）證明書或兵籍資料證明書。

六、涉及事證確認之法院確定裁判、檢察官不起訴處分書、緩起訴處分書，或國內公證人之公、認證書等。

七、其他機關（構）核發之足資證明文件。」

選擇題

( ) **1** 有關當事人得申請改名之情形，下列敘述何者錯誤？　(A)甲與上個月轉學入校之學弟同姓名　(B)乙居住並設籍於某社區，與上個月剛遷入設籍之樓上鄰居同姓名　(C)丙與上個月發布通緝之槍擊要犯同姓名　(D)丁因上個月被生父認領。

( ) **2** 甲、乙、丙、丁均為中華民國國民，分別依國籍法第11條規定申請喪失中華民國國籍。依同法第12條規定，下列何者，內政部得為喪失國籍之許可？　(A)甲為47歲女性，時任直轄市議員　(B)乙為20歲男性，時任私人運動教練，未免除兵役義務且尚未服兵役　(C)丙為30歲男性，自13歲起遷至紐西蘭，僑居國外之牙醫，未免除兵役義務且尚未服兵役　(D)丁為32歲女性，時任法官。

( ) **3** 外國人何時取得我國國籍？　(A)領取國民身分證後　(B)初設戶籍登記後　(C)經內政部移民署許可定居後　(D)經內政部許可歸化後。

( ) **4** 有關國籍法所定每年合計有183日以上合法居留期間之計算，如逾期居留期間達幾日者，即視為居留期間中斷？　(A)30日　(B)20日　(C)15日　(D)10日。

( ) **5** 依國籍法之規定，下列何者非屬申請回復我國國籍之要件？　(A)現於我國領域內有住所　(B)出生於我國領域內　(C)無不良素行　(D)財務或技能足以自立或生活保障無虞。

( ) **6** 甲原為外籍人士，於6年前完成歸化我國國籍，近來遭人檢舉當年係與我國人假結婚，請問內政部應如何處理？ (A)須於知悉3年內查明、撤銷 (B)應立即撤銷其歸化許可 (C)歸化完成雖已逾5年，內政部仍得撤銷 (D)須經法院確定判決係通謀為虛偽結婚，始可撤銷其歸化。

( ) **7** 外國人歸化者，自歸化生效日起，即得擔任下列何種公職？ (A)鄉民代表 (B)鄰長 (C)特派之人員 (D)僑務委員會副委員長。

( ) **8** 具有我國國籍之證明文件，不包括下列何者？ (A)戶籍資料 (B)護照 (C)華僑登記證 (D)健保卡。

( ) **9** 下列關於國人出境，應辦理遷出登記之敘述，何者正確？ (A)出境2年以上，應為遷出登記者，戶籍地戶政事務所得逕行為之 (B)出境3年以上，均應辦理遷出登記 (C)經公司行號派駐海外工作者，得不辦理遷出登記 (D)出境後未持我國護照入境者，其入境期間，得不列入出境應為遷出登記期間之計算。

( ) **10** 有關收養登記，下列敘述何者錯誤？ (A)收養登記應以收養人為申請人 (B)收養登記申請人不能親自申請時，得以書面委託他人為之 (C)收養應聲請法院認可，再提憑法院認可裁定書及裁定確定書辦理收養登記 (D)收養登記申請人於申請時提出之證明文件正本，經戶政事務所查驗後，得以影本留存。

( ) **11** 外籍廖女與國人張男於民國107年8月22日辦妥結婚登記，嗣經法院判決兩人係假結婚確定，下列有關登記事項之敘述何者錯誤？ (A)應辦理撤銷登記 (B)原則上以本人為申請人 (C)法院依職權通知戶政事務所逕行撤銷結婚登記 (D)催告當事人申請撤銷登記，逾期仍不申請時，由戶籍地戶政事務所逕行為之。

( ) **12** 關於戶籍更正登記，下列敘述何者正確？ (A)戶籍登記事項有錯誤或自始無效時，應為更正登記 (B)更正登記本人不為申請時，得以利害關係人為申請人 (C)現戶戶籍資料錯誤，係因戶政事務所作業錯誤所致者，由發現錯誤之戶政事務所查明更正，並通知當事人或原申請人 (D)戶籍登記事項錯誤，係因申報資料錯誤所致者，應由申請人提出證明文件，向任一戶政事務所申請更正。

（　）**13** 關於出生地登記，下列敘述何者正確？　(A)無依兒童之出生地無可考者，以中央政府所在地為出生地　(B)申請戶籍登記，以其出生地所屬之鄉（鎮、市、區）為出生地　(C)在船機上出生而無法確定其出生地者，均以該船機之國籍登記地為出生地　(D)在兒童及少年福利機構安置教養，其出生地不明者，以該機構所在地為出生地。

（　）**14** 依戶籍法規定，有關國民身分證之申請，下列敘述何者錯誤？　(A)有戶籍國民滿12歲者，應申請初領國民身分證　(B)國民身分證、戶口名簿，滅失或遺失者，應申請補領　(C)國民身分證毀損或更換國民身分證相片者，應申請換領國民身分證　(D)已領有國民身分證者，應於全面換發國民身分證期間換發新證。

（　）**15** 依戶籍法規定，申請人得向戶政事務所申請提供親等關聯資料之情形，不包括下列何者？　(A)依法院要求有查證親等關聯資料之需求　(B)依人工生殖法第15條或第29條規定，有查證親屬關係之需求　(C)為依國籍法第2條規定取得中華民國國籍，有查證父或母為中華民國國民之需求　(D)因製作族譜須取得家族親等關聯資料。

（　）**16** 甲男與乙女育有子丙及女丁，丙及丁皆從甲男之姓氏，甲男依民法第1059條規定辦理改姓後，下列何者非屬戶政機關可依職權辦理事項？　(A)配偶乙之配偶姓名變更登記　(B)丙之父姓名變更登記　(C)丙本人姓氏變更登記　(D)丁之父姓名變更登記。

（　）**17** 有關無依兒童之姓名登記，下列敘述何者錯誤？　(A)由戶政事務所主任代立名字　(B)成年後得申請改為無姓氏，而只登記名字　(C)被收養時得申請改姓　(D)依監護人之姓登記。

（　）**18** 關於國民取用與使用姓名，下列敘述何者正確？　(A)國民依法令之行為，有使用姓名之必要者，均應使用本名　(B)國民取用中文姓名，應姓氏在前，名字在後。但姓氏有兩字以上者，不在此限　(C)國民依法令之行為，有使用外文姓名之必要者，均應與本名相符，並報請外交部核准後向戶政機關申請登記　(D)國民取用中文姓名，姓氏與名字中間得以符號或空白區隔。

（　）**19** 甲、乙、丙、丁四人均申請改姓，何人之申請不應許可？　(A)甲被認領，申請改為其生父姓　(B)乙被收養，申請改為其養母姓　(C)丙因姓氏粗俗不雅，申請改姓　(D)原住民丁因改漢姓造成家族姓氏誤植。

（　）**20** 有關雅美族人依姓名條例相關規定為姓名變更登記，下列敘述何者錯誤？　(A)登記漢人姓名之雅美族人，於長子出生後，依姓名條例第9條解釋令，申請變更漢人姓名，無次數限制　(B)登記傳統名字之雅美族人，於長子出生後，依姓名條例第9條解釋令，申請變更傳統名字，無次數限制　(C)登記漢人姓名之雅美族人，得依其文化慣俗，申請回復傳統名字　(D)原登記漢人姓名之雅美族人，於回復傳統名字後，亦得再申請回復原有漢人姓名。

（　）**21** 依國籍法，下列何者非屬不得許可喪失中華民國國籍之情形？　(A)現役軍人　(B)男子年滿15歲之翌年1月1日起，未免除服兵役義務，且尚未服兵役者　(C)具有臺灣地區所亟需之特殊技術或專長　(D)現任中華民國公職者。

（　）**22** 我國人甲男與A國人乙女原為夫妻，二人因感情不睦協議離婚，離婚半年後，乙在B國產下一子丙，關於丙是否具有甲乙二人婚生子女之身分一事，下列敘述何者正確？　(A)依丙出生時甲之本國法為婚生子女者，為婚生子女　(B)依丙出生時乙之本國法為婚生子女者，為婚生子女　(C)依丙出生時丙之本國法為婚生子女者，為婚生子女　(D)依甲乙離婚之效力所應適用之法律為婚生子女者，為婚生子女。

（　）**23** 我國人甲向日本人乙購買一間位於韓國首爾之A套房，買賣契約準據法為新加坡法，關於A套房何時移轉為甲所有之問題，我國法院應如何適用法律？　(A)適用中華民國法　(B)適用新加坡法　(C)適用日本法　(D)適用韓國法。

（　）**24** 關於涉外子女身分之確定與親權之行使，其準據法之決定，依涉外民事法律適用法，下列敘述何者錯誤？　(A)子女之身分，依出生時該子女、其母或其母之夫之本國法為婚生子女者，為婚生子女

(B)非婚生子女之生父與生母結婚者，其身分依生父與生母婚姻之效力所應適用之法律　(C)認領之效力，依被認領人之本國法　(D)父母與子女間之法律關係，依子女之本國法。

(　) **25** 依戶籍法規定，下列何項戶籍登記，除有正當理由，經戶政事務所核准者外，不得以書面委託他人為之？　(A)認領登記　(B)初設戶籍登記　(C)出生登記　(D)經法院裁判確定之離婚登記。

解答及解析（答案標示為#者，表官方曾公告更正該題答案。）

1 (B)。姓名條例第9條規定：「有下列情事之一者，得申請改名：

一、同時在一公民營事業機構、機關（構）、團體或學校服務或肄業，姓名完全相同。

二、與三親等以內直系尊親屬名字完全相同。

三、同時在一直轄市、縣（市）設立戶籍六個月以上，姓名完全相同。

四、與經通緝有案之人犯姓名完全相同。

五、被認領、撤銷認領、被收養、撤銷收養或終止收養。

六、字義粗俗不雅、音譯過長或有特殊原因。

七、臺灣原住民族基於文化慣俗。

依前項第六款申請改名，以三次為限。但未成年人第二次改名，應於成年後始得為之。」

(A)符合上開第1項第1款之情形、(C)符合第1項第4款之情形而(D)符合第1項第5款之情形，故(B)之敘述錯誤，本題答案應選擇(B)。

2 (C)。國籍法第12條規定：「依前條規定申請喪失國籍者，有下列各款情形之一，內政部不得為喪失國籍之許可：

一、男子年滿十五歲之翌年一月一日起，未免除服兵役義務，尚未服兵役者。但僑居國外國民，在國外出生且於國內無戶籍者或在年滿十五歲當年十二月三十一日以前遷出國外者，不在此限。

二、現役軍人。

三、現任中華民國公職者。」

甲、丁符合上開第3款之情形，乙符合上開第1款之情形，故內政部均不得為喪失國籍之許可，本題答案應選擇(C)。

3 (D)。國籍法第8條規定：「外國人或無國籍人依第三條至第七條申請歸化者，應向內政部為之，並自許可之日起取得中華民國國籍。」

本題答案應選擇(D)。

4 (A)。國籍法施行細則第6條第1項規定：「本法第三條及第四條所稱每年合計有一百八十三日以上合法居留之事實繼續五年以上或三年以上，指其居留期間自申請歸化時，

往前推算五年或三年之期間，應為連續不中斷，且該期間內每年合計合法居留一百八十三日以上。但於該期間內，因逾期居留，不符合法居留之要件，致居留期間中斷，其逾期居留期間未達三十日者，視為居留期間連續不中斷。」

本題答案應選擇(A)。

5 **(B)**。國籍法（下同）第15條第1項規定：「依第十一條規定喪失中華民國國籍者，現於中華民國領域內有住所，並具備第三條第一項第三款、第四款要件，得申請回復中華民國國籍。」

第3條第1項第3款、第4款規定：「外國人或無國籍人，現於中華民國領域內有住所，並具備下列各款要件者，得申請歸化：……三、無不良素行，且無警察刑事紀錄證明之刑事案件紀錄。四、有相當之財產或專業技能，足以自立，或生活保障無虞。」

(B)之敘述不屬之，本題答案應選擇(B)。

6 **(D)**。國籍法第19條第1項規定：「歸化、喪失或回復中華民國國籍後，除依第九條第一項規定應撤銷其歸化許可外，內政部知有與本法之規定不合情形之日起二年得予撤銷。但自歸化、喪失或回復中華民國國籍之日起逾五年，不得撤銷。」

本題答案應選擇(D)。

7 **(B)**。國籍法第10條規定：「外國人或無國籍人歸化者，不得擔任下列各款公職：

一、總統、副總統。

二、立法委員。

三、行政院院長、副院長、政務委員；司法院院長、副院長、大法官；考試院院長、副院長、考試委員；監察院院長、副院長、監察委員、審計長。

四、特任、特派之人員。

五、各部政務次長。

六、特命全權大使、特命全權公使。

七、僑務委員會副委員長。

八、其他比照簡任第十三職等以上職務之人員。

九、陸海空軍將官。

十、民選地方公職人員。

前項限制，自歸化日起滿十年後解除之。但其他法律另有規定者，從其規定。」

(B)之敘述不屬之，本題答案應選擇(B)。

8 **(D)**。國籍法施行細則第12條第1項第1款、第3項規定：「依本法第十一條規定申請喪失國籍者，應填具申請書，並檢附下列文件：一、具有我國國籍之證明。」、「第一項第一款所定證明，指下列各款文件之一：

一、戶籍資料。

二、國民身分證。

三、護照。

四、國籍證明書。

五、華僑登記證。

六、華僑身分證明書。但不包括檢附華裔證明文件向僑務委員會申請核發者。

七、父母一方具有我國國籍證明及
　本人出生證明。

八、歸化國籍許可證書。

九、其他經內政部認定之證明文
　件。」

(D)之敘述不屬之，本題答案應選擇
(D)。

9 (A)。戶籍法施行細則第5條規定：
「戶政事務所應於接獲入出國管理機
關之當事人出境滿二年未入境人口通
報時，通知應為申請之人限期辦理遷
出登記；未依限辦理遷出登記者，戶
政事務所於查核當事人戶籍資料後，
得依本法第四十二條規定逕行為之，
並通知應為申請之人。」
本題答案應選擇(A)。

10 (A)。

(A)戶籍法（下同）第31條規定：
　「收養登記，以收養人或被收養
　人為申請人。」

(B)第47條規定：「申請人不能親自
　申請登記時，得以書面委託他人
　為之。認領、終止收養、結婚或
　兩願離婚登記之申請，除有正當
　理由，經戶政事務所核准者外，
　不適用前項規定。」

(C)民法第1079條第1項規定：「收
　養應以書面為之，並向法院聲請
　認可。」

(D)戶籍法施行細則第13條第3款規
　定：「下列登記，申請人應於申
　請時提出證明文件正本：……
　三、收養、終止收養登記。」
同細則第14條第1項規定：「申請人
依前條規定提出之證明文件，經戶

政事務所查驗後，除出生、死亡、
死亡宣告及初設戶籍登記之證明文
件應留存正本外，其餘登記之證明
文件，得以影本留存。」

(A)之敘述不完全正確（被收養人
亦得為申請人），本題答案應選
擇(A)。

11 (C)。戶籍法施行細則第9條第2項
規定：「登記後發生訴訟，經法院
裁判確定或訴訟上和解或調解成立
後，應依本法第二十五條規定申請
變更、更正、撤銷或廢止登記，經
依本法第四十八條第三項規定以書
面催告後仍不申請者，戶政事務所
應依職權逕為登記，並應於登記後
通知本人。」

(C)之敘述錯誤，本題答案應選擇
(C)。

12 (B)。

(A)戶籍法（下同）第22條規定：
　「戶籍登記事項有錯誤或脫漏
　時，應為更正之登記。」
　第23條規定：「戶籍登記事項
　自始不存在或自始無效時，應
　為撤銷之登記。撤銷中華民國
　國籍之喪失或撤銷中華民國國
　籍者，亦同。」

(B)第46條規定：「變更、更正、
　撤銷或廢止登記，以本人為申請
　人。本人不為或不能申請時，
　以原申請人或利害關係人為申請
　人，戶政事務所並應於登記後通
　知本人。戶政事務所依職權為更
　正、撤銷或廢止登記，亦同。」

(C)戶籍法施行細則第15條規定：「戶籍登記事項錯誤或脫漏，係因戶政事務所作業錯誤所致者，依下列方式辦理：

一、現戶戶籍資料錯誤或脫漏，由現戶籍地戶政事務所查明更正，並通知當事人或原申請人。

二、最後除戶戶籍資料錯誤或脫漏，由最後戶籍地戶政事務所查明更正，並通知當事人或原申請人。但非最後戶籍資料錯誤或脫漏者，由該資料錯誤地戶政事務所查明更正，並通知當事人或原申請人。」

(D)戶籍法施行細則第16條本文規定：「戶籍登記事項錯誤，係因申報資料錯誤所致者，應由申請人提出下列證明文件之一，向戶籍地戶政事務所申請更正；戶籍地戶政事務所並依前條規定辦理：……」

本題答案應選擇(B)。

13 **(D)**。戶籍法第20條規定：「中華民國人民初次申請戶籍登記時，其出生地依下列規定：

一、申請戶籍登記，以其出生地所屬之省（市）及縣（市）為出生地。

二、無依兒童之出生地無可考者，以發現地為出生地。

三、在船機上出生而無法確定其出生地者，以其出生時該船機之註冊地、國籍登記地或船籍港所在地為出生地。

四、在兒童及少年福利機構安置教養，其出生地或發現地不明者，以該機構所在地為出生地。

五、在國外出生者，以其出生所在地之國家或地區為出生地。

六、不能依前五款規定確定其出生地者，以其居住處所地為出生地。」

本題答案應選擇(D)。

14 **(A)**。戶籍法第57條第1項規定：「有戶籍國民年滿十四歲者，應申請初領國民身分證，未滿十四歲者，得申請發給。」

(A)之敘述錯誤，本題答案應選擇(A)。

15 **(D)**。戶籍法第65-1條第1項規定：「申請人有下列情形之一者，得向任一戶政事務所申請親等關聯資料：

一、依人工生殖法第十五條或第二十九條規定，有查證親屬關係之需求。

二、依人體器官移植條例第八條規定有器官捐贈查證親屬關係之需求。

三、辦理繼承登記有查證被繼承人之配偶及血親關係之需求。

四、為依國籍法第二條規定取得中華民國國籍，有查證父或母為中華民國國民之需求。

五、依法院要求或法院審判有查證親等關聯資料之需求。

六、依其他法律規定有查證親屬關
　　係之需求。」
(D)之敘述不屬之，本題答案應選擇
(D)。

16 (C)。姓名條例第12條規定：「本人
申請改姓、名或姓名時，戶政機關應
同時依職權於其配偶、子女戶籍資料
為配偶、父或母姓名更改，並應於變
更登記後通知其配偶及子女。」
(C)之敘述不屬之，本題答案應選擇
(C)。

17 (B)。戶籍法第49條第2項規定：「戶
政事務所依前條第一款規定逕為出生
登記時，出生登記當事人姓氏，婚生
子女，以抽籤決定依父姓或母姓登
記；非婚生子女，依母姓登記；無依
兒童，依監護人之姓登記，並由戶政
事務所主任代立名字。」
(B)之敘述錯誤，本題答案應選擇
(B)。

18 (A)。姓名條例第5條規定：「國民
依法令之行為，有使用姓名之必要
者，均應使用本名。」本題答案應
選擇(A)。

19 (C)。姓名條例第8條第1項規定：
「有下列情事之一者，得申請改姓：
一、被認領、撤銷認領。
二、被收養、撤銷收養或終止收養。
三、臺灣原住民族或其他少數民族
　　因改漢姓造成家族姓氏誤植。
四、音譯過長。
五、其他依法改姓。」
(C)之敘述不屬之，本題答案應選擇
(C)。

20 (A)。姓名條例第1條第2項規定：
「臺灣原住民族及其他少數民族之
姓名登記，依其文化慣俗為之；其
已依漢人姓名登記者，得申請回復
其傳統姓名；回復傳統姓名者，得
申請回復原有漢人姓名。但均以一
次為限。」
(A)之敘述錯誤，本題答案應選擇
(A)。

21 (C)。國籍法第12條規定：「依前條
規定申請喪失國籍者，有下列各款
情形之一，內政部不得為喪失國籍
之許可：
一、男子年滿十五歲之翌年一月
　　一日起，未免除服兵役義務，
　　尚未服兵役者。但僑居國外國
　　民，在國外出生且於國內無戶
　　籍者或在年滿十五歲當年十二
　　月三十一日以前遷出國外者，
　　不在此限。
二、現役軍人。
三、現任中華民國公職者。」
(C)之敘述不屬之，本題答案應選擇
(C)。

22 (C)。涉外民事法律適用法第51條規
定：「子女之身分，依出生時該子
女、其母或其母之夫之本國法為婚
生子女者，為婚生子女。但婚姻關
係於子女出生前已消滅者，依出生
時該子女之本國法、婚姻關係消滅
時其母或其母之夫之本國法為婚生
子女者，為婚生子女。」
本題答案應選擇(C)。

23 (D)。涉外民事法律適用法第38條
第1項規定：「關於物權依物之所
在地法。」
本題中(A)套房之所有權移轉，係為
物權之移轉，故應依物之所在地法。
本題答案應選擇(D)。

24 (C)。
(A)涉外民事法律適用法（下同）第
51條規定：「子女之身分，依出
生時該子女、其母或其母之夫之
本國法為婚生子女者，為婚生子
女。但婚姻關係於子女出生前已
消滅者，依出生時該子女之本國
法、婚姻關係消滅時其母或其母
之夫之本國法為婚生子女者，為
婚生子女。」
(B)第52條規定：「非婚生子女之
生父與生母結婚者，其身分依

生父與生母婚姻之效力所應適
用之法律。」
(C)第53條第3款規定：「認領之效
力，依認領人之本國法。」
(D)第55條規定：「父母與子女間之
法律關係，依子女之本國法。」
(C)之敘述錯誤，本題答案應選擇
(C)。

25 (A)。戶籍法第47條規定：「申請人
不能親自申請登記時，得以書面委
託他人為之。
認領、終止收養、結婚或兩願離婚
登記之申請，除有正當理由，經戶
政事務所核准者外，不適用前項規
定。」
本題答案應選擇(A)。

112年 地特三等

一、烏克蘭籍A女，2017年來臺留學三年後，在臺工作。2020年12月與中華民國籍B男結婚，並擬申請歸化中華民國國籍，惟於準備歸化資料當中之「喪失原有國籍證明」之書類時，遭烏克蘭政府以不承認中華民國為由，要求A女至烏克蘭駐北京大使館辦理，使A女無法拿到放棄原有國籍之證明。依據現行國籍法之規定，試問：

(一)A女可否申請歸化中華民國國籍？

(二)在A女準備歸化資料之「喪失原有國籍之證明」文件，在受到烏克蘭政府刁難下，應如何適用國籍法以為因應？

答：(一)

1. 國籍法（下同）第4條第1項第1款規定：「外國人或無國籍人，現於中華民國領域內有住所，具備前條第一項第二款至第五款要件，於中華民國領域內，每年合計有一百八十三日以上合法居留之事實繼續三年以上，並有下列各款情形之一者，亦得申請歸化：一、為中華民國國民之配偶，不須符合前條第一項第四款。」

   又第3條第1項第2款至第5款規定：「外國人或無國籍人，現於中華民國領域內有住所，並具備下列各款要件者，得申請歸化：……二、依中華民國法律及其本國法均有行為能力。

   三、無不良素行，且無警察刑事紀錄證明之刑事案件紀錄。

   四、有相當之財產或專業技能，足以自立，或生活保障無虞。

   五、具備我國基本語言能力及國民權利義務基本常識。」。

2. 國籍法施行細則第5條第2項第2款規定：「申請人以下列各款事由之一為居留原因者，其居留期間不列入前項所定合法居留期間之計算：……二、在臺灣地區就學。」。

3. 本題中，A女符合上述第4條第1項第1款之規定，如具備第4條第1項本文所規定之合法居留時間（題意未明示），並符合第3條第1項第2款至第5款之要件（毋庸符合同項第4款之要件），即可申請歸化中華民國國籍。

(二)

　　1. 國籍法第9條第1項、第2項規定：「外國人申請歸化，應於許可歸化之日起，或依原屬國法令須滿一定年齡始得喪失原有國籍者自滿一定年齡之日起，一年內提出喪失原有國籍證明。

　　　屆期未提出者，除經外交部查證因原屬國法律或行政程序限制屬實，致使不能於期限內提出喪失國籍證明者，得申請展延時限外，應撤銷其歸化許可。」

　　2. 國籍法施行細則第11條規定：「外國人申請歸化，未能依本法第九條第一項規定於期限內提出喪失原有國籍證明者，至遲應於屆期三十日前檢附已向原屬國申請喪失原有國籍之相關證明文件申請展延。」

　　3. 國籍法第9條第4項第3款規定：「外國人符合下列情形之一者，免提出喪失原有國籍證明：……三、因非可歸責於當事人之事由，致無法取得喪失原有國籍證明。」

　　4. 本題中，A女因受烏克蘭政府刁難，致使難以取得喪失原有國籍證明，得先依國籍法第9條第2項及國籍法施行細則第11條之規定申請展延；如仍未能取得，得依國籍法第9條第4項第3款，免提出喪失原有國籍證明。

二、某甲之生父A為漢人，生母B為原住民，其出生從父姓。嗣後某甲因涉及刑事案件遭通緝，為了規避刑責欲改姓名而由漢人夫婦C與D收養。

試問：

(一) 依據相關法令，某甲是否因被收養而須更改從養父姓或養母姓？

(二) 某甲雖被C與D收養，可否於收養關係存續中，變更為其生母B原住民之傳統名字？

答：(一)

　　1. 民法第1078條規定：「養子女從收養者之姓或維持原來之姓。

　　　夫妻共同收養子女時，於收養登記前，應以書面約定養子女從養父姓、養母姓或維持原來之姓。

第一千零五十九條第二項至第五項之規定，於收養之情形準
用之。」

民法第1059條第2項至第5項規定規定：「子女經出生登記後，於
未成年前，得由父母以書面約定變更為父姓或母姓。

子女已成年者，得變更為父姓或母姓。

前二項之變更，各以一次為限。

有下列各款情形之一，法院得依父母之一方或子女之請求，為子女
之利益，宣告變更子女之姓氏為父姓或母姓：

一、父母離婚者。

二、父母之一方或雙方死亡者。

三、父母之一方或雙方生死不明滿三年者。

四、父母之一方顯有未盡保護或教養義務之情事者。」

2. 姓名條例第8條第1項第2款規定：「有下列情事之一者，得申請改
姓：……二、被收養、撤銷收養或終止收養。」

3. 本題中，甲被漢人夫婦C與D收養，則甲是否變更姓氏，按理應依
民法第1078條第1項、第2項之規定，應於收養登記前以書面約定
從養父姓、從養母姓或維持原來之姓氏。

4. 然姓名條例第15條第1項第1款規定：「有下列情事之一者，不
得申請改姓、改名或更改姓名：一、經通緝或羈押。」甲因受通
緝，故依姓名條例第15條第1項之規定，不得變更姓氏。

(二)

1. 內政部111年06月30日台內戶字第1110125138號函要旨謂：「養子
女與本生父母及其親屬間之權利義務，於收養關係存續中停止，如
養子女於收養關係存續中有變更姓氏之必要，應僅能變更為養父姓
或養母姓。」

2. 而法務部111年06月24日法律字第11103509150號函之要旨亦謂：
「養子女與本生父母及其親屬間之權利義務，於收養關係存續中
停止，故於收養關係存續中，養子女應僅能變更為養父姓或養母
姓，始符收養關係之本質。」

3. 因此本題依上開內政部及法務部函釋見解，甲不得於收養關係存續
中，變更為其生母B之姓氏，但得更改其名字。

4. 然姓名條例第15條第1項第1款規定：「有下列情事之一者，不得申請改姓、改名或更改姓名：一、經通緝或羈押。」甲因受通緝，故依姓名條例第15條第1項之規定，不得申請改姓、改名或更改姓名。

三、日本國籍A男與中華民國國籍B女結婚定居日本，兩人在中華民國均無住所及居所。A男於B女回臺灣探親時獨自前往山區遊玩，詎料遭逢山洪爆發，A男因而失蹤2年毫無音訊。B女可否向中華民國法院聲請依據中華民國法對A男為死亡宣告？

答：(一) 民法第8條規定：「失蹤人失蹤滿七年後，法院得因利害關係人或檢察官之聲請，為死亡之宣告。失蹤人為八十歲以上者，得於失蹤滿三年後，為死亡之宣告。失蹤人為遭遇特別災難者，得於特別災難終了滿一年後，為死亡之宣告。」

(二) 涉外民事法律適用法第11條規定：「凡在中華民國有住所或居所之外國人失蹤時，就其在中華民國之財產或應依中華民國法律而定之法律關係，得依中華民國法律為死亡之宣告。

前項失蹤之外國人，其配偶或直系血親為中華民國國民，而現在中華民國有住所或居所者，得因其聲請依中華民國法律為死亡之宣告，不受前項之限制。

前二項死亡之宣告，其效力依中華民國法律。」

(三) 本題中，A男與B女在中華民國均無住所及居所，則B女雖得向中華民國法院聲請對A男為死亡宣告，然依涉外民事法律適用法之上開規定，無法依據中華民國法對A男為死亡宣告。

四、中華民國國籍A男在越南經商，於當地認識已婚越南籍B女。兩人交往一段時間後B女懷有A男之子，B女生產後立即與其夫C在越南辦理離婚，並與A男結婚攜子返臺定居。一年後，A男發現其並非小孩法律上的父親。由於依據越南之家庭婚姻法第七章第63條第1項規定：婚姻期間育有之子女或妻子在婚姻期間孕有之子女即為夫妻之

共同子女；於登記結婚前育有之子女並獲父母承認也為夫妻之共同
子女。同條第2項規定：倘夫、妻不承認子女，則須出具證據並經法
院判決。所以孩子在法律上之父親是C。A男與B女如欲登記A男為孩
子法律上之父親，應如何以及適用那一國法律辦理之？

答：(一) 涉外民事法律適用法第51條規定：「子女之身分，依出生時該子
女、其母或其母之夫之本國法為婚生子女者，為婚生子女。但婚姻
關係於子女出生前已消滅者，依出生時該子女之本國法、婚姻關係
消滅時其母或其母之夫之本國法為婚生子女者，為婚生子女。」

1. 本題中，因B女受孕時，其與C之婚姻關係尚在存續中，如依上開
第51條規定，孩子依越南之家庭婚姻法（下稱越南法）為B、C之
婚生子女。雖孩子出生時，B、C之婚姻關係已消滅，然依第51條
但書規定，仍應依越南法為B、C之婚生子女。

2. 因此如A男如欲成為孩子法律上之父親，應先使孩子成為非婚生子
女，故應由B女先依越南法提出證據經法院判決否認孩子為B、C
之婚生子女後始得為之。

(二) 涉外民事法律適用法第52條規定：「非婚生子女之生父與生母結
婚者，其身分依生父與生母婚姻之效力所應適用之法律。」
涉外民事法律適用法第53條規定：「非婚生子女之認領，依認領時
或起訴時認領人或被認領人之本國法認領成立者，其認領成立。
前項被認領人為胎兒時，以其母之本國法為胎兒之本國法。認領之
效力，依認領人之本國法。」

1. 本題中，在孩子經越南法律程序成為非婚生子女後，其身分依生父
與生母婚姻效力所應適用之法律，則依涉外民事法律適用法第47條
規定：「婚姻之效力，依夫妻共同之本國法；無共同之本國法時，
依共同之住所地法；無共同之住所地法時，依與夫妻婚姻關係最切
地之法律。」本題中，A、B因無共同本國法，但依其共同住所地法
（因其已返臺定居）即中華民國法律，孩子亦為非婚生子女。

2. 因此孩子之認領，依上開第53條之規定，應依中華民國法律辦
理之。

112年 地特四等

申論題

一、張先生欲向戶政事務所申請變更姓氏，因公忙委請配偶辦理。其配偶因工作地點距住所較遠，故在公司旁戶政事務所辦理。張先生之申請理由謂：「其伯公張○成無後，祖父王○書將其父過繼給伯公當兒子，並換姓為張。」事務所受理後，准許改姓為王。請問：該准許登記是否適法？

答：(一) 申請改姓之事由：

1. 民法第1080條第1項、第2項前段規定：「養父母與養子女之關係，得由雙方合意終止之。

   前項終止，應以書面為之。養子女為未成年人者，並應向法院聲請認可。」

   又同法第1080-1條第1項規定：「養父母死亡後，養子女得聲請法院許可終止收養。」

   本題僅略述張先生係因其父被過繼給伯公當兒子，而換姓為張。依民法規定觀之，應為收養關係。現今張先生欲將姓氏改回姓名，則應為終止收養。

2. 姓名條例第8條第1項第2款規定：「有下列情事之一者，得申請改姓：……二、被收養、撤銷收養或終止收養。」

   如上所述，因張先生終止其父與其伯公間之收養關係，故依上開姓名條例之規定，自得以終止收養作為申請改姓之事由。

(二) 申請改姓以其妻為代理人部分：

1. 戶籍法第21條規定：「戶籍登記事項有變更時，應為變更之登記。」

   又戶籍法第46條規定：「變更、更正、撤銷或廢止登記，以本人為申請人。本人不為或不能申請時，以原申請人或利害關係人為申請人，戶政事務所並應於登記後通知本人。戶政事務所依職權為更正、撤銷或廢止登記，亦同。」

   戶籍法第47條規定：「申請人不能親自申請登記時，得以書面委託他人為之。

認領、終止收養、結婚或兩願離婚登記之申請，除有正當理由，經戶政事務所核准者外，不適用前項規定。」

2. 本題中因未論及張先生是否已辦理終止收養登記，故先假設其已完成終止收養之登記，僅就申請改姓部分為討論。則依上開戶籍法之規定，張先生自得委託代理人即其妻代為辦理。

(三) 申請改姓之受理戶政事務所：

1. 戶籍法第26條第1款規定：「戶籍登記之申請，應向當事人戶籍地之戶政事務所為之。但有下列情形之一者，不在此限：一、經中央主管機關公告，並刊登政府公報之指定項目，其登記得向戶籍地以外之戶政事務所為之。」

2. 又依內政部110年5月28日更新之戶政登記申請須知中記載，「姓名變更」得向全國任一戶政事務所辦理。故本題張先生之配偶因工作地點距住所較遠，故在公司旁戶政事務所辦理，並無不合。

(四) 綜上，戶政事務所准許張先生申請改姓之登記，於法並無不合。

二、外國人甲與本國人乙結婚，甲申請歸化於民國106年獲准。因雙方爭執，經乙以雙方虛假結婚為由，於民國110年向主管機關請求撤銷歸化。試問：乙得否請求撤銷配偶甲之歸化許可？又，主管機關依國籍法規定，應如何處理？

答：(一) 國籍法第19條第1項、第2項規定：「歸化、喪失或回復中華民國國籍後，除依第九條第一項規定應撤銷其歸化許可外，內政部知有與本法之規定不合情形之日起二年得予撤銷。但自歸化、喪失或回復中華民國國籍之日起逾五年，不得撤銷。
經法院確定判決認其係通謀為虛偽結婚或收養而歸化取得中華民國國籍者，不受前項撤銷權行使期間之限制。」

(二) 本題中，乙得以雙方虛假結婚，未有結婚之真意為由，向法院起訴，由法院就其通謀為虛偽結婚為確定判決後，向內政部依上開國籍法之規定請求撤銷甲之歸化。

(三) 國籍法第19條第3項規定：「撤銷歸化、喪失或回復國籍處分前，內政部應召開審查會，並給予當事人陳述意見之機會。但有下列情形之一者，撤銷其歸化許可，不在此限：

一、依第二條規定認定具有中華民國國籍。

二、經法院確定判決，係通謀為虛偽結婚或收養而歸化取得中華民國國籍。」

(四) 本題如經法院確定判決甲、乙係通謀為虛偽結婚，則內政部自得依國籍法第19條第3項第2款之規定不召開審查會，而撤銷甲之歸化許可。

選擇題

( ) **1** 甲、乙、丙、丁4人均於民國111年1月1日出生，依國籍法規定，何者不屬中華民國國籍？　(A)甲出生於新加坡，出生時父為中華民國國籍，母為印度籍　(B)乙出生於臺北，出生時父母為日本籍　(C)丙出生於上海，出生時父母為中華民國國籍　(D)丁出生於倫敦，出生時父為英國籍，母為中華民國國籍。

( ) **2** 當事人依規定申請喪失我國國籍，其家人經內政部許可，隨同申請喪失我國國籍。下列敘述何者正確？　(A)其配偶可隨同申請　(B)其未婚成年子女可隨同申請　(C)其未婚未成年子女可隨同申請　(D)其父母可隨同申請。

( ) **3** 外國人於下列何種情形，於我國領域內，每年合計有183日以上合法居留之事實繼續3年以上，並具備其他法定要件者，即得申請歸化？　(A)為我國國民之三親等內姻親者　(B)受我國國民監護之人　(C)為我國國民之養父母者(D)出生於中華民國領域內。

( ) **4** 下列何者不會發生撤銷我國國籍之法律效果？　(A)歸化取得我國國籍者，撤銷其歸化許可　(B)回復我國國籍者，撤銷其回復許可　(C)父母均無可考取得我國國籍者，經查父為外國人，撤銷其國籍者　(D)國民出境2年以上，依法遷出其戶籍。

( ) **5** 依國籍法規定，如有下列何項情形，內政部不得許可國民喪失我國國籍？　(A)國民受破產之宣告，已復權者　(B)國民具有後備軍人身分　(C)國民為無行為能力人　(D)國民為任期中之民選村長。

（　）　**6** 依國籍法之規定，關於雙重國籍者擔任公職之限制，下列敘述何者錯誤？　(A)如於到職前辦理放棄外國國籍且一年內以文件證明喪失該國國籍者，仍得擔任公職　(B)擔任公立各級學校未兼任行政主管之教師，不受此限制　(C)所擔任公職有任期者，如於公職後始取得外國國籍者，得任職至任期滿為止　(D)直轄市長如具有雙重國籍，應由行政院免除其公職。

（　）　**7** 外國人申請歸化所需之合法居留期間之計算，下列何種居留期間得列入計算？　(A)在臺灣地區就學　(B)因發生勞資爭議正在進行爭訟程序　(C)為刑事案件之證人　(D)經勞動部許可擔任運動教練。

（　）　**8** 在國外出生之國民，應如何辦理戶籍登記？　(A)應向我國駐外使領館或代表處申請護照時併同辦理　(B)應於出生後3年內返國向戶政機關辦理　(C)於返國後經核准定居，應辦理初設戶籍登記　(D)應由國內親友代為辦理戶籍登記。

（　）　**9** 依現行法規定，申請歸化為中華民國國籍而免提出喪失原有國籍證明之情形，不包括下列何者？　(A)有殊勳於中華民國者　(B)由中央目的事業主管機關推薦特定領域之高級專業人才，有助中華民國利益，並經內政部邀請社會公正人士及相關機關共同審核通過者　(C)因非可歸責於當事人之事由，致無法取得喪失原有國籍證明者　(D)屬於難民地位公約定義之難民。

（　）　**10** 依戶籍法規定，下列何者應為出生登記？　(A)在國外出生未滿12歲之本國籍兒童　(B)在國外出生滿6歲之本國籍兒童　(C)在國內出生未滿12歲之本國籍兒童　(D)在國內出生未滿6歲之任何國籍兒童。

（　）　**11** 國人甲出境2年以上被遷出登記後回國，有關遷入登記，下列敘述何者正確？　(A)持我國護照入境3個月後，始得辦理遷入登記　(B)持入國證明文件入境3個月以上者，應為遷入登記　(C)持外國護照入境3個月以上者，亦得辦理遷入登記　(D)不必辦遷入登記，應辦理住址變更登記。

（　）　**12** 得以利害關係人為申請人之戶籍登記，不包括下列何者？　(A)認領登記　(B)收養登記　(C)終止收養登記　(D)監護登記。

( ) **13** 關於各種戶籍登記的申請人，下列敘述何者正確？ (A)死亡登記，以最近親屬、戶長、同居人、經理殮葬之人、主管機關、死亡者死亡時之房屋或土地管理人為申請人 (B)死亡宣告登記，以聲請死亡宣告者或利害關係人為申請人 (C)收養登記，以收養人及被收養人為申請人 (D)初設戶籍登記，以本人或利害關係人為申請人。

( ) **14** 依戶籍法規定，有關戶口名簿，下列敘述何者正確？ (A)戶口名簿之格式、內容，由行政院定之 (B)戶口名簿戶號之編定及配賦方式，由直轄市、縣（市）主管機關定之，交由戶政事務所配賦 (C)補領或換領戶口名簿，由戶長親自或以書面委託他人，向任一戶政事務所為之 (D)戶口名簿記載事項變更，得以人工增刪方式處理，並視需要申請換領。

( ) **15** 依戶籍法規定，下列何種申請事項不得向任一戶政事務所為之？ (A)親等關聯資料 (B)戶籍檔案原始資料 (C)戶籍謄本 (D)婚姻紀錄證明書。

( ) **16** 關於申請歸化、回復國籍者本名之證明，下列敘述何者正確？ (A)申請歸化國籍者，於設戶籍前，應以本國護照所載姓名為其本名 (B)僑居國外國民申請回復國籍者，在國內未曾設有戶籍者，得逕以其學歷為本名之證明 (C)申請歸化者，得以原籍國政府核發之身分證明文件為本名之證明 (D)申請回復國籍者，於設戶籍前，得以回復國籍許可證書為本名之證明。

( ) **17** 依姓名條例規定，關於姓名之使用，下列敘述何者正確？ (A)學歷、資歷、執照及其他證件應同時使用中文本名及與護照相同之英文姓名 (B)學歷、資歷、執照及其他證件，應依該事件之慣例或行規，得使用別名 (C)國民依法令之行為，有使用姓名之必要者，均應使用本名 (D)財產之取得、設定、喪失、變更、存儲或其他登記時，應用本名；但涉及無體財產權或動產者，不在此限。

( ) **18** 依姓名條例規定，下列何者並非得申請改名之事由？ (A)與經通緝有案之人犯姓名完全相同 (B)臺灣原住民或其他少數民族因改漢名造成家族姓名誤植 (C)被認領、撤銷認領、被收養、撤銷收養或終止收養 (D)與三親等以內直系尊親屬名字完全相同。

( ) **19** 關於原住民之姓名登記，下列敘述何者錯誤？ (A)應依其文化慣俗為之 (B)已依漢人姓名登記者，得申請回復傳統姓名 (C)因改漢姓造成家族姓氏誤植者，得申請改姓 (D)傳統姓名，需姓氏在前，名字在後，並以空格區隔。

( ) **20** 依姓名條例規定，關於本名之敘述，下列何者錯誤？ (A)本名係以戶籍登記之姓名為準，並以一個為限 (B)學歷、資歷、執照如未使用本名者，均可撤銷該等證照之效力 (C)財產之取得、設定、喪失、變更、存儲或其他登記如未使用本名者，受理機關得不予受理 (D)國民於出生登記或初設戶籍登記時，即應確定其本名而依法予以登記。

( ) **21** 下列何種情形，不得申請改姓、改名或更改姓名？ (A)受宣告強制治療之裁判確定 (B)經通緝或羈押 (C)受罰金刑之判決確定 (D)受有期徒刑之判決確定，且宣告緩刑。

( ) **22** 依涉外民事法律適用法，關於法人準據法，下列敘述何者錯誤？ (A)依中華民國法律設立之外國法人分支機構，其內部事項依中華民國法律 (B)法人，以其據以設立之法律為其本國法 (C)外國法人及其機關對第三人責任之內部分擔，依該對第三人責任之發生地法 (D)外國法人之代表人及代表權之限制，依其本國法。

( ) **23** A國人甲欲收養我國人乙，關於收養之相關問題，我國法院應如何適用法律？ (A)收養之成立，依收養時該收養者或被收養者之本國法收養成立者，其收養成立 (B)收養之方式依當事人任一方之本國法，或依舉行地法者，亦為有效 (C)收養之效力，依被收養者之本國法 (D)收養之終止，依各該收養者被收養者之本國法。

( ) **24** A國人甲男與我國人乙女結婚後住在A國生子丙，丙同時具有我國籍與A國籍。關於丙之扶養問題，我國法院應如何適用法律？ (A)適用中華民國法 (B)適用A國法 (C)甲適用A國法，乙適用中華民國法 (D)選擇適用A國法或中華民國法。

( ) **25** 依戶籍法規定，戶籍登記，經催告仍不申請者，戶政事務所應逕行為之，下列何者不屬之？ (A)遷徙登記 (B)監護登記 (C)出生登記 (D)出生地登記。

解答及解析（答案標示為#者，表官方曾公告更正該題答案。）

1 (B)。國籍法第2條第1項規定：「有下列各款情形之一者，屬中華民國國籍：
一、出生時父或母為中華民國國民。
二、出生於父或母死亡後，其父或母死亡時為中華民國國民。
三、出生於中華民國領域內，父母均無可考，或均無國籍者。
四、歸化者。」
(B)之敘述不屬之，本題答案應選擇(B)。

2 (C)。國籍法第11條第2項規定：「依前項規定喪失中華民國國籍者，其未成年子女，經內政部許可，隨同喪失中華民國國籍。」
本題答案應選擇(C)。

3 (D)。國籍法第4條第1項規定：「外國人或無國籍人，現於中華民國領域內有住所，具備前條第一項第二款至第五款要件，於中華民國領域內，每年合計有一百八十三日以上合法居留之事實繼續三年以上，並有下列各款情形之一者，亦得申請歸化：
一、為中華民國國民之配偶，不須符合前條第一項第四款。
二、為中華民國國民配偶，因受家庭暴力離婚且未再婚；或其配偶死亡後未再婚且有事實足認與其亡故配偶之親屬仍有往來，但與其亡故配偶婚姻關係已存續二年以上者，不受與親屬仍有往來之限制。

三、對無行為能力、或限制行為能力之中華民國國籍子女，有扶養事實、行使負擔權利義務或會面交往。
四、父或母現為或曾為中華民國國民。
五、為中華民國國民之養子女。
六、出生於中華民國領域內。
七、為中華民國國民之監護人或輔助人。」
本題答案應選擇(D)。

4 (D)。(A)、(B)、(C)國籍法第19條第1項規定：「歸化、喪失或回復中華民國國籍後，除依第九條第一項規定應撤銷其歸化許可外，內政部知有與本法之規定不合情形之日起二年得予撤銷。但自歸化、喪失或回復中華民國國籍之日起逾五年，不得撤銷。」
(D)戶籍法第16條第3項前段規定：「出境二年以上，應為遷出登記。」
本題答案應選擇(D)。

5 (D)。國籍法第13條規定：「有下列各款情形之一者，雖合於第十一條之規定，仍不喪失國籍：
一、為偵查或審判中之刑事被告。
二、受有期徒刑以上刑之宣告，尚未執行完畢者。
三、為民事被告。
四、受強制執行，未終結者。
五、受破產之宣告，未復權者。

六、有滯納租稅或受租稅處分罰鍰
　　未繳清者。」
本題答案應選擇(D)。

6 (C)。國籍法第20條規定：「中華
民國國民取得外國國籍者，不得擔
任中華民國公職；其已擔任者，除
立法委員由立法院；直轄市、縣
（市）、直轄市山地原住民區、鄉
（鎮、市）民選公職人員，分別由
行政院、內政部、直轄市政府、縣
政府；村（里）長由鄉（鎮、市、
區）公所解除其公職外，由各該機
關免除其公職。但下列各款經該管
主管機關核准者，不在此限：
一、公立大學校長、公立各級學校
　　教師兼任行政主管人員與研究
　　機關（構）首長、副首長、研
　　究人員（含兼任學術研究主管
　　人員）及經各級主管教育行政
　　或文化機關核准設立之社會教
　　育或文化機構首長、副首長、
　　聘任之專業人員（含兼任主管
　　人員）。
二、公營事業中對經營政策負有主
　　要決策責任以外之人員。
三、各機關專司技術研究設計工
　　作而以契約定期聘用之非主
　　管職務。
四、僑務主管機關依組織法遴聘僅
　　供諮詢之無給職委員。
五、其他法律另有規定者。
前項第一款至第三款人員，以具有
專長或特殊技能而在我國不易覓得
之人才且不涉及國家機密之職務者
為限。

第一項之公職，不包括公立各級學
校未兼任行政主管之教師、講座、
研究人員、專業技術人員。
中華民國國民兼具外國國籍者，擬
任本條所定應受國籍限制之公職
時，應於就（到）職前辦理放棄外
國國籍，並於就（到）職之日起一
年內，完成喪失該國國籍及取得證
明文件。但其他法律另有規定者，
從其規定。」
本題答案應選擇(C)。

7 (D)。國籍法施行細則第5條規定：
「本法第三條至第五條所定合法居
留期間之計算，包括本法中華民國
八十九年二月九日修正施行前已取
得外僑居留證或外僑永久居留證之
合法居留期間。
申請人以下列各款事由之一為居留
原因者，其居留期間不列入前項所
定合法居留期間之計算：
一、經勞動部許可從事就業服務法
　　第四十六條第一項第八款至第
　　十款規定之工作。
二、在臺灣地區就學。
三、經有關機關請求內政部移民署
　　禁止其出國。
四、喪失原國籍，尚未取得我國國
　　籍，等待回復原國籍。
五、因發生勞資爭議正在進行爭訟
　　程序。
六、因職業災害需接受治療。
七、為刑事案件之被害人、證人。
八、以前七款之人為依親對象。」
(D)之敘述不屬之，本題答案應選擇
(D)。

8 (C)。戶籍法第15條第1款規定：「在國內未曾設有戶籍，且有下列情形之一者，應為初設戶籍登記：一、中華民國國民入境後，經核准定居。」
本題答案應選擇(C)。

9 (D)。國籍法（下同）第9條第4項規定：「外國人符合下列情形之一者，免提出喪失原有國籍證明：
一、依第五條第一項第三款規定申請歸化。
二、依第六條第一項規定申請歸化。
三、因非可歸責於當事人之事由，致無法取得喪失原有國籍證明。」
第5條第1項第3款規定：「外國人或無國籍人，現於中華民國領域內有住所，具備第三條第一項第二款至第五款要件，並具有下列各款情形之一者，亦得申請歸化：……三、由中央目的事業主管機關推薦之高級專業人才，有助中華民國利益，並經內政部邀請社會公正人士及相關機關共同審核通過，且於中華民國領域內，每年合計有一百八十三日以上合法居留之事實繼續二年以上，或曾在中華民國領域內合法居留繼續五年以上。」
第6條第1項規定：「外國人或無國籍人，有殊勳於中華民國者，雖不具備第三條第一項各款要件，亦得申請歸化。」
(D)之敘述不屬之，本題答案應選擇(D)。

10 (C)。戶籍法第6條規定：「在國內出生未滿十二歲之國民，應為出生登記。無依兒童尚未辦理出生登記者，亦同。」
本題答案應選擇(C)。

11 (B)。戶籍法第17條規定：「由他鄉（鎮、市、區）遷入三個月以上，應為遷入登記。
原有戶籍國民遷出國外，持我國護照或入國證明文件入境三個月以上者，應為遷入登記。原有戶籍國民，經許可回復中華民國國籍者，亦同。」
本題答案應選擇(B)。

12 (D)。戶籍法（下同）第45條規定：「應辦理戶籍登記事項，無第二十九條至第三十二條、第三十三條第一項但書、第三十四條但書、第三十六條、第四十條、第四十一條及前二條之申請人時，得以利害關係人為申請人。」(A)第30條規定：「認領登記，以認領人為申請人；認領人不為申請時，以被認領人為申請人。」(B)第31條規定：「收養登記，以收養人或被收養人為申請人。」(C)第32條規定：「終止收養登記，以收養人或被收養人為申請人。」(D)第35條第1項規定：「監護登記，以監護人為申請人。」(D)之敘述不屬之，本題答案應選擇(D)。

13 (B)。(A)戶籍法（下同）第36條規定：「死亡登記，以配偶、親屬、戶長、同居人、經理殮葬之人、死亡者死亡時之房屋或土地管理人為申請人。」(B)第39條規定：「死亡宣告登記，以聲請死亡宣告者或利

害關係人為申請人。」(C)第31條規定：「收養登記，以收養人或被收養人為申請人。」(D)第40條規定：「初設戶籍登記，以本人或戶長為申請人。」本題答案應選擇(B)。

14 (C)。(A)戶籍法第52條第1項規定：「國民身分證及戶口名簿之格式、內容、繳交之相片規格，由中央主管機關定之。」戶籍法第2條規定：「本法所稱主管機關：在中央為內政部；在直轄市為直轄市政府；在縣（市）為縣（市）政府。」(B)戶籍法第55條規定：「國民身分證統一編號與戶口名簿戶號之編定及配賦方式，由中央主管機關定之，交由戶政事務所配賦。」(C)戶籍法第63條第2項規定：「補領或換領戶口名簿，由戶長親自或以書面委託他人，向任一戶政事務所為之。」(D)國民身分證及戶口名簿格式內容製發相片影像檔建置管理辦法第7條第1項規定：「國民身分證或戶口名簿所使用之文字，遇有缺字，應以人工方式填寫，字體為黑色。」本題答案應選擇(C)。

15 (B)。(A)戶籍法（下同）第65-1條第1項本文規定：「申請人有下列情形之一者，得向任一戶政事務所申請親等關聯資料：……」(B)、(C)第66條規定：「戶籍謄本之申請，得向任一戶政事務所為之。但申請戶籍檔案原始資料，應向原戶籍登記之戶政事務所為之。」(D)第66-1條第1項規定：「本人得向任一戶政事務

所申請結婚證明書、離婚證明書、婚姻紀錄證明書、遷徙紀錄證明書或姓名更改紀錄證明書；本人不能親自申請時，得以書面委託他人為之。」本題答案應選擇(B)。

16 (D)。姓名條例施行細則第3條第2項規定：「申請歸化、回復國籍者，於設戶籍前，本名之證明為歸化、回復國籍許可證書。僑居國外國民在國內未曾設有戶籍者，得以下列文件為本名之證明：

一、護照。

二、華僑身分證明書。

三、華僑登記證。

四、國籍證明書。

五、載有中文姓名，且經我國駐外使領館、代表處或辦事處（以下簡稱駐外館處）審查屬實之下列證明文件：

　(一)我國政府核發之身分證明或其他證明文件。

　(二)經政府機關立（備）案之華僑（文）學校製發之證書。

　(三)經主管機關登記有案之僑團、僑社核發之證明書。

　(四)其他經駐外館處審查屬實之文件。」

本題答案應選擇(D)。

17 (C)。姓名條例（下同）第5條規定：「國民依法令之行為，有使用姓名之必要者，均應使用本名。」第6條規定：「學歷、資歷、執照及其他證件應使用本名；未使用本名者，無效。」

第7條規定：「財產之取得、設定、喪失、變更、存儲或其他登記時，應用本名，其未使用本名者，不予受理。」

本題答案應選擇(C)。

18 (B)。姓名條例第9條規定：「有下列情事之一者，得申請改名：

一、同時在一公民營事業機構、機關（構）、團體或學校服務或肄業，姓名完全相同。

二、與三親等以內直系尊親屬名字完全相同。

三、同時在一直轄市、縣（市）設立戶籍六個月以上，姓名完全相同。

四、與經通緝有案之人犯姓名完全相同。

五、被認領、撤銷認領、被收養、撤銷收養或終止收養。

六、字義粗俗不雅、音譯過長或有特殊原因。

七、臺灣原住民族基於文化慣俗。

依前項第六款申請改名，以三次為限。但未成年人第二次改名，應於成年後始得為之。」

(B)之敘述不屬之，本題答案應選擇(B)。

19 (D)。姓名條例（下同）第1條第2項規定：「臺灣原住民族及其他少數民族之姓名登記，依其文化慣俗為之；其已依漢人姓名登記者，得申請回復其傳統姓名；回復傳統姓名者，得申請回復原有漢人姓名。但均以一次為限。」

第8條第1項第3款規定：「有下列情事之一者，得申請改姓：……三、臺灣原住民族或其他少數民族因改漢姓造成家族姓氏誤植。」

(D)之敘述錯誤，本題答案應選擇(D)。

20 (B)。(A)姓名條例（下同）第1條第1項規定：「中華民國國民，應以戶籍登記之姓名為本名，並以一個為限。」(B)第6條規定：「學歷、資歷、執照及其他證件應使用本名；未使用本名者，無效。」(C)第7條規定：「財產之取得、設定、喪失、變更、存儲或其他登記時，應用本名，其未使用本名者，不予受理。」(D)姓名條例施行細則第2條第1項規定：「國民於出生登記或初設戶籍登記時，應確定其本名依法登記。」(B)之敘述錯誤，本題答案應選擇(B)。

21 (B)。姓名條例第15條第1項規定：「有下列情事之一者，不得申請改姓、改名或更改姓名：

一、經通緝或羈押。

二、受宣告強制工作之裁判確定。

三、受有期徒刑以上刑之判決確定，未宣告緩刑或未准予易科罰金、易服社會勞動。但過失犯罪者，不在此限。」

本題答案應選擇(B)。

22 (C)。(A)涉外民事法律適用法（下同）第15條規定：「依中華民國法律設立之外國法人分支機構，其內部事項依中華民國法律。」(B)第

13條規定：「法人，以其據以設立之法律為其本國法。」(C)、(D)第14條規定：「外國法人之下列內部事項，依其本國法：一、法人之設立、性質、權利能力及行為能力。二、社團法人社員之入社及退社。三、社團法人社員之權利義務。四、法人之機關及其組織。五、法人之代表人及代表權之限制。六、法人及其機關對第三人責任之內部分擔。七、章程之變更。八、法人之解散及清算。九、法人之其他內部事項。」(C)之敘述錯誤，本題答案應選擇(C)。

23 **(D)**。涉外民事法律適用法第54條規定：「收養之成立及終止，依各該收養者被收養者之本國法。
收養及其終止之效力，依收養者之本國法。」
本題答案應選擇(D)。

24 **(B)**。涉外民事法律適用法第57條規定：「扶養，依扶養權利人之本國法。」
本題答案應選擇(B)。

25 **(D)**。戶籍法第48-2條規定：「下列戶籍登記，經催告仍不申請者，戶政事務所應逕行為之：
一、出生登記。
二、監護登記。
三、輔助登記。
四、未成年子女權利義務行使負擔登記。
五、死亡登記。
六、初設戶籍登記。
七、遷徙登記。
八、更正、撤銷或廢止登記。
九、經法院裁判確定、調解或和解成立之身分登記。」
(D)之敘述不屬之，本題答案應選擇(D)。

113年　高考三級

一、為落實兒童權利公約對兒童取得國籍權利之保障，請就現行國籍法規定分析說明，在臺出生且父母不詳之非本國籍兒童、少年，可否取得中華民國國籍？

答：(一) 國籍法（下同）第4條第1項第5款規定：「外國人或無國籍人，現於中華民國領域內有住所，具備前條第一項第二款至第五款要件，於中華民國領域內，每年合計有一百八十三日以上合法居留之事實繼續三年以上，並有下列各款情形之一者，亦得申請歸化：……五、為中華民國國民之養子女。」因此依113年5月24日修正公布前之國籍法規定，無國籍兒少僅可由國人養父、養母代為申請歸化。

(二) 113年5月24日修正公布之國籍法為落實兒童權利公約第7條保障兒童取得國籍權利，以完備保障未成年兒童權益機制，新增第4條第2項第2 之規定，由社會福利主管機關或社會福利機構為其監護人，也可代為申請歸化我國國籍。

(三) 新增之第4條第2項第2款規定：「未婚且未滿十八歲之外國人或無國籍人，有下列情形之一者，在中華民國領域內合法居留雖未滿三年且未具備前條第一項第二款、第四款及第五款要件，亦得申請歸化：……二、現由社會福利主管機關或社會福利機構監護。」

二、有那些情形應為遷出登記？例外得不為遷出登記之情形有那些？疫情期間因實施邊境管制，可否不受戶籍法所定遷出登記期間之限制？請依戶籍法規定分別說明之。

答：(一) 戶籍法第16條規定：「遷出原鄉（鎮、市、區）三個月以上，應為遷出登記。但法律另有規定、因服兵役、國內就學、入矯正機關收容、入住長期照顧機構或其他類似場所者，得不為遷出登記。

全戶遷徙時，經警察機關編列案號之失蹤人口、矯正機關收容人或出境未滿二年者，應隨同為遷徙登記。

出境二年以上，應為遷出登記。但有下列情形之一者，不適用之：

一、因公派駐境外之人員及其眷屬。

二、隨我國籍遠洋漁船出海作業。

我國國民出境後，未持我國護照或入國證明文件入境者，其入境之期間，仍列入出境二年應為遷出登記期間之計算。」

(二) 依上開規定，應為遷出登記之情形為：

1. 遷出原鄉（鎮、市、區）三個月以上者。

2. 全戶遷徙時，經警察機關編列案號之失蹤人口、矯正機關收容人或出境未滿二年者，應隨同為遷徙登記。

3. 出境二年以上，應為遷出登記。

例外得不為遷出登記之情形為：

1. 法律另有規定、因服兵役、國內就學、入矯正機關收容、入住長期照顧機構或其他類似場所者，得不為遷出登記。

2. 出境二年以上，但有下列情形之一者：

(1) 因公派駐境外之人員及其眷屬。

(2) 隨我國籍遠洋漁船出海作業。

(三) 按最高行政法院56年判字第60號判例：「遷徙是事實行為，遷徙登記自應依事實認定之。」次按戶籍法第16條第3項前段規定：「出境2年以上，應為遷出登記。」考量戶籍登記之目的係為明確個人身分狀態，針對民眾確有發生戶籍法規定應為登記之事實者，依法應向戶政事務所辦理相關登記事宜。是以，遷徙係事實行為，遷徙登記自應依事實認定之，當事人既已出境，現未於國內有居住之事實，自應依上開戶籍法規定辦理遷出登記，以正確戶籍資料，並落實戶籍管理。

(四) 因此疫情期間仍應依戶籍法為戶籍登記，沒有例外。然戶籍遷出並未影響其為中華民國國民之身分，嗣後持中華民國護照或入國證明文件入境，即可向遷入地戶政事務所申請遷入（恢復戶籍）登記。

三、有那些情形不得申請改姓、改名或更改姓名？請依據姓名條例之相關規定論述之。

答：依姓名條例第15條規定：「有下列情事之一者，不得申請改姓、改名或更改姓名：

一、經通緝或羈押。

二、受宣告強制工作之裁判確定。

三、受有期徒刑以上刑之判決確定，未宣告緩刑或未准予易科罰金、易服社會勞動。但過失犯罪者，不在此限。

前項第二款及第三款規定不得申請改姓、改名或更改姓名之期間，自裁判確定之日起至執行完畢滿三年止。」

四、司法院釋字第七四八號解釋施行法規定，相同性別之二人可向戶政機關辦理結婚登記，然該法並未規範跨國同性婚姻。請論述現行涉外民事法律適用法宜如何修正規定，方能落實對跨國同性伴侶婚姻自由之保障。

答：(一) 現行規定：

1. 我國人民如欲與非本國人民成立施行法第2條永久結合關係，並依該法第4條向戶政機關辦理結婚登記，因屬涉外事件，就其婚姻成立實質要件依涉外民事法律適用法（下稱涉民法）第46條規定：「婚姻之成立，依各該當事人之本國法。……」採並行適用各該當事人本國法以決定同性婚姻是否成立。且依涉民法第6條規定：「依本法適用當事人本國法時，如依其本國法就該法律關係須依其他法律而定者，應適用該其他法律。但依其本國法或該其他法律應適用中華民國法律者，適用中華民國法律」，於適用當事人本國法時，尚須考慮當事人本國法之國際私法選法規則，而非直接適用當事人本國法之實質法規定。

2. 亦即，無論非本國籍同性配偶本國法之實質法是否承認同性婚姻，倘該國之國際私法係指向我國法，此時應適用我國施行法決定婚姻是否有效，而非依該同性配偶本國之實質法；倘同性配偶本國之國際私法係指向第三國，第三國之國際私法指向第三國實質法，即應適用該第三國實質法決定婚姻是否有效，亦非依該同性配偶本國之實質法；倘同性配偶本國之國際私法係指向第三國，第三

國之國際私法指向我國法,則應適用我國施行法決定婚姻是否有效,非依該同性配偶本國之實質法;僅於同性配偶本國之國際私法亦指向該國之實質法時,方有該國實質法之適用。

3. 而非本國籍同性配偶如為香港、澳門居民或大陸地區人民者,則另分別依香港澳門關係條例第38條規定:「民事事件,涉及香港或澳門者,類推適用涉外民事法律適用法。......」或臺灣地區與大陸地區人民關係條例第52條第1項規定:「結婚或兩願離婚之方式及其他要件,依行為地之規定」判斷其婚姻成立實質要件。

(二) 內政部112年01月19日台內戶字第1120240466號函要旨謂:「國人與未承認同性婚姻國家人士得否成立同性婚姻,固應依各該當事人之本國法定其準據法,然為避免個案認定不一,並生當事人在特殊環境下不合理差別待遇,此時應適用涉外民事法律適用法第8條規定,例外不再適用該當事人不承認同性婚姻之本國法規定,應認可在我國成立司法院釋字第七四八號解釋施行法第2條關係,並得向戶政機關辦理結婚登記。」

(三) 司法院就涉外民事法律適用法之修正草案:

1. 為求更加周延保障我國國民之自由平等權益、人格健全發展與人性尊嚴,爰擬具涉外民事法律適用法第四十六條修正草案,就婚姻成立之實質要件,倘適用當事人一方之本國法,因性別關係致使無法成立,則悉依中華民國法律定之。另就成立之形式要件酌為文字修正,惟仍維持現行法依當事人一方之本國法或依舉行地法之規定。

2. 修正草案第46條規定:「婚姻之成立,依各該當事人之本國法。但適用當事人一方之本國法,因性別關係致使無法成立,而他方為中華民國國民者,依中華民國法律。結婚之方式依當事人一方之本國法或依舉行地法者,皆為有效。」

113年 普考

申論題

一、失蹤人口逾期未查獲，如何辦理死亡宣告戶籍登記？請就戶籍法相關規定分析之。

答：(一) 民法第8條規定：「失蹤人失蹤滿七年後，法院得因利害關係人或檢察官之聲請，為死亡之宣告。

　　　　失蹤人為八十歲以上者，得於失蹤滿三年後，為死亡之宣告。

　　　　失蹤人為遭遇特別災難者，得於特別災難終了滿一年後，為死亡之宣告。」

　　　　家事事件法第155條規定：「宣告死亡或撤銷、變更宣告死亡之裁定，利害關係人或檢察官得聲請之。」

　　(二) 戶籍法第14條第1項規定：「死亡或受死亡宣告，應為死亡或死亡宣告登記。」

　　　　戶籍法第39條規定：「死亡宣告登記，以聲請死亡宣告者或利害關係人為申請人。」

　　　　戶籍法第48-1條第1款規定：「下列戶籍登記，免經催告程序，由戶政事務所逕行為之：一、死亡宣告登記。」

　　(三) 臺北市政府法規委員會90年04月24日北市法一字第9020307900號函要旨謂：「戶政事務所基於主管戶籍事項，僅能查知失蹤人之親屬關係，且盡其所能查訪之能事亦仍無法得知有失蹤人之其他財產上利害關係人時，仍得函送檢察官聲請死亡宣告，惟宜於函文中敘明事實原委，以利檢察官不官審酌。」

　　(四) 依上開規定及函釋觀之，如有失蹤人口逾期未查獲，應由戶政事務所查報並通知相關利害關係人或通知檢察官聲請死亡宣告，再依第48-1條第1款逕為登記。

二、中華民國國民與外國人結婚，其配偶及所生子女之取用中文姓名，
　　依據姓名條例，渠等應遵守之規定，與國人結婚所生子女命名規定
　　有何不同？

答：(一) 姓名條例（下同）第1條第5項規定：「中華民國國民與外國人、
無國籍人結婚，其配偶及所生子女之取用中文姓名，應符合我國國
民使用姓名之習慣；外國人、無國籍人申請歸化我國國籍者，其中
文姓名，亦同。」

　　(二) 相同之規定：

　　　1. 第2條第1項、第2項規定：「辦理戶籍登記、申請歸化或護照時，
應取用中文姓名，並應使用辭源、辭海、康熙等通用字典或教育部
編訂之國語辭典中所列有之文字。姓名文字未使用前項所定通用字
典或國語辭典所列有之文字者，不予登記。」

　　　2. 姓名條例第3條規定：「取用中文姓名，應依下列方式為之：
一、姓氏在前，名字在後。但無姓氏者，得登記名字。
二、中文姓氏與名字之間不得以空格或符號區隔。」

　　　3. 姓名條例施行細則第5條規定：「國民之本名或外國人、無國籍人
之中文姓名未使用本條例規定辭源、辭海、康熙等通用字典或教育
部編訂之國語辭典中所列有之文字，或該文字屬教育部異體字字典
所列之異體字，當事人得申請更正為上述字（辭）典所列通用文
字、正體字。」

　　(三) 不同之規定：

　　　1. 第1條第6項規定：「已依前項規定取用中文姓名者，得申請更改
中文姓名一次。」

　　　2. 第4條第2項規定：「外國人、無國籍人於歸化我國取用中文姓名
時，得以原有外文姓名之羅馬拼音並列登記，不受第一條第一項規
定之限制。」

　　　3. 姓名條例施行細則第6條第3項規定：「外國人、無國籍人歸化我
國國籍者，原有外文姓名之羅馬拼音，以當事人申報者為準。」

選擇題

( ) **1** 我國人小美與外國人喬治結婚後於民國69年2月10日生下小明,下列敘述何者正確? (A)小明不具有我國國籍 (B)小明須申請歸化始得取得我國國籍 (C)小明出生時即取得我國國籍 (D)小明的爸爸喬治須幫小明放棄美國國籍後,小明始能取得我國國籍。

( ) **2** 甲為美國籍人,乙為無國籍人,丙為我國國民,依國籍法規定,下列何者不能取得我國國籍? (A)無業亦無財產,與丙結婚並合法於我國居留三年後申請歸化之乙 (B)甲於我國境內生產後棄置社福機構之無依嬰兒丁 (C)甲歸化為我國籍時,其16歲未婚申請隨同歸化之小孩戊 (D)乙與丙於日本結婚後在當地生下之小孩己。

( ) **3** 甲因結婚依親歸化日本籍,並經申請喪失我國國籍,然而在下列何項情形,甲之我國國籍仍不喪失? (A)甲歸化日籍後隨即離婚 (B)甲在日本因詐欺遭警方逮捕 (C)甲在我國有部分遺產稅逾期尚未繳納 (D)甲在我國有交通違規罰單逾期未繳。

( ) **4** 現任立法委員如經發現兼具外國國籍,應如何處理? (A)由立法院解除其公職 (B)由立法院命其於3個月內辦理放棄該國籍及取得證明文件 (C)向立法院申請許可,始得繼續擔任立法委員 (D)由監察院解除其公職。

( ) **5** 下列何者為撤銷歸化許可之主管機關? (A)外交部 (B)內政部 (C)直轄市或縣(市)政府 (D)內政部移民署。

( ) **6** 依國籍法規定,下列何者應至少於中華民國領域內,每年合計有183日以上合法居留之事實,繼續5年以上,始得申請歸化? (A)出生於中華民國領域內之外國人 (B)父為外國籍、母曾為中華民國國民之外國人 (C)身為中華民國國民配偶之外國人 (D)為中華民國國民所僱用之外國人。

( ) **7** 年滿30歲之加拿大人甲男,為中華民國國民乙女之配偶,依國籍法第4條第1項第1款規定,於110年1月1日經許可歸化中華民國籍,但歸化日之前未提出喪失原有國籍證明。關於甲之歸化,下列敘述何者正確? (A)甲應於112年1月1日前提出喪失原有國籍證明 (B)甲

如屆期未提出喪失原有國籍證明，應即撤銷其歸化許可　(C)如因非可歸責於甲之事由致無法取得喪失原有國籍證明者，得免提出　(D)於甲提出喪失原有國籍證明前，得先許可其定居。

(　　) **8** 下列何者為外國人歸化取得我國國籍後即得擔任之職務？　(A)內政部部長　(B)相當簡任12職等之大學院校學務長　(C)不分區立法委員　(D)縣（市）議員。

(　　) **9** 國人甲與日本籍乙在日本結婚並生下丙女，丙3歲時隨甲返國定居。丙應先辦理何種戶籍登記？　(A)遷入登記　(B)初設戶籍登記　(C)出生登記　(D)出生地登記。

(　　) **10** 下列何種情形得不為遷出登記？　(A)因留學出境2年以上　(B)入矯正機關收容　(C)全戶遷徙時，出境未滿2年者　(D)遷出原鄉3個月以上。

(　　) **11** 戶政事務所查有未於法定期間申請戶籍登記者，應以書面催告應為申請之人。於下列何種情形，得免經催告程序，由戶政事務所逕行為之？　(A)逾期未辦出生登記者　(B)逾期未辦死亡登記者　(C)喪失中華民國國籍之廢止戶籍登記　(D)逾期未辦遷徙登記者。

(　　) **12** 某甲原為臺灣有戶籍國民，一年前於大陸地區某市取得該地戶籍，戶政機關接到內政部移民署通知後，應如何處理？　(A)撤銷臺灣戶籍　(B)視為臺灣戶籍自始不存在　(C)廢止臺灣戶籍　(D)保留臺灣戶籍。

(　　) **13** 關於戶籍登記之變更、更正、撤銷或廢止，下列敘述何者錯誤？　(A)變更、更正、撤銷或廢止登記，須以本人為申請人　(B)本人不為或不能申請變更、更正、撤銷或廢止登記時，以原申請人或利害關係人為申請人　(C)申請人非本人時，戶政事務所應於變更、更正、撤銷或廢止登記後通知本人　(D)戶政事務所依職權為更正、撤銷或廢止登記後，亦應通知本人。

(　　) **14** 依戶籍法規定，下列何者應向原戶籍登記之戶政事務所申請？　(A)婚姻紀錄證明書　(B)戶籍檔案原始資料　(C)更改姓名紀錄證明書　(D)遷徙紀錄證明書。

（　）**15** 關於戶籍法之罰則，下列敘述何者正確？　(A)申請人為不實之申請者，處新臺幣1,000元以上3,000元以下罰鍰　(B)無正當理由，違反第48條第1項規定，未於法定期間為戶籍登記之申請者，處新臺幣300元以上900元以下罰鍰，並得連續處罰至申請為止　(C)戶籍法有關罰鍰之處分，由直轄市、縣（市）主管機關為之　(D)無正當理由拒絕接受戶口調查者，處新臺幣3,000元以上9,000元以下罰鍰。

（　）**16** 陳男與張女為夫妻，欲為其新生兒取名並辦理出生登記，下列姓名何者未違反姓名條例之規定？　(A)陳張寶　(B)陳Q寶　(C)耳東寶　(D)張寶。

（　）**17** 關於結婚登記，下列敘述何者正確？　(A)2013年結婚者，得以當事人之一方為申請人　(B)2011年結婚者，應以雙方當事人為申請人　(C)2009年結婚者，得以當事人之一方為申請人　(D)2007年結婚者，應以雙方當事人為申請人。

（　）**18** 本人申請改名，戶政機關應同時依職權更改下列何者之戶籍資料？　(A)配偶及子女　(B)父母　(C)直系血親尊親屬　(D)兄弟姊妹。

（　）**19** 依姓名條例施行細則規定，申請下列何項姓名登記業務，不必檢附證明文件？　(A)更改姓名　(B)回復傳統姓名　(C)冠姓　(D)原有外文姓名之羅馬拼音並列登記。

（　）**20** 雅美族原住民依其文化慣俗，隨同直系血親卑親屬之傳統名字而變更本人傳統名字者（即親隨子名制），得申請改名，以幾次為限？　(A)1次　(B)2次　(C)3次　(D)無次數限制。

（　）**21** 本名為王小美的知名歌手，取用藝名為曾小麗，下列敘述何者正確？　(A)舉辦簽唱會，得以「曾小麗」之姓名為歌迷簽名　(B)領取唱片酬勞，得以「曾小麗」之姓名在銀行開立薪資帳戶　(C)就讀在職專班，學校得以「曾小麗」之姓名頒發畢業證書　(D)成立經紀公司，得以「曾小麗」之姓名辦理營利事業登記。

（　）**22** 甲有A、B兩國之國籍，並在C國有住所，設甲因行為能力問題在我國涉訟，依涉外民事法律適用法規定，下列敘述何者正確？　(A)依本法應適用當事人本國法，而當事人有多數國籍時，應適用其住所

地法之C國法　(B)依本法應適用當事人本國法,而當事人有多數國籍時,應視甲取得A、B國籍之先後,定其本國法　(C)依本法應適用當事人本國法,而當事人有多數國籍時,應自A、B兩國籍選定關係最切之國籍,定其本國法　(D)人的行為能力,應依行為地法。

(　) **23** 涉外民事案件非婚生子女之生父與生母結婚者,其身分依何種法律?　(A)生父與生母共同之本國法　(B)生父與生母結婚地法　(C)子女之本國法　(D)與子女關係最切國家之法律。

(　) **24** A國人甲移居B國,多年後在B國定居、結婚生子並歸化為B國人,但並未放棄A國國籍。由於甲在我國持有大量資產,其後甲因意外身故,其繼承人針對甲在我國之遺產分配有所爭執,遂在我國提起訴訟,我國法院應如何適用法律?　(A)應適用我國法　(B)應適用A國法　(C)應適用B國法　(D)應由法官就我國法、A國法與B國法中,擇一關係最切之國之法。

(　) **25** 甲為A國人,設有住所於B國,其在C國書立遺囑,指定其好友我國人乙,得就甲在我國銀行帳戶中之存款加以繼承。關於甲所為遺囑方式之準據法,依涉外民事法律適用法之規定,下列敘述何者錯誤?　(A)得依A國法　(B)得依B國法　(C)得依C國法　(D)得依我國法。

解答及解析（答案標示為#者,表官方曾公告更正該題答案。）

1 (C)。國籍法第2條第1項規定:「有下列各款情形之一者,屬中華民國國籍:
一、出生時父或母為中華民國國民。
二、出生於父或母死亡後,其父或母死亡時為中華民國國民。
三、出生於中華民國領域內,父母均無可考,或均無國籍者。
四、歸化者。」
本題答案應選擇(C)。

2 (B)。(A)國籍法（下同）第4條第1項第1款規定:「外國人或無國籍人,現於中華民國領域內有住所,具備前條第一項第二款至第五款要件,於中華民國領域內,每年合計有一百八十三日以上合法居留之事實繼續三年以上,並有下列各款情形之一者,亦得申請歸化:一、為中華民國國民之配偶,不須符合前條第一項第四款。」第3條第1項第4款規定:「外國人或無國籍人,現於中華民國領域內有住所,

並具備下列各款要件者，得申請歸化：……四、有相當之財產或專業技能，足以自立，或生活保障無虞。」(B)第2條第1項第3款規定：「有下列各款情形之一者，屬中華民國國籍：……三、出生於中華民國領域內，父母均無可考，或均無國籍者。」因丁之母甲為美國籍，非父母均無可考，故無法取得我國國籍。(C)第7條規定：「歸化人之未婚且未滿十八歲子女，得申請隨同歸化。」(D)第2條第1項第1款規定：「有下列各款情形之一者，屬中華民國國籍：一、出生時父或母為中華民國國民。」本題答案應選擇(B)。

3 (C)。國籍法第13條規定：「有下列各款情形之一者，雖合於第十一條之規定，仍不喪失國籍：

一、為偵查或審判中之刑事被告。

二、受有期徒刑以上刑之宣告，尚未執行完畢者。

三、為民事被告。

四、受強制執行，未終結者。

五、受破產之宣告，未復權者。

六、有滯納租稅或受租稅處分罰鍰未繳清者。」

本題答案應選擇(C)。

4 (A)。國籍法第20條第1項本文規定：「中華民國國民取得外國國籍者，不得擔任中華民國公職；其已擔任者，除立法委員由立法院；直轄市、縣（市）、直轄市山地原住民區、鄉（鎮、市）民選公職人員，分別由行政院、內政部、直轄市政府、縣政府；村（里）長由鄉（鎮、市、區）公所解除其公職外，由各該機關免除其公職。」

本題答案應選擇(A)。

5 (B)。國籍法第19條第1項規定：「歸化、喪失或回復中華民國國籍後，除依第九條第一項規定應撤銷其歸化許可外，內政部知有與本法之規定不合情形之日起二年得予撤銷。但自歸化、喪失或回復中華民國國籍之日起逾五年，不得撤銷。」

本題答案應選擇(B)。

6 (D)。國籍法（下同）第3條第1項規定：「外國人或無國籍人，現於中華民國領域內有住所，並具備下列各款要件者，得申請歸化：

一、於中華民國領域內，每年合計有一百八十三日以上合法居留之事實繼續五年以上。

二、依中華民國法律及其本國法均有行為能力。

三、無不良素行，且無警察刑事紀錄證明之刑事案件紀錄。

四、有相當之財產或專業技能，足以自立，或生活保障無虞。

五、具備我國基本語言能力及國民權利義務基本常識。」。

第4條第1項規定：「外國人或無國籍人，現於中華民國領域內有住所，具備前條第一項第二款至第五款要件，於中華民國領域內，每年合計有一百八十三日以上合法居留

之事實繼續三年以上，並有下列各款情形之一者，亦得申請歸化：

一、為中華民國國民之配偶，不須符合前條第一項第四款。

二、為中華民國國民配偶，因受家庭暴力離婚且未再婚；或其配偶死亡後未再婚且有事實足認與其亡故配偶之親屬仍有往來，但與其亡故配偶婚姻關係已存續二年以上者，不受與親屬仍有往來之限制。

三、對無行為能力、或限制行為能力之中華民國國籍子女，有扶養事實、行使負擔權利義務或會面交往。

四、父或母現為或曾為中華民國國民。

五、為中華民國國民之養子女。

六、出生於中華民國領域內。

七、為中華民國國民之監護人或輔助人。」

(D)之敘述不屬上開第4條第1項規定，本題答案應選擇(D)。

7 (C)。國籍法第9條規定：「外國人申請歸化，應於許可歸化之日起，或依原屬國法令須滿一定年齡始得喪失原有國籍者自滿一定年齡之日起，一年內提出喪失原有國籍證明。

屆期未提出者，除經外交部查證因原屬國法律或行政程序限制屬實，致使不能於期限內提出喪失國籍證明者，得申請展延時限外，應撤銷其歸化許可。

未依前二項規定提出喪失原有國籍證明前，應不予許可其定居。

外國人符合下列情形之一者，免提出喪失原有國籍證明：

一、依第五條第一項第三款規定申請歸化。

二、依第六條第一項規定申請歸化。

三、因非可歸責於當事人之事由，致無法取得喪失原有國籍證明。」

國籍法施行細則第11條規定：「外國人申請歸化，未能依本法第九條第一項規定於期限內提出喪失原有國籍證明者，至遲應於屆期三十日前檢附已向原屬國申請喪失原有國籍之相關證明文件申請展延。」

本題答案應選擇(C)。

8 (B)。國籍法第10條規定：「外國人或無國籍人歸化者，不得擔任下列各款公職：

一、總統、副總統。

二、立法委員。

三、行政院院長、副院長、政務委員；司法院院長、副院長、大法官；考試院院長、副院長、考試委員；監察院院長、副院長、監察委員、審計長。

四、特任、特派之人員。

五、各部政務次長。

六、特命全權大使、特命全權公使。

七、僑務委員會副委員長。

八、其他比照簡任第十三職等以上職務之人員。

九、陸海空軍將官。

十、民選地方公職人員。

前項限制，自歸化日起滿十年後解除之。但其他法律另有規定者，從其規定。」

(B)之敘述不屬之，本題答案應選擇(B)。

9 (B)。戶籍法第15條規定：「在國內未曾設有戶籍，且有下列情形之一者，應為初設戶籍登記：

一、中華民國國民入境後，經核准定居。

二、外國人或無國籍人歸化或回復國籍後，經核准定居。

三、大陸地區人民或香港、澳門居民，經核准定居。

四、在國內出生，十二歲以上未辦理出生登記，合法居住且未曾出境。」

本題答案應選擇(B)。

10 (B)。戶籍法第16條規定：「遷出原鄉（鎮、市、區）三個月以上，應為遷出登記。但法律另有規定、因服兵役、國內就學、入矯正機關收容、入住長期照顧機構或其他類似場所者，得不為遷出登記。

全戶遷徙時，經警察機關編列案號之失蹤人口、矯正機關收容人或出境未滿二年者，應隨同為遷徙登記。

出境二年以上，應為遷出登記。但有下列情形之一者，不適用之：

一、因公派駐境外之人員及其眷屬。

二、隨我國籍遠洋漁船出海作業。

我國國民出境後，未持我國護照或入國證明文件入境者，其入境之期間，仍列入出境二年應為遷出登記期間之計算。」

本題答案應選擇(B)。

11 (C)。戶籍法第48-1條規定：「下列戶籍登記，免經催告程序，由戶政事務所逕行為之：

一、死亡宣告登記。

二、喪失中華民國國籍之廢止戶籍登記。

三、撤銷前款登記之撤銷戶籍登記。

四、撤銷中華民國國籍之撤銷戶籍登記。

五、喪失臺灣地區人民身分之撤銷戶籍登記。

六、喪失臺灣地區人民身分之廢止戶籍登記。」

本題答案應選擇(C)。

12 (C)。臺灣地區與大陸地區人民關係條例第9-1條第1項、第2項規定：「臺灣地區人民不得在大陸地區設有戶籍或領用大陸地區護照。

違反前項規定在大陸地區設有戶籍或領用大陸地區護照者，除經有關機關認有特殊考量必要外，喪失臺灣地區人民身分及其在臺灣地區選舉、罷免、創制、複決、擔任軍職、公職及其他以在臺灣地區設有戶籍所衍生相關權利，並由戶政機關註銷其臺灣地區之戶籍登記；但其因臺灣地區人民身分所負之責任及義務，不因而喪失或免除。」

戶籍法第48-1條規定：「下列戶籍登記，免經催告程序，由戶政事務所逕行為之：

解答與解析

一、死亡宣告登記。

二、喪失中華民國國籍之廢止戶籍
登記。

三、撤銷前款登記之撤銷戶籍登
記。

四、撤銷中華民國國籍之撤銷戶籍
登記。

五、喪失臺灣地區人民身分之撤銷
戶籍登記。

六、喪失臺灣地區人民身分之廢止
戶籍登記。」

本題答案應選擇(C)。

13 (A)。戶籍法第46條規定：「變更、
更正、撤銷或廢止登記，以本人為
申請人。本人不為或不能申請時，
以原申請人或利害關係人為申請
人，戶政事務所並應於登記後通知
本人。戶政事務所依職權為更正、
撤銷或廢止登記，亦同。」

(A)之敘述錯誤，本題答案應選擇(A)。

14 (B)。戶籍法第66條規定：「戶籍謄
本之申請，得向任一戶政事務所為
之。但申請戶籍檔案原始資料，應向
原戶籍登記之戶政事務所為之。」

本題答案應選擇(B)。

15 (D)。(A)戶籍法（下同）第76條規
定：「申請人故意為不實之申請或
有關機關、學校、團體、公司、人
民故意提供各級主管機關及戶政事
務所不實之資料者，處新臺幣三千
元以上九千元以下罰鍰。」(B)第
79條規定：「無正當理由，違反第
四十八條第一項規定，未於法定期
間為戶籍登記之申請者，處新臺幣

三百元以上九百元以下罰鍰；經催
告而仍不為申請者，處新臺幣九百
元罰鍰。」(C)第81條規定：「本法
有關罰鍰之處分，由戶政事務所為
之。」(D)第77條規定：「無正當理
由拒絕接受戶口調查或有關機關、
學校、團體、公司、人民拒絕依第
六十八條規定提供查證戶籍登記事
項之資料者，處新臺幣三千元以上
九千元以下罰鍰。」本題答案應選
擇(D)。

16 (A)。姓名條例第2條第1項、第2項
規定：「辦理戶籍登記、申請歸化
或護照時，應取用中文姓名，並應
使用辭源、辭海、康熙等通用字典
或教育部編訂之國語辭典中所列有
之文字。

姓名文字未使用前項所定通用字典
或國語辭典所列有之文字者，不予
登記。」

姓名條例第3條規定：「取用中文姓
名，應依下列方式為之：

一、姓氏在前，名字在後。但無姓
氏者，得登記名字。

二、中文姓氏與名字之間不得以空
格或符號區隔。」

本題答案應選擇(A)。

17 (B)。戶籍法第33條第1項規定：「結
婚登記，以雙方當事人為申請人。但
於中華民國九十七年五月二十二日以
前（包括九十七年五月二十二日當
日）結婚，或其結婚已生效者，得以
當事人之一方為申請人。」

民國97年為西元2008年。

本題答案應選擇(B)。

18 **(A)**。姓名條例第12條規定：「本人申請改姓、名或姓名時，戶政機關應同時依職權於其配偶、子女戶籍資料為配偶、父或母姓名更改，並應於變更登記後通知其配偶及子女。」
本題答案應選擇(A)。

19 **(B)**。姓名條例施行細則第4條第1項規定：「依本條例規定申請改姓、冠姓、回復本姓、改名、更改姓名、回復傳統姓名、回復原有漢人姓名、傳統姓名之羅馬拼音並列登記、原有外文姓名之羅馬拼音並列登記者，應填具申請書，檢附證明文件（回復傳統姓名者免附），向戶籍地戶政事務所申請核准。但經內政部公告，並刊登行政院公報之指定項目，得向戶籍地以外之戶政事務所為之。」
本題答案應選擇(B)。

20 **(D)**。姓名條例第9條第1項第7款規定：「有下列情事之一者，得申請改名：……七、臺灣原住民族基於文化慣俗。」未有次數限制。
本題答案應選擇(D)。

21 **(A)**。姓名條例（下同）第5條規定：「國民依法令之行為，有使用姓名之必要者，均應使用本名。」
第6條規定：「學歷、資歷、執照及其他證件應使用本名；未使用本名者，無效。」
第7條規定：「財產之取得、設定、喪失、變更、存儲或其他登記時，應用本名，其未使用本名者，不予受理。」
本題答案應選擇(A)。

22 **(C)**。涉外民事法律適用法（下同）第10條第1項規定：「人之行為能力，依其本國法。」
第2條規定：「依本法應適用當事人本國法，而當事人有多數國籍時，依其關係最切之國籍定其本國法。」
第3條規定：「依本法應適用當事人本國法，而當事人無國籍時，適用其住所地法。」
本題答案應選擇(C)。

23 **(A)**。涉外民事法律適用法（下同）第52條規定：「非婚生子女之生父與生母結婚者，其身分依生父與生母婚姻之效力所應適用之法律。」
第47條規定：「婚姻之效力，依夫妻共同之本國法；無共同之本國法時，依共同之住所地法；無共同之住所地法時，依與夫妻婚姻關係最切地之法律。」
本題答案應選擇(A)。

24 **(C)**。涉外民事法律適用法第58條規定：「繼承，依被繼承人死亡時之本國法。但依中華民國法律中華民國國民應為繼承人者，得就其在中華民國之遺產繼承之。」
本題答案應選擇(C)。

25 **(D)**。涉外民事法律適用法第61條規定：「遺囑及其撤回之方式，除依前條所定應適用之法律外，亦得依下列任一法律為之：
一、遺囑之訂立地法。
二、遺囑人死亡時之住所地法。
三、遺囑有關不動產者，該不動產之所在地法。」
本題答案應選擇(D)。

高普｜地方｜各類特考
共同科目

名師精編・題題精采・上榜高分必備寶典

編號	書名	作者	定價
1A011141	法學知識－法學緒論勝經	敦弘、羅格思、章庠	650元
1A021141	國文--多元型式作文攻略(高普版) 👑榮登博客來暢銷榜	廖筱雯	450元
1A031131	法學緒論頻出題庫 👑榮登金石堂暢銷榜	穆儀、羅格思、章庠	570元
1A041101	最新國文多元型式作文勝經	楊仁志	490元
1A961101	最新國文－測驗勝經	楊仁志	630元
1A971081	國文－作文完勝秘笈18招	黃淑真、陳麗玲	390元
1A851141	超級犯規！國文測驗高分關鍵的七堂課	李宜藍	690元
1A421131	法學知識與英文(含中華民國憲法、法學緒論、英文) 👑榮登博客來、金石堂暢銷榜	龍宜辰、劉似蓉等	690元
1A831122	搶救高普考國文特訓 👑榮登博客來暢銷榜	徐弘縉	630元
1A681131	法學知識－中華民國憲法(含概要)	林志忠	590元
1A801131	中華民國憲法頻出題庫	羅格思	530元
1A811141	超好用大法官釋字+憲法訴訟裁判(含精選題庫)	林俐	近期出版
1A051141	捷徑公職英文：沒有基礎也能快速奪高分	德芬	590元
1A711141	英文頻出題庫	凱旋	470元

以上定價，以正式出版書籍封底之標價為準

千華數位文化股份有限公司

■新北市中和區中山路三段136巷10弄17號　■千華公職資訊網 http://www.chienhua.com.tw
■TEL: 02-22289070　FAX: 02-22289076　　■服務專線：(02)2392-3558・2392-3559

高普｜地方｜各類特考

名師精編課本・題題精采・上榜高分必備寶典

法律・財經政風

書號	書名	作者	定價
1F181131	尹析老師的行政法觀念課----圖解、時事、思惟導引 👑 榮登金石堂暢銷榜	尹析	690元
1F141141	國考大師教你看圖學會行政學 👑 榮登金石堂暢銷榜	楊銘	690元
1N021121	心理學概要(包括諮商與輔導)嚴選題庫	李振濤、陳培林	550元
1N251101	社會學	陳月娥	600元
1F381131	刑事訴訟法焦點速成+近年試題解析	溫陽、智摩	590元

勞工行政

書號	書名	作者	定價
1E251101	行政法(含概要)獨家高分秘方版	林志忠	590元
2B031131	經濟學	王志成	620元
1F091141	勞工行政與勞工立法(含概要)	陳月娥	近期出版
1F101141	勞資關係(含概要)	陳月娥	700元
1F111141	就業安全制度(含概要)	陳月娥	750元
1N251101	社會學	陳月娥	600元

戶政

書號	書名	作者	定價
1F651131	民法親屬與繼承編(含概要)	成宜霖等	610元
1F341141	統整式國籍與戶政法規	紀相	750元
1E251101	行政法(含概要)獨家高分秘方版	林志忠	590元
1F281141	國考大師教您輕鬆讀懂民法總則 ♔ 榮登金石堂暢銷榜	任穎	近期出版
1N441092	人口政策與人口統計	陳月娥	610元

以上定價，以正式出版書籍封底之標價為準

■ **歡迎至千華網路書店選購**
服務電話(02)2228-9070

千華網路書店

■ **更多網路書店及實體書店**

博客來網路書店　PChome PChome 24hr書店　三民網路書店

MOMO 購物網　金石堂 金石堂網路書店　誠品網路書店

查詢實體書店

高普 地方 原民
各類特考

一般行政、民政、人事行政

編號	書名	作者	定價
1F181131	尹析老師的行政法觀念課 ---- 圖解、時事、思惟導引 👑 榮登金石堂暢銷榜	尹析	690 元
1F141141	國考大師教你看圖學會行政學 👑 榮登金石堂暢銷榜	楊銘	690 元
1F171141	公共政策精析	陳俊文	590 元
1F271071	圖解式民法 (含概要) 焦點速成＋嚴選題庫	程馨	550 元
1F281131	國考大師教您輕鬆讀懂民法總則 👑 榮登金石堂暢銷榜	任穎	510 元
1F351131	榜首不傳的政治學秘笈	賴小節	610 元
1F361131	公共人力資源管理	沙斌邱	460 元
1F591091	政治學 (含概要) 關鍵口訣＋精選題庫	蔡先容	620 元
1F831131	地方政府與政治 (含地方自治概要)	朱華聆	690 元
1E251101	行政法 -- 獨家高分秘方版測驗題攻略	林志忠	590 元
1E191091	行政學 -- 獨家高分秘方版測驗題攻略	林志忠	570 元
1E291101	原住民族行政及法規 (含大意)	盧金德	600 元
1E301111	臺灣原住民族史及臺灣原住民族文化 (含概要、大意) 👑 榮登金石堂暢銷榜	邱燁	730 元
1F321131	現行考銓制度 (含人事行政學)	林志忠	560 元
1N021121	心理學概要 (包括諮商與輔導) 嚴選題庫	李振濤 陳培林	550 元

以上定價，以正式出版書籍封底之標價為準

千華數位文化股份有限公司

■新北市中和區中山路三段136巷10弄17號　■千華公職資訊網 http://www.chienhua.com.tw
■TEL: 02-22289070　FAX: 02-22289076　■服務專線：(02)2392-3558・2392-3559

學習方法 系列

如何有效率地準備並順利上榜，學習方法正是關鍵！

榮登金石堂暢銷排行榜

連三金榜 黃禕

翻轉思考 破解道聽塗說	適合的最好 調整習慣來應考	一定學得會 萬用邏輯訓練

三次上榜的國考達人經驗分享！

運用邏輯記憶訓練，教你背得有效率！

記得快也記得牢，從方法變成心法！

作者線上分享

網路書店

作者在投入國考的初期也曾遭遇過書中所提到類似的問題，因此在第一次上榜後積極投入記憶術的研究，並自創一套完整且適用於國考的記憶術架構，此後憑藉這套記憶術架構，在不被看好的情況下先後考取司法特考監所管理員及移民特考三等，印證這套記憶術的實用性。期待透過此書，能幫助同樣面臨記憶困擾的國考生早日金榜題名。

最強校長 謝龍卿

榮登博客來暢銷榜

作者線上分享

經驗分享＋考題破解

帶你讀懂考題的know-how！

open your mind！

讓大腦全面啟動，做你的防彈少年！

108課綱是什麼？考題怎麼出？試要怎麼考？書中針對學測、統測、分科測驗做統整與歸納。並包括大學入學管道介紹、課內外學習資源應用、專題研究技巧、自主學習方法，以及學習歷程檔案製作等。書籍內容編寫的目的主要是幫助中學階段後期的學生與家長，涵蓋普高、技高、綜高與單高。也非常適合國中學生超前學習、五專學生自修之用，或是學校老師與社會賢達了解中學階段學習內容與政策變化的參考。

頂尖名師精編紙本教材

超強編審團隊特邀頂尖名師編撰，
最適合學生自修、教師教學選用！

千華影音課程

超高畫質，清晰音效環
繞猶如教師親臨！

TTQS 銅牌獎

多元教育培訓
數位創新

現在考生們可以在「Line」、「Facebook」
粉絲團、「YouTube」三大平台上，搜尋【千
華數位文化】。即可獲得最新考訊、書
籍、電子書及線上線下課程。千華數位
文化精心打造數位學習生活圈，與考生
一同為備考加油！

面授 ## 實戰面授課程

不定期規劃辦理各類超完美
考前衝刺班、密集班與猜題
班，完整的培訓系統，提供
多種好康講座陪您應戰！

遍布全國的經銷網絡

實體書店：全國各大書店通路

電子書城：
Google play、 Hami 書城 …
Pube 電子書城

網路書店：
千華網路書店、 博客來
MOMO 網路書店…

書籍及數位內容委製
服務方案

課程製作顧問服務、局部委外製
作、全課程委外製作，為單位與教
師打造最適切的課程樣貌，共創
1+1= 無限大的合作曝光機會！

多元服務專屬社群 @ f YouTube

千華官方網站、FB 公職證照粉絲團、Line@ 專屬服務、YouTube、
考情資訊、新書簡介、課程預覽，隨觸可及！

原來這樣會違規！

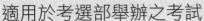

適用於考選部舉辦之考試

試場規則

扣考

若發生以下情形，應考人不得繼續應考，其已考之各科成績不予計分。

- 把小抄藏在身上或在附發之參考法條中夾帶標註法條條次或其他相關文字之紙張。

- 考試試題註明不可以使用電子計算器時，使用電子計算器(不論是否為合格型號)。

- 在桌子上、椅子、墊板、原子筆、橡皮擦、修正帶、尺、手上、腿上、或入場證背面等刻寫小抄。

- 電腦化測驗時，因為題目不會寫，憤而破壞電腦設備。

依試場規則第4條第1項第5、7、10款；第5條第1項第1、5款規定處理。

不予計分

- 混合式試題考試結束時誤將試卷或試卡夾在試題上攜出試場。

- 非外國文科目，使用外國文作答。（外國文科目、專有名詞及有特別規定者，不在此限）。

依試場規則第4條第2項、第10條規定處理。

-20分

- 考試開始45分鐘內或規定不得離場時間內，就繳交試卷或試卡，未經監場人員同意，強行離開試場。

- 電腦化測驗僅能用滑鼠作答，自行使用鍵盤作答。

依試場規則第5條第1項第1、6款規定處理。

-5分 視以下情節輕重，扣除該科目成績5分至20分。

- 坐錯座位因而誤用別人的試卷或試卡作答。

- 裁割或污損試卷（卡）。

- 在試卷或試卡上書寫姓名、座號或不應有文字。

- 考試時用自己準備的紙張打草稿。

- 考試前沒有把書籍、筆記、資料等文件收好，並放在抽屜或桌子或椅子或座位旁。

- 考試時，行動電話放在衣服口袋中隨身攜帶，或放在抽屜或桌子或椅子或座位旁。

- 考試開始鈴響前在試卷或試卡上書寫文字。

- 考試結束鈴聲響畢，仍繼續作答。

- 使用只有加減乘除、沒有記憶功能的陽春型計算器，但不是考選部公告核定的電子計算器品牌及型號。

依試場規則第6條第1、2、4、6、7、8、9款。

-3分 視以下情節輕重，扣除該科目成績3分至5分。

- 攜帶非透明之鉛筆盒或非必要之物品，經監場人員制止而再犯。

- 考試時間結束前，把試題、答案寫在入場證上，經監場人員制止，仍強行帶離試場。

依試場規則第6條第1、2、4、6、7、8、9款。

千華數位文化股份有限公司
新北市中和區中山路三段136巷10弄17號
TEL: 02-22289070　FAX: 02-22289076

國家圖書館出版品預行編目(CIP)資料

統整式國籍與戶政法規/紀相編著. -- 第四版. -- 新北
市：千華數位文化股份有限公司, 2024.11
面；　公分
高普考
ISBN 978-626-380-804-1 (平裝)

1.CST: 國籍法 2.CST: 戶政 3.CST: 法規

572.21　　　　　　　　　113017249

[高普考] **統整式國籍與戶政法規**

編 著 者：紀 相

發 行 人：廖 雪 鳳
登 記 證：行政院新聞局局版台業字第 3388 號
出 版 者：千華數位文化股份有限公司
地址：新北市中和區中山路三段 136 巷 10 弄 17 號
電話：(02)2228-9070　傳真：(02)2228-9076
客服信箱：chienhua@chienhua.com.tw

法律顧問：永然聯合法律事務所
編輯經理：甯開遠
主　　編：甯開遠
執行編輯：廖信凱
校　　對：千華資深編輯群
設計主任：陳春花
編排設計：蕭韻秀

千華官網
／購書　　　千華蝦皮

出版日期：2024 年 11 月 25 日　第四版／第一刷

本書如有勘誤或其他補充資料，
將刊於千華官網，歡迎前往下載。